禅文献の研究 上

柳田聖山集　第二巻

法藏館

大燈国師真筆（大徳寺蔵）

景徳伝灯録第九巻

黄檗希運禅師伝心法要

1

2

3

號爲淨名諸大菩薩所表者人皆有之不離一心悟之即是今学道人不向自心中悟乃於心外著相取境皆与道背恒河沙者佛說是沙諸佛菩薩釋梵諸天步履而過沙亦不喜牛羊蟲蟻踐踏而行沙亦不怒珍寶馨香沙亦不貪糞尿臭穢沙亦不惡 此心即無心之心離一切相衆生諸佛更無差別但能無心便是究竟学道人若不直下無心累劫修行終不成道被三乘功行拘繫不得解脱然證此心有遲疾有聞法一念便得無心者有至十信十住十行十迴向乃得無心者有長短得無心乃住更無可修可證實無所得真實不虛一念而得与十地而得者功用恰齊更無深淺只是歷劫枉受辛勤耳造惡造善皆是著相著相造惡枉受輪迴著相造善枉受勞苦總不如言下自認取■本法此法即心心外無法此心即法法外無心心自無心亦無無心者將心無心心却成有默契而已絕諸思議故曰言語道斷心行處滅此心是本源清

淨佛人皆有之蠢動含靈与諸佛菩薩一体不異只為妄想分別造種種業果本佛上實無一物虛通寂靜明妙安樂而已深自悟入直下便是圓滿具足更無所欠縱使三祇精進修行歷諸地位及一念證時只證元來自佛向上更不添得一物却觀歷劫功用總是夢中妄為故如來云我於阿耨菩提實無所得若有所得然燈佛則不与授記又云是法平等無有高下是名菩提即此本源清淨心与衆生諸佛世界山河有相無相遍十方一切平等無彼我相此本源清淨心常自圓明遍照世人不悟只認見聞覚知為心為見聞覚知所覆所以不覩精明本体但直下無心本体自現如大日輪昇於虛空遍照十方更無障礙故学道人唯認見聞覚知施為動作空却見聞覚知即心路絕無入處但於見聞覚知處認本心然本心不屬見聞覚知亦不離見聞覚知但莫於見聞覚知上起見解莫於見聞覚知上動念亦莫離見聞覚知覓心亦莫

捨見聞覚知取法不即不離不住不著縱橫自在無非道場 世人聞道諸佛皆傳心法將謂心上別有一法可證可取遂將心覓法不知心即是法法即是心不可將心更求於心歷千萬劫終無得日不如當下無心便是本法如力士迷額内珠向外求覓周行十方終不能得智者指之當時自見本珠如故故学道人迷自本心不認為佛遂向外求覓起功用行依次第證歷劫勤求永不成道不如當下無心決定知一切法本無所有亦無所得無依無住無能無所不動妄念便證菩提及證道時只證本心佛歷劫功用並是虛修如力士得珠時只得本額珠不関向外求覓之力故佛言我於阿耨菩提實無所得恐人不信故引五眼所見五語所言真實不虛是第一義諦 学道人莫疑四大為身四大無我我亦無主故知此身無我亦無主五陰無我亦無主故知此心無我亦無主六根六塵六識和合生滅亦復如是十八界既空一切皆空唯有本心蕩然

清淨有識食有智食四大之身飢瘡為患隨順給養不生貪著謂之智食恣情取味妄生分別惟求適口不生厭離謂之識食聲聞者因聲得悟故謂之聲聞但不了自心於聲教上起解或因神通或因瑞相言語運動聞有菩提涅槃三僧祇劫修成佛道皆屬聲聞道謂之聲聞佛唯直下頓了自心本來是佛無一法可得無一行可修此是無上道此是真如佛学道人■祇怕一念有即与道隔矣念念無相念念無為即是佛学道人若欲得成佛一切佛法總不用学唯学無求無著無求即心不生無著即心不滅不生不滅即是佛八万四千法門對八万四千煩惱只是教化接引門本無一切法離即是法知離者是佛但離一切煩惱是無法可得学道人若欲得知要訣但莫於心上著一物言佛真法身猶若虛空此是喻法身即虛空虛空即法身常人謂法身遍於虛空處虛空中含容法身不知法身即虛空虛空即法身也

若言定有虚空即虚空不是法身定言有法身即法身不是虚空但不作虚空解虚空即法身不作法身解法身即虚空虚空与法身無異相仏与衆生無異相生死与涅槃無異相煩悩菩提無異相離一切相即是仏凡夫取境道者取心心境双忘乃是真法忘境猶易忘心至難人不敢忘心恐落空無撈摸処不知空本無空唯一真法界耳　此霊覚性無始以来与虚空同寿未曾生未曾滅未曾有未曾無未曾穢未曾浄未曾喧未曾寂未曾少未曾老無方所無内外無数量無形相無色像無音声不可覓不可求不可以智慧識不可以言語取不可以景物会不可以功用到諸仏菩薩与一切蠢動衆生同大涅槃性性即是心心即是仏仏即是法一念離真皆為妄想不可以心更求於心不可以仏更求於仏不可以法更求於法故修道人直下無心黙契擬心即差以心伝心此為正見慎勿向外逐

境認境為心是認賊為子為有貪瞋癡即立戒定慧本無煩悩焉有菩提故祖師云仏説一切法為除一切心我無一切心何用一切法本源清浄仏上更不得添一物譬如虚空雖以無量珍宝荘厳終不能住仏性同虚空雖以無量智慧功徳荘厳終不能住但迷本性転不見耳　所謂心地法門万法皆依此心建立遇境即有無境即無不可於浄性上転作境解所言定慧鑑用歴歴寂寂惺惺見聞覚知皆是境上作解暫為中上下人説即得若欲親證皆不可作如此解尽是境縛法有没処没於有地但於一切法不作有無見即見法　自達磨大師到中国唯説一心唯伝一法以仏伝仏不説余仏以法伝法不説余法法即不可説之法仏即不可取之仏乃是本源清浄心也唯此一事実余二則非真般若為慧此慧即無相之本也　凡夫不趣道唯恣六情乃行六道学道人一念計生死即落魔道一念起諸見即落外道

見有生趣其滅即落声聞道不見有生唯見有滅即落縁覚道法本不生今亦不滅不起二見不厭不忻一切諸法唯一心是然後乃為仏乗也　凡人皆逐境生心心随忻厭若欲無境当忘其心心忘則境空境空則心滅不忘心而除境境不可除只益紛擾耳故万法唯心心亦不可得復何求哉　学般若法人不見一法可得絶意三乗唯一真実不可證得謂我能証能得皆増上慢人也法華会上払衣而去者皆斯徒也故仏言我於菩提実無所得黙契而已　凡人欲修證但観五蘊皆空四大無我真心無相不去不来生時性亦不来死時性亦不去湛然円寂心境一如但能如此直下頓了不為三世所拘繫便出世人也切不得有分毫趣向若見善相諸仏来迎乃種種現前亦無心随去若見悪相種種現前亦無畏心但自忘心同於法界便得自在　凡言化城者二乗及十地乃至等覚妙覚皆是権立接引之教並為化城也言宝所者

乃真心本仏自性之宝此宝不属情量不可建立無仏無衆生無能無所何処有城若問此既是化城何処為宝所宝所不可指指即有方所非真宝所也故云在近而已在近者不可定量言之但当体会契之即是　闡提者信不具也一切六道衆生乃至二乗不信有仏果皆謂之断善根闡提菩薩深信仏法不見有大乗小乗仏与衆生同一法性乃謂之善根闡提大抵因声教而悟者名声聞観因縁而悟者名縁覚若不向自心中悟雖至成仏亦謂之声聞仏学道人多於教法上悟不於心上悟雖歴劫修行終不是本仏若不心悟乃於教法上悟即軽心重教遂成逐塊忘於本心故但契本心不用求法心即是法也　凡人多為境礙心事礙理常欲逃境以安心屏事以存理不知乃是心礙境理礙事但令心空境自空但令理寂事自寂勿倒用心也　凡人多不肯空心恐落於空不知自心本空愚人除事不除心智者除心不除事菩薩心如虚空一切俱

捨所作福徳皆不貪著然捨有三等内外身心一切俱捨猶如虚空
無所取著然後随方應物能所皆忘是謂大捨若一邊行道布徳
一邊旋捨無希望心是謂中捨若廣修衆善有所希望聞法知
（大捨）空遂乃不著是謂小捨如火燭在前更無迷悟中捨如火燭在旁
或明或暗小捨如火燭在後不見坑穽故菩薩心如虚空一切俱捨
過去心不可得是過去捨現在心不可得是現在捨未來心不可
得是未來捨所謂三世俱捨自如來付法迦葉以來以心印心心心
不異印著空則印不成文印著物則印不成法故以心印心心心不
異能印所印俱難契會故得者少然心即無心得即無得　佛有
（法身）三身説自性虚通法是報身説一切不淨法化身説六度万行法法
身説不以言語音声形相文字無所説無所證自性虚通而已故
曰無法可説是名説法報身化身皆随機感現所説法亦随事應
根以為攝化皆非真法故曰報化非真佛亦非説法者　佛所言同是

12

一精明分為六和合一精明者一心也六和合者六根各与塵合眼与色
合耳与声合鼻与香合舌与味合身与觸合意与法合中間生六
識為十八界若了十八界空無所有束六和合為一精明一精明者即
心也学道人皆知此但不能免作一精明六和合解遂被法縛不契
本心如來現世欲説一乗真法則衆生不信興謗没於苦海若都不
説則佛墮慳貪不為衆生溥捨妙道遂設方便説三乗乗有大小
得有深浅皆非本法故云唯此一乗道餘二則非真然終未能顯
一心法故召迦葉同法座坐別付一心離言説法此一枝法令別行若
能契悟者便至佛地

裴休相國傳心偈

予於宛陵鍾陵皆得親

黄蘗希運禪師傳心要乃作傳心偈云

心不可傳以契為傳心不可見以無為見契亦無契無亦無無化

13

城不住迷額有珠珠是強名城豈有形即心即佛佛即無生直下頓
了勿求勿營得佛不見佛信貴功程随法生解即落魔界凡聖不
分乃離見聞無心似鏡与物無競無念似空無物不容三乗外法歴
劫希逢若能如是是出世雄

嵩岡河東大士親見高安導師傳心要於當
年著偈章而不後模用鑄贊煥若丹青不勝
其所造綴於本録上示慶曆戊子歳南宗字
天真者題

景徳傳燈録巻第九

14

柳田聖山集　第二巻　目次

第二部

資料の校注（一）

凡　例

一、一九八五年、東方学報（京都）第五十七冊に出した「語録の歴史」を軸に、その後の修正をあわせて、新しくこの一冊を編む。その後の修正といっても、例によって根底的な変化があり、部分的な補正の限りでないが、今度は全編をできる限り統一する。新たに加える「四家録と五家録」の一篇は、そんな工夫の一部である。

一、「語録の歴史」には、禅文献の成立史的研究—という、長い副題がついている。先に発表する「初期禅宗史書の研究」にも、中国初期禅宗史料の成立に関する一考察—という、長い副題があった。いずれも今は、やや面はゆい限りだが、「語録の歴史」一篇は、先の仕事で史料を扱うのに対し、今度は語録の内容そのものをという、私かな願いをこめてのこと。言ってみれば、先に深入りを避けた、禅思想のテキストを、真正面からとりあげるので、二篇揃って始めて、もっとも魅力ある時期の禅仏教が、その全貌をあらわす仕組みである。

一、私事に渉るのを許して頂けるなら、二つの仕事のあいだには、身辺の大きい変化がある。

一九七六年（昭和五十一年）の春、思いもかけず京都大学人文研究所に招かれ、研究者としての責任を負うたこと。翌年には宗教史研究部門が認められて、松本文三郎、塚本善隆先生に始まる、中国仏教研究の専門部門を引きついだことだ。

一、禅の寺に生まれ、禅の学校に育った私には、昼間から本を読む習慣がない。禅の勉強は、何か後ろめたいことで、常に罪悪感が伴う私事である。人前で許されぬ、たいへん恥しいことなのだ。小僧は師匠に内緒で、夜中に本を読む。長いあいだ勉強机などいうものは、無かった。

一、京都大学人文科学研究所に移って、業務としての研究に専念できる、新しい時空を得るとともに、私にとってさらに好運だったのは、中文出版社長李廼揚氏との出会いである。戦中戦後の長い苦悩をくぐり、生涯の念願だった京都大学の近辺に、中国書専門の店を構えて、販売と出版を始めた李さんが、早速に『祖堂集』影印の計画をもちかけてくる。一九七二年の春、私にはまだ大学闘争の余燼が消えぬが、当初手がけたガリ版から、影印出版への夢が、大きくふくらむこととなる。

一、京都大学人文科学研究所は、吉田神社の鳥居がみえる、東山通一条の地に、すでに新しい本館を構えていたが、東方部の母体は依然北白川にある。昭和四年に始まる東方学院京都研究所以来の、東洋学文献センターを擁して、研究者の大半が北白川分館にいた。

窓から大文字山の見える北側の部屋で、私はあらためて禅文献の全体に立ち向う。語学も歴史も、基礎知識を欠く私は、すべてが我流で独学だが、子供の頃からなじんでいる漢文は、すでに皮肉骨髄そのもの。漸く全巻が出揃う諸橋轍次の大漢和辞典で、我流の読みを修正しつつ、テキストを拡大してゆく。入矢義高先生は、辞海と韻府だけで、大漢和を引くのを嫌い、和臭をくりかえし警告されたが、私は内緒で引くのである。

一、李廼揚氏と共同で、禅学叢書十二冊七百万字の影印が終わるのは、一九八〇年の秋である。『祖堂集』を軸に、主として唐代の禅文献のうち、大正蔵や続蔵に収めぬテキストを博捜し、無著道忠その他先人の成果を含めて、同学の専家に提供する仕事。欧米の学者のみならず、『祖堂集』の版木を伝える韓国でも、『祖堂集』を生んだ中国でも、私たちの仕事が迎えられ、はば広い国際出版となったのは、思いもかけぬ書生冥利である。

一、文化大革命で、研究整備が遅れた中国で、さらにフィールド研究の遅れる禅学は、私のところが世界の最先端となる。おこがましいが、人文科学研究所での十年、世界各地の研究者のために、新しい文献解題が必要となる。

私は李迺揚氏とともに、「禅学叢書」十二冊を編み、さらにその続きを計画する一方で、筑摩書房をはじめ、角川書店、岩波書店、大蔵出版、中央公論社といった大手出版の企画に応じて、禅の語録の訳注書を出す。禅の語録の口語訳など、かつては想像もできぬ大仕事である。

一、筑摩書房で企画する「禅の語録」二十巻は、先に同社が完成した「講座禅」八巻のために、テキストを提供するのが動機だった。入矢義高先生のおすすめで、主として私が選択に当たる。「禅の語録」第二十巻を、語録の歴史とするのは、当初からの計画であり、こちらは主に入矢先生の担当である。中国の書物として、禅の語録が登場してくる歴史的意味を考えることは、従来誰も手をつけない斬新な仕事の一つ。構想は早急にまとまらず、入矢先生の原稿は出来なかったが、私には断えず気がかりであった。

一、「語録の歴史」一篇は、そんなはばひろい訳注の準備と、一方では専門家の「禅学叢書」のために私かに集めた素材をふまえて、最後は見切り発車となる草稿だった。当初は入矢先生の修正を得て、あらためてコンパクトなものを、筑摩書房に出す心づもりが、いずれも夢想に終わってしまう。事の次第は脱稿のあと、私自身の関心がひろがって、問題が続出するのによる。今回、かろうじて補正稿となる、「四家録と五家録」がその一つ。言ってみれば初期の禅史は、燉煌写本が素材ゆえ、大よその限界があるのに、伝世資料の語録は無限で、枠組をつくるのが難しい。

一、「禅の語録」二十巻は、最終巻の「語録の歴史」を含み、今なお欠処となっているが、別に同社の「世界古典文学全集」のために、西谷啓治先生とともに、禅家語録二冊を引きうけ、新たに「禅籍解題」一篇を私は書く。奥付をみると、昭和四十九年二月で、四半世紀も昔のことだが、中国の禅を読むための、大まかな文献解題としては、今もなお現役である。日中の親しい友人の手で、大はば補正が加えられ、中国語に訳されたものが、「俗語研究」に分載されている。今少し体力が恢復すれば、私自身で補正を加える新稿を夢みている。

一、「語録の歴史」一篇は、その素材のすべてを、中文出版社の「禅学叢書」にもとめる。できる限り当初の版本で、後人の手垢のつかぬものを、自分で料理したいのである。写本に及ばぬのは、大半が伝世本のゆえである。写本の鑑定は、他の専家に任せる。評価の確かな、良質の版本によることを、今は第一の用心とする。言うならば「禅籍解題」と「禅学叢書」によって、草創期の禅仏教のすべてを、両の手におさえることができる。禅仏教始まって以来の、成果となることを自負する。

一、実をいうと、人文科学研究所での十年、研究者としての業務は、共同研究と個人研究の二つ、中心はむしろ前者にあって、なかなかに多忙でしんどい。共同研究はその名のように、専門のちがう研究者の協力がたてまえで、私の場合はすでに戦後に遡る、塚本善隆先生の肇論や、廬山恵遠の研究成果をふまえ、以後長く『弘明集』と、『広弘明集』のテキストを読む、共同研究が継続中である。

中世思想研究の旗の下に、個人では倒底読めない、儒仏道三教交渉のテキストを、関係者で協力して読み解く、一種のフィールドワークである。言ってみれば専門研究者は、他の専門研究会に参加する一方、みずから研究会を組織して、他の専門研究者の参加を求める、新しい責任を負うのである。

『弘明集』と『広弘明集』の共同研究で、はばひろい中世思想史の基礎を固め得たのは、私にとって何よりの収穫だが、さて新しく研究会を組織するとなると、容易に踏み込めぬ難関がある。研究方法の問題が一つ、もう一つがテキストである。

一、戦後三十年、私は入矢先生の御指導で、毎週一回禅の本を読んでいる。金曜日の午後半日、終りの時間をかまわぬ読書会である。出席者は入れ替わり、テキストも幾変している。始めは今、私の新しい研究の時空となる、人文科学研究所の宗教研究室、そして大徳寺の日米第一禅堂、さいごは花園大学の禅文化研究所へ、二転三転しているものの、入矢先生と私の出席は不変である。金曜日の設定も、先生と私の出席が可能ゆえで、大徳寺に移って以後だが、先生あっての私、私がいての入矢先生となる。入矢先生が禅のテキストを読み始めるのは、旧訓の鼻もちならぬ誤りを正し、中国語のテキストとして、正常な理解にもどすにある。テキストは当初、『臨済録』や『禅源諸詮集都序』という、岩波文庫に入っている唐代の本で、胡適の『神会録』や、私の申入れによる『祖堂集』、『楞伽師資記』という、初期の禅文献をとりあげたが、やがて『輔教編』や『正法眼蔵』など、宋代の禅語録に向う。先にいう筑摩書房の「禅の語録」は、すべて何らかの意味で、金曜読書会の成果である。

言ってみれば、入矢先生抜きの、禅の共同研究はあり得ない。私自身、禅文献の共同研究は、すでにすべて済んでいる。新しくとりあげる、余分はなかった。

一、いろいろと苦慮のすえ、人文科学研究所の共同研究を、私は「禅の文化」と定め、方法としては宋代の覚範恵洪にしぼり、その「禅林僧宝伝」の会読に終るが、ねらいはむしろ「石門文字禅」や、「冷斎夜話」を見透している。真の意味での禅文化は、この人に始まると見てのこと。禅文化という考えが、入矢先生はお嫌いだった。今度は問題が大きすぎて、与えられた期間が短いうえ、スタッフも足並が揃わずに終わるが、終始大勢の外国人研究員が参加交替し、賑やかな共同研究となる。所外の参加も多数である。

一、「語録の歴史」と「禅籍解題」は、そんな私の共同研究のために、スタッフの足並を揃えるための、工具の意味もあったことを、今にして私は考え直している。

一、いったい解題や通史の本は、一つの領域に生きた研究者の、老後の仕事のようである。方法序説も、また同じ。本居宣長が「初山ぶみ」を書くのは、「古事記伝」脱稿のあとである。読み甲斐のある方法序説を、今なお少し先にのばしても、今の私には既稿の修正が多すぎる。全篇書き直しはできないが、長く気にかかる四家録と五家録の問題だけは、何とかして見通しをつけたい、それが本書を編む、私の意図である。

一、四家録と五家録は、唐代の禅仏教を総括する、二つの大きい課題である。現存するのは、ともに明代の再編で、大きく原型を失っている。五家録は法眼の時、何らかのテキストがあった。四家録は宋代に入って、五家七宗の祖とみられる、黄龍恵南によって再編される。今のところ、これが祖型である。すでにくりかえし、確認するところだが、今度あらためて『祖堂集』によって、潙仰宗の形成を考え、祖師禅の展開をあとづけてみると、新羅仏教の問題が大きい。潙仰は中国本土で、早く伝統を失うが、新羅・高麗にうけつがれ、海東禅仏教の主流となる。有名な九山禅門も、智訥の曹渓宗も、そして元代以後の臨済禅も、ともに潙仰の祖師禅をうける。

一、かつて、「祖師禅の源と流」を書いた時（昭和三十七年）、なお海東の禅仏教が見えず、如来禅より祖師禅への、言葉の変化を追うにとどまった。失考の第一である。香厳の正体が見えず、何ゆえ南陽忠国師の竹篦でなくてはならぬのか、撃竹の痛みに共感できなかったのは、失考の第二である。今にして思えば、かえすがえす残念だが、あらためて、原始潙仰をふまえ、意を決して『祖堂集』を読みかえす。従来考えあぐねた難問が、次々に解けてくる思いがある。『宝林伝』も、『祖堂集』も、さらに加えると『伝灯録』さえ、その編集と流伝に、海東僧が大きく関係する。

栄西の『興禅護国論』に、三国仏法の歴史をのべて、西来大師が棹を南海に鼓し、錫を東川に杖してより、法眼は高麗に逮び、牛頭は日域に迄るとする。『伝灯録』の編集は、過去七仏より法眼の三世に及ぶ、一千七百一人の法灯をのべるのだが、最下限の法眼宗は、すでに高麗に定着している。

一、「語録の歴史」を軸に、その失考を補うために、「四家録と五家録」の名で、残る問題に答えるのに、今もまた新稿の余生が足りない。『祖堂集』第十七の潙山章以後、未定稿の訳注と、生のテキストを対照し、附録する所以である。

会昌の破仏をふまえて、祖師たちの生歿年を考え、『祖堂集』と『伝灯録』によって、資師関係を図にあらわすのも、かつて『曹洞語録』の訳注のために、用意したものの再録だが、すでに五十年を経過して、なお有効と考えてのこと。問題が大きく、且つ幾つかの仮説を要するだけに、断定を急ぐことはあるまい。

一、口絵は我が大灯国師が、三十二歳という青年期に、前後四十日という短期間に、全巻三十七万字を写す、『宋版伝灯録』の一部をとる。テキストは従来元版とみられたが、先般初めて原写本のすべてを影印し、一方では北京で新たに出版する中華大蔵経に、金版大蔵経の『伝灯録』が入ったのを幸いに、親しく校合してみると、ともに歴たる宋版である。かつて四部叢刊の出版者が、合糅する底本の一つとも、毎葉の行数字数が一致する。現存最古の写本として、裴休の序と『伝心法要』の古型を考えるに足りる。資料の校注（一）に収める、テキスト三種と比較の便宜もある。

一、索引は、柳田聖山集第三巻と一括し、資料の校注が出揃うのを待って、新たに附録することとする。

柳田聖山集　第二巻　禅文献の研究　上

第一部

語録の歴史——禅文献の成立史的研究——

一　敦煌の禅文献

禅文献の古層が明らかになって、語録とよばれる、中国仏教に固有な資料の所在が、あらためて問われるのは、敦煌文書の発現が動機である。禅の語録を相手どる、本文研究の方法の確認は、ここ五十年来のことである。

敦煌文書は、大半が漢訳仏典であるが、そこに含まれる初期の禅文献は、とくに重要なものが多い。それらの主なテキストは、矢吹慶輝の『鳴沙余韻』（岩波書店、一九三〇年）と、高楠順次郎が編する『大正新修大蔵経』に、分散して収録される。前者は、それらを写真版で集めるが、後者の第四十八巻に収める『六祖壇経』をはじめ、第五十一巻の『暦代法宝記』、第八十五巻の『楞伽師資記』、『大乗無生方便門』、『大乗開心顕性頓悟真宗論』などは、禅文献の古層を代表する、従来未知のテキストである。第五十四巻の事彙部に収める『法門名義集』も、初期の禅仏教と関係をもつ。いずれも、昭和三年より同八年（一九二八—三三）への刊行である。校訂は、すべて矢吹の仕事で、別にこの人の『鳴沙余韻解説』（一九三三）に収める「敦煌出土支那古禅史並に古禅籍関係文献に就いて」は、この分野での、本文研究の嚆矢である。

やがて、『鳴沙余韻』や『大正新修大蔵経』に未収録の、幾つかの敦煌文献や、他の古逸禅文献について、中国と日本で新しい研究成果が出回る。胡適の『神会和尚遺集』(亜東図書館、一九三〇年)と、鈴木大拙の『敦煌出土神会録』(石井光雄、一九三二年)、『興聖寺本六祖壇経』(石井光雄、一九三三年)、『少室逸書』(鈴木貞太郎、一九三五年)、常盤大定の『宝林伝の研究』(東方文化学院東京研究所、一九四四年)などがそれで、鈴木には別に、敦煌本『神会録』と『六祖壇経』、および『興聖寺本六祖壇経』の三本を合せる、新しい校訂(森江書店、一九四四年)や、『校刊少室逸書及解説』二冊(安宅仏教文庫、一九三六年)、『韶州曹渓山六祖師壇経』(岩波書店、一九四二年)、『仏果碧巌破関撃節』上下(岩波書店、一九四二年)、『大灯百二十則』(大東出版社、一九四四年)、『敦煌出土絶観論』(弘文堂、一九四五年)など、中国・日本の稀覯禅文献を相手どる、多くの研究と出版成果がある。とくにさいごの数著には、詳しい解説を含む研究論文が付録される。それらを総合し整理したのが、のちに『禅思想史研究第二』(岩波書店、一九四八年)となり、さらに岩波版全集の首巻となる、『禅思想史研究』四冊の体系を構成している。

とりわけ、胡適の『神会和尚遺集』は、先にいう矢吹の『鳴沙余韻解説』とともに、近代における初期禅文献研究の、事実上の胎動を意味した。神会は、六祖恵能をつぐ弟子として、もっとも確かな歴史的人物である。従来、唯一のテキストであった、明蔵本『六祖壇経』には、後代再編の手が加わって、神会の評価が変わっている。敦煌文書のうちに、神会の語録を見出すことより、胡適の仕事は始まる。『神会語録』は、六祖恵能の実像を伝える、信頼すべき同時代資料である。

民国十三年(一九二四)、わたしは中国禅学史の稿を起した。恵能まで書きすすんで、ペンを置かざるを得なかった。われわれは宋高僧伝をよんで、神会が北宗と対決した記録をみる。又、宗密の書によって、貞元十二年に勅あり、神会を七祖と定めた記事をみる。どうしても、神会の資料を探さねばならぬ。しかるに、中国・日本に伝える禅宗の史料は、どれもこの希望を満してくれぬ。そこで、わたくしは考えたのである。今残っている禅宗の史料は、百分の八九十が北宋の道原、賛寧、契嵩以後のもので、ほとんど勝手に書き改められた偽史であり、信ずべき価値はない。確かな禅宗史を書くには、どうしても唐代の根本資料を探さねばならぬ、五代以後の、歪曲された史料を盲信してはならぬ、と。

『神会和尚遺集』は、こうした自序で始まる。胡適は同十五年（一九二六）、ロンドンとパリで敦煌文書を調査し、神会録その他の古逸資料を発見するのであり、数年来の予想は的中する。『神会語録』と同時に見出された、『菩提達摩南宗定是非論』によって、南北対決の史実が確認される。「南宗的急先鋒、北宗的毀滅者、新禅学的建立者、壇経的作者、這是我們的神会。在中国仏教史上、没有第二個人有這様偉大的功勲、永久的影響」という、胡適の神会礼讃は、この人自身の新禅学の出発を意味した。胡適はこのとき、敦煌本『六祖壇経』の存在を知らないが、あたかもそんなよびかけに応ずるかのように、日本で別の『神会語録』や『六祖壇経』が発現し、矢吹や鈴木の活動で、初期禅宗史研究の仕事は、一挙に前進するのである。今、そうした昭和初年より第二次世界大戦前夜に至る新禅学の研究史に、とくに深入りするつもりはない。わたくしはすでに、「胡適博士と中国初期禅宗史の研究」（中文出版社、『胡適禅学案』、一九七五年）と、講座「敦煌」の第八巻「敦煌仏典と禅」（大東出版社、一九八〇年）の総説で、ほぼ私見を尽している。別に、禅文化研究所の研究報告とした「絶観論」（一九七六年）や、「祖堂集索引」下冊（京都大学人文科学研究所、一九八四年）に付する解題にも、幾分それに関係するものがある。

もともと、敦煌文献の本文研究は、長い第二次世界大戦が終わり、ロンドン、パリ、北京その他の公私図書館に分散される、それらの総合目録がつくられ、マイクロフィルムによる本文研究が可能となり、謂わゆる第二次敦煌学の盛期を迎えるに至って[1]、漸くふたたび多くの成果を生むのであり、禅文献の研究もまた他の分野の成果、とくに漢文以外の資料との、新しい総合の段階に入ることとなる。たとえば、敦煌の禅文献は、つとに中世言語研究の資料として、専門研究者の注意を惹いた。変文や歌曲文献に共通する、珍しい口語や俗語の意味が明らかになって、これが逆に禅文献の研究を助長した。先にいう胡適の『神会和尚遺集』が、ジャック・ジェルネによってフランス語訳されたのが機となって、リーベンタールが『荷沢和上頓教解脱禅門直了性壇語』を英訳して、アーサー・ウェリーの変文研究に影響すること、わが人文科学研究所の敦煌研究成果の一部が、入矢義高によって胡適に報ぜられ、先にいう『神会和尚遺集』の再編を促して、『新校定的敦煌写本神会和尚遺著両種』（中央研究院歴史語言研究所集刊第二十九本）や、『神会和尚語録的第三個敦煌写本』（同前、外編第四本）に結集されるのは、そんな動きの一部である。いずれも、かつて胡適がいうように、宋代以後の伝統文献、とくに版本によって消え去る、古体の音写口語や、俗語を含んでいる。

さらに、そうした第二期敦煌学の国際的な発展は、漢文以外の資料との総合によって、敦煌と敦煌文書そのものの研究に飛躍的成果をみせることとなって、敦煌の禅文献の時代と性質を、ほぼ完全に確認することを可能とする。すなわち、チベット語に翻訳された初期禅文献の発見によって、ここに集められる禅文献の大半が、あたかも八世紀後半より九世紀前半にかけての、チベット仏教の形成と平行していること、その選択枠の大半は、チベット側にあることが明らかとなる。パリのフランス東洋学をひきいる、コレジュ・ド・フランス教授ポール・ドミエヴィルが、一九五二年に発表した「ラサの宗論」は、この分野の仕事の文字通りの嚆矢である。敦煌がチベット軍の手におちる、謂わゆる吐蕃期（七八二―八二三）と、帰義軍節度使張義潮が、再び敦煌を奪還する帰義軍期の歴史事実が明らかになるのは、第二次大戦末期より終戦直後にかけてである。[2] 敦煌の仏寺の実態が知られ、この地方への禅文献の搬入の事実が明らかになるのは、先にいう第二期敦煌学の成果である。上山大峻の「曇曠と法成の研究」、およびチベット訳『楞伽師資記』の発見が、敦煌禅文献の全貌を考えさせる、再検討のきっかけとなった(3)。チベット語のほか、西夏語、ウイグル語、ソグド語に訳された、禅文献の所在も知られる(4)。敦煌という町の、複雑な政治的地理的条件の下で、人々が禅文献のどんな側面に関心を寄せ、どんな部分が関心の外に残されたか、そんな歴史的事情が明らかとなる(5)。

禅は、中国仏教の一派であるが、その動きは他の場合と異なる。各派の仏教が、漢訳仏典をふまえて、その注釈研究と、周縁の運動に終始するのに比すると、禅仏教には、中国民族自身の宗教として、固有の思考と実践方法を案出する、独自の傾向が強い。禅文献の生産は、その証拠の一つであり、かれらの思考が、漢訳仏典の外に出ていたことを示す。たとえば、六朝より隋唐の初期にかけて、漢訳仏典になぞらえた、中国選述の偽経や偽史が多量に生産される(6)。歴代の釈教目録は訳経の真偽を分つことが、編集動機の一つとなる。言ってみれば、偽経や偽史の生産は中国仏教の所産であるが、禅仏教の完成と同時に、そうした偽経の生産が終わることは、注目してよいであろう。とくに、宋代以後になると、インド仏教受容の域を脱して、中国本土で固有の発展と再編を示し、むしろ、他の周辺民族の文化形成に、大きく影響することがある。チベット、朝鮮、日本、東南アジアのくにぐにに、今もその伝統が生きている、禅仏教の誕生がそれである。早く朝鮮や日本に伝わった、禅の古逸書も多い(7)。敦煌本の発現を期として、それらが新しく発掘されるのは、理由のないことでない。そんな長い歴史の各期に、不断に再編される禅文献の実体を、批判的に解き明かすのに、多くの困難があるのは当然である。中国仏教の教義のうち、禅と密教の研究がもっとも困難とされるのは、主にここに原因がある。思想的、哲学的な了解に、独自の論理が要求されるとともに、それらを含む文献そのものの、歴史的究明が必要である。敦煌文献の発現を機とする、初期禅宗史の研究は、これまで知られることのなかった処女地域を明らかにするだけでなしに、すでに定説となっている伝統そのものを、根底より洗い直すこととなる。

従来、敦煌の禅文献の研究は、その発現の新しさのために、その年代と作者問題、さらに真偽の考証という、やや外形的な問題に終始し、その内容を理解し文献の性質を問うことを従とする傾向がある。新資料によって、既知の伝統を批判するのに急で、ややもすれば、新資料そのものの由来を考え、両者の関係を明らかにすることを怠った。語録としての禅文献の、固有の性質を考えず、すべてを同一次元の史料とするのでは、史料としての評価すら見失うことにならざるを得ない。(8) 禅の語録の特色を、過度に意識することは、もとより危険であるけれども、語録の特色を問わないで、直ちに歴史を問うことの方が、より危険である。

二　祖師像の変化

禅の初祖とされる達磨は、古くは大抵が、達摩と書かれた。最古の史料となる『続高僧伝』をはじめ、敦煌の禅文献の数例を除いて、(9) 九十九パーセントが達摩である。達磨の表記に定着するのは、北宋初期に成立する『景徳伝灯録』以後のことである。『景徳伝灯録』は、達磨を初祖とする禅仏教の歴代の教義を集大成する、画期の編纂物である。この本の成立に、禅宗史の一つの区切りがあることは確かである。さればといって、『景徳伝灯録』以前の達摩を、直ちに歴史的人物としてよいかどうか。今では、すでに『景徳伝灯録』に先立つ、ほとんど同じ体裁の『祖堂集』が知られて、達磨はすべて達摩と書かれるだけでなしに、摩字の表記は、什摩も与摩も、すべて共通することが知られる。とりわけ、達摩もしくは、菩提達摩という人名は、インド僧としては、他に例がないようで、知られるのは、達摩菩提のみである。(10) 達摩は当初より禅仏教の祖として、歴史的人物の背後に要求された、理想化の様子であり、資料は大半が語録である。じじつ、『景徳伝灯録』に集大成される、達磨語録の祖本は、すでに数種の敦煌の禅文献に含まれていて、決して一色ではないのである。

達磨は、香至王の第三子で、本名は菩提多羅。釈迦仏より二十八代目の祖として、その正法眼蔵〈真理のことば、仏語心〉をうけつぎ、これをとくに中国に伝えるため、南海を経由すること三年、仏心天子と尊ばれた梁の武帝に迎えられて、金陵にくる。ところが、武帝と問答してみると、武帝の仏教は、見当ちがいも甚だしい。達磨は北に逃れて、魏に入り、嵩山少林寺に面壁すること九年、漸くにして恵可その他の弟子を得る。

『景徳伝灯録』第三、第二十八祖菩提達磨伝の大要である。『祖堂集』第三も、ほぼ同じであるが、その間にはさまれる、インドでの達磨の行実、武帝と達磨の問答、達磨と恵可、その他の弟子との機縁に、異同があることは言うまでもない。周知のように、『景徳伝灯録』の後に出る『伝法正宗記』や、『碧巌録』第一則は、梁武帝と達磨の問答に、さらに独自の発展をみせる。問題は、そうした説話の原型が、すでに先にいう神会の『菩提達摩南宗定是非論』や、敦煌本『六祖壇経』にあり、さらにそれ以前の達摩関係資料にさかのぼり得ることで、そうした伝統が出来上るまでに、新古幾多の重層発展をあとづけることができる。すくなくとも、敦煌の禅文献は、そのことを可能にする。すべてを史実と認めることは、もとよりできないけれども、すべてを史実ならずとして、否定し去ることも、すこぶる慎重でなければならぬ。明確にすべきは、最少限最古の史実を軸に、重層発展する説話の歴史があること、むしろ、学問的に判明し得るのは、そこまでであることだ。

とりわけ、日本の古い仏教文献は、達磨が南岳恵思とともに、日本に来化する話を伝える。それが日本仏教の展開に、大きく作用することは、言うまでもない。聖徳太子を恵思の後身とし、『日本書紀』や『万葉集』に伝える、片岡山の飢人を達磨とするのであり、資料はすでに鑑真の『東征伝』にはじまって、わが最澄につぐ光定の、『伝述一心戒文』に集大成される。荒唐無稽の説といっても、『景徳伝灯録』の成立よりもはるかに古く、敦煌発現の諸資料とほぼ同時代のものである。初期禅文献の周縁は、古く同時代の日本におよぶのだ。

今、そうした伝説の内容について、一つ一つ吟味することはしない。むしろ、初期の禅文献の性質を明らかにする便宜として、かつて『景徳伝灯録』の達磨伝を相手どり、古来の伝説に徹底批判を加えた、松本文三郎の『達磨』（図書刊行会、一九一一年）について考え、問題の所在を明らかにしたい。松本の仕事は、あたかも敦煌の禅文献が知られる直前に出て、すでに四分の三世紀を超える歴史をもち、今もなお禅文献を取り扱う専門研究者に、多くの問題を提起しつづけているからである。

じつをいうと、この本はすでに明治四十年（一九〇七）に出る、境野哲の『支那仏教史綱』に、その学問方法を受けて、禅の初祖とされる達磨の伝説を分析し、その実像を中国仏教の歴史のうえにすえなおそうとする、画期的な専著であり、やがて敦煌文書の発現とともに、初期禅宗の研究を一挙に開花させる、文字通りの動機となる。境野の結論は、やや否定的であるが、松本のは肯定的である。

言ってみれば、松本の方法は単純である。『続高僧伝』第十六の斉鄴下南天竺僧菩提達摩伝と、『景徳伝灯録』のテキストを比較吟味し、後者の虚構を大胆に否定するのであり、前者によって史実を確認するとともに、達摩に先立って中国に来る、他のインド僧の禅法を明らかにして、中国禅の起源をそこに求め、達磨の禅をもそこに含めることに、ねらいがある。松本によると、中国禅の本質は達磨以前にあり、達磨を初祖とする、宋以後の禅宗は逸脱である。先にいうように、敦煌発現の資料をふまえる、胡適の『神会和尚遺集』の方法と、それはほとんど共通することが、注目されよう。

松本の結論は、むしろ当然のことである。唐代中期より、宋初の『景徳伝灯録』にいたる、幾つかの禅宗史の書が、いずれも『続高僧伝』の達摩伝に満足せず、これを素材に粉飾を加えて、理想の祖師像をつくりあげる、真の意味での唐代禅宗の歴史に、松本はまだ気付いていない。虚構をはぎとられた祖師像は、すでに歴史的人物ともいえない、すこぶる魅力のない虚像と化する。それぞれの時代の言葉と思考による、多くの語録をつくりだすことを、単に逸脱とみてよいであろうか。ただし、松本もまた歴史学が追求する達磨像のほかに、禅の祖師像の厳存することを、承認せぬわけではない。

> 禅学者の眼から観れば、仮令ひ達磨なるものが歴史的人物であるにしても、将た架空的の人物であるにしても、秋毫も関係する所はない。碧巌第一則に載って居る禅話は、達磨と梁武との間に生じた問答であるが故に貴いのではなかろう……。（中略）客観的に生存したると、主観的に顕現したるとは、宗教的意識に取っては、何らの径庭する所はない筈である。

松本の方法は、一往ここで明確に自己限定される。問題は、禅学者の達磨と、歴史学の達磨を、それほど截然と二分できるかどうか、であろう。むしろ、歴史学と禅学の中間にある、宗教史の仕事や、複雑な禅語録の量と質に、松本は終に気付かなかったこととなる。

いったい、松本文三郎は、『達磨』の発表に先立って、明治中期に完成する『大日本校訂蔵経』（京都、蔵経書院）のあとをついで、大正元年（一九一二）に完成をみる、『大日本校訂続蔵経』百五十一套の編集に関係し、さらに大正時代に入って、『日本大蔵経』四十八巻の編集代表者として、その仕事を遂行している[13]。いずれも、先に芝増上寺に蔵する高麗版と、宋元明三版の『大蔵経』を校合し、世界で始めて完成した弘教書院の、『大日本校訂縮刷大蔵経』四十帙につぐ、国際的大事業である。中国と日本の伝統仏教が、千五百年の長期にわたって蓄積する、各派の文献を総合し、体系化するのである。『達磨』は、そんな大事業の副産物であった。当時としては、単なる禅宗一派の理想の追求に終始することはできない。当然の結論ではあるが、中国仏教の歴史的成果として、経律論の三蔵の外に生産される、禅の語録の扱いに、学問的公正を欠いたことは争えまい。

のちに、大正末年より昭和八年（一九三三）にかけて、高楠順次郎を編集代表者として、『大正新修大蔵経』百巻が完成する。先の二つの校訂大蔵経につぐ、文字通りの国際版大蔵経である。漢訳仏典を中心に、南方所伝のサンスクリットや、パーリ語仏典が校合される。構成はまことに偉大であるが、禅文献の扱いは、先の場合と同じである。縮刷や続蔵のものを、そのまま転載したものが幾つかある。日本語による仏典の選択に、かなり偏向のあることも、すでに指摘されるとおりである。(14)

注目してよいのは、『続蔵経』に収める禅文献について、のちに松本自ら表明する、次のような指摘である。

今姑らく『続蔵経』諸宗著述部に収載する所によって之を観れば、諸宗（禅宗を除く）の著述は全部合して六百四十七部、一千八百二十一巻といふ。而して禅一宗に関するものは、之を三部に分けるが、其の部数巻数次の如くである。

禅宗雑著	九一部	二四八巻
同　語録	二七部	三一三巻
同　別集	一二一部	四四八巻
計	二三九部	一〇〇九巻

即ち此の二百三十九部一千九巻を以て、前の諸宗著述の数に比すれば、部数に於ては約其の三分の一強に止まるが、巻数に於ては其の半数以上に上る。禅一宗の文学の如何に多量であるかは、之に由っても容易に推測し得られるのである。のみならず、続蔵編纂の時には、禅家語録の数の多きに苦しみ、若し悉く之を編入せんと欲せば、尚ほ幾帙かの出版を敢てしなければならぬ。（中略）若し明清時代をも通じ、一切禅家の著述を計算

> したならば、或は前記諸宗著述の数に凌駕せぬまでも、少くとも殆んど彼と相接近するに至ったであらうと思ふ（『先徳の芳躅』、一九四四年）。

問題は、数量に限らぬであろう。禅宗雑著、語録、別集の区別は、いずれも便宜的である。今は、すべてを語録とみてよい。別に史伝部があり、正蔵にも禅文献がある。又、『続蔵経』は、敦煌文書を収めないから、右の数字には、かなり増加を必要とするが、数量の上で、むしろ、経律論の三蔵と、諸宗の著述に匹敵する、禅の語録の本質をどう了解し、それらをどう扱うかが問題である(15)。

たとえば、『十駕斎養新録』の著者銭大昕は、次のように言う。

> 仏書、初めて中国に入るに、経と曰い、律と曰い、論と曰う。謂わゆる語録なるもの無かりき、達磨西来して、自から教外別伝、直指心印と称し、数伝して以後、其の徒日々に衆くして、語録ここに興る。支離鄙俚の言（郎簡の『壇経序』によるか）、奉じて鴻宝と為し、仏所説の経典に併せて、亦た之を高閣に束ぬ。甚だしき者は、仏を訶し祖を罵りて、略ぼ忌憚無し。而も世の仏を言うもの、反りて之を尊尚し、以て教律の僧より勝れたりと為す。甚だしいかな、人の怪を好むことや。

銭大昕の指弾は、禅僧の数だけ増加しつづける禅の語録の、支離鄙俚なるに向う(16)。数量の増加が、質の低下を伴うことは免れない。禅仏教が、かつての漢訳仏典の外に、語録とよばれる文献を生みだし、仏典の質を低下せしめた事実は、無視することができない。銭氏が意識しているのは、おそらくは『臨済録』である。この本は、諸録の王者である。仏を殺し祖を殺して、始めて解脱の自由を得んと説く一方で、臨済は、痾屎送尿、着衣喫飯の日常を、すべて仏行とする。問題は、そんな禅の語録にならう、儒家の語録の生産にあった。

> 釈子の語録は、唐に始まる。儒家の語録は、其の行を儒とし、其の言を釈とするは、垂教する所以に非ざるな

り。君子の辞気を出だす、必ず鄙倍を遠ざく。語録行われて、儒家に鄙倍の詞有り。徳有る者は、必ず語有り。語録行わるるときは、則ち徳有れども必ずしも言有らざる者有るか（『十駕斎養新録』第十八、語録）。

宋学と仏教の関係については、すでに種々の対立意見がある。[17]問題は今、語録に限定される。宋儒の語録を、儒語による禅とみるか、禅語による儒とするか、立場は正反対のようで、発想は意外に共通するのだ。かつて、仏教が中国に入ったとき、老荘の書になぞらえて仏典が受容され、道教的な仏教と仏教的な道教が生み出されたことがある。禅仏教は、すでに中国の仏教である。中国語で考え、中国語で語る仏教である。老荘による格義仏教の場合と、事態はすでに同じでなかった。すくなくとも、儒と禅がともに語録とよばれる、新しい古典を生み出すのを、どう了解すべきか。『十駕斎養新録』は、別に引儒入釈の一節を設け、朱文公が大恵の言葉を引いて、当時の儒者が禅にかぶれて、儒家の語によって禅を説き、改頭換面していた事実を指摘する。銭氏の意見は、それを支離の言とし、鄙倍の詞とするにある。語録の流行は、宋儒と禅仏教に限らず、近世中国思想史に重なるのである。

三　松本文三郎と『六祖壇経』

話を、再び『達磨』にもどす。『達磨』につづいて、松本は『金剛経と六祖壇経』（貝葉書院、一九一三年）を出し、禅文献の本文研究を深める。『金剛経』と『六祖壇経』は、ともに初期禅思想の根拠となる、重要な文献である。[18]達磨が禅の宗祖とされるのに対比すれば、『金剛経』と『六祖壇経』は、ともに禅仏教の教義を代表する、根本聖典である。『六祖壇経』は、六祖恵能の説法集で、文字通り恵能語録である。語録が経とよばれる理由は、のちにあらためて検討を加える。概して、語録が鄙俚とされる先例は、この本にあるといえる。『金剛経』は、そんな恵能が恵能となる、歴史的因縁をもつとともに、初期の禅仏教を一貫する、仏説の権威を代表するといえる。『金剛経』は、仏陀の語録である。松本の仕事は、『金剛経』の方に重点があり、とくに近代ヨーロッパの学問成果をふまえて、この経典を分析し、中国と日本の伝統を総合するのは、仏典の本文研究を本領とする、この人の当然の成果となる。言ってみれば、『六祖壇経』の分析は、やや便宜的な感じがないでもないが、当時、まだ敦煌本が知られる以前の段階で、唯一の権威あるテキストであった明版大蔵経の『六祖壇経』を相手どり、その構造を腑分けする方法は、『達磨』以来の持論を発揮し、その成果を深めることとなる。松本は明蔵の本についている、多くの序跋や関係文献を吟味し、当時はなお新しかった「全唐文」の関係資料を使って、相互の矛盾や異説を整理して、六祖恵能の伝記と説法集の原型をつきとめ、宋代以後、時代が降るにしたがって、その本文が増大する次第を明らかにするのである。『六祖壇経』の編者とされる法海を、呉興の法海とするのは、「全唐文」の説である[19]。現存のテキストに、後代の増加があることは、江戸時代の宗学者たちが、すでにひとしく指摘するところである[20]。松本の仕事の新しさは、唐代の原本と、宋元以後のテキストを二分し、原本確認の根拠として、先にいう「全唐文」の資料と別に、宗密の『中華伝心地禅門師資承襲図』をとりあげ、恵能の門人としての荷沢神会の歴史的意味を、おそらく最初に指摘したことで、これがやがて胡適によって、神会が『六祖壇経』の作者に擬せられる動機である。宗密の『中華伝心地禅門師資承襲図』は、先にいう『続蔵経』がはじめて収録する、唐代の同時代資料である[21]。ただし、同じ『続蔵経』に収める『曹渓大師別伝』[22]のことに、松本はいまだ気付かぬ。

要するに、『金剛経と六祖壇経』の新しさは、すでに敦煌本『六祖壇経』の発現と、のちに恵能の伝記資料として、鈴木大拙や胡適の注目を集める、『曹渓大師別伝』の資料価値を、十年ばかり先取りするにあり、結果は見事に的中したと言える。すなわち、松本は敦煌本の出現を機として、あらためてすべての資料を総合し、『六祖壇経の書誌学的研究』（一九三二年の禅学研究第一七、八号に発表、のちに『仏教史雑考』に収める）を書き、別に『曹渓大師別伝』（一九四二年、新版の『達磨の研究』に収める）を草する。この間に、わが『大正新修大蔵経』が、幾本かの敦煌の禅文献を収録し、胡適が『神会語録』や『楞伽師資記』その他を発見し、『神会和尚遺集』を出し、鈴木大拙が興聖寺本『六祖壇経』を発見して、その影印本を出版することは、すでに先に指摘した通りである。

　とりわけ、『曹渓大師別伝』には、わが伝教大師最澄が伝える原本が存して、つとに内藤湖南の注目するところとなり、その『唐鈔曹渓大師伝』（「『禅の研究』に寄せる」一九二八年）が、のちに『目睹書譚』に収録される。胡適の『跋曹渓大師別伝』（壇経考之一）は、昭和五年（一九三〇）一月の発表で、『神会和尚遺集』の出版と同時である。胡適は、この本を『六祖壇経』の祖本に擬するのである。因みにいえば、最澄所伝の原本は、のちに昭和十一年（一九三六）に古径荘で複製され、鈴木大拙と二宮守人が解説を加える。敦煌本の発現を機に、日本の古刹に伝わる唐代の鈔本や宋版が、あらためて資料価値を問われるのは、この本の紹介がきっかけである。[23]

　いったい、松本は『金剛経と六祖壇経』につづいて、『仏典の研究』（丙午出版社、一九一四年）を出す。先にいう、『続蔵経』や『日本大蔵経』の仕事をふまえる、新しい成果である。巻首におかれる、「起信論」の撰者問題のごとき、もっとも新しい学界の課題であり、『付法蔵伝』の虚妄を弁ずる一章や、達磨法統説の起源、および禅の作法に関する研究は、先の『達磨』や『金剛経と六祖壇経』につづく、松本の禅仏教に寄せる関心のほどを知らしめる。『起信論』や『付法蔵伝』の翻訳問題に端を発する、中国撰述の仏教文献、つまり偽経の歴史研究は、禅の語録の生産の事実を明らかにする、重要な手がかりを含んでいる。

　とくに、この本はすでに敦煌文書に関する、幾つかの論文を含んでいる。あたかも、明治四十三年（一九一〇）の秋、北京の京師図書館に収められた、敦煌本を調査するために、京都大学より三人の教授と二人の講師が派遣されて、詳細な帰朝報告を提出している。[24]松本の仕事は、そうした新しい動きの中でまとめられた。調査期間が短く、初めての仕事であったために、三人の教授も二人の講師も、のちに鈴木大拙が同じ敦煌文書のうちより見つけ出す禅文献について、何も報じていない。敦煌文書の研究は、なお初期の段階である。禅文献の研究も、なお一種の偏見と、理解困難の領域として残された。

先にいうように、松本が初期の禅文献研究に、本格的に取り組むのは、昭和初期のことである。「禅学研究」第五号（昭和二年〈一九二七〉）に寄せる、「達磨大師の教系に就いて」は、『達磨』や『仏典の研究』に所収の論文をつぐに終わるが、同第十四号（昭和六年〈一九三一〉）の「三祖璨禅師に就いて」は、すでに『金剛経と六祖壇経』に同じく、「全唐文」に収める唐代の関係資料を広く集めて、その矛盾と異説を総合し、歴史的人物としての三祖僧璨の実像をさぐりだす、画期的な仕事である。[25] とくに先にいう境野哲が、『支那仏教史講話』上巻（共立社、昭和二年〈一九二七〉）を出して、『続高僧伝』にある法冲の史伝により、三祖僧璨は歴史的人物と認め難しとするのを駁し、反論する意味を含んでいる。『続高僧伝』に専伝を欠く僧璨が、初期の禅宗六祖のうち、もっとも早く人々の注意を引いて、南北分派以後、各派各様の顕彰運動となる事情に、はじめて光を当てるのだ。もっとも、松本の結論は、僧璨その人の実像と、各派の顕彰運動によって次第に定着する第三祖像と、その性質を分つから、歴史的人物としての論証方法には、なお問題を残すけれども、そうした事情をより明確に伝える、『楞伽師資記』や『伝法宝紀』、『暦代法宝記』など、最初期の禅文献が出現するのは、この論文とほとんど同時であり、日本と中国で『宝林伝』の大半が見つかるのに先立つから、この場合もまた松本の仕事は、それらの証拠を先取りすることとなる。

要するに、松本の仕事は多方面であるが、『達磨』よりこの時期におよぶ、初期禅宗史研究が、つねに先駆的成果となったことは確かである。著者自ら、先の『達磨』を補正して、敦煌文献による修正を加え、関係論文を付録して『達磨の研究』（一九四二年）を出すのは、多年の宿題をまとめる一往の成果といえる。問題は、そうした先駆的成果によって、敦煌文書を含む初期の禅文献が、つねに歴史資料とみられて、語録としての本質を見失わせたことである。胡適の用語によると、既知の禅文献のすべてが偽史とされた。史料として信用できぬ、ある一派の語録とされた。語録は、つねに権威を争う運動とかかわり、旧勢力の弾圧に抗し、大衆を動員するスローガンとかかわるけれども、そこにかえって新鮮な思想の表明が含まれたことは確かである。要するに、禅文献は、そうした運動の所産ゆえに、本来の文脈で読まれず、つねに後代の関心に偏って読まれた。さまざまの扱いがあってよいけれども、もういちど、本来の時の言葉にもどして、初歩より考える必要がありはしないか。むしろ、すべての禅文献は、当初より語録であった。語録の生産こそ、禅仏教の本領である。それは、もっとも中国的思考のゆえに、正当に評価されることがなかったようである。

言ってみれば、『景徳伝灯録』以後、すべての禅文献が、信頼に価せぬ偽史となったのではない。宋代の資料を偽史とするために、新しく発現した敦煌の禅文献は、無批判に信頼された。敦煌の禅文献もまた語録であり、偽史である。人々は、敦煌の禅文献を史料として過信した。敦煌の禅文献は、後代の虚構を含まぬ、本来の史実を明かすものという、学問的権威にすりかえられた。過信は、その本質を考えぬ、新しい史実の虚構よりくる。語録としての禅文献の、本来の再検討が必要となる。かつて、敦煌の禅文献が、すこぶる流動的であり、異本の多いことを指摘したのは、久野芳隆であるが[26]、流動の傾向は、敦煌のそれに限らず、禅の語録の本質にかかわるといえる。

四　語録の定義

語録とは、何か。江戸時代のはじめに、広く和漢の四部の書を総合し、禅文献の考証に一期を画して、多数の学問的成果をもつ無著道忠の、『禅林象器箋』経録類の説明によると、おおよそ次のようである。

　禅祖の語要は、華藻を事とせず、常談を以て直説す、侍者の小師、随って筆録す。此を語録と名づく。[27]

語録は祖師たちの説法や、弟子との問答応酬を、他の弟子が随聞随録する、特殊な成り立ちをもつ文献である。そこには、二つの相い矛盾する意味がある。言うならば、誰もが自分で筆をとって記す、著述の書とは異なって、必ず宗祖の説法の聞き書きで、一種の聖典であったことであり、許された特定の弟子の筆録、しかもその内容は随聞随録の故に、必ずもとの話し言葉のまま、華藻を事とせずに記録され、忠実に時の言葉を伝えるのが特徴だ。一方に聖典の権威を保持しつつ、他方に鄙俚支離の詞を含むのである。長い歴史の風霜に耐えて、練りあげられた聖典に比べると、これは新しい宗教運動の拠りどころとして、にわかづくりの古典といえよう。語録の特徴は、不断の流動にある。同じ口語や俗語を含みつつ、歌謡や変文のテキストと同じでないのは、つねに聖典の権威を保持しつつ、当の権威化を自らくずす、刻々の新しさを含みもつことと関係しよう。徹底して、個別の選択の確かさを求めるとともに、成果は必ず支持大衆の動きにもどされる、社会運動の所産なのである。運動は、矛盾によって、自ら拡大する。語録の含む自己矛盾は、語録が無限に量産される、根拠であった。

　とりわけ、問題は問答応酬の部分にある。話頭はつねに第一義より発して、答えは千差万別、一として同じものがない。たとえ、同じ言葉であっても、意味するものは全く異なる。先に引く銭大昕が、支離鄙俚の言葉を奉じて鴻宝と為すというのは、おそらくこのことであろう。師の説法も、普遍妥当の抽象より、つねに眼前の弟子を相手どる、対機の句となる。一方に高くきびしい否定のイデオロギーを掲げつつ、他方で徹底卑俗の日常を直接肯定する。官には針をも容れず、私には車馬を通すのである。[28] 今も、禅の問答とは、判けの分からん肚芸の意とされる。判けが分からんのは、一として同じでない千差万別の答えを、一つの論理で括ろうとする、第三者の無理より来ている。

さらに、語録の良否は、記録者に人を得るかどうかによって決る。随聞随録といっても、記録はすでに何らかの著述である。多分に記録者の判断が加わり、説法や問答そのままではあり得ない。よい語録と、つまらん語録ができるのは、当然だろう。さらに又、よい語録は、多くの人に転写され、伝持されて、さいごに開版されるまでの間に、幾層かの修正が入るにちがいない。幾分かは、話し言葉より書き言葉に変わる。語録は、第三者の著述となる。よい語録と、つまらん語録の区別は、あくまで一往のことであり、判りよいものが必ずしもよいとは限らず、もとのままの保証はないのであり、もとのままがよいともいえない。初期の語録ほど、異本が多く、問答の語が逆になっていたり、論旨が反対であることも、再々でない。要するに、語録の成立と、生産の歴史を、一義的に律することは難しい。心ある人々が、当初より説法の記録化を嫌ったのは、理由のあることだろう。

言ってみれば、語録の生産は、つねに負の仕事であった。『臨済録』の示衆にみえる次の指摘は、もっとも注目に価しよう。

今ごろの学生はダメである。それというのは、ものを題目で把えて、了解するからである。大阪のノートブックに、やくざ老師の言葉を写して、四重五重の袋にしまいこみ、他人に拝ませず、聖句だと思いこんで、大事がっている。とんでもない、無眼子だ。君たちはいったい、ひからびた骨をくわえて、どんな汁を吸い出すつもりか。(29)

臨済は、唐末の咸通七年（八六六）に、入寂している。当時、各地に学生が名師を訪ね、名句を記録した様子が、この示衆によって彷彿される。そうした批判を含む、臨済の示衆が記録されて、今に伝わることは皮肉だが、『臨済録』の記録者が、かれの仕事に忠実であった証拠になる。「我が語を記する莫かれ（俺の言葉を覚えるな、記憶してはいかん）」という仰山の示衆を、『祖堂集』第十八に記録する。[30] さらに興味ふかいのは、記録そのものが秘かに行われた、次のような記録もある。宋代中期、覚範恵洪（一〇七一—一一二八）の、『林間録』の所伝である。

雲居寺の仏印禅師のことば。雲門和尚は、法を説くこと雲のように、変化に富んで、人がその言葉を記録することを、とことん嫌って、見つけ次第にがなりつけ、追っぱらったものだ。おまえたちは口をきくことができず、こともあろうに俺の言葉を記す。他日、俺を売りとばすにきまった。

今、雲門録の対機（問答）と、室中の語（参禅記録）は、いずれも香林や明教が、紙で衣をつくり、随所に随聞して、書きつけたものだ。今の学生が、文字言句をあさるのは、正しく網を吹いて一ぱいにしようとするように、愚かというよりも狂気の沙汰だ、嘆かわしい。[31]

『雲門録』は、雲門文偃（八六四—九四九）の語録である。雲居寺の仏印は、雲門下四代の祖、了元（一〇三二—一〇九八）を指す。すべての語録が、紙衣に書かれたわけではないが、われわれはこれによって、語録成立の一端をうかがうことができる。語録の生産は、当初より負の宿命をもつゆえに、かえって量産されただけでなしに、禅仏教そのものに、つねに活力を与えつづけたといえる。

五　語録の時代

語録という名称が、文献の上に定着するのは、宋初のことである。『宋高僧伝』第十一の趙州従諗や、同書第二十の黄檗希運の章に、「語録有りて世に行わる」というのは、おそらく最古の事例である。[32] いずれも現存する『宛陵録』や、『趙州録』のことであろう。『宋高僧伝』は、さらに巻十三の法眼文益の章にも、そのことを記す。当時、臨済にも、雪峰にも、玄沙にも語録がある。祖師たちのすべてに、何らかの語録があった。先の三例は、何故に賛寧の注意を引いたのか、あるいは何の理由もなかったか。私見はあらためていうつもりだが、もっとも明らかなのは、広く各派の仏教史を内容とする、『宋高僧伝』にそれがあって、『祖堂集』や『景徳伝灯録』など、禅仏教の専門文献に、それらしい記録のないことである。(33) 言ってみれば、禅仏教の内側で、語録はすでに自明の存在であった。語録という名称は、禅仏教の外部から、著名な人々のそれを呼ぶ、一般の通称(もしくは俗称)でなかったか。禅仏教の内部では、『頓悟要門』や『宛陵録』のように、個別の内題をもつのが一般で、あるいは簡単に語とよばれたようだ。先にいう、負の宿命のゆえである。それらを一括して語録とするのは、すでに第二次的な再編のゆえであり、負の宿命そのことが、次第に意味を変えて、さらに一種の新しい古典として定着し、やがて禅文献の量産のうちに組みこまれていく、そんな画期であったためといえないか。(34) 周知のように、『唐書』芸文志や『旧唐書』経籍志の道釈部に、幾つかの語録を掲げる。個別の題名をもつテキストが大半で、語録とよばれるものは、きわめてすくないようである。

いったい、語録という名称が一般化するまで、禅文献は何とよばれていたのか。先にいう、『楞伽師資記』や『伝法宝紀』、さらに次期の『宝林伝』や『祖堂集』など、一種の著述もしくは歴史的編纂物として、個別の題名をもつものを除いて、諸祖の説法や問答の記録という、第一次資料のことである。禅仏教の発端をなす達摩の語録より、それらにもとづいて編まれる『楞伽師資記』その他の、敦煌発現の禅文献については、いずれ、のちに詳しく考えるつもりである。(35) 先にいう、胡適や松本が、確かな史実の根拠とした初期の禅史の性質について、わたくしはすでに別に考えたことがある。(36) むしろ今、敦煌の禅文献に含まれぬ、唐代中期以後の第一次資料は、いったいどんな情況にあったのか。すくなくとも、それらは何とよばれていたか。しばらく、問題をここにしぼることにしよう。

要するに、結論を先にいえば、語録という名称が一般化するまで、六祖恵能の孫弟子たち以後、禅の第一次資料は、あるいは語本とよばれ、あるいは広語、あるいは語要、あるいは単に語とよばれていたようで、それらをまとめて一方に通史が編まれ、一方に語録全集が編まれて、語録の通称が生まれる。言わば、今のわたくしの興味は、敦煌の禅文献の後につづいて、新しい語録が次々と生み出される、禅仏教の揺籃時代にある。

語本　『祖堂集』第十五、東寺和尚の章に、次のような一段がある。

大暦八年に、国一禅師（径山道欽）の門下に止まり、やがて、大寂（馬祖）に帰った。学生が徳を慕って、林のように集まり、そのために禅堂の榻が折れたので、人々は折床の会和尚とよんだ。やがて、長沙の東寺に止まり、広く大事をのべた。つねに言うことは、大寂が世を去ってから、好事のものが其の語本を録して、すでに弊害となっていることだ。（人人は）言葉という筌をすてず、意を把むことができず、即心即仏の一つおぼえで、他には何も言わない。いつだって、先匠を師とせず、ただ足跡を追うにすぎぬ。そもそも、仏が何処にいるので、即心というのか。心は絵師のようなものだ。仏を引き下げるのも甚だしいと、いうのである。そこで、こう説きたてたものだ、心は仏でない、智は道でない、剣が遠くにすぎて、はじめて舟に刻みを入れた、と。人々は、東寺をよんで、禅窟とした。(37)

大寂は、馬祖道一（七〇九―八八）の諡号である。恵能以後、唐中期の禅仏教は、この人より発源した。『宝林伝』という本は(38)、かれが仏陀の正法眼蔵をつぐ、正系の祖師であることを立証するために、その弟子たちによって書かれる。馬祖という呼び名は、俗姓の馬に、祖師の祖という尊称をあわせる、珍しい俗称である。この人は顔形が大きく、牛のように歩き、虎のように人を射すくめ、舌を伸して鼻をつつみ、足の裏に二輪の文様があった。(39)いずれも、偉人の特徴であり、舌を伸して云云とは、釈迦と同じ「三十二相」を具えていたことを意味する。『宝林伝』の巻首に収める『四十二章経』は、そんな馬祖の御先祖たる仏陀の語録で、独自の教禅一致を説くものとみてよい[40]。とくに馬祖のもつ、もう一つの新しい契機は、中国での禅の初祖、達磨伝の再編にあり、『楞伽経』の伝持者として、この人を把え直したことである。この点については、のちにあらためて考えたい[41]。

問題は、そんな馬祖にはじまる新しい禅仏教が、即心即仏（君の心が仏である）と主張したことにあり、人々がそんな馬祖のことばを記録して、語本とよんでいたことだ。語本の編集は、馬祖の人がらを釈迦にくらべる伝記作者の意図とも関係し、釈迦の滅後に阿難がその遺教を誦出し、経教としたという伝説に重なる。馬祖の語本のことは、『祖堂集』第十九の仰山の章にも見え、のちにその三代の弟子のものと合わせ、『四家語録』にまとめられて、今に伝わるのである。

馬祖の特色は、言語活動を積極肯定し、これを随時の説としたことである。東寺は、そんな大勢を継承するのであり、馬祖の弟子としては、少数派であったらしいが、今はかえって、馬祖の正系を自認する根拠が、そこにあった。絵師の譬えは、『楞伽経』をふまえる、随時の説の根拠である。折床の会和尚とよばれるほど、この人の運動は、人々の支持を受けることとなる。「即心即仏」の批判は、馬祖の他の弟子である大梅法常にもあって、馬祖自ら「非心非仏」と言い直したとせられ、さらに又、馬祖自らこれを小児の啼くのを止めさせる、対機の語であるとする、別の問答ともなっている[42]。馬祖にはじまる禅仏教の特徴は、そうした説法のことばに対する不断の反省にあったともみられるが、今はそうした自己否定の動きが、すでに初期の語本の生産そのことに含まれているのを確認するにとどめよう。先に引く、臨済の示衆にみえる、記録好きの弟子たちへの警告や、雲門が説法の記録を嫌ったことも、同じ発想といってよい。語本の生産は、無限の流動と、自己否定を含みつつ、一種の定本化に進むのである。

次に、語本生産の記録は、馬祖につぐ百丈懐海の場合にも確認される。すなわち、将仕郎守殿中侍御吏陳詡が撰する、「唐洪州百丈山故懐海禅師塔銘幷序」（『勅修百丈清規』巻第八付録）に、百丈入滅の様子を伝えて、次のようにいっている。

> 門人の神行と梵雲が、微言を結集して、語本を纂成した。凡そ今の学者で、門閾を踏まないものも、奉じてこれを師の法としている。初め閩越の霊藹律師は、一川の教学の中心で、三学ともに帰仰したが、かつて仏性の有無について、遙かに徳を慕って発問し、大師は手紙に寓してそれを釈したことがあって、今も語本とあわせて、後学に広がっている。(43)

百丈の語本は、馬祖を祖とする『四家語録』の主要部分をなし、今に伝えられる。むしろ、のちに馬祖の語本が再編されるのは、この人の語本あってのことだろう。霊藹に答える、仏性の釈は存在不明だが、霊藹が帰投するのは、百丈の語本が、すでに人々の共感を得ていたためともいえる。すくなくとも、塔銘の作者は、そう受けとっている。神行と梵雲は、他に知られぬ弟子である。すでに百丈の生前より、自ら微言を記録していたのではないか。

今、『四家語録』に収める、百丈の言葉は、語録と広語の二部に分かれる。語録は、伝記の部分につづいて、弟子たちとの問答を集め、唐の元和九年正月十七日に、九十五歳で示寂する入滅の一段で終わる。その世寿は、塔銘が六十六とするのと異なる。塔銘の説をとるべきであろう。広語とよばれる部分が、神行と梵雲のテキストに当るのでないか。『宗鏡録』第十五に、百丈広語の名でその一部を引き、さらに第十九、第七十八、第九十八に別の引用があり、『万善同帰集』上にも引かれる。いずれも、広語の一部である。(44) わが円珍が大中八年に記録する、『日本国求法僧円珍目録』に、『百丈山和尚要決一巻神海集』随身の名がみえる。これが、本来の名であったろう。(45) 詳しくは、のちにあらためて考える。ついでにいえば、円仁の『入唐新求目録』に、『南陽和尚問答雑徴義一巻劉澄集』

とあり、同じ円珍の大中十二年『智証大師請来目録』に、『南宗荷沢禅師問答雑徴』一巻、『荷沢和尚禅要』一巻、『南陽忠和上言教』一本などの名がみえる。『六祖壇経』や『宝林伝』も、すでに日本に来ている。[46] 同じ荷沢神会和上に、別に『禅要』一巻とよばれる本があり、さらに南陽忠国師に『言教』一本があったというのは、語本の称が生まれるまで、言教とも禅要ともよばれたことを推定させる。『百丈山和尚要決』は、語本や広語よりも古い名のように思われる。[47] さらに円珍の「入唐目録」の別本に、『甘泉和尚語本』、ならびに『大譬和尚伝心要旨』一巻の目がある。

甘泉和尚とは、何人か。『宋高僧伝』第九に、「唐太原甘泉寺志賢伝」があり、『景徳伝灯録』第六の目録に、同じ名がみえる。甘泉志賢は、馬祖の弟子である。[48] 又、『宗鏡録』第九十八に、甘泉和尚の言葉を引き、別に太原和尚の語を引く。おそらくは、同一人であり、円珍のいう『甘泉和尚語本』に相当するだろう。[49]『宗鏡録』第九十八に引く、甘泉と太原和尚のことばのうちに、共通して、シツラの美男子演若達多の譬えがある。自心の外に仏を求めるのを、演若達多が自分の顔を探したのに譬えるのであり、『首楞厳経』によっていることは、言うまでもない。演若達多のことは、『臨済録』にもみえる。『首楞厳経』は、『暦代法宝記』に引くのが初出だが、やがて広く各派の拠るところとなる。馬祖の弟子のうちに、すでにこの引用があるのは、注目してよいだろう。宗密は『円覚経』によって、独自の哲学を樹立するが、『首楞厳経』を引かない。宗密が『首楞厳経』を知っていたことは、『禅源諸詮集都序』のはじめに「真に迷うて塵に合するを、即ち散乱と名づく。塵に背いて真に合するを名づけて禅定と為す。若し直に本性を論ずれば、即ち真に非ず妄に非ず、背無く合無く、定無く乱無し、誰か禅を言わん」と説き、[50] いきなり『首楞厳経』の説によるのが注目される。宗密は、『首楞厳経』を退けて、『円覚経』をとるのであり、かれ自ら言うように、偶然に与えられたのではなかった。宗密の選択は、すでに馬祖の新仏教を、批判する意を含むように思われる。宗密には、馬祖の語本に対しても、ある種の警戒があったようだ。

大鑑和尚は不明だが、『伝心要旨』はその語録にちがいない。百丈につぐ黄檗に、『伝心法要』があることは、周知の通りである。要するに、馬祖と百丈のとき、すでに語本があり、この名で通用していたことが判る。いったい、語本の名は何によるのか。私見では、伝統的な戒律用語に出拠をもつ戒本により、新しい説法集の意となったのではないかと思うが、この点については、のちにあらためて考える(51)。

言教　『祖堂集』に、言教の用例が九つある。言教は、教えを意味する普通名詞として通用するから、すべてを直ちに語本と同義とはいえないが、先にいう円珍目録の『南陽忠国師言教』一本より考えると、『祖堂集』の九例は、書名を含むのでないか。たとえば、巻首の浄修禅師の序に、次のように言うのがそれである。

してみると、(仏祖が)半偈一言を遺したのは、思うに已むを得ずに、そうなったのである。言教は、過度に天下にひろがり、秩序は、まだ師弟の位を分たぬ。かねて心配なのは、水涸の混乱が起こりやすく、烏馬の区別をつけにくいことだ(52)。

水涸の混乱は、有名な阿難の故事にもとづく譬えで、すでに『祖堂集』第一の、阿難の章の本文にみえる。阿難が遊行していると、一比丘が仏偈を錯って、誦している。

若し人、生きること百歳なるも、
水潦涸を見ず。
如かず、生きること一日にして、
之を覩見することを得んには。

阿難は歎じて、その仏語にあらざるを教え、正しい仏偈を示す。

若し人、生きること百歳なるも、

諸仏の機を会せず。

未だ若かず、生きること一日にして、

之を決了するを得んには。(53)

同じ話が、すでに『宝林伝』第二にあり、(54)さらにさかのぼると、その由来は古い。『祖庭事苑』第六によると、水涸は水鶴老のことであるとする。(55)話はこれを、水潦の鶴に誤まったのにはじまる。珍しい鳥の名、要するに鶴は千年、亀は万年といわれる、瑞祥を指す。「毘奈耶雑事」第四十では水白鶴、「阿育王伝」第四は水老鶴である。いずれも鶴の長寿を指す。今、梵巴の原語を知らぬが、おそらく、近音の誤りより来ている。別に『法句経』上の述千品第十六に、すこぶる類似の句が多数あることを参考してよいであろう。(56)

さらに、烏焉馬の誤りは、字形の相似による混同をいう、中国の俚諺である。今はこれによって、『祖堂集』の序者が、言教の語をテキストの意に用いていること、当時、言教の異本がすでに多かったことを確認すれば足る。仏祖の言教は、それほどに異本を生みやすいのである。言教は、普通名詞であると同時に、すでにテキストとして定着する、教義の意を含んでいた。『法華経』方便品に、「吾れ成仏してよりこのかた、広く言教を演ぶ」といい、『増一阿含経』第四十七に、「如来世尊に何の言教か有る」(57)というのは、そうしたテキスト化の根拠である。『祖堂集』の他の例のすべては、この事実を根拠づけるように思われる。要するに、言教とは釈迦のそれに比せられる、聖教の句のことである。神会の『菩提達摩南宗定是非論』のさいごも、同学長老が神会のことばを、和上の言教とよぶところがある。(58)

問答は、変化して伝わりやすい。無数の異本が生まれて不思議はなかったことだ。先にいうように、主客の句が逆転し、論旨が入り組む。場合によると、登場人物の名が変わる。『祖堂集』の編纂は、そうした異同を整理する、定本化の試みである。古今諸方の法要を集めて一巻とし、之を『祖堂集』と名づけたというのは、そのことを表明している。禅宗史書のねらいは、狭義の史実になかった。

禅文献を体系化せんとしたのは、『祖堂集』に限らぬ。『祖堂集』に先立って、宗密の『禅源諸詮集』あり、『祖堂集』と同時に、延寿の『宗鏡録』がある。前者は失われて、都序のみが残り、後者はすべてを現存する。宗密は、広く教禅一致の立場より、諸家所述、禅門根源の道理を詮表する文字句偈を写録し、集めて一蔵となし、以て後代に貽そうとするのであり、禅蔵の名は、もっともよくその趣旨をあらわす。延寿も、これを受けつぐのだが、「今、祖仏の言教の中、今の学人に約するに依り、心性発明の処、心を立てて宗と為すに随う」というのは[59]、その立場をより明確化するものといえる。いずれもすでに、祖仏の言教の矛盾に苦しみ、関心は、それらを整理する原理に向う。個々の言教に、すでに多くの矛盾がある。多数の言教を集めるとなると、統一は不可能である。時代は、すでに再編に向う。新しい教相判釈が要求される。言教の名は、これを仏陀の経典になぞらえる、新しい試みであった。『祖堂集』は、歴史の形をとり、宗密と延寿は、教判に範をとる。語本より言教への変化は、すでにそうした体系への志向を含んでいたようだ。

さらに、言教は語要となる。語要は、広録の主要部分、つまりエッセンスの意であり、略録のことである。すでに広録を前提とする名称だが、当初から広録なしに、語要だけのものもあったろう。『百丈和尚語要』の目は、すでに円珍の『入唐目録』にみえる。宋代に鼓山で開版する『古尊宿語要』四策は、大半が語要とよばれる[60]。『南泉語要』、『南院語要』など、はじめから略録であったのでないか。完全なものが伝わらなかったこともあろうが、自己否定を含む語録の精神からいうと、精要だけを伝えるのが本来のことである。

別録　『祖堂集』第十九の臨済の章に、その示衆の句を引いたあと、次のように記すところがある。

自余の応機対答は、広く別録に彰わす。(61)

当時、臨済の語録が、実在した。『祖堂集』の記述を信用するなら、弟子たちとの応機対答を集めたものが、別録である。別録は、示衆を集める広録に対し、別本とされたのでないか。先にいう、百丈の広語は、そんな示衆の集録である。別録の称は、何よりもまず、広録を前提する呼び名であり、同じ祖師の語録といわれる本のうちに、内容と編纂様式を分つ、数本があったことを想像させる。

『祖堂集』巻十七の長沙景岑章も、ほぼ同じ事例とみられる。長沙の応機対答を幾つか引いて、次のようにいっている。

自外は、具さに別録に載す。(62)

長沙は、南泉につぐ人、趙州従諗と同門である。先にいう、東寺如会とも関係があった。この人に、広録があったかどうか、今のところは判らないが、弟子との問答記録が、早く集められたことは、ほぼ推定が可能である。『祖堂集』がその伝のはじめに、未だ実録を覩ず、化縁の始終を決せずというのは、伝記に関することであろうが、広録の存在をも、想像させるからである。『伝灯録』第十の長沙の章も、多くの示衆問答と幾首かの偈頌を引く。早くより、テキストがあったとみてよい。

さらに、『祖堂集』第十五の塩官の章に、別録の存在を示す、次のような記述がある。

大中皇帝、潜龍の日、曾って礼して師と為す。甚だ対答言論有り、具に別録に彰わす。(63)

塩官の別録は、大中皇帝との対問語録である。必ずしも、広録に対するものとは言えぬが、この場合も、応機対答の語録を、別録とよんだ事例の一つとなる。そうした別録の称が、禅仏教に限定されるか、他の場合にも共通するか、今のところ判らないが、先にいう教判の意を含むとすれば、円教に対する別教の意に、新しい評価を与えたとみるべく、その人のみの個別の語録の意ではないであろう。

広語　『伝灯録』第二十八に、諸方広語の目があり、南陽忠国師語、洛京荷沢神会大師語、江西大寂道一禅師語など、十二家の語を集録する。(64) 当時、これらの人々に、広語があったとみられる。それらは、『祖堂集』や『宗鏡録』に収めるものと共通し、何らかの定本があったことが判る。とりわけ、今日、個別に語録を存する、神会、馬祖、懐海、南泉、趙州、臨済、玄沙、法眼の八家については、相互に校合が可能である。異なったテキストを校合することによって、広語の底本を推定することができる。さらに又、十二家のうち、馬祖以前の二家を別にすれば、馬祖系の祖師が六家を占め、法眼系が三家、別に薬山の一家が石頭系で、大半が馬祖下に属することと、趙州の広語の中に、すでに法眼のコメントが含まれていて、法眼の弟子たちの所伝であるらしいことは、あらかじめ注意しておいてよいであろう。(65) いったい、広語とは何か。先にいう、広録の意でないか。応機対答の問答を含むものもあるが、大半は上堂や示衆の記録である。言ってみれば『伝灯録』の本伝に収めるには、長きに失する説法の語を、ここに一括したことが判る。問答も、そうした上堂や示衆につづくものが多い。とりわけ、『伝灯録』は伝灯の句、つまり師資契合の事実を示す、機縁問答を収めることを第一とするから、上堂につづく問答や、他の弟子たちとの問答を、別個に扱ったのであろう。

注目してよいのは、『越州大珠恵海和尚語』である。大珠恵海は、馬祖につぐ、初期の弟子であるが、早く師の下を離れて、越州大雲寺で開法する。馬祖が恵海を認めたのは、恵海が『頓悟要門』を書いて、馬祖に呈示したためである。馬祖はこの書をみて、越州に大珠ありとほめる。『頓悟要門』は、恵海の著作であり、はじめに帰敬偈があるのは、『伝法宝紀』や『楞伽師資記』に共通し、テーマも前代より継承するものが多く、初期禅宗の哲学を集大成する意図がみられる。集大成には、馬祖の新しい立場が前提されるから、時代の課題に答えた作品といえる。一貫して問答の形式をとり、『金剛経』や『維摩経』の句を引き、その名をあげないで神会の言葉を引くのも、前代の各派の動きに対する、恵海の思考の傾向をものがたる。

現在の『頓悟要門』は、元代の再編である。[66] かつてすでに宋版があったようで、金沢文庫に伝えるのは、その写本である。元代の編集は、そんな宋版を上巻とし、下巻に『伝灯録』第六と第二十八に収める恵海の上堂、および問答を再編して、『諸方門人参問語録』と名づける。要するに、これが広録のすべてである。別に、『祖堂集』や『宗鏡録』に、かなりの引用があるけれども、元版の編者がこれをとらぬところをみると、それら恵海の広録とよばれるものが、宋初まで幾つかの異本で伝わったことが判る。とりわけ、それらは『頓悟要門』と同じように、話題を伝統教学にとるけれども、広語には対問者の名をあげるものがあり、座主とか律師とよばれる、三蔵研究の専門家であることも、この本の特色である。言ってみれば、大珠恵海の広語は、経律論の三蔵の書の外に、新しく出発する禅仏教の運動と、これを記録する初期の語録の実態を、かなり忠実に伝えることとなる。事情は、南陽忠国師や荷沢神会の広語にもさかのぼるが、今は馬祖につぐとされる大珠の広語によって、馬祖以前と以後のちがいを、語録の形とテーマによって考えるにとどめる。

さらに、『伝灯録』第二十八に伝える広語のうち、注目すべきは『鎮州臨済義玄和尚語』である。臨済義玄の語録については、馬祖にはじまる四代の語本を集大成する、謂わゆる『四家語録』の成立問題について、のちにあらためて考えるが[67]、『伝灯録』がこれをすでに広語の一家とし、『祖堂集』や『宗鏡録』と同じ示衆を引きつつ、相互にテキストを異にするのは、なおすこぶる流動的であった初期の語録の実態を知るのに、便宜があるからである。まず『祖堂集』第十九、『宗鏡録』第九十八、『伝灯録』第十二と第二十八、および『天聖広灯録』第九のテキストを、四本対照する。

(1)師有時謂衆云、山僧分明向你道。五蘊身田内、有無位真人。堂堂顕露、無毫髪許間隔。何不識取。
　時有僧問、如何是無位真人。師便打之云、無位真人是什摩不浄之物。
　雪峰聞挙云、林際太似好手[68]（『祖堂集』第十九）。

(2)一日上堂曰、汝等諸人、肉団心上、有一無位真人。常向諸人面門出入。汝若不識、但問老僧。
　時有僧問、如何是無位真人。師便打云、無位真人是什麼乾屎橛。
　後雪峰聞乃曰、臨済大似白拈賊[69]（宋本『伝灯録』第十二）。

右は、同じ話の記録のはずだが、相互に異なるのみならず、現在の『臨済録』のテキストとも異なる。五蘊身田は、肉体のこと、肉団心は心臓のことである。とくに、但だ老僧に問えというのは、次の質問を意識する、後人の修正であろう。

さらに、同じ話を伝えつつ、『宗鏡録』第九十八と、『伝灯録』第二十八は、次のように異なる。

(3)所以向尓道、向五陰身田内、有無位真人、堂堂顕露、無糸髪許間隔、何不識取[70]。

(4)所以山僧向汝道、五蘊身田内、有無位真人、堂堂顕露、無糸髪許間隔、何不識取[71]。

この場合は、二つとも、『祖堂集』第十九の前半とほとんど同じである。ただし、宗鏡と伝灯が、これを長い示衆のうちに挟むのに、現在の『臨済録』の示衆には、全くその形跡がない。

次のは、『祖堂集』第十九に収める、長い示衆に対し、他のテキストが、ある部分で一致し、ある部分で異なる例である。

(5)有時謂衆云、但一切時中、更莫間断、触目皆是。因何不会。只為情生智隔、想変体殊。所以三界輪廻、受種種苦。

(6)大徳、心法無形、通貫十方、在眼曰見、在耳曰聞、在手執捉、在脚雲奔。本是一精明、分成六和合。心若不生、随処解脱。

(7)大徳、欲得山僧見処、坐断報化仏頭、十地満心、猶如客作児。何以如此、蓋為不達三祇劫空、所以有此障。若是真正道流、尽不如此。

(8)大徳、山僧略為諸人、大約話破綱宗。切須自看。可惜時光、各自努力（『祖堂集』第十九）[72]。

(5)は、宗鏡と伝灯にみえず、『天聖広灯録』第十一に、次の照応があるだけである。

(9)若如是見得、便与祖仏不別。但一切時中、更莫間断、触目皆是。祇為情生智隔、想変体殊、所以輪廻三界、受種種苦。若約山僧見処、無不甚深、無不解脱[73]。

(6)は、『宗鏡録』第九十八、『伝灯録』第二十八、『広灯録』第十一に、次の照応がある。

(10)大徳、心法無形、通貫十方、在眼曰見、在耳曰聞、本是一精明、分成六和合。心若不生、随処解脱（『宗鏡録』第九十八）[74]。

(11)心法無形、通貫十方、在眼曰見、在耳曰聞、在手執捉、在足運奔。心若不在、随処解脱（『伝灯録』第二十八）[75]。

(12)道流、心法無形、通貫十方、在眼曰見、在耳曰聞、在鼻嗅香、在口談論、在手執捉、在足運奔。本是一精明、分為六和合。一心既無、随処解脱（『広灯録』第十一）[76]。

⑺は、『伝灯録』第二十八、『広灯録』第十一に、次の照応がある。

⒀山僧見処、坐断報化仏頂、十地満心、猶如客作児、等妙二覚、如檐枷帯鎖、羅漢辟支、猶如糞土、菩提涅槃、繫驢馬橛。何以如斯、蓋為不達三祇劫空、有此障隔。若是真道流、尽[77]不如此。

⒁道流、取山僧見処、坐断報化仏頭、十地満心、猶如客作児、等妙二覚、檐枷鎖漢、羅漢辟支、猶如厠穢、菩提涅槃、如繫驢橛。何以如此、祇為道流不達三祇劫空、所以有此障礙。若是真正道人、終不如是[78]。

⑻は、『伝灯録』第二十八と『広灯録』第十一に、次の照応がある。

⒂如今、略為諸人、大約話破。自看遠近。時光可惜。各自努力。珍重[79]。

⒃大徳、時光可惜。祇擬傍家波波地、学禅学道、認名認句、求仏求祖、求善知識意度（中略）、古人云、説似一物則不中。你但自家看。更有什麼。説亦無尽、各自著力。珍重[80]。

さらに、『伝灯録』第二十八に収める臨済のことばは、『宗鏡録』第九十八に照応する、次の四段を含んでいる。いずれも現存の『臨済録』に、相当することは当然であるが、『四家語録』にとられる以前の古型を残すといえる。今、『伝灯録』のテキストのみを、左に掲げる。

⒄如今諸人、与古聖何別。汝且欠少什麼。六道神光、未曾間歇。若能如此見、是一生無事人。

⒅一念浄光、是汝屋裏法身仏。一念無分別光、是汝報身仏。一念無差別光、是汝化身仏。此三身即是今日目前聴法底人。為不向外求、有此三種功用。拠教、三種名為極則。約山僧道、三種是名言。故云、身依義而立、土拠体而論。法性身法性土、明知是光影。

⒆大徳、且要識取弄光影人、是諸仏本源、是一切道流帰舎処。

⒇大徳、四大身不解説法聴法、虚空不解説法聴法、是汝目前歴歴孤明、勿形段者、解説法聴法[81]。

語　語本も、広語も、語と略称されることがある。語は、語ること、ことば、そしてテキストの意を含む。先にいうように、『伝灯録』第二十八に集める諸方広語の内容が、それぞれみな、江西大寂道一禅師語、趙州従諗和尚語であり、大法眼文益禅師語とされるのは、語の一語で広語を意味した証拠である。又、先にいう臨済の示衆に、弟子たちが大型のノートブックに、愚にもつかぬ老師のことばを写し云云というのも、老師たちのことばであるとともに、すでにそれらを記録したテキストをも含むとみてよい。たとえば、『祖堂集』第十の長生和尚の章に、「雪峰因ミニ古人ノ語ヲ読ンデ、光境倶亡トハ復タ是レ何ゾ、ニ到テ便チ師ニ問ウ」[82]というのは、明らかに盤山の語を指すが、紙に書いたテキストがあったのでないか。

とりわけ、禅仏教のテキストは、文字通りに本として、紙に書かれて定着するまで、人々の口から耳へと、口コミによって四方に伝わる。謂わゆる語話であり、話頭であり、古則公案である。むしろ、話し言葉はこの時期の方が、生きている。

言ってみれば、語の一語が意味するテキストは、紙に書かれて死語と化しかねぬ言教を、その本来に引きもどす努力とともに生まれる。たとえば、『洞山語録』のはじめに収める、行脚時代の話のうちに、洞山が潙山に参じて、南陽忠国師の無情説法話について問う一段がある[83]。洞山の伝記としては、もっとも有名なものであり、すべての洞山関係資料が、必ず伝える話である。当時、南陽忠国師の無情説法の話は、すべての行脚僧が記憶していた。先にいう、『忠国師言教』のうちに、無情説法の一段があったのでないか。そうした問答を話といい、広語といったのでないか。『祖堂集』には、「有ル人此ノ語ヲ持テ趙州ニ挙似ス」といい、あるいは、「誰々ニ挙似ス」という例が幾つかある[84]。

さらに、当時の問答には、「承ワル和尚ノ言ウ有リ」、「承ル教ニ言ウ有リ」という問いがある[85]。前者は相手のことばが、すでにテキストとして一般化していたためであり、後者は経典の句、もしくは教学中のテーマを指す。いずれも、言や教の一字で、言教を意味したといえる。

『伝灯録』第二十七に、諸方雑挙拈徴代別語の名で、諸禅師の問答とそのコメント、要するに雑則を集めたところがある。代別語とは、代別のテキスト。『伝灯録』は、師資の序列を正し、機縁語句を集めるのがねらいだから、そうした序列よりはずれる人々のことばを、ここに一括して集めるのである。一例をあげると、次のようである。

罽賓国王が手に剣をとり、師子尊者の前に進み出た、「師は五蘊皆空（の理）を把んだか」

「把んだ」

「把んだからには、生死を離れたろ」

「離れ了った」

「離れ了ったからには、頭を頂戴したい、よろしいか」

「身体すら我がものではない、まして頭をや」

王が（頭を）斬ると、白乳が涌いて、王の臂の方が堕ちている。

玄覚が徴していうのに、「且らく道え、斬りおおせたかな、斬りおおせんかな」

玄沙が云う、「師子尊者ともあろうお方が、頭の主人になれんとはね」

玄覚がさらにいう、「玄沙がああいうのは、その人の主人にならせたいのか、ならせたくないのか。もしその人を主にならせたいなら、五蘊はもう空ではない、若しその人を主にならせたくないなら、玄沙がああいったのは、いったい何のつもりだったか、ひとつ決めてみるがよい(86)」

玄沙は、雪峰門下のウルサ方。玄覚は、法眼につぐ弟子で、『伝灯録』第二十五に、金陵報慈道場玄覚導師行言とある人物。いずれ劣らぬ、徴拈代別の達者である。『伝灯録』は、本文の随処に、すでに二人の徴や拈、代別の語をはさんでいる。(87)

師子尊者が罽賓王に首を斬られた話は、古くは『付法蔵伝』や天台の『摩訶止観』で知られ、禅宗史にもとりこまれて、『伝灯録』でもすでに巻第二の本伝に収めるが、今は玄沙と玄覚の、新しい徴拈を見せるのが趣旨である。徴も拈も、要するに根源的な居直りの意で、つねに主題の本来にかえって、対話のうちに含まれる、絶対矛盾をつくのがねらいとなる。すでに知られている話ほど、そうした徴拈の効果は大きい。

いったい、雑挙とは何か。問題は、むしろここにある。雑挙は、本来の問答のみのもので、師資の名や伝の不明のもの。徴拈は、それらに徴や拈のついているもの、要するに第三者による徴、もしくは拈によって、本来の問答の意味がふくらんだもの。代別は、謂わゆる代語と別語であり、代語は本来の問答では答えがないのに、第三者が代わって答えたもの。別語は答えがあっても、なお不充分なものに、第三者が別の答えを出したもの、あるいは本来の答えが不充分でなくとも、第三者があえて一家の見を発揮し、異義を以て答える場合があり、第三者は本来の問答と同時同処、あるいは同時異処、あるいは別時別処など、種々の場合があり、第三者の参加理由も、本来の問答の当事者の一方が、自ら他に告げて(挙似、挙)、第三者に答語を徴するあり、挙似した時点で、全く別の新しい問答となることもあり、ケースは無限にひろがるけれども、要するに、誰かの問答が軸となって、他の問答を触発するのであり、そうした第二次的な問答を集めたのが、諸方雑挙拈徴代別語である。換言すれば、すでに第二次的問答の時代に入って、第一次的な問答のみでは満足し得ない人々が増大している。第三者の拈徴によって、本来の問答の主題が深められる場合があり、本来の問答が変化するもの、新しく創り直されるもの、第二次の拈徴を含めて、さらに第三次の拈徴があり、そうした過程で第一次の拈徴が消えて、主題が変化するものあり、問答の形式は、文字通り無限となろう。そうした動きは、本来の問答がすでに定着している場合にも起こり得るから、すでにテキストとなっているもの、はなはだしきは版本となっているものをあらため、あるいは誤って変えるなど、種々のケースもあり得よう。宋代以後、禅仏教に対する人々の関心の増大とともに、公案による問答が流行するのは、日ごとに増大する、そんな雑多なテキストを、できる限り総合し、整理して、単純化しようとする試みである。

もともと、問答の主題は、経典によるものあり、各派の宗学で発生する教義上の問題あり、禅仏教独自のテーマあり、第一次の問答といえども、問いも答えも、必ずしも単純ではない。事柄は、第二次拈徴以後に限らず、すでに当初の問答そのものが、そうした歴史を含んでいる。謂わゆる従上相承といい、従上来の事とよばれるものは、すべて口伝のテキストを指す。禅仏教の新しさは、漢訳三蔵の注釈に加えて、そうした問答を創造したことに始まるが、語本といい、言教といい、別録といい、広録というのは、そうした問答のテキストとして、あえて定着を求めたもの、要するに、公案の原型といえよう。自己否定を含むのは、当然のことである。

六　語本とは何か

馬祖にはじまる禅仏教の再編を、語本の発生にもとめて、後につづく変化の理由を考えた。語本という名称は、おそらくは伝統的な戒律の用語である、戒本に由来するであろう。戒本は、比丘たちが十五日と二十九日、ウポサタの日ごとに、自ら修行生活を反省するテキストである。(88) 比丘は必ず戒本を所持し、ウポサタに参加しなければならぬ。持戒の具体は、そうした二つの行為にある。ウポサタは、布薩と音写され、浄住、長養、善宿などと訳される。釈迦は入滅に際して説法し、滅後の弟子が波羅提木叉を尊重し、珍敬すべきことを求める。(89)

有名な法灯明、自灯明とは、波羅提木叉のことである。釈迦の生命は、比丘の持戒とともにある。波羅提木叉は、別解脱と訳される。初期の禅文献で、解脱を強調するものがあるのは、このことと関係するだろう。

汝等比丘、我が滅後に於て、当に波羅提木叉を尊重し珍敬すべし。闇の明に遇い、貧人の宝を得んが如し。当に知るべし、此は則ち汝等の大師なることを。若し我れ世に住まるも、此に異なること無きなり。(90)

馬祖の弟子は、八十四人といい、百三十六人といい、あるいは八百、あるいは一千六百人といわれる。(91)かつて、四祖や五祖が住した黄梅の東山には、五百人の大衆が集まった。曹渓六祖の門下は、「道俗一万参千人」という。馬祖以後も、潙山に一千五百、黄檗に七百、雪峰下には一千七百人が集まる。(92)

増大する修行者を統制し、宗祖の精神を実現するには、具体的な規制が必要である。馬祖の語本は、かつて『六祖壇経』が、南宗の弟子たちにとって、一種の伝授本であったのを受ける、新しい身許証明書ではなかったか。敦煌本『六祖壇経』によると、六祖は弟子たちにこの本を所持し、姓名と現住所を書いて、行脚の証とすることを求めている。師匠の名を書くことも、おそらくは条件となる。達摩より恵能まで、六代の伝法偈が書かれたのは、敦煌本『六祖壇経』が最初である。伝法偈は、やがて過去七仏に溯る。七仏の偈は、本来は律蔵の根拠であった。(93)『六祖壇経』は、戒壇説法の記録であり、何よりも戒本の意味をもつ。当時、『四十二章経』や『遺教経』など、持律持戒をすすめる短経が、再び人々の関心を引くのも、理由のないことではない。初歩的な訓童蒙のテキストが要求される。南北朝より隋唐初期にかけて、『論語』が童蒙の家訓とされたのを思いあわせてよい。(94)潙山霊祐の「警策文」を、右の二経に合わせて、「仏祖三経」とよぶようになるのは、宋初以後のことであるが、そうした要求はすでに潙山その人にあった。『宝林伝』の仏伝のうちに、『四十二章経』の全文が収録される。『四十二章経』は、中国初伝の仏説である。史実には問題が残るが、魏晋南北朝を通して、この短経が中国的仏教のテキストとなったことは確かである。道教とも交渉がある。陶弘景の『真誥』は、これを天帝の訓えとする。(95)

それぞれの時代を通して、人々の関心をうける『四十二章経』は、そのテキストに変化を生む。『宝林伝』に収めるものは、すでに禅仏教のテキストである。見性を主張し、無心を説くのは、その一証である。テキストに変化を生むのみならず、それを釈迦の語録とする新しい発想があることは、より注目に価しよう。問題は、『四十二章経』に限らぬ。むしろ、馬祖の新しさは、仏経のすべてを語録とし、その歴史を変えたことである。

君たちは誰も、自分の心が仏だと信ぜよ、その心が仏心である。達摩大師は、南天竺より中国にやって来て、そんな上乗一心の法を伝えて、君たちを開悟させたのである。さらに『楞伽経』の文を引いて、衆生の心地に印をつけたのは、君たちが逆か立ちして、そんな心の法が、夫々自分にあることを、自から信じないのを案じてのことだ。それで、『楞伽経』にこういうのである。仏語心を宗とし、無門を法門とすると（言葉の心が大切である、教え口のないのが教え口である）(96)。

仏語心を宗とし、無門を法門とするという句が、そのまま『楞伽経』にあるわけではない。この経典は、すべてが仏語心品である。一切教の心臓だというのである。周知のように、釈迦は晩年に自ら一生を総括し、始め某夜に開悟してより、さいごに跋提河に涅槃に入るまで、その中間に一字を説かずという。謂わゆる一字不説のもとづく処である(97)。仏語心とは、そんな不説の説を指す。その他、『楞伽経』には名句が多い。あるいは一切経を指月の指にたとえ、あるいは絵師が人々のために四衢道中に絵をかいてみせるように、説法に決った実のないことをいい、あるいは宗通説通の説など、いずれも般若系の大乗経典に類似の話を含むけれども、『楞伽経』によって、一層具体的な説となるのである。古来、達磨がこの経典を尊重し、二祖恵可に授けて、自得度世を命じたとされる理由である(98)。

馬祖の『楞伽経』再編は、そうした禅仏教の動きを受けるが、それを自らの新しい主張である、自心是仏の根拠とするのが特色。先にいうように、吾が語をとる勿れという、自己否定を含むのは当然のこと、さらにそうした自己否定を含む、言説の可能性を、積極的に主張することとなる。

馬祖の伝法偈とされるものは、おそらくは弟子たちの総括であるが、これが語本の成立を支える根拠となったにちがいない。

　心地は、その時時に、説かれる。
　菩提も、菩提そのまがよい。
　事も理も、ともに罣碍がないから、
　生そのものが、不生である。[99]

心地は、自性清浄心のこと、一切衆生の本覚真如である。『梵網経』が心地を説いて、一切戒法の根拠としたのによる。宗密の『禅源諸詮集都序』にも、仏性の異名とし、『楞伽経』の如来蔵識に当てる。菩提は、『六祖壇経』にもとづく、神秀と恵能の心偈をうける句。神秀は、自分自身を菩提樹とし、塵に汚されぬよう、つねに払拭せよとすすめた。恵能は、これを無用とし、本来無一物とする。菩提は、菩提でよいではないか。有るといってもよい、無いといってもよい。その時、その時によって、説き方が変わるだけだ。心地に、ちがいはないだろう。これが、馬祖の立場である。事も理も、共にさしさわりなし、どんなに心が生じても、本来は不生である、ことさら逆立ちせぬことだ。生は生、不生は不生で生きよというのだろう。

馬祖の語本は、おそらくは、単純なものである。『祖堂集』第十八、仰山和尚の章につづく、道存との問答録の部分に、馬大師の語本および諸方老宿が、しばしば『楞伽経』を引くとするのによると、[100]右の一段が馬祖の語本にあったことは明らかである。仰山は、達摩が『楞伽経』を重視したことに、かなり批判的である。これもまた随時の説である。今は、馬祖の語本の原型を、これによって確認すれば足りる。要するに、馬祖の弟子たちによって、馬祖にはじまる新しい仏教運動の、共通に拠るべきテキストとして、語本がまとめられる。すくなくとも、初期の語録は、馬祖門下に多く、その系統に集中している。今日、まとまった形で語録をとどめぬ祖師たちのことばが、『宗鏡録』の各所に引かれることも、注目に価しよう。馬祖の仏教運動は、そんな語本にもとづいて展開される。多くの弟子たちが、これをどう受けとめたか、この間の事情は、先にみる東寺の批判によって判る。

とくに、馬祖につぐ百丈のとき、禅院の清規が制定される(101)。清規とは、清衆の生活規則である。はじめ律寺に同居していた禅仏教の比丘たちが、新しく禅院を創始するのは、まず人員の増加から、必然の勢いであり、さらに伝統の戒律と異なる、新仏教の実践精神によって、独立の動きが強まる。当然、律院を禅院に改める事例があり、律僧と禅僧のあいだに、幾つかの抗争も起きている。『百丈清規』の出現は、馬祖の新仏教の自主規制である。

『百丈清規』の新しさは、幾つかの要素に分かれるが、今、とくに注目すべきは、上堂や示衆の制度化であり、それを支える法堂の創設である。

凡そ道眼を具えて、その徳の尊ぶに足る人を、長老とよぶ。西国で道徳がすぐれ、比丘としての年齢の高い人、たとえば須菩提を、この名でよんだのにならうのである。すでに、教学の主人であるから、方丈に居をしめるので、そこは浄名の室と同じく、私室ではないことになる。仏殿を設けず、法堂を立てるだけであるのも、仏祖が親しく正法を委任し、当代に尊ばれることを表わすものだ。(中略)長老が上堂し、陞坐(説法)するときは、主事も徒衆も、立ちならんで耳を傾ける。賓主問酬して、宗要を激揚するのは、正法によって立つ団体であることを示すのである(102)。

禅院における上堂の制は、百丈の時にはじまるが、そうした実態は、おそらくすでに百丈以前にさかのぼる。あるいは、すでにインド教団にある。現存の資料が、禅院の説法をすべて上堂とよぶのは、文献上の再統一にすぎまい。とくに、上堂は日時を定める、定例の行事となる。元代に再編される、『勅修百丈清規』は、これを旦望上堂とし、五参上堂と名づける。毎月一日と十五日に上堂を行うもの、あるいは五日、十日、二十日、二十五日の四度、上堂するのが五参である。[103] 五参とは、前の旦望をあわせて、五日ごとに上堂する意であり、おそらくは、中国の朝制で、五日に一朝するのにならうものとされる。中国仏教では、僧院の儀礼を宮廷のそれに擬することが多いから、あるいは古来、すでにそうした発想があったかも知れず、すくなくとも宋代になると、旦望の上堂は、天子の聖寿を祝する祝聖の儀を含むようになる。百丈の当時、祝聖の儀を含む旦望上堂の有無の論は、しばらくおく。禅院の上堂は、先にいう仏制の布薩をうけることが想像され、戒本が語本に変化し、やがて上堂の語の記録が、新たに自然にはじまることを想定してよかろう。やがて、語本が言教とよばれるのも、そうした権威の故である。

記録は、人々の記憶を基本に、次第に総合され、整理される。先にいう、『伝灯録』第二十八の諸方広語のごとき、いずれもかなり長編であるが、必ずしも同時の記録ではなくて、別時の上堂、別時の記録を、強いて一括した形跡があって、順序やテーマに無理があり、矛盾がある。かつての教相判釈と同じように、再編と統一が要求される。そうしたテキストの変化と再編、もしくは新しい拈徴については、すでに注意した通りである。時代はすでに、『祖堂集』や『伝灯録』の、新しい総合を必要とする。

先にいうように、『伝灯録』第二十八に収める十二家の広語のうち、馬祖以前の南陽忠と荷沢神会の二家、および馬祖系の六家、法眼系の四家に加えて、澧州薬山惟儼和尚の語があるのは、もっとも注目してよいであろう。薬山は、石頭につぐ祖師で、その下に雲巌や道吾を出して、曹洞宗の源流となるが、石頭、薬山の系統は、馬祖や百丈のそれとちがって、山居修道の家風が特色である。世に出て人を説くことなく、独りで道を楽しむ傾向あり、いずれも楽道歌や草庵歌をのこし、あるいは心性を明珠や宝鏡にたとえる、種々の偈頌の作がある。『伝灯録』第二十九、第三十の両巻に収めるのは、そうした作品の代表作である。(104)

薬山は、朗州芍薬山に道場を構えるが、その僧堂は、村人より牛小屋を借りたもので、弟子が増加するに従って、山上に別に方丈をつくったという。芍薬山に、法堂といえるような演法の堂宇があったか、どうか。『祖堂集』第四の伝によると、主事の僧が強いて上堂示衆を求めた様子が知られる。薬山は、已むを得ず上堂するのであり、かれの説法が他と異なるのは当然である。

のちに、趙州が当時を回想し、「老僧初めて薬山に到りし時、一句子を得て、直に如今に至るまで、齁々地に飽く」といい、「老僧が薬山に見えしとき、薬山の道うに、人の問著する者有り、便ち口を合却せしめよと」とするのは、薬山の上堂に対する、高い評価を含むといえよう。(105)

さらに、注目すべきは、『龐居士語録』である。居士の禅の語録として、完全なものは他に存しない。現在の本は、明代の再編であるが、龐居士の語がすでに五代に評価され、一書にまとめられていたらしいことは、『宗鏡録』の各処に引かれる、多くの偈頌によって判るし、宋代に士大夫の注目を受けたため、幾つかの書目にその名を見る事実もある。(106)龐居士は、『祖堂集』や『伝灯録』で馬祖下に配せられるが、馬祖と石頭の両系統に交わり、法系の外にいたことは確かであり、どちらかといえば、偈頌は石頭系、問答は馬祖系とみることもできる。元来は、詩偈によって知られたのであり、「詩偈三百余篇」というのは、『詩経』の作品数を三百とするのになぞらえるので、『寒山詩』も三百首といわれるから、実数と考える必要はないが、居士身ゆえの言行が、上堂や示衆という禅院の外のものであったことは確かだろう。語録という名称も、宋代以後の改編による。本来、何とよばれたか、今は確認することができない。

以上によって、馬祖の時代より『祖堂集』、『伝灯録』にいたる、語本より語録への形成経過について、考えうるところを尽した。さいごに、それらを語録とよぶ、新しい通称の発生を伝える、『宋高僧伝』の記事について、私見を述べたい。先にいうように、『宋高僧伝』は趙州と黄檗と法眼の三家について、語録有りて世に行われることを注意した。当時、他の人々にも、語録はあったはずである。『宋高僧伝』は、どうしてこの三家を選ぶのか。

　黄檗希運の語録は、時の宰相裴休が編する、『伝心法要』の名で知られるが、これはかなり問題。別に、『四家語録』や『古尊宿語録』に収める『宛陵録』と、二書以外の語録もある。のちにいうように、南宋のはじめに、『伝心法要』と達磨の『血脈論』をあわせて、初学のための入門書とする出版があり、これが『達磨三論』成立の因となる。[107]『宋高僧伝』のいう黄檗語録は、いずれを指すのか。もとより断定はできないが、それらのいずれかを指したことは確かであり、明版『四家語録』はそのすべてを含む。『四家語録』は、馬祖、百丈、黄檗、臨済という、四家の語の集大成であり、黄檗の部分が一ばん大きい。『宋高僧伝』は、『四家語録』の代表として、黄檗を選んだのではないか。『四家語録』の成立上限は不明で、最下限は楊傑が序をつけている元豊二年であるが、個々の語録はすでに以前より存在するのであるから、馬祖以下の四家のうちより、『宋高僧伝』はまず黄檗に注目したのでないか。言ってみれば、黄檗の語録は、『四家語録』の代表である。

　次に同じ発想で、法眼の語録を選ぶことができる。法眼は、五家の代表である。現存の『五家語録』は、明末の再編であるが、五家の各派に宗祖の語録があったことは言うまでもない。とくに、五家という総括は、法眼によって成立する。[108]『伝灯録』は、その成果である。先にいう同書第二十八の諸方雑挙徴拈代別も、この系統の人々のものが多い。又『伝灯録』第二十八の趙州の語が、すでに法眼のコメントを含んでいて、この系統の所伝であり、じじつその三代の弟子澄諟によって、『趙州録』の最初の詳定をみることなど、[109]唐代の禅のことばが、ひとたび法眼によって総括され、宋代に伝わる事情を知ることができる。法眼宗は早く、宗派の足あとを断ち、今残される語録にも、とくに注目すべきものは少ないが、五代より宋初のころ、江南の金陵に拠って、唐代の禅宗史を総括し、『伝灯録』や『宗鏡録』などの大編纂を生み、天台や華厳の教学を再興し、宋代における教禅一致論の基礎をすえた功は大きい。朱子の語類のうちに、法眼を高く評価することも、注目に価しよう。(110)『宋高僧伝』の編者が、法眼に注意を払うのは、当然のことである。

第三は、趙州である。趙州は南泉につぎ、南泉は馬祖につぐ。趙州は、馬祖の法系に連なるが、四家にも五家にも属せず、独自の個性を発揮する一匹狼である。もともと、南泉は馬祖下にあって、宗派をつくらず、先にいう東寺と同じように、馬祖の即心即仏を批判した人である。この人の「不是心不是仏不是物」の一句は、もっとも有名である。(111)趙州は、そんな南泉の家風を受けつぎ、さらに徹底する。あえて棒喝を用いず、口脣皮上に光を放ったという、(112)得意の言説を発揮して、唐末百二十年の生涯を、河北の一角に生き貫く。その語は早く記録され、人々の注目を引く。『伝灯録』第二十八の諸方広語にも、その一部を収めること、先にいうごとくであり、現在のテキストと一致することも、注目してよいであろう。『趙州録』が、法眼下三世の廬山澄諟によって、最初の詳定をみるのは、あたかも『伝灯録』と同時のことである。とくに、北宋の末期になると、趙州の語録は、師の南泉その他とあわせて、『古尊宿語要』四策のはじめに収めて、あらためて重版される。『宋高僧伝』は、『古尊宿語要』のことを知らないが、『趙州語録』に対する人々の評価を知っていたにちがいない。『趙州録』は、四家と五家の外にある、唐代禅語録の代表である。

因みにいえば、わたくしはかつて『古尊宿語要』の、鼓山における編集と開版の史実に注目し、明代にさらに改編される『古尊宿語要』四十八巻の構成について、私見をまとめたことがある。(113)今は、四家と五家にまとめられる、代表的な唐の語録について、若干の知見をまとめ、古く達摩にはじまる語録の歴史のうちで、それらを考え直してみようとするのが、本稿である。

七 『達摩三論』の問題

従来、達磨の語録と考えられた、古層の禅文献を集めた編纂物が二つある。第一を『達磨三論』といい、第二を『少室六門』と名づける。

『達磨三論』は、『血脈論』と『悟性論』、『破相論』の三本を収める、日本での総括。『少室六門』は、このほかに『心経頌』と『二種入』、『安心法門』の三本その他を加えて、六門を構成する、中国の成果。少室は、達磨が恵可を接したという嵩岳少室峰の名によるもので、達磨語録の権威はこの命名とともにあった。いずれも、神会より馬祖、宗密の時代にかけて、達磨を祖とする禅の各派が祖師のことばと認めた、達磨禅の宗論にすぎず、相ついで出現するそれらの達磨論は、語録の名称が定着するまで、禅文献を包括する総名で、達磨を祖とする禅仏教の綱要書を意味した。とりわけ『心経頌』の一編は、玄奘訳の『般若心経』をテキストとし、五言八句の頌三十七首をつけたもので、時代錯誤も甚だしいが、当時、各派の心経注が盛んにつくられている事実を考えると、人々が達磨注の心経を求める、新しい動きを否定できない。六祖恵能が、『金剛経』をテキストに、下語を加えたものもある。(114)

いったい、『達磨三論』と『少室六門』をくらべると、一往は前者の編集が古いとみられる。いずれも、宋代の再編であるが、早く日本で覆刻される。『達磨三論』は、至徳丁卯（一三八七）に臨川寺の三会院で開版したものをはじめ、徳川初期の活字版（和田万吉、古活字本研究資料）があり、『少室六門』は室町期のものが水戸の六地蔵寺に伝わり、町版も、徳川時代にはもっとも流行する。かつては、日本で編集したものと見られたが、六地蔵寺本によって、宋版の覆刻であることが確認される(115)。

さらに、別に朝鮮に伝えられた、初期の禅文献を集めたものに、『禅門撮要』二冊がある。上冊には、達磨の『血脈論』と『観心論』、『四行論』、五祖弘忍の『最上乗論』、黄檗の『宛陵録』と『伝心法要』のほか、元の『蒙山法語』と明の『禅警語』を収め、下冊に高麗知訥の「修心決」、「真心直説」、「定恵結社文」など、朝鮮撰述の禅文献を集めている。『観心論』は、『破相論』であり、『四行論』は『二種入』と『安心法門』を含むこと、のちに明らかにする通りである。『禅門撮要』の編集は、近代のことであるが、朝鮮伝来の禅文献は、その素性が古いうえに、かつて『達磨四行論』の単行があり(116)、安心寺版『観心論』あり、弘忍の『最上乗論』を加える四論の単行もあったようで、江戸時代にすでに日本に来ていた形跡があり、すくなくとも日本では、『達磨三論』と『少室六門』、『禅門撮要』のテキストは、相互にかかわりがあるとみられたようである(117)。敦煌本の発現以後、そうした成果が総合され、禅文献の古層の確認に役立つ、新しい基礎となることは、のちにあらためて考える。金沢文庫に伝える、鎌倉初期の写本、『達磨和尚観心破相論』も、そんな二つの名をあわせもつ(118)。

『達磨三論』に収める三書は、ともにその題名に達磨大師の名を冠している。とくに、『達磨大師血脈論』には、見独老人任哲が紹興癸酉（一一五三）に書いた序がついていて、この本の成立時代を考える、手がかりの一つとなる。じつをいうと、任哲の序は必ずしも『達磨三論』のためのものではなくて、黄檗の『伝心法要』と『達磨大師血脈論』の二書を、初学者向き学道用心の書として、新しく出版したときのもので、『達磨三論』の出版とは、直接のかかわりをもたないが、現存する『達磨三論』は、すべて任哲の序をもつから、黄檗の『伝心法要』を除いて、『悟性論』と『破相論』を加えたのは、わが平安時代のこととなる。ただし、先にいう『禅門撮要』は、『血脈論』その他につづいて、黄檗の『宛陵録』と『伝心法要』を収めるから、それらを一括して考える傾向そのものは、朝鮮に影響しているといえる。さらに、『少室六門』の『安心法門』は、『宗鏡録』第九十八をはじめ、大恵の『正法眼蔵』第二冊、『聯灯会要』第三十などにあるのと同じテキストで、すくなくとも日本のテキストは、その題名の下に、『宗鏡録』と『正法眼蔵』によると注するから、この注記が宋本のそれを受けるとすれば、日本での編集、もしくは開版は『正法眼蔵』以後となる。大恵が、『正法眼蔵』を編するのは、紹興中期のことであるから、『少室六門』の編集は、任哲が『血脈論』に序をつけるのと、ほぼ同時のこととなる。

いったい、日本で『達磨三論』が注目を呼ぶのは、平安末より鎌倉時代の初めにかけて、謂わゆる鎌倉新仏教のさきがけとなる、日本達磨宗の運動と関係している。[119] 日本達磨宗は、大日能忍（?—一一九六）を開山とする禅宗で、叡山の旧仏教より弾圧を受けたことと、三代の弟子の有力者たちが、道元の門下に衆団帰投するために、その歴史的伝統を失ってしまうけれども、栄西が『興禅護国論』を書いたのは、主として達磨宗の運動と自らの立場を分つためであり、最近の研究によると、達磨宗は室町時代中期まで、陰に陽に、歴たる宗教活動を一貫して継続していたことが明らかとなる。[120]

とくに、道元の仮名『正法眼蔵』をテキストとして、和語による示衆説法を発展させ、その講録を集大成する、経豪の『正法眼蔵』画餅巻御抄によると、日本達磨宗の運動は、上記の三論を拠りどころとしたという。[121] 別に達磨宗の根拠とされる『真如観』にも、『達磨和尚破相論』の名がみえる。日本における『達磨三論』の受容は、日本達磨宗の運動と、何らかのかかわりをもっていたのでないか。日本における禅書開版の最初とされる、無求尼の「潙山警策」も、大日能忍の発願である。[122]

大日能忍は、叡山の祖師たちが入唐して日本に伝えた、初期禅宗の語録によって無師独悟するが、人々から師承と伝戒の拠るなきことを批判されて、淳熙十六年（一一八九）に二人の弟子を入宋させ、育王山の徳光より印可を受けるのであり、右の「潙山警策」も徳光より与えられたものとされる。大日能忍が、『達磨三論』を与えられた証拠はないけれども、先にいう任哲の序をもつ『達磨三論』の成立は、能忍の弟子の入宋と、ほぼ同時のことである。

さらに、金沢文庫に伝える十三世紀の禅文献の写本の中に、『達磨大師悟性論』と、先にいう『達磨和尚観心破相論』が二本あり、別に『見性成仏論』や、『法門大綱』、『成等正覚論』など、日本達磨宗の運動に、直接関係するものがある。後の三本は、最近になって、達磨宗のものであることが立証された、珍しい資料であり、先の三本も達磨宗との関係が推定される。(123) 金沢文庫に、『血脈論』があったことは、『小経蔵目録』とよばれる、当時の古い蔵書目録に、その名が見えるから、三論が揃っていたことは確かである。『小経蔵目録』には、『中華伝心地禅門師資承襲図』の目がもくあり、かつて宗密の著書が存したことも、達磨宗に関係をもつものとして、注目してよいであろう。

いったい、金沢文庫に伝える達磨論は、唐代のテキストによる写本である。すなわち、『達磨和尚観心破相論』の一本には、建仁元年（一二〇一）の奥付があり、他の一本は「建長四年六月廿四日未時書了、執筆夜叉王丸」の署名があるうえに、ともに巻首に無名僧の序と、巻末には「時大唐会昌五年乙丑歳春二月八日写、遇奉伝上日本和尚結当来之因、越州判県沃州子襲朗書」のコロホンをもつ。すなわち会昌五年（八四五）に、日本の入唐僧が越州で入手したものによるのであり、又、『悟性論』の末尾には、「文永十一年甲戌二月廿五日於足利庄法楽寺書写了」の署名あり、別に、かつて積翠軒文庫に存した、「文永十一年甲戌五月三日」の写本があって、これもまた十三世紀の写本であり、古渡の唐本によるものらしい。金沢文庫本『血脈論』の素性は判らないが、任哲本ではないだろう。

もともと、『達磨三論』は早く唐代に、日本に伝えられたようで、先にいう円珍の入唐目録に、『悟性論』の名を見るほか、日本開版三論の『悟性論』には、常楽院銀海の序がついている。銀海の伝は不明であるが、日本僧であることは、ほぼまちがいないから、日本でつけられたのであるし、さらに又、円珍の入唐目録には、「達磨和尚五更転」の目があり、五更転は『悟性論』の末尾についている「夜坐偈」にほかならず、金沢本の『達磨和尚悟性論』は、両者を日本で合わせたのであり、先にいう宋本の三論に先立って、日本で三論が集められる可能性は大きい。『達磨三論』は、大日能忍に限らず、抜隊の仮名法語にも引かれるから、[124] 地方土着派の鎌倉仏教に縁の深い禅文献の一つである。『血脈論』の伝来は、明らかでないけれども、後にいう仰山下の伝承で、中国ではむしろ、唐代に存したことの証拠は、この本の方が確かであり、『唐書』芸文志に恵可の『達磨血脈』一巻があり、とくに注意されたことが判る。

さらに、最近にいたって、名古屋の真福寺に伝わる『達磨和尚観心破相論』と、『菩提達磨悟性論』の二本が紹介された。[125] 平安末より鎌倉初期の写本というから、金沢本と同時のものであり、唐代のテキストを写している。古い『六祖壇経』や、宗密の『中華伝心地禅門師資承襲図』と一括して写されているのも、その伝承の古さを証拠する。

いったい、『達磨大師血脈論』は、「三界混起、同帰一心、前仏後仏、以心伝心、不立文字」の五句ではじまり、次いで不立文字についての問答に移る。「以心伝心、不立文字」の二句は、古くより達磨の言葉とされたもの。すなわち、宗密の『円覚経大疏鈔』第三之下は、次のように記す。

以心伝心とは、是れ達磨大師の言なり。因みに可和尚の咨問すらく、此の法は何の教典か有ると。大師答えて云う、我が法は以心伝心、不立文字と。謂うこころは、師の説に因ると雖も、文句を以て道と為さず、須らく

詮を忘れて意を得べく、意を得るは即ち是れ心を伝うとなり。(126)

宗密の主張は、『祖堂集』第二の達摩の章に伝える、次のような問答をふまえる。

恵可、進んで曰う、和尚よ、此の法は、文字記録有りや。

達摩曰く、我が法は以心伝心、不立文字なるのみ。(127)

『祖堂集』の編集は、宗密に後れるけれども、いずれも、『血脈論』の思考を前提する時代の言葉を反影するとみてよい。血脈とは、仏祖の血脈を意味し、経律論の三蔵の外に、仏語心を伝えた人々の自任の句である。先に、『暦代法宝記』に拠った人々が、自派のことを別に『師資血脈伝』と名づけ、また『定是非摧邪顕正破壊一切心伝』と名づけ、また『最上乗頓悟法門』と名づくというのは、時代の課題のすべてをあげたものといえるが、『師資血脈伝』の名が中核となっていることは明らかである。わが最澄が、『内証仏法相承師師血脈譜』を書くのも、そんな『暦代法宝記』の思考による。

最澄の『越州録』に、『曹渓大師伝』と『絶観論』、『達磨系図』の目がある。(128)『達磨系図』は、最澄の血脈譜のうち、『達磨大師付法相承師師血脈譜』の素本であろう。宗密の『中華伝心地禅門師資承襲図』は、達磨以後の系図である。『血脈論』は、そんな『達磨系図』や承襲図の総論に当るとみられないか。もともと、達磨以下六代の祖師が以心伝心して、文字を離れたとするのは、神会の『南陽和上頓教解脱禅門直了性壇語』である。神会の意見は、北宗の楞伽主義に対する、はげしい不満と批判の気分を含むが、神会以後、「以心伝心、不立文字」の旗印をかかげて、新しい仏教運動を展開したのは、必ずしも神会・宗密の系統に限らぬ。むしろ、『血脈論』に拠った人々は、そうした動きの先端にいた。言ってみれば、『破相論』や『悟性論』に比べて、『血脈論』はもっとも新しい。近代の研究によって、『破相論』は神秀の『観心論』にほかならず、破相という改名も、宗密の北宗批判によることが明らかになった。(129)要するに、『破相論』は、北宗系の達磨語録である。『悟性論』も、北宗系の拠りどころとされた『禅門経』の言葉を引いているから、そうした前代を総括し、再編する傾きがある。(130)『血脈論』の主張と、他の二論のあいだには、明らかに開きがある。『血脈論』を生み出す宗派の実態は、今のところ、なおよく判らないが、この本には新しい「西天二十八祖説」があり、当時、南北二宗の外にあった人々、後にいう馬祖の洪州宗と、潙仰宗に関係することは確かである。

周知のように、『血脈論』の特色は、見性成仏を説き、即心是仏や自心是仏をいうにある。他の二論にない、新しい主張である見性主義は、神会にはじまり、『曹溪大師伝』を経て、『六祖壇経』に行きつく。『血脈論』は、『六祖壇経』よりも、さらに徹底した即心是仏に行きつく。即心是仏は、馬祖の言葉である。黄檗の『伝心法要』に、祖師西来、直指人心、見性成仏をいうのは、成句としては最古である。「以心伝心、不立文字」より、「直指人心、見性成仏」への新しい展開がみられる。『宗鏡録』第十四に、「達磨初祖、直指人心、見性成仏」とするのは、そうした展開を総括するのであり、達磨が始めから「直指人心、見性成仏」を説いたわけではない。先にいう、任哲の序が、とくにそのことをいうのも、『血脈論』と『伝心法要』をあわせる、新しいテキストのゆえである。

さらに、わが円珍の「教相同異」にも、禅門宗の説をあげて、「即心是仏」を宗とするという。(131)当時、唐の禅仏教は、もっとも関心を引くに価する、新しい動きであった。日本では、「以心伝心、不立文字」は禁句だが、「即心是仏」の一句だけは、早くより注目されたのである。

いったい、「不立文字、以心伝心」の句は、後に「教外別伝」の四字を加えて、新しい四句を構成する。それらの四句が、完全に出揃うのは、降って宋代のことであり、今のところ、北宋末の『祖庭事苑』を最古とするが、(132)そうした四句によって、達磨の立場を総括することの可能な根拠は、『血脈論』にさかのぼるといってよい。とりわけ、『無門関』第六にみられるように、「不立文字、教外別伝」の二句は、さらに世尊拈華の話に結合される。言ってみれば、『血脈論』の不立文字は、世尊拈華の話を生みだし、『正法眼蔵』の付嘱を根拠づける、最初の試みであった[133]。あたかも、馬祖の立場を根拠づける『宝林伝』が、『正法眼蔵』の付嘱を説くのと、ほとんど同時のことである。『宝林伝』より『血脈論』への、何らかの影響を考えてよいのではないか。

『伝灯録』第二十八に収める、南陽忠国師の広語のうちに、当時の南方に盛んであった一派の宗旨を批判し、先尼外道の説とするところがある。かれらは、「即心是仏」を説き、仏はこれ覚の義とする。誰もすでに、見聞覚知の性があり、身中に偏在していて、どこをつねっても、すぐに痛癢を知る、揚眉瞬目、去来運用するものが、悉く仏性の働きである。色身は生滅するが、心性は生滅しない。成仏とは、生滅しない本心を識ることであるというのだ。忠国師は、これを外道の神我説に同じとし、仏教にあらずと叱るのだが、忠国師の批判を含めて、ほとんど同一のことばが、『血脈論』にみえるのは、注目してよいであろう。

> 仏とは、西方のことばで、わがくにでは、覚性という。覚とは、霊覚のことであり、応機接物、揚眉瞬目、運手動足、すべて自己という、霊覚の本性である。本性は自心にほかならず、自心は仏にほかならず、仏は道にほかならず、道は禅にほかならぬ。禅という文字は、凡夫にはおしはかれない[134]。

忠国師が非難する、南方一派の正体は、今一つよく判らないが、忠国師はさらに、かれらが『壇経』を改換し、聖意を損じたとするから、明らかに曹渓恵能の下に分派し、南方に根を張る人々である。結論を言えば、こうである。忠国師の批判を受けて、『血脈論』がつくられる。この本に見える「西天二十八代説」は、忠国師の頃には、まだ存在しない。『血脈論』は、忠国師の批判に応え、『壇経』の見性説を推しすすめて、自派の根拠とするのであり、九世紀前半における曹渓を祖とする禅仏教の、より新しい運動の成果といえる。

問うていう、既に若し施為運動するもの、一切時中、皆な是れ本心ならば、色身の無常するとき、云何が本心を見ざる。

答えて曰う、本心は常に現前するも、汝自から見ざるのみ。

問うていう、心は既に見在す、何が故に見ざるや。

又た問う、汝が言語し、施為運動する、汝と別か、別ならざるか。

答えていう、別ならず。

師云う、既に若し別ならずんば、即ち此の身はこれ汝が本の法身にして、即ち此の法身は、これ汝が本心なり、この心は無始広大劫来、如今と別ならず、未だ曾て生死あらず、不生不滅、不増不減(135)（以下略）。

外道の神我と、『血脈論』のちがいは、心性の体を空性とすることで、ここに引く答えが『心経』の不生不滅以下の句につながるのも、理由なきにあらずである。施為運動をいいつつ、「用体本空、空本無動とし、終日去来して未だ曾て去来せず、終日見て未だ曾て見ず、終日笑って未だ曾て笑わず、終日聞いて未だ曾て聞かず云云」とするのは、そっくりそのまま黄檗の『伝心法要』の結論であり、『血脈論』より洪州宗への、新しい展開を推すに足るであろう(136)。

さらに、注目すべきは、わが栄西に帰せられる『真禅融心義』に、『血脈論』と『六祖壇経』の句を引いて、禅の根拠とすることである(137)。『真禅融心義』は、真言と禅の一致を説くもので、栄西以後の作品であるが、先にいう栄西の達磨宗批判を受け、達磨宗の教学的深化をはかるところに特色をもつ。

とりわけ、この本は『血脈論』の「揚眉瞬目」の句を、密教の「色心不二」に配し、『六祖壇経』の神秀の偈を評価し、遮那三密法門に配して、「仏事門中不捨一法、実際理地不受一塵」の意であるとし、「本無煩悩、元是菩提」の義に異ならずとする。最後の句は、次にいう宗密の『中華伝心地禅門師資承襲図』の説を知っている証拠で、すでに『悟性論』をふまえるとも考えられるから、『血脈論』の名で、それら三論を代表させていたのかも知れない。この場合もまた、栄西が達磨宗を空病の徒とするのに対し、密教の有の教学によって、『六祖壇経』や『達磨三論』を再編しようとする、新しい傾向がみえる。ひっきょう、『血脈論』という本は、そうした時の動きに敏感な、運動家の手になることを、あらわしているのであるまいか。

八　『観心論』と『破相論』

『達磨三論』のうち、もっとも早く近代の関心を引くのは『破相論』、すなわち『観心論』である。『破相論』が、古く『観心論』とよばれたことは、すでに先にいう金沢文庫本によって知られ、『禅門撮要』の本によっても判る。近代の関心は、敦煌本『観心論』の出現を動機に、恵琳の『一切経音義』第百に、これを大通神秀作とするのが、あらためて注意されたことにはじまり、従来の達磨語録としての域を脱し、その成立年代が確認されるとともに、唐代の禅文献が含みもつ、古層の所在が問われたことにある。すなわち、神尾弌春が『宗教研究』新第九巻の五（一九三二年九月）に発表する「観心論私考」がそれで、矢吹慶輝の「鳴沙余韻解説」にも収録されるが、これがさらに禿氏祐祥の「少室六門集について」（龍谷学報第三〇九号、一九三四年六月）を生み、鈴木大拙の「達磨観心論(破相論)四本対校」（大谷学報第十五の四、第十六の二、一九三四年）と、「龍谷大学付属図書館蔵、敦煌本『菩提達摩観門法大乗法論』殊に其中の『修心要論』に就き」（大谷学報第十六の一、一九三五年）の二論を経て、北京図書館の敦煌文献による『少室逸書』（一九三四年）と、『校刊少室逸書』（一九三六年）の公刊、とくに後者に収める長篇論文「達摩の禅法と思想及其他」によって、初期禅宗史研究の仕事が、漸く軌道にのるのである。

神尾弌春の著想の新しさは、矢吹の『鳴沙余韻』(一九三〇年)によって、そこに収める敦煌本『観心論』が、朝鮮伝来のテキストに合致することと、『一切経音義』によって、作者を確認したことにある。『一切経音義』は、恵琳(七三七—八二〇)の百巻本を指す。すなわち、智昇の『開元釈教録』によって、一千三百部の入蔵経律論について、難読難解な訳語のコメントを集めるほか、題材を入蔵書に限らず、古来の蔵外の仏典と同時代の著作について、音義を加えるのが特色である。すなわち、最後の第百巻には、『法顕伝』や『恵超伝』、『無行法師書』といった遊方伝の書をはじめ、『肇論』、『止観門論』、『安楽集』、『宝法義論』(僧稠)など、各派の著作十七種の音義を収めるのであり、このうちに神秀の『観心論』一巻が含まれる。言ってみれば、入蔵の『経律論』に準ずる評価が、『観心論』に与えられる。

かつて注意したように、今知られる『観心論』の敦煌本は、大半が経典の様式をもつ冊子である。[138] もっとも早く紹介されたのは、『大正新修大蔵経』第八十五に収めるスタイン第二五九五号で、この本は首欠であるが、巻末に「庚申年五月二十三記」とあり、のちに別に、スタイン第六四六、五五三二、ペリオ第四六四六、および龍谷大学所蔵の一本が知られた。いずれも、冊子本である。特別の扱いを受けていたのであり、おそらくは、謂わゆる北宗禅の人々の、ひとしく拠るところであった。やがて、恵能の『六祖壇経』が、経の名によって出現するのと、おそらくは無縁でない。要するに、神秀の『観心論』は、天台智顗の『観心論』に寄せる、新しい実践の提案である。智顗の『観心論』は、一名「煎乳論」とされる。末代の教学は、衆生の現在に対応して、到れり尽せりの体系を樹立することで、かえって牛乳を水で薄めたように、すこぶる味気ないものになっている。あえて煎乳して乳味を凝縮し、仏説本来に直接できる、観心の一法をすすめるのである。

八万四千の煩悩に対して、八万四千の法門が施設される。煩悩を起さなければ、八万四千の法門は無用となる。

それは、すでに一方に「不立文字、以心伝心」という、教外の立場を予想しつつも、今は観心を軸とする新しい仏教学の構想が先決。かれの門下には、すでにそうした実践を求める、多くの弟子がいた。神秀の『観心論』は、謂わゆる北宗禅の入門書であるとともに、奥義書である。智顗のすすめる観心は、要するに三種止観のことだが、今は必ずしもそうした体系を前提せず、大乗仏典の解釈を、自心の内省にあてはめる、謂わゆる観心釈の方法だけが継承される。神秀は、智顗の観心釈とあわせて、弘忍の『修心要論』の説を受けるのであり(139)、むしろここに著作の動機がある。弘忍は、すでに衆生身中に金剛の仏性があり、あたかも日輪のごとく、体明らかに円満し、広大無辺である。ただ五陰黒雲に覆われて、あたかも瓶内の灯光が、顕現できぬのと同じになっているだけという、『十地経』の句を引く(140)。ここに引かれる『十地経』は、正常な『十地経』や『十住経』の本文ではないようで、『十住毗婆沙論』その他の注釈の句でもない。むしろ、神秀の『観心論』を介して、『楞伽師資記』の恵可伝や、『宗鏡録』第八十などに継承されて、歴たる『十地経』の句となるのであり、本来は、不明の経の句に対する、弘忍の観心釈であった。瓶内の灯光の譬えも、すでに『大法鼓経』巻下にみえる(141)。瓶は、肉体に譬えられる。この経典は、初期の禅仏教に関係が深い。

経典の句を手がかりに、自心の内省を深める試みは、『大乗無生方便門』によって、さらにより徹底した方法となる。『大乗無生方便門』は、敦煌本の発現によってはじめてその全貌をみせる、北宗禅の綱要書の一つである。それらの本文研究は、すでに宇井伯寿の『禅宗史研究』と、鈴木大拙の「禅思想史研究第三」（全集本第三巻）によってほぼ完成をみる。異本が多いのも、実践の書のせいである。存在はすでに、宗密の『円覚経大疏鈔』の引用によって、部分的に知られたが、神秀の『観心論』との関係、とくに『六祖壇経』の批判によって、ゆがめられた神秀ではなくて、謂わゆる北宗禅本来の思想が明らかになるのは、この本が知られたことによる。

『大乗無生方便門』は、本来は「授菩薩戒儀」の一種で、先に弘忍の東山法門にあったとされる、『菩薩戒法』一本の発展ともみられる。のちに、神会や『六祖壇経』に受けつがれる禅の戒経の先駆として、馬祖の語本に集大成される、大きい禅戒の歴史のなかで理解されるべきことは、のちにあらためて考える。(142) 問題は、この本が『大乗起信論』と法華、維摩、思益、華厳という、五種の大乗経論によって、観心の体用を明らかにすることである。第一は、総じて仏体を彰わし、第二は智恵門を開き、第三は不可思議法を顕示し、第四は諸法の正性を明かし、第五は自然無碍解脱道である。それぞれの経論の大意をいうよりも、強いて観心の実践に引きよせるのである。別名、『大乗五方便』の名が、そのことをあらわす。言ってみれば、この本は、教外別伝と教禅一致の総合に行きつく、禅仏教の源頭に立つ文献である。のちに宗密が北宗禅を総括して、「払塵看浄、方便通経」というのは、(143) すでに『六祖壇経』や神会の批判による、後代の総括であるにしても、北宗の観心釈を評価していることは確かである。問題を、『観心論』にもどす。神秀はこの本の末尾を、次のように結ぶ。

但だ能く摂心内照して、覚観常に明らかなれば、三毒の心を絶して、永く消亡せしめ、六賊の門を閉して、侵擾せしめず。自からにして、恒沙の功徳、種々の荘厳、無量の法門も、一一に成就せん。凡を超え聖を証して、目撃、遙かにあらず。悟は須臾に在り、何ぞ皓首を煩わさん。真門幽秘、寧ぞ具陳す可けんや。略して観心を説き、其の小分を詳くす。(144)

北宗は、観心の一法による。諸行を総括して、仏道の省要を説く。そうした摂心内照の思考は、すでに紀国恵浄の『般若心経疏』にみえる。「照見五蘊皆空」という本文に加える、観心釈の一つである。八識を転じて四智を成じ、四智を束ねて三身を成ずという句についても、(145) 恵浄より北宗系の「頓悟真宗論」を経て、大珠の『頓悟要門』への、後代の発展をあとづけることができる。要するに、北宗によって開拓された、大乗経律の読み直しが、次期の各派の運動を推進させ、新しい語録を生みだす契機となる。『観心論』が、恵琳の『一切経音義』にとられて、経律に準ずる扱いを受けたのは、蓋し深意ありといえる。

周知のように、北宗の観心主義を批判し、これを漸教と断じ、達磨の禅の正系にあらずとするのは、荷沢神会である。

師承是傍、法門是漸というのが、神会の北宗攻撃の出発である。神会の生涯は、こんな批判を、徹底させることで一貫される。今、神会その人の伝や、北宗攻撃の史実に深入りすることはしない。あらかじめ注意してよいのは、神会が北宗の偏向をまとめて、「凝心入定、住心看浄、起心外照、摂心内証」の四句とし、これは菩提の法を鄣えるもの、法縛の心であるとすることだ(146)。神会は生涯にわたってこの四句をくり返す。この四句を含む説法は、もっとも早い『南陽和上頓教解脱禅門直了性壇語』をはじめ、当の北宗攻撃の記録である『菩提達摩南宗定是非論』と、晩年にまとめられる『荷沢和尚問答雑徴義』のすべての異本に、共通して収録される。それが先にいう、『観心論』の「摂心内照」を受け、『大乗無生方便門』の趣旨を要約していることは、明らかである。とりわけ、のちに臨済の示衆のうちに次のような一段があって、神会を受けることが知られる。

> 一般の瞎禿子有り、飽くまで飯を喫し了って、便ち坐禅観行し、念漏を把捉して、放起せしめず、喧を厭い静を求むる、これ外道の法なり。祖師云く、你若し住心看静、挙心外照、摂心内澄、凝心入定せば、是の如きの流は、皆なこれ造作なり(147)。

臨済が、神会を祖師と呼ぶのは、当時の空気を伝えるものである。宗密によると、神会は徳宗の勅によって、貞元十二年に七祖と称せられる(148)。宗密は、神会を曹渓の正系とし、洪州を傍とするのである。神会を南宗の正系とする発想が、洪州の四世たる臨済に影響するのは、馬祖を正系とする洪州宗の主張が、なお地方のものであったためである。

もともと、神秀の『観心論』が、達磨の『破相論』となる契機は、宗密の発想に由る。周知のように、宗密は、当代の仏教と禅の動きを体系化して、『禅源諸詮集都序』をあらわし、『中華伝心地禅門師資承襲図』をつくる。『円覚経大疏鈔』第三之下も、そのねらいを含む。神会の荷沢宗を正系とし、洪州を傍系とする主張が、それらの著作の動機である。宗密は、禅を北宗と南宗と牛頭の三宗とし、仏教を唯識、般若、華厳の三教とするが、それらを相互に融会させるとともに、北宗と唯識を批判して、牛頭と般若に融会し、牛頭と般若を批判して、南宗と華厳に融会するのであり、さいごに同じ南宗のうちでも、洪州を荷沢に融会することにより、もっとも高次の華厳と荷沢のうちに、仏教と禅のすべてを総合する、教禅一致の体系を説く。注目してよいのは、仏教の三教を、密意依性説相教（人天教、小乗教、大乗法相宗）、密意破相顕性教（三論宗）、顕示真心即性教（天台、華厳）と名づけ、禅の三宗を息妄修心宗（北宗）、泯絶無寄宗（牛頭宗）、直顕心性宗（南宗）と名づけたことである。(149) 後のものによって、前のものを批判し、前を後に融会するとともに、後によって前を根拠づける総合化の体系が、それらの命名に含まれる。密意破相顕性教の名は、注目に価しよう。

宗密の教禅一致論は、華厳の澄観や、天台湛然の教学体系を受けて、かれが新たに見出す『円覚経』の構想であるが、神秀の『観心論』や『大乗無生方便門』にみられる、方便通経の構想がとりこまれる。当時、牛頭法融の作という、『絶観論』が新しく登場する。宗密は、この本によって、泯絶無寄宗を構成している。言ってみれば、宗密は南宗を禅と仏教の正系としつつ、北宗の教学体系を無視しない。むしろ、北宗の観心釈を批判して、新しい本知の哲学を樹立する。

いずれにしても、神秀の『観心論』は、達磨の語録の一つとなる。いったい、『観心論』を『破相論』と、改名したのは誰か。もとより、断定はできないが、改名は同時に、作者を達磨とする意を含む。要するに、宗密が禅の三宗を論じつつ、その根源を見落している、じつは知って故に秘する密意を、標示しようとしたのでないか。とりわけ、金沢文庫本のコロホンによって、その付序と改名の時代を、会昌以前におくなら、ほとんど宗密の時代に接続することとなる。ひょっとすると、改名は宗密以前となる。一方に、馬祖にはじまる新しい禅仏教の運動が、次々に独自の語本を生みつつあったとき、他方では達磨の語録に根拠を求める人々がいた。先にいうように、『百丈広録』のうちに、すでに達磨の『二入四行論』長巻子の言葉が、幾条も引用される。朝鮮に伝えられる『観心論』のテキストは、質問者を恵可としている。金沢文庫のテキストにも、題名の下に可禅師門（問）とあり、朝鮮の改造は、必ずしも近代に降るまい。

さらに、近代に知られる敦煌の禅文献の一つで、あたかも同名の『観心論』（ペリオ第三七七七号）が、別に『菩薩総持法』一巻、亦名『破相論』、亦名『契経論』、又名『破二乗見』とする、長い注記を伴うのも、すこぶる注目に価しよう。この写本は、崇済寺満和尚の『了性句』や、『澄心論』（智顗）、『修心要論』（弘忍）など、初期の禅文献とあわせて連写される。今のところ、内容の全く異なる、同一名の禅文献の存在は、他に例がないようである。

ついでにいえば、北宋末に降るけれども、『郡斎読書志』第十六に、「観心論一巻、魏菩提達摩作」とし、『文献通考』第二百二十七も、これと同じい。一度、『破相論』と改名されたのちも、依然として旧名で行われたのである。

九　『悟性論』とその周辺

上来の検討によって、達磨を祖とする禅仏教の綱要書として、唐代に出現する『達磨三論』のうち、もっとも早く『観心論』が書かれ、さいごに『血脈論』が登場することを知る。『観心論』は、神秀の作品であり、『血脈論』は馬祖直後とみられる。のこる『悟性論』が、その中間にあることは、ほぼ想像に難くない。先にいう、円珍の将来目録は、この推定を助ける。

いったい、『悟性論』のはじめに引かれる『禅門経』は、北宗禅の主張を権威づけるための、仏説の形を仮る語録である。(150)先にいう『大乗無生方便門』の「体用分明、寂照照寂、吐納分明、神用自在」の意がテーマである。序文を書いている恵光は、神秀につぐ普寂（大照禅師）に参じている。『暦代法宝記』によると、達磨はインドより中国に来るに先立って、この国の様子を探るため、仏陀と耶舎の二弟子を派遣する。仏典の翻訳に終始する長安で、所払いをくわされた二弟子は、廬山恵遠をたよって南方に逃れ、ここで『禅門経』を訳したという。宗密も、この話を知っている。(151)達磨の語録という『悟性論』が、この経典を重視するのは、むしろこの伝説による。先にいう、大珠恵海の『頓悟要門』にも、『禅門経』の引用がある。『禅門経』が頓悟を説くのは、神会の北宗批判に応える、新しい立場を打ち出すためで、必ずしも北宗の根拠づけにとどまらず、この経そのものをも、達磨を祖とする禅仏教の、新しい綱要書とみることができる。ただし、経典の形をとるのは、先にいう北宗の方便通経の意を受けるので、『血脈論』の不立文字とは、明らかに立場を異にするし、見性を説かぬことも注意に価しよう。

いったい、『悟性論』は、『禅門経』に限らず、維摩、法華、金剛、涅槃、楞伽その他、不知名の経典を、自由に引用して、自説の根拠とする一方、当時、すでに達磨の語録とされた『二入四行論』をとって、全体の趣旨とするところに特色をもつ。『達磨三論』のうち、この本は、いちばん歴史上の達磨のことばを気にしている。

たとえば、次の一段は、注目に価しよう。

心をもって法を学ぶときは、心は法と倶に迷う。心をもって法を学ばざるときは、心は法と倶に悟る。凡そ迷うものは、悟りを迷う。悟るものは、迷いを悟る。正見の人は、心の空無なることを知って、即ち迷悟を超え、迷悟有ること無きを、始めて正解正見と名づく。
色は自から色ならず、心に由るが故に色なり。心は自から心ならず、色に由るが故に心なり。是に知る、心と色と両つながら相い倶に生滅有り、有なるものは、無を有とし、無なるものは、有を無とす。これを真見と名づく[152]。

『悟性論』は、『二入四行論』第八段に収める、三蔵法師の言葉をふまえるのだ[153]。『二入四行論』の構成については、のちにあらためて考える。『二入四行論』のうち、三蔵法師の名で達磨をよぶのは、この一段のみである。今、該当の一節をあげると、こうである。

三蔵法師は言う、解らざる時は、人が法を逐う。解る時は、法が人を逐う。解れば則ち識が色を摂め、迷えば則ち色が識を摂す。色に因って識を生ぜざるを、是れを色を見ずと名づく。法を求めざるも、無求を求むるは、亦た是れ汝が求なり。法を取らざるも、無取を取るは、亦た是れ汝が取なり。心に須うる所有るを名づけて欲界と為す。心は自から心ならず、色に由って心を生ずるを、名づけて色界と為す。色は自から色ならず、心に由るが故に色なれば、心と色と無色なるを、無色界と名づく[154]。

欲、色、無色の三界を、自己の心の動きによって説明するのは、禅仏教の特色である。貪瞋痴を三界とするのは、臨済の禅の発端である。先にいう『観心論』にも、『悟性論』にも、その例がある[155]。もとづくところは、ここに引く三蔵法師のことばである。今、三蔵法師の解説は、もっとも単純であるが、以下、法性、菩提、涅槃について、あるいは、如来、仏、法、僧について、同じ形の観心釈が展開される。

迷いと解りの関係を、人と法（すなわち物）によって体系化するのも、おそらくは達磨を最古とする。敦煌発現の偽経の一つ、『究竟大悲経』第三にも、不覚のときは、法で法を逐うが、すでに覚すれば、法は法にほかならず、法は動転することがない、とする一段がある。(156) 後の法は、心である。頓悟の根拠は、要するに心が迷わぬこと、心が生じないこと、つまり相を離れること、法が動転しないことである。心が生じなければ、人は法と冥符し、自他の相を分けない。達磨の教えが、そんな如法の理にあったことは、あらためて注意する必要があろう。壁観に凝住し、理と冥府して、分別あることなく、寂然無為たるところが、理入である。

すくなくとも、右に引く三蔵法師のことばの一部は、清涼澄観の『心要』をはじめ、馬祖の語本や、大珠の『頓悟要門』にひきつがれる。(157)『悟性論』を経由しているか、どうか。断定は難しいけれども、いずれも同時代のもので、『頓悟要門』がもっとも新しい。引用は簡単で、すでに自明の定理となっている様子がある。

今、『伝灯録』第二十八、馬祖の示衆にみえる、次の句に注意しよう。

迷に在るを識と為し、悟に在るを智と為す。理に順うを悟と為し、事に順うを迷と為す。迷うは、即ち自家本心に迷う、悟るは即ち自家本性を悟る。一悟永悟して、復た更に迷わず。日の出ずる時、冥に合せざるが如く、智恵の日出でて、煩悩の暗と倶ならず。心及び境界を了すれば、妄想は即ち生ぜず。妄想、既に生ぜざる、即ち是れ無生法忍なり。本有今有、修道坐禅を仮らず。修せず、坐せず、即ち是れ如来清浄禅なり。(158)

馬祖が、『悟性論』を知っていたことは、ほぼまちがいない。馬祖の坐禅論は、『壇経』や神会にもとづくが、どこか『悟性論』を受けているように思われる。『悟性論』は、「諸の動定を離るるを大坐禅と名づく」とし、「凡夫は一向に動なり、小乗は一向定なり」、とする。(159) とりわけ、馬祖の引く「心及び境界を了する云云」は、『楞伽経』の句である。(160) 馬祖は、『悟性論』を経由して、達磨と『楞伽経』を再編している。仏語心を宗とし、無門を法門とす、とはそのことである。心を、迷いと解りの両面から考えるのは、『悟性論』の特色である。

凡そ心を将て法を求むるを迷いと為す。心を将て法を求めざるを悟と為す。（中略）迷う時は此岸あり、悟る時は彼岸無し……迷う時は世間の出づ可き有り、悟る時は世間の出づ可き無し。迷うときは罪有り、解る時は罪なし。何を以ての故ぞ。罪性は空なるが故なり。迷う時は、罪無きに罪を見る。若し解る時は、罪に即して罪無し。何を以ての故ぞ、罪に処所無きが故なり。経に云う、諸法は無性なり、直用して疑う莫かれ。疑えば即ち罪を成ず。何を以ての故ぞ。罪は疑惑に因りて生ずればなりと。若し此の解を作すものは、前世の罪業も、即ち為めに消滅す。迷う時は、六識五陰も、皆な煩悩生死の法なり。若し悟る時は、六識五陰も、皆な是れ涅槃、無生死の法なり。(161)

無条件に、罪性の空無をいうのは、達磨の語録の特色である。達磨と二祖の安心問答や、二祖と三祖の懺悔問答は、ともに同じ発想をもつ。(162)四祖道信の解脱、浄土の問答が、これを受けていることは、あらためて注意するまでもない。

宗密の『中華伝心地禅門師資承襲図』に、有名な肉骨髄の問答がある。(163)達磨はインドに帰るに当たって、弟子たちの見解を試み、その得法を認める。話頭そのものは、『暦代法宝記』にみえるが、弟子たちの答えを記すのは、宗密が最初である。すなわち、「煩悩を断じて菩提を得」とする尼総持は、肉を得、「迷えば即ち煩悩、悟れば即ち菩提」とする道育は、骨を得、「本より煩悩無し、元是れ菩提」とする恵可は、髄を得たとされる。三人の弟子たちの答えは、煩悩即菩提の句に対する、コメントである。

じつをいうと、煩悩即菩提の句も、すでに『暦代法宝記』にみえる。(164)先にいう『禅門経』の訳出に関係して、長安より廬山に来た仏陀と耶舎が、恵遠と問答する一段であり、話は二人が何故に長安を擯出されたのかという、廬山恵遠の質問よりはじまる。要するに、三人の弟子たちの答えは、達磨仏教の骨髄、祖師西来意を明かすのである。

ついでにいえば、三人の弟子の答えは、のちに宋初の天台と禅の間で、諤諤の論議をまき起こし、余波は日本に及んで、鎌倉新仏教の出発に重なる。大日能忍を祖とする日本達磨宗の教義は、「本より煩悩無し、元是れ菩提」の二句にあった。栄西はこれを認めず、道元は別の解釈を与える。詳しくは、わたくしの別の文章「道元と中国仏教」(『禅文化研究所紀要』第十五冊、一九八四年)をみられたい。

問題は、宗密が道育の答えとし、恵可のそれよりも低いとする、「迷えば即ち煩悩、悟れば即ち菩提」という、二句のことである。恵可と道育の答えを、宗密は荷沢宗と、洪州馬祖に当てる。そこには、自ら拠って立つ荷沢宗を、達磨の正系とし、洪州を傍系とする評価を含む。宗密は、『悟性論』と馬祖の語本をふまえて、道育の答えを構想した。迷えば罪あり、解れば罪なし、罪性は本来空である、というのは、確かに馬祖のものであるが、それは同時に煩悩も菩提もともに空、解も迷もともに空という、二性空もしくは三空の論理より来ている。二性空もしくは三空の論理は、空をも空ずる、不空を説くことを特色とし、これが達磨語録の基本となる(165)。宗密が恵可の句とする、「本より煩悩無し、元是れ菩提」とは、じつは華厳の発想であり、宗密その人の偏向にすぎぬ。神会に始まる本知の哲学は、この人によって華厳に解消され、その所在を失うのである。馬祖を祖とする、新しい禅仏教の運動は、むしろ、達磨語録の空の論理を再編し、その実践を強力に推進するところに特色があった。『血脈論』の見性とは、おそらくはそのことである。『悟性論』の成立は、本来は北宗系の再編とともにあるが、運動はさらに進んで『血脈論』を生み、馬祖の新仏教となるところに、はからずも大きい使命を果したといえる。

馬祖につぐ百丈や、百丈につぐ黄檗の語録に、『悟性論』の影響があることは、当然であるが、今はこの問題に深入りしない。のちに四家の語録の成立について、一括して考えたいからである。先にいうように、百丈の『広録』に、達磨の『二入四行論』が初祖の句として再三引かれることは、あらかじめ注意しておいてよいであろう。

馬祖以後の人々は、『悟性論』が試みた『二入四行論』の再編を、強力に推進するのであり、馬祖にはじまる、新しい運動の画期的意義を、ここに求めることができる。さらに、百丈は『法王経』の句を引く[166]。『法王経』は、『禅門経』についで、南宗禅を根拠づけるために、新しく登場する偽経である。禅関係の偽経として、年代的に最下限に位置することと、達磨語録をふまえることが、新しい特色として注目される。

いったい、『悟性論』の特色は、見と解である。『臨済録』で、これが真正の見解となる。

夫れ真見は、見ざる所無く、亦た見る所無し。見は十方に満ちて、未だ曾て見る有らず。何を以ての故ぞ。見る所無きが故に、見に見無きが故に、見るも見るに非ざるが故に。凡夫の見る所は、皆な妄想と名づく。若し寂滅して無見ならば、始めて真見と名づく。心と境と相い対して、見は其の中に生ず。若し内に心を起さざれば、則ち外に境を生ぜず。故に心と境と倶に浄し、乃ち名づけて真見と為す。此の解を作すを、乃ち正見と名づく。一切法を見ざるを、乃ち得道と名づく。一切法を解らざるを、乃ち解法と名づく。何を以ての故ぞ。見と不見と、倶に見ざるが故に。解と不解と、倶に解せざるが故に。無見の見を、乃ち真見と名づく。無解の解を、乃ち真解と名づく。（中略）経に云く、智恵を捨てざるを、愚痴と名づくと。心を以て空と為せば、解と不解と、倶に是れ真、心を以て有と為せば、解と不解と、倶に是れ妄なり[167]。

『悟性論』は、さらにつづいて、先に引く達摩語録の引用に入る。達摩語録の解と迷をテーマに、真見と真解の論を展開するのである。「智恵を捨てざるを愚痴とす」というのは、今のところ出所を知らぬが、すくなくとも正常の訳経の句ではあるまい。『悟性論』の文脈で、それがすんなり受けとれるのは、すでに新しい禅文献の時代に入っている証拠である。とりわけ、仏や菩薩、菩提、涅槃など、価値への執を嫌うのは、馬祖以後の人々の特色である。臨済のいう真正の見解も、そんな達摩語録再編の成果の一つで、臨済が馬祖の四世とされる理由とみてよい。

夫れ出家なる者は、須らく平常真正の見解を弁得して、仏を弁じ魔を弁じ、真を弁じ偽を弁じ、凡を弁じ聖を弁ずべし。若し是の如く弁得せば、真の出家と名づく。若し魔仏を弁ぜずんば、正に是れ一家を出でて一家に入る。喚んで造業の衆生と作す、未だ名づけて真の出家と為すを得ず。祇だ如今、一個の仏魔有り、同体にして分かたず、水乳の合するが如し、鵝王は乳を喫す。明眼の道流の如きは、魔と仏と倶に打す。你若し聖を愛し凡を憎まば、生死海裏に浮沈せん。(168)

臨済の真正見解は、対立する価値の空をいうのみならず、すすんで対立の中に入り、処々に空性を現ずる行動を含む。かつて指摘したことがあるように、臨済の示衆のうちにみえる、「你が一念心の喜、風に来たり飄さる」という珍しい表現が、じつは達磨の『二入四行論』にある喜風にもとづくことを知れば、(169)達摩語録の再編は、馬祖下の人々の仕事であり、両者の中間にある『悟性論』の意味も、かなり変化するといえないか。

さらに、馬祖より臨済の時代にかけて、達磨の名による綱要書として、より大きい問題を提起するのは、敦煌本によって知られる、『絶観論』の出現である。しかし、この本についても、わたくしはすでに別に私見を出しているから、今はひとまず省略に従うことにしたい。(170)

一〇　達摩論をさかのぼる

『少室六門』に収める、六つの文献のうち、『達磨三論』との重複を除くと、のこるのは『心経頌』と『二種入』、および『安心法門』の三本である。『少室六門』の特色は、これらの三種にあるわけだ。『達磨三論』は唐代中期のものだが、のこる三つは、やや事情が異なる。先にいうように、『心経頌』の一編は、玄奘訳『般若心経』のテキストに、五言の偈頌をつけたもので、明らかに歴史的矛盾を含む。『血脈論』以下の三論も、すべて達磨を祖とする人々が、その綱要書としたものにすぎず、達磨その人の語でも著作でもないのだから、『心経頌』だけを別扱いする必要はないが、今は一往、禅語録の歴史を問うことを先とし、明らかに玄奘以後である、『心経頌』の吟味を後にしよう。古来、玄奘の『心経』について、各派の注疏があるうち、禅の注疏には特色あるものが多い。南陽忠国師と芙蓉道楷、慈受恵琛の作品を、とくに「心経の三注」と呼ぶほどで、今では別に敦煌文献の出現により、浄覚や智詵、江南恵融といった、初期の禅家の作品が知られるから[171]、達磨の『心経頌』についても、それらの禅家の仕事と、あわせ考えなければならぬ。とくに、『少室六門』の『心経頌』は、唯識学の色彩が強いから、これがどうして達摩に結びついたのか、興味ある課題である[172]。

問題は、のこる二つである。結論を先にいうと、『二種入』と『安心法門』は、元来は一つの作品であり、達摩の語としては最古のものだが、かれを祖とする禅仏教の異常展開とともに、のちに出現する伝記や作品の陰にかくされて、評価が二転三転したすえ、終にその存在すら忘れ去られてしまう、もっとも不幸な語録である。『心経頌』への不信が、『少室六門』の評価を疏外したこともある。すでにくり返しいうように、この本がそんな最古層の、大切な文献と知られるのは、敦煌文献の出現以来のことで、近代の初期禅宗史研究は、この本の再評価とともに出発する。とりわけ、鈴木大拙による、北京本『二入四行論』長巻子（宿第九十九号）の発見が、そんな画期となることは、今あらためて言うまでもないであろう。鈴木があえてそれらの敦煌本を、一つに集めて「少室逸書」とよぶのは、古くより知られる『少室六門』の、見直しの意味をこめている。

さらに、鈴木の命名による『二入四行論』長巻子は、北京本宿第九十九号のほかに、スタイン第二七一五号があり、この本も鈴木が昭和十一年（一九三六）に大英博物館で発見し、のちに『禅思想史研究第二』（岩波書店、一九四五年）をまとめるに当って、先にすでに印刷を終わっていた『校刊少室逸書』に付録する長編論文、「達磨禅とその思想的背景」を解体し、新しく加筆校合するのだが、原本そのものは、すでに遙かに早い時代に矢吹慶輝が発見し、写真も日本に来ていたらしい。矢吹は、大正五年（一九一六）六月より十一月のあいだ、大英博物館にあってスタイン本を調査し、重要なもの約二百点を写真に収めて日本に帰り、かれの属する宗教大学で展観を行う。大正六年五月二十二日のデートをもつ、「シュタイン氏蒐集燉煌地方出古写仏典ロートグラフ解説目録」に、禅の文献約八種を収めるうちに、論一巻とあり、「全篇問答より成り、終りに志法師、縁法師、蔵法師、燐法師、洪禅師、覚禅師等の名あり、禅家語録の類か」とするのが注目される。どうしたわけか、この論一巻は『鳴沙余韻』に収めず、『大正新修大蔵経』にも収載もれとなって、鈴木の再発見となるのである。(173)

とくに、北京本『二入四行論』長巻子の発見は、朝鮮本『禅門撮要』に収められる『菩提達摩四行論』との校合により、『少室六門』の『二種入』と『安心法門』が、元来は一つづきの文献であり、それらを分って収録する『宗鏡録』や、『景徳伝灯録』が編まれる北宋初期まで、おそらくは中国に伝存したことと、別に唐中期に成立する初期禅宗史書として、新たに知られる敦煌本『楞伽師資記』に、その巻首の部分が引かれて、「略弁大乗入道四行、弟子曇林略序」とよばれること、とくにこれが『二種入』にほかならず、『伝灯録』第三十に、そっくりそのまま『楞伽師資記』の命名によって収録されていること、さらに又、百丈の広語に、すでに他の一部が引かれて、此土初祖の語とされることを立証する、発見者の解説の仕事を伴って公刊される。(174)近代における初期禅宗史研究の基礎工作が、このときに一挙に固まるのである。鈴木の仕事は、新しい敦煌文献をふまえることで、先にいう、松本文三郎の『達磨』や『金剛経と六祖壇経の研究』などの、批判的な歴史研究に応える、禅宗史の内側からの反論となり、やや伝統説の復権の意を含むことはあるけれども、朝鮮や日本に伝わる、古文献の評価を高め、新資料の出現を促したことは、すでにくり返し記すとおりである。

とりわけ、朝鮮に伝わる禅文献と、敦煌本との校合は、前者に収めぬ部分の検討を促す。『禅門撮要』に収めるのは、曇林の序文とこれにつづく無記名の弟子との対話（「雑録第一」）であり、固有名詞をもつ弟子との対話、あるいは弟子同志の対話の部分、鈴木がとくに「雑録第二」と名づける部分を欠く。北京本とスタイン第二七一五号では、「雑録第二」の最初に当る第六十八段（『達摩の語録』五〇）は、単に法師曰ではじまるが、[175] ペリオ第二九二三号によると、縁法師曰となっていて、明らかに段落のあることが判る。「雑録第二」のはじめ約十二段は、すべて縁法師の語録である。縁法師は、従来不明の人であるが、達摩門下の有力な弟子であったことは、それらの問答の内容によっても、恵可禅師の問答が、この人の次におかれることによっても、一見すこぶる自明である。語録の名に価するのは、むしろ「雑録第二」である。鈴木は、巻首の『二入四行論』及略序等の部分を第一節より第十一節に分ち、「雑録第一」を第十二節より第六十七節、「雑録第二」を第六十八節より第百一節に分つ。今では、かなり修正を要するけれども、「雑録第二」の命名は、今も有意義である。

さらに興味ぶかいのは、先にいうように、第二次大戦後になると、ロンドンやパリの敦煌文書の全貌が明らかとなり、これらの部分に当る、幾つかの他の断片（スタイン第三三七五号、ペリオ第二九二三、第三〇一八、第四六三四、第四七九五号）が発見されて、その幾つかは、鈴木が扱った北京本とスタイン本の後につづいて、「雑録第三」の存在を確認させるとともに、それらのチベット訳も姿を現わし（ペリオ・チベット語文献第一一六号）、チベット訳との校合は、現在もなお未知の部分の可能性をのこす。言ってみれば、鈴木大拙の『少室逸書』にはじまる達磨語録のテキストは、なお定本を得ぬのであり、中国仏教文献の、もっとも新しい研究分野の一つとなる。

今、そんな達磨語録の全体について、本文研究に入るつもりはない。わたくしは、すでに二つの成果を出している。昭和四十四年の「達摩の語録」（禅の語録1、筑摩書房）と、のちにこれに改訂を加える『ダルマ』（人類の知的遺産16、講談社、一九八一年）がそれである。問題は、『二入四行論』長巻子より、「略弁大乗入道四行弟子曇林序」、もしくは『菩提達摩四行論』、『二種入』、『安心法門』への変化、とくにそれらの文献の性質についてである。要するに、敦煌本『二入四行論』長巻子は、今日われわれがさかのぼりうる、最古の禅文献であるが、問題なのは、この本もまた達磨を祖とする禅仏教の運動とともに、次第に書きつがれて出来上った、綱要書であることだ。

だいいち、鈴木大拙が『二入四行論』長巻子と名づけた、語録写本の本来の題名は、いったい何であったか。幸か不幸か、今までに知られる敦煌本は、すべてが断片であり、とくに巻首を欠く。

注目に価するのは、北京本とスタイン本の巻尾である。いずれも、明らかに擱筆していて、断欠ではない。とくに、北京本のさいごには、次のような落書きがある。

五言詩一首贈上。

写書今日了、因何不送銭。

誰家無頼漢、廻面不相看。

依頼者に対し、敦煌の写字生が、恨みをあらわした詩だ(176)。心配なのは、かれが筆を置いたのは、面倒くさくなったためではないか、どうかである。じつをいうと、スタイン本も同じところで擱筆して、こちらには落書きがないけれども、「論」一巻と書いている。いかにも擱筆したごとくだが、これとても落書きの代わりに、「論」一巻と書いたかも知れない。じじつ他の写本では、これにつづく部分が延べ書きされて、とくにここで終わる根拠は何もないように思われる。要するに、『二入四行論』長巻子は、未完のテキストである。「論」の字義についての、私見はのちに明らかにする(177)。

人々は、未完の長巻子のある部分を抜きだして、これに勝手に「達摩論」の名を与えた。たとえば、ペリオ第三

○一八号は、第三十二段以下第六十六段を写して、はじめに『菩提達摩論』と題名をつける。これだけを、とくに抜きだす理由はないように思われる。巻首の部分を抜きだして、「略弁大乗入道四行」とよび、他のある部分を抜きだして、「安心法門」の名を与えるのも勝手なら、巻首の部分を別に「二種入」とよんでもよし、『禅門撮要』本のように、固有名詞でよばれる弟子が登場する直前のところで打ちきって、これに『菩提達摩四行論』の名を与えることも、あながち不思議とはいえない。浄覚の『心経注』に、『安心論』の引用があることも、考えあわせてよい。[178]周知のように、『宗鏡録』第九十八巻は、達摩多羅の『安心法門』を収める一方、別に縁法師や楞禅師、円寂尼の言葉を引いていて、拠るところはすべて、長巻子の雑録部分である。『二入四行論』長巻子は、五代宋初の頃まで、ほぼ原型のまま遺存したように思える。

むしろ、やや不思議なのは、先にいう北京本とスタイン本の二本、および『禅門撮要』の本が、そのテキストを完全に共通することである。脱文、誤字を含めて、三本は、いずれかがいずれかを写したか、あるいはともに別の原本を写したかにちがいない。今のところ、他の原本は知られないから、敦煌の二本のうち、一方を原本とみるほかはないのである。『少室六門』の『安心法門』も、そんな共通部分より抄出している。伝来を異にする朝鮮本との一致は、達磨の語録が早くより、すでに定本をもっていたことと、後半部にたえず書き足しが行われたことを証する。

だいいち、朝鮮本は全編を四十四門に分ち、それぞれに見出しをつけている。いつ、誰が分節したのか。もとより確かではないが、『禅門撮要』以前に、すでにそうした四十四門のテキストがあったことは、先にいう別本によって知られる。[179]第四十四門のさいごに、「上来文相応知也」というのも、朝鮮の分節者が、後半部分をここで切りすて、あらためて付加した文字である。

いったい、『少室六門』の『安心法門』は、『宗鏡録』第九十七に収める、此土初祖菩提達摩多羅の『安心法門』による。大恵の『正法眼蔵』や、正受の『宗門聯灯会要』第三十も、『宗鏡録』のテキストによっている。又、『宗鏡録』の編者延寿に、別に『心賦注』四巻の作があり、その第二巻に『安心法門』の一部を収める。『心賦注』のテキストは、かなり簡化されるが、『宗鏡録』のものにより、前半のみをとったので、他によったものではない。『安心法門』は、すでに鈴木大拙の「校刊少室逸書及解説」にいうように、敦煌本『二入四行論』の第十五段より、第六十七段までの部分から、適宜抄出したもので、順序もほとんど底本のままである。もっとも大きい変化は第六十七段、つまり、「雑録第一」の最後にある一段を、最初の第十五段の抄出につづけたことであり、これもまた「雑録第一」を一括して考えた証拠となる。のちにいうように、第六十七段は、『楞伽経』の自心現境界の問題を扱う、楞伽衆向きの問答である。『安心法門』の抄出者は、「雑録第一」のうちより、楞伽衆の宗義とするにふさわしい達摩の言葉と問答を選び、これを『安心法門』と名づけた。『安心法門』の名は、すでに『二入四行論』のはじめに、曇林がつけた序文によるのであり、安心とは壁観のこと、達摩がはじめてこの国に伝えた禅法を指す。有名な恵可と達摩の、「安心問答」とよばれるものも、そんな壁観の思想より来ている。じつをいうと、「安心問答」そのものは、「雑録第二」の第八十二にあって、「雑録第一」とはかかわりがないようであるが、達摩の教えた大乗安心の法は、この本を貫く根本テーマである。むしろ、『安心法門』の抄出者は、謂わゆる『二入四行論』につづく、「雑録第一」を大乗安心の法門と考えた。じじつ、『安心法門』のはじめとなる、「雑録第一」の第十五段が、とくに三蔵法師の言葉を含むのも、そうした抄出の根拠となる。抄出者は、のちに「二種入」とよばれる『二入四行論』と、『安心法門』に関心があって、「雑録第二」以下の語録部分に、あまり注意を向けなかった。

もっとも、浄覚の『般若心経注』は、「雑録第二」の第九十五段、淵禅師のことばの部分を、「安心論」の名で引用するから、「雑録第二」以下を無視したわけではないが、本来の文脈どおりの引用でなしに、一種の経証としているのは、『安心法門』の抄出者と同一の思考である。

さらに又、『宗鏡録』第九十九に、『大乗入道安心法』の名で、「雑録第一」の第十三段と第十四段を引いている。命名の時代は不明だが、「雑録第一」を大乗安心の法門とし、広く達摩の教えを大乗安心とする発想は、古来のこととみてよい。

いったい、『安心法門』の抄出者は、誰か。『宗鏡録』の編者とみれば、問題は簡単であるが、右にいうように、「安心法門」の名の由来を考えあわせると、延寿はすでに何人かによって抄出されていたのを、『宗鏡録』に引用したのでないか。『二入四行論』長巻子のうち、ある部分を切りとって、「達摩禅師論」と名づける事例は、すでに先にみたとおりである。(180)『菩提達摩多羅安心法門』が、抄出されるのは自然の動きである。とくに、此土初祖菩提達摩多羅の名は、注目に価しよう。初祖達摩をこの名で呼ぶのは、『暦代法宝記』を唯一の例とする。チベット伝の禅文献では、この名で通用するらしい。(181)断定はできないが、『暦代法宝記』に関係のある誰かが、すでに抄出していたのではないか。『楞伽経』に関係する第六十七段の重視についても、延寿よりは動機がある。『暦代法宝記』は、浄覚の『楞伽師資記』を批判し、達摩の仏教の独自さを説くことに努めた。西天二十九代説は、この本の創見である。此土初祖は、もはや三蔵法師ではない。仏陀の正法眼蔵を伝える、第二十九祖である。達摩多羅の名に、神会の運動が、大きく作用していることは否定できない。馬祖や宗密など、次代の動きの出発は、この本によって決った。言ってみれば、この本は、敦煌の禅文献の最下限となる。わが最澄の『内証仏法相承血脈譜』が、この本を使っていることも考えあわせてよい。(182)『暦代法宝記』は、最澄を通して、わが『今昔物語』に影響する。『安心法門』の成立は、敦煌文献より伝統文献への、そんな架橋とみることができはしないか。

最澄は自らいうように、入宋して達磨法門と、牛頭法門を受ける。牛頭法門は、『越州録』にみえる『絶観論』を指す。達磨法門は、『血脈譜』にいう「四行観」であろうが、法門の名に注目すれば、『安心法門』を含むとみてよいでないか。それらが、『少室六門』を構成することは、すでに考えるごとくである。

さらに、達摩に帰せられる、敦煌発現の禅文献の一つに、『南天竺菩提達摩禅師観門』があり、別の『達摩禅師論』（奈良薬師寺蔵）がある。前者は、すでに矢吹慶輝によって、『大正新修大蔵経』第八十五（スタイン第二五八三号）に収められたが、その後、別の六本が知られ（スタイン第二六六九、六九五八号、ペリオ第二〇三九、二〇五八号、北京本海五一、龍谷大学蔵本など）、他にチベット訳も発現している（ペリオ・チベット文献第一二二八号）。全体約二百字あまりの、問答体の短篇で、はじめに禅定と安心の意味を説き、次に住心門、空心門、心無相門、心解脱門、禅定門、真如門、智恵門という七種観門を明かして、これを大乗無相禅観門とする。[183] 要するに、神会によって攻撃された、北宗系の坐禅法を説くにすぎぬが、それらをとくに南天竺菩提達摩の教えとし、別に『天竺国菩提達摩禅師論』と題する一本もあり、あるいは「安心門」の意を強調し、『楞伽経』の五法・三自性・八識・二無我について説くなど、先にいう『二入四行論』によって、達摩の禅法を安心とする思考や、楞伽と結合した表現がみられる。もう一つの『達摩禅師論』については、関口真大の『達摩大師の研究』（彰国社、一九五七年）にゆずる。[184]

いずれにしても、『二入四行論』長巻子は、先に『続高僧伝』の拠るところとなり、ついで『楞伽師資記』の拠るところとなる。『続高僧伝』が、『二入四行論』長巻子を知っていたことは、これを受けて達摩伝を書くだけでなしに、恵可伝に登場する向居士の手紙に、『二入四行論』の第十一段が利用されることや、その返辞を含む恵可語録が別にあったとすることによって判る。『楞伽師資記』は、『続高僧伝』に拠るが、直接に「二入四行論長巻子」そのものを知っている。すなわち、第二の魏朝三蔵法師菩提達摩の章は、達摩が求那跋陀羅三蔵の後継者であることと、『楞伽経』四巻を恵可に授けたことを、まず特記する。ついで、余は広く『続高僧伝』に明かす所の「略弁大乗入道四行、弟子曇林序」のごとしとし、謂わゆる『二入四行論』の序にある、達摩伝を引くのである。要するに、『続高僧伝』の達摩伝は、『二入四行論』の序を略して引くのに、『楞伽師資記』はその原形を出す。

とりわけ、「略弁大乗入道四行、弟子曇林序」という標題は、『続高僧伝』には見えないから、正しく敦煌本『二入四行論』長巻子に拠るのである。してみると、「略弁大乗入道四行、弟子曇林序」の十三字は、いかにも達摩語録の原題ともみられ、のちに『景徳伝灯録』第三十も、この標題によっているけれども、すべての敦煌本がこの部分を欠き、朝鮮本は序文を収めないから、今のところ原題の確認は無理であろう。むしろ、略弁大乗云云は、『楞伽師資記』の著者が、『続高僧伝』の拠る原資料の全文を、あらためて抄出するに当り、その由来を要約する句とみるべきでないか。先にいうように、『楞伽師資記』の著者は、達摩とその弟子たちについての、『続高僧伝』の扱いに不満で、『続高僧伝』に欠けた部分を補い、あらためて一家の見を以て、独立の禅宗史を書くのであり、ここに中国仏教史上、最初の禅宗史書の誕生をみることとなる。弟子曇林とは、誰か。又、弟子曇林略序の意味については、のちにあらためて考える。

もともと、『楞伽師資記』の構想は、『楞伽経』を伝持する師と弟子の名と、法系を明らかにするにあり、よるところは、『続高僧伝』第十六の恵可伝と、同第三十五（明本）の法冲伝に記す、恵可以後の楞伽師たちの伝法世系を軸に、新たに『楞伽経』の翻訳者、宋朝求那跋陀羅三蔵と、魏朝三蔵法師菩提達摩の伝を、巻首にすえたところにある。求那跋陀羅三蔵は、自ら摩訶衍と号する、大乗の達者であり、『宋書』第九十七の天竺迦毘黎伝の末尾に、とくにそのことをいい、その来朝を伝えるのは、同時代の記録である。

とりわけ、『楞伽師資記』が『楞伽経』によって、一派の歴史を主張するのは、編者の師匠の玄賾が、すでに

『楞伽仏人法志』をあらわして、『楞伽経』所説の仏と法と人という、新しい語録を起こしたのによる。玄賾は、弘忍につぐ十大弟子の一人だが、始めは玄奘門下であったらしい。[185]『楞伽仏人法志』という本のことは、今のところ『楞伽師資記』に引く以外に明らかでないが、その題名にみる三宝の意味は、すこぶる唐初の再編にふさわしい、歴史性を含むといえる。この本のことは、別にあらためて考えることにしたい。[186]

いったい、菩提達摩が『楞伽経』四巻を重視し、とくにこれを恵可に授けて、自得度世せよと教えたことは、『続高僧伝』の恵可伝にみえるけれども、達摩その人の説法を伝える『二入四行論』は、とくに『楞伽経』に拠っているわけではない。すくなくとも、巻首の「二入四行説」についてみると、『楞伽経』との関係は、ほとんどないように思われる。理入も行入も、必ずしも入楞伽の名をまたず、この本に固有の壁観の語は、いずれの経律論にもみえない。壁観の内容となる性浄の理も、大乗仏教の通説であって、とくに『楞伽経』に限るまい。理入と行入の入は、入道や入不二法門などいう、一般の用例によるのであり、「入中論」や「入正理論」の名も想起される。『二入四行論』長巻子が、確かに『楞伽経』に関係するのは、その末尾の語録の部分、つまり恵可や縁禅師、楞法師といった、固人名をもつ弟子たちの言葉に限られる。

たとえば、第九十段で、恵可は、『楞伽経』の四種仏説について論ずる。四種仏は、法仏、報仏、智恵仏、応化仏を指し、のちに黄檗の『伝心法要』や、『宗鏡録』に継承される、禅仏教に独自の発想である。恵可が『楞伽経』の教学に、有縁であったことは、確かである。さらに、朝鮮本が結章とする第六十七段に、自心現境界について問い、これに先立つ第六十五段で、波浪心のことをいうのは、明らかに『楞伽経』による。妄想の問題は、『楞伽経』に固有の主題である。『楞伽師資記』の編者は、その自叙の部分に、自心現境界以下の五法をあげる。[187]言うならば、『二入四行論』長巻子は、その後半に進むに従って、『楞伽経』との関係を深める。『楞伽師資記』が、『楞伽経』の伝授を軸に、禅仏教の歴史をまとめるのは、理由のないことではない。とりわけ『続高僧伝』は、恵可につぐ僧璨の伝を欠く。禅宗四祖となる双峰山道信の伝は、その補遺の部分に追加されるのに、僧璨との関係を明記しない。『楞伽師資記』は、『続高僧伝』が不明のままにのこす、僧璨と道信をつなぐことに、その成立動機がある。かつて注意したように、道信が達摩の四世となる根拠は、謂わゆる恵可の「四世懸記」にある(188)。恵可は達摩に命ぜられたように、『楞伽経』によって自得度世し、説法ごとにつねに歎じて、「この経は四世の後に、変じて名相となるであろう、一に何ぞ悲しむ可きかな」といったというのである。恵可より四世ののち、『楞伽経』を名相の学に変じたのは誰か。今、楞伽衆の歴史を考える余裕はないが、謂わゆる「四世懸記」なるものは、恵可の四世に当る人々の時代に、『楞伽経』による運動がすでに各派に分かれていて、その正系を自任する人々が、新しく唱えだした言葉にちがいない。

もともと、達摩と恵可にはじまる、楞伽衆の伝統は、道信と同時の法冲によって集大成されるのであり、『続高僧伝』第三十五（明本）に追加される法冲伝をみると、『楞伽経』の注疏を出した人々と、そうした文記を出さず、口に玄理を説くのみであった、別派の動きが注意される。親しく達摩の教えを受ける、恵可と恵育の二人をはじめ、可禅師につぐ粲禅師、恵禅師、盛禅師、那老師、端禅師、長蔵師、真法師、玉法師の八人は、いずれも文記を出さず、黙契派に属した。達摩は、求那跋陀羅訳の『楞伽経』四巻を南北に伝えるが、忘言忘念無得正観を宗とするのであり、恵可が創めてその綱紐を得、魏境の文学は多く之に歯しなかったという。恵育もまた道を受けて心に行じ、口にはいまだかつて説かなかった。法冲を含んで、文記派の楞伽衆に対し、かれらが別系統をなしていたことは、明らかである。

要するに、『楞伽師資記』は、『続高僧伝』が伝える恵可の「四世懸記」と、法冲伝の文記派の動きを結びつけ、新しい楞伽衆の歴史をつくる。達摩の『二入四行論』を引いて、本来の文脈とちがった見方となるのは当然である。さらに、『楞伽師資記』は、道信につぐ弘忍の『修心要論』を引いて、楞伽衆の拠りどころとしつつ、弘忍に『修心要論』の作があったとせず、むしろ明らかにこれを謬伝とするのであり、世の文記派に対して、つねに一線を分とうとしている。『楞伽師資記』の弘忍伝は、師が蕭然として浄坐するのみで、文記を出さず、口に玄理を説いて人を化したという一段を、そっくりそのまま使っている。そうした傾向は、この本のすべてにあるといえよう。たとえば、編者は『二入四行論』のあとに、次のように付記することを忘れない。

> 以上の四行は、達摩禅師の親説である。他は弟子曇林が師の言行を記し、集めて一巻と成し、これを達摩論と名づけたのである。菩提師には、さらに坐禅衆のために、楞伽の要義を釈して一巻とした、十二三紙があり、これも達摩論と名づけられる。この二本の論は、文理円浄で、天下に流通している。以上のほか、さらに誰かが偽造した達摩論三巻がある。文章がこみいり、道理が散漫で、受用に堪えない。

この付記は、重要である。『楞伽師資記』は、中国最初の禅宗史書である。達摩にはじまる禅仏教を、『楞伽経』四巻による運動として把え、謂わゆる北宗禅の伝統を確立する功績は大きいが、そこに幾つかの過渡的な混乱を含むことも、見逃すことができぬ。求那跋陀羅を三蔵法師とよぶのはよいが、達摩を三蔵法師とするのは、新しい運動の根拠が、つねに経律論の三蔵におかれた、かつての中国仏教の体質を受けてのことである。とりわけ、求那跋陀羅が王公道俗に禅訓を開くことを請われて、いまだ中国語をよくしなかったので、夢に首をとりかえて、すぐに禅訓を開いたというのは、王公道俗に対する開法を、禅仏教の使命とする、北宗禅の立場をあらわすので、『二入四行論』長巻子を貫く思考とは、かなりちがったものである。たとえば、のちに『暦代法宝記』が、そんな『楞伽師資記』の立伝態度を哂い、求那跋陀羅は訳経三蔵にすぎず、禅師ではなくて小乗の学人である、根由を知らず、後学を惑乱するものと非難するのも、当らずといえども遠からずである。要するに『楞伽師資記』は、『続高僧伝』に権威を求めつつ、『続高僧伝』に対する不満の意をかくさず、一方で文記派に対する批判の立場を強調しつつ、『楞伽経』の文疏を評価する、新しい仏教運動の矛盾を、忠実に伝えている。達摩に『釈楞伽要義』一巻の作があったとするのも、楞伽衆の理想化にすぎない。

言ってみれば、『楞伽師資記』は、弟子曇林が師の言行を記録した『二入四行論』が、当初より語録として登場し、従来の注疏や著述でなかったことと、これを強いて、のちに展開する楞伽衆の運動として、宗義の書としたところに、別の偽造の達摩論が生まれざるを得なかった、歴史的な矛盾の事情を、今に忠実に伝えることとなる。わが正倉院文書のうちに、菩提達摩の『楞伽経疏』数本の名がある。(189) テキストが現存しないから、内容は明らかでないが、『楞伽師資記』にいうのと、おそらくは同本であろう。『楞伽経疏』というのは、後代の名でなかろうか。

問題は、それらがいずれも、「達摩論」と総称されたことである。『二入四行論』も「達摩論」であり、『釈楞伽要義』一巻も、「達摩論」である。偽造の三巻も、「達摩論」である。かつて注意したように、双峰山弘忍の法を受けて、蘄州龍興寺の僧となった法現の碑文（『全唐文』三〇四）に、すでに「達摩論」の神異が伝えられる。(190) 碑文によると、法現は江南の鄱陽にいた四十余歳のころ、母のために墓をつくろうとして、穴を掘りすすむうちに、巨石に出会って工事を中止する破目となるが、たちまち見知らぬ男があらわれて工事を助け、見事に完成に導くとともに、一冊の不思議な本を与えて去ったといい、これが菩提達摩の論であったとするのである。いかにも奇怪な話だが、当時、すでに達摩の語録が、そうした神異の書とみられていたことは、注目してよいであろう。法現の碑を書いている李適之は、杜甫の『飲中八仙歌』に、「左相日興費万銭、飲如長鯨吸百川」とされる、酒仙の一人である。八仙歌のうちには、神会の檀越として知られる、蘇晋や崔日用もいる。(191) 杜甫その人も、双峰山に身を寄せ、七祖のことを想起すれば、これもまた初祖の語録の、新しい受用の形といえるかも知れぬ。

禅に参じたいと歌っている。[192] 達摩にはじまる禅仏教の展開を支えた人々が、そんな時代を代表する読書人であった

一一　『続高僧伝』の達摩論

道宣が、『続高僧伝』の達摩伝を書くとき、その素材としたのは、謂わゆる敦煌本『二入四行論』長巻子である。かつて旧稿で指摘するように、『続高僧伝』の脱稿は、貞観十九年（六四五）のことで、道宣は入寂まで、その一部に加筆をつづける。[193] 二祖恵可の伝に加筆があり、四祖道信と、法冲の伝のすべてが、新たに加わる。道宣の視野に、次々と入ってくる同時代の動きは、まことにめまぐるしい。素材は必ずしも一つではなかった。あたかも、達摩を祖とする禅仏教は、東山法門とよばれる、四祖道信より五祖弘忍の時代に当る。初祖の語録は、東山法門の根拠である。達摩その人の教えと問答を軸に、弟子たちの言葉が増補された。道宣は、そんな達摩の語録より、巻首の『二入四行論』と、向居士が恵可に送る手紙をとる。恵可の返書は、他の資料による。[194]

敦煌本『二入四行論』長巻子の巻首に、弟子曇林が記す達摩伝がある。道宣は、曇林に従って達摩伝を書くが、必ずしも曇林一辺倒ではない。たとえば道宣は、達摩がはじめ宋境南越に達し、末に北に移って魏に入ったとする。曇林の所伝による限り、達摩は西域を通って、直ちに漢魏に来たようである。曇林の時代、達摩が海路を中国にくる話は、まだ知られない。宋境南越に来たのは、『楞伽経』を伝えた求那跋陀羅である。『宋書』天竺伝によると、かれは自ら摩訶衍と名のっている。[195] 道宣が、求那跋陀羅と達摩を混同するのは、二人がともに大乗の達者であったためだろう。求那跋陀羅の伝は、先に『出三蔵記集』第十三や、『高僧伝』第三にあり、のちには『華厳経伝記』にもとられる。中国語を身につけるため、頭をとりかえる夢の話は、『華厳経』を説くのが動機である。華厳と楞

伽とは、ともに摩訶衍の代表とみられる。『宋書』天竺伝は、正史の書としては、最初の仏教史である。摩訶衍の渡来で章を結ぶのは、執筆の動機がそこにあったことを示す。

さらに道宣は、達摩の年齢を百五十余歳とする。周知のように、『洛陽伽藍記』第一の永寧寺の条に、この寺の九層の大塔をみて、波斯国の菩提達摩が未曾有と歎じ、地上の仏国だとよろこび、自ら年百五十歳といい、西域各地を経めぐって、ここに来たとするのによる(196)。達摩が波斯国の胡人であったか、南天竺の婆羅門種であったか、ひいては『洛陽伽藍記』の達摩と、曇林の伝える達摩が、果して同一人かどうか、それらを決定するに足る、古い資料はすでになかった。要するに、道宣は、同時代の新しい動きの一つ、禅仏教の祖としての「達摩伝」を書くのであり、曇林の伝える『二入四行論』と『洛陽伽藍記』を、そうした立伝の素材とした。

とくに注目してよいのは、道宣が『二入四行論』の全文を抄出したあと、次のように付記していることだ。

摩は、この法をもって魏土を開化した。識真の士は、従い奉じて悟りに帰した。其の言を録した誥巻が、世に流布している(197)。

『続高僧伝』にかぎらず、先哲、高僧の伝記には、その著述をあげるのが通例である。「高僧伝」の例にならって、道宣は達摩伝のあとに、その語録をあげたにすぎぬのかも知れない。問題は、道宣がそれを誥巻とよんでいることだ。当時、語録の名はまだ生まれない。当時の達摩の語録にも、決まった題名はなかった。しかし、語録を誥巻とよぶ例が、他にもあるかどうか。『大正新修大蔵経』の校勘によると、明蔵本のみ誥字を語につくるから、あるいは其の言語を録する巻ものが、世に流布しているというのかも知れないが、言語であっても、言誥であっても、あるいは誥巻であっても、語録を指すことに変わらず、とくに誥字の使用は、すこぶる異例である。

誥は、天子が臣下に告げる勅語である。『書経』には、仲虺之誥、湯誥、大誥、康誥、酒誥、召誥、洛誥、康王之誥などの篇があり、湯誥に天命明威をいうのは、のちに道教経典に正一明威のある根拠となる。道宣が、達摩の語をとくに誥とするのにも、おそらくは理由があった。

たとえば、陶弘景の『真誥』第十九の「真誥叙録」は、その題名について説明して、次のように言っている。

真誥は、真人口啰の誥である。ちょうど仏教経典が、いずれも仏説と言うようなものだ。ところが、顧歓（玄平）が「真跡」と名づけたのは、真人が自ら手で書いた跡ということにならねばならず、真人が行動した事跡ということにならねばならぬ。もし手で書いたとすると、真人は隷書を書くことができぬはずであり、もし事跡によって名づけると、この場合、その跡は真人のものではなくなるだろう。さらに、それを書いた段階では、まだ真人とよぶことはできない。すじが通らぬからには、真人と号するわけにいかない。(198)

原文は、やや難解であるが、大よそ右のような意味であろう。要するに、『真誥』は真人が特定の弟子に口授する誥勅を、弟子が記録したのである。仏教経典のことを言うのは、西来の三蔵法師によって、インドの原典より訳出される仏典が、すべて仏説の権威を訳出におくのに対し、始めから漢文で書かれる道教経典には、何らかの別の権威づけが必要であったためだろう。とりわけ、顧歓が先に道教経典を集めて、「真跡」とよぶのはよくない。「真跡」は、真人の書跡の意で、真人が自ら書いた著作となり、地上の隷書を能くしない真人が、自ら書くはずがないというのであり、この場合もまたインドの原典から漢文に訳出される仏説と、始めから漢文で書かれる道教経典の、権威の相違に苦慮していることが判る。さらに、真跡を真人の言行録と解すると、真人に跡があることになり、これもまた真人の権威をおとす。著作でも、語録でもない、誥授の書とすることで、辛うじて権威を保ったといえる。『真誥』には、周知のように『四十二章経』が用いられる。陶弘景は、『真誥』のすべてが、幾人かの特定の弟子のために、地上に降臨した真人の語を漢文に改めたものだと考え、仏典をとりこむのである。

さらに、『魏書』の「釈老志」によると、あたかも南方でしきりに『真誥』の口授があるころ、北方では、神瑞二年の十月、太上老君が嵩山に降下し、道士寇謙之に、天師の位を授け、「雲中新科二十戒」を賜ったとし、さらに続いて泰常八年十月、老君の玄孫に当る牧士上師の李譜文が嵩山に来臨し、嵩岳が統べる広漢平土、方万里の地を謙之に与え、誥を作って証としたとする。(199)

道宣は、『広弘明集』に「釈老志」を抄出し、右の話を収める。誥字の重みを、かれは充分に知悉していたはずだ。(200)言うならば、達摩を祖とする坐禅衆は、開祖の誥巻を権威とし、教団統一の根拠とした。『楞伽師資記』によると、則天武后が神秀を召し出したとき、所伝の法は誰家の宗旨かと問い、さらに何の典誥にか依るときいている。(201)典誥の二字は、おそらくは道宣を受けるであろう。さらに、のちに白居易が、「真誥」と「六祖壇経」を重ねて、ともに一心の書とするのも、誥と経のイメージによる。(202)

いずれにしても、訳出された経律論の学習、および実践によって成り立つ、従来の仏教教団と、坐禅衆はたびたび衝突する。かれらには、開祖とその語録に対する、特別の思考があった。経律論の三蔵の書の外に出る、誥授の語の権威は大きい。曇林の序文によると、達摩は西域南天竺の人、大婆羅門国王の第三子であり、聖種をついで漢魏の地に来るが、亡心の士は帰信せざる莫く、存見の流は、すぐに譏謗を生じたという。達摩が恵可に『楞伽経』を授けて、自得度世をすすめるのは、人々の譏謗を避ける方便であった。達摩は他の三蔵法師のように、経律を訳出せず、ただちに大乗安心の法を伝え、聖種を紹隆するに足る弟子を求めた。入門者は少ない。師資共に、毒殺の危機にさらされた。『続高僧伝』の恵可伝には、末緒卒に栄嗣無しとある。曇林は、師の教えを要約して、「安心、発行、順物、方便」の四とし、安心とは壁観、発行とは四行、順物とは譏嫌を防護すること、方便とは執着を遣る意とする。『二入四行論』は、安心と発行を説くが、順物と方便のことを言わない。後代、仰山はこれを『達摩五行論』とよぶ。(203)四行のみでなかった、とするのである。要するに、順物と方便は、かれらの運動の、困難をふまえる言葉である。語録の編集は、有力な弟子たちが、私かに紙衣に書いたものにより、あるいはつねに負の意味をもちつづけるように、達摩の語もまた私かに記録され、一部分のみが残ったのでないか。

いったい、曇林とは何者か。かつて林岱雲が、「菩提達磨伝の研究」(宗教研究新第九の三、一九三二年)で明らかにしたように、恵可の友人で無臂林とよばれた人、『勝鬘経』の学者であったらしい。無臂林の由来については、『続高僧伝』第十六の恵可伝に詳しい。吉蔵の『勝鬘経宝窟』に、無臂林疏の引用が幾つかあり、他の著述にも、林公疏や林公云の引用があるほか、(204)当時の訳経目録を総合すると、おおよそ正光六年(五二五)より武定元年(五四三)まで、毘目智仙や瞿曇流支、菩提流支、般若流支、仏陀扇多等の訳場に加わり、二十七種の経律論の筆受に当った人で、自ら「聖善住意天子所問経」、「宝髻経四法憂波提舎」、「転法輪経憂波提舎」など、十数種の翻訳記を書いている。(205)苦難の時代に、達摩の説法を助け、言行を記録する、最高の適任者であった。道宣が、恵可の友人に林法師あり、臂がなかったとするのは、蓋し深意ありといってよい。要するに、達摩の言葉が誥巻とよばれたのは、そんな時の権威との、対決緊張の成果である。

一二　達摩論の意味

先にいうように、達摩の『二入四行論』は、別に「達摩論」と通称される。スタイン第二七一五号は、巻尾に「論一巻」と記す。たとえそれが、写字生の気まぐれであったにしても、全体が論とよばれたことは、確かである。論とは、いったい何の意か。論は、仏説の経に対する名であり、ここに語録発生の契機を求めることができる。

たとえば、『文心雕龍』第四の論説第十八に、次のような説明がある。

> 聖哲の彝訓を経と曰い、経を述べ理を叙ぶるを論と曰う。論とは倫なり、理を倫して爽う無きとき、則ち聖意は堕ちず。昔、仲尼の微言を、門人は追記す。故に其の経目を仰ぎ、称して論語と為す。蓋し群論の名を立つること、茲より始まる。論語より以前、経に論の字無し。六韜の二論は、後人の追って題せしか。詳かに論体を観ずるに、条流に品多し。政を陳ぶるときは、則ち議説と契を合せ、経を釈するときは、則ち伝注と体を参え、史を弁ずるときは、則ち賛評と行を斉しくし、文を詮するときは、則ち叙引と紀を共にす。故に議なるものは言を宣し、説なるものは語を説き、伝なるものは師を転じ、注なるものは解を主とし、賛なるものは意を明かし、評なるものは理を平かにし、序なるものは事を次し、引なるものは辞を胤ぐ。八名は区分するも、揆を一にし論を宗とす。論なる者は、群言を弥論し、一理を研精する者なり。是を以て荘周の斉物は、論を以て名とし、不韋（呂氏）の春秋には、六論（開春、慎行、貴直、不苟、似順、士容）昭かに列し、石渠に芸を論じ、白虎に講を通ずるに至っては、聖言を聚述して経に通ず、論家の正体なり[206]（下略）。

論説とは、論文と演説の意である。あるいは、論議の書と、人を説きふせる技術ともみられる。『文心雕龍』のねらいは、そんな論と説をテーマに、漢魏両晋の学術史を述べ、主要なテキストを評価することにあるようで、論や説とよばれるテキストの成立、もしくはその意味を、とくに明らかにすることはないけれども、およそ当時、漢魏六朝の時代に、もっとも盛大であった群論の、大体の傾向を知ることは可能である。要するに、このくにの学術は、聖人の経書にもとづいて、その理を叙することより始まる。そんな祖述の書が論であり、説は、理を説いて、治国平天下の実際に役立てるのである。とりわけ、『文心雕龍』が、論の起こりを『論語』に求めるのは、注目に価しよう。あたかも、漢魏両晋時代は、儒道仏の三教が交錯する、最初の時代である。道仏ともに、自家の聖人を奉じ、その経典をおしたてる。先にいうように、仏教は訳出経典により、道教は老君の降臨と誥授による。今や、魏晋の学術史は、各派の教義を弁証する、論説の時代となる。かつて、このくにの学術が経験した戦国時代の百家の交錯以上に、今は複雑の様相を呈することとなる。

とりわけ、西来の仏教は、整然たる経律論の体系をもつ。経は、仏陀の説法の記録、律は僧伽の規則、論は仏弟子の論議であり、体系化された教義の書である。それらは一括して、三蔵とよばれた。蔵は、蔵書の意である。要するに、魏晋の学術は、三蔵の書を加えて、にわかに過剰となる。交通整理が、要求される。廬山の恵遠は、仏家の戒律をこのくにの礼法に当てる。道にも儒にも先例のない、仏家の論蔵が、時の課題となる。『論語』の扱いは、まだ決定をみない。論蔵の定義は、もっぱら仏家の手にゆだねられた。大乗の論師龍樹の教学を伝える、鳩摩羅什を相手どり、恵遠が往復問答をくり返すのは、主として龍樹の『大智度論』に対する疑問である。

やがて、恵遠は羅什の漢訳する『大智度論』百巻を得、これを二十巻に約して『大智度論抄』をつくる。「大智度論抄序」は、その事情を次のように説く。

大乗の高士あり、その号を龍樹となす。天竺に生れ、梵種に出自す、誠を曩代に積んで、心に契うこと茲に在り。九百の運を接して、頽薄の会を撫す。蒙俗の茫昧を悲しみ、険跡を踏んで恪しまず。（中略）其の人おもえらく、般若経は霊府の妙門たり、宗一の道、三乗十二部、之に由りて出だす。故に尤もこれを重んずと。然れども斯の経は幽奥、その趣は明らめ難し。達学にあらざるよりは、其の帰を得ること尠し。故に夫の体統を叙し、其の深致を弁ず。若し意の文外に在りて、理の辞を蘊むときは、輙ち之を賓主に寄せ、仮りに自から疑って以て対を起し、名づけて問論と曰う。(207)

論は、経典の注釈である。原名は、アビダルマで、問論と訳される。恵遠は別に僧伽提婆の『阿毗曇心論』に序を書き、その意味を説明する。問論とは、対論であり、対とは答えること、答えは仏陀の問いを前提しよう。『般若経』を解釈する『大智度論』は、『般若経』の説き手である仏の問いに答える、大乗の論師の語録である。言ってみれば、大乗の論蔵は、経典の注釈より出て、独立の論書となる。中国仏教は、そんな大乗の問論を軸に定着し、発展する。課題は、『大智度論』に限らず、『中論』その他の論書をはじめ、『成実論』や『摂大乗論』、『大乗起信論』におよぶ。論書を軸に仏説を集大成する、三論宗や成実宗など、論宗の成立は、このくに独自のものである。

> 又た論の体たるや、位は無方に始まって詰る可からず。触類多変して窮む可からず、或は遠理を開いて以て興を発し、或は近習を導いて以て深に入る。或は殊塗を一法に闔して雑えず、或は百慮を同相に闢いて分たず、此を以て夫の畳凡の談を絶し、天下に敵する無き者なり。尒して乃ち博く衆経を引き、以て其の辞を贍らせ、義音を暢発して以て其の美を弘む。美尽くるとき、則ち智は周ねからざる無く、辞博きとき、則ち広大にして悉く備る。是の故に其の涯を登るに津無く、其の流を挹みて竭きず。汪汪焉として其の量を測る莫く、洋洋焉として其の盛に比する莫し[208]。

以下、恵遠はさらに『大智度論』の訳者として、羅什以外に人なきことをほめる。その道理の確かさと、表現の美しさをいうのだが、同じく経典の注釈といっても、このくにに先例のない『大智度論』の漢訳を眼前にして、あらためて仏典の独自性を問うのである。『大智度論』は、羅什の翻訳であるが、サンスクリット原典に忠実な訳書というより、多くは羅什その人の注釈である。訳場に列する弟子たちとの、盛んな問答往復が想像される。『注維摩経』に収める羅什の注なども、後から漢訳の経文につけたものとみるより、訳場での口頭のコメントの集録ではないか。

当時、すでに羅什の弟子たちの間で、そんな経律論の論蔵と異なる、独立の問論の製作がはじまっている。当初は、訳経を抄録し、序と注をつけるのが、かれらの仕事であった。羅什以前に比べると、今は格段の相違である。

大乗の論蔵の知られたことが、動機である。恵遠に、有名な『沙門不敬王者論』がある。出家は出家の戒律により、世俗の儀礼に拘束せられぬ、とする論文である。当初は、盧山を領する桓玄が、恵遠と親しい王中令に事を論ぜしめたのに対する返書であり、問難往復して巻を成したらしい。問論の書は、誰かを相手どる、問難と答書の往来に始まるのであり、成書ののちも、有縁の賢者に、点検を求めるのが通例である。次第に、実際の事情が変化するとともに、かれらは三蔵の論書に範をとり、意図的に問答の形を成したとみてよい。僧肇の作品を皮切りに、竺道生、恵観、謝霊運等が論文を書く。いずれも、賓主問答の形をとって大乗仏教のテーマを追うのは、明らかに論蔵の形式であるが、かれらは又すでに一方で、『論語』や、諸子百家、賦の文学といった中国側の古典を意識している。僧肇の『涅槃無名論』は、有名と無名の問答であり、明らかに何晏を受ける(209)。注釈と論文の、新しい交錯がはじまっている。論義を再び『文心雕龍』の論説にもどす。

原ぬるに夫れ、論の体たるや、然否を弁正する所以にして、有数を窮め、無形を追い、跡は堅く通を求め、鉤は深く極を取って、乃ち百慮の筌蹄、万事の権衡なり。故に其の義は円通を貴び、辞は枝砕を忌み、必ず心を理と合して、弥縫は其の隙を見わす莫く、辞は心と共に密にして、敵人をして乗ずる所を知らざらしむ。斯れ其の要なり。是を以て、論は薪を析るが如く、能く理を破ることを貴ぶ。斤の利なる者は、理を越えて横に断ち、辞の弁なる者は、義に反りて通を取る。文を覧るは巧みなりと雖も、跡を検するは妄なるが如し。唯だ君子のみ能く天下の志を通ず、安んぞ曲を以て論ずべけんや。若し夫れ注釈の詞たるや、散を解いて体を論ず、文を雑うること異なりと雖も、会を総ぶることは是れ同じ。秦延君の尭典を注すること、十余万字、朱普の尚書を解すること三十万言なるが若きは、通人の煩を悪み、章句を学ぶを羞ずる所以なり。毛公の詩を訓じ、安国の書を伝し、鄭君の礼を釈し、王弼の易を解くが若きは、要約明暢、式と為す可きか(210)。

経書の注釈より出発する、中国伝統の学問は、問論の出現によって、哲学の世界に飛躍する。群論のねらいは、かつての遊説の書とは、全く性格のちがったものだ。今や、すべての学者が根元的な一理を求めはじめる。「跡は堅く通を求め、鉤は深く極を取る」とは、無数の言跡を一貫する、縦割の原理を問うことだろう。はじめ伝とよばれた、このくに独自の解釈学より、新しい論への変化は、すでに経典と三蔵の伝統をゆるがす。論蔵は、何よりも問答を尊び、問答は論破を第一とする。問答による弁証法は、祖述のワクを出るのである。のちに、道安の『二教論』に、仏教を窮理尽性の格言とし、教とは理を詮わすものとするのも、二教一貫の理を前提しよう。当時、仏を内教、儒を外典とする発想がある。(211)

いったい、論を問答の意とするのは、『論語』を先例としよう。『漢書』芸文志にいうように、『論語』は孔子が弟子や時人に応答し、弟子が相いともに言い、夫子に接聞した語を録したものである。ただし、芸文志はその成書について、当時すでに弟子が各おの記する所あり、夫子が卒したのちに、門人が相いともに輯めて論纂したから、これを『論語』と謂うとして、論を編集者の論議とする。こうなると、孔子は、語ったのであり、論じたわけではない。もともと、孔子は経書を祖述し、その精神を語ったにすぎぬ。注釈の場合は、伝と称して、論とはよばない。論を経典の注釈とし、問答とするのは、仏典が入ってからである。とくに、漢魏六朝を通じて、『論語』の評価は低いから、先にいう群論の輩出は、何らかの意味で仏典の影響である。すくなくとも、『文心雕龍』の説は、かなり仏教寄りであり、これが当時一般の通説であったろう。

たとえば、僧祐の『弘明集』第一に収める、有名な牟子の『理惑論』は、元来は牟子理惑で、「一云蒼梧太守牟子博伝」と注して、論の名を欠く。(212)ところが、『出三蔵記集』第十二に収める「宋明帝勅中書侍郎陸澄撰法論目録」は、日ごとに増大する法論の書を整理する、当面の必要にせまられたためであろう。当の牟子の『理惑論』を筆頭に、支道林の『即色遊玄論』や『弁著論』、『釈即色本無義』、僧肇の『不真空論』など、およそ十有六帙一百有三巻の書目を掲げること、すでに周知の通りである。ただし、右につづく斉太宰竟陵文宣王の『法集』、十六帙一百十六巻は、ほとんど論の名をもたぬものばかりである。先の、陸澄を受ける何らかの意図があるのか、にわかに断定できないが、浄住子は明らかに法論であり、とくに異を立てる必要はないように思われる。僧祐の『弘明集』と、道宣の『広弘明集』は、それら群論の選集として、いずれも三教を一貫する理を追う、新しい時の文献となる。(213)

問題は、魏晋六朝の時代に、論とよばれる作品が、すべて著作であることだろう。仏家以外のものは、言うまでもない。謂わゆる語録の意味を、論の名に加えるのは、達摩論の出現を嚆矢としよう。それは、単に禅仏教の問題にとどまらぬ、このくにの学術の、新しい画期となるように思われる。

いったい「達摩論」は、後代の俗称であり、当初の題名は、明らかでないけれども、それが三蔵の外に出るとともに、魏晋六朝の群論のあとを受け、さらにその意味を変化させる独自のテーマと形式をもっていたことは、ほぼ推定可能である。道宣がそれを詰巻とするのも、不用意の記述とは思えない。道宣の記述を手がかりに、あらためてその内実を考えてみたい。

一三　達摩のことば

くり返しいうように、『続高僧伝』の達摩伝は、敦煌本『二入四行論』に拠りつつ、その抄録を中心に、当代の他の伝説を加えることによって、構成される。のちに加わる部分については、先に考えたとおりである。本来のテキストの含む意味を、ややくわしく考えてみたい。もともと、『二入四行論』は、三蔵法師の伝記とその禅法という、二部より構成される。

今、伝記の部分より、『続高僧伝』の本文と、敦煌本を対比しつつ、問題となるところを考えてみる。

菩提達摩、南天竺婆羅門種。神恵疎朗、聞皆暁悟。志存大乗、冥心虚寂、通微徹数、定学高之。悲此辺隅、以法相導。初達宋境南越。末又北度至魏、随其所止、誨以禅教。于時合国、盛弘講授。乍聞定法、多生譏謗。有道育恵可。此二沙門、年雖在後、而鋭志高遠。初逢法将、知道有帰。尋親事之、経四五載、給供諮接。感其精誠、誨以真法。如是安心、謂壁観也。如是発行、謂四法也。如是順物、教護譏嫌。如是方便、教令不著。(214)

菩提達摩は、南インドのバラモン種に生まれる。透徹した頭脳をもち、何を学んでもすぐ通暁した。ひたすらに大乗をもとめて、心を虚寂の境にひそめた。微をきわめ道に徹して、禅学の評価が高まった。わが辺境をあわれんで、教導を思いたち、初め宋境南越につき、さいごに北に移って、魏のくにに来た。ゆくさきざきで、すぐに禅教を伝えたが、あたかも国中が解釈学をよしとしていたので、にわかに冥想の教えをきいても、大半が誹謗を起こした。道育と恵可という、二人の修行者がいた。年少ながら、俊志高遠である。初めて法将をみたときから、終帰のところと知った。すぐに師事して、四、五年も変わらず、そばちかく供給した。その誠意を認めて、師は真法を伝えた。このように安心せよとは、壁観のことである、このように実行せよとは、四法のことである。このように人に接せよとは、誹謗から身を護ること、このように方便せよとは、いずれにも固執しないことである。

現存の敦煌本は、すべて巻首を欠くから、右に相当する部分は、『楞伽師資記』と『伝灯録』第三十、および『少室六門』の『二種入』によるほかないが、道宣が宋境南越をいうのと異なって、古くはすべて西域経由である。道宣が、あえて宋境南越をいう理由は、すでに先に記すとおりである。道宣は、すでに楞伽衆の伝統をふまえている。敦煌のテキストが、道宣よりも古いことを示す一証である。問題は、伝記の末尾についている真法の総括であり、この部分がすべてのテキストに共通することだ。

当時、北魏の洛陽は、謂わゆるシルクロードの終着駅である。東西の文明が集まるとともに、すでに新しい混乱が起きている。達摩の宣教は、そんな時代と舞台を動かす。国中が訓詁をよしとするとき、冥想の教えは受け入れにくい。達摩とその弟子たちが、時の権力に弾圧されるのは、単に受け身の理由に限らず、かれらの方から仕掛けたかも知れぬ。同じ禅教のうちにも、すでに幾つかの派閥がある。あるものは権力と結び、訓詁にもつながる。『続高僧伝』の恵可伝にいう、道恒禅師との対立は、達摩一派の運動が、必ずしも消極的なものでなかったためだろう。恵可は、道恒に憎まれて、非業の死を招くのである。要するに、かれらは退いて少数の弟子を教え、語録を編むことに専念する。習禅の高僧に語録や文集があるのは、達摩派に限られる。達摩が恵可と道育という、二人の若輩の弟子に真法を伝えたのは、世間の誹謗のせいである。若輩というのは、曇林よりも若かったためであろう。『続高僧伝』の恵可伝で、恵可が四十歳で達摩に会うのは、曇林の所伝と矛盾するようだ。(215)

とりわけ、曇林が先の序文で、達摩の親説を四つにまとめ、安心を壁観、発行を四法とするのは、『二入四行論』の本文をふまえるが、さらに人とつきあう順物と、自説に固執せぬ方便のことを言うのは、別に理由があったとせねばならぬ。順物と方便は、曇林が親しく達摩に学ぶ真法である。かれには、別に記録があったろう。曇林の序は、そんな歴史事実をふまえつつ、あくまで語録の序として書かれる。言うならば、北魏仏教の現実が、達摩の『二入四行論』とその運動を生みだすとみるよりも、達摩はそんな北魏仏教をみとおして、はるばる南天竺より来化するのである。達摩は、南天竺の貴種である。

のちにいうように、曇林にとって達摩は釈迦である。「二入四行説」は、新しい仏語である。順物と方便は、その戒律といえた。安心と壁観以下の四つに、それぞれにことごとしく、「このように（如是）」というのは、「如是我聞」にはじまる大小乗の経典にかたどる句であろう。永く経律の訳場にいた曇林は、それらの師のことばを、このくにの経典とするのである。やがて、そんな曇林の説にもとづいて、『金剛三昧経』が出現し、正しく如是我聞ではじまる事実もある。(216)

然則入道多途、要唯二種。謂理行也。藉教悟宗、深信含生同一真性、客塵障故、令捨偽帰真、疑住壁観、無自無他、凡聖等一、堅住不移、不随他教、与道冥符、寂然無為、名理入也。

してみると、入道の方法は多いが、要するに二種にすぎぬ。理と行のことである。(経典の)教えに従って、宗(根拠)を悟り、あらゆる生きものが、共に真なる本質を有していて、(異なるのは)外境にさまたげられているためだと深く信じ、偽をすて真に帰って、(精神を)どっしりと壁観につけ、自他の別なく、凡も聖も一つのところに、長くとまって動かず、他の教えについてゆかぬようにすると、暗黙のうちに道と合し、ひっそりと作為のない無為となるのを、理入とよぶのである。

理入とは、本来的な悟りをいう。悟るのは、迷うゆえで、迷わねば、悟ることはない。あらためて悟る必要もないような、迷いと悟りの区別のない、本来の悟りが理入である。そこを、仮に悟りというのは、要するに説明にすぎず、言葉は必ず分別を伴うので、自他凡聖の区別のないところを、あらためて壁観と名づける。壁観という言葉をみつけたところに、達摩の独創性がある。壁観とは、壁が観るのであり、壁となって観るのである。のちに、同じ達摩の名に仮托して、『絶観論』がつくられるのは、そんな壁観のコメントである。壁観とは、絶観であり、全く新しい眼の開けを意味する。しかし、そんな独創性の理解は、つねに難しい。古来、このテキストに対する評価が低いのは、壁観の意味を誤解したためだろう。とくに、唐代以後になると、南宗の立場で方便の坐禅を批判し、壁観を壁に向って坐禅することと考え、灰心滅智の小乗禅に当てて、達磨を壁観婆羅門とする俗説が起こる。

たとえば、華厳の『孔目章』は、これを小乗の坐禅とし、(217)宗密の『禅源諸詮集都序』は、将識破境教(唯識法相宗）を禅の息妄修心宗（北宗）に配して、次のように言っている。

達磨は壁観を以て、人に安心を教えて云う、外に諸縁を止め、内に心喘ぐ無く、心は牆壁の如くにして、以て道に入るべしと。(218)

宗密によると、壁観は内外の縁を息め、壁のように心を安定させることである。この場合は、理の意味が捨消される。したがって、宗密は知の一字を以て達磨の独創とし、次のようにいうことがある。

前に、西域に心を伝うるは、多く経論を兼ねて、二途無かりしことを叙す。但だ此の方は、心に迷い文に執し、名を以て体と為すが故に。達磨は善巧して文を揀（えらびすて）て心を伝え、其の名を標挙し（心はこれ名なり）、其の体を默示し（知はこれ体なり）、喩うるに壁観を以てして（上に叙ぶる所の如し）、諸縁を絶せしめ、諸縁を絶して、時に問う、断滅するや。答、諸念を絶すと雖も、亦た断滅せず。問う、何の証験を以て、断滅せずと云うや。答、了了として自知す、言うも及ぶ可からず。師即ち印して云う、只だ此の是れ自性清浄心、更に疑う勿れと。(219)

この場合は、壁観よりも知に意味があり、壁観は依然として息妄修心宗である。とくに後半は、『伝灯録』第三の達磨章に、「少林別記」とするもので、二祖恵可と達磨の問答とされる。(220)今問題にしている壁観について、安心の心を自性清浄心とするために、後人がつけたコメントである。安心の心が、自性清浄心かどうかは問題であるが、宗密がこれによって、『禅源諸詮集都序』を書いていることは確かである。

宗密はこの本を、別に「禅那理行諸詮集」とよび、源とは一切衆生本覚の真性で、また心地と名づける。之を悟るを恵とし、之を修するのが定であって、通じて名づけて禅とする。此の性（一切衆生本覚真性）は、禅の本源であるから、禅源というのであり、またこの本源は禅の理であり、情を忘じて之に契うのが禅の行であるから、理行というのであるとする。[221] 要するに、『禅源諸詮集』は、達摩の理入説を受け、自性清浄心の立場を深めるが、達摩がこれを壁観とする独創性は後退し、一種の譬えに堕したと言わざるを得ない。先の引用にみられるように、宗密の理入は、神会や澄観の本知の説を受け、華厳の体系にくみこまれてしまう。理入は理行の理ではなくて、理事の理となる。達摩が教に藉って宗を悟るといい、さらに他教に随わずという、三蔵の外に出ることにより、全く新しい表現をあえてするのを無視し、宗密は強力に教禅一致を推しすすめるのである。勢の赴くところ、已むを得ぬことではあるが、理入壁観の正体は、それほどに難解であったらしい。先にいう、『金剛三昧経』の場合も、壁観は覚観にすりかえられてしまう。

行入四行、万行同摂。初報怨行者、修道苦至、当念往劫、捨本逐末、多起愛憎。今雖無犯、是我宿作。甘心受之、都無怨対。経云、逢苦不憂、識達故也。此心生時、与道無違、体怨進道故也。二随縁行者、衆生無我、苦楽随縁。縦得栄誉等事、宿因所構、今方得之。縁尽還無、何喜之有。得失随縁、心無増減。違順風静、冥順於法也。三名無所求行、世人長迷、処処貪著、名之為求。道士悟真、理与俗反。安心無為、形随運転。三界皆苦、誰而得安。経曰、有求皆苦、無求乃楽也。四名称法行、即性浄之理也。[222]

行入に四つあって、どんな諸善万行も、みなこのうちに含まれる。まず報怨行とは、修行者が苦しみに出会うとき、過去世のことを想い起こすのである。（自分は）根本を忘れて末を追い、愛憎の情に悩むばかりである。今生では（罪を）犯さぬまでも、すべて前生の業の果であると、甘んじて忍受し、怨みとせぬのである。経典にも、痛いめにあって悲しむな、識者はすでに根本に透っている、とある。こう考えるなら、道をはずれることはない。怨みを引きうけて、道を深めることができる。第二に、随縁行というのは、人間には自我がない、苦も楽も縁次第である。名誉を得るのも、前世のむくいである。今は恰もそれを得たが、因縁が尽きれば、すべて無である。何も喜ぶことはない。よしあしは因縁次第で、自分には何の増減もない。順逆の風がおさまると、暗黙のうちに法に契っているのである。第三に、無所求行とは、人々はつねに自分を見失い、どこにでもしがみつく。これが、求とよばれる。道士は真実に目ざめて、本来、世俗に向わない。心に何の作為もなく、身は運命の動きにまかせる。三界はどこも苦しい、何人が心を許すことを得よう。経典にも、「欲求が苦のもとである、欲求をすててこそ、楽である」といっている。第四を、称法行とよぶのは、つまり人の自性を清浄とする理のことである。

道宣の引用は、やや簡約にすぎるようである。とりわけ第四の称法行を、人の自性を清浄とする理というのは、先の理入壁観にその説をゆずるのであり、行入の実践的な特色を失いかねない。曇林のテキストでは、ここに三輪空寂の布施行を説き、さらに六度の一つ一つにおよぶ気配があって、称法行は四行のうちでも、もっとも具体的内容をもつ。とくに、六度の詳細は、「雑録第二」の第四十七節に再編されて、般若波羅蜜の構造を明確化する。性浄の理とは、当時は『般若経』の文脈で理解された。もともと、理入は本来の悟りをいうのに対し、四行はこれを実現する具体的な方法である。理入は、悟りと迷いの分かれる前の、もはや悟りともいえぬ、根源の理をいう。行入は、今現に、本来の自己を見失い苦悩の真只中にいる自分が、どうして本来にたちもどるか、即今の心がまえを問うのである。報怨といい、随縁という、現実の怨みや苦悩の感情を、どう始末するか、正しく切羽のねがいといえる。賊に臂を切られた恵可も、恵可と同じ宿命をおう曇林も、おそらくは、報怨行の具体より出発している。

曇林のテキストによると、第二随縁行のさいごは、一切を因縁に任せて、喜びの風にも動かず、暗黙のうちに道にかなう実践である。道宣が、順逆の風がおさまって、暗黙のうちに法に契っているとするのは、実践の努力を欠きはしないか。報怨行といい、随縁行といっても、ともに具体的な行動を指すので、単なる心懸けの問題ではなかった。喜風は、喜怒哀楽と怨みという五情を、地水火風空の五輪に配した、新しい造語のようである。仏教の五情は、五根の情であって、中国語のそれと異なる。理も行も、中国語であって、翻訳ではない。報怨行より随縁行への深まりは、この時代の特殊な課題を含んでいる。そんな喜風の成り立ちについて、わたくしはかつて別に一文を草している。(223)

もともと、四行は四念処をふまえる新しい実践の主張である。(224)当時、四念処の実践は、南北の習禅者たちの、必ず修するところである。『高僧伝』と『続高僧伝』に収める習禅の高僧たちは、大半が四念処を行じている。達摩と同時の僧稠は、そんな四念処の達人であった。達摩もまた、同じ空気のうちにいる。四念処は、古代インドの風土が生む、特殊な行法である。身受心法の四つについて、不浄、苦楽、無常、無我の相を観ずるのであり、五停心の奢摩他につぐ、毘婆舎那の行である。達摩は、中国の弟子たちに、新しい四念処を説くのである。とりわけ、達摩の四行は、理入壁観をふまえる。壁観は、五停心に当るけれども、その内容は全く異なる。理入は、頓であり、行入は漸である。行入の一つ一つが、理入をふまえるのは、当然のことである。曇林のテキストに従えば、報怨行によって、自然の理と相応し、怨を体として道に進むのであり、随縁行によって、喜風に動ぜず、道に冥順するのであり、無所求もまた、理として俗と反する悟真の行であり、称法行は、明らかに性浄の理をふまえる。理の世界では、衆相がすべて空に帰る。六度を行じて、所行なしである。理入のはじめにいうように、諸善万行がここに総括される。とりわけ、第三の無所求行に、道士は真を悟り、理として俗と反するというのは、道士はボサツの訳語であろうが、道教の語になぞらえて、出家沙門の本質を語るのであり、問論の書の体をとどめるとみられる。

いったい、達摩の理入は、道生の頓悟成仏説を受ける。月をみて指を忘れるという、『楞伽経』(225)の発想は、魚を得て筌を忘れ、意を得て象を捨て、理に入って言自から息むという、道生の意見とかさなりあう。とりわけ、道生の新しさは、『涅槃経』の闡提成仏説によって、自論を根拠づけたことである。『二諦論』、『仏性当有論』、『法身無色論』、『仏無浄土論』、『応有縁論』など、このくにおける仏家の著作は、道生に始まると言ってよい。

じじつ、『涅槃経集解』第一で、道生はこの経の体を論じて、次のようにいっている。

> 真理は、自然である。悟りも、そこに冥符するにすぎぬ。真理は、差いようがないから、悟るといっても、移易をいれはしない。移易せぬものが、たたえた水のように、常に映すのである。迷うゆえに背くので、事は自分と関係しない。そこをよくつきとめた以上は、すぐに迷を返して極に帰る。[226]

この一節は、のちに宗密の『円覚経大疏鈔』第十一之上に引かれて、自覚の能所無二の例とされる。[227] 理入とは、能所無二の自覚のことである。

要するに、達摩は道生を介して、『涅槃経』の理をふまえ、『二入四行論』を構想する。同じ『涅槃経』の四念処に、新しい内容が与えられる。四念処の背後にあった、小乗的な不浄や苦楽、無常、無我の観念が、真理自然の理によって、浄楽我常の四徳となる。達摩が新しい禅仏教の祖となるのは、そうした中国的発想による。

一四　弟子曇林の聞き書

『楞伽師資記』によると、「達摩論」には三本、ないし四本のテキストがあった。第一は『四行論』で、達摩の真説である。別に、曇林が師の言行を記録し、「達摩論」と名づけた一本がある。第一もこのうちに、含まれるとみてよい。第三は、達摩が坐禅衆のために、『楞伽経』の要義を釈したもので、これも真説である。[228] ところが、以上と別に、偽造の「達摩論」が三巻もあり、これは文がくずれ理が乱れて、信用できぬと、される。要するに「達摩論」は、曇林が随聞随録したものが真説で、他は偽造である。敦煌本『二入四行論』長巻子には、何処にも曇林の名がみえず、『続高僧伝』の達摩伝も同じであるが、道宣は恵可の友人として、無臂林の話を伝える。無臂林は、法林ともよばれる。法林は、曇林である。

周知のように、敦煌本『二入四行論』長巻子を発見した鈴木大拙は、このテキストを三つの部分に大別し、全体に百一節の通し番号をつける。第一は、「二入四行論及略序等」で、第一節より第十一節、第二は「雑録第一」で、第十二節より第六十七節、第三は「雑録第二」で、第六十八節より第百一節までを含む。「雑録第二」の末尾につづく、「雑録第三」とも名づくべきものがあることは、すでに先に言うとおりである。(229)

巻首の「二入四行論」（第一節—第八節）が、『楞伽師資記』のいう真説に当ることは、近代の研究者が一致して承認するところであるが、鈴木がそこに含める、第九節—第十一節については、今も定説をみないといってよい。とりわけ、第九節の序文のような一段の正体と、第十節との関係が判らず、『続高僧伝』の恵可伝に、第十一節の全文を引いて、恵可の友人の向居士が、恵可に贈った手紙とすることから、第九節以下を恵可の言葉の集録、つまり恵可語録とする意見があり、(230)さらに「雑録第一」をも、達摩と恵可の問答とみて、謂わゆる『二入四行論』長巻子の大半を、恵可の所伝とみようとする説が、つとに提起された。(231)恵可語録の存在を推定するのは、恵可が達摩の唯一の後継者で、後に大きく展開する禅仏教の起源が、この人にある以上は当然のことである。曇林の序にも、達摩の弟子は、恵可と道育のみとされ、道育が『楞伽経』の玄義を口で人々に説き、文記を出さなかったことを、道宣も認めているから、達摩の弟子としての恵可の語録の存否は、一宗の伝統にとって、きわめて大きい争点となる。

とりわけ、『続高僧伝』の恵可伝で、道宣は先にいう、向居士の手紙に答える恵可の返書を引いたあと、次のように記す。

其の発言は理に入って、未だ鉛墨を加えず、時に或は之を纘めて、乃ち部類を成す。具に別巻の如し。(232)

別巻の所在は、不明である。部類をなしていたという、恵可語録の内容も判らない。敦煌本『二入四行論』の第九節以下、「雑録第二」のすべてを、これに当てようとするのは、妥当な推理といってよい。

問題は、恵可を唯一の後継者とする、禅仏教の伝統が確立するのと、達摩や恵可その人の時代とのあいだに、かなりの距離があることである。『続高僧伝』も『楞伽師資記』も、すでに禅仏教の立場を承認している。『楞伽師資記』はとくに、そのことのために書かれる。恵可の弟子たちの手で、恵可語録というべきものが編まれたにしても、これを直ちに、敦煌本に擬することは難しい。むしろ、敦煌本『二入四行論』を、『続高僧伝』の素材となった、より古い資料と考えるならば、この本の成立に大きいかかわりをもつ曇林に、すべてをもどしてみるべきであろう。

言うならば、序文のような第九節の一段は、曇林が達摩の語録を、他の門下生の誰かに送る手紙であり、第十節もその一部とみるべきでないか。道宣が第十一節を、向居士の書とするのは、曇林が第九節の手紙を送った相手が、向居士であったためであり、向居士の書がここに挿入される理由となる。要するに、「二入四行論及略序等」と、「雑録第二」のすべては、曇林の所伝であり、恵可のかかわることではない。先にいうように、『楞伽経』とのかかわりが、この部分に弱いことも、これらの記録が、恵可を祖とする楞伽宗の動き以前にあることを証しはしないか。謂わゆる『二入四行論』は、達摩が道育と恵可の誠意を認め、二人に与える真説で、記録者は曇林である。自ら、その名を記さないのは、曇林の人格より来る。

じっさい、第九節を読み直すと、南天竺より来化した、不世出の師にめぐりあう曇林の感情が、かなり抑えて記されていることを知る。曇林は、単に記録者の地位にとどまることができない。達摩が恵可と道育に与えた真説を、まず向居士に送るのである。

わたくしは今まで、すぐれた先輩のあとについて、広く諸行をおさめ、つねに浄土をねがって、ブッダの遺教を渇仰して来ました。幸いにも、生ける釈迦にあうことができて、巨億（の富）にひとしい大道にめざめ、四つの悟りの数限りない成果を、我がものとしました。わたくしはこれまで、天国は別のところ、地獄も他方のこと、成果を体得するのは、死後に他の身体に変わってからのことと考えて、経をよみ福をもとめて、その因となるに足る、清らかな修行を深めて来ました。ところが、ごたがごたがたと、心の赴くままに業をおこして、すでに数年になるのに、いまだに心のやすらぐひまもない始末です。当初はくりかえし、深く静かな場所にいて身を正し、身体を静めることを心がけましたが、妄想が習いとなって、情にひかれて妄念が姿をあらわす、そんな変化の動きは、ちょっとつきとめにくいほどでした。さいごに、法性をみとどけ、どうにか真実になじむことができて、はじめて自分の方寸の胸のうちに、すべてが具っていると気付いて、明珠が輝きわたり、奥の奥まで、もののすじを見通すに至りますと、上は諸仏より、下は虫けらどもに至るまで、すべて妄想の仮名でないものはない、心が勝手に差別したにすぎません。そこで、ひそかなる懐いをぶちまけて、とりあえず「入道の手だての歌」などいう名をつけて、縁があって志を同じくする、人々におとどけする次第です。暇をみてお読みくださって、坐禅をなされますなら、必ずや自己の本性を見とどけられるにちがいありません。

若しも心と一つになるなら、心は清浄となるけれども、
一念でも分別を起すと、心はもう生滅の中にある。
そんな心の中で、あれこれと妄想するのは、邪まの生をでっちあげるもの、
方法を探して、あれこれやってみても、業の支配は免れない。（『ダルマ』人類の知的遺産16、講談社、一五五ページ）

曇林は、北魏仏教を代表する、訳場の筆受として知られた。長く遺教を渇仰して、今はじめて釈迦に会う。達摩

の言葉は、容易に理解できないが、すでに仏にあったからは、入道の手だてを得ることができた。道宣は、『続高僧伝』の習禅編の総論で、達摩の禅法を僧稠のそれに比し、在世学流、帰仰市のごとしとしつつ、誦語窮め難く、厲精は蓋し少しとする。

義は当に遠を経て陶冶して、方めて期に会うべし。十住の羅穀も抑えて其の位に当る、編浅の識・隳惰の流は、朝に禅門に入り、夕に其の術を弘め、相い与に説を伝え、各おの源を窮むと謂うも、神道は冥昧なり、孰か通塞を明かさん。是に知る、慮いの及ぶ処、知の図る所、妄境惑心に非ざる無きことを。(『続高僧伝』第二十、習禅総論)

道宣の感想は、おそらくは、曇林による。釈迦に会い得た感激は、その誦語の難解とともに、わが胸裏の妄念のはげしさを、内に反省させる結果となる。これが、その語を記録させる動機であった。

要するに、釈迦に会うことを得た曇林は、その誦語を随聞随録する。大半が、経論の引用となるのは、曇林の理解の偏りが原因であろうが、その趣旨とするところは誤っていないとみてよい。とりわけ、「雑録第一」の第十五節に、三蔵法師のことばとするのは、曇林の記録ゆえであろう。これがのちに、多くの「達摩論」の核となり、三蔵法師菩提達摩の名を定着させる。『禅門撮要』のテキストが、「雑録第一」までをとり、謂わゆる『安心法門』が、その要約であることも、曇林の所伝が軸となること、あらためて言うまでもないであろう。とりわけ、曇林が志を同じくする有縁の友人に、この序をつけた『二入四行論』を送ることは、達摩の語録の成立と伝承を考えるのに、大きい手がかりを与えてくれはしないか。

いったい、先にいう『楞伽師資記』があげる三種ないし四種の「達摩論」は、『釈楞伽要義』十二、三紙の一本を別にすれば、そのすべてを、敦煌本『二入四行論』長巻子に、求めることができるのでなかろうか。言うならば、

「二入四行論及略序等」と「雑録第一」のすべてを、曇林の所伝とするなら、『楞伽師資記』が偽造とする「達摩論」三巻は、「雑録第二」以下に擬することができる。「雑録第二」は、ペリオ第二九二三号写本を加えて、今はほぼ出揃ったとみられる。偽造の「達摩論」は、文は繁で理は散とされる。(233) 以上にみる曇林所伝と「雑録第二」以下を比べると、文繁理散の非難はしばらくおいて、その文体が異なることは確かである。先にいうように、「雑録第二」は固人名をもつ弟子たちの言葉であり、問答の記録である。

記録者が異なるとともに、所伝もまた異なる。狭義の達摩の、謂わゆる詰巻ではない。弟子たちとの問答であり、その弟子たちの記録である。一理をもって括りにくい。文繁理散とは、おそらくはそのことである。『楞伽師資記』が、これを偽造とするのは、曇林のみを真実とするからであり、『続高僧伝』もまた、同じ選択によっている。「雑録第二」以下は、初期の禅宗史書によって、達摩の詰巻より除かれて、偽造の本とみられたにすぎぬ。達摩を祖とする初期の運動そのものは、むしろこの部分に登場する、固人名をもつ弟子たちによって、推進されたとみるべきである。

一五　達摩と僧稠

『続高僧伝』第二十の末に、習禅篇の総論がある。道宣は、ここで達摩を僧稠にくらべて、次のように論じている。

高斉の河北では、独り僧稠を盛とし、周氏の関中で、尊は僧実に登る。宝重の冠たる、方に澄・安を駕し、神道の通ずる所、強禦を制伏す。(中略) 属ごろ菩提達摩なる者あり、神化は宗に居り、江洛を闡導す。大乗壁観、功業最も高く、在世の学流、帰仰すること市の如し。然れども誦語は窮め難く、厲精は蓋し少なり。其の慕則を審かにするに、遺蕩の志存す、其の立言を観るときは、則ち罪福の宗、両つながら捨つ。詳夫（おもうに）真俗の双翼、空有の二輪は、帝網の拘せざる所にして、愛見も之を能く引くこと莫し。静慮を此に籌つ、故に言を絶するか。然れども彼の両宗を観るに、即ち乗の二軌なり。稠は念処を懐いて、清範は崇ぶ可し。摩は虚宗を法として、玄旨幽賾なり。崇ぶ可きは、則ち情事顕われ易く、幽賾なるは、則ち理性通じ難し。所以に物は其の筌を得て、初めより同じく披洗するも、心用に至っては、壅滞惟だ繁し。之を儔と云う、差は述べ難し(234)。

道宣の文章は、難解であるが、僧稠が四念処とよばれる小乗系の禅定を説いたのに対し、達摩は虚宗を法とした、すなわち大乗般若を宗とした、というのが趣旨であろう。僧稠は、先に魏の孝明帝の帰依を受けるが、やがて高斉すなわち北斉高祖、文宣帝に迎えられて、鄴城西南八十里の地に雲門寺を創し、兼ねて石窟大寺の主となる。道宣が右の文の中間で、文宣が担負し、府蔵を雲門に傾けたというのは、そのことを指す。とくに、別に『広弘明集』第六に収める傅奕の上書や、同書巻第八の周滅仏法集道俗議事によると、文宣帝は北斉の建国に当って、黒衣の僧が天下を革めるという、道士張賓の讖記を信じ、僧稠を殺そうとしたという(235)。『続高僧伝』に見えぬ話であるから、道宣が晩年に『広弘明集』を編する前後、新たに入手した資料であろう。

もともと、僧稠の碑文は、右僕射魏収の手になる。魏収は、『魏書』の編者である。道宣の僧稠伝は、魏収の碑文とその行図によるものである。行図の正体は不明であるが、道宣は貞観初年に雲門廃寺のあとを訪い、親しく行図を閲している。

僧稠は、少林寺の祖師三蔵、仏陀禅師の弟子である。少林寺は、北魏孝文帝が、仏陀のために開く習禅道場である。仏陀は、天竺の人で、北台の恒安に来るが、北魏が洛陽に移るのに従って、少林寺を創したという。はじめ、僧稠は道房について止観を受けるが、道房は仏陀の神足であり、僧稠はのちに親しく仏陀の印可を得る。「葱嶺より已東、禅学の最たるものは、汝その人なり」というのである。僧稠は、仏陀につづいて、嵩岳寺に住している。僧稠が、北魏末より北斉にかけて、国家権力と交わったことは、自ら好んで求めたわけではないが、しばしば身命の危機を招く結果となる。道宣のいう「情事顕われ易し」とは、おそらくはそのことを指す。これもまた、四念処の実践であった。清範を尊ばれる所以であろう。

僧稠に比べると、達摩は遊化を務めとし、墓塔の所在も確かでない。呉坂の塔は、後代の付会である。在世の学流が、市のように帰依したというのも、後代の評価であろう。当時、追随者はほとんどなかった。誦語は窮めがたく、理性も通じにくい。僧稠と達摩の行化は、全く正反対である。わずかに曇林の通訳を得て、達摩は禅法をのこす。系統の異なる「達摩論」は、そんな誥巻を軸に、少数の弟子たちが、秘かに奥義を伝えた記録であろう。道宣が、稠と摩を乗の二軌とするのも、何らかの資料があってのことだろう。

僧稠には、黄門侍郎李奨のために書いて与えた『止観法』両巻があった。この本の所在は判らないが、先にいう習禅の総論によると、僧稠の禅法は、四念処を中心とするものであった。四念処は、大小乗を通して行われるが、僧稠の場合は、『涅槃経』四念処品による、大乗的傾向をもっていたようである。さらに、先にいう『一切経音義』第百巻に、僧稠の『法宝義論』一巻について、およそ八語の音義を収める。(236) 神秀の『観心論』について、七語の音釈を収めることからみて、ほぼ同程度の短篇である。『法宝義論』の名は、円珍の『将来目録』にもみえるから、日本にも伝えられたらしいが、今はその所在を知ることができない。むしろ『一切経音義』第百巻は、僧稠の『法宝義論』一巻につづいて、『止観門論』二巻の音義を収める。この本の音義は智顗で始まるが、智顗のいずれのテキストを指すのか、今のところよく判らない。むしろ、僧稠の『止観法』両巻との混同であるまいか。とりわけ、

『法宝義論』や『止観門論』という題名は、論書への関心が強まる、この時代の動きを示す。のちにいうように、法宝についても、新しい関心が起こっている。

さらに、敦煌文書のペリオ第三五五九号に、稠禅師の『大乗心行論』を収める。僧稠の真作とすれば、現存唯一のテキストとなる。(237)

『大乗心行論』は、心外無法の立場から、十悪、五逆、三界、六道を空ずる、大乗の六度を説くもので、心行とは、心と行処のことらしい。

一切の行者、挙動施為して、如何が作心せん。作に二種有り、一は外より理に入る門、二は理より用を起す門なり。外より理に入る門とは、身心に共に行じて、諸法を念ぜず、身口も亦復た然り。耳に善事を聞くも、意は起らず、目に悪法を瞩るも、心は従わず、是非得失、己に忤らわず。但し恵眼を自の行相に持せば、恵は乱の起るに従い、乱に従って定を得ず。息妄し正求せよ。諸法を縁ぜざるは是れ息妄、善法を念ぜざるは是れ正求なり。云何が恵なる。心と行処の滅する、此は是れ実恵なり、亦た涅槃と名づく、亦た寂滅と名づく。理より用を起す門とは、身心別に行じて、内心に分別せず、身口は世間に同ずるなり。身口に善を行ずるも、意は起らず、身口に悪を行ずるも、意は縁ぜず。身口に善悪の法を除かず、但だ意地に攀縁心を除くのみ。経に云く、但だ其の病を除いて、其の法を除かずと。

僧稠は、入理と起用の二門を立てる。とくに後者を、理より用を起す門とし、心を除いて境を除かずとするのは、達摩の二入四行のうち、四行の外に説き残した、防護譏嫌や順物の行に当るようである。第一の外より理に入る門も、完全に理入に当るとは言えないが、『大乗心行論』一巻が、達摩を意識していることは確かである。

若し解る時は、動と不動とすべて是なり。解らざる時は、動と不動とすべて非なり。未だ識らざる時、己の自心に於て妄に動静するも、解る時は自心曾て有らず、誰か能く動静を計せん。

先にいうように、『二入四行論』第十五による『悟性論』や『安心法門』を一貫する、解と不解の論義をふまえつつ、僧稠はやや別の角度から、安心の法を説いている。『大乗心行論』の真偽は、今のところ不明であるが、『宗鏡録』第九十七に、次のような稠禅師のことばを引くのが、まず注目に価しよう。

一切の外縁は、定相無しと名づく。是非生滅は、一一に自心に由る。若し自心を心とせずんば、誰か是非を嫌わん。能所は倶に無にして、即ち諸法は恒に寂す。

じつをいうと、『大乗心行論』を含む敦煌文書の、ペリオ第三五五九号は、『伝法宝紀』の完本と、これにつづく『先徳集於双峰山塔各談玄理十二』のあと、『大乗心行論』までの中間部に、右の『宗鏡録』の一段を含む雑録を収めて、とくにはじめに稠禅師の意とするから、雑録のすべてが僧稠のことばともみられるのであり、『宗鏡録』は明らかにこの本によっている。

すなわち、ペリオ第三五五九号の雑録は、おおよそ次のごとくである。

稠禅師の意。問う、大乗安心、入道の法は云何。

答えて曰く、大乗の道を修せんと欲せば、先ず当に安心すべし。凡そ安心の法は、一切安んぜざるを真の安心と名づく。安と言うは頓に諸縁を止め、妄想永く息む。身心を放捨して、其の懐を虚豁とし、縁ぜずして照し、起作恒に寂す。種々の動静音声の剋も、妨を為すと嫌うこと莫かれ。何を以て然るとならば、一切の外縁は、各々定相無し、是非生滅、一に自心に由る。若し能く無心ならば、法に於て即ち鄣碍無し。縛無く解無し。自から無縛を体するを、名づけて解脱無碍と為し、之を称して道と為す云云。

雑録は、さらにすすんで禅の定義と、摂心の意味、五停心の修行について答え、再び安心の法について説き、「稠禅師薬方」を述べ、『大乗心行論』につづく。

「稠禅師薬方」は、有漏を療する処法として、信受一両、精勤二両、空門一両、息縁二両、観空一両、無我二両、逆流一両、離欲二両の八味をあわせ、恵斧できざみ、定臼でくだいて、不二の羅でこし云々とするもの、病愈えて三界を出でる逍遙散ともいうから、一種の戯作にすぎないが、前後の『安心法門』の意を、絵解きしていることはいうまでもない。敦煌文書には、「大乗薬関」（ペリオ第三二八二）や、梁武と志公の問答とされる同じ趣旨の作品（スタイン第三一七七、ペリオ第三六四一）が別にあり、[238]ともに『禅門諸祖師偈頌』第二に収める「志公薬方」や、わが白隠の「見性成仏丸」（全集第六）の原型となる。

いずれにしても、道宣が習禅篇の総論で、僧稠と達摩を対比したことを受けて、達摩を祖とする初期の禅仏教は、僧稠を自派の伝統のうちに引きこむこととなる。人々は僧稠の禅法を、達摩の『二入四行論』に近づける一方、達摩の伝記を僧稠に近づけた。『宗鏡録』第九十八は、達摩の理入の一段を、伏陀禅師の名で引用している。[239]先にいうように、達摩の『二入四行論』は、伝統的な四念処に新しい具体と、理論的な根拠を与える、体系化の試みである。曇林が筆受したゆえもあろうが、北魏仏教の要求に答える、時の言葉に傾く。さらに『伝法宝紀』は、本来は嵩山にいなかったはずの達摩を、東魏嵩山少林寺釈菩提達摩とよび、恵可を北斉嵩山少林寺釈恵可とよぶ。達摩ははるかに海を航して、南天竺より直ちに嵩山に来るのである。さらに『伝法宝紀』の作者は、その序文の一段で、真丹を練って白日昇天する仙人の身手について論じ、碧字瓊書の説を批判している。先にいう寇謙之が、嵩山に降臨した老君より、天師の位を授けられ、誥授を受ける話を前提することは、あらためて注意するまでもあるまい。

僧稠も達摩も、そして寇謙之の天師道教も、北周の破法によって、実際の伝統は断える。唐代に再編の運動が起こるとき、それぞれ自派に都合のよい、新しい総合を試みるのであるが、僧稠の再評価には、禅仏教の域を出るものがある。たとえば、『楞伽師資記』を書く浄覚は、僧稠の旧蹟を慕って太行山に入り、その遺訓を追わんとしている。僧稠が錫杖で二虎の争を解いた話は、浄覚の時代にも有名であった。やがて、詩人たちのあいだに、『楞伽経』に対する関心がたかまる。李賀はその代表だが、『楞伽経』にはもう一つ、浄覚と僧稠のイメージが重なっていたように思われる。(240) 西域を得意とする岑参が、そんな僧稠と浄覚を一つにして、新しい「太白胡僧」の歌をつくっている。

聞くならく、胡僧ありて太白に在りと。蘭若は、天を去ること三百尺。一たび楞伽を持って中峰に入る、世人は見難く、但だ鐘を聞くのみ。窓辺に錫杖は、両虎を解き、牀下に鉢盂は、一龍を蔵す。草衣は針せず、復た線せず、両耳は肩に垂れ、眉は面を覆う。此の僧の年紀は、那んぞ知るを得ん、手ずから青松を種えて、今は十囲なり。心は流水と、同じく清浄に、身は浄雲とともに、是非なし。商山の老人、已に曾て識る。願わくは之を一見せんに、何に由りてか得ん。山に僧あり、人は知らず、城裏に山を看れば、空しく黛色。(241)

一六　「雑録第二」の問題

敦煌本『二入四行論』長巻子のうち、巻首の「二入四行論」より、「雑録第一」とよばれる部分までは、海東に伝えられる『禅門撮要』のテキストに一致する。くり返しいうように、謂わゆる『二入四行論』は、曇林の訳出であり、序文も達摩の伝記を含む曇林の聞書である。

道宣がこれによって、最初の達摩伝を書くことも、すでにみた通りであり、これがすべての禅宗史書の出発となる。曇林のことを、道宣は恵可の章に記す。『楞伽師資記』も、『伝法宝紀』も、ともにそんな『続高僧伝』を受けるのであり、勅撰に準ずる『続高僧伝』の権威は大きい。とくに、『楞伽師資記』は、直接に『二入四行論』を引く。『二入四行論』は、達摩の真説であった。『続高僧伝』と同時に、『金剛三昧経』がつくられて、達摩の『二入四行論』を、仏説の権威によって根拠づけるのは、その説がすでに高く評価されていたことを意味しよう。『金剛三昧経』には、古いチベット訳があり、中国仏教の権威とされる。(242)

ところが、やがて『二入四行論』の評価に変化が起こる。『二入四行論』は、一部の弟子に対する方便の教えで、達摩の真意でないというのである。そんな『二入四行論』に対する、最古の批判が『伝法宝紀』である。たとえば、『伝法宝紀』の編者は、その序文の後半で、次のように主張する。

今、世間に或は文字有り、達摩論と称する者は、蓋し是れ当時の学人が、自得の語に随って以て真論と為し、書して之を宝とするもの、亦た多く謬まれり。(243)

『伝法宝紀』と『楞伽師資記』は、ほぼ同時のものである。『楞伽師資記』もまた、偽作の「達摩論」の存在を言い、その依用すべからざるを批判する。しかし、『伝法宝紀』が非難するのは、『二入四行論』そのものであり、『続高僧伝』の達摩伝である。たとえば、『伝法宝紀』は、その達摩伝のうちに、恵可が臂を断って誠懇を示したとし、「余伝を案ずるに、賊に臂を斫られたと云うのは、蓋し是れ一時の謬伝なる耳」と注して、(244)明らかに道宣を退ける。さらに又、達摩が恵可に『楞伽経』を伝える条に、次のように付注するのは、曇林と『二入四行論』そのものを否定するのである。

余伝を案ずるに「壁観及び四行」を言う者有り。蓋し是れ当時の権化、一隅の説、□跡の流の、或は採撫する所ならん、至論に非ざるなり。(245)

先にいう「達摩論」が、曇林の『二入四行論』を指すことは、これによって明白である。『伝法宝紀』は、『続高僧伝』の資料に拠りつつ、その立場を分つのであり、自ら『伝法宝紀』と名のるのも、禅史の本紀を自任する意であろう。言ってみれば、この本は不立文字を宗とするのであり、『楞伽経』を重視するのも、もっぱらこの一事に関係する。始め鹿野苑より終わり跋提河に至るまで、その中間に一字を説かずという、晩年の仏陀の言葉を伝えるのは、『楞伽経』を最とする。経典の言葉を標月の指とし、一切仏語心を説くのも、『楞伽経』である。達摩がこの経典を恵可に与えて、自得度世をすすめたことは、すでに『続高僧伝』に記すところだが、達摩はその理由を説明していない。『伝法宝紀』の編者は、恵可が『楞伽経』を説いて、この経を名相と化する四世の弟子の出現を予言する、同じ『続高僧伝』の記載によって、当の『続高僧伝』を否定するのである。

要するに、『伝法宝紀』は、のちにつづく以心伝心、不立文字の禅の立場を、はじめて主張する画期となる。『楞伽師資記』と『伝法宝紀』の前後関係は、明らかでないが、神会は『伝法宝紀』を攻撃することによって、自ら南宗の正系を主張するのであり、そんな神会を経由することによって、『暦代法宝記』が『楞伽師資記』を批判し、自派の伝統を確立することは、すでに周知のとおりである。[246] 神会は『伝法宝紀』を批判することによって、『続高僧伝』の達摩伝を超える、新しい初祖像を創造するのであり、これがのちに禅宗史書の定説となる。如来禅の立場がそれであり、梁の武帝との問答という、全く新しい説話が出現する。

とりわけ、三蔵の書の外に伝わる、法宝の伝統を説くのは、『伝法宝紀』の創唱である。『楞伽師資記』は、玄賾の『楞伽仏人法志』によって、新しい三宝の伝統を主張した。『伝法宝紀』の法宝主義は、玄賾の『楞伽仏人法志』以上に、法に依って人に依らず、義に依って語に依らぬ、新しい正法眼蔵の出現を先取りするように思われる。[247]

いずれにしても、『続高僧伝』の達摩伝によって、『楞伽師資記』と『伝法宝紀』という、二つの禅宗史書は生まれる。やがて、神会の『壇語』や『六祖壇経』がまとめられるのは、そんな法宝主義の自覚による。しかし、『伝法宝紀』の杜朏も、『楞伽師資記』の浄覚も、ともに見逃してしまったのは、『二入四行論』長巻子の後半についている、「雑録第二」の部分である。浄覚はわずかに『注般若心経』に、その一節を引くけれども、本来の文脈とは全くちがったものとなる。(248)『禅門撮要』のテキストは、この部分を切り捨てた。敦煌本『二入四行論』長巻子が出現して以後といえども、この部分に注目した、近人の発言はないようである。

じつをいうと、敦煌本『二入四行論』長巻子のうち、今やほとんど人々の注意を失っている、「雑録第二」の部分にこそ、達摩の語録の本領がある。禅仏教の出現の意味を、語録という独自の文献に求めるならば、「雑録第二」こそ、正しく語録の名に価しよう。言ってみれば、「雑録第二」の言葉は、すべてが固人名をもつ弟子たちのものであり、あるいは相互の問答である。『続高僧伝』の偏向は、そんな語録の本質を見落し、最初の一部のみを、誥巻としたことにある。道宣は、自ら名づける誥巻の部分に、自ら眩惑されたらしい。

いったい、「雑録第二」に登場するのは、可禅師一人を除いて、すべて従来の禅宗史書に、その伝を留めぬ人々である。わずかに『宗鏡録』第九十七が、数人の名と言葉を伝え、宗密の『中華伝心地禅門師資承襲図』に、道信につぐ弟子として、黄梅朗禅師、荊州顕、舒州法蔵の名をあげるにとどまる。今、両者の人名を対比し、のこる人々の名を列記すると、おおよそ次のようである。

雑録第二 (北京本宿九九号・スタイン第二七一五号・ペリオ第二九二三号)
〔 〕の漢数字は、『校刊少室逸書』による。注(175)をみよ。

〔六八—八〇〕縁法師

〔七二〕　道志法師と縁法師　『宗鏡録』第九十七は、〔八九〕を縁禅師の句とす

〔八一—九〇〕可禅師

〔九一〕　楞禅師
〔九三〕　顗禅師（荊州顗）
〔九四〕　暄禅師
〔九五〕　淵禅師
〔九六〕　蔵禅師（舒州法蔵）
〔九七〕　賢禅師
〔九八〕　安禅師
〔九九〕　憐禅師
〔一〇〇〕　洪禅師
〔一〇一〕　覚禅師

る。

浄覚の『般若心経注』に、安心論の名で後半の部を引く。なお〔九五〕以下、チベット訳がある。

『宗鏡録』第九十七に引く。

『宗鏡録』第九十七に前半を引く。又、北京本、スタイン第二七一五号は、ここで擱筆する。

雑録第三　（ペリオ第二九二三号）アラビア数字は、小著『ダルマ』による。注(175)をみよ。

76　梵禅師
77　道志師
78　円寂尼

『宗鏡録』第九十七に引く。

79　監禅師　　この段、途中よりチベット訳を欠く。
80　因禅師
81—83　三蔵法師
84　忍禅師　　チベット訳あり。
85　可禅師　　『宗鏡録』第九十七に引く。又、チベット訳あり。
86　亮禅師　　チベット訳あり。
87　曇　師　　途中より、チベット訳あり。
88　恵堯師　　チベット訳あり。『宗鏡録』第九十七に引く。
89　知禅師　　途中まで、チベット訳あり。
90　志禅師
91　汶禅師（以下ペリオ第四七九五号）
92　縁法師
93　朗禅師（黄梅朗禅師）　　『宗鏡録』第九十七に引くものは、やや異なる。

以上、大半の人々は伝記不明で、81—83の三蔵法師は達摩にちがいないが、84の忍禅師を弘忍とすれば、時代の混乱もある。『続高僧伝』が恵可と道昱、向居士、和公、廖公の名をあげるにとどまるのに比し、ずいぶん大きい開きであり、達摩の教えを受けた弟子は、他にもあったと考えられる。すくなくとも、可禅師が恵可である以上、他の人々も達摩の弟子、もしくは初期禅仏教の一員である。むしろ、これらの諸弟子は、恵可や曇林以上に、個性ゆたかである。とくに〔六八―八〇〕の縁法師は、『絶観論』の作者が入理と縁門の対話を考えつく、文献的な根拠のように思われる。わが金沢文庫の『観心論』のはじめに、可禅師門という四字があることは、すでに指摘したごとくであり、これが『禅門撮要』のテキストで、恵可と達摩の対話とされる根拠とすれば、いずれも史伝が不明ゆえに、かえって思わぬ発展を示すこととなる。偽造の「達摩論」が、相ついで出現する所以である。要するに、『伝法宝紀』や『楞伽師資記』は、師資の機縁を明かすことにつとめ、他の弟子の語を伝えることを怠った。神会以後、この傾向がさらに強まる。正傍の区別が先行し、語録も歴史も、その性質を変えるのである。諸弟子の言葉が、正当に評価されるのは、馬祖以後のことである。馬祖以後の時代にこそ、正しく語録文献の復権がはじまる。敦煌本『二入四行論』の「雑録第二」と「雑録第三」は、忘れられた語録の祖先である。とりわけ、この部分には、チベット訳が遺存する。チベット仏教が、諸弟子のことばを正当に評価したかどうか。問題は単純でないけれども、今はこれらを語録の祖先とする、新しい見通しのもとに、その内容について考えてみたい。

一七　縁法師という人

「雑録第二」の〔六八―八〇〕の十三節は、縁法師とある人の問答である。〔七二〕に、道志法師が登場する。道志は、のちに77と88に再び姿をあらわし、縁法師も、92に登場する。二人は、あるいは禅師とよばれ、あるいは法師とされる。それぞれ、ともに同一人物である。雑録第二と第三は、縁法師に関係する、弟子の記録のようである。〔八九〕の、家中の大石を仏に変える話を、『宗鏡録』第九十七が引用し、縁禅師のことばとするのは、縁禅師がそれほどに、この本に重きをなす証となる。

〔六八〕

縁法師がいった、「遠大な意志を起そうとすれば、心の結ぼれと習慣性は、必ず共に消えてしまうはずだ」（そこで）ある人がきいた、「何を心の結ぼれといい、何を習慣性というのです」

答え、「生滅が心の結ぼれで、生滅しないものは、愚者の習慣性である。役にはたたぬ」

（縁法師曰、若欲取遠意時、会是結習倶尽。問、何謂正結、何謂余習。答、生滅是正結、不生不滅是愚痴家余習、不可用。）

縁法師の伝記が不明のように、この人の答えには、見なれない言葉が多い。遠意がそれであり、会是がそれである。愚痴家も、不可用も、他に例がない。とりわけ、結習は、『維摩経』観衆生品にみえる歴たる古典語であるが(249)、これを二つに割って、正結と余習とするのは、実際の問答の記録ゆえである。いずれも、生の語気を含む。とりわけ、不生滅を愚痴家の余習とするのは、教学者の形骸化を難ずることばである。体系の思考や断章取義を許さぬ、相手の反応をにらんでの、はげしい詰問の勢いを示す。要するに、「雑録第二」は、そんな生の語録の古層を、今に伝えるのであり、修正の手は少ないとみてよい。一つ一つの語気については、すでに別の訳注に私見を書いたから、今はあらためてくり返さないが、一方に曇林の記録を軸にすえる運動があり、すでにこれに異議を示す別のテキストの存在を、想定することが可能である。

〔六九〕

問い、「いったい、法によるのか、それとも、人によるのか」

答え、「わしの考えでは、人も法も、たよらぬ。おまえが法にたよって、人によらんのは、やはり片よった考えだ、人によって法によらんのも、同じである」

〔七〇〕

さらに、「気骨があれば、人にも法にも騙されずにすむ。根性もよい。どうしてかといえば、智恵を尊ぶから、人にも法にも迷いはしない。（ところが）ある人を主人としてよしとすると、もうその人に騙されずにはすまぬ。たとえ、仏は人よりすぐれるとおもっても、騙されずにすむまい。どうしてかというと、相手を見失うからであり、その人にたよって、信ずる心が荷となるからだ」

〔七一〕

さらに、「愚者は仏を、人の中のすぐれたものとおもい、涅槃を法の中にすぐれたものとおもうから、もう人や法に騙されてしまう。さらに、法性や実際を（実在視して）、人が知ると知らぬとに関係せぬと考え、自性は生滅しないと考えても、やはり自分で（自分を）騙している」

（問、為依法、為依人。答、如我解時、人法都不依。你依法不依人者、還是一箱見、依人不依法者亦尔。又曰、若有体気時、免人法誑惑、精神亦可。何以故、貴智故。被人法誑。若重一人為是者、即不免此人惑乱。乃至謂仏為勝人者、亦不免誑。何以故、迷境界故、依此人信心重故。又曰、愚人謂仏人中勝、謂涅槃法中勝者、即被人法之所惑乱。若謂法性実際、不問知与不知、謂自性不生滅、亦自誑惑。）

主題は、前につづいている。人と法についての、通途の仏教学の考えが、徹底して批判される。謂わゆる四依の説は、『楞伽経』にもみえるから、縁法師は単なる楞伽衆ではない。名教に対する老子の批判のように、縁法師は仏教学の体系そのものを拒否する。周知のように、仏とその正法への妄信を批判し、外に向って根拠を求めることを、徹底粉砕するのは、唐の臨済義玄を最高とする。臨済は、一切の人惑を退け、即今目前聴法無依の学人を、無条件に仏祖とする。臨済に先立つこと三百年、縁法師がすでに、同じ論陣を張っている。臨済の説は、「達摩論」

の再編にすぎぬ。既成の仏教学を相手どり、絶対自由の視点から、その虚構を笑うのである。縁法師の語のうちに、すでにその傾向があることは、臨済に先立つ馬祖の再編を考え、神会の北宗攻撃の動機を考えるのに、重要な手がかりを与えることとなる。

言ってみれば、かつて三蔵法師が、人の法を追うのを迷いとし、法が人を追うのを悟りとしたことから、禅仏教の新しい運動が起こった。三蔵法師は、第一段階で、法よりも人を主とする。法よりも人を主とするのは、従来の仏教が、法を中心に人を考え、人を法に従わせようとして、種々の行きすぎがあったためである。達摩と恵可が、旧仏教の迫害を受けるのは、大衆の支持を得ていた証拠である。とりわけ、法よりも人を主とする運動は、すぐれた指導者を必要とする。達摩は、三蔵法師である。三蔵法師は、単なる翻訳者ではなくて、自らの言葉で、人々に正法を伝えた。しかし、そんな三蔵法師を継ぐ二代目の指導者と、その下に集まる弟子たちは、どうしても師のことばによることとなる。師の語を録する、語巻によるほかはない。かれらが再び『楞伽経』によるのは、さらにその次の時代のことである。

縁法師が自ら、人と法のいずれによることをも拒否し、第三の立場をとるというよりも、何の立場をもとらぬ、絶対自由の気概をみせるのは、達摩を祖とする禅仏教が、すでにある程度の形骸化を示していて、再び達摩の精神をよびもどす必要があったためだろう。かれがのちに、禅仏教の歴史書に正当な伝記をとどめぬのも、そうしたアウトロー的発想による。資料的にいえば、達摩の法を継ぐ機縁が他に知られなかったことによるが、師の法を継ぐことそのことが、じつは何も継いでないという、禅の伝統の構造そのものを、この人は見事に、今に示しているように思われる。語録としての「雑録第二」の特色は、まさしくそこにある。のちに、『楞伽師資記』の編者が、この部分を偽造の「達摩論」とし、『伝法宝紀』が『二入四行論』そのものを否定するのも、理由のないことでない。

〔七三〕
ある人が、縁法師にきく、「どうして私に正法を教えてくれぬのです」答え、「俺がもし正法をおしたてたら、もう君を騙し、君をうらぎることである。俺が正法をもっていても、どうしてそれを人に説き示すことができよう。俺がどうして、君に答えられるか。およそ、名字があれば、すべて君を騙す。大道の真意が、どうして芥子ばかりでも、君に答えられるものか。もし答え得たとせば、もう、何の役にも立つまい」。（縁法師は）更に問うても、もう答えない。

〔七四〕
その後、さらに問う、「どう心をおちつけたらよいのです」答え、「大道という心を発してはいかん。俺の考えでは、心は知られるものでなし、まっくらくらで、それとは気づけん」

（有人問縁師、何以不教我法。答、我若立法教你。即是不作接你。若我立法、即誑惑你、即負失你。我有法、何以得説示人。我那得向你道。乃至有名有字、皆誑惑你。大道意那芥子許得向你道。若得道、即作何物用。更問即不答。後時復問、若為安心。答、不得発大道心。如我意者、即心無可知、冥然亦不覚。）

縁法師の真意は、この問答にほぼ出つくす。前半は、一種の印可を求める弟子を、やんわり退けたところだが、途中でにわかに、もう何を問うても一切答えぬ様子が、ありありと窺える。しばらくして、弟子が安心の仕方を問うので、大道の心を起こすなと答えている。達摩にもおそらく同じ問答があったことは、「雑録第一」の〔三二〕によって判る。

〔三二〕

問い、何等の事をか名づけて規域外（常識的な価値を脱けるところ）と為す。

答え、大小乗の解を証せず、乃至、一切種智を願わず、解定の人は貴ばず、貪欲の人を賤著せず、乃至仏智恵を願わずんば、其の心は自然に閑静なり。若し人、解を取らず、智恵を求めずんば、此の如きもの、法師禅師等の惑乱を免れんと欲す。若し能く心を存し志を立てて、賢聖を願わず、解脱を求めず、復た生死を畏れず、亦た地獄を畏れず、無心に直ちに作任せば、始めて一箇の規鈍心を成ぜん。若し能く一切の賢聖が、百千劫に神通転変を作すを見るも、願楽心を生ぜざる者は、此の人は他の誑惑を免れんと欲す。

達摩のねらいは、学人が法師や禅師に惑乱されて、自己を失うのを防ぐことにある。道を修めるものは、精神を壮大にし、心を規域外におくことが大切である。規域外と、規鈍心とは、おそらくは対をなす。珍しい用語であるが、既成の教学に対する、徹底嫌悪を含むことは、ほぼまちがいない。これにつづく対話で、世間の痴人らは、一個の胡魅の漢が鬼語を作すのに逢うて、即ち鬼解を作し、用て指南と為すのは、とんでもないことだとするから、規鈍といっても、鬼語や鬼解への不感症であって、むしろ壮大な意志と、遠意を守って、結習を自ら尽くさしめるのが、ここにいう規域外であり、規鈍心ということになる。縁法師は、自ら冥然として、また覚せぬ人である。

〔七五〕

さらに、「どういうものが道ですか」

答え、「君が決意して道に向うと、姧巧が起り、有心の中におちこむ。もし道を起そうとすると、巧偽が生れる。心に方便があると、すべて姧偽が生れる」

〔七六〕

さらに、「何を奸偽というのです」

答え、「知で解しようとして、名称を求めるから、百巧が起る。奸偽を断とうとするなら、菩提心を発さず、経論の智恵を用いるな。そうして、はじめて、人身の体気（一人前の根性）が出よう。精神（やる気）があるなら、解を立てず、法を求めず、智を好まず、すこしも閑静を得るな」

（又問、何者是道。答、你欲発心向道、奸巧起、堕在有心中。若欲起道、巧偽生。有心方便者、皆奸偽生。又問、何謂奸偽。答、用知解邀名、百巧起。若欲断奸偽時、不発菩提心、不用経論智。若能尓者、始欲有人身体気。若有精神、不貴解、不求法、不好智、少得閑静。）

徹底した、絶聖棄智、絶巧棄利のすすめである。達摩とその弟子たちが、「老子」や「荘子」を学んだことは確かだが、今はそれをすら立場とせぬ、八方破れの構えがある。とりわけ、老荘が絶聖棄智をいうのは、すべて社会的政治的な意識を含む。道教教団についても、事情は同じである。初期の禅仏教の運動には、ほとんどそうした動きがない。かれらが弾圧され、迫害されたのは、むしろ偶然のことである。つじつまを合わせようとする、記録者の方に責任がある。受難も自然というのが、報怨行の精神であろう。

さらに又、奸偽も、巧偽も、他に例のない言葉であるが、それなりに納得できる語気をもつ。山出しの禅僧が、生身の口で語りかける気分である。唐代に、南泉や薬山が、痴鈍人を求めるのも、同じ傾向の言葉である。今は、気まじめな禅が多すぎる、すこしは痴鈍があってよいというのである。(250) 六祖につぐ一宿覚は、その「証道歌」にうたう。

妄をすて、真をとる。

その取捨が、巧偽を生む。

人々は気付かず、道を求めているとおもうが、
まつこと、盗人をわが子と誤るにひとしい。(251)

「証道歌」の作者は、縁禅師のことばを知っている。さらに、注目に価するのは、宋学の完成者とされる、程伊川の説である。『二程全書』第二十三に、次のような一節がある。

智は人の本性から出るが、人が智をはたらかせると、しばしば巧偽におちいる。それで、老荘の徒は智を放棄しようとするのだが、どうしてそれが本性の罪であろう。孟子は巧みに説明する、智をにくまにゃならんのは、穿鑿しすぎるためである。(252)

程氏の意見は、穏当である。智を放棄せよと説く禅僧のことを、ことさら見逃しているようであるが、そうした話頭が出て来たのは、おそらく禅仏教に好意をもつ、士大夫の偏向が動機であった。

いずれにしても、質問者は、縁禅師の答えが納得できない。縁禅師は、同じ答えをくり返す。

〔七七〕
「妙解を求めず、人のために師とならず、また法を師とせずんば、自然に独り歩きできる」

〔七八〕
「君は妖怪への興味をすてよ、俺だって、君を引きうけてやる」
問い、「妖怪の興味とは、何事です」
答え、「眼をとじて、坐禅することだ」

〔七九〕
問い、「わたくしは心を統一して、禅定に入ったら、もう動きません」

答え、「それは縛定だ、役にはたたん、たとえ四禅（八）定に入っても、すべて一旦は心が静止するが、ふたたび乱れる。有難がってはいかん、それは技術で、こわれものにすぎん、究竟のものではない。自性には静乱のないことを悟ってこそ、自在を得ることができる、静乱に支配されぬこと、それこそ根性のある男である」（又曰、若不求好解、不与人為師、亦不師於法、自然独歩。又曰、你不起鬼魅心。我亦可将接你。問、何謂鬼魅心。答、閉眼入定。問、某甲斂心禅定、即不動。答、此是縛定、不中用。乃至四禅定、皆是一段静、而復乱、不可貴。此是作法、還是破壊法、非究竟法。若能解性無静乱、即得自在。不為静乱所摂、此是有精神人。）

縁法師は、すでに神会の北宗批判を先取りする。凝心入定、住心看浄、起心外照、摂心内照という、四個の格言は、先にいうように、達摩の凝住壁観を誤解し、事観に堕した人々を批判する、神会の新しい運動である。凝住壁観、自他凡聖等一、堅住不移とは、理入であって、事観ではない。神会が、南宗の祖としての菩提達摩を、新しく定立し、同じ『楞伽経』による、如来禅の祖とするのは、はからずも、縁法師の精神をつぐこととなる。『金剛三昧経』が達摩の壁観を覚観におきかえたのも、すでに同じ錯りを犯している。縁法師は、達摩門下の少数批判派であった。すくなくとも、「雑録第二」で、縁法師がくり返す、次のようなことばは、南宗における坐禅の解釈と、完全に一致する。

91　縁法師のことば。「一切の経論は、すべて心を起こす教えにすぎぬ。道心を起こすと、もう巧偽が生まれて、余事を□□する。心が起こらなければ、どうして坐禅が必要であろう。巧偽が生じなければ、わざわざ念を正すに及ばない。菩提心をおこさず、恵解を求めなければ、事も理も共に尽きる」

（縁法師曰、一切経論、皆是起心法。若起道心、即巧偽生、□□余事。若心不起、何用坐禅。巧偽不生、何労正念。若不発菩提心、不求恵解、事理倶尽。）

達摩の時代に前後して、天台学を樹立する智顗は、暗証の禅師と、誦文の法師を批判する。[253] 縁法師は、経論そのものを起心の法とし、発菩提心そのものを、巧偽とするのである。事も理もともに尽きるとは、現実的にも、原理的にも、目的的分別の必要が、完全になくなることであろう。『楞伽師資記』の求那跋陀羅の章に、「実性を会する者は、生死と涅槃の別有るを見ず、凡聖無異、境智無二であって、理事倶に融して、真俗斉しく観ず」というのに当り、[254]『続高僧伝』の恵可の章に、恵可が達摩について学ぶこと六年、一乗を精究して、理事兼融し、苦楽無滞というのも、おそらくは同じ語勢である。[255]

一八　縁法師と志法師

次に、縁法師と志法師の、問答について考えたい。相互に個人名の判る問答は、雑録中でも珍しい。後代、馬祖以後の、盛期の語録の典型としても、注目される。

〔七二〕

志法師が、屠殺業者の集まっている街の大通りで、縁法師を見かけて、たずねた、「君は屠者が羊を殺すのを見たろう」

縁法師、「わしは盲じゃない。どうして見ぬものか」

志法師、「縁公は、つまりこれを見たというのだな」

縁法師、「君はもうひとつ、そいつを見たんだ」

（志法師屠児行上見縁法師問、見屠児殺羊不。縁法師曰、我眼不盲、何以不見。志法師曰、縁公乃言見之。縁師曰、更乃見之。）

律蔵に、三種浄肉の制があって、比丘は、見聞疑の三を離れた肉を、施者より受けることを認められる。[256] あるいは五種浄肉といい、あるいは九種浄肉といい、その制限は拡大されるが、しかし、いずれの場合といえども、わが眼で現に殺生の現場を見た比丘は、その肉を受けることを許されない。今、志法師と縁法師は、屠殺業者の町に来ている。ばったり出会って、相互に現場を見てしまう。

見は、観とちがって、向うから視野に入ってくる意。見ようとして、見たのではないが、思わず見てしまうことがある。責任は、それを見た、こちら側の心にある。つまり、心を起こして見たかどうか、そのとき、心が起きていたかどうか。かなり微妙な判定であるが、犯戒の決定は、どこまでも動機にあって、結果にはない。すくなくとも、大乗仏教の戒律は、徹底して動機論にわけ入る。動機は、当人の自覚以外、何人も外からは判定できない。当時、中国でつくられた偽経の一つ、『究竟大悲経』第四に、同じような場面があるのも、おそらくは、同じような事件が、たびたび起こっていた証拠である。[257] 仏は比丘に、女人との接触を禁じたが、触れたものには、見るなと教え、見たものには語るなと教え、語ったものには思うなと教えた。[258] 心に女人と認めることが、最大の犯戒である。今は、相手を屠殺者と認めること、屠殺者がわがために羊を殺したと、屠殺者の心をおしはかる、こちら側の分別心が問われる。縁法師と志法師は、そうした大乗の戒律論を、十二分に心得切ったうえ、さらに相互の分別心の奥に、ずばりと無遠慮にふみこむ。「君はもうひとつ、そいつを見たんだ」という、縁法師のさいごのことばは、じつは自分自身にこそ当てはまるので、そのことを、百も承知のはずである。先にいう、起心と巧偽の始末が、いかに難しいかをいうのであり、禅問答は、つねにここで振りだしにもどる。短い一問一答ながら、それが無限にくり返されるのは、当然のことである。

たとえば、「雑録第三」の80以下に、次のような三蔵法師の語がある。問答は、因禅師の質問にはじまるが、主題は起心と巧偽の始末の道理である。

80

因禅師がきいた、「他派の人々は、六識を妄想だといい、魔事だとよびます」

三蔵法師が説く、「妄が起るとき、すでに無起であるというのが、仏家の法である。取捨を忘れるところから、乃至は真如平等まで、菩薩の心の中にわけいると、すべて同一の法性である。ところが、惑っている人々が、六識を説いて、煩悩をこしらえる」

81

三蔵法師が質問した、「君の六識は、何によって起ったのか」

惑える人が答えていう、「空から幻のように起ります」

三蔵法師がいう、「虚幻には法が無い、どうして煩悩をこしらえる」

答え、「諸法は空でも、縁が合すると、もう有です、識者は聖と成りますが、迷う者は愚かです。愚かゆえに苦を受けます。どうして無だと論じて、諸法を空却することができましょう」

三蔵法師の答え、「君は功を起して仏地に至ろうとし、六識は煩悩だと考える。もし功夫して仏地に至るなら、六識はすべて得道の場処である。経典（維摩経仏道品）にいう、煩悩の大海に入らないでは、無価の宝珠を手に入れることができぬ。さらに、衆生の類は、すべて菩薩の仏土だといってある。これらを験しても、六識は成果を究竟する場所である。しかるに、惑える者は、終日に迷いという解をつくって、迷いそのものが迷いでないことを知らない。道理からいえば、解も無く迷いも無い。何を患いとするのか」

（因禅師曰、諸家説、六識是妄想、名作魔事。三蔵法師説、妄起時无起、即是仏家法。従妄取捨、乃至真如平等、入菩薩心中、皆同一法性。然惑人説、六識造煩悩。三蔵法師問、汝六識依何而起。惑者答言、従空幻起。三蔵法師云、虚幻无法、云何造煩悩。答、諸法雖空、縁合即有、識者成聖。而迷者是愚、愚故受苦。那得論无。空却諸法。三蔵法師答、汝用功乃至仏地、謂六識是煩悩。若功夫至仏地時、六識是得道処。経云、不入煩悩大海、不得无価宝珠。又、衆生之類、是菩薩仏土。験此、六識即究竟果処。而惑者終日作迷解、不知即迷非迷。就道理而言、无解无迷、何所患乎。）

いずれも、先にいう起心の無意味なことを説き、煩悩の実体を見とどけ、自らつくりだす境惑にすぎぬことを、明らかにしている。のちに臨済のいう、境塊子であり、無縄自縛である。[259]ただし、「雑録第三」の成り立ちについては、別にあらためて考えたい。

むしろ今、「雑録第二」は、禅仏教に固有の禅問答が、禅仏教に必然の方法として、従来の坐禅や冥想のほかに、独立して登場してくる心理的、論理的、実践的な理由を今に伝えるとともに、それらが語録として定着する、歴史的根拠をものがたるといえる。戒律と禅と知恵の三学を、それらの動機におしかえし、渾然たる一元のものとする、新しい方法といえた。縁法師のことばは、記録されるに価する、達摩の弟子のことばであった。

じっさい、「雑録第二」は、縁法師と志法師の問答を、もう一つ記録する。先の屠殺の町の問答の、おそらくは結末である。先にいう見の問題が、ここではすでに総括され、体系化される。

〔七二〕

志法師が、再びきいた、「ものに一定の形が有ると見るのは、これは凡夫の見方である。自性は空だと見るのは、これは二乗の見方である。有に非ず無に非ずと見るのは、これは縁覚である。怜愍の心をもってものを見るのは、これは愛悲の見方である。心を使って見るのは、これは外道の見方である。分別して見るのは、天魔の見方である。（そうかといって）もの（色）とものでないものを見分けなければ、およそ見るということは、無くなってしまうでしょう。いったい、どう見ることによって、さまざまの過失を離れることができましょうか」

縁法師、「わしは、そんなふうに、あれこれとものを見ることはしない、それが正しく、わしの見方といえる。君はそんなふうに、いろいろと妄想を起して、自分で惑乱しているにすぎん」

（志師復問、若作有相見、即是凡夫見、若作性空見、即是二乗見。若作非有非無見、即是縁覚。若作怜愍見、則是愛悲見。若用心見、即是外道見。若以識見、即是天魔見。若不見色与非色、復不応有見。若為見得、遠離諸過。縁師曰、我都不作尓許種見、正名作見。你為作如許種種妄想、自惑自乱。）

志法師の問題提起で、縁法師の立場が明確となる。先行する体系の外に出ることによって、本来のところを明らかにする、禅仏教に固有の手法である。

先にいうように、「雑録第三」にみえる道志師と同一人としてよいか、どうか。結論を先にいうと、明らかに別人である。別人ゆえに、とくに道字を冠するのである。

77

道志師のことば、「一切法は無碍である。何故なら、一切法は決まったものがない、つまり無碍である」

（道志師曰、一切法无碍。何以故、一切法无定。即是无碍。）

一切法無碍は、般若思想の終着駅である。たとえば、『摩訶般若波羅蜜経』第二十四、四摂品第七十八で、仏は次のように説く。

当に知るべし、須陀洹果も空、斯陀含果も空、阿那含果も空、阿羅漢果も空、辟支仏道も空なり。当に知るべし、菩薩地も空、阿耨多羅三藐三菩提も空なることを。須菩提よ、菩薩摩訶薩は、是の如くに一切法の空なるを見、衆生の為めに法を説いて、諸の空相を失わず。是の菩薩は是の如くに観ずる時、一切法の無碍なることを知る。一切法の無碍なることを知り已って、諸の法相を壊せず、不二不分別にして、但だ衆生の為めに、如実に法を説く。(260)

道志法師のことばは、「雑録第二」の終わりに登場する、他の淵禅師や憐禅師、洪禅師、覚禅師、梵禅師、そして円寂尼とともに、一切法の畢竟空なることを説く、一連の文脈の中にある。一切法無所得といい、一切法不可得といい、一切法本無といい、一切法如といい、一切法不相属といい、一切法無対といい、一切経論といい、一切大乗といい、一切法皆是仏法といい、一切法都是妄想計校といい、やたら一切法の句をふりかざすことが注目される。(261)かれらはつねに、同一の理から出発するのである。

一九　恵可とその弟子たち

「雑録第二」の〔八一―九〇〕は、恵可とその弟子たちの問答である。

恵可は、のちに達摩の唯一の後継者となる。先にいう曇林の、「二入四行論略序」によるのである。雑録は、そうした法系意識の成立に先立つ、達摩門下の一人としての、恵可の素顔をみせてくれる。のちに達摩禅の二世となる所以の、安心問答の素型すら、すでにそこに含まれる。

〔八一〕

ある人が、可禅師にきいた、「どうすれば、聖人になることができますか」

答え、「一切の凡聖は、すべて勝手に妄想し、計校して、そうだときめたにすぎぬ」

さらに、「妄想であるからには、どんなふうに道を修めればよいのです」

答え、「君は道を何に比べて、それを修めようとするのか。法には高下の相もなく、法には去来の相もない」

（有人問可禅師、若為得作聖人。答、一切凡聖、皆悉妄想、計校作是。又問、既是妄想、若為修道。答、道似何物、而欲修之。法无高下相、法无去来相。）

かつては、凡を越えて聖と作ることが、解脱と考えられた。五祖弘忍の『修心要論』は、「導凡趣聖悟解脱宗修心要論」というのが、本来の題名である。のちに、この本が非難される理由も、そんな凡聖の分別にあろう。達摩の壁観は、自他凡聖等一の理を、深く信ずることよりはじまる。弘忍の『修心要論』は、一般道俗への方便である。今は、凡聖の分別を、すべて妄想とするだけでなしに、道を修めるという思考そのものが、完膚なきまで批判される。道の修す可き無く、法の学ぶ可き無しというのは、馬祖以後の禅の特色である(262)。臨済は、作麼生か他を修し他を証し、他を荘厳せんと擬する、渠は且らく修する底の物にあらずとする。さらに又、諸方に道の修す可き有り、法の証す可き有りと説くも、你説け、何の法をか証し、何の法をか修する。你今の用処に、什麼物をか欠少し、何処をか修補するとして、修を修繕の意とする(263)。修は、欠けたところを補い、もとにもどすことである。証はその証明である。本来何ものも欠かぬ理入に立つ以上、修証は意味を失う。「雑録第二」は、そんな発想の根拠を、すでに恵可におく。とりわけ、恵可のさいごのことば、君は道を何に比べてという、「道似何物」の四字は、「雑録第三」のさいごに収める朗禅師のことばと共通する。この部分は、すでに『宗鏡録』第九十八にも引かれる。

「雑録第三」の朗禅師のことばは、前半やや欠字があって難解であるが、後半は今の可禅師と同じである。ひょっとすると、朗禅師は恵可のことばを引いているのでないか。次にいう、煩悩を断ずる一段も、可禅師のことばと共通する。しばらく、『宗鏡録』第九十七によると、その原文は次のようである。

朗禅師云く、「凡そ見る所有るは、皆な自心に現ずるなり。道は何物に似てか、之を修せんと欲する。煩悩は何物に似てか、之を断たんと欲する」[264]

（朗禅師云、凡有所見、皆自心現。道似何物、而欲修之。煩悩似何物、而欲断之。）

似は、くらべること、擬えること、あてがうこと、対比すること、向きあうことである。動詞の語助として、同じ用例のあることも、注意してよいであろう。説似といい、挙似といい、知似といい、何似というのは、禅問答のもっとも通例とするところである。口語の禅が開発し、今に記録をとどめる、特殊な助辞の一つであろう。伝統的な仏教語の「計較」より、似字への発展は、口語の問答ゆえの成果である。[265]

とりわけ、『宗鏡録』に引く朗禅師のことばは、凡そ見る所有るは、皆な自心に現ずるなりという、四字二句をこの一段のはじめに冠せる。この部分は、「雑録第三」では欠字になっているが、「雑録第一」のさいごの節に、謂わゆる『楞伽経』の自心現境界の句によって、次のようにいうのと、無関係ではないであろう。

〔六七〕
問い、どういうところが、自心に現ずることか。
答え、一切法を有と見るとき、有は自から有ならず、自心に計して有と作せるのみ。一切法を無と見るとき、無は自から無ならず。自心に計して無と作せるのみ。乃至一切も、亦た是の如し、並びに自心に計して有と作し、計して無と作す。何物を貪って、貪の解を作さん。自心に見を起すが故なり。自心に計して処所無しとする、是を妄想と名づく。自から一切外道の計を出ずると謂うも、亦た是れ妄想、自から無念なり無分別なりと謂うも、亦た是れ妄想なり(266)。

この一節は、先にいうように、節略して『安心法門』にとられ、「雑録第一」〔十五〕の後半に接続させることで、『安心法門』の基本テーマとされる。「雑録第一」を恵可語録とみる有力な根拠ともなるが、むしろ問い手を恵可とすれば、すべてが達摩の語録となって、曇林の記録としては、その方が自然であろう。

要するに今、問題の「雑録第二」に収める、恵可とある人の問答は、そんな古層の記録であることに変わりはない。法は高下の相無し、法は去来の相無しというのも、「雑録第一」のさいごに、行く時は法が行くので、我が行くのではない、我が行かんのでもない、坐する時は法が坐するので、我が坐するのでもない、我が坐せないのでもないという、こんな解を作すのも、やはり妄想であるというのとも、幾分は関係をもちそうであるが、今はそこまで深入りする必要はあるまい。「雑録第二」の方は、『金剛経』や『文殊説般若経』、および『維摩経』の句として、独立のものと考えてよいであろう(267)。朗禅師のことばも、この部分とは照応しない。

〔八二〕

さらに、「弟子(わたくし)を、安心させてください」

答え、「君の心をもって来なさい、君を安定させてやる」

別の問い、「どうか弟子を、安心させてください」

答え、「たとえば、裁縫屋に衣を断ってもらうようなものだ。裁縫屋は、君の絹布を手にとって、はじめて刀をいれることができる。はじめから、絹布をみないで、どうしてそれができるのだ。君に、虚空を裁断してやる（というのか）。君は、心をわしにさし出すことができぬ以上、わしが君にどげな心を、安定させてやれるか知らん。わしは全くの、虚空を安定できない」

（又問、教弟子安心。答、将汝心来、与汝安。又言、但与弟子安心。答、譬如請巧人裁衣、巧人得汝絹帛、始得下刀。本不見絹帛、寧得。与汝裁割虚空。汝既不能将心与我、我知為汝安何物心。我実不能安虚空。）

最初の一問一答が、おそらくは原型である。かつて、すでに分析を加えるように、後半はそのコメントである。どうしてコメントがつくのか、そこに含まれる意味についても、わたくしは、すでに私見を出している。[268]要するに、後半のコメントは、前半が文字に記録され、達摩を祖とする二祖恵可の語として、第三者に読まれるようになる段階で、新しく加えられた説明である。又、これを達摩と恵可のものとし、黄檗の『宛陵録』にはじまって、『祖堂集』第二や『伝灯録』第三、『天聖広灯録』第六を経て、『無門関』第四十一則で完成するまでの、恵可を達摩の唯一の弟子とする、法系意識による修正ともみられる。[269]とくに、『宛陵録』以後のテキストで、達摩のさいごの言葉を、「与汝安心竟」とするのは、三帰依戒の句によるものであり、神会以後の授菩薩戒儀の問題と、おそらくは関係をもつであろう。[270]これもまた、「雑録第二」のコメントの発展である。敦煌本『二入四行論』を知っている、『宗鏡録』第九十八が、この問答をとらないのは、注目してよい。[271]

恵可はどうして、達摩門下を代表する二祖となるのか。当初は、『楞伽経』の伝持が根拠であり、『楞伽師資記』も『伝法宝紀』も、さらにそれらを超えようとする『暦代法宝記』すら、すべて同じ立場で書かれる。『楞伽師資記』や『伝法宝紀』と、『暦代法宝記』とのあいだに、神会の南宗運動がはさまって、神会は『楞伽経』に代わる伝法の袈裟を創唱するけれども、安心問答に注意することはなかった。詳しい分析は、のちにあらためて加えるつもりであるが、[272]神会も『暦代法宝記』も、何らかの形で『楞伽経』の伝統をうけつぐので、「雑録第二」と「雑録第三」に収める、諸弟子のことばに、関心はなかったようである。ひっきょう、「雑録第二」の恵可の問答に、はじめて注意を払うのは、馬祖以後の人々であり、『宝林伝』第八に収める恵可の碑文を、その根拠としてよいであろう。ここには、恵可と僧璨のあいだに、次にいう〔八二〕の懺悔問答が、はじめてとりこまれる。(273) 碑文の作者房琯は、開元・天宝の名士であり、神会の支持者である。名士房琯その人は、『宝林伝』に先立つけれども、碑文は『宝林伝』の創作であり、馬祖にはじまる祖師禅が、そんな問答を求める証拠となる。

要するに、「雑録第二」の問答は、馬祖以後に再発見される。すくなくとも、達摩と恵可をつなぐ根拠を、安心問答におくのであり、このときにテキストが再編されて、「雑録第二」の〔八二〕は、その主客を入れ代え、答えを達摩のものとすることが求められる。テキストも、単なる一問一答に終わらず、心を求むるに不可得という、後半の問答が加わる。素材は、次の〔八三〕である。もともと、恵可を二祖とする、法系意識の要求は、先に神会の時以来、重層的に高まっている、三祖僧璨の顕彰運動と重なって、二祖と三祖の問答が求められ、雑録〔八三〕が、先にとりこまれるのである。言ってみれば、「雑録第二」の恵可のことばは、〔八二〕と〔八三〕を一括することで、馬祖以後の禅の新しい拠りどころとなるのであり、それは同時に縁法師や志法師、その他の弟子たちを、完全に禅の歴史の外におくこととなる。『宗鏡録』第九十八が、かれらの言葉を収めることは、正しく注目に価しよう。

〔八三〕

別の問い、「弟子に懺悔させて下さい」

答え、「君の罪を出しなさい、君に懺悔させてやる」

別の問い、「罪は、把えようがありません」(何を出すのか知らん)

答え、「わしは君に懺悔させてしまった」(罪は、とっくに消えた。その意味を言えば、罪があれば、懺悔しなくてはならぬ。罪が見えないからには、懺悔の仕方がない、というのであろう)

〔八四〕
別の問い、「わたくしに煩悩を断たせてください」
答、「煩悩がどこにあって、それを断ちたいというのか」
別の問い、「全くありかが知れません」
答、「ありかが知れなければ、たとえば虚空のようなものだ、何だと知って、虚空を断つというのか」
〔八五〕
さらに、「経典にありますよ、一切の悪を断ち、一切の善を修めて、仏となることができると」
答え「それが妄想だ、勝手に自分に現出したにすぎん」
〔八六〕
別の問い、「十方の諸仏は、すべて煩悩を断って、仏道を完成されました」
答、「君が勝手に対比しているだけだ、何の根拠もない」
〔八七〕
別の問い、「仏はどういう方法で、衆生を救いますか」
答え「鏡中の像が衆生を救ったとき、仏は衆生を救いつくす」
〔八八〕
別の問い、「わたくしは地獄を怖れます、懺悔し修道します」
答、「君のわたくしは、どこにいるのか、わたくしは、そもそもどんな物か」
別の問い「ありかが知れません」

答、「わたくしさえ、ありかが知れん、いったい、誰が地獄にゆくのか。どんな物か知れないからには、それはすべて妄想が、勝手に有としたにすぎん、正しく妄想が勝手に有としたにすぎん、正しく妄想が勝手に有としたために、そこにもう、地獄がある」[274]

（又言、与弟子懺悔。答、将你罪来、与汝懺悔。又言、罪無形相可得。知将何物来。答、我与汝懺悔竟、向舎去。意謂有罪、須懺悔。既不見罪、不須懺悔。又言、教我断煩悩。答、煩悩在何処、而欲断之。又言、実不知処。答、若不知処、譬如虚空、知似何物、而言断虚空。又（言）、経云、断一切悪、修一切善、得成仏。答、此是妄想自心現。又問、十方諸仏、皆断煩悩、得成仏道。（答）、汝浪作此計挍、無一箇底莫。又問、仏何以度衆生。答、鏡中像度衆生時、仏即度衆生。又問、我畏地獄、懺悔修道。答、我在何処、我復似何物。又言、不知処。答、我尚自不知処、阿誰堕地獄。既不知如何物者、此並妄想計有、正由妄想計有、故既有地獄。）

前半の懺悔問答は、先にみる安心問答と、その構造を同じくしつつ、語勢はやや異なる。コメントを含むことは同じだが、先の裁縫屋云々に比べると、語気はすでに下語にちかづく。馬祖以後の禅問答で、下語や著語や、拈徴代別が盛んになるのと、何らかの関係をもつのでないか。

恵可の答えそのものも、すでに単刀直入である。懺悔は、入門の作法である。先にみる縁法師が、嗣法を求める弟子を叱るのと、思想は全く同じであるが、恵可は即今の問題によって、妄想の正体を直指し、完全に懺悔の終わったことを宣する。言ってみれば、入門の儀式は完了する。我与汝懺悔竟の六字は、授戒儀の懺悔文によっている。我与汝安心竟は、その応用にほかならぬ。又、妄想して勝手に自分に現じだすという、妄想自心現の思想も、先にいう『楞伽経』によるが、「断一切悪、修一切善」という、善悪の分別をもちこむのは、のちに神会や『六祖壇経』

が、「不思善悪」といい、「一切善悪都莫思量」という、同じ授戒の儀式と関係しよう。言ってみれば、「雑録第二」の恵可のことばは、やはり二祖のものにふさわしい歴史性を、当初より含んでいたとみてよい。しかも、ここには、後代の法系意識の型にはまらぬ、恵可の原始の語気がある。次の〔八九〕は、そのことを伝えるであろう。

〔**八九**〕

別の問い、「道というものが、すべて妄想の所作となると、いったい妄想は、何の所作でしょうか」

答、「法には、大小、形相、高下がない。譬えば屋敷のうちに巨石があって、庭前に居坐っているとせよ。君はその上に眠っても、怖れ驚くことはない。ところが、仏像をつくろうと思いたつ。人にたのんで、仏の姿を刻みだすと、心に仏という思いが生じ、もはや罪を怖れて、その上には坐れない。昔の石に変りはないのに、君が心にそうだと思うのに由る。心をいったい、何物に比するのか。すべて、君の意識という筆の先が働いて、そうだと思いこみ、自分であわてているにすぎぬ。石の中には、じつは何の罪も福もないのに、君の心が勝手にそうだとしているにすぎぬ。たとえば、人々が夜叉や鬼人の姿を絵にかく。さらに、龍虎の姿をかくとせよ。自分で画いて、自分にみとどけ、さらに自分で恐怖する。絵具のなかには、結局のところ何の怖れようもないのだが、すべて君の意識という筆が、分別してそれだとするにすぎない。どうしてそんな一物があるものか、すべて君の心が勝手に妄想して、そうだと考えているにすぎん」(275)

(又問、其道皆妄想作者、何者是妄想作。答、法無大小形相高下。譬如家内有大石、在庭前。従汝眠上坐上、不驚不懼。忽然発心作像。雇人画作仏形像。心作仏解、即畏罪、不敢坐上。此是本時石、由你心作是、心復似何物。皆是你意識筆子頭画作是、自忙自怕。石中実無罪福、你家心自作是。如人画作夜叉鬼形、又作龍虎形、自画還自見、即自恐懼、彩色中畢竟無可畏処。皆是你家意識筆子分別作是。阿寧有一箇物。悉是你妄想作是。)

くり返し言うように、『宗鏡録』第九十七は、これを縁法師のことばとする。それほどに当時は、縁法師の方が評価された。内容は、〔八八〕につづき、「雑録第二」の〔二八〕とも関係するから、恵可の語とするのがよいであろう。むしろ、石を刻んで仏とする譬えは、当時の北魏仏教が、経律の訓詁や、造像供養に傾いているのを、批判する意を含むであろうし、菩提流支訳の『入楞伽経』第二は、幻術師が草木や瓦石を使って、さまざまの事象を現じ出し、呪術や技巧によってあらゆる動物の姿や身体の形をつくりだすことを説く。又、次の〔九〇〕は、明らかにそのことをふまえるから、そんな妄想対治の教学を相手どる、批判の意をも含むであろう。

〔九〇〕

問う、「幾種類の仏説があるのか」

答、「楞伽経に、四種の仏説ありとする。謂わゆる法仏は、是体虚通の法を説き、報仏は、妄想不実の法を説き、智恵仏は、離覚の法を説き、応化仏は、六波羅蜜の法を説く」

(問、有幾種仏説。答、楞伽経有四種仏説。所謂法仏説是体虚通法。報仏説妄想不実法。智恵仏説離覚法。応化仏説六波羅蜜法。)

『楞伽経』は、三身仏と四身説を含み、原則として四身説であるが、その名称には異説がある。あるいは法仏、報仏、応化仏とし、化仏、報生仏、如如仏、智恵仏とし、あるいは変化仏、報仏、真如智恵仏とされる[276]。『宗鏡録』第十六は、『楞伽経』に四仏有りとし、化仏、報生仏、智恵仏、如如仏とする[277]。問題は、すべてに共通する報仏が、妄想不実の法を説くとし、衆生の妄想にもとづいて、種々の仏説ありとすることで、恵可が、先にいう妄想自心現の説を引きついでいることである。この一節は、恵可を楞伽宗の祖とする、後代の要請ではあろうが、「雑録第二」

である。

の由来を考える、一つの根拠となるであろう。「雑録第三」の83に、次のようにいうのも、おそらくは後代の増加

83

可禅師のことば、「凡夫は解らず、古は今と異なると思い、今の立場で古を異としている。さらに、四大を離れて別に法身があると思っている。解れば、今の五陰が完全に清浄な涅槃で、この身心に万行を具えているから、正しく大本と名づけられる。もしも、こう解るなら、煩悩海中に明浄な宝珠があり、一切衆生の冥朗（恐らくは誤字）を映しだしていると判る」[278]

（可禅師曰、凡夫不解故、謂古異今、於今異古。復謂離四大、更有法身。解時、即今五陰、是円浄涅槃、此身心具足万行、正称大宗、若如斯解者、見煩悩海中明浄宝珠、能照一切衆生冥朗矣。）

古は、本来の理、今は現在の事を指す。古仏と今仏に、配することもできる。注目してよいのは、『宗鏡録』第九十七に、第二祖可大師のことばとして、この段の前半を引き、伝法偈を付していることである。[279]「雑録第二」の場合を通じて、恵可と『楞伽経』を結びつけた人々は、すでにこの経典の一字不説や、宗通説通の説により、理心を三蔵の教外におく立場をとる。すくなくとも、恵可に四種仏説を問う人は、単なる教理学の域にはいないように思われる。のちに『楞伽師資記』の弘忍の章に、弘忍の平生の言葉を伝えて、土木瓦石が坐禅し、見色聞声し、著衣持鉢する、『楞伽経』所説の境界法身をとりあげるのも、おそらくは一証となる。[280]

さらに、注目に価するのは、右の〔九〇〕が、のちに黄檗の『伝心法要』に引かれて、仏に三身があって、法身は自性霊通の法を説き、報身は一切清浄の法を説き、化身は六度万行の法を説くとすることで、黄檗はすでに三身説をとるけれども、それら三身の説法の内容は、明らかに『楞伽経』により、とくに雑録を受けているように思わ

れる[281]。くり返しいうように、馬祖以後の新しい禅仏教が、雑録のことばを拠りどころとして、独自の問答と語録を生みだすという推定は、この場合にも当てはまるように思われる。

二〇 「雑録第二」と「雑録第三」

「雑録第二」は、すでに先にいうように、以下さらに楞禅師、顕禅師、暄禅師、淵禅師、蔵禅師、賢禅師、安禅師、憐禅師、洪禅師、覚禅師という、従来は不知名の十人の弟子たちのことばをあげる。さいごの覚禅師のことばは、従来もすでに『宗鏡録』第九十八に収めるものと異なっていることが注目されていたうえに、「雑録第三」の発見によって、途中で切られていることが判明し、ここで擱筆される根拠が何もないことが判る。とくに〔九五〕以下、「雑録第二」と「雑録第三」のほとんどすべてに、チベット訳があるのは、本来連続した語録集であったことを示す。ただし、今は一往、覚禅師の末尾以下を第三部とすること、すでに先にいうごとくである。理由は、「雑録第二」が、縁法師と可禅師および楞禅師以下十人という、整然たるまとまりをみせるのに比べると、「雑録第三」には再び三蔵法師や可禅師、縁禅師のことばがあり、84の忍禅師を弘忍とすれば、明らかに後代の記録が混入していて、未定稿の感じがあるためである。

むしろ、「雑録第三」は、曇林所伝の「達摩語録」を軸として、達摩を祖とする禅仏教が、次第に形成されてくる、歴史的記録とみることができる。だいいち、84の忍禅師を弘忍とし、〔九三〕の顕禅師を、『続高僧伝』第二十の道信伝にいう荊州法顕（五七七―六五三）、もしくは「大唐蘄州龍興寺故法現大禅師碑銘」（『全唐文』三百四）によって知られる法現（六四三―七二〇）に当てると、時代はさらにくだることとなる。前者は、明らかに道信の法を受けているし、宗密の『中華伝心地禅門師資承襲図』に、道信の弟子としている。後者の法現が一名を法顕といい、弘忍に学んだ人であることは、すでに先に指摘した通りである。とりわけ、「雑録第二」の〔九三〕は、一切の大乗を対病の語とする、応病与薬の批判をテーマとする。思想的には縁法師をふまえつつ、すでに天台教学の動きを意識していて、達摩を祖とする禅仏教を考える、新しい立場を含んでいる。のちに志公に帰せられる、「出世の明師にあわず、枉しく大乗の法薬を服す」という句も、この一節と関係をもつであろう。(282) 要するに、縁法師と可禅師以外は、のちに道信や弘忍によって樹立される、東山法門に包み込まれるのであり、これが謂わゆる北宗の源流となる。東山より北宗への、新しい禅仏教の動きが、天台教学の再編とともにあったことは、関口真大の『禅宗思想史』（山喜房仏書林、一九六四年）にくわしい。

今、とくに注目してよいのは、先にいうペリオ第三五五九号敦煌文書に収める、「先徳集於双峰山塔各談玄理十二」である。短篇であるから、まず全文をあげる。おおよそ、次のようである。

脇比丘曰く、三蔵の教えは、以て心地を詮わす。心地を守得し、黙坐して虚融せよ。
馬鳴菩薩曰く、心は虚空に同じ、虚空は無心なれば、其の心も亦た然り。
超禅師曰く、正と不正と、等しく用う。
仏陀禅師曰く、至理は無言、聖心は無礙なり。
可尊者曰く、正念無間なれば、自性清浄なり。
昱上人曰く、真を証し境を亡じ、寂慮して思う無し。
敏師曰く、心浄く慮ること無く、心自ずから現わる。
能禅師曰く、心行平等にして、純一無雑なり。
顕禅師曰く、正念生ぜず、定恵斉しく用う。

道師曰く、動念は是れ縛なり、不念は是れ解なり。
蔵禅師曰く、虚誑にして実無く、亦た停心の処に非ず。
又曰く、入るときは則ち正念の境、出ずるときは則ち幻影を観る。
秀禅師曰く、浄処に浄を看る。[283]

雑然たる虚構の短篇で、標題にいうように、十二人の先徳が、双峰山の塔に集まって、それぞれ玄理を語る形をとる。この一段につづいて、稠禅師意とあり、大乗安心入道法の問答に入る。十二人は、稠禅師を含まぬとみられる。十二人のうち、脇比丘と馬鳴はインド僧だが、超禅師以下は中国僧である。超は悟真寺恵超（『続高僧伝』第二十八）、仏陀禅師は、嵩山の仏陀で、僧稠の師に当る人、可尊者は恵可、昱上人は道育である。敏師は『楞伽師資記』に引く智敏であろう。能禅師は、最後にみえる秀禅師とともに、まぎれもなく恵能と神秀にちがいない。顗と蔵は、先にいう「雑録第二」にみえ、宗密が道信につぐ弟子とする人。道は道志ではないか。双峰山の塔に集まったといっても、インド僧が実際に出席することはないし、仏陀や恵可も時代がちがう。要するに、空想の所産であるが、問題は製作の動機である。恵能や神秀を、先徳とよぶのであるから、時代はなお北宗で、神会以前とみてよい。ところが馬鳴は、しばらくおいて、脇比丘は、のちに西天二十八祖の第十代となる。北宗の時代、そうした西天祖統意識はないから、脇比丘が選ばれる理由は、不明と言わねばならぬ。[284] あらためて、「先徳集於双峰山塔各談玄理十二」の、虚構そのものが問われるわけだが、今はここに顗禅師と道師、および蔵禅師の名があることに、まず注目したいのである。

もともと、双峰山の塔といえば、東山弘忍の塔にちがいない。当時、初期の禅祖の塔が、しきりに話題にのぼるのは、やや不思議なほどである。『続高僧伝』は、道信の塔の不思議を伝え、『楞伽師資記』は、咸亨五年の二月、弘忍が玄賾等に命じて塔を起こしたことを特筆する。弘忍の下に十大弟子が出たことも、『楞伽師資記』に引く、玄賾の『楞伽人法志』に説くところである。今、雑然たる十二先徳の各談玄理の記録は、そんな弘忍下の十大弟子の発想の先駆ではないか。先にいう「雑録第二」に、縁法師と可師を加えて、都合十二人の弟子が登場するのも、あらためて注目すべきである。さらに各談玄理というのは、『続高僧伝』第二十の法冲伝に、道育その他の人々が、求那跋陀羅訳の四巻『楞伽経』を伝持し、口に玄理を説いて、文記を出さなかったとあるのを、意識することばとみられる。[285] 文疏派に対する、不出文記の人々が、双峰山の弘忍塔下に集まった。各談玄理とは、維摩の病室を訪う三十六人の諸菩薩が、それぞれに入不二法門の一句をいうのに似る。言ってみれば、顕と道と蔵は、達摩より双峰山に至る、初期の禅史の形成に、大きい役割をもっているが、『続高僧伝』の道信伝では、達摩や恵可との関係が不明である。人々は、『二入四行論』の序にみえる恵可と道育にあわせて、「雑録第二」と「雑録第三」に登場する、顕と道と蔵を選ぶのである。三人が選ばれる理由は、すでに「雑録第二」と「第三」の時代に入ったことによる。雑録は、法顕の時代にまとまった。三人は、道信や弘忍の東山法門を動かす、構成メンバーであった。

『楞伽師資記』の道信の章に、智敏禅師の訓が引かれる。学道の法は、必ず須らく解行が相い扶くべきであり、まず心の根源、および諸の体用を知り、見理明浄、了了分明として、惑うことがあってはならぬ、かくて始めて功業は成るのである。一が解けると千が従い、一が迷うと万が惑う、これを失うこと毫釐なるも、之に差うこと千里ならん、というのであり、此は虚言に非ずと、道信はつけ加える。早く関口真大が注意するように、ここに引かれるのは、『宗鏡録』第百で智者大師のことばとされるもので、別に敦煌本『澄心論』の名で知られる資料とも一致する。[286] 言ってみれば道信は、天台智者大師の『澄心論』を、智敏のものとして引用する。それが東山法門の禅法の、有力な根拠となっていることは、あらためて注意するまでもない。『澄心論』と智敏のことばを比較すると、テキストに相違があり、思想的な根拠を分つ(287)。智敏のものは、達摩の理入による、『澄心論』の再編である。

道信と弘忍の東山法門は、単に達摩と恵可を継承するにとどまらず、天台の『澄心論』をとりこみ、仏陀や僧稠の禅法を総合し、脇比丘や馬鳴のことばにも、自派の運動の根拠をもとめている。弘忍の『修心要論』は、そんな東山法門のテキストである。『楞伽人法志』の編者によって、この本は謬伝として退けられるけれども、当の『楞伽人法志』を受ける『楞伽師資記』は、『修心要論』によることしばしばであり、東山に結集する人々によって、達摩にはじまる禅仏教の運動が再編されたとき、『修心要論』が東山法門の理論的根拠となっていたことは、疑うことができず、そんな『修心要論』の祖本としての、「雑録第二」と「第三」を位置づけてよい。両者は、特殊な口語を共有することがあり、『修心要論』が『二入四行論』をふまえていることは、ほぼまちがいがない(288)。先にいう、敦煌本ペリオ第三五五九号にも、弘忍の弟子がこの本を長安に伝えたことを記す。又、別のある本は、そのはじめに願善知識、如有写者、用心無令脱錯、恐誤後人と注記する(289)。転写によって広がることを、この本は当初より予期している。現在のものは、著作の形式をとるが、じっさいは、弟子たちの聞き書であり、弘忍の語録であったにちがいない。さいごの節に近く、弟子上来集此論者とあるのも、おそらくは弘忍の弟子のことばである。当時、論とは語録の意である。

あらためて、「雑録第二」の82、忍禅師のことばについて考えたい。

83

忍禅師の意見。「自ら心の理を見届けよ、心には深浅がない。見よ、動くときも静かなときも、道に合していて、得失の別がみられないことを。ところが、惑う者は空に迷い、有に迷い、強いて垢見を生ずる。心をもって心を除こうとし、煩悩を断とうとする。こんな人々は、永く苦海に溺れて、長く生死を受けることとなる」

（忍禅師意。自識心理、无深无浅、動静合道、不見得失之地。而惑者、迷空迷有、強生垢見。将来除心、謂有煩悩可断。如此者、即永溺苦海、常受生死。）

「雑録第二」は、右の忍禅師に先立って、80と81に、因禅師と三蔵法師の問答を収める。先にいうように、三蔵法師を達摩とすれば、それらがここに収められるのは、忍禅師がそれらについて、あらためてコメントをつけたためで、いずれも一括して、東山法門のテキストであったとみられる。じじつ、忍禅師のねらいは、煩悩の断つ可き有りとし、心をもって心を除こうとする、惑者に対する警告であって、因禅師と三蔵法師の問答が、煩悩妄想をテーマとするのに接続する。

言ってみれば、「雑録第二」は、東山法門のテキストである。のちに『楞伽師資記』によって、文繁理散とされるのは、そうした伝承によるとみられる。むしろ、そうした伝承によって、文繁理散と化した「達摩論」が、他にも幾本か存在したにちがいない。伝承の総合と再編が、要求された。

二一　『修心要論』と『指示問義』

道信と弘忍が、師資二代にわたって、湖北省の東北部に位置する黄梅県双峰山にとどまり、あたかも隋より唐初への社会の変革期に当って、前後約五十年のあいだ、各派仏教の動きを総合したことは、このくにの仏教の大きい画期となる。謂わゆる東山法門の成果は、単に禅宗史の域内にとどまらぬ、新しい契機を含むといってよい。今は、問題を語録の形成にしぼる。たとえば、弘忍の下に十大弟子が出るのは、東山法門の多士済々なるを意味するにとどまらず、弘忍とその弟子の動きが、すでに仏陀とその十大弟子に比せられ、孔門の十哲に擬せられる、新しい発想を含んでいた。確かにかつて羅什門下に、諸弟子が集まり、四哲に数えたことがある。今、あらためて十大弟子を数えるのは、単に多くのすぐれた弟子が集まったというのではなくて、かれら師弟の動きが、孔子や仏陀に匹敵する、新仏教の創始を意味したためである。じっさい、東山法門の十大弟子につづいて、曹渓恵能の十大弟子や、馬祖門下の十大弟子を数えるのは、いずれもかれらの仏教が、前代の伝承そのものを変える、革新的な創意をもつゆえで、そんな十大弟子の発想が、東山法門に始まるのである。十大弟子は、それぞれにちがった個性をもち、師の仏法を展開する。十人は、必ずしも出家に限らず、道俗にわたった。個性は、問答に表われる。問答は、伝承され、記録される。東山法門の展開は、何よりも語録の形成とともにある。

いったい、東山十大弟子の説は、玄賾の『楞伽人法志』の所伝である。『楞伽人法志』は、今すでに存在しないが、『楞伽師資記』の弘忍の章に引くのによると、十大弟子の選定そのものが、先にいう弘忍の塔の建造につづく事件であった。

咸亨五年二月、玄賾等に命じて、塔を起さしむ。門人とともに天然の方石を運んで、累構すること厳麗なり。その月の十四日に問う、塔は成るや。已に了ると奉答するに、便ち云う、仏涅槃の日に同ず可からずと。乃ち宅を寺と為す。又た曰く、吾が一生の如き、人を教えること無数なるも、好き者は並びに亡ず。後に吾が道を伝うる者は、只だ十なる可きのみ。我れ神秀と楞伽経を論じて、玄理通快す、必ず利益多からん。資州の智詵、白松山の劉主簿は、兼ねて文性有り。華州の恵蔵、随州玄約は、憶すれども之を見ず。嵩山の老安は、深く道行あり。潞州の法如、韶州恵能、揚州の高麗僧智徳は、此れ並びに人の師と為るに堪えたり、但だ一方の人物なり。越州の義方は、仍に便ち講説すと。

弘忍の十大弟子は、入滅に際して玄賾に告げたもので、玄賾はその中に入らず、特別扱いされていて、神秀とともに将来を嘱されたことが、右の『楞伽人法志』にあらためて語られる。[290] 弘忍は入滅する直前、さらに玄賾に向って、汝はわが心を知るかと問い、玄賾が知らずというので、あらためて手をあげて十方を指し、一つ一つに所証の心を述べたといい、さらに又范陽の盧子産が、安州寿山寺の壁に、弘忍の像を画き、前兵部尚書隴西の李迥秀が賛をつくったとし、その賛をも記しているから、かれが特別に認められていたことは明らかであるが、弘忍が他の弟子たちをも平等に、「後に吾が道を伝うる者」としたことは間違いない。じじつ、『暦代法宝記』や宗密の『円覚経大疏鈔』第三之下、『中華伝心地禅門師資承襲図』などは、いずれもすべてを、歴たる十大弟子としている。[291] 十大弟子のうちのある人々は、私かに弘忍の言葉を記録し、一種の御墨付を得たのであり、『楞伽師資記』が弘忍の『修心要論』を拒否するのは、自ずから主張する不出文記の立場より来ているといえるが、十弟子が相互に意を異にしたことも原因だろう。かっていうように、寿山玄賾を、玄奘の訳場に参じた常州玄賾とすると、本来は教学の達人であり、達摩門下における曇林に当る。[292] この人の記録は、弘忍門下の「達摩論」となる。

じじつ、玄賾の『楞伽人法志』は、右の入滅の記事につづいて、次のような弘忍のことばを伝える。いずれも、入滅時のものではなくて、生前のものにちがいないから、玄賾が伝える弘忍語録である。『楞伽師資記』に引く『楞伽人法志』は、先の入滅の段で終わるともみられるが、次にあげる弘忍の平生の言葉を伝える人は、玄賾以外にはあり得ぬだろう。

大師云く、一口の屋有り、満中忽に是れ糞穢草土なり、是れ何物ぞ。

又云く、糞穢草土を掃除却し、併当尽して一物も亦た無し、是れ何物ぞ。

你、坐する時、平面に端身正坐し、身心を寛放し、空際を尽して遠く一字を看よ。自から次第有らん。若し初心の人、攀縁多ければ、且らく心中に向って、一字を看よ。澄（灯）後坐する時、あたかもその状、曠野沢中にあり、適かに独一高山に処し、山上の露地に坐して、四顧し遠く看て、辺畔有る無きがごとくならん。坐する時は、満世界に身心を寛放し、仏境界に住せよ。清浄法身、辺畔有る無きこと、其の状も亦た是の如し。又た云う、你正しく大法身を証するとき、阿誰か証を見る。又云う、仏に三十二相有り。瓶も亦た三十二相有りや。柱も亦た三十二相有りや。乃至、土木瓦石も亦た三十二相有りや。(293)

弘忍の言葉は、さらにつづく。いずれも、一度の記録ではなくて、さまざまの機会に語ったものを、後でまとめたものにちがいない。たとえば、最初の一口の屋の譬えは、いうまでもなく人体を指す。相手の弟子を指し、あるいは、自らを指して語る気配があって、次の你坐時以下とは、明らかに別の記録である。

この本を始めて見た鈴木大拙は、ここに公案禅の起源を認め、とくに指示問義と名づけた。(294)今も、その説に従う人々がある。とりわけ、こうした一人称の対話の記録を、『楞伽師資記』は別に第一求那跋陀羅三蔵と第二菩提達摩、および第五道信、第七神秀の章に収める。つまり、恵可と僧璨を除く、すべての祖師の章に、その語録を伝えるのだ。とりわけ、第二菩提達摩の章に収めるものは、「大師又た事を指して義を問い、但だ一物を指して、喚んで何物と作すといい、衆物に皆な之を問う、物の名を廻換し、変易して之を問う」などと記すところから、指事問義の名が生まれる。そうした指事問義の方法を、のちに発展する公案商量の原型とするのである。

今、指事問義を公案とみる、そうした意見の当否を問うつもりはない。それが、『楞伽師資記』の特色であることを、認めるだけでよいのである。先にみる、『二入四行論』「雑録第一」より「第三」を通じて、弟子が師に問う形をとるのに比べると、今はすべて師が弟子に問う形をとり、弟子の答えを記録しないのは、こうした形の質問が、すでに定着していたためだろう。おそらくはいずれも、玄賾が弘忍より伝えたもので、『楞伽人法志』の説である。

いってみれば、玄賾が神秀とともに、弘忍の遺嘱を受けるのは、そうした具体的方法をついで、これを将来に伝えよ、というのである。『楞伽人法志』も『楞伽師資記』も、『楞伽経』の伝持を軸として、初期禅宗史を書くことにねらいがあるが、著作の動機はむしろ、そうした弘忍の語を伝え、列祖の語録を編むことにあったのではないか。すくなくとも、『楞伽経』の注釈を専門とする文記派に対して、不出文記の人々を上位におこうとする玄賾の『楞伽人法志』は、『楞伽経』の文記に代わる、何らかの具体的方法をもっていたはずで、折にふれて師が弟子に問う、指事問義の記録は、もっとも特色ある説教集となり、語録集となるはずだ。

たとえば、先に引く高山の頂上に坐する譬えは、のちに唐の薬山が、「此の事を保任せんとすれば、須らく高高たる山頂に立ち、深深たる海底に向って行くべし、此の処を行くこと易からず、方に少しく相応する有るべし」というのに当たる。『祖堂集』第四や、『伝灯録』第二十八に、ひとしく収めるところである。わが道元の『正法眼蔵』有時の巻で、「有る時は高高たる山頂に立ち、有る時は深深たる海底を行く」とし、有る時の具体とすることも、すでに周知のとおりである。薬山のことばは、すでに上堂の一節である。弘忍の場合も、単なる坐禅の仕方というより、坐禅によって知られる、究極の世界を語っているように思われる。

とりわけ、弘忍が心中に一字を看よというのは、そうした根元的一者の意であり、一という文字のことではなかろう。話の前半は、地平線の彼方で、天地の合する姿を、横に一字を画くのに比するともみられるが、次いで且らく心中に一字を看よというのは、形而上学的な一字のことにちがいない。(295) 次の独一高山の譬えも、同じ一字のことである。一者には、内外がないのである。同じ『楞伽師資記』の道信の章に、すでに守一不移の法を説き、のちにいう『金剛三昧経』に、存三守一を説くことも、考え合わせてよい。(296) 弘忍は、一字を説くことで、東山法門の祖となるのであり、弘忍語録の特色は、そんな説法を伝えたところにあろう。

さらに、同じ弘忍の『修心要論』に、『観無量寿経』の日想観による、坐禅法を説くところがあって、端坐正念、閉目合口し、心前に平視して、随意に近遠に一日想を作し、真心を守って、念々に住する莫かれとするのも、あるいはここにいうのと、同じ説法の異なる記録であるまいか。山上に坐して地平線の彼方に一字を看よといい、心中に一字を看よというのと、心前に平視して一日想を作すのとは、何処かに同じ呼吸があるように思われる。すくなくとも、のちに北宗の坐禅法で、向前遠看、向後近看、四維上下、一時に平等に看よというのは、そんな弘忍の坐禅法の発展である。それが、神会によって、厳しく批判されることは、のちにあらためて考えたい(297)。

じじつ、玄賾は、先の問答につづいて、弘忍の言葉を次のように伝える。

又た火筋の一は長く、一は短きを並べ著いて問う、「若箇(いずれ)か長く、若箇か短き」

又た人の然灯し、及び万物を造作するを見て、皆な云う、「此の人は夢を作り、術を作す」と。或は云う、「造らず作さず、物物皆な是れ大般涅槃なり」

又た云う、「生が即ち無生の法なることを了せよ。生の法を離れて、無生有るに非ず。龍樹は云う、諸法は自より生ぜず、亦た他より生ぜず、共ならず無因ならず、是の故に無生なることを知ると。若し法にして縁より生ぜば、是れ則ち自性無きなり。若し自性なる者無ければ、云何が是の法有らん」

又た云う、「虚空は中辺無し、諸仏の身も亦た然りとは、我れ汝が了了として仏性を見る処を印可する、是れなり」

又た云う、「汝が正しく寺中に在って坐禅する時、山林樹下にも亦た汝の身有りて坐禅するや、一切の土木瓦石も亦た能く坐禅するや。土木瓦石も亦た能く色を見、声を聞き、衣を著け、鉢を持するや。楞伽経に、境界法身と云うもの、是れなり(298)」

いずれも、弘忍の質問のみで、弟子の答えは記録されないが、弟子はそれぞれに勇を鼓し、答えを出したはずである。火箸の長短を問うのは、もっとも具体的な眼前の事物をとりあげ、相手の力量を試すのである。いずれが短、いずれが長と答えても、ともに「三十棒」であり、答えなくても「三十棒」となる。しかも、弘忍の説法は、そうした具体的指事問義に終わらず、上元然灯の行事に寄せて、物々大涅槃とし、龍樹の『中論』や、「如来荘厳智慧光明経」の句によって、見性の事実を説く場合があり、さらに『楞伽経』の境界法身の説におよぶこともある。経典にくわしいのは、玄賾の前歴を配慮してのことで、さいごの『楞伽経』云々のごときも、おそらくは玄賾のコメントであろう(299)。

先にいうように、『楞伽師資記』は恵可と僧璨および神秀の諸弟子を除く、すべての諸禅師の章に、それぞれ特色ある語録を収める。いずれも、玄賾の所伝とみてよい。それらの一つ一つについて、細かい検討を加えることは、東山法門より北宗への、新しい展開を考えるうえで、種々の収穫多い課題を含むといえるが、今はすべてを割愛し、以上の弘忍の語の検討によって、問題の所在はほぼ尽きたとみたい。それらをのちに展開する公案の起こりとみる説の当否についても、私見はほぼ出尽している。

要するに、『楞伽師資記』は玄賾の『楞伽人法志』をとり、弘忍の『修心要論』を退けた。理由は、いろいろ考えられる。もっとも確かなことは、弘忍の十大弟子のうち、『修心要論』に拠る人々と、玄賾一派の対立である。『修心要論』は弘忍の説教集だが、語録ではない。先にいうペリオ第三五五九号に収める、『修心要論』のあとがきは、法如と道秀の所伝とする(300)。玄賾ははじめ、玄奘門下に属した。『楞伽師資記』と『楞伽人法志』は、ともに『楞伽経』の伝持を軸に、玄賾一派の人と法を伝えるのである。『修心要論』は、種々の経論を引くけれども、『楞伽経』に拠る気配がない。かつて、鈴木大拙が注意したように、『修心要論』の根本趣旨は、守心の法を説くにある。あるいは、本心を守るといい、あるいは真心を守れといい、あるいは守本真心ともなる。真心の説は、『起信論』や『華厳経』にあるけれども、この本の文脈は、真心を主体視する点で、むしろ道教に近い。衆生に精誠の内発を求め、さもなくんば、恒沙諸仏も、能く為す所無しとする精誠の句も、経典の言葉とはされるけれども、本来は道家の発想である。(301) 二入四行説を含む『金剛三昧経』にも、存三守一という道教教義が混入している。(302) 要するに、『修心要論』は、道教に傾く。

黄梅山は、元来は道教の霊場である。『修心要論』を弘忍の語録とすれば、道教の弟子への適応が考えられる。達摩は安心を説くが、守心を言わぬ。『修心要論』(303) は『観無量寿経』によって、初学のために坐禅の方法を説くところでも、十六観中の日相観と守心を結びつける。つづいて引く『起信論』の、三界虚幻唯是一心作も、まぎれもなく真心である。(304) この本の最初に引かれる『十地経』は、「衆生身中に金剛仏性有り、猶お日輪の体明円満云云」というもので、正常の『十地経』でないことは、すでに注意した通りである。(305) 凝然守心、妄念不生も、達摩の壁観を形骸化することになりかねぬ。要するに『楞伽師資記』は、『修心要論』を退けつつ、その説を受けるのであり、それほどに、この本は問題をもつ。『修心要論』は、やがて北宗禅の根拠となる。『大乗無生方便門』をはじめ、『頓悟真宗論』や、これにつづく『頓悟真宗金剛般若修行達彼岸法門要決』も、その影響下に入る。北宗は、楞伽宗というよりは、解脱宗であり、真宗である。のちに、神会の攻撃を受けるのは、そんな北宗の偏向である。馬祖が修行を退けることは、のちに詳しく考える。(306)

二二　北宗より南宗へ

北宗の称は、謂わゆる南宗の側から、相手を難ずる意を含んで発せられた。北宗の人々が、自ら北宗と名乗ることはない。今知られる敦煌写本で、『大乗北宗論』一巻と題するスタイン第二五八一号と、ペリオ第二二七〇号に「大乗五方便北宗」があり、尾題にも北宗の名があるのは、唯一の例外である。これもおそらくは、敦煌での称呼で、本来のものとは言えまい。むしろ、当初の北宗は、弘忍の弟子のうち、早く長安・洛陽の地に出た人々により、北方に盛大となる東山法門の主流であり、自ら正統を自任する意識を含む。あたかも、則天武后の時代であり、仏教もまた新しい動きを求めた。じつをいうと、弘忍の法を東山法門とよんだのは、北宗の人々の自負であり、時代の仏教としての、強い誇りを含んでいる。

たとえば、『楞伽師資記』の第六弘忍の章は、次のようなことばではじまる。

　第六、唐朝蘄州双峰山幽居寺大師、諱は弘忍、信禅師の後を承く。忍は法を伝うること、妙法人尊にして、時に号して東山浄門と為す。又た京洛の道俗は称歎し、蘄州東山に多く得果の人有りとするに縁り、故に東山法門と曰うなり。[307]

さらに、東山法門の称は、神秀が則天武后に召されて入内したとき、則天が、伝うるところの法は誰家の宗旨ぞと問うのに、蘄州東山法門を受くと答え、何の典誥にか依るというのに、『文殊説般若経』の一行三昧に依ると答えたので、則天がこれを認めて、若し修道を論ずれば、さらに東山法門を過ぎず、としたというのによる。後者は、明らかに玄賾の所伝であるが、前者もおそらくは同じとみられる。要するに玄賾や神秀によって、東山法門は北宗となる。

弘忍の下に、十人を数えるすぐれた弟子が出たことは、すでに先にいうとおりである。大半が、北方に化を振うのに対して、ひとり嶺南の韶州に帰って、終に京洛に出なかったのが、曹渓恵能である。嶺南は、なお流謫の地で、京洛からいうと、海外にひとしい。恵能の名は、すでに『楞伽人法志』にみえるが、その実像はほとんど不明である。むしろのちに南宗の祖として、理想化される虚像のかげに、その正体を隠してしまう。恵能につぐ神会が、のちに北宗を攻撃して、神秀の法を漸教とし、東山法門の正系にあらずとし、曹渓を正系としたために、恵能の伝記と説法のすべてが、東山法門の正系として虚構されるのである。当初の北宗には、正系の意識すら必要でない、東山法門そのものの誇りがある。曹渓恵能の実在を疑う必要はないが、その資料の大半が、神会によって虚構された偽史であるのは、注意を要する。近代になって、敦煌文書のうちより、神会の語録数種が発見されて、古来の伝記を批判的に考える、新しい研究の道が拓かれたために、南北二宗の対立そのことも、史実は弘忍下の神秀・恵能の時より、神会の時代にくりさげられる。(308)それほどに、神会の動きは大きいといえる。じつをいうと、神会は当初、神秀の弟子であったようで、かれが曹渓恵能を正系とし、神秀を傍系とするのは、かれ自らの思想の、飛躍的発展を意味する。(309)神秀門下の普寂や義福に比し、神会は一層新しい動きを示すのである。言ってみれば、禅仏教の歴史は、東山法門より北宗へ、北宗より南宗へと発展するので、南宗とは神会のことにほかならず、南北二宗の対立も、神会その人が虚構する、禅仏教のパターンとなり、神会以後に問題をのこすこととなる。先にいうように、神会語録を発見した胡適が、「南宗的急先鋒、北宗的毀滅者、新禅学的建立者、壇経的作者」とする評語は、すでに五十年近くも過去のことゆえに、再検討と修正を要するけれども、新禅学的建立者の一句だけは、今もなお妥当といえる。じっさい、神会以後の各派の動きは、すべて曹渓を祖としつつ、神会を批判し、神会を乗り超えることによって、展開するのである。

今、胡適以後の研究経過や、北宗と南宗の歴史研究そのものに、あらためて深入りするつもりはない。問題は、北宗の禅文献の大半が、伝統的な著述に傾くのに比べて、神会の語録に新しい傾向があることだ。先にいうように、かつて達摩のものとされた『破相論』は、神秀の『観心論』である。それが、天台智顗の同名の本になぞらえ、天台の観心釈の方法をつぐものであることも、すでに考えた通りである。まもなく、その語句の音義が『一切経音義』に収められるのも、その新しさのゆえであろう。従来の注疏の学の外に、固有の著作をのこすことが、ダルマを祖とする禅仏教の特色である。神秀には、別に『新華厳経疏』三十巻と、『妙理円成観』三巻の作がある。その一部は、新羅の華厳学者均如の著作に引かれ、別に『宗鏡録』第九十八にも引かれる。わが凝然の『法界義鏡』や『孔目章発悟記』にも、さらに他の引用が知られる。[310] かつて、高峰了州の『華厳思想史』（百華苑、一九四二年）と、坂本幸男の『華厳教学の研究』（平楽寺書店、一九五六年）に、『華厳経疏』と『妙理円成観』の作者を、華厳の法銑につぐ同名の神秀とし、最近ふたたびこれを支持する動きがあり、[311] 北宗神秀とするには、なお検討を必要とするが、神秀が華厳教学に通じていたことは、『大乗無生方便門』によって判るし、かれに次ぐ普寂も、華厳尊者とよばれるほどで、北宗の諸師が華厳や天台学の再編に熱心であったことは、容易に想定可能である。

じじつ、東山法門を継承する、北宗禅の運動は、さらに新しい可能性を含んでいた。『大乗無生方便門』の成立は、かつての注疏の学問に終わらぬ、語録固有の要素を含むのである。言ってみれば、北宗禅の運動は、中国仏教にふさわしい、戒と禅と恵の学の、根底的な見直しを意味した。『大乗無生方便門』は、そんな野心的提案の書である。弟子の神会が、これを踏み台に突進し、終にその先に出るのは当然だ。

言ってみれば、『大乗無生方便門』には、新しい授菩薩戒儀の構想があるのであり、中国仏教は今、漸くにして自らの背丈に会う教団を形成するのである。わが最澄が、叡山に菩薩戒壇を独立させるのは、そんな中国仏教史の終点となる。[312] 関口真大の「授菩薩戒儀達摩本について」（印度学仏教学研究第九巻二号、一九六一年）によると、授菩薩戒儀のテキストとしては、天台の『菩薩戒疏』に挙げる六本のほかに、禅の南北二宗の対決を機に、新しい作品が登場するという。[313] 要するに、『大乗無生方便門』と『六祖壇経』は、元来は授菩薩戒儀のテキストである。『六祖壇経』の問題は、のちにあらためて考える。今は、北宗の菩薩戒運動をみよう。

先にいうように、『大乗無生方便門』は、第一に総彰仏体（『大乗起信論』）、第二に開智恵門（『法華経』）、第三に顕示不思議法（『維摩経』）、第四に明諸法正性（『思益経』）、第五に自然無礙解脱道（『華厳経』）という、五門によって組織され、いずれも大乗経論の観心釈にほかならぬが、第一門の『大乗起信論』に入る前に、大衆に菩薩戒を授けるところがある。戒と禅と恵という、古来の三学の伝統が、厳然として維持されるのだ。

各各、踋跪合掌せよ、当に四弘誓願を発せしめん、

衆生無辺誓願度、

煩悩無辺誓願断、

法門無尽誓願学、

無上仏道誓願証。

次に、十方諸仏を請じて、和尚と為す。

次に、三世諸仏菩薩等を請ず。

次に、三帰を受けしむ。

次に、五能を問う、

一つには、汝は今日より乃至菩提まで、能く一切悪知識を捨てんや。能くす。

二つには、善知識に親近せんや。能くす。

三つには、能く禁戒を坐持し、乃至命終まで、犯戒せざるや。能くす。

四つには、能く大乗経を読誦し、甚深の義を問うや。能くす。

五つには、能く苦（悩）の衆生を見、力に随って能く救護するや。能くす。
次に各おの、己の名を称えて罪を懺悔して言え、
過去未来及び現在の身口意業の十悪罪を、我れ今、至心に尽く懺悔す、願くは罪の除滅し、永く五逆罪障の重罪を起さざることを。前に准ず。
譬えば明珠の如し、濁水の中に没するも、珠の力を以ての故に、水は即ち澄清せん。仏性の威徳も亦復た是の如し。煩悩濁水も、皆な清浄なることを得ん。汝等、懺悔し竟らば、三業清浄にして、浄琉璃の如く、内外明徹して、浄戒を受くるに堪えたり。菩薩戒は是れ持心戒なり、仏性を以て戒性と為す。心瞥起すれば、即ち仏性に違せん、是れ菩薩戒を破せん、心不起なることを護持して、即ち仏性に順ずる、是れ菩薩戒を持するなり。三説。(314)

以上で、菩薩戒を授け終わり、次いでともに禅定に入り、和尚の提唱がはじまる。『大乗無生方便門』は、そんな戒定恵三学を授ける儀式の記録であった。無生とは、心不起のところ、一切大乗対病の語を用いぬ、自性清浄の理を指す。『六祖壇経』が心不起を坐とし、見理明浄を禅とすることは、のちにあらためて考える。心不起は、達摩にはじまって東山法門で深まり、北宗で集大成される、新しい三学の根拠である。しばらく、そんな北宗の世界を、『大乗北宗論』一巻によってみよう。これもおそらくは、大衆で斉唱する儀式の句である。

大乗心
我れ尚お布施心を起さず、何ぞ況んや慳貪心おや。
我れ尚お持戒心を起さず、何ぞ況んや触犯心おや。
我れ尚お忍辱心を起さず、何ぞ況んや殺害心おや。

我れ尚お精進心を起さず、何ぞ況んや懈怠心おや。
我れ尚お禅定心を起さず、何ぞ況んや散乱心おや。
我れ尚お智恵心を起さず、何ぞ況んや愚癡心おや。[315]

以下、さらに天堂と地獄、慈悲と毒害、清浄と穢触、歓喜と瞋恨、饒益と劫奪、広大と狭身、空無と見取、正直と邪曲、真正と顚倒、大乗と声聞、菩薩と凡夫、菩提と煩悩、解脱と繋縛、涅槃と生死の分別心を起さずとし、重ねて偈を説いていう、

憂は心の憂いによる、楽は心の楽なるによる。若し心を忘ずれば、何をか憂い、何をか楽しまん。[316]

達摩の『二入四行論』以来の、坐禅衆の生き方が、巧みに総括されている。六波羅蜜の解釈は、明らかに称法行の展開である。さらに、『大乗北宗論』は、生死と涅槃の分別について、次のように説く。文字、言説、修学、智恵の有無をいうのは、三蔵や三学の対病が、一方で依然として求められたためであろう。

文有り字有るを、名づけて生死と曰う、文無く字無きを、名づけて涅槃と曰う。
言有り説有るを、名づけて生死と曰う、言無く説無きを、名づけて涅槃と曰う。
修有り学有るを、名づけて生死と曰う、修無く学無きを、名づけて涅槃と曰う。
智有り恵有るを、名づけて生死と曰う、智無く恵無きを、名づけて涅槃と曰う。

（中略）

煩悩を断つを、名づけて生死と曰う、煩悩を断たざるを、名づけて涅槃と曰う。
大乗を楽うを、名づけて生死と曰う、大乗を楽わざるを、名づけて涅槃と曰う。
波羅蜜を見るを、名づけて生死と曰う、波羅蜜を見ざるを、名づけて涅槃と曰う。

さいごに、「大乗に十有る也」とするのは、前半の不起の六波羅蜜がもとで、後半の生死涅槃の句を、すべて重説の偈とするのであろうが、唱えものゆえの付加や、変化があるようである。独立の写本となるのは、すでに儀式を離れて用いられたことと、あるいは敦煌の仏教とも関係があるのでないか。内容的には、すでに後代の語録の特徴となる、負の意識がみられるのも興味ぶかい。

ふたたび、『大乗無生方便門』のテキストに帰る。授戒につづく、坐禅の一段である。

次に、各おの結跏趺坐せよ、仏子の心に同じく、湛然として不動ならしめん。是没をか浄と言う。仏子よ、諸仏如来に入道の大方便有り、一念の浄心もて、頓に仏地に超えん。和（尚）、木を撃ち、一時に念仏す。和（尚）言う、一切の相、総に取るを得ず。所以に金剛経に云う、凡所有相は、皆な是れ虚妄なりと。看心して若し浄ならば、浄心地と名づく。身心を巻縮し、身心を舒展すること莫れ。放曠して遠く看、平等に虚空を尽して看よ。

和（尚）問て言う、何物をか見る。（弟）子云う、一物をも見ず。

和（言う）、浄を看じ、細細に看よ、即ち浄心眼を用いて、無辺無涯に除々に看よ。

和（尚）言う、問え。（子）問う、無障礙に看る。

和問う、何物をか見る。答う、一物も見ず。

和（言う）、向前遠看、向後遠看、四維上下、一時に平等に看よ、尽虚空に看よ、長く浄心眼を用いて看よ、間断すること莫かれ、亦た多心を限らずして看よ、使い得る者は、然して身心調し、用て障礙無し。(318)

先にいう、弘忍の指事問義が、こうした師弟共同の、坐禅の中間において発せられる、師のことばの記録であったことが、ここに来て漸く明らかとなる。あるいは、高山の頂上にあり、あるいは曠野の中央にあって、無辺無際の地平の果てを、四顧遠看する方法を、北宗は弘忍より受けついでいる。さかのぼって言えば、大乗無生方便という、心不起のところが、達摩の理入壁観にほかならぬ。

じじつ、別本の『大乗五方便北宗』は、次のようなことばで始まる。


向前遠看、万境に住せず、台身直に照して、当体分明なり。

向後遠看、万境に住せず、台身直に照して、当体分明なり。

両辺遠看、万境に住せず、台身直に照して、当体分明なり。

向上遠看、万境に住せず、台身直に照して、当体分明なり。

向下遠看、万境に住せず、台身直に照して、当体分明なり。

十方に須らく看るべし、万境に住せず、台身直に照して、当体分明なり。(319)


これもおそらく、大衆一斉唱和の句である。十方遠看の説は、単に抽象のそれでなかった。テキストは、さらに鬧処と浄処、および行住坐臥の四句を存するが、唱和をそこで終える理由はない。先にみる北宗の授菩薩戒儀が、つねに師資の対話であったように、今は坐禅看心の実践に伴う、師と弟子の唱和の句が記録された。『大乗五方便』は、文字通りの北宗の、師資唱和の語録である。


問う、看る時は、何物をか看る、看よ看よ、無物を看よ。阿誰か看る、覚心し看よ。十方界を透看するに、清浄にして一物無し。常に無処を看て相応する、即ち是れ仏なり。

豁豁看し、看じて住まず、湛々として辺際無く、不染なるが、即ちこれ菩提の路なり。心寂すれば、覚分明なり、身寂すれば、則ち是れ菩提樹なり、四魔も入る処無し。大覚円満して、能所を超えん。

問う、是没か是れ四魔なる。答う、煩悩魔、天魔、蘊魔、死魔なり。思想攀縁するは、是れ煩悩魔、身懈怠するは、是れ蘊魔、外辺境界は、是れ天魔、功夫間断するは、是れ死魔なり。心を見ずんば、心生ぜず、身を見ずんば、身死せず。身心の相を見ず、只だ者理（這裏）に生死を驀する。誰か能く生死を驀する。仏能く生死を驀す。(320)

要するに、『大乗無生方便門』は、北宗独自の授菩薩戒儀と、これにつづく坐禅の記録であった。やがて、弟子たちのコメントが加わり、新しい整理も始まる。菩提樹や無一物や、頓悟頓入の句が、すでに随処に注記される。教団の人員が増加し、時代が降るに従って、独立した授菩薩戒儀が必要となり、坐禅の仕方や教義の書が必要となる。後期の北宗は、多数の著作を生むのであり、多様ではあるけれども、次第に形骸化に傾くことは、けだし已むを得ぬであろう。先にいう、授菩薩戒儀の五能と懺悔の部分につづいて、敦煌発現の他の『授菩薩戒儀』では、五つの下心を問うところがあり、『頓悟真宗論』に説く、次の五つの下心と相応することは、すこぶる注目に価しよう。『頓悟真宗論』は、神秀の『観心論』を母体に、諸経の名句や三毒、三宝、八識、四智、六波羅蜜などの法相を、自己の在り方に引きつけて説く、北宗の禅学読本である。

次に下心を明せば、即便ち五蔭に対して五種の下心を発す。一つには誓って一切衆生を観じて、賢聖の想を作し、自身を凡夫の想と作す。二つには誓って一切衆生を観じて、国王の想を作し、自身に百姓の想を作す。三つには誓って一切衆生を観じて、師僧の想を作し、自身に弟子の想を作す。四つには誓って一切衆生を観じて、父母の想を作し、自身に男女の想を作す。五つには誓って一切衆生を観じて、曹主の想を作し、自身は奴婢の想を作す。(321)

二三　神会の語録――『南陽和尚問答雑徴義』

胡適が敦煌文書のうちに、神会語録の断簡を発見し、それらを校訂して『神会和尚遺集』（亜東図書館、一九三〇年）を作ったとき、いずれのテキストにも、首部もしくは尾題はなかった。それらを神会の語と断じたのは、胡適の卓見である。

やがて、北京と英仏その他に分散される敦煌文書のすべてが整理されて、神会語録の首部が見つかる。先にいう晩年の胡適の仕事となる、『新校訂的敦煌写本神会和尚遺著両種』（中央研究院歴史語言研究所集刊第二九本）と、『神会和尚語録的第三個敦煌写本』（中央研究院歴史語言研究所集刊外編第四本）が、それである。

前者は、『神会和尚遺集』で全貌の知られなかった「菩提達摩南宗定是非論」と、のちに鈴木大拙の『少室逸書』が始めて紹介する「和尚頓教解脱禅門直了性壇語」を、別本のペリオ第二〇四五号によって新しい校訂を加えて、ほとんど完全なテキストとするのであり、後者は鈴木大拙が、日本で別に紹介する石井本『神会録』と、スタイン第六五五七号によって、『南陽和尚問答雑徴義・劉澄集』という本来の題名と、その序文および首部を補い、これもまたほぼ完全なテキストとなる。神会の生没年に関する、胡適の新しい見解や、「頓悟無生般若頌」の復元も付録される。『神会和尚遺集』以来、ほぼ三十年来の成果である。前者には、『神会和尚遺集』のテキストを仏訳したジャック・ジェルネと王重民、および「南陽和尚頓教解脱禅門直了性壇語」を英訳したリーヴェンタールの協力があり、後者には、当時あたかもわが京都大学人文科学研究所が、スタイン本すべてのマイクロフィルムを対象に、新しい総合調査をすすめていた、敦煌文献研究班の成果が利用された。神会語録の研究は、第二次世界大戦後における、そんな第二期敦煌学の国際的な成果ともなる(322)。

先にいうように、神会語録の存在が知られ、その全貌が明らかになったことは、語録を生みだす中国仏教文献史の再編を促す。禅仏教に固有の禅語録は、神会を画期とするのである。『南陽和尚問答雑徴義・劉澄集』の文献究明は、単に神会その人の伝記と思想、および初期の禅史の再検討にとどまらぬ、禅の語録の本質をあらわにする。言ってみれば、現存最古の「達摩論」より、馬祖や百丈の語本が出現するまでの、中間期の禅文献の実態を、神会語録は色濃く含んでいる。神会は、その語を録するに足る、時代の巨魁であった。あるいは、神会自ら、そのことを意図した。胡適のいう新禅学的建立者とは、正にこの意味でなければならぬ。

いったい、『南陽和尚問答雑徴義・劉澄集』の名は、すでに円仁の『入唐新求聖教目録』にみえる。このとき、円仁は『六祖壇経』や『五方便心地法門抄』、『曹渓禅師証道歌』、『宝林伝』のほか、先にいう甘泉和尚の『語本』と大晉和尚の『伝心要旨』、『達摩和尚五更転』、僧稠の『法宝義論』、『天台大師答陳宣帝書』なども伝える。(323)『南陽和尚問答雑徴義』は、神会語録の本来の名である。のちに、『南宗荷沢禅師問答雑徴』となる事情については、別にあらためて考える。とりわけ、新発現のスタイン第六五五七号には、編者劉澄の序がついていた。この写本は、なおその巻首を欠くが、劉澄の序の大半を存して、最初の語録の成立事情を知らせるのである。

(前欠)その教は法界に弥し。南天に其の心契を紹け、東国に頼りて正宗と為す。法は虚しく伝えず、必ず寄る所有り。南陽和尚は、斯に其れこれを盛んにす。六代を稟けて先師とし、七数に居て今教と為す。嚮い恋うるものは父母に帰するが如く、問請するものは王公を淡しとす。明鏡は高く懸け、鬚眉は醜を懐く。海の深きを測らず、洪は湧いて漪を澄ます。宝偈は貫花よりも妙に、請唱は円果よりも頓なり。貴賤は問うと雖も、記録は多く忘る。若し集成せずんば、恐らくは遺簡無からん。更に訪い得る者は、遂に後に綴れ。勒して一巻と成し、名づけて問答雑徴義と曰う。但だ兄弟を簡ぶ、余は預ること無し。前の唐山主簿劉澄が集める。(324)

胡適のいうように、神会が南陽和尚とよばれるのは、開元八年（七二〇）に南陽の龍興寺に入って以後、開元二十年に滑台で北宗の崇遠と対論し、さらに天宝四年（七四五）に洛陽に入り、荷沢寺に住するまでのことである。従って、劉澄がその『問答雑徴義』を集成して、南陽和尚とよぶのは、荷沢寺以後を含まず、さらに細かく限定すれば、滑台の宗論の記録としては、別に『菩提達摩南宗定是非論』があるから、この本は主に神会の初期の問答を集めたものとなる。じつをいうと、『南陽和尚問答雑徴義』は、崇遠との問答を一部収めるけれども、『菩提達摩南宗定是非論』のように、露骨な北宗攻撃の意を含まず、崇遠との個人的対論に終始する。おそらくは、開元二十年以前のもので、むしろこれが宗論の動機となり、神会の後半生を大きく変えたともみられる。要するに、神会の語録数種のうち、劉澄の序をもつテキストは、もっとも初期のものとなる。胡適の謂わゆる『神会和尚遺集』第一残簡（ペリオ第三〇四七号）が、すでに荷沢和尚の名を含み、石井本『神会録』が、すでに大きい再編の手をくぐり、唐の貞元八年に沙門宝珍が北庭で校勘したというコロホンをもつのに比して、この本の構成は単純だ。劉澄の伝は、自ら名乗っているように、前の唐山の主簿であったこと以外、今のところ一切不明であるが、この本に登場する他の道俗と同じように、南陽時代の若い神会の、有力檀越の一人にちがいない。とくに、次にいう『菩提達摩南宗定是非論』を記録し、その序を書いている独孤沛は、本姓劉氏とされるし、別本の神会語録に、その名を見せる拓跋開府などとともに、北蕃氏族の出身でなかろうか。

いったい、『問答雑徴義』の名は、すでに多くの課題を含む。問答の意は自明だが、雑徴義とは何か。先にいう『景徳伝灯録』第二十七の、「諸方雑挙拈徴代別語」の標題を想起することは、今の場合、きわめて有益であろう。(325) 雑徴は、雑挙拈徴に相当する。代別語は、未だ登場せず、答え手は神会一人であるから、諸方のそれに関係しない。雑挙とは、無名の僧の問答で、前後一貫性をもたぬテーマのことであった。今もまた前後一貫性をもたぬ、雑多な問答の記録であり、問義の記録とみてよい。問題は、徴義である。私見を先にいうと、徴義は義を徴する意で、徴は師家の側から、弟子に質問を出す場合、つまり問義のことである。先にみる『二入四行論』の雑録は、いずれも弟子の方が問い手であり、師は正直にこれに答えている。ところが、『楞伽師資記』に収める弘忍のことばは、大半が問義であって、答えは記録されない。明らかに、徴義である。

『大乗無生方便門』にも、すでに同じ例がある。先にいう、授菩薩戒義につづいて、結跏趺坐のうちに記される師のことばは、すべて徴問である。坐禅と示衆は、そんな師弟の問答を含むのだ。とくに、第一門の説法の途中、次のように徴と記すのは、この部分が師の問いであることを示す。およそ、是没とか、誰とか、作麼生とか、あるいは句末に不の字があるのは、問と記さずとも、すべて質問のことばである。あらためて徴と記すのは、格別の意を含むにちがいない。

体用分明とは、離念を体と名づけ、見聞覚知は是れ用なり。寂にして常に用、用にして常に寂。即用即寂とは、相を離るるを寂と名づけ、寂照、照寂なり。寂照とは、性に因りて相を起す、照寂とは、相を摂めて性に帰す。舒ぶれば則ち法界に弥綸し、巻けば則ち総に毛端に在り。吐納分明、神用自在なり。徴すらく、「心身は既に空なり、誰か吐し誰か納る」。身心は空にして吐納無ければ、即ち無為と合す、無為を啓いて、実相に達す。身心空にして、善く回向す。菩提に回向して、真常楽を証せよ。常に境界に対って、心に著するもの無し。身心の両法は、染浄の依なり。有念は無量恒沙煩悩の依なり、離念は無量恒沙功徳の依なり。恒沙功徳は、是れ浄依なり。(326)

じつをいうと、この部分は別のテキストで、明らかに問と答えに分けられて、次のようになっている。

問う、是没か是れ体なる、是没か是れ用なる。

答う、離念は是れ体なり、見聞覚知は是れ用なり、寂は是れ体、照は是れ用なり（中略）、舒ぶれば則ち法界に弥綸し、巻けば則ち惣に毛端に在り。

問う、身心は既に空なり、誰か吐し誰か納る。

答う、身心は空なれば、吐納無し、即ち無為と合す。無為を啓いて、実相に達す[327]（略）。

『大乗無生方便門』の場合、問答はすべて自問自答である。問と答えを明確に区別し、あるいは徴と書きこんだのは、記録者であり、編集者の仕事である。

要するに問答も雑徴も、ともに記録者の言葉であり、当初はそうした記録が幾本もあり、次第に整理されて、定本となる様子が判る。今、『南陽和尚問答雑徴義』そのものに、徴字の用例をみつけることはできないが、次にいう『菩提達摩南宗定是非論』は、崇遠が神会の説を徴詰し、神会がこれに答える形で、論義を展開しているから、むしろ北宗の文献によって、初期の語録の様式が、問答と徴義にあることを知れば、劉澄がこの本に与えた標題も、北宗より南宗へと移る、当時の動きをほぼ正しく伝えたといえる。とくに、劉澄の序文について、注目に価するのは、この本の読者として、但だ兄弟を簡んで、余はこれに預るなしとすることだ。一般の著作と異なって、語録はまず、同門の友人に贈られる。先にみる曇林の「達摩論」も、有縁同悟の徒が簡ばれた[328]。唐の中期にあらわれる、新しい達摩論の一つ、『絶観論』の一本にも、「観行法為有縁無名上士集」の尾題がある。最初の発見者鈴木大拙は、「観行法為有縁」を題名とし、無名上士を編者とした。すでにいうように、有縁無名の上士は、この本の予想読者である。むしろ、語録の編者は、すでに異本の存在を予想しつつ、あえて公開にふみきるので、自らの記録と編纂物に、公開に価する評価を与えたことになる。評価は、先師の精神を理解し、その語を正しく録したという、自負を含むはずである。それはやがて、語録の編集が、師の印可を得た嗣法の弟子の仕事となり、あるいは逆に嗣法の弟子の証拠とされる、次期の語録の課題と重なる。

言ってみれば、禅の語録の編者の名は、必ず明記される。あるいは、強いて虚構される。編者不明の語録は、信頼を欠くのである。『修心要論』や、『大乗無生方便門』に対して、神会語録のもつ新しさは、何よりもこの点にある。『南陽和尚問答雑徴義』は、神会という個人の語であり、劉澄という弟子の編集である。禅文献の歴史のうえで、本格の語録の誕生といえた。

二四　『南陽和尚問答雑徴義』より『荷沢和上問答雑徴義』へ

『南陽和尚問答雑徴義』は、やがて次第に、その性格を変化させる。開元二十年の北宗との対論記録、『菩提達摩南宗定是非論』の一部をとりこみ、さらに曹渓恵能の正法をつぐ、七祖の地位が固まると、初期の記録は改編の必要にせまられるのだ。

先にいうように、神会の語録は、『南陽和尚問答雑徴義・劉澄集』のほか、最初に胡適が発見し、校訂して一本としたペリオ第三〇四七号と、わが鈴木大拙が日本で出版する、謂わゆる石井本『荷沢神会禅師語録』の三本がある。三本はいずれも断欠本ながら、たがいに同異し、出入することで、編集の時代を暗示する。とくに、ペリオ第三〇四七号は、明らかに「荷沢和尚与拓抜開府書」を含み、神会が洛陽の荷沢寺に住して以後の名を用いる。言ってみれば、ペリオ第三〇四七号は、スタイン第六五五七号と石井本の中間にある。石井本は、右の『菩提達摩南宗定是非論』を、大幅にとりこむだけでなしに、末尾に達摩より恵能に至る、六代の伝記が加わり、「大乗頓教頌幷序」があって、このうちにわが荷沢和上の称あり、明らかに神会滅後の再編である。先にいう唐の貞元八年、沙門宝珍が北庭に校勘するコロホンと、さらに「唐癸巳年十月二十三日比丘記」の一行がついていて、流伝の由来と時代も判る(329)。

石井本『荷沢神会禅師語録』の末尾にある六代伝は、のちにいう『菩提達摩南宗定是非論』の序にある、師資血脈伝に当るとみられるが、開元二十年に神会が北宗の崇遠と対論し、杜朏の『伝法宝紀』を退けたのが動機で、逆に大幅に杜朏の『伝法宝紀』をとりこむ結果となる。達摩を第一代後魏嵩山少林寺婆羅門僧とよび、二祖恵可が入門に当って、自ら左臂を断ったというのは、いずれも『伝法宝紀』にはじまる新説である。この宗論で神会は、神秀につぐ普寂が『伝法宝紀』をつくり、嵩山に七祖の堂を建てたことを非難するが、内実はその説の一部を、自らとりこむのである。

とりわけ、すでに胡適が指摘するように、わが円珍の『入唐将来目録』に、『南宗荷沢禅師問答雑徴』一巻の名があり、別に『荷沢和尚禅要』一巻と記すのは、『南陽忠和尚言教』一本と区別する意図もあろうが、ともに荷沢和尚とよぶのが、後代一般の通名であり、『南陽和尚問答雑徴義・劉澄集』の一本が、本来の題名であることが判り、これを祖本として、他のテキストへの変化をあとづけることができる。南宗という標題が、『菩提達摩南宗定是非論』を前提することは、いうまでもないであろう。当時、幾つかの南宗賛があり、いずれも神会の功績をたたえる作品である(330)。

いったい、『南陽和尚問答雑徴義・劉澄集』には、作本法師、真法師、戸部尚書王趙公、崔斉公、廬山〔簡〕法師、礼部侍郎蘇晋、潤州刺史李峻、張燕公、崇遠法師、澄禅師、神足師という、都合十一人の道俗の名がみえる。これを『神会和尚遺集』第一残巻、すなわちペリオ第三〇四七号にみえる、遠法師、江陵郡長史、拓抜開府、真法師、戸部尚書王趙公、崔斉公、廬山簡法師、礼部侍郎蘇晋、〔潤州刺史李峻〕、張燕公、澄禅師、神足師、比丘無行、(襄陽俊法師、厳法師)、苗侍郎〔晋卿〕、魏郡乾光法師、鄭澹、魏州乾光法師、哲法師、嗣道王、志徳法師、常州司戸元忠直、蔣山義法師、義円（聞）法師、潤州司馬王幼琳、牛頭山寵禅師、羅浮懐迪師、門人劉相倩（王維、恵澄禅師、張別駕、袁司馬、寇公）、牛頭山袁禅師、蘇州長史唐法通、揚州長史王怡、行律師、相州別駕馬択、内郷県令張万頃、門人蔡鎬（武皎、忠禅師）、洛陽県令徐鍔、南陽太守王弼、中天竺国梵僧伽羅蜜多三蔵弟子康智円という、三十七人の多彩なるに比べると、前者はテキストそのものが断片にすぎぬこともあるが、前後の部分にすでに、かなりの切りすて、もしくは増広がみられることが判る。(331)崇遠と魏州乾光法師は、有名な滑台宗論の対論者であり、他にも同格の人があるかもしれない。さらに、これを石井本に比べると、順序が相互に前後するのとは別に、斉寺主、房綰（琯）、峻儀県尉李兗（李少府）の三名が新たに加わり、先にいう崇遠法師との問答が詳しくなり、さいごに達摩より恵能にいたる六代の伝と、「大乗頓教頌幷序」が新加されること、先にいうごとくである。とりわけ、この本で新たに加わる、房琯と神会の交渉は、天宝四年に荷沢に移って以後のことで、三祖僧璨の顕彰運動と碑銘の製作をめぐって、神会の晩年にもっとも緊密となるから、石井本の特色と年代をもっともよく表わす。じっさい、房琯と神会の問答は、煩悩即菩提の義を、虚空と明暗の関係に譬えて説く、もっとも有名な一段であり、別に『南陽和上頓教解脱禅門直了性壇語』の中心をなすことを考え合わせると、明らかにのちに創られたものであることが判る。『金剛経』を重視することも、中期より晩年にいたって、いよいよ強まる。房琯は、房融の子であり、融は『首楞厳経』の筆受者とされる。『首楞厳経』の筆受とされる羅浮山の懐迪も、神会の対問者の一人である。(332)李兗は、李勉のこと、粛宗・代宗朝の顕官であり、神会との交渉は晩年に限られる。言ってみれば、七祖神会の位置が定まった後、神会を祖とする荷沢宗のテキストとして、あらためて新編されるのが、石井本にほかならぬ。もともと、劉澄が編する『南陽和尚問答雑徴義』に見える、神会の対問者十一人のうち、戸部尚書王趙公、崔斉公、礼部侍郎蘇晋、潤州刺史李峻、張燕公の五人については、李峻を除くすべての人々が、ほぼ確かな伝記をのこす。王趙公すなわち王琚は、玄宗朝初期の重臣であり、多く北宗関係の碑文をのこす李邕とも親交があるから、神会と北宗の関係が推定されるし、さらに、張燕公すなわち張説も、また同様である。この人は、すでに北宗の帰依者で、神秀の碑を書いた人として知られる。宗密の『円覚経大疏鈔』第三之下の神会伝に、南陽で王趙公が三車の義を問い、その名が次第に名賢に聞こえたというのは、先に引く劉澄の序に、問請談於王公とあるのと考えあわせてよい。さらに、崔斉公と蘇晋の名が、杜甫の「飲中八仙歌」にみえることを、胡適が、指摘するのは妥当の説である(333)。先にいうように、「達摩論」の霊験を伝える李適之も、八仙の一人である。南陽時代の神会をとりまく帰依者たちは、いずれも武韋の乱を治めて、開元の維新を成就する、玄宗初期の上昇気流の中にいた。玄宗は、唐朝の第六代である。南宗六祖の決定は、開元の中興と重なる。劉澄の序には、すでに神会を七祖とする、新しい気分がみえる。

神会の活動は、玄宗の治世とともに始まり、玄宗朝の陰翳とともに屈折するのであり、三本の語録が、そんな屈折を反影することは興味ぶかい。とりわけ、もっとも注目してよいのは、『神会和尚遺集』（一三七ページ）と石井本〔二九〕に収める、門人劉相倩の記録である。二つのテキストをあわせると、問答はおおよそ次のようである。

門人の劉相倩がいった、南陽郡で侍御史の王維に見えたが、王維は臨湍駅に、神会和上と同寺の僧恵澄禅師を屈して、共に語らせること数日に及んだという。

そのとき、王侍御は、和上にたずねた、「どんなふうに修道すれば、解脱できましょうか」

答え、「衆生は本来、自性清浄である。もし更に心を起し、何かを修しようとすると、それはもう妄心である、解脱することはできない」

王侍御は驚いた、「すばらしいことだ、曾て諸大徳の説くのをきいたが、誰もそんなふうには説かなかった」

そこで、寇太守、張別駕、袁司馬の為めにいう、「この南陽郡には、立派な大徳がいられて、仏性の甚だ不可思議なるものがある」

寇太守がいう、「此の二大徳（神会と澄禅師）の考えは、すべて同じでない」

王侍御が和上にきいた、「どうして同じでないことがあるのか」

答え、「今同じでないというのは、澄禅師が必ず定を修して、後にはじめて恵を発するというためで、神会はそうではありません。今、正しく侍御と語っているとき、すでにもう定と恵は一つであります。涅槃経にこうある、定が過剰で恵が欠けると、無明を増長する、恵が過剰で定が欠けると、邪見を増長する、定と恵が等しい人を、仏性を見た人という、と。それで、同じでないというのです」

王侍御がきく、「どういう場合に、定と恵が等しいのです」

和上、「定というのは、体は不可得です。恵というのは、その不可得の体が、湛然として常に寂し、恒沙の巧用が有るのを見とどけること、これがつまり定恵を等しく学ぶことです」

人々は、庁前に起立する。澄禅師が王侍御にたずねる、「恵澄は会闍梨と、今同じでないことを証した」

王侍御は笑い、和上にいった、「どうして同じでないのです」

答え、「同じでないというのは、澄禅師が先ず定を修めて、定を得た後に恵を発するためです。神会は、そうでない。正しく侍御と語っているとき、もうすでに定恵は共に等しい、それこそが同じではない」

侍御、「闍梨は、同じでないと口で言うだけか」

答え、「糸一すじも、相手の言葉をとることはできぬ」

さらに、「どうして相手の言葉をとることができぬ」

答え、「今、現に同じでないためだ、もし同じと認めたら、それはもう相手の言葉である[334]」

さいごの対話は、意味をとりにくい。石井本は、一纖毫不得容とし、即是容語として、ともにはっきり容字に読めるが、『神会和尚遺集』（ペリオ第三〇四七号）は、すべて客語としている。今は、仮に客語とし、お前の語と解釈する。いったい、王維ははじめ北宗の帰依者で、義福や普寂と親交があり、浄覚の碑文の筆者であるが、神会の晩年に、その請によって、六祖の碑文を書いている。(335) つまり、南北両宗に参じたのであり、転向の機となる神会との交渉が、南陽時代にはじまることは、大いに注目に価しよう。

問題は、神会と澄禅師の問答が、すでに『南陽和尚問答雑徴義・劉澄集』の第十章にみえることである。主題も、ほぼ同じである。記録者の門人劉相倩は、ひょっとすると劉澄その人であるまいか。よしんば、同一人でないにしても、『荷沢和上問答雑徴』は、『南陽和尚問答雑徴義・劉澄集』の第十章をふまえる。二つの記録は、ともに同じ問答を伝えている。(336) 神会は王維の招きによって、臨湍駅に出かけ、恵澄を相手に北宗禅を批判するので、これがやがて開元二十年の、滑台での宗論に発展してゆく。滑台宗論の対論者崇遠は、臨湍宗論の対論者恵澄の発想とその立場をひきつぐ。あるいは、崇遠もすでに同じ宗論の席にいた。恵澄の伝は不明だが、北宗禅の人であったことはまちがいない。かつて、北宗の帰依者であった王維が、自ら調停役を負うことも興味ぶかい。すべてが、次の滑台の宗論を予想させる。

和上は、澄禅師に問う、「何の法を修めて見性を得るか」

澄禅師が答える、「先ず坐を学び定を修めなくてはならん、定を得て後、定に因って恵を発する。智恵を以てこそ、見性を得るのだ」

問、「定を修める時、作意を必要としないか」

答、「その通り」

「すでに作意であるからには、これはもう識定である、どうして見性を得ようか」

答、「今（わたしが）、見性というのは、定を修めることを必要とする、定を修めないで、どうして見性できよう」

問、「今（きみが）定を修めるという（心）は、もともと妄心である。妄心が定を修めて、どうして定を得られよう」

答、「今、定を修めて恵を得るのは、ちゃんと内外の照（見）が有るためである、内外の照（見）によって、浄を見ることができる、心が浄であるからこそ、それが見性である」

問、「今（わたしが）、見性というのは、性に内外が無いことだ、内外の照（見）によると言えば、もともと妄心をみとめたこととなる、どうして見性できよう。経典にいう、若し諸の三昧を学ぶなら、是れ動にして坐禅にあらず、心は境界に随って流れる、云何が名づけて定と為さんと。そんな定をよしと云うなら、維摩詰は舎利弗の宴坐を叱ったりはしないはずである」[337]

劉相倩の記録によって、神会の主張はより明確化するが、劉澄のテキストでも、基本線はすでに決している。むしろ劉澄は、王維を介せず、神会と澄禅師の対話に重点をおく。とりわけ、澄禅師が内外の照（見）というのは、北宗の『大乗五方便』にいう、内照分明、外用自在の説（『北宗残簡』四七三ページ）を受けるのであり、これが神会の北宗批判の動機となる。同じ劉澄のテキスト第八に張燕公との問答があり、明鏡と像の関係に譬えて、像の有無にかかわらぬ、自性の常照をいうのも、すでに同じ論理による。注目してよいのは、同じテキスト第六に、すでに無念体上に本知有りという、有名な神会のテーゼがみえることで、いずれも、じつは北宗の『大乗五方便』より出る、思想史の問題であったことを示す。[338]『南陽和尚問答雑徴義』より、『菩提達摩南宗定是非論』を経て、『荷沢禅師問答雑徴』に至る、神会語録のテキストの変化は、そうした神会の思考の発展とともに、複数の弟子の記録とその再編という、禅文献の形成経過を伝える、重要な資料といえる。唐中期以後、諸禅師の語録が決定し、最終テキストのみを伝えるのと異なる、生の記録の一つである。先にいうように、北宗と南宗の問題は、神会とその直接の弟子たちのことで、歴史的人物としての六祖恵能とは、ほとんど何の関係もなかった。神会語録に登場する名公たちも、単に帰依者や檀越というのと、かなりちがった役目を負うように思われる。(339)

二五　『菩提達摩南宗定是非論』

開元十八年より二十年、もしくは二十一年にいたる数年の間、神会は北宗の崇遠を相手どり、宗論を展開する。のちに荷沢宗五代を自任する、宗密の総括によると、北宗の禅仏教が方便に傾き、達摩の正系にあらざること、すなわち「師承是傍・法門是漸」なるを退け、自ら拠る曹渓恵能が真の六代であり、その頓教を受けることを明らかにするのが、神会のねらいである。(340)『六祖壇経』の末尾に、六祖が入滅に当って遺言し、滅後二十年に自分の正法を伝える弟子の出現を予言するのは、この宗論のことであり、神会が七祖であることを意味する。(341)

事件は、すでに従来も、右の宗密の著作や『宋高僧伝』によって知られていたが、宗論そのものが明らかになるのは、『菩提達摩南宗定是非論』の出現による。『六祖壇経』との前後関係も、この本によって、はじめて確認される。先の『神会和尚遺集』の発刊以後、ジャック・ジェルネのフランス語訳を経て、胡適晩年の新しい成果となる、近代禅文献研究史の最大収獲の一つである。南北二宗の問題が、神会その人に終始して、他の弟子に関係せぬことも、この本の出現によって明らかとなる。言ってみれば、『菩提達摩南宗定是非論』は、開元十八年より二十年に至る、神会その人の語録であり、この時期の神会の思考が知られて、達摩を祖とする禅仏教の歴史は、もっとも確かな足がかりを得るのである。

『菩提達摩南宗定是非論』は、独孤沛の記録であり、はじめにそのことをいう序文がついている。独孤沛の伝は不明であるが、独孤氏は本姓劉氏というから、先に『南陽和尚問答雑徴義』をまとめる劉澄と、その出自を同じくするかもしれず、のちに天宝初年にはじまる、神会の三祖僧璨の顕彰運動を総括し、その碑文を書く河南の独孤及も、その一族にちがいない。ただし、独孤及が三祖僧璨のために、大暦七年に書いた「舒州山谷寺覚寂塔隋故鏡智禅師碑銘幷序」、および「舒州山谷寺上方禅寺第三祖璨大師塔銘」は、明らかに北宗の立場をとるから、独孤沛とは直結しにくいが、先にいうように、南北二宗に参じた名公は、他に幾人も例があるから、必ずしも無関係とはいえまい。独孤及の行状は、天台六祖湛然下の居士梁粛の筆で、その文集「毘陵集」二十巻も梁粛が後序、李舟が序を書いている[342]。李舟は、別に六祖恵能の碑を書いたことが知られるから、南北二宗に対する一般名公の感覚は、必ずしも一方に偏することがなかったとみてよい。神会の語が、記録するに足る新しさを含むことは、いうまでもないが、劉澄や独孤沛のような、有力な編集の弟子を得たことに、画期的な新しさがある。

いったい、「菩提達摩南宗」の語は、北宗の浄覚が書いた、『般若心経注』の序にみえる[343]。浄覚は、『楞伽師資記』の場合と同じように、『楞伽経』の訳者求那跋陀羅を南宗の初祖とし、菩提達摩を二祖とするが、神会はこれを退けて、菩提達摩の南宗を説くのであり、ここにもまた、北宗より南宗への新しい展開をあとづけることができる。言ってみれば、菩提達摩の南宗とは、北宗に対するそれではなくて、達摩が南天竺より中国に来て、新しく伝える正法のことであり、『金剛般若経』のことである。『菩提達摩南宗定是非論』とは、文字通りにそんな北宗の是非を定める、告発論義の意であり、単なる宗論の域を出ている。次にいう論本も、正しくそんな論告の意であろう。まず、独孤沛の序文をみる。

弟子（独孤沛）は、会和上の法席下にいて、和上が崇遠法師と論議されるのを見、すぐに書きとめたが、開元十八年にはじまって、十九年、二十年と、その論本は共に不確かで、いまだに書きあがらず、言論も同じでない。今は、二十年の一本を基礎にする。別に、師資血脈伝というものも、世に行われている。[344]

宗論は、三年にわたる。独孤沛の記録は、二十年の本を正とする。当然、他にも記録があった。劉澄のテキストをはじめ、後年の『南宗荷沢禅師問答雑徴』や、石井本『神会録』に収める宗論は、それらの一部にほかならぬ。論本不定といい、言論不同というのは、複数の記録を前提することばである。注目してよいのは、神会が自ら読者を予想し、宗論を記録することを意図していたらしいことであり、[345]この本は文字通りに語録の嚆矢となる。

独孤沛は、ついで帰敬偈をはさみ、次のような問答の形式で、造論の因縁を記す。

問う、どういう因縁で、この論を書いたのか。

答え、わたくしは聞いている、心が起ると種々の法が起り、心が滅すると種々の法が滅する。すべて己れによるので、己れを忘れたのが凡夫であり、古聖は共に染まって果を諍う。世情は塊を逐うから、無生を修して却って生に住する。学人は方向を見失って、不動を求めていよいよ動く。是非が表わに対立し□、仏の了義を差別する。[346]

帰敬偈は、大乗論の定型である。『中論』がそれであり、『大乗起信論』がそれである。今、独孤沛が自問自答の形で、造論の因縁を述べるのも、おそらくは『大乗起信論』による。[347]大乗論の製作は、すべて利他的動機より出る。神会があえて北宗に宗論をいどみ、正法の所在を明かそうとするのも、不惜身命の決意より出るもので、さらに他意なきことをいうのである。「達摩論」以来の禅文献の様式が、この論本に総括されるのも、当然のことといえた。

独孤沛の序文の後半は、やや難解であるが、「心が起ると種々の法が起り云云」の句は、明らかに『大乗起信論』

による。今は、一切大乗を起心の法とし、対病の語とすることで、心不起を説く達摩の立場が、この一句に要約されるとみてよい。のちに、大珠の『頓悟要門』が、これを『楞伽経』の句とするのは、十巻本『楞伽経』を指す。のちに、『六祖壇経』が経曰とするのとも、関係があるかもしれない。ただし、『首楞厳経』にも、同じ句があるから、いずれとも決め得ないが、禅文献がこの句に注目するのは、『菩提達摩南宗定是非論』が最初であり、北宗の『大乗無生方便門』が、『大乗起信論』を重視したことの成果となる。神会の南宗は、北宗の自己発展といえる。

ほかでもない、我が襄陽の神会和上は、無生法忍を悟り、無碍の智を得て、上乗の法を説き、諸の衆生を誘って、人々を教道されるので、教道されて回向したものは、百川の海に赴くにひとしい。開元二十（二）年正月十五日、滑台の大雲寺に無遮大会を設け、広く荘厳をととのえ、師子座にのぼって、天下の学道者に向って、次のように説かれた。梁朝の婆羅門僧で、字を菩提達摩と申すは、南天竺国の国王第三子で、若くして出家なされた。智恵は甚深で、諸の三昧に達し、如来禅を獲られた。そこで、正法に乗じ、遠く海をわたって、梁の武帝の処につく。武帝は法師にきく、「朕は寺をたて人を度し、像をつくり経を写した、どれほどの功徳があろうか」

達摩が答える、「功徳はない」

あわれな武帝には、達摩の此のことばが通じない。（達摩は）追い出され、進んで魏朝につくが、あたかも恵可という、年四十なる（男）に会う。俗姓は姫氏、武牢の人である。そこで菩提達摩とつれだって、嵩山少林寺にくる。達摩は、無念の法を説き、恵可は堂前に立つ。その夜は雪がふり、恵可の腰に達したが、恵可は立ったまま処をかえない。達摩は恵可に語りかけた、「君はどうして此処に立っているのか」

恵可は、涙をながして答えた、「和上は西方から遠くここに来て、法を説き人を度せんとしている。恵可は今、身命を棄てて、一図に勝法を求めています。どうか、和上の大なる慈悲をお願いします」

達摩は恵可に語りかけた、「私が探している求法の人は、およそそんな奴ではない」

恵可は、そこで刀をとり、自ら左臂を断って、達摩の前においた。達摩は、それをみていった、「汝は可であるぞ」。前の字が神光であったから、これに因んで名を立て、恵可とよばれる。深信堅固で、身命を惜まず、一図に勝法を求めること、たとえば雪山童子が身命をすてて、半偈を求めたのにひとしい。

達摩は、そこで仏智見を開いて密なる契（わりふ）とし、同時に一領の袈裟を伝え、証拠として、恵可に授ける。恵可は僧璨に伝え、璨は道信に伝え、道信は弘忍に伝え、弘忍は恵能に伝えて、六代相い受け、連綿として絶えない。[348]

以上は、独孤沛が語る、滑台宗論の発端である。編集は、おそらく後年のことであり、以上の序文も、その時に加わる。宗論の読者のために、禅仏教の起源についての、以上のような新しいイメージが、どうしても必要であった。梁の武帝の建寺度僧や造像写経を、功徳無しと断じ去ることは、王公貴族の帰依を土台に、長安洛陽の地に盛える北宗禅が、達摩の正系でないとする、非難の意を含む。この問答は、敦煌本『六祖壇経』でもとりあげられて、恵能と韋拠との新しい問答となる。のちに『祖堂集』や『伝灯録』で、禅宗史の名所となる問答の原型が、神会にはじまることは、大いに注目に価しよう。さらに、達摩がインドで諸の三昧に達し、如来禅を獲たというのも、『楞伽経』にその根拠をおきつつ、北宗禅が主張するような、『楞伽経』の伝授を軸とするものでないとするのがねらいで、先にいう石井本『神会語録』に付せられる六代伝で、神会は明らかに、『金剛経』の伝授を主張する。今、この宗論においても、後半で『金剛経』の権威がにわかに高まるのに反し、『楞伽経』の名は一度も見えない。滑台宗論の争点の一つは、そんな『楞伽経』より『金剛経』への移行である。曹渓恵能が、南海でこの経をきいたとき、すでに悟っていたという、神会以後の新しい伝説も、すでにここに原因がある。

いったい、初祖達摩のイメージは、伝法の信としての袈裟を恵可に授け、それが代々相承されて、今も曹渓にあるという、全く新しい神話の創造に至って極まる。宗論の後半は、そんな伝法の袈裟を盗まんとする普寂の使者が曹渓に潜入するという、意外な事件にまで発展する。いずれも、浄覚の『楞伽師資記』や、杜朏の『伝法宝紀』が、『楞伽経』の伝授という、『続高僧伝』以来の旧史観を脱せず、達摩が伝える正法の内容そのものに及ばぬのにあきたらず、その是非と正邪を決しようというのであり、達摩より神会まで、代々つねにただ一人の相承を許して、正傍を分つとするのである。今は、そうした是非の根拠が、神会による新しい達摩像におかれる。『六祖壇経』の伝衣事件も、その発展である。(349) 要するに、神会以後の禅文献が伝える達摩伝は、すべてこれにもとづくのであり、独孤沛の序のもつ意味は極めて大きい。

さらに、（わたくしは）会和上が、師子座にあって説くのを見た。

菩提達摩の南宗の法門だけは、天下に誰も解ける人がいない。もし解ける人があれば、わたくしは決して説くまい。今、あえて説くのは、天下の学道者の為めに、その是非を弁別し、天下の学道者の為めに、その宗旨を決するのである。こんな不思議の事があるのを見、何とすばらしいことかと思い、君王も感応され、奇瑞もあらわれる。正法は再興し、人々は根本をみわける。論をまとめる次第である。(350)

胡適は、以上を独孤沛の序とし、以下を本文とする。次に、当寺の崇遠が登場し、眉をあげ声を亢めて、質問に立つのであり、神会にも、独孤沛にも、かつて龍樹や提婆が外道と対論し、大乗を宣揚した姿が、眼のあたり甦っている。じじつ、実際の宗論に入るまで、すでに屛風についてのやりとりで、遠法師は、すでに脊梁著地の体であり、乾光法師が崇遠の介添となるなど、かなりの紆余曲折がある。乾光法師は、すでに『荷沢和上問答雑徴』に登場している、魏郡乾光法師である。崇遠も乾光も、宗論以前より相知の間であり、宗論は文字通り、二人に対する徴問となる。神会の側にも、すでに応援団が来ていて、福先寺と荷沢寺、および余方の法師数十人が揃う。神会は、今あらためて、南宗の正義を明らかにするのであり、自ら達摩の後身となる。先にいう、梁武との問答も、そのことを前提する。

問答は、三賢、十聖、四果等の行位のうち、神会が今何処にいるのか、神通力の有無などの議論にはじまる。神会は、自ら十地を満足しているが、自らを『大般涅槃経』に登場する純陀に比し、つねに自ら（涅槃を）証すといわず、如来の心に同じとされる純陀のように、凡夫身を現じて神変を現ぜずとするごとくであるが、次いで神会三十余年の所学の功夫は、ただ見の一字にありとするところで、いきなり主題に入ることとなる。

かつて、胡適が『暦代法宝記』によって、原本に断欠するこの前後の部分を補うように、宗論の最初のテーマが、ここにあったことは明らかといえる。『暦代法宝記』の当時、宗論の名所がここに求められた。次に考えようとする、『壇語』や『壇経』の問題とも、おそらくは密接なかかわりを含む。しばらく、『暦代法宝記』のテキストについてみたい。

二六　伝法の袈裟と語録の変化

東京荷沢寺の神会和上は、毎月、壇場を作り、為人説法して、清浄禅を破し、如来禅を立つ。知見を立て、言説を立てて、戒定恵と為し、言説を破せず。云く、正しく之を説く時、即ち是れ戒なり、正しく之を説く時、即ち是れ定なり、正しく之を説く時、即ち是れ恵なり、と。無念の法を説き、見性を立つ。開元中、滑台寺にして、天下学道者の為めに、其の宗旨を定む。会和上云く、更に一人の説く有らん。会は終に敢えて説かず、と。会和上は信袈裟を得ざるが為めなり。

天宝八載中、洛州荷沢寺に亦た宗旨を定むるに、崇遠法師に問わる、禅師は三賢十聖の修行に於て、何の地位をか証する。会答えて曰く、涅槃経に云く、南無純陀、南無純陀。身は凡夫に同じく、心は仏心に同じと。

会和上、却って遠法師に問う、涅槃経を講じ来って、幾遍をか得たる。

遠法師答う、四十余遍。

又た問う、法師は仏性を見たるか。

法師答う、見ず。

会和上云く、師子吼品に云う、若し人、仏性を見ずんば、即ち合に涅槃経を講ずべからず。若し仏性を見れば、即ち合に涅槃経を講ずべし、と。

遠法師却って問う、和上は見たるか。

会答う、見る。

又た問う、云何が見たる。為復（はた）眼に見たるか、耳鼻等に見たるか。

会答う、見るに尓許多（そこばく）無し、見るは只没に見るのみ。

又た問う、見は純陀に等しきか。

会答う、比量して見る、純陀に比し、量るに純陀に等し、敢えて定断せず。

又た遠法師に問わる、禅師は上代の袈裟を伝うるか。

会答う、伝う。若し伝えざる時は、法に断絶有り。

又た問う、禅師は得たるか。

答う、会の処に在らず。

法師又た問う、誰か此の袈裟を得たる。

会答う、一人の得る有り、已後自から応に知るべし。此の人若し説法する時は、正法流行し、邪法自から滅す。仏法の事大の為めに、所以に隠れて未だ出でず。(351)

『暦代法宝記』のねらいは、後半の部分にあり、達摩より恵能に伝わった伝法の袈裟が、今は四川の山中に隠れている無相の手許にあることを、神会自身に言わせるにある。無相は、弘忍の十大弟子の一人智詵の、三代の孫であり、無住は人を介して無相の伝衣を受ける。『暦代法宝記』は、則天武后が勅によって恵能の袈裟を召しあげ、智詵に与えたとするのであり、無住を達摩の正系とするのだが、伝法の袈裟そのことが、神会の創作であってみれば、すくなくとも、天宝八年前後、すでにそれが恵能の手許にも、神会の手許にも存せず、行方不明になっていることを、神会その人に証言させる必要があった。(352)

今、伝法の袈裟の所在や、『暦代法宝記』の主張そのものに、とくに深入りすることはしない。後半の対論は、『暦代法宝記』の増輻である。宗論が神会の洛陽入り以後も、荷沢寺で行われたかどうか、又、天宝八載とは、どういう年であるか、毎月壇場を作って為人説法したとは、どういうことか、についてはは別にあらためて考えたい。今、問題なのは、『暦代法宝記』の編者が、そんな神会と崇遠の問答を、まことしやかにもちだすことである。『暦代法宝記』の成立は、大暦九年（七七四）以後のことで、神会滅後、すでに十年を経過している。滑台の宗論よりは、五十年にちかい。滑台の宗論は、それほどに南北二宗を分つ、天下の重大事件であり、神会以後の禅宗史書が、必ずそこに権威を求めたのであり、すでに何らかの宗論記録が、天下に知悉せられていたにちがいない。重要なのは、前半である。

先にいうように、神会は、おのれが三十年の所学の工夫を、見の一字にありとする。神会と崇遠の対論の主題は、己が眼に明らかに仏性を見るという、見性の問題よりはじまる。三賢、十聖、四果という、行位のことも、『涅槃経』の純陀云々も、すべて見性の問題に帰著する。神会によれば、『涅槃経』の主題は見性成仏にあり[353]、見性の見は、般若の知見のことだが、南陽時代より荷沢寺時代にかけて、神会の思想は知より見に深まる。身は凡夫だが、純陀の見に等しいのである。そんな動機が、滑台の宗論をみちびく。別に、天宝以後の神会の作という、有名な『顕宗記』（頓悟無生般若頌）は、もっぱら般若の知見をうたうのであり、宗論の成果の一つである[354]。

今はふたたび、『菩提達摩南宗定是非論』により、神会の知見の説についてみる。

遠法師が言う、「般若は無知である。何が故に見を言うのか」

和上言う、「般若は無知であるから、事として知らざるは無い、知らざる無きを以ての故に、見と言うを得しむることを致す」

遠法師は、口を杜じて無言である。

和上は言う、「比来（さきごろ）法師は禅師を喚んで、知る所無しと作す。今日、禅師は法師を喚んで、知る所無しと作す」

遠法師問う、「何が故に、法師を喚んで知る所無しと作すや」

和上言う、「唯だ法師が定恵等学を知らざることを嗟す」

又た問う、「何者かこれ禅師の定恵等学なる」

和上答う、「その定を言えば、体は不可得、その恵を言えば、能く不可得の体の湛然として常に寂なるを見て、恒沙の用有り、故に定恵等学と言う[355]」

神会の見性説は、要するに魏晋以来の仏教学の軸であった、体用論の再編にすぎず、北宗にも、すでにその説があるといえるが、むしろ、神会の新しさは、北宗の体用が体に傾くのに対し、見聞覚知の作用を肯定するにあり、すでに『南陽和尚問答雑徴義』が、無念体上に本知有りというのに比べて、[356]今は本知より見聞覚知の作用に出るところに、さらに徹底をみせたといえる。とりわけ、『暦代法宝記』の引用に知られるように、知見を立て、言説を立て、今現に言説する当所に、戒定恵の三学があり、それを見性とするというのは、言葉による問答を見性の方法とし、坐禅の意味を大きく変える根拠であるとともに、広く一般道俗を誘って、如来禅に引き入れようとする、神会の新しい大衆運動論となる。

天宝四年、神会が始めて洛陽荷沢寺に入るとき、[357]北宗に荷担していた盧奕に弾劾されて、弋陽に配流されるのも、晩年ふたたび安史の乱に遭って、香水銭の功徳により、一躍帝都にかえり咲くのも、すべて同じ大衆運動の、巧みな成果にほかならぬが、神会の新しい三学運動は、必ずしもそうした世間の運動論に終始しない、新しい大乗戒の一翼を担っていて、思想家としての神会の本領は、むしろ中国仏教の軸をなす、そんな禅問答の工夫にあったといえる。先にいう、達摩の『血脈論』は、明らかにこれを受けるのであり、記録されるに価する、滑台宗論の中心テーマが、そんな見性の主張にあったことは、とくに注目すべきである。たとえば、神会は南北二宗のちがいを、次のように説く。

遠法師が問う、「いったい、能禅師と秀禅師は、同学でないのか」

答え、「いかにも」

さらに問う、「既に同学であるからには、人を教えることも、同じか、同じからざるか」

答え、「同じからず」

さらに問う、「すでに同学であるからには、何が故に同じからざる」

答え、「今、同じからずというのは、秀禅師が人を教えて、凝心入定、住心看浄、起心外照、摂心内証させるためであり、これが同じからぬ根拠である（以下略）」

遠法師が問う、「（北宗の）このような教えが、どうして仏法でないのか、何が故に許さざる」

和上が答う、「いずれも頓漸が同じでない、それゆえに、許さぬ。我が六代の大師は、一一すべて、単刀直入、直に見性を了すと言い、階漸を言わない。いったい、学道者は須らく頓に仏性を見て、漸に因縁を修すべきである。この生を離れずに、解脱を得るのである。たとえば、母が頓に子を生んで乳を与え、漸々に養育して、その子の智慧が自然に増長するようなものだ。頓悟して仏性を見るのも、これと同じであり、智慧は自然に、漸々に増長するのである。それゆえに、許さぬ」

遠法師は、さらに嵩岳の普寂と、東岳の降魔蔵という二大徳が、すべて人に坐禅を教えて、「凝心入定、住心看浄、起心外照、摂心内証」させ、これを指して教門としている、禅師は今日、何が故に人に坐禅させぬのかと問う。

神会の答えは、こうである。

「それは、菩提を障げる法である。今（神会が）、坐というのは、念不起を坐と為し、今（神会が）禅と言うのは、本性を見るのを禅と為す。それゆえに、人に身を坐して住心入定せしめないのである。若し彼らの教門を指して是と為すならば、維摩詰は舎利弗の宴坐を訶するはずがないのである(358)」

ここに、神会の北宗批判をまとめる、有名な四個格言と、神会自身の南宗における、新しい坐禅の定義が提起される。禅仏教の歴史のうちで、もっとも画期の一句である。北宗非難の四句は、のちに『臨済録』にとりこまれ(359)、坐禅の定義は、『六祖壇経』によって、恵能その人のことばとなる。念不起を坐とし、見性を禅とする、新しい坐禅の定義は、敦煌本のうちで、『三宝四諦問答』とよばれる断片や、『三窠法門』、『大乗中宗見解』のような、一般仏教学の語彙集にとりこまれ、チベット訳を伴うものもあって、やがては中国仏教の通説となる。[360] 北宗非難の四句は、すでに先にみる『南陽和尚問答雑徴義』で、澄禅師の対話にその意があり、『荷沢和上問答雑徴』では、魏郡乾光法師との問答、および志徳法師との問答の後半に、すでに同じ句がみられる。[361] 最後の一例は、テキストが完全に一致するから、今考える遠法師との問答によるのであり、乾光法師との問答も、乾光法師が宗論に同席している以上、宗論の記録によるとみられる。要するに、神会の北宗批判は、宗論を動機に、テキストとして定着し、神会自身の語録に影響し、神会以後の禅文献に、決定的な変化を与えることとなる。後年、馬祖が仏知見を求めようとする弟子恵朗を叱り、仏に知見無し、知見は乃ち魔界のみとするのは、明らかに神会晩年の意見をふまえるものとみられる。[362]

さらに、胡適が『新校定的敦煌写本神会和尚遺著両種』に付録する、『南宗定邪正五更転』や、『神会和尚語録的第三個敦煌写本』に付する「荷沢和尚五更転」は、いずれも滑台宗論を動機とする、神会の南宗宣伝運動に材をとるもので、神会その人の作かどうかは問題を残すにしても、宗論の記録をふまえる作品であることは、疑いがないであろう。五更転は、数え歌であり、俗謡である。テキストは幾つかの変化を含む。宗論の主要成果は、すでに一般道俗の関心となった。五更転は、独孤沛の記録以上に画期的な作品となる。俗謡といっても、念不起を坐とし、見本性を禅とする、新しい坐禅の定義が、そっくりそのまま歌いこまれる。北宗非難の意の強い宗論記録に比して、南宗宣教の効果はきわめて大きい。神会その人の、先にいう『頓悟無生般若頌』や、『六祖壇経』の偈頌、一宿覚の証道歌などとともに、この時代の禅文学の原型となる。やや時代が降ると、先にいう『悟性論』の末尾についている、「夜坐偈」が登場する。わが円仁の『入唐録』に、「達摩和尚五更転」とあるのに当たる。「南宗定邪正五更転」と、「達摩和尚五更転」は、内容も形式も一連のものとみられる。ついで、洞山に帰せられる「五位頌」があり、これも明らかに五更転である。[363]三祖僧璨の「信心銘」や、牛頭の「心銘」、傅大士の「心王銘」、「十二時頌」なども、形式は多様化するけれども、いずれもこの時期のものである。「荷沢和尚五更転」は、そうした禅の歌曲を生み出す、最初の試みであった。次に、その一首のみを掲げる。

一更初、妄想と真如と、居を異にせず。
迷うときは、則ち真如も是れ妄想、悟るときは、則ち妄想も是れ真如。
念は不起にして、更に無余、本性を見て、空の虚なるに等し。
作有り求有るは、解脱に非ず、作無く求無き、是れ功夫。
二更催、大円宝鏡、鎮えに台に安ず。
衆生は了せず、攀縁に病み、斯に由りて障閉し、心開かず。
本自り浄なれば、塵埃没く、染著無ければ、輪回を絶つ。
諸行無常、是れ生滅、但だ実相を観じ、如来を見よ。
三更侵、如来の智恵は本より幽深。
唯だ仏と仏と、乃ち能く見る、声聞と縁覚は、知音ならず。
山谷に処り、禅林に住し、空定に入り、便ち凝心す。
一たび坐せば、還って八万劫に同じ、只だ麻を担って、金を重んぜざるが為めなり。
四更蘭、法身の体性は、看るを労せず。
看るときは則ち住心し、便ち作意す、作意は、還って妄想団に同じ。
四体を放ち、攅抗する莫かれ、本性に任ずるは、自の公官なり。

善悪を思わず、即ち無念、無念無思なる、是れ涅槃。
五更分、菩提は無住、復た無根。
過去に身を捨てて、求め得ず、吾が師は普ねく示して、恩を望まず。
法薬を施して、大いに門を張り、障膜を去り、浮雲を豁く。
頓に衆生と与に仏眼を開いて、皆な見性して沈淪を免れしむ。

（付記）テキストは、任二北の「敦煌曲校録」（上海文芸連合出版社、一九五五年）、および饒宗頤とポール・ドミェヴィル編「燉煌曲」（Paris、一九七一年）にも収める。

二七　『南陽和尚頓教解脱禅門直了性壇語』

鈴木大拙が、昭和十年に北京図書館で敦煌本を調査し、寒字第八十一号を発見したとき、このテキストには南陽の二字を欠いていた。鈴木は「神会和尚の『壇語』と考ふべき敦煌出土本につきて」（大谷学報十六の四）を書き、その内容よりこの本を神会の語録と断定し、とくに『壇語』の名に注目して、『六祖壇経』との前後関係について論ずる。先にいう『暦代法宝記』に、東京荷沢寺神会和上が、毎月壇場を作って為人説法したという一段に、最初に注意するのもこの論文であり、『六祖壇経』のはじめに、恵能大師が大梵寺の講堂中に於て高座に昇り、摩訶般若波羅蜜の法を説き、無相戒を授くとあるのも、すでに引きあいに出る。

じじつ、『壇語』という珍しい標題が、『六祖壇経』との、親近関係を暗示する。南宗頓教も、両者に共通する。頓悟ではなくて、頓教なのである。胡適は、すでに『神会和尚遺集』に付する荷沢大師神会伝で、神会を『壇経』の作者とするが、いまだ壇という語の意味には、注意することがなかった。先にいうように、『六祖壇経』は北宗の『大乗無生方便門』と共通する、『授菩薩戒儀』の一つとみられる。[364]壇は壇場、すなわち戒壇の意であり、神会が晩年に安史の乱後、洛陽の各地に戒壇を設けて、広く道俗に戒を授け、香水銭を徴したという、『宋高僧伝』の記載とも重なる。『壇語』のさいごに引かれる「発心畢竟二不別、如是二心先心難、自未得度先度他、是故敬礼初発心」の四句は、『涅槃経』第三十八の迦葉菩薩品によるが、同じ句が『菩提達摩南宗定是非論』や『神会語録』に引かれ、南岳恵思や湛然の『授菩薩戒儀』に引かれることは、このテキストの本質を明示している。[365]鈴木が「神会和尚の『壇語』と考ふべき敦煌出土本につきて」を書いた頃、『六祖壇経』はなお六祖恵能の語録と考えられたから、六祖の『壇経』を先、神会の『壇語』を後とする、先入観を出ることはなかったが、『壇語』が一種の『神会語録』として、先に知られる二本とあわせ、六祖と神会の新禅学を解明し、ひいては唐代仏教の書き直しを求めるに足る、決定的新資料であることは、すでに何人もが認めるところであった。

W. Liebenthal が“The Sermon of Shen-Hui”（*Asia Major* New Series, Vol. III, 1953）を発表し、このテキストを訳注するとき、訳者は王重民の指示によって、ペリオ第二〇四五号を用いたために、なお鈴木のテキストと校合しないが、これによって標題の欠字二个が補われるほか、授戒儀としての本質がより鮮明となり、やがて胡適が『新校訂的神会和尚遺著両種』（台湾、一九五八年）で、それら二つのテキストを合わせ、新しい校訂を加えるとともに、別に『菩提達摩南宗定是非論』の完本を得て、第二期敦煌学の成果とすることは、すでにくり返し注意するとおりである。『南陽和上頓教解脱禅門直了性壇語』は、初期禅文献が含む、語録という特殊資料の、もっとも代表的な作品なのである。

結論を先にいえば、唐代中期以後、新しい禅文献の基礎となる語本、もしくは語録の要素は、すべて神会の『壇語』に含まれる。「達摩論」にはじまる禅文献は、『壇語』の出現を以て一期を画するのである。とくに、自ら語を標題とするのは、この本の新しさである。それは、経でも論でもない、生身の菩薩の言葉である。『六祖壇経』は、神会の『壇語』を祖本として、神会の滅後につくられる。神会は、『壇語』の作者であるが、『壇経』の創作は、神会が起こす南宗の、他の弟子たちの成果である。のちにわが道元が、『六祖壇経』に見性の二字があるのにより、如来の正法を伝える仏祖の語にあらずとするのは、大いに注目に価しよう。(366) 今や、『壇語』によって、『壇経』を考え、神会によって恵能を考えることが、可能となる。『壇経』の作者は、恵能の十大弟子を代表する法海であり、神会は十大弟子の一人にすぎない。

南陽和上の四字は、すでにいうように、南陽時代の神会を呼ぶ敬称である。二つの写本がともに、南陽と和上のあいだに空白部分をおくのは、神会和上に対する特別の敬意をあらわし、このテキストがかれの弟子によって受持され、特別に秘重されたことを示す。他の二種の語録が、劉澄と独孤沛という、個人名の知られる、俗弟子の序をもつのに比して、この本は編者の名を明かさぬ。のちにいう、『六祖壇経』の場合と同じく、特別に所持を許された、授戒の弟子のものの故である。さらに頓教は、漸教に対する言葉だが、のちに『六祖壇経』が、自ら『南宗頓教最上大乗摩訶般若波羅蜜経』と名のるように、『金剛般若経』を指すのであり、神会の『壇語』は、この経典をふまえる新仏教の、独立宣言となる。頓教は、頓悟に先立ち、南北二宗を分つ鍵である。『荷沢和尚問答雑徴義』に、志徳法師と神会の問答があり、見性成仏を頓悟とし、頓悟を如来禅とするのは、志徳の問いに合わせた、やや異例の一段であり、北宗系の『頓悟真宗論』や、『頓悟真宗金剛般若修行達彼岸法門要訣』は、神会を抱きこむ北宗側の成果となる。神会その人の『頓悟無生般若頌』も、弟子たちがのちにつけた名であろう。頓悟漸修は、宗密の再編であり、神会は頓教に終始したとみられる。頓教によって、頓悟解脱するのである。

いったい『金剛般若経』は、隋唐仏教の各派で読まれたが、とくにこの経典を所依とする、独立の宗派はなかった。神会がとくに『金剛経』を重視するのは、この経が最上大乗の弟子のために説かれた、最上大乗の戒法であることによる。「応無所住而生其心」とは、そんな最上大乗戒の一句である。神会によれば、達摩が恵可に授けたのは、『金剛経』である。達摩は、上根上智を選ぶ。上根上智とは、無生般若の学者のことで、如来の知見は、この経典に始めて明かされる。滑台で南北の宗旨を分つのも、『金剛経』の宗旨を明かすのが目的である。神会が、そんな『金剛経』宣揚運動を始めるのは、南陽龍興寺時代のことである。それをとくに頓教とし、あえて頓悟としないのは、北宗の『授菩薩戒儀』である、『大乗無生方便門』に対するためであり、『大乗無生方便門』の立場は、『金剛経』がもっともよくそれを表わす。『金剛経』を受持することは、従来の三学を無用とするのだ。

さらに、解脱もまた達摩にはじまる、禅仏教の本領をあらわす、新しい旗幡の一つである。弘忍の『修心要論』は、導凡趣聖悟解脱宗のテキストで、解脱宗とは東山法門のことである。恵能は、東山の解脱宗を、直接に神会に授けるのだ。初期の禅文献が、もっとも頻繁に引用する経典の一つに『維摩経』があり、維摩は不可思議解脱を宗とする。言説文字を、すべて解脱の相とし、文字を離れて解脱を説かず、文字に著せざるを解脱とするのが、この経典の大前提である。(367) 今や、『壇語』の説法そのものが、解脱の証拠となる。達摩を祖とする新仏教が、自らを禅門とよぶのは、おそらくは北宗にはじまる。『禅門経』の創作も、そのことと関係しよう。南陽時代の神会は、なお完全に北宗を脱していない。のちに宗密が当代の禅宗の分派と、その教義の特色について書き、『中華伝心地禅門師資承襲図』をつくるのも、神会を正統とするゆえの、禅門宗の歴史といえた。とりわけ、直了性の三字は、『観心論』にいう了心の法を受ける。了心は、『楞伽経』第三に、「了心及境界、妄想則不生」というのによる。なお見性を言わず、直了性とするところに、『壇語』の歴史性がある。のちに、馬祖が『楞伽経』の同じ了心及境界の句によって、これを如来清浄禅とし、修道坐禅を仮らぬ根拠とするのも、大珠恵海が、見性や識性を一括し、

「了が即ち是れ性なるを、喚んで了性と作す」とするのは、そうした課題の総括である（『伝灯録』第二十八）。別に敦煌文書の一つに、崇済寺満禅師の「了性句」があり、作者の伝は明らかでないが、神会の『壇語』を意識しているように思われる(368)。

次に、壇語の壇が、壇場の意味をもつことは、神会自ら次のように言うのによっても、明白である。

今すでにこの壇場に登って、般若波羅蜜を学修する以上は、願わくは知識が各々、心口に無上菩提心を発し、坐下を離れずに、中道第一義諦を悟らんことを(369)。

神会は、すでに知識とともに壇上にいる。当時の用例によると、壇場は、戒壇を意味する。すでに私見を出すように、『続高僧伝』第二十二の明律篇の総論は、もっとも古い一例であり、柳宗元の南獄般舟和尚第二碑は、新しい一例である(370)。先に引く、『暦代法宝記』も、すでにこの意味に用いている。『壇経』と『壇語』に共通する、壇場の意味については、のちにあらためて考えたい。

もともと、『壇語』のはじめにおかれる、「無上菩提の法、諸仏深く不思議と歎ず」とは、『円覚経』の意によることは確かだが、このままの句があるわけではないから、神会の造語とみるほかはないので、当時、『円覚経』が新しい大乗戒経として、広く『授菩薩戒儀』の根拠とされたこととも関係しよう(371)。

神会は、まず人々に三帰と懺悔を求め、三世にわたる四重・五逆・七逆・十悪の罪業と、身口意の障重および一切の罪過を懺悔せしめる。それら三帰と懺悔のことばは、すでに一定の音律を含む成句で、神会が一句ごとにそれを唱え、大衆がこれにあわせて斉唱する、『授菩薩戒儀』の次第に従っている。敦煌本『六祖壇経』の三帰や、懺悔の段に、細字で三唱と注するのは、明らかに唱え言葉であることを示す。

しかも、神会は今、それらの唱えことばの意味を説明し、次のように弟子たちに語りかけるのであり、これが

『壇語』の本文にほかならぬ。

> 現在の知識等は、今すでに能く此の道場に来たり、各々無上菩提心を発し、無上菩提の法を求めた。若し無上菩提を求めるものは、須らく仏語を信じ、仏教に依らねばならぬ。仏は、没(なん)の語をか説道する。経に云く、諸悪莫作、諸善奉行、自浄其意、是諸仏教、と。過去の一切諸仏は、皆な是の如きの説を作せり。諸悪莫作は是れ戒、諸善奉行は是れ恵、自浄其意は是れ定なり。知識よ、要（かなら）ず、三学を須いて、始めて仏教と名づく。何者か是れ三学等なる。戒定恵是れなり。妄心の起らざるを名づけて戒と為し、妄心無きを名づけて定とし、心に妄無きを知るを名づけて恵と為す。是を三学と名づく。(372)

かつて論じたように、神会の三学思想には、時代によって変化がある。(373)『伝灯録』第二十八に収める、「洛京荷沢神会大師語」にみえる、定恵双修や三学の定義は、もっとも素朴なものであり、後年の神会の説に似ないが、むしろそうした幼稚な三学より、南北二宗の発展を考えてよい。右の「洛京荷沢神会大師語」に登場する六祖は、必ずしも恵能に限るまい。要するに、北宗系の『大乗無生方便門』より、『神会壇語』への変化に注目するなら、南陽時代の神会のねがいは、徹底して北宗の三学を捨離することにある。かれは知識とともに北宗を捨て、南宗に帰するのである。菩薩戒とは、小を棄てて大に帰することにほかならぬ。

> 知識よ、承前に所有の学処は、且らく除却して用い看(よ)むこと莫かれ。知識よ、学禅よりこのかた、五、十余年、二十年を経たる者は、今聞いて深く驚怪を生ぜん。言う所の除くとは、但だ妄心を除いて、其の法を除かず。若し是れ正法ならば、十方の諸仏如来も除くを得ず、況んや今の善知識にして、能く除き得んや。（中略）経に云く、但だ其の病を除いて、其の法を除かず、と。(374)

以下、神会は北宗の作意と浄縛を批判し、自本清浄心を明かし、無所住心を説く。語録としての『壇語』の本領が、この部分にあることとは、いうまでもないであろう。とくに、次の一切善悪の句と、虚空明暗の説は、のちの禅文献のひとしく拠るところとなり、唐代の禅語録の基本テーマとなる。法系や宗派の意識とは別な、新しい語録の世界の開幕といえる。

知識よ、一切の善悪は、総べて思量すること莫かれ。凝心に住するを得ず、亦た心を将て心を直視し、直視住に堕するを得ず、用うるに中らず。眼を垂れて向下し、便ち垂眼住に堕するを得ず。用うるに中らず。作意して心を摂するを得ず、亦た遠看近看するを得ず、皆な用うるに中らず。経に云く、不観是れ菩提なり、憶念無きが故に、と。即ち是れ自性空寂心なり(375)。

一切善悪は、総べて思量する莫かれとは、先にいう諸悪莫作、衆善奉行の句を前提する、自浄其意のところである。恵能が弘忍の衣鉢を受け、嶺南に帰ってゆくのを、恵明が追っかけて問いつめた時、恵能の方が恵明にきく、有名な本来面目の問答も、じつはこの句をふまえている。『六祖壇経』が出現してのち、諸方の話題となることは、もはや枚挙にいとまがないが、南陽忠国師が、「善悪不思、自見仏性」と説き(『伝灯録』第五)、南泉がある僧に、「不思善不思悪、思総不生時、還我本来面目来」と問いかえし(同前第八)、大珠恵海の『頓悟要門』に、先に引く三学等用の説につづいて、「一切善悪、都莫思量とし、若し了了として自ら無住に住することを知って、只麽に住すれば、亦た住処無く、亦た無住処無しとし、若し自から了了として心の一切処に住せざるを知れば、即ち了了として本心を見ると名づく。亦た了了見性と名づく、只箇の一切処に住せざる心は、即ち是れ仏心なり、亦た解脱心と名づく、亦た菩提心と名づく、亦た無生心と名づく(下略)」とするのも、明らかに神会を受ける。『頓悟要門』は、先にいう坐禅の定義や、神会の他の問答を受けるほか、次にいう虚空明暗の句をも引く(376)。神会語録の、そうした幅ひろい思想史的追跡は、自ずから別個の仕事である。今は、『壇語』の語録としての特徴を、他の問答について考えたい。すでに用うるに中らず（不中用）という、特殊な口語の用例が、『二入四行論』長巻子の「雑録第三」にみえることを、われわれは知っている。直視住や垂眼住も、先にみる『大乗無生方便門』を受ける。遠看近看は、弘忍以来の坐禅法を指す。神会の『壇語』の新しさは、そうした伝統を批判する、口語の語気にある。

先にいうように、「一切善悪都莫思量」の句は、虚空明暗の譬えと表裏する。虚空明暗の譬えは、元来は煩悩即菩提という、中国仏教学を一貫し、各派仏教の拠るところとなる、基本の成句を解釈するために、神会が新たに提起する話題の一つである。胡適本『神会語録』第一残巻でも、開巻劈頭に、すでに『涅槃経』の本有今無偈に関係し、仏性と煩悩の倶不倶について、この譬えをあげるし、やがては、南泉や大珠に影響し、有名な普化遷化の歌や、種々のヴァリエーションを含むものがたりなども、明らかにこの話頭を受けるから、経典の解釈を離れても、神会以後への影響は大きいといえる(377)。

知識の為めに、煩悩即菩提の義を聊簡し、虚空を挙げて譬えと為す。虚空の如きは、本より動静無し、明来れば是れ明家の空、暗来れば是れ暗家の空にして、暗空は明空に異ならず、明空は暗（虚空に異ならず）。明暗は自から来）去するも、虚空は本来動静無し。煩悩と菩提も、其の義亦然なり。迷悟は別に殊なる有るも、菩提の性は元より異ならず。経に云く、自ら身の実相を観ずるが如く、仏を観ずることも亦た然なり。心の無住なるを知る、是れなり。過去の諸仏の心を観ずるも、亦た知識が今日の無住心と同じく、別なる無し。経に云く、我れ如来を観ずるに、前際より来らず、後際に去らず、今も則ち無住なり、と(378)。

煩悩は去来するが、菩提は不動である。煩悩の去来は、菩提の不動をあらわす。先の善悪都莫思量の場合、なおいまだ明らかでなかった善悪の意味を、虚空明暗の譬えは、より鮮かに分析する。先には、不観が菩提であり、自性は空寂である。今は自ら身の実相を観じ、心の無住を知るのである。じつをいうと、先に不観を菩提とした後、神会は無住心の知を説くのであり、独自の対話を展開する。虚空明暗の譬えは、すでにそんな知見の要素を含んでいる。

二八　神会の指示問義

「心に、是非があろうか」

答、「無し」

「心に、住処が有ろうか、去来の処が有ろうか」

答、「無し」

「心に、青黄赤白が有ろうか」

答、「無し」

「心に、住処が有ろうか」

答、「心に住処無し。和尚は、心に既に無住と言われる」

「心の無住なることを知るか」

答、「知る」

「知るか、知らぬか」

答、「知る。今、推して無住の処に到って、知を立てて作没（どうする）」

「無住は、寂静である。寂静の体は即ち名づけて定と為す、体上に自然智有りて、能く本寂静の体を知るを、名づけて恵と為す。此は是れ定恵等なり。経に云く、寂上に照を起す、と。此の義も是の如し。無住心は知を離れず、知は無住を離れず、心の無住なるを知って、更に余の知無し。涅槃経に云く、定多く恵少きときは、無明を増長す。恵多く定少きときは、邪見を増長す。定恵等しき者、明らかに仏性を見る、と。

今、心を推して無住処に到って、便ち知を立つ。心の空寂を知るは、即ち是れ用処なり[379]」

説法の途中で、たちまち問答がはじまる。きっかけは、神会の徴問である。一種の指示問義である。神会は、『楞伽師資記』を知っている。「今、君の心に是非があるか」、弟子は問われて「無し」と答える。「住処が有るか、去来の処が有るか」、「無し」。「青黄赤白という、色彩があるか」、「無し」。神会は、さらにふたたび住処が有るかと問い、先に先生は心は無住だと言ったでないかと、弟子が逆に詰問の語気を示すのを待って、「心の無住なるを知るや」と、あらためて徴問するのであり、相手が知ると答えても、再度知るか知らざるかと徴し、ここで始めて、無住の心体に本具する、自然知の所在を明らかにする。問答は、無念体上に本知有りという、南宗の根本義を説くだけでなしに、相手に本知を自覚させる、具体的方法となる。すべては、『金剛経』にいう、応無所住而生其心の句をふまえる、計画的な誘導訊問ともみられるが、伝統的な煩悩対治の坐禅が、如何に無意味であるかを、内面から納得させようとする、生きた問答雑徴である。問答は相手の、そんな本知を引き出す、具体的方法である。

先に、『南陽和尚問答雑徴義』と『荷沢和上問答雑徴義』に重複して収める、澄禅師との問答によって考えたように[380]、神会が澄禅師と自分の帰依者である王維を相手どり、今、王侍御と語っている時、その対話そのものが定恵等学であるとする、新しい三学の方法が、再度確認されるのである。別に『暦代法宝記』が引くように、知見を立て、言説を立てて、戒定恵と為し、言説を破らずに、正に之を説く時が、すなわち戒であり定であり恵であるとするのを想起してよい。「壇語」は、そんな今の言説の、新しい語録といえた。『壇語』の対話は、単なる授菩薩戒儀に終わらぬ、三学としての言説を確立する試みで、語録の祖本としての歴史性もまたここにあり、北宗批判の姿勢は、やや後退するともみられる。もともと、問答は、時のことばである。あるとき、ある場所における、ある問い手と答え手の間でのみ、生きた言葉であり得た。禅問答は、一般化と抽象化を嫌うのだ。無住心とは、正しくそのことである。不特定多数の聴衆を相手どる一般講義や、身後の読者を予想する著述と異なる、禅の語録の本領は、そうした一度限りの対話で姿を消す、生の語気がすべてである。記録の成否もまた、このポイントを把えることにある。語録の編集には、かつて釈迦の説法や対話を記録した、「阿含経」の編者のそれと重なり、解釈学の仕事と異なる、新しい修辞学が要求された。(381)

じじつ、神会の説法は、『金剛経』の応無所住の句の解釈に移り、頻りに相手の心を推すという、独自の文脈で進められる。

たとえば、先にいう『涅槃経』の、明見仏性の句につづいて、神会はあらためて『法華経』を引き、次のように説く。

> 法華経に云う、即ち如来の知見に同じく、広大深遠なり、と。心の辺際無きこと、仏の広大なるに同じ、心の限量無きこと、仏の深遠なるに同じく、更に差別無し。諸の菩薩の般若波羅蜜を行ずるを看て、仏は諸の菩薩の病処如何と推す。(382)

仏が諸の菩薩の病処如何と推すというのは、神会が今の弟子たちの、今の心を推すのと同時である。臨済が即今目前聴法無依の道人を相手どり、無条件に祖仏と異ならずというのを、神会はすでに先取りする。臨済が祖師のことばとして、神会の説法を引くことは、先に注意したとおりである。(383) 注目に価するのは、神会が新しい三学を、『法華経』の広大深遠に比しつつ、未だ見性しない人の為めに深遠というので、若し見性を了すれば、すでに深遠もない、とすることである。

しばらく、『壇語』のテキストに即して、問題の所在を追うことにする。

般若経に云う、菩薩摩訶薩は、応に是の如くに清浄心を生ずべし、応に色に住して心を生ずべからず、応に声香味触法に住して心を生ずべからず、応に住する所無くして、而も其の心を生ずべし、と。応に住する所無かるべしとは、今、知識の無住心を推す、是れなり。而も其の心を生ず（べし）とは、心の無住なるを知る、是れなり。

本体は空寂なり、空寂の体上より知を起し、善く世間の青黄赤白を分別する、是れ恵なり、心の分別に随って起こらざる、是れ定なり。只だ心を凝して定に入るが如きは、無記空に堕す。定を出でて已後、心を起して一切世間の有為を分別する、此を喚んで恵と為すも、経中に名づけて妄心と為す。此は則ち恵の時は定無く、定の時は則ち恵無し。是の如く解する者は、皆な煩悩を離れず。心を住して浄を看、心を起して外に照し、心を摂して内に澄ますは、解脱心に非ず、亦た是れ法縛心なり、用うるに中らず。[384]

『般若経』は『金剛経』、すなわち『金剛般若経』を指す。『金剛経』と禅仏教の結合は、神会を最初とする。同じ神会の語録でも、『金剛経』の扱いが、『壇語』でもっとも尖鋭化することは、注目してよいだろう。引用回数は、『菩提達摩南宗定是非論』の方が多いが、解釈は平板化する。後者では、『勝天王般若経』の引用が増す。[385] 先にいうように、石井本『神会録』に付する六代伝によると、達摩は恵可に『金剛経』を授け、恵可よりさらに相承して、六祖恵能に至るとされる。恵能が五祖に参ずるのは、南海の町角でこの経典に出会うのが動機であり、五祖の法をつぐ根拠も、この経を開くことに尽きる。今や、『楞伽経』の伝授に代わって、『金剛経』が南宗の根拠となる。[386]『金剛経』は、新しい三学の根拠である。この経典が南宗の根拠となるのは、一にかかって、無所住心を言うことにある。如来禅は、『楞伽経』と『金剛三昧経』によるが、如来の知見を説く経は、『金剛経』のほかになかった。無所住心は、一切如来の知見を具するのであり、そのことの指摘は、『壇語』がもっとも新鮮である。「応無所住」の句は、のちに北宗の『頓語真宗金剛般若修行達彼岸法門要決』や、牛頭宗の安国玄挺のことば（『宗鏡録』第九十七）に影響するが、ともに神会を経由しているとみられる。[387] 神会の場合と異なり、それらの説明はともに解釈となる。対話の語気を失うためで、著述と語録のちがいを、明確に示すこととなる。

要するに、定恵は一体であり、前後も遠近もあってはならぬ。問題は、そんな定恵を説く、口と心の一致である。馬鳴が教える、若し無念を観ずる衆生があるなら、かれはもう仏智を得ている、と。

故に今、説く所の般若波羅蜜は、生滅門より頓に真如門に入って、更に前照後照することも、遠看近看することも無い。都べて此の心は無いので、乃至七地以前の菩薩を、都総べて驀過し、唯だ仏心を指して、即心是仏なるのみ。経に云く、当に法の如くに説くべし、と。口に菩提を説いて、心に住する処無し。口に涅槃を説いて、心は唯だ寂滅す。口に解脱を説いて、心に繋縛無し。[388]

北宗の説く法縛を離れるには、自らそれを説く口と、心の区別からも自由でなければならぬ。即心是仏の句は、もっとも注目を要する。禅の語録の歴史のうち、おそらくは最初の例であるが、神会が今、唯だ仏心を指すとするのは、まぎれもなく相手の即心を指している。神会は、無条件に相手を仏子とするのである。のちに、南陽忠国師が南方の禅客を叱って、同じ即心即仏の句を以て、自然外道の説とするのも、そんな危険を指すのだが、すでに前後の語気を無視した、第三者の意見となっているのは、より危険といえないか。じじつ、神会は、ここで相手に徴問を発する。

「向来、知識の無住心を指す。知るや、知らずや」

答う、「知る」

「涅槃経に云う、第一義空とは、是れ此の義なり。若し三処倶に空ならば、即ち是れ本体空寂なり。唯だ中道有るも、亦た其の中に在らず。中道の義は、辺に因りて立つ。猶お三指の並びに同じきも、要らず両辺に因りて、始めて中指を立つるが如し。若し両辺無くんば、中指も亦た無なり。経に云く、虚空には中と辺と無し、諸仏の身も亦た然り、と。諸仏の解脱法身も、亦た虚空に中と辺と無きが如し」

前段に引く経は、『維摩経』弟子品（大目揵連章）であり、『涅槃経』は、北本第二十七、師子吼品第十一之一、さいごの経は、『如来荘厳智恵光明入一切仏境界経』であり、すでに『楞伽師資記』の弘忍の章にも引かれる。神会は、すでに東山法門や北宗で、人々が周知の句を使用し、自説の根拠とするのであり、これもまた新しい三学の方法といえた。

知識よ、当に須らく是の如くの解を作すべし。今、無上道法を知識に分付し、経を引いて証す。若し此の語を領せば、六波羅蜜も、恒沙諸仏の八万四千の諸三昧門も、一時に灌いで知識の身心に入る。維摩経に云く、菩提は身を以て得べからず、心を以て得べからず。寂滅は是れ菩提なり、諸相を滅するが故に、と。身を以て得べからずとは、心は外に在らざればなり、心を以て得べからずとは、身は内に在らざればなり。寂滅は是れ菩提なりとは、中間に処所無ければなり。諸相を滅するが故にとは、一切の妄念不生にして、此の照体独立し、神（心）に方所無ければなり。

知識よ、当に是の如くに用い得べし。上根上智の人は、般若波羅蜜を説くを見て、便ち能く領受して、説の如くに修行す。中根の人の如きは、未だ得ずと雖も、若し懃に諮問すれば、亦た得入す。下根の人も、但だ能く至信して退かずんば、当来に亦た能く大乗十信位中に入らん。(389)

神会は、ここでふたたび、妄を撥して静を取ることの誤りを説き、自性の菩提が垢浄二辺を離れていることをくり返す。問題は無上道法を、一時に知識の身心に灌ぎ入れるという、すざましいばかりの神会の迫力である。正しく、灌頂の発想でないか。照体独立は、晋の竺道生の句であり、澄観や宗密の注意するところとなる。(390) 神会は今の相手と自分を、そんな独立の照体とするのであり、壇場上の対話ならではの発言である。壇場は何よりも無上菩提の場所である。そこに登壇すること、そのことが重視される。先にいうように、『壇語』は種々の他の経証をあげつつ、『金剛経』を説くのがねらいで、相手もまた最上乗の機であることが要求される。最上乗の機は、般若波羅蜜を聞いて、直下に領受するが、中下は狐疑し、驚怪して信じない。所説の真理があまりにも正常のゆえである。いずれの大乗経典にもみえる、勧化の手法であるが、神会は今、そうした『金剛経』の機根分別によって、南北二宗を分つのであり、かれがこの経典をとる理由も、またそこにある。頓悟を言わず、頓教を説くのである。

要するに『金剛経』は、南宗頓教解脱禅門の経であり、直了性の法である。やがて、南宗頓教最上大乗を名乗る『六祖壇経』が出現するのは、当然の成りゆきといえるが、いずれもともに壇場における説法であり、問答であることを見逃し得ない。『金剛経』の無住心は、何よりも壇場のテーマである。一切大乗は、『金剛経』より出る。『金剛経』は今、菩薩戒の根本経典となる。神会の新しさは、そんな『金剛経』の再発見とともにある。

二九　壇語より壇経へ

神会にはじまる、禅文献の新しい動きは、『六祖壇経』の出現にいたって、一往の完結をみせる。『六祖壇経』は、歴史的人物としての六祖の語録というよりも、神会が祭りあげた南宗頓教の開山、六祖恵能の名に託する、一派の弟子たちの創作である。神会とその追随者によって、重層的に発展してきた、南宗の運動の最終成果である。『六祖壇経』の解明は、初期禅仏教の形成を確認し、中国仏教の根拠を明らかにする、基礎工作の試金石である。敦煌本の発現とその本文研究が、近代の動機となった。初期禅仏教を相手どる、内外研究者の関心が、この仕事に集中したことは、すでに小論のはじめに注意した。とくに、それらの重要なものについて、わたくしは別に私見を出している。(391) 宋代以後のテキストについても、すでに一本をまとめている。(392) 問題は、敦煌本の成立そのものを考える基礎工作の困難なことである。敦煌本は、現存最古のテキストだが、この本の成立を考える仕事は、禅文献の研究だけで終わらぬためである。流動する禅文献の歴史のうえに、敦煌本『六祖壇経』をすえなおす必要がある。

後来、北宋初期の代表的な禅宗史学者、契嵩が「壇経賛」を書いて、『六祖壇経』を恵能の説法の記録としてから、この本は禅の語録の典型となる。祖師の語録を経とよぶのは、仏陀と祖師を同格とする、禅仏教の特色である。唐代の禅の語録が、この本を手本としてまとめられることは、のちにあらためて評価したい。しかし、祖師の語録を経と呼ぶのは、単に弟子たちの敬意に尽きぬ、別の理由をもつはずである。敦煌本にもとづいて、この本が元来は南宗の弟子たちの相承する、伝授本であることを明らかにしたのは、鈴木大拙の「六祖壇経及び恵能に関する所見二三」（大谷学報第十九巻第一号、一九三八年）である。先にいうように、北宗の『大乗無生方便門』と、敦煌本『授菩薩戒儀』（スタイン第一〇七三号）、および古来の授菩薩戒儀諸本の比較によって、『六祖壇経』に独自の授戒儀がみられることを指摘したのは、関口真大の「授菩薩戒儀『達摩本』について」（印度学仏教学研究第十八号、一九六一年）である。わたくしもまた別に、「大乗戒経としての六祖壇経」（印度学仏教学研究第二十三号、一九六四年）を書いた。北宋以後、単に六祖の語録とされる以前の、この本の成立動機についての試論である。

いったい、『壇経』の壇字が、壇語のそれを受け、戒壇の意味をもっていることは、すでにほぼ自明である。神会の『壇語』は、この人独自の壇場における、授戒説法の記録である。壇場とは、戒壇であり、今は一般道俗のために開かれる、菩薩戒の道場を指す。神会のそれが、古い伝統にかかわらぬ自由なものであったことは、晩年の香水銭問題から想像できる。[393] もともと、律蔵の規定によると、戒壇は特定の場所や設備を要せず、僧伽の必要に応じ、随時に結界したようで、本来は戒場ともいうように、壇もまた必ずしも条件とはされぬ。特定の基壇をもつ、常設の道場を意味するようになるのは、おそらくは中国の特殊事情によるので、このくに古来の封禅郊祀の制や、天壇・道壇の先例と、密接なかかわりがあるにちがいない。禅仏教の成立と同時に、インドより新しく受容される密教が、特殊な護摩壇や、仏壇をもっていたこととも関係する。やがて、官壇や臨壇の制あり、教壇とか教授という、今も日本の学校制度にのこる教学用語も、元来は戒律に由来する仏教語である。すくなくとも、中国における戒壇の資料集成は、道宣の『関中創立戒壇図経』を最古とし、すべての議論がこの本を出典とする。楼至比丘が仏に請うて創立する、祇園精舎の戒壇のことも、元来は道宣がこの本に記すのが最初で、すべては中国での伝承である。[394] もともと、道宣の『戒壇図経』は、かれの寂する前年の二月、京南の近郊澧福二水の陰に、念願の戒壇を創立し、その二月と四月の二度にわたって、前後二十七人に具足戒を授けたのを記念するものであり、『関中創立戒壇図経』とよばれる理由であるが、戒壇の結構そのものは、すべて祇園精舎のそれによるのであり、祇園精舎の戒壇の結構は、道宣の夢中感得によっている。すなわち、「四分律」の研究を集大成し、四分律宗の祖となる道宣は、生涯を通じて、釈尊創始の祇園精舎にあこがれ、晩年遂に天人の垂迹による百巻の図経を夢中感得し、別に、隋の霊裕の寺誥によって、『祇園図経』をつくるのである。晩年の道宣は、感通や神異の事例に異常な関心があり、そんな霊感の記録が、右の二つの著作であって、あえて自ら「図経」と名づける理由である。道宣は早くより玄奘の訳場に参加し、インドや西域の新しい知識もあったにちがいないが、『祇園図経』や『戒壇図経』は、単なる著作ではなくて、経典であることが必要であった。晩年の道宣が、あたかも初唐に盛大となる道教の動きに対して、すこぶる敏感であり、護教の意識を深めたことも考えられる。道壇の建立も、すでに幾所か始まっている。[395]

言ってみれば、戒壇に対する人々の関心は、唐代に固有のものであり、道宣の著作を機に強まるのであり、具足戒を授けて大僧とする、特別の道場と施設が、にわかに整備されることとなる。のちにいう、嵩山の少林寺戒壇のごときも、義浄の『南海帰寄伝』によるので、嵩洛の地を根拠とする北宗禅と密接なかかわりをもち、あわせて菩薩戒の関心をたかめることとなる。[396]『禅門経』の序によると、神秀につぐ普寂は、弟子たちに『菩薩戒経』を誦することをすすめ、かれにつぐ道璿に『菩薩戒経』の注のあることは、すでに注意したとおりである。[397]又、神秀につぐ敬賢に、金剛智より相承する授菩薩戒儀があり、菩薩戒の運動は、新来の密教ともからみあって、かなり複雑な様相を呈しはじめる。[398]禅仏教の菩薩戒が、そうした全体の動きの中にあることは、あらためて言うまでもないであろう。強いて結論を先にいえば、神会の『壇語』は、道宣や玄奘以来にわかに強まる、そんな戒壇再編の動きを総括する、もっとも新しい成果である。あえて『頓教解脱禅門直了性壇語』と名のるのも、北宗に対する創意を動機としようが、北宗がすでに道宣や玄奘以来の三学思想を総括していたためである。そうした『壇語』の試みにもとづいて、『六祖壇経』がつくられるので、すくなくとも、『六祖壇経』の作者は、道宣の『戒壇図経』を意識している。『壇経』の名は、『戒壇図経』に拠るのである。

もともと、中国の仏教文献は、すべて西来の胡本にもとづき、西来の三蔵法師が国家の権威により、漢文に訳出するのが建て前で、個人の著述を経とよぶことはない。正常な仏教文献は、そんな三蔵の訳出と注釈が中心で、儒教や道教の経典の伝統とも重なる。偽経の生産が、はげしく非難されるのも、同じ理由によるのであり、はげしい非難を受けながら、偽経の生産があとを断たなかった事実は、歴代の訳経目録によって確認することができる。禅仏教の語録が、最初は三蔵中の論書になぞらえられて、とくに「達摩論」とよばれたことを、わたくしはくり返し、注意したつもりである。六祖がいかにすぐれた祖師であったにしても、弟子がその語を『壇経』と名づけるのは、よほど明確な意図あってのことでなければならぬ[399]。この本の作者の胸中には、道宣の二つの経典をのりこえる、新しい動機があったとみてよい。無相心地戒を説くことによって、六祖の語録は『壇経』となる。

周知のように、『伝灯録』第二十八の諸方広語に収める、南陽忠国師の示衆のうち、南方禅客を相手どり、『壇経』の改換を難ずる、はげしい口調の一段がある。

わたしは、そのころ遊方して、此の手の人々に会うことが多かったが、今ごろはもっとも盛んである。四五百の弟子をつかまえ、大ぼらをふいて南方の宗旨であるという。こともあろうに、あの壇経をさしかえ、低俗な話をまぜこんで、聖意を骨抜きにし、後生を惑乱している。何が言教となるものか、やりきれん、吾が宗はほろびた。

（吾比遊方、多見此色、近尤盛矣。聚却三五百衆、目視雲漢、云是南方宗旨。把他壇経改換、添糅鄙譚、削除聖意、惑乱後徒。豈成言教。苦哉吾宗喪矣[400]。）

『六祖壇経』の成立について考えるとき、必ず引きあいに出される資料であるが、ここにいう壇経をすんなり『六祖壇経』とし、とりわけ敦煌本のそれとしてよいかどうか。今は、すでに問題である。忠国師は、大暦十年（七七五）に入寂する。当時、敦煌本のテキストは、なおいまだ存在するまい。すくなくとも、忠国師がなお遊方のころ、『六祖壇経』は存在しない。私は、かつてこの問題の整理に苦しみ、今の敦煌本の祖本に当る、古本『六祖壇経』の存在を想定し、今の『六祖壇経』は、忠国師の非難を受けて、新しく改編したのでないかと考えた[401]。古本『六祖壇経』を想定することは、宇井伯寿の「壇経考」（『第二禅宗史研究』、一九四二年）に、先例があった。先入観は、主として神会に始まる西天東土の祖統説が、あまりにも『六祖壇経』のそれと異なることより来る。

今、忠国師の語を、あらためて考えてみると、古本『六祖壇経』を改作して敦煌本『六祖壇経』とした人を、忠国師は非難しているわけでないようだ。誰かが『壇経』を改作したことは確かであるが、今の敦煌本は忠国師以後のものであるから、批判の相手とはならぬし、忠国師のいう『壇経』を、強いて直ちに『六祖壇経』とし、古本の存在を想定する必要もないではないか。要するに、神会が道宣の『戒壇図経』を改作し、ほしいままに創意を加えて、自派の『壇語』としたことを、忠国師は非難している。敦煌本『六祖壇経』が、忠国師の非難を知っていることは同じだが、ほしいままに改作して、南方宗旨とされた言教は、必ずしも『六祖壇経』ではないし、改作された『壇経』も、必ずしも『六祖壇経』に限るまい。むしろ、改作されたもとの『壇経』を、『六祖壇経』とせず、『戒壇図経』ととるなら、忠国師は神会の『壇語』と、『壇語』を言教とする南方宗旨の一派を非難したこととなる。

以上のように考え直すと、幾つかの疑問が解けるのである。道宣の『戒壇図経』を略して、『壇経』とよぶ例は、すでに宋の元照の『四分律行持鈔資持記』にあり、わが源信の『往生要集』にも引かれる。(402) 謂わゆる無常院の起こりを、祇園精舎に求めようとする、中国での文証の一つである。『戒壇図経』を改作して、『壇語』としたというのは、一往は題名だけの問題であるが、元来は具足戒の道場であるはずの戒壇の荘厳を、安易に菩薩戒の壇場にすりかえ、無上菩提の法を諸仏が深く不思議と歎ずるところとし、真正善知識が、そんな無上菩提の法を知識に投ずる、相値遇し難い正因と正縁を、今相値遇する処とするのは、とんでもない大ぼらである。わずかに三帰と四重五逆、七逆十悪など、懺悔文の同唱によって、現在の知識等が、今は已に能く此の道場に来たり、各々に無上菩提心を発し、無上菩提の法を求めたとするのも、安易にすぎはしないか。次に説かれる無作の三学、なかんずく無作の禅定は、すこぶる伝統のそれと異なる。二乗のそれと区別される、菩薩の発心と、釈迦仏の受記も、安易である。(403) ましいて、「承前所有の学処は、且らく除却して用い看むこと莫かれ」とは、正しく増上慢以外の何ものでもない。(404) 要するに、『壇語』のすべてが、すこぶる鄙譚の添糅である。直下に即心是仏を認めて、見聞覚知を仏性とし、衆生癡倒の知見を仏の知見と混同し、唯だ仏心を指すというのは、魚目を真珠に代えるにひとしい。知識の仏心を推すという、特殊な指示問義が、神会の『壇語』にあることは、すでに注意したとおりである(405)。禅の問答は、つねに必ず一回限りで、その語気を失うのであり、一般化することの危険さを、今も明白に指摘できる。『祖堂集』第三に収める忠国師と南方禅客との同じ問答が、すでに古仏心の問題に変わっていて、これがのちに、有名な無情説法話の出典となることを考えあわせると、忠国師の神会批判そのことよりも、それらがテキストに定著してゆく、第三者の扱いの変化に、より本来の問題があるのである(406)。

要するに、神会の『壇語』を子細に検討すると、忠国師の非難は、大半がこの本に当てはまる。非難はむしろ目前にいる南方禅客への徴問であり、新しい問題提起となる。先尼外道の説とされる、身生滅神不生滅の議論も、見聞覚知の性を直ちに仏性とする、故意の誤解より来るもので、『壇語』を拠りどころとする、南方宗旨の展開とみられぬこともない(407)。当時、義浄や慈愍が、空門に偏した禅の一派を、口を極めて非難している事実をあわせ考えてよいだろう(408)。とくに、揚眉瞬目、去来運用、仏性が身中に偏在して、頭を揑せば頭が知り、脚を揑せば脚が知るから、正偏知と名づけるというのは、じつは『首楞厳経』の説である(409)。

『首楞厳経』は、祇園精舎を道場とする、中国撰述の仏典であり、その出現は開元初期にあって、東山法門の北方進出期に当り、菩薩戒の運動とも重なっている。この経典の作者が、説法の道場を祇園精舎とするのは、先に道宣が夢中に感得する精舎の結構をふまえ、この時代に固有の大乗戒の要求に答えようとするので、仏陀の説法のうちに引かれる、種々の話題や譬喩のうちにも、すでに『続高僧伝』その他で周知の、このくに固有の例があることは、すこぶる注目に価しよう(410)。ひっきょう、『首楞厳経』という経典は、一種の大乗戒経として、新しい三学を説くことを動機に、登場するのである。『首楞厳経』の証義とされる、羅浮山懐廸と神会の問答を、『荷沢和上問答雑徴』に収めることは、すでに先に注意するとおりである。[411] 南方宗旨を奉ずる人々は、この経典と何らかのかかわりをもっていた。南陽忠国師は、神会とこの経による人々を、一括して非難しているようである。

いずれにしても、神会の『壇語』は、道宣の『壇経』を改換し、鄙譚を添糅し、聖意を削除し、後徒を惑乱して、言教をでっちあげた。南陽忠国師は、同じ曹渓門下の弟子として、南方宗旨の偏向を批判し、仏陀の聖意をあらわす。忠国師は中年にして粛宗に召され、西京光宅寺に入る。曹渓の正統を自任し、大乗了義を根拠として、異端と野狐禅を退けるのである。『続高僧伝』以来の、このくにの禅宗史を再編し、三学のゆがみを正す必要があった。西明寺道宣の諸著作に、親近感をもつのは当然であろう。先にいう改換の二字が、『広弘明集』第十三の『弁正論』に、仏家の道教批判の句とされることは興味ぶかい。[412] 別に『祖堂集』第三に収める、同じ南方宗旨の批判に、立言が典を欠くのは君子の所談にあらずとするのも、じつは道安の「二教論」(『広弘明集』第十三)にみえる言葉である。[413] 道宣が道教批判に注いだ情熱を、忠国師は継承するといってよい。

そんな忠国師の批判をふまえ、曹渓第一の弟子としての神会を再評価し、曹渓の正意を明かすのが、『六祖壇経』にほかならぬ。神会は自己の語録を、あえて「壇経」とよばなかった。『壇語』と『六祖壇経』のあいだには、歴史より文学への飛躍がある。神会にも、すでにその傾向があるけれども、神会はなお北宗の歴史をふまえる、時代の制約のうちにいた。伝統の授菩薩戒儀を、完全に離れることができない。神会は、忠国師の批判を受けるが、『六祖壇経』はむしろ忠国師を批判する。『六祖壇経』の作者には、それだけの新しい作意がある。『壇語』と『壇経』をつなぐ壇字の意味は、同じ次元では理解できぬ、調和不能の開きをもつといえた。

三〇　敦煌本六祖壇経の時代

敦煌本『六祖壇経』は、曹溪下三世の弟子の再編である。周知のように、はじめてこの本をみた鈴木大拙が、曹溪の弟子の伝授本とするのは、次のようなあとがきによる。

此の壇経は、法海上座が集めた。上座は無常し、同学の道漈に付した。道漈も無常し、門人の悟真に付した。悟真は、嶺南の溪漕山法興寺に在り、現に今、此の法を伝授している。(414)

伝授の次第を図示すると、大よそ次のようである。

恵能─┬─法海
　　　└─道漈──悟真

ここに記される三人の弟子は、この本以外にその伝記を知るに足る、詳しい同時資料を残さないが、悟真は今、現に嶺南にあり、溪漕山の法興寺で、この法を伝授しているのであるから、この本が写された頃、なお康存していたはずである。恵能の入寂は、先天二年（七一三）八月であり、その三代は神会の弟子の世代に当る。その入寂は遅くとも、八世紀後半の末期である。

一方、宋代に再編される興聖寺本『六祖壇経』によると、法海─志道─彼岸─悟真─円会の付嘱系図が記されて、悟真はすでに円会に付している。(415)志道は、恵能の十大弟子の一人で、法海や道漈と同学であるが、彼岸と悟真の関係は不明であり、この場合は『壇経』の付嘱をいうだけで、同学と門人の別は判明せず、世代を決定することができないだけでなく、悟真は道漈と彼岸の二人より、『壇経』を付嘱されたこととなる。

要するに、『六祖壇経』は、悟真と、その門人の時代に、伝授本としての使命を終わり、やがては恵能の語録となる。逆にいうなら、敦煌本『六祖壇経』は、当初から伝授本として、その三世の弟子の手で創作される。強いてその名をあげるなら、作者は悟真以外にはない。「若し宗旨を論ぜば、壇経を伝授し、此を以て依約と為す。若し壇経を得ずんば、即ち稟受無し。須らく去処、年月日、姓名を知り、逓いに相い付嘱すべし、壇経の稟承無きは南宗の弟子に非ず」というのは[416]、恵能のことばのようであるが、実際は恵能より悟真までの、過去の逓相伝授をいうので、悟真は神会を意識し、あえて自らこの一段を加えたとみてよい。神会は、恵能の十大弟子のことを言わず、十大弟子の名は、敦煌本『六祖壇経』で始めて登場するのであり、神会はこのとき十大弟子の一人となる。敦煌本『六祖壇経』は、恵能の滅後二十年、神会がその正法を宣揚することを、恵能その人の懸記とする。言うまでもなく、開元二十年の宗論をふまえる。神会が恵能を宣揚し、南宗の開山としたのを受けつつ、神会とは別のイメージで、曹渓開山恵能の伝記と説法を再編するのが、敦煌本『六祖壇経』である。今は、むしろ神会を超える、嶺南の弟子の要求が動機となる。伝授本とは、そのことである。かつて、韋処厚が大義のために撰した塔銘に、「洛なるを会と言い、壇経を成ず」とあるのによって、『壇経』の成立地を洛陽と考え、嶺南曹渓の弟子と無関係としたのは、今は再考の余地があるかもしれない[417]。荷沢神会を恵能の正系とする宗密は、『中華伝心地禅門師資承襲図』をつくって、弘忍の十大弟子と、神会の十大弟子を二組列記しつつ、恵能の十大弟子のことをいわない。宗密は、多くの著作の何処にも、『壇経』の名をあげず、その本文のみを引くのである。『壇経』の作者が、神会を評価しなかったことによる。作者があえて『壇経』と名付けるのは、忠国師の神会批判が、おそらくは動機となる。『六祖壇経』は、恵能その人の自叙伝と、南宗独自の授菩薩戒儀を軸に、韶州刺史韋拠の命による、恵能の直弟子法海の編集であることを強調する[418]。

神会は、恵能の弟子としての正統性を、達摩所伝の袈裟にもとめた。伝信の袈裟のことは、『菩提達摩南宗定是非論』で、北宗との争点の一つとなる。達摩より自分まで、一代一人の正統をいう限り、伝衣説は権威を保つ。はからずも神会の滅後、神会と同じ論法で、神会その人が創作した伝信の袈裟を物証とし、弘忍の十大弟子の一人、四川の智詵を祖とする無住の保唐宗が名乗りをあげ、達摩の正統を主張することとなる。保唐宗の正統を説く『暦代法宝記』は、達摩の袈裟が四川の白崖山にあって、すでに嶺南にないことを強調する。先にいうように、則天武后が曹渓より宮中に召しあげ、智詵に与えたというのである。(419) 石井本『神会録』が、伝信の袈裟とあわせて、別に『金剛経』の伝授を説くのも、あるいは『暦代法宝記』の説を前提してのことかもしれぬ。『壇語』はすでに、もっぱら、『金剛経』による。『六祖壇経』が、袈裟よりも『金剛経』により、『金剛経』より『六祖壇経』そのものに、伝承の根拠を移すのは、蓋し深意ありといえる。むしろ、『六祖壇経』は、『金剛経』の根拠となる摩訶般若波羅蜜を、説くのがねらいである。『金剛経』の根拠は、各自の金剛宝戒にあり、十大弟子のすべてにあることとなる。時代はすでに、一代一人という、正傍の思考を超えていた。

『南宗頓教最上大乗摩訶般若波羅蜜経・六祖恵能大師於韶州大梵寺施法壇経一巻』(南宗の頓教である最高の大乗の教え、偉大な知恵の完成を説く経として、六祖恵能大師が韶州大梵寺で、施法なされた戒壇説法の経典一巻)という、この長たらしい本の題名は、すでにその内容のすべてをあらわす。首題の南宗と頓教は、先にいうように、明らかにまず神会を受ける。南宗は、菩提達摩南宗のそれで、頓教は、『南陽和上頓教解脱禅門直了性壇語』の頓教である。最上大乗は、『金剛般若経』のことであり、「摩訶般若波羅蜜経」も、『金剛経』によるともいえるし、『般若心経』によるともみられ、(420) 東晋道安の作と伝えて、今も禅門で食前に諷誦される十仏名の一句を、そのままここに出したともみられる。禅門で日常に諷誦される、周知の句であることと、今はそれらを経とすることが、とくに重要であろう。

『壇経』は、『金剛般若経』について説くのではなくて、それ自らが南宗の新しい『金剛般若経』なのだ。恵能が説く『金剛般若経』であり、『摩訶般若波羅蜜経』であり、『菩薩戒経』である。同じ仏性の句をめぐって、『涅槃経』より『梵網経』のそれに深まることは、のちに詳しく考える。[421]方便としての、北宗の授戒儀と、その立場を分つのである。次行の『六祖恵能大師於韶州大梵寺施法壇経一巻』は、明らかにそのことをあらわす。韶州大梵寺は、おそらくは架空の名である。恵能が実際に住し、韶州城東三十五里の地にあった、漕渓山のことではなくて、架空の韶州刺史韋拠が、韶州の町に施設した壇場の名である。のちに説法が一段落し、恵能は漕渓に引きあげるのであり、前半一会の説法は、特別の出張興行となる。施法もまたそのことを意味し、かつて仏陀が説法して、汎く人々の頭上に法雨を灌いだように、今は恵能その人の、古今未曾有法の施法となる。施法は、三聚浄戒の一つ、饒益有情戒に当るであろう。見性成仏が、最大の施法なのである。尾題に「南宗頓教最上大乗壇経法一巻」というのも、授戒の意味を重視するのであり、別にわが円珍が伝えた『曹渓山第六祖恵能大師見性頓教直了成仏決定無疑法宝記壇経』の一本や、[422]古く朝鮮に伝わって、わが妙心寺の無著がみたという、唐代の写本『曹渓山第六祖師恵能大師説見性頓教直了成仏決定無疑法、釈沙門法海集』の標題にも、ほぼ同じ意図を読みとることができる。[423]先にいう、玄賾の『楞伽仏人法志』が、『楞伽経』を伝える、仏と法と人という三宝の記録であったように、この本は新しい三宝の記録となる。

とくに、標題につづく「法海集記」の一行は、記録者の名を明記することにより、この本の実際の筆者である悟真との、新しいかかわりを示すといえよう。先にいうように、悟真は法海と同門道漈の弟子である。とりわけ、法海は記録者であるとともに、すでに兼ねて恵能より無相戒を受ける、弘法の弟子である。後代、語録の編者たちが、自ら嗣法の弟子といい、伝法の沙門というのとちがって、法海が自ら弘法の弟子と名乗るのは、何よりも神会を意識しているように思われる。神会は、弘法の弟子ではなかった。無相戒を受けていないからである。敦煌本のテキストが、無相と戒のあいだに二字分の空劃をおくのも、先にみる神会の『壇語』の標題と同じように、法海の受戒に対する、特別の敬意をあらわすであろう。[424] 無相戒とは、詳しくは無相心地戒である。心地の二字を隠したのは、筆者悟真の工夫に出ようが、蓋し格別の深意を含む、並々ならぬ作意といえる。言うならば、敦煌本『六祖壇経』は、歴とした著作であって、後代の語録とその性質を分つ。この本の特徴といえる、幾つかの偈は、著作の証拠の一つである。語録の形をとる著述があり、著述の形をとる語録がある。『六祖壇経』は、前者に属するので、これがのちに語録の手本となる理由である。語録は、弟子が師の言行を記す、ノンフィクションの記録であるが、そこに弟子の理想化が加わり、一種の著述となる傾きをもつのである。

いったい、無相戒とは何か。恵能がこの壇場で説く、自性三帰と四弘誓願がそれである。

善知識よ、総に須らく自体に与(とも)に無相戒を受けよ。一時に恵能の口を逐うて道え。善知識をして、自の三身仏に見えしめん。

「自の色身に於て、清浄法身仏に帰依す。自の色身に於て、千百億化身仏に帰依す。自の色身に於て、当来円満報身仏に帰依す。」已上三唱す。

色身は、是れ舎宅なり。帰向すと言う可からず。者(こ)の三身は、自の法性に在り。世人は尽く有るも、迷うが為めに見ず。外に三如来を覓めて、自の色身中の三身仏を見ず。善知識よ、説くを聴け、今、善知識をして自の色身に於て、自の法性に三身仏有るを見せしめん。此の三身仏は、性上より生ず。何をか清浄法身仏と名づく。善知識よ、世人の性は本より自浄にして、万法は自姓（性）に在り。一切悪事を思量すれば、即ち悪を行じ、

一切善事を思量すれば、便ち善行を修す。知んぬ、是の如きの一切法は、尽く自姓に在り、自姓は常に清浄なることを。(425)

以下、自性の清浄なることを、日月が常に明らかで、ただ雲に覆蓋されているために、上は明らかでも下は暗いのであり、智恵の風が雲霧を吹払うと、万象森羅が一時に姿をあらわすごとくで、これが自の清浄法身仏に外ならずとし、さらに帰依の意味と、千百億化身仏、円満報身仏について説き、あらためて色身は舎宅であって、帰依するとは言えず、ただ三身を悟れば、たちまち三帰の大意を識るとして、次いで三帰の句と同じ方法で、四弘誓願を三唱せしめ、三世罪障の懺悔文を三唱せしめ、それぞれの句の意味を説明した後、あらためて無相三帰を受けよといい、次のように唱和させる。

帰依覚両足尊。
帰依正離欲尊。
帰依浄衆中尊。

今より已後、仏を称して師と為し、更に邪迷外道に帰依せず。願わくは自の三宝、慈悲証明せよ。(426)

以下、さらに右の自の三尊仏について、独自の解釈を与える説法がつづくが、受菩薩戒の主要儀式は、これを以て完結するので、式の次第と唱え文句そのものは、他の菩薩戒儀とほぼ共通し、とくに異を立てるところはないが、今は恵能が自ら授戒師となっているところに、格別未曾有の意味をもつ。おそらくは、特別の荘厳を用いず、三師七証の列席を求めず、本師和尚とされる仏像を安置せず、ただ恵能と弟子大衆の唱和だけの、徹底した自誓自受の儀式の様子が想像される。とくに自性の三帰依が、すでに三聚浄戒を含む、もっとも大乗的なものであることについて、わたくしはすでに意見を出している。(427)形式に流れやすい荘厳や儀式を退け、ひたすらに受菩薩戒の精神に徹しようとする、無相戒の帰結である。南宗頓教とは、そのことである。

もともと、無相戒というのは、有名な『金剛経』の偈に、「若以色見我、以音声求我、是人行邪道、不能見如来」といい、「凡所有相皆是虚妄、若見諸相非相、即見如来」とある、(428)無相の自己仏との相見が決め手で、恵能が続いて説くように、無相戒とは、外の善知識を仮らぬ自悟のことであり、自性自度の自己矛盾を含む、まことに不思議な儀式である。『梵網経』にいう、我本元自性清浄や、『維摩経』の即時豁然、還得本心の句に、(429)最後の根拠が求められるのは、理の当然といえた。自受自誓のほかに、他律的な受戒は、存在しようがないのである。

善知識よ、後の代に吾が法を得る者は、常に吾が法身の、汝が左右を離れざるを見ん。善知識よ、此の頓教の法門を、同じく見、同じく行じて、発願受持し、仏に事うる如くするが故に、終身に受持して退かざる者は、聖位に入らんと欲す。然れば、須らく伝受の時は、従上已来、黙然として法を付すべし。大誓願を発して、菩提を退せず、即ち須らく分付すべし。若し見解を同じくせず、志願有ること無くんば、在々処々、妄に宣伝すること勿かれ。彼の前人を損じ、究竟じて益無からん。(430)

無相戒本としての、『六祖壇経』の歴史的意味は、せんずるところ、この一段に帰著する。無相戒は、恵能その人より直接に授けられることに、本来の意味があった。何千人でも、何万人でも、恵能は百万の大衆に、直接に無相戒を授けることができた。人々は、恵能が口にいうのに従って、三帰と四弘誓願以下のことばを三唱した。しかし、今や恵能の滅後は、その由来を説く『六祖壇経』を根拠とするほかはない。伝授本というのは、そのことである。文字通りの、自受自誓である。従上已来、黙然として法を付すべし、大誓願を発して、菩提を退せず、即ち須らく分付すべしとは、滅後授戒の保証であり、『六祖壇経』が伝持されることの根拠は、正しくこの一点に存した。長たらしい標題の意味するところも、そのことに尽きるといえた。

三二　恵能の自叙伝

『六祖壇経』の内容は、宋代に改編される二巻本によると、おおよそ次のような十一門に分けるのが通例となる。

巻上
一、韶州刺史韋璩等衆請説法門
二、大師自説悟法伝衣門
三、為時衆説定恵門
四、教授坐禅門
五、説伝香懺悔発願門
六、説一体三身仏相門

巻下
七、説摩訶般若波羅蜜門
八、現西方相状門（武帝問功徳付）
九、諸宗難問門
十、南北二宗見性門
十一、教示十僧門（示寂年月付）(431)

先にいうように、敦煌本の発現が動機となり、宋代以後の異本が見直されて、近代の『六祖壇経』の本文研究は、今もなお終わることのない、初期禅文献史の新しい分野の一つであり、わたくしにも別に私見があるが、テキストそのものの系統は、おおよそ唐代と宋代、および元代以後の三種とみてよく、今後も大きい変動はないはずである。(432)とくに、宋代と元本の大きい変化を別にすると、唐本と宋本の問題は、すでにほぼ決着した感がある。すなわち、全一巻に延べ書きされた敦煌本を、宋本が二巻に分け、十一門の見出しを付けたにすぎず、順序にも内容にも、大きい異同があるわけではない。現在知られる唯一の敦煌本（スタイン第五四七五号）は、誤字と当て字の見本集のような、天下の悪本であるが、興聖寺本によって、ほぼ原型を確認できる。(433)言ってみれば、『六祖壇経』の中心は、巻首の自叙伝（一より二まで）と、これにつづく南宗の三学（三と四）、および独自の授菩薩戒儀（五より七まで）、弟子たちの入門（八より十まで）と、恵能の入滅（十一）という、五項とすることが可能であり、さらに三学と授戒を一つにし、弟子の入門と恵能の入滅を一括すれば、要するに、恵能の自叙伝と説法、および弟子たちの入門という、三つの部分に要約される。後に、これが禅の語録の様式となり、必要条件となるのであり、禅文献の歴史における、この本の決定的意味も、ここに存することとなる。宋代以後の、『壇経』のテキストの改編も、そうした語録の形式的な定着に合せたまでで、禅の語録の歴史は、『壇経』に始まって『壇経』に終わる、と言えぬこともないであろう。

敦煌本『六祖壇経』の出現を、菩薩戒の問題として把え直し、その新しい授戒儀の含む歴史性について、わたくしはすでにほぼ私見を明らかにしたつもりである。巻首の自叙伝は、正しくそんな授戒が可能となる根拠を、恵能自身の自伝として、自ら語らせる仕組みといえた。禅文献の歴史に独自な、自叙伝の創作もまた、この本の特色の一つである。従来、先にいう忠国師の批判から、恵能の自叙伝を以て、『壇経』に添えられた鄙譚に当ると解し、この部分を抹殺せんとする動きがあるのは、思わざるも甚だしいといわねばならぬ。(434) 自叙伝より授菩薩戒に移るところ、宋代の改編本でいえば、第二悟法伝衣門と第三為時衆説定恵門の間に、敦煌本がとくに下是法と注するのは、以下が法宝そのものであることをあらわす。(435) 六祖が五祖より伝えたのは、法であって衣ではなかった。大庾嶺上の話は、そのことをあらわす。

いったい、大梵寺で説法している恵能は、当時なお行者のはずである。恵能は、弘忍の法を受けて南帰ののち、楽昌、四会の山中にあり、猟師や百姓のあいだに身を潜めて、十八年後に漸く広州制旨寺に来ると、ここではからずも印宗にめぐりあい、有名な風動幡動の事件を機として、印宗について剃髪受具するので、それまではなお一介の行者であった。注目してよいのは、当の敦煌本『六祖壇経』が、そうした印宗との関係をいわず、もとより風幡問答についても述べず、東山受法のみをいうことである。恵能を見出して、開法させるのは、むしろ韶州刺史の韋拠（璩）であり、官僚儒士、僧尼道俗一万余人である。印宗との関係をいうのは、法才の『光孝寺瘞髪塔記』が最初であり、法才はこれを儀鳳元年（六七六）二月八日のこととし、塔記のデートは、同年仏生日とされる。[436]儀鳳元年、恵能は三十九歳であり、塔記を軸に恵能の自叙伝を整理すれば、大梵寺の説法のとき、恵能はすでに剃髪受具しているが、当の敦煌本『六祖壇経』が、一言もそのことに触れぬのは、どうしたことであろう。とりわけ、法才の『光孝寺瘞髪塔記』は、恵能の具戒と同時の建立で、宋朝求那跋陀三蔵がここに戒壇を建立し、肉身菩薩の出現を予言する、おもおもしい形式をとる。そんな『光孝寺瘞髪塔記』を素材に、恵能と印宗の出会いを劇化したのが、わが最澄が日本に伝える、恵能の最初の伝記資料、『曹渓大師（別）伝』であり、この本はさらにおもおもしい受具の事実を記して、西京物持寺の智光律師を戒和尚とし、蘄州霊光寺の恵静律師を羯磨闍梨とし、荊州天皇寺道応律師を教授闍梨とし、証戒大徳の第一は中天竺の耆多羅律師、第二は密多三蔵という、博く三蔵に達し中辺の言を能くする羅漢僧を含む三師七証を具し、恵能が印宗より具足戒を受けたとするのである。[437]三師七証の律師たちは、のちに恵能の弟子となるから、あらためて菩薩戒を受けたとも考えられるが、『曹渓大師伝』が『六祖壇経』と全く違った発想をもつ六祖伝であることを、とくに注意する必要があろう。『六祖壇経』の菩薩戒は、徹底した自誓自受であり、無相戒がすべてである。最澄がもしこの本を知っていたら、わが菩薩戒壇の独立も、およそ今とはちがったものになっていたはずである。

『曹渓大師伝』というのは、詳しくは「唐韶州曹渓宝林山国寧寺六祖恵能大師伝法宗旨、幷高宗大帝□勅書、兼賜物改寺額、及大師印可門人、幷滅度時六種瑞相、及智薬三蔵懸記等伝」というように、梁の智薬三蔵の懸記にはじまる、曹渓宝林山国寧寺の由来と、六祖恵能がここで開演する東山法門を述べるのが趣旨で、とくに高宗皇帝（じつは中宗のはず）の勅書と、勅使薛簡と恵能の問答が中心となるので、受具もまたそのことと関係しようが、先にいう法才の『光孝寺瘞髪塔記』を受けつつ、勅使薛簡を相手に、東山法門の宗旨を明かすという、全く新しい視点が加わり、智薬の懸記も曹渓山宝林寺に移り、宋朝求那跋陀のそれに上乗せされることとなる。とりわけ、この本は恵能滅後七十年に、宝林寺の宝塔伽藍を修復する、東来二菩薩の出現を予言する、恵能自身の懸記を含んでいて、敦煌本『六祖壇経』が、滅後二十年に当って、恵能の宗旨を再興する、神会の出現を予言するのと、全く同じ様式をもつところをみると、恵能滅後七十年頃の本であることは明らかで、とくに上元二年より乾元二年に当り、勅によって達摩所伝の袈裟を、宮中に供養する記事あり、曹渓に存したはずの伝法衣について、『暦代法宝記』の異説を非難する意を含み、すくなくとも『暦代法宝記』が書かれる、大暦末年以後のものとなる。あたかも敦煌本『六祖壇経』と、ほぼ同時の作品であるが、不思議なのは、韋拠も法海も登場せず、もっぱら印宗と薛簡が、恵能の説法の聞き手であることだ。

もともと、六祖恵能の伝記は、先にいう法才の『瘞髪塔記』をはじめ、王維の碑銘と『暦代法宝記』、『曹渓大師伝』と『六祖壇経』というように、わずか七十年ほどのあいだだけでも、時代を異にして書かれるテキストは、どれをとりあげても、年齢の記述その他に、多くの齟齬(438)を示す。元代に改編される『壇経』の巻首にある、法海の「略序」も、またその一つである。それらを総合し、比較吟味して、恵能の実像を得る方法もあるにはあるが、今はむしろ成立を分つ、各テキストのちがいに注目し、次々に異なった祖師像を生みだす南宗の運動を、歴史的にあとづけることを先とする。

要するに、敦煌本『六祖壇経』は、肉身の菩薩であり、菩薩僧である恵能の、既成教団に対する独立宣言の書である。恵能が儀鳳二年に、具足戒を受けていることを、強いて疑う必要はあるまい。『曹渓大師伝』のいうように、歴たる三師と西天の羅漢僧を具える、おもおもしい儀式でなかったにしても、恵能は生涯行者でいたわけではなかった。敦煌本『六祖壇経』の新しさは、そうした恵能の具戒をいわず、むしろ自ら菩薩僧として、受戒の根拠を『金剛経』と東山法門におき、恵能自ら自分の生涯を語るところにある。恵能もまた自誓自受して、菩薩戒を得るのである。天宝十三年（七五四）に入寂する天台五祖左渓玄朗の碑銘に、天台と達摩禅の法系について記し、達摩を菩薩僧とよんでいる。[439] 当時、達摩を祖とする禅仏教を、菩薩戒の運動とする見方があった。

いったい、中国仏教に独自の意味をもつ、菩薩戒の根拠は、『梵網経』にあるといえる。『梵網経』は、法身盧舎那仏の説法である。「我れ今、盧舎那、方に蓮華台に坐す、周匝千華の上に、復た千釈迦を現ず、一華に百億の国あり、一国に一釈迦あり、各おの菩提樹に坐して、一時に仏道を成ず（中略）、倶に我が所に来至し、我が仏戒を誦するを聴く」という、この経独自の構成は、小乗戒と異なる大乗戒の特色を、もっともよくあらわし出す。[440] しかも、そんな千百億の釈迦仏が、各自に本の道場に還り、各おの菩提樹の下に坐し、無上正覚を成じ已って、わが本師の戒を誦したというのであり、これが金剛宝戒であり、仏性常住戒にほかならぬ。一切の意識、色心、一切の有情は、すべてそんな仏戒の中にあり、すでに大覚の位に同じく、真の仏子である。金剛宝戒は、無相心地戒であり、一切諸仏子の根本である。随犯随制とされる、他律的な小乗戒の、因果の法とは成立を同じくしない、絶対大乗の戒である。先にいう「即時豁然、還得本心」のところ、「我本元自性清浄」である。「即時豁然」の句は、『維摩経』によるが、今は『梵網経』の句をあわせあげていることに注目したい。『壇経』は、『菩薩戒経』の名で、この句を[441]引くのである。今、『梵網経』の個々の戒儀に、とくに深入りする必要はない。問題は、『六祖壇経』の自叙伝が、そんな『梵網経』の構造に、すこぶるよく似ていることである。恵能は、南海の町で『金剛経』に出会い、黄梅山に来て『金剛経』を受け、ふたたび嶺南にかえって『金剛経』を説く。『金剛経』は、『梵網経』の金剛宝戒に当る。先にいう、自誓自受の根拠は、すべて『金剛経』にあるといえた。

『六祖壇経』の作者は、神会の『壇語』によって『金剛経』をとり、じっさいは『梵網経』でこの本を再編する。神会は、『梵網経』を引かない。『梵網経』は、北宗の拠りどころである。[442]神会は、『梵網経』を『金剛経』に代えた。『六祖壇経』の再編は、『六祖壇経』の特色である。『壇語』は、出家より在家への、一方的な説戒に終わる。『六祖壇経』は、菩薩が菩薩に授ける、千釈迦相互の菩薩戒である。弘忍を訪う恵能が、嶺南人は無仏性とされ、仏性に南北なしと答えるのは、『涅槃経』よりも、『起信論』よりも、何よりも『梵網経』の仏性戒にふさわしい言葉である。あたかも、天台六祖とよばれる湛然が、智顗の教学を集大成し、その弟子明曠が『天台菩薩戒疏』を再編する時期に当る。

菩薩戒を説く経典は、『梵網経』に限らないが、今やすべての菩薩戒経が、『涅槃経』も『金剛経』も、ともにこの経典に含みこまれるのだ。中国撰述の経典の、無類の強みである。『梵網経』は、翻訳経と一味ちがう特殊の親しみを、人々に与えつづけた。

国王王子、百官宰相、比丘比丘尼、十八梵天、六欲天、庶民黄門、婬男婬女、奴婢八部、鬼神金剛神、畜生乃至変化人、ただ法師の語を解せば、誰も尽く戒を受け得て、皆な一清浄者と名づけられる。[443]たとえば、後半の弟子たちの入門の話に移るところで、世人は尽く南能北秀と言うが、未だ根本の事由を知らずとするのも、『梵網経』の根本による意だろう。だいいち、自叙伝の名処となる、有名な神秀と恵能の無相偈は、そんな仏性戒の思考よりきている。とくに、神秀の偈には、伝統的な戒律の気分が強い。

わが身は、菩提樹で
心は、明鏡を台上にかけたようなもの。
つねに、つとめて拭い浄めて、

塵埃を、とどめてはならぬ。

菩提樹は『梵網経』にいう、釈迦成道の道場樹である。明鏡の譬えは、かつて指摘したように、吉蔵の『涅槃経遊意』や『中論疏』第一末、『神会録』の廬山簡法師との問答を受け、すでに独自の発展を示す(444)。この句もまた、『梵網経』の文脈で考え直してよいだろう。梵網とは、帝網の宝珠のことで、それ自ら明鏡のイメージを含む。とりわけ、敦煌本『六祖壇経』は、六祖の答偈を二首もあげ、本心を呈せよという、弘忍の要求に応ずるものとする。

菩提はもともと、樹なしにあり、
明鏡も、台などにありはせん。
仏性は、つねに清浄である、
どこに塵埃が、あるというのか(445)。

第三句に仏性をいうのは、先にいう仏性戒の意で、「即時豁然、還得本心」のところに当たり、東山入門以来の、この人を一貫するテーマである。

さらに、もう一つの偈は、神秀のそれにぴったりであり、すべて仏性戒への発展を含む。当時、無情説法や、非情成仏の問題がしきりに話題にのぼるのも、菩薩戒の動きをふまえてのことである。『梵網経』の作者が、一切の心有るものを清浄とするのも、すでに心無きものを許す語気がある。周知のように、のちに第三句を本来無一物とするのは(446)、敦煌本『六祖壇経』の動機からいうと、やや逸脱した思考となる。

わが心は、菩提樹で、
身は、明鏡の台である。
明鏡は、もともと清浄である、

何処が、塵埃に汚れているというのか。

本来無一物の句を知っている、今のわれわれからいうと、第二偈は神秀の作品につきすぎて、あまり変わりばえしないけれども、いずれも同じ作者の創作であってみれば、これはこれなりに『六祖壇経』全体の、基本姿勢を明らかにする、緊迫の語気をもっていて、後代の禅問答の特色となる、代別や下語の気分を、すでに先取りしているのである。言ってみれば、本来無一物というのも、嶺南僧の下語であり、すでに敦煌本『六祖壇経』が、次期の新しい課題を生みだす、禅文献のテキストとして、人々に受けいれられていたことを想像させる。テキストは、すでに特定の弟子たちの、伝授本の域を出ている。

三二　心地法門の世界

敦煌本『六祖壇経』の新しさは、達摩より恵能に至る、伝法偈を説くことにも示される。いずれも、恵能が入滅に先立って、宗旨の所在を説くのにつづいて、恵能自ら頌出する発想である。先にいうように、滅後二十余年、邪法が宗旨を撩乱するに際し、不惜身命の弟子が起ちあがって、その是非を定めるであろうという、神会の活動を恵能が予言するのにつづくもので、とくに注目に価するのは、伝法偈を示すことは、正法の所在を明かすものとしての、袈裟を伝えぬ根拠とされ、伝法衣に代わる偈の頌出となることである。(447)神会が言いだした伝衣によらず、新たに伝法偈を創出するところに、敦煌本『六祖壇経』の、もう一つの著作動機があった。しかも、興聖寺本以下の宋本が、そうした伝法偈を削除したため、敦煌本にのみ原型をとどめることは、よりいっそう注目に価しよう。言ってみれば、伝法偈の問題は、敦煌本『六祖壇経』のあとを受け、貞元末年に登場する『宝林伝』の主要テーマとなり、やがて『祖堂集』や『伝灯録』に引きつがれるので、宋代以後の改編者は、すべてをそうした禅宗史書にゆずって、六祖語録としての『壇経』には、全く無用とするのであろうが、それらを削り去ることは、伝衣に代わる偈を創出する、この本の撰述動機をも無視し去ることになりかねない。先にいうように、神会を恵能の正系とする宗密が、『六祖壇経』を敬遠するのと相まって、伝法偈の創出と継承は、曹渓以後の禅の問題ともからみあうこととなる。のちに明らかになるように、伝法偈は馬祖のそれで、一往完成するのである(448)。

いったい、長短幾つかの異なった形をもつ、多くの偈頌の創出は、『六祖壇経』の特色の一つである。経典の形式をととのえる、特殊の必要もあろうが、時代がそんな形式を求めたとみてよい。先にいう、『南宗定邪正五更転』も、同じ動きの一つといえよう。六祖恵能その人の時代、おそらくはなかったことである。北宗の文献にも、偈頌の作品はまだ少ない。神会の語録にも、明確な形の創作はない。偈頌の形をとる、王趙公との三車問答は、やや異例である。『伝灯録』第二十八に収める、六祖との問答も、偈の形をとるが、偈頌と韻文作品の本格出現は、神会以後の特色である。恵能の自伝のさわりとなる、有名な無相偈についても、同じ見方ができるであろう。達摩より恵能に至る伝法偈は、自伝の無相偈につづくとみられる。神秀の心偈に答える、恵能の答偈が二つあった。今も、恵能の伝法偈が二つ、もしくは三つもあるのは、二人の弟子に伝えたと考えるより、この本の偈頌の試みが、なお流動期にあったためであろう。

まず、恵能の二偈について、考えてみよう。

能大師言う、汝等、吾が二頌を作るを聴いて、達摩和尚の頌の意を取れ。汝ら迷人、此の頌に依って修行せよ、必ず当に見性すべし。第一頌に曰う。

心地、邪花を放つとき、

五葉は、根を逐うて随う。

共に無明の葉となり、
業風に吹かるるを見る。
第二頌に曰う、
心地、正花を放つとき、
五葉は、根（恨）を逐うて随う。
共に般若の恵を修め、
当来に、仏菩提となる。(449)

恵能が自らいうように、二偈はともに達摩の偈をふまえる。達摩の偈も、恵能の頌出するところであり、敦煌本『六祖壇経』は、達摩の偈そのものを、創作するのであり、達摩が教を伝えて迷情を救ったのは、心地の法を伝えたことを意味し、袈裟を伝えたことを意味しない。すなわち、恵能は次のようにいっている。

若し、第一祖達摩の頌の意に拠れば、即ち合に衣を伝うべからず。吾が汝の与めに頌するを聴け。頌に曰く、
第一祖達摩和尚の頌に曰く、
吾れ本、唐国に来たり、
教を伝えて、迷情を救う。
一花、五葉を開き、
結果、自然に成らん。
第二祖恵可和尚の頌に曰く、
本来、地有るに縁り、

地より、種花生ず。
本に当って、元より地無くんば、
花は、何処よりか生ぜん。
第三祖僧璨和尚の頌に曰く、
花種は、地に因り、
地上に、種花生ずと雖も。
花種、生性無くんば、
地に於て、亦た生ずる無し。
第四祖道信和尚の頌に曰く、
花種は、生性有り、
地に因りて、種花は生ず。
先縁、和合せずんば、
一切、尽く生ずる無し。
第五祖弘忍和尚の頌に曰く、
有情、来って種を下し、
無情の花、即ち生ず。
無情に、又た種無ければ、
心地も亦た生ずる無し。

第六祖恵能和尚の頌に曰く、

心地、情種を含み、
法雨して、即ち花生ず。
自から悟って情種を花さかせ、
菩提の菓、自から成る。[450]

恵能自ら第六祖恵能和尚の頌を誦し、さらに達摩和尚の頌意を取る二首をつくるのは、構成に重複の嫌いがあるけれども、むしろ達摩より恵能に至る伝法偈が、一括して作り出される裏の動機を、この重複が今に伝えてくれる。達摩が唐国に伝えたのは、教であって衣ではなかった。教は、頓教を指す。頓教とは、心地法門の意である。五祖と恵能自身の三つの偈に、心地の二字があることは、大いに注目してよいだろう。二祖より四祖に至る三祖師の偈も、地の一字で心地をあらわす。恵能の伝法偈によって、達摩の偈が生まれた。とりわけ、花と種と葉の譬えは、頓教としての南宗と、『大乗無生方便門』を説く、北宗とのかかわりをイメージする。北宗の五方便は、『法華経』と『華厳経』に代表される。『維摩経』も、卑湿の蓮華を説く。宗密が、北宗を「払塵看浄、方便通経」とするのは、主として『法華経』を意識している。[451]『法華経』も『華厳経』も、心地の邪正によるのである。

心地の二字が、『梵網経』によることは、すでに前節に考えた。宗密も、心地を達摩の所伝とし、禅源とする。『中華伝心地禅門師資承襲図』の名とともに、いずれも『梵網経』によっている。馬祖も心地法門を説き、臨済も心地の法をいう。[452]南岳懐譲が馬祖に与える伝法偈が、心地の二句で始まるのは、敦煌本『六祖壇経』を受けてのことである。[453]『六祖壇経』以後、心地法門の伝承が、南宗の法系を決する。仏語心といい、平常心といい、衆生心という、テーマはいかに拡大しても、心地の意味を離れることはなかった。即心是仏も、見聞覚知も、すべて心地法門による。先にいう『起信論』の心生種々法生の句も、そんな新しい文脈で再編せられる。[454] 心の邪正を分つ鍵は、恵能の偈にあるといえた。恵能ののちの二偈が、花の正邪をテーマとするのは、先にいう授菩薩戒儀の句の、かれ自身の説明よりくるだろう（心地観経、無相心地戒など）。

ふたたび『六祖壇経』によって、恵能自身の所説について、心地の意味を考えてみたい。のちに、恵能の十大弟子の一人となる志誠は、始めは神秀の門人で、恵能の法を探るために、細作として曹渓にくる。

大師は志誠にいう、「わたしは聞いている、汝の師は人に教え、唯だ戒定恵だけを伝えている、と。汝の和尚が人に教える戒定恵は、どういうものか、さあ、わたしに説いてみよ」

志誠、「秀和尚は、戒定恵をこう教えます、諸悪莫作を戒と名づけ、諸善奉行を恵と名づけ、自浄其意を定と名づける。これらを（合せて）戒定恵と名づける。彼は、こういう説き方です。和尚の考えは、如何でしょうか知らん」

恵能和尚、「その説明はおもしろいが、恵能（わたし）の考えは、少しちがう」

志誠、「どこが、ちがいます」

恵能、「はっきりと遅疾がでる」

志誠は、和尚の考える戒定恵を、説くことを求めた。

大師はいう、「吾が説を聴きたいなら、わたしの考え方を、よく見とどけることだ。

心地に非が無いのが、自性の戒であり、

心地に乱れの無いのが、自性の定であり、

心地に癡の無いのが、自性の恵である[455]」

問答は、さらにつづくが、要点はすでに出尽している。恵能は、志誠に無相心地戒を説く。すべてを自性の心地にもどし、三学の構造を洗い直すのだ。かつて達摩の「雑録第二」に、一切の大乗を対病の語とした、顕禅師のことばのあるのを、想起してよいであろう。(456)病まねば、薬は無用である。心が起こらねば、三学は役に立たない。非を改める戒ではなくて、もとより非のない自性を戒とするのが、無相心地戒である。心を乱さねば、心を静める禅定はいらない、心に愚癡のないのが、自性の智恵である。

無相心地の三学は、戒によって定を、定によって恵を得るという、修証の順序を逆転させる。先にいうように、神会は恵澄が坐によって定を、定によって恵を発するのを批判するが、志誠が神秀の教えとする、諸悪莫作以下の説明が、『壇語』では神会のものであることを見逃してはならぬであろう。(457)『壇経』の作者は、すでに神会を批判する。のちに明らかになるように、「道は修証を用いず」といい、「修証は無にあらず、染汚するを得ず」(458)という、馬祖とその師に当る南岳懐譲のことばも、『壇経』をふまえて神会を批判する、新しい独立宣言といえる。北宗の修を批判し、本具の証を説く神会は、すでに相対的な修証に堕していた。『六祖壇経』の心地法門は、禅仏教の発想そのものを、あらためて問い直すのである。今は、『祖堂集』第二の恵能章に収める、次の示衆に注意したい。同じ趣旨のことばが、別に『宗鏡録』第九十七をはじめ、『伝灯録』第五と、元以後の『六祖壇経』にとりこまれる。(459)先にいう、恵能の伝法偈を含んで、『六祖壇経』以後にまとめられた。恵能語録の第一章とみてよいであろう。

師はつねに、諸善知識に告げて曰った、汝等諸人、自心が仏である、決して狐疑してはならん。(自心は)外に一物なしに、建立することができる。すべて、本心が万種の法を生むのである。それ故に経典はいう、心生ズレバ即チ種々ノ法生ジ、心滅スレバ即チ法滅ス、と。汝等、須らく一相三昧、一行三昧に達すべきだ。一相三昧とは、一切処に相に住せず、相手の相の中にいて、憎愛を生ぜず、取らず捨てず、利益をねがわず、散壊をねがわず、自然に安楽であることから、それゆえに一相三昧と名づけるのである。一行三昧とは、どんな処にいても、行往坐臥、すべて一直心であり、そこが道場であり、そこが浄土であるのを、これを一行三昧と名づける。たとえば、地中に種があれば、花や菓を含蔵できるからで、心相三昧も、これと同じである。わたしが法を説くのは、ちょうど慈雨がゆきわたるようなもので、君たちに仏性があるのは、地中の種にひとしい。仏法の雨に出あって、それぞれに芽をのばすことができる。わたしの言葉を把んだ人は、必ず菩提（道）を悟るだろうし、わたしの行による人は、必ず聖果を得るにちがいない。わたしが今、この衣を伝えぬのは、皆の衆が自心を信じ、二度と疑わぬと考えたからである。あまねく心要を付す、各自に教化に向うがよろしい(460)。

原文はさらにつづいて、先師が衣を伝えることを制し、身命の危険を予言したことにふれ、さらに先にいう伝法偈の付属となる(461)。右の長い示衆も、そんな衣を伝えぬ理由と、伝法偈の意味を説明するためで、当初から語録が存したわけではない。『六祖壇経』の伝法偈の一段を核として、語録がつくられてくる次第を、かなり詳しく追迹し得ることとなる。とりわけ、本心といい、一直心といい、一行三昧といい、一相三昧といい、あるいは仏性といい、聖果といった、古い伝統をもつ言葉が、心地法門を介して、自家薬籠中のものとされ、新しい意味を与えられているることを知る。本心は、元来は『修心要論』（最上乗論）に出、一行三昧は、『文殊説般若経』の説、則天武后と神秀の問答をふまえる(462)。『六祖壇経』を受ける、恵能語録の再編は、正に、語録時代の開幕といえる。伝法偈は、達摩より恵能に限らず、下はさらに馬祖に至り、上は過去七仏にさかのぼるのであり、一方で灯史とよばれる禅宗史の主題となるとともに、他方では、唐代中期以後の示衆のテーマとなり、無数の問答を生みだす契機となるので、これもまた古典としての『六祖壇経』の、画期的な成果である。

とりわけ、そうした伝法の根源となり、唐代中期の語録の主題となるのは、世尊と摩訶迦葉の問答である。(463)禅仏教の歴史的由来は、今やあらためて達摩より世尊にさかのぼる。『血脈論』のはじめにある、「以心伝心、不立文字」と、「直指人心、見性成仏」の関係については、すでに先に考えた。(464)『六祖壇経』以後、各派の禅文献が、もっとも関心を集中するのは、世尊より大迦葉への、謂わゆる正法眼蔵、涅槃妙心の宣言につづく、実相無相、微妙法門の一句である。正法眼蔵の伝授問題は、さらに世尊の拈花と、大迦葉の微笑に行きつく。(465)今は、それらの一つ一つについて、経典と禅仏教の根拠を、あらためて確認することをしないが、いずれも、『六祖壇経』以後、曹渓を祖とする各派の仏教が、そこに終帰の根拠を求める、伝法の由来についての、多種多様の動きを示すことは確かであろう。世尊より洪州馬祖に至る、正法眼蔵の伝授を説く『宝林伝』の出現と、洪州馬祖の禅仏教をあえて曹渓の傍系とし、荷沢宗の正系を自負して、『円覚経』に根拠を求める宗密の諸著作は、この時期のそんな課題を、著者として総括することとなる。(466)

三三　『六祖壇経』以後

敦煌本『六祖壇経』の含む、幾つかの要素のうち、大別していえば、巻首の自叙伝の部分と、これにつづく授菩薩戒儀、および巻末の伝法偈の問題について、ほぼすでに私見をつくした。いずれも、語録としての禅文献の、基本要素と考えられるためである。さいごに、弟子たちの入門その他、幾つかの問題を、同じ見地より整理しておく。

神会を含めて、恵能の弟子を十人とするのは、敦煌本『六祖壇経』の大前提である。『楞伽人法志』にいう、弘忍の十大弟子の説を受けるので、のちに馬祖の十大弟子問題につづくことは、すでにくり返し注意した。(467)神会も『曹渓大師伝』も、ともに十大弟子のことを言わない。十大弟子の問題は、敦煌本『六祖壇経』が、壇経以後に残す、大きい課題の一つである。

　とりわけ、馬祖以後の祖師禅は、南岳懐譲と青原行思という、『壇経』の十大弟子に含まれない、別の二大系統より発展してゆくので、このパターンが、むしろ次の馬祖下四代を決めることとなる。同じ恵能の弟子であっても、先にいう南陽忠国師をはじめ、「曹渓大師仏性歌」の作者として、一宿覚とよばれる永嘉玄覚、玄宗が南方に派遣した、薬草採取の勅使楊光庭に会ったため、偶然に見つけだされる司空山本浄といった人々は、いずれも十大弟子に含まれない。十大弟子は、のちにいうように、恵能の臨終説法に列した人々に限られるので、早く師のもとを去った人は、十大弟子に含まれぬのが当然だろう。あらためて、神会を曹渓の正系とし、馬祖を祖とする祖師禅の新しい動きを傍系とする、圭峰宗密の総括も注意される。宗密の主張は、必ずしも史実に合わず、むしろ『暦代法宝記』の保唐宗を批判し、馬祖の動きを過少評価せんとする、この人独自の教禅一致の私観であるという、胡適晩年の指摘もある。(468) 宗密は、『六祖壇経』を知っていて、ことさらにこれを無視しようとしたふしがあって、宗密の主張そのものが、やはり壇経以後の新課題であった。有名な『中華伝心地禅門師資承襲図』は、明らかにそのことを動機に書かれる。『六祖壇経』の十大弟子問題は、唐代中期以後の禅文献に、大きい影響をのこすのであり、盛期の禅の語録の形成に、決定的なかかわりをもちつづける。

　いったい、敦煌本『六祖壇経』の十大弟子は、法海、志誠、法達、智常、志通、志徹、志道、法珍、法如、神会の十人である。恵能は、臨終にかれらの名をよび、汝らは今後各おの一方の頭となれと遺嘱するので、かれらは、ひとしく法海集記の『壇経』を伝授されたとみてよく、神会を除いては、『壇経』による以外に、その伝記が明らかでないことも共通する。かつて弘忍が同じように臨終に玄賾を呼んで、滅後のことを遺言したという、『楞伽人法志』の説を受けるので、元来は神秀や玄賾に代表される、北宗の弟子たちの発想である。言ってみれば、北宗の影響下になる、南宗の十弟子の発想は、神会の北宗批判を受け、その域を出ることができず、他派の動きよりとりのこされたともみられる。神会も、始めは玉泉の弟子であった(469)。恵能の十弟子は、北宗もしくは他派より、南宗に転じた人々で構成される。とりわけ、敦煌本『六祖壇経』に入門機縁をのこすのは、十人中四人にすぎず、いずれも同じ傾向にあって、はじめ神秀の弟子であった志誠が、その代表となる。

敦煌本『六祖壇経』によると、志誠は、始め神秀の命を帯び、潜かに恵能のもとにくる。恵能の言葉を、神秀に伝えるスパイである。志誠は寝がえって、神秀のところに帰らず、恵能の弟子となるのであり、その言行のすべてが、北宗批判の意を含むともいえ、志誠が十弟子の最初におかれるのも、十弟子の発想そのものの、由って来る動機を示す。とくに、そこに提起される、南北相互の三学のちがいは、この本が書かれる基本テーマにほかならぬ。

さらに又、敦煌本が伝える、弟子たちの入門機縁のうち、もっとも詳細なのは、『法華経』の専家法達の場合である。この本が書かれた時代、あたかも再編を終わる湛然の天台教学への、禅仏教の姿勢を示すのであり、中国仏教に固有の頓漸問題に答えるとともに、生来文字を識らない恵能と、最高の訓詁を自負する法達との対決は、馬祖以後の新しい傾向となる、座主との対話を先取りして、その拠りどころとなったといえる。『六祖壇経』の作者が、当時を代表する天台僧として知られる、越州妙喜寺僧達（六三八―七一九）をモデルに、法達を創ったことは、わたくしの前著に詳しい(470)。恵能が『法華経』の譬喩因縁を退けつつ、新しい譬喩因縁を創出し、心正転法華、心邪法華転という、心地の転法輪を説くのは、心地法門の意にほかならず、恵能その人の転法輪といえた。心地の正邪は、先にいう恵能の伝法偈に、心地放邪華とし、心地放正華とする、心地の華にもとづく思考である。法達の入門機縁は、すでに心地を第一とする、菩薩戒の問題をふまえている。菩薩戒の要求は、天台と禅をつなぐ、不可避の課題である。鈴木大拙以後、恵能の思想は、定恵不二の論理で説かれるが、その背後に菩薩戒を含む、新しい三学の問題をみなくてはならぬ。天台の五祖とよばれる、左渓玄朗と親しい永嘉玄覚が、曹渓に参じて一宿し、その法をついで「曹渓大師仏性歌」を作るのも、そんな法華教学の側からの、攀龍附鳳の一例である。(471)

もともと、『法華経』と南宗の対決問題は、『大乗無生方便門』に含まれる、「方便通経」への批判を意味し、『南陽和尚問答雑徴義・劉澄集』に収める、戸部尚書王趙公との偈頌による、三車問答が発端である。(472) 法達の入門機縁は、そんな神会の北宗批判をも批判して、新しい総合を求めているといえるかも知れない。

とりわけ、敦煌本『六祖壇経』に機縁を収める、もう一人の弟子智常の場合、三乗と四乗のちがいが問題になるのは、『金剛経』の最上乗を明かすのがねらいであり、同じ『南陽和尚問答雑徴義・劉澄集』に収める、礼部侍郎蘇晋との対話が原型のようである。かつて『二入四行論』長巻子の「雑録第二」で、恵可が『楞伽経』の四種仏説について説くのとも、内容的なつながりをもつように思われる。恵可の四種仏説は、すでに注意したように、黄檗の『伝心法要』に継承される。智常もまた、敦煌本『六祖壇経』が創作する、恵能派の旗手の一人である。

敦煌本『六祖壇経』が、入門機縁を記す十大弟子は、右の三人と神会の四人にすぎず、その出自も元来は不明であるが、『伝灯録』第五に来たって、十人中八人の本貫が知られ、機縁もまた詳細となるのは、いったいどうしたことか。『伝灯録』に先立つ『祖堂集』第三は、先にいう青原（靖居）行思を筆頭に、荷沢神会、南陽忠国師、崛多三蔵、智策和尚、司空山本浄、一宿覚、南岳懐譲の八人をあげ、神会以外の十弟子に言及しない。この本は、神会と『壇経』以後、十弟子以外の人々によって盛大となる、曹渓の法系を語ることにつとめる。『伝灯録』第五に収める、曹渓下の弟子たちの伝は、右にいう青原と南岳の二派以外に、『六祖壇経』に対する関心が、依然として強く継続されたことをものがたるのである。

とくに注目に値するのは、先にみる志誠以外に、さらに数人が、北宗の転向者とされることである。たとえば、すでに機縁のある智常が、かつて大通和尚に参じ、見性成仏の義を示されるが、狐疑不信のまま恵能に参じ、終に豁然大悟したとされ、敦煌本の四乗問題は、完全に姿を消してしまう。智常は、神秀が曹渓に派した志誠と同じ役目を負うて、新しく再構成されるのである。しかも、そんな北宗の転向者として、新しく志徹の伝が作られて、『菩提達摩南宗定是非論』で、北宗の普寂が曹渓に派遣する刺客、荆州の張行昌に結合され、恵能より志徹の名を与えられることとなる。神会は、張行昌が恵能の弟子になったとはしないから、これは完全な創作である。さらに又、寿州智通、広州志道、韶州法海の機縁が加わって、法如と法珍の二人を除いて、すべて入門機縁を得るのであり、青原と南岳を正統とする、傍出列伝の体を完成することとなる。先にいうように、興聖寺本『六祖壇経』によると、志道は法海より『壇経』を伝受されるから、早くより重要な弟子であったにはちがいないが、『伝灯録』の広州志道伝は、明らかに創作である。ただし、のちに元代に再編される『六祖壇経』が、それら『伝灯録』以後の十弟子伝をとりこんで、ますます複雑な形をとるのを、今は一往考慮の外におく。

いったい、曹渓恵能の弟子は、神会以外はすべてが問題である。曹渓下の資料そのものが、神会によって創られた部分が大きい。そうした神会を経由せず、本来の恵能伝に密着していたのは、恵能の剃髪の師であるとともに、恵能の最初の弟子になったという、印宗（六二七—七一三）であろう。恵能と印宗の関係をいうものに、先に法才の『光孝寺瘞髪塔記』があり、後に『曹渓大師伝』がある。『光孝寺瘞髪塔記』は、儀鳳元年のデーツをもつ。光孝寺に戒壇をおいたのを、宋の求那跋陀三蔵とし、別に智薬三蔵の懸記があって、恵能がここで上乗を開演することを予言するのであり、恵能は肉身の菩薩とされ、伝仏心印の法王とされる。儀鳳元年は、弘忍入寂の翌年に当る。上乗とは、弘忍の東山法門を指し、求那跋陀は、『楞伽経』の翻訳者、求那跋陀羅のことである。いずれも、玄賾の『楞伽人法志』をふまえる、新しい攀龍附鳳である。法才は、すでに恵能と印宗の出会いを語る、有名な風幡問答のことをも記す。儀鳳元年のデーツを、そのまま承認することは難しいが、ここにもまた、具足戒と菩薩戒の重授が暗示されるので、東山より北宗に継承される、新しい菩薩戒の運動に対する、南宗側の応答が感ぜられる。

神会が開元八年に、恵能の唯一人の後継者として、南陽龍興寺で一般道俗に菩薩戒を授け、『壇語』の説法をはじめた頃、同じ恵能を祖とする別派の動きが、印宗の戒壇奏置を機として、江浙の各地に起こる。じつをいうと、神会の壇語も、そんな戒壇運動の一つであった。『宋高僧伝』第四に収める、唐会稽山妙喜寺印宗伝によると、印宗は恵能と同年に、あたかも八十七歳で入寂していて、会稽の王師乾が塔銘を立てている。今、塔銘は存しないが、『宋高僧伝』はこれによるので、恵能との出会いも、おそらくはそこに記された。

印宗は、呉郡の人、『涅槃経』の専家で、咸亨より上元時代に京師に名あり、恵能に先立って弘忍に参じたという、のちに郷里で刺史王冑の礼を受け、戒壇を奏置して数千人を度し、又別に勅を奉じて江東の諸寺、天柱と報恩に各々戒壇を置いたというから、中央でも地方でも、代表的な律師であったにちがいない。嵩山少林寺に戒壇がおかれて、義浄が銘文を撰するのは、長安四年のことである。会善寺にも、すでに戒壇があるが、東山法門と関係するのは、会善寺恵安以来のことである。この時代の戒壇奏置が、道宣の『戒壇図経』をふまえることは、あらためていうまでもない。印宗は、江南の律学を代表した。左渓玄朗のために、李華が撰した碑文でも、印宗は玄朗と律部を商確したとされる。印宗は恵能よりも先輩で、神会に先立って、東山法門を江南に開くのである。則天武后の勅によって再度入内し、慈氏の大像を造ったというのも、菩薩戒の運動と関係しよう。

恵能が儀鳳元年に、広州制旨寺で印宗に会い、宋朝求那跋陀の戒場で受具したことを、とくに詳しく記すのは、先にいう『曹渓大師伝』である。この本で、制旨寺の戒壇を創始したのは、求那跋陀より求那跋摩に変わり、智薬は曹渓の開山となるので、智薬に代わって真諦三蔵がこの戒壇に菩提樹を植え、菩薩僧の無上乗開演を予言することとなる。『涅槃経』を中心とする、印宗と恵能の問答が詳しくなり、風幡問答も詳細に及ぶ。そんな『曹渓大師伝』の変化の、もっとも重要なポイントは、恵能がこの寺で始めて無上乗を開演するとき、沙弥神会がすすみ出て、本源仏性について問うことである。印宗と神会は、恵能の最初の説法に、同時に出会うのである。本源仏性は、先にいう『梵網経』の心地戒をふまえる。今、史実の詮索そのことに、とくに深入りするつもりはない。問題は、神会一人を弟子とする、曹渓恵能像とは別に、恵能の受戒を裏付けようとする、もう一つの動きがすでに始まっていたことである。印宗の後継者はなかったにしても、印宗が戒壇をおく江浙を中心に、恵能の菩薩戒運動が、新しい実を結びはじめる。永嘉玄覚の曹渓参問伝説と、「曹渓大師仏性歌」の出現は、そんな成果の一つである。「曹渓大師仏性歌」は、「最上乗仏性歌」とも「曹渓禅師証道歌」ともよばれて、おそらくは作品の流伝が、参問伝説に先行した。玄覚の参問伝説をつくった人々は、天台の玄朗や玄策と関係させる。玄策はすでに、『曹渓大師伝』に姿をあらわす(473)。先にみる敦煌本『六祖壇経』の、法達の機縁とは異なって、南宗と天台を包む菩薩戒運動が、玄覚の伝と作品を変化させるのだ。

とくに興味ぶかいのは、『宋高僧伝』第四に収める印宗伝のさいごに、梁より天下諸達者の語言を総録する『心要集』の著があったとすることである(474)。印宗の『心要集』は現存せず、その内容を知ることはできないが、印宗は別に仏意を表明する、百家諸儒士の三教の文章を纂し、手筆は逾いよ高く、著述は流布したとされる。道宣につぐ著述家として、天下に知られたことが判る。後者が百家儒士の文であった以上、前者は出家中心の著述集で、達摩を祖とする禅仏教の作品も、そこに含まれていたことが想像される。すくなくとも、のちに『宝林伝』や『祖堂集』、『伝灯録』などとならぶ、禅文献とされたことは確かであり、禅文献の歴史を考えるうえに、印宗を低く評価することはできない。すなわち、宋の張方平の『楽全集』第四十に収める、「禅源通録序」がそれであり、「熙寧四年正月望日」のデーツがある。

賓鉢羅窟に諸聖賢衆の、多羅等蔵を相い結集してより、其の紀述の来るや尚し。中華に至っては、則ち蕭梁に続法、元魏に付法蔵伝有り、以て唐の宝林、心要、祖堂等の集、国朝の伝灯録に至る。時代、師承、本末詳かに備わる。近ごろ、呉興に具寿僧拱辰なるもの有り、道意純熟し、禅寂を楽と為し、再び法筵を啓いて、尋いで復た衆を捨つ。顕わに談説せずと雖も、人に聞修の法を示し、作受する所無しと雖も、為衆利益の事あり。故に上代以来の諸伝集録を閲して、其の差訛を正し、其の精要を攬り、統本を推明し、横枝を総括し云云（四庫全書珍本初集）(475)。

『禅源通録』二十四巻は、臨済下第八世に当る湖州西余拱辰が編纂し、別に「祖源通要」とも呼ばれて、かつて『景徳伝灯録』と混同されたことがあるほど、『伝灯録』と相似する禅文献の一つだが(476)、この序文による限り、編者の拱辰は、『宝林伝』以下『伝灯録』に至る、禅宗史書を見ている。重要なのは、印宗の『心要集』が、禅宗史書とされることで、もしこれが存在すれば、恵能伝の最初の資料となるはずだ。『曹渓大師伝』も、この本を意識しよう。とりわけ、張方平が『心要集』を『宝林伝』の後におくのは、印宗のそれにもとづく増補が考えられることであり、神会と『六祖壇経』によって、南宗に引きよせられた恵能像を洗い直し、新しい祖師像をつくりあげることに、『六祖壇経』以後の各派が動きはじめるとき、一は『心要集』の増補となり、一つは『曹渓大師伝』をつぐ『宝林伝』となったといえる。馬祖を祖とする祖師禅が、『宝林伝』の形成に関係していることは、くり返し注意するところである。時代は、弟子が師を決定する、新しい歴史を求める。語録の編者が、師と弟子を決める動機である。『六祖壇経』の作者は、そんな時代を先取りしていた。

曹渓恵能に、憲宗が大鑑の諡号を与えるのは、元和十一年（八一六）のことである。恵能その人の寂後、じつに百四年目である。

三四　曹渓をつぐ人々

神龍二年に、神秀が寂したとき、中宗は大通の諡号を与えた。(477)高僧に贈られる諡号の制は、このときにはじまる。(478)神秀につぐ義福に大智、普寂に大証の諡号がある。一行は、大恵の号を諡られ、その塔銘は、玄宗の御撰といわれる。玄宗は、同時代の高僧のみならず、老子や列子にも、諡号を与えている。神会が顕彰運動を起こす三祖僧璨に、鏡智の諡号があるのは天宝十年のことであり、大暦時代に代宗が達摩に円覚、道信に大満、弘忍に大証の諡号あり、さいごに徳宗の貞元十六年、二祖に大祖の号が贈られて、達摩より神秀に至る六祖の諡号が揃う。(479)あたかも、牛頭禅の鶴林玄素や、径山法欽にも諡号があるから、(480)六祖恵能へのそれは、もっとも遅れていることが判る。宗密の『円覚経大疏鈔』三之下、および『中華伝心地禅門師資承襲図』によると、徳宗の貞元十二年、皇太子に勅して諸禅師を集め、禅門の宗旨を楷定し、伝法の傍正を捜求せしめ、遂に勅によって荷沢大師を七祖と決したというのは、(481)そうした大暦より貞元に至る、禅宗史再編の要求に答えたものとみてよい。とりわけ、宗密は前者の神会伝で、大暦五年に祖堂の額を勅賜して、真宗般若伝法の堂と号し、七年には塔額を賜って、般若大師の塔と号したとする。のちに『宋高僧伝』第八の神会伝で、これを滅後直ちに勅諡したごとくに記すのは、宗密の主張に引きこまれたためで、もともと、宗密の主張には問題がある。宗密が右の文章を、『円覚経大疏鈔』に加筆するのは、のちにいう彼の弟子、恵堅の碑にもとづくが、別に韋処厚が鵝湖大義のために書く碑文をふまえる、露骨な宗派意識を反影する。(482)それが徳宗の貞元十二年とされるのは、先にみる六代の諡号問題を意識していよう。とりわけ、右の二つの本で、宗密はさらに貞元十二年に、七祖の銘記が神龍寺に納められ、また御製の七代祖師賛文が、世に行われているとする。[483] 皇太子は第十代皇帝順宗であるが、順宗は、永貞元年に即位と同時に太上となり、一年後に崩ずる。謂わゆる永貞の改革が、不発に終わり、柳宗元や劉禹錫らの八司馬が、地方に追われる運命の年である。[484] その第一子憲宗の治世は、大唐中興とよばれるほど、評価のたかい転換時代である。宗密のいう御製が、皇太子の勅とされるのは、すこぶる怪しいのである。

『祖堂集』第二の達摩の章に、北斉末に華北に来る那連耶舎三蔵が、居士万天懿に懸記を与え、このくにの仏教の将来を予言し、「吾が滅後二百八十年中に当り、偉大なる国王が三宝を善敬する」とき、かれの予言する「諸賢が出世し、群品を化道し、千百億有るを約すとする大国王」も、おそらくは徳宗を指す。[485] 那連耶舎の予言は、先にいう宗密所伝の事件と、さらにこれをふまえる、『宝林伝』の成立を指す。いずれも、創作にすぎぬにしても、徳宗より憲宗の時代に、六祖以後の問題が、漸く再編をみたことはまちがいない。

いったい、神会の弟子は、宗密の所伝に従えば、『円覚経略疏鈔』にこれを二十二人とし、磁州法観寺智如（俗姓王）を代表とするが、『中華伝心地禅門師資承襲図』は、智如を中心に十八人の名をあげるにすぎず、『祖堂集』第二に収める達摩の懸記に従えば、十二人あったというから、おそらくは『宝林伝』の説であり、これがもっとも古い資料で、玄賾以来の十大弟子の伝統を受けているはずである。[486] 宗密は、故意にこれを倍化するので、すでに史実ならぬものが入るのは当然であろう。ところが、『伝灯録』第十三は、十八人の名をあげ、福琳と光宝の章を立てるだけで、磁州智如の機縁をあげず、無機縁語句不録の十六人のうちに、その名を含める。

一方、『宋高僧伝』によると、神会の弟子は右の十二人ないし二十二人以外にも、多数の名が知られ、宇井伯寿の『禅宗史研究』（岩波書店、一九四〇年）は、それらを加えて三十三人とし、伝の判る人々について考証を加えている。要するに、宗密の所伝に問題がある上に、『宋高僧伝』にも混乱があり、荷沢宗の法系はすこぶる複雑である。とりわけ、同名同時の浄衆神会下に出る、益州南印との混同を、故意とするのが、胡適の遺稿「跋裴休的唐故圭峰定恵禅師伝法碑」（中央研究院歴史語言研究所集刊第三十四本上冊、一九六二年）であり、この仕事は単に史実を明らかにするにとどまらず、神会以後の禅仏教の動きそのものを考える、新しい視点を開く仮説となることは、わたくしの前著にくわしい(487)。要するに、『六祖壇経』や『曹渓大師伝』の成立が、すでに問題の所在を語るので、曹渓を祖とする南宗の運動は、各派各様の法系と、独自の教学を主張することとなる。これが語録の形成に、大きく作用するのは当然だろう。

とりわけ、神秀にはじまって、恵能に至る謚号の完成は、碑文の建立を伴うのが普通である。張説が神秀のために書く、「荊州玉泉寺大通禅師碑銘并序」は、そうした動きの嚆矢となる(488)。神会が王維に書かせた、『六祖能禅師碑』は、謚号に触れる由もなかった。柳宗元が恵能のために書く、「賜謚大鑑禅師碑」をはじめ、劉禹錫が書く第二碑と「仏衣銘并引」は、百数年を距てて、はるかに神秀の碑に応ずる意を含む。すでに別に、達摩より五祖に至る、列祖の碑文も出揃い、四祖道信下に法系を分つ、牛頭系の祖師の碑文も、幾つか書かれる。大半は、謚号の追賜を機としている。当時、わが叡山の入唐僧が、競ってそれらの文章を将来する事実も、注目に価しよう。『宝林伝』は、梁の武帝が達摩のために書く墓塔の碑や、昭明太子が達摩を祭る文章を収める。さかのぼっていえば、摩訶迦葉を賛える張文成の文もあり、今日欠巻となっている、四祖以下の部分は不明であるにしても、二祖恵可と三祖僧璨の章は、編者と同時代の碑文を、多数に収めることを特色とする(489)。要するに、今や塔銘の時代である。塔銘の動機は、天子が与える謚号を記念し、祖師の伝記と言教を記すことにある。弟子たちは、競って師の行状をまとめ、有力者を介して謚号を求め、知名の作家に依頼して、碑銘や塔銘をつくる。先の裴休撰「定恵禅師伝法碑」の例にみられるように、碑銘は、今や史実とは次元を分つ、曹渓以後の複雑、且つ興味ある課題を含むのである。

今、柳宗元の「賜諡大鑑禅師碑」に、次の句のあることは、とくに注目してよいであろう。

中宗、名を聞し、使して臣を幸せしめ、再徴するも致す能わず、其の言を以て心術と為す。其の説は具に在り、今は天下に布く。凡そ禅を言うもの、皆な曹渓に本づく。大鑑去世、百有六年、凡そ広部（広州）を治して、名を以て聞える者は、十を以て数うるも、能く其の号を掲ぐる莫し。乃ち今始めて天子に告げ、大諡を得たり、吾が道を豊佐する、其れ辞無かる可けんや。(490)

中宗（則天武后）が恵能を召したことは、王維の碑銘と『暦代法宝記』、および『曹渓大師伝』にいうところだが、王維の碑銘は、神会が書かせたものであり、『暦代法宝記』は、例の伝衣召し上げをいうのが目的であるから、今はともに問題にする必要がない。むしろ、中宗の神龍元年に勅あり、表辞して行かなかったことは、『曹渓大師伝』にはじまる話であり、このとき中宗（高宗）の勅がつくられ、恵能の辞疾の表が書かれる。(491)恵能の辞疾に応じ、中使薛簡が派せられ、恵能との長い問答が記録されて、一種の恵能語録となる。柳宗元が、再徴するも致す能わず、其の言を以て心術と為すとするのは、明らかに『曹渓大師伝』をふまえるとみてよい。「其の説は具に在り云云」も、このことと関係しよう。あるいは、敦煌本『六祖壇経』も、すでにこのうちにある。柳氏の大鑑碑銘は、これら二つの資料をふまえて書かれた。馬総は嶺南で、『曹渓大師伝』を読み、奏して諡号を請うとともに、柳宗元に碑文を書くことを求めた。後代、碑銘の成立が、弟子たちの行状や行実を素材にするという、これは一つの先例となる。二つの資料は、恵能の忠誠と、その教学の貢献度を保証する。

問題は、その次にある。凡そ禅を言うもの以下が、それである。今の禅は、すべて曹渓を祖とする。大鑑去世、百有六年、天子の諡号のないのは、どうしたことか。とくに、「名を以て聞える者は、十を以て数う」とは、先にいう十大弟子を指すにちがいない。『六祖壇経』に名を出す十人の弟子は、一人も諡号の勅賜を奏上しない。そんな今の弟子として、恵能の徳を天子に告げ、大諡を得た人の功を記すのが、柳宗元の撰文の動機である。[492]今、大鑑碑文を支えた人々の、具体的な実績に入る余裕はないけれども、神会を七祖とする人々とは別系統に属し、十大弟子の一人とされる神会に対して、柳氏が好意をもっていない、あるいは、ほとんど無視していることは、確かといえた。元和十一年、柳宗元は再度の地方配流で、すでに柳州に来ている。四年後の元和十四年、かれはここで生涯を終える。神会は、すでに入寂と同時に塔号を受け、先にいう七祖の勅認すら得ている。[493]師の恵能を置き去りにしたままでの、七祖の勅認は理解しがたい。問題はむしろ、それを主張する宗密の方にある。宗密が文宗の勅を受けて入内するのは、太和二年のことで、裴休との交遊もこのとき以後となり、宗密の神会顕彰活動と、これを軸にする禅宗史の再編は、この頃より入寂に至る十数年の仕事となる勘定である。言ってみれば、宗密は柳氏の「大鑑碑銘」と、これにつづく馬祖下の弟子の動きを相手どり、新しい荷沢宗を構想するのだ。宗源の神会に、それらしい碑銘がないのは、最大の欠点であろう。『禅源諸詮集』と『中華伝心地禅門師資承襲図』は、禅の分派をあらためて十室とし、あるいは七宗とすることで、その正宗を荷沢におく、新しい禅宗史書となる。[494]

いったい、神会につぐ弟子として、今に碑銘をのこすのは、大悲禅師霊坦と楊岐山乗広、および西京招聖寺慧堅の三人である。あらかじめ、資料の所在を示せば、おおよそ次のようである。

賈餗、楊州華林寺大悲禅師碑銘幷序　『唐文粋』六四、『全唐文』七三一

劉禹錫、唐故袁州萍郷県楊岐山禅師広公碑文　『英華』八六七、『文集』三〇（別四）、『全唐文』六一〇

徐岱、唐故招聖寺大徳恵堅禅師碑銘幷序　西安碑林（図版一〇二）

宗密は、神会につぐ弟子として、これらの三人を無視する。『中華伝心地禅門師資承襲図』に、わずかに西京堅

の名をあげるにすぎぬ。注目に価するのは、第三の恵堅（七一九—七九二）の碑に、すでに神会を七祖とし、大暦中に勅によって招聖寺に入り、観音堂を造って、七祖の遺像を繢いたとし、貞元の初めには新経の翻訳に関係し、さらに詔を奉じて諸の長老と仏法の邪正を弁じ、南北両宗を定めたとすることで、(495)史実としてはこれが、先にいう七祖勅認にほかならず、宗密はこの碑文を知っていたはずである。恵堅は主として北地にあり、神会についで、王公顕紳の間にその法を広めた。碑文は、「太中大夫給事中皇太子及諸王侍読兼史館修撰柱国徐岱撰、奉義郎前試詹事府司直孫蔵器書」とされ、元和元年景戌歳夏四月旬有五日建、天水強瓊刻字である。三碑のうち、もっとも初期に属し、明らかに宗密の資料に先立つ。

次に、大悲禅師霊坦（七〇九—八一六）は、『宋高僧伝』第十にその伝を収め、『伝灯録』第十三の目録に広陵霊坦の名をとどめるが、宗密は、この人のことを言わない。俗姓は武氏、則天武后の族で、二十歳で太子通事舎人となり、剃髪して神会に参じ、神会が弋陽に遷されてのち、上都にのぼって、恵忠を礼して師とし、その奏によって大悲禅師の勅号を受けている。百八歳の世寿を保ち、広陵に住するのは、元和以後である。注目すべきは、賈餗の碑文に、その法系をあげて次のようにいうことである。

大迦葉が心印を承けてより二十九世して、菩提達磨に伝え、始めて中土に来たり、代襲して祖と為し、派別して宗と為す。故に第六祖曹渓恵能、始めて荊州神秀と南北の号を分つ。曹渓既に没して、其の法を嗣ぐ者、神会と懐譲、又た析れて二宗と為る。(496)

六祖につぐ懐譲の名の、もっとも確かな古い根拠は、おそらくこの碑文を最初とする。もう一つの資料、李朝正の「重建禅門第一祖菩提達摩大師碑陰文」のことは、のちにあらためて考える。(497)霊坦の入寂は、元和十一年（八一六）で、賈餗がこの碑文を撰するのは、宝暦元年（八二五）のことである。とくに、賈餗がその年を以て、丞相太原公綜が、淮南に戎して三年とするのは、すこぶる注目すべきである。太原公綜は、扶風公馬総であり、かつて嶺南に在ったとき、恵能の謚号を奏した人である。(498)柳宗元の「賜謚大鑑禅師碑」は、これを動機に書かれた。さらにあたかも、馬祖につぐ章敬懐惲（七五六―八一五）や興善惟寛（七五五―八一七）、鵝湖大義（七四六―八一八）等が相い次いで入寂し、その弟子たちが碑文の建立に力めた時期である。(499)いずれも、華北に化を振った弟子で、曹渓三代としての馬祖の、法系を確認する必要があった。張正甫が南岳懐譲のために撰する、『衡州般若寺観音大師碑銘幷序』（『唐文粋』六十二、『全唐文』六百十九）は、道一の門人、惟寛と懐惲の依頼によるもので、元和十八年の撰文とされる。(500)元和は十六年に、長慶と改元される。十八年は、長慶三年に相当する。撰人張正甫が、とくに元和の年号に執するのは、おそらくは先にいう憲宗が、馬祖に「大寂禅師大荘厳之塔」、石頭に「無際大師見相之塔」という、謚号と塔号を追賜するのを前提しよう。(501)『宋高僧伝』第九の唐南岳観音台懐譲伝は、宝暦中に大恵禅師最勝輪塔の勅謚があったとするが、宝暦元年は塔がつくられたにとどまり、追謚はさらにのちのこととみてよい。張正甫の文章は、張説の『荊州玉泉寺大通禅師碑銘幷序』をふまえ、『六祖壇経』にいう十大弟子の説を前提しつつ、懐譲が曹渓の後学弱齢で、その末席に甘んじたことを徳とするので、勅謚や塔号を言うには至っていない。

要するに、元和十一年に成る、「大鑑禅師碑銘」の出現を機として、従来神会に独占された曹渓以後の分派問題が、にわかに活発化してくる。曹渓以後の確認は、神会の評価を抜きにできない。大悲禅師霊坦の碑文に、懐譲と神会を並記するのは、神会の側より書かれただけに、すこぶる穏当の扱いである。周知のように、韋処厚が書いた大義の碑銘が、普寂と神会、および牛頭と道一を並記するのみで、懐譲問題について沈黙を守るのも、「大鑑禅師碑銘」に先立つ故である。大悲禅師霊坦や懐譲の碑に、先立つことはいうまでもない。

応身は無数なり、天竺に其の一を降す。禅祖は六有り、唐に其の三を得たり。高祖の時に在りて、道信なるもの昌運に叶う有り。太宗の時に在りて、弘忍なるもの元珠を示す有り。高宗の時に在りて、恵能なるもの月の指を筌す有り。此より脉散じ糸分って、或は秦に遁れ、或は洛に居り、或は呉に之き、或は楚に在り。秦なる者を秀と曰い、方便を以て顕わる。普寂は其の允なり。洛なる者を会と曰い、総持の印を得て、独り宝珠を曜かす。習徒は真に迷い、橘枳は体を変じ、竟に壇経を成じて、伝宗優劣詳かなり。呉なる者を融と曰い、牛頭を以て聞ゆ。径山は其の裔なり。楚なる者を道一と曰い、大乗を以て摂す。大師は其の党なり。(502)

恵能を高宗の時に在りとするのは、高祖、太宗、高宗という、唐三代を次ぐ意味もあろうが、資料としては『曹渓大師伝』を承けた証拠で、今もまた神会以後における、この本と『六祖壇経』の作用の強烈さを知るに足る。韋処厚は、道一—大義の立場で、神会と『壇経』を批判するのであり、伝宗とは、十大弟子を意味すること、いうまでもないであろう。

ところで、そんな神会の弟子として、墓碑を今にのこす第三の人は、先にいう楊岐山乗広（七一七—七九八）である。撰者の劉禹錫が、一方で柳宗元の「大鑑禅師碑」につぐ第二碑と、仏衣銘を書いている事実は、この際すこぶる重要である。柳宗元は、すでに神会を無視している。乗広の入寂は貞元十四年のことで、墓碑は元和二年（八〇七）に書かれるから、「大鑑禅師碑」に先立つわけである。乗広は容州の人、三十歳で受具し、衡陽で天柱想公に依るが、洛陽に至って荷沢神会に参じ、真乗に契う。おそらくは神会の寂後に、袁州楊岐山にくる。あたかも同時に、神会に嗣ぎ袁州楊岐山に住した、広敷（六九五—七八五）がいるから、広敷に続いて楊岐に入ったのであろう。注目すべきは、乗広のために塔を建てる、服勤聞法の上首甄叔（？—八二〇）が、のちに馬祖の弟子とされることである。すなわち、弟子至賢が撰する、「楊岐山甄叔大師碑銘」（『金石萃編』百八、『全唐文』九百十九）によると、甄叔は当初より大寂の禅門を扣いている。(503)甄叔の碑がいつ建てられたかは明らかでないが、すでに大寂の諡号を用いていることが注目される。江西の禅脈は、すでに大寂禅師馬祖によって統べられていた。

いったい、賈餗の「楊州華林寺大悲禅師碑銘」は、撰文の由来について、次のように記す。

（師は）華林に住すること九年、年一百有八なり。元和十一年秋九月八日を以て、真を其の寺に返す。明年、塔を州の西原に建つ。門人は天下に遍きも、其の数を荷う者は、惟だ上都西明寺の全証のみ。証は達摩より以来、皆な論譔有るも、師の楽石の未だ刻せざるを以て、余が能く尽く其の道を知るを謂い、宝暦元年、錫を毗陵に駐むるや、其の教宗と師の行事とを持って、文を得て諸を塔廟に建てんことを願う。余因りて其の昭昭として述ぶ可き者を採りて、碑に載するなり。時に丞相太原公摠（総）が、淮南に戎するの三年なり。[504]

作者の賈餗は、のちに甘露の変に際し、李訓とともに終南山に逃れ、宗密にかくまわれるが、宗密が捕えられたために、李訓とともに刑死している[505]。大悲の碑を書くころも、すでに宗密と関係があったろう。大悲に次ぐ西明寺全証と、宗密の関係も想定される。宗密が、大悲禅師霊坦を、神会の弟子としないのは、どうしたことであろう。問題は全証が、大悲の碑文を賈餗に書かせて、達摩以来すでに皆な論譔有りとし、賈餗自ら、能くその道を知るものとすることだ。論譔は、論撰であり、論纂である。先に引くように、『漢書』の芸文志に『論語』の成立について述べ、「門人相い与に輯めて論纂す、故に之を論語と謂う」、とするのを想起してよいであろう。達摩の法をつぐ人々には、すべて論譔がある。今や、論譔の存否が、正系の証となる。曹渓をつぐ祖師たちには、何らかの語本があった。賈餗が毘陵に滞在する宝暦元年、全証は大悲の教宗と、師の行事とを持って、碑銘の選を賈餗に求めたという。教宗は、語本であり、行事は行状であろう。霊坦は生前に、大悲号の勅賜を受けていた。大悲の碑文には、すべての要素がそろっている。先にいう、馬総が淮南にいることを附記するのも、そのことと関係がある。全証は、大悲の碑文のうちに、師翁神会の活動を含めようとしたかもしれぬ。賈餗の文章は、全証の期待にそうものでなか

ったが、神会にはじまる一般社会との結合は、すでに完全に定着している。(506)

三五　語録の条件

もともと、この時期に始まる禅の碑文は、作者が第一級の儒家であるためもあり、仏教よりも儒家の語と、その発想によることが多い。張説や王維が、その先河となる。達摩より五祖に至る列祖の碑銘が、この傾向を強める。今、柳宗元や劉禹錫が、大鑑碑銘の作者に選ばれるのも、理由のないことでなかった。

馬祖の碑を書いた権徳輿は、徳宗・憲宗朝を代表する、大政治家であり、詩文の名手である。その墓碑銘は、韓愈が書いている。(507)「前後考第する進士、及び庭に策試せらるる士は、踵相い躡んで宰相・達官と為り、公と相い先後す。其の余、台閣・外府に布処するもの凡そ百余人」と、韓愈は記す。徐松の「登科記考」によると、権徳輿のとき、進士に合格した人々のうちに、賈餗あり、諸科六人のうちに白居易の名がみえる。(508)

権徳輿は、柳宗元や韓愈にはじまる、新しい文学と哲学の、さらなる濫觴である。徳宗・憲宗時代の南宗の祖師たちが、かれらと関係をもつことは、やはり注目してよいであろう。たとえば、柳宗元の「賜謚大鑑禅師碑」は、先に引く中宗聞名に先立って、次のようにいっている。

因みに言に曰う、生物有りて、則ち闘奪を好み、相い賊殺して、其の本実を喪いて自り、誖乖淫流して、克く初に返る莫し。孔子は大位無くして没し、余言を以て世を持つ。更に楊墨黄老、益ます雑わり、其の術は分裂す。而して吾が浮図の説、後に出で、推離して源に還す。謂わゆる、生れながらにして静なる者に合す。梁氏は好んで有為を作し、師の達磨は之を識る。空術益ます顕われ、六伝にして大鑑に至る。大鑑、始めは能く労苦服役を以てし、一たび其の言を聴くも、言は以て究むる希し。師は用て感動し、遂に信具を授く。南海上に遯隠し、人の聞知する無きこと、又十六年、其の行ず可きを度して、乃ち曹渓に居り、人の師と為るに、学者の来るに会うこと、嘗て数千人なり。其の道は、無為を以て有と為し、空洞を以て寔と為し、広大不蕩を以て帰と為す。其の人を教うる、始めに性善を以てし、終りに性善を以てし、耘鋤を仮らずして、本より其れ静なるなり。(509)

六祖恵能の教えが、儒家の性善説と全く同じであったかどうか、仏性と性善を一つにしてよいかどうか、とりわけ、曹渓の仏性戒を、生まれながら静なる者に合する意としてよいか、問題は無限にのこるにしても、(510) 恵能が滅後百余年のあいだ、国家による何の諡号も与えられず、嶺南の地に放置されたのは、正しく孔子が大位無くして没し、余言を以て世を持ったのにひとしい。新しい哲学と文学の出発に、恵能に天子の諡号を贈ることは、どうしてもまず必要な処置である。かつて、恵能の南宗に、牛頭禅や天台の一派が、自ら攀龍附鳳したように、儒家の側から曹渓に対決を求める動きが起こる。柳宗元の「賜諡大鑑禅師碑」は、そんな時代の先駆といえた。柳宗元は、この文章を柳州で書く。今や、地方の時代である。地方に出ることによって、儒家は方外の文を書く。柳宗元は、恵能の説を知ることによって、儒の伝統を再編する。当時、天台の六祖湛然に学んだ梁粛が、新しく天台智顗の碑を書いている。柳宗元の文章に、神会とも馬祖とも、分派の明記がないのは、当然であろう。わずかに、梁の武帝と達摩の問答をとりあげるのは、『六祖壇経』をふまえている証拠である。

今、もっとも興味ぶかいのは、柳氏とほぼ同じ頃、白居易が済上人に与える、次のような書簡である。(511) 済上人は、今のところ、その伝記を確認できない。先にいう招聖恵堅の碑文に、弟子普済の名があり、韋処厚の大義禅師碑銘にも、大義の入寂に侍する弟子のうちに、広済の名がみえる。二人とも、その伝を明らかにしないが、白居易の時代からいえば、そのいずれか一人とみられる。

月日、弟子太原の白居易、済上人の侍左に白す。昨は頂謁の時、愚蒙を以てせず、仏法に言及し、或は未だ了せざる者、重ねて討論するを許せ。今、経典の間、未だ諭らざる者は、其の義に二有り、面のあたり問答せんと欲するも、此彼卒卒して、語言の尽さざることを恐る。故に粗ぼ文字に形わす。願わくは詳かに之を覧、敬佇報章して、以て未悟を開け。所望、所望。仏は無上の大恵を以て、一切衆生を観じ、其の根性の大小不等なるを知り、方便智を以て方便の法を説く。故に闡提の為めに十善の法を説き、小乗の為めに四諦の法を説き、中乗の為めに十二因縁の法を説き、大乗の為めに六波羅蜜の法を説く。皆な病根に対して救うに良薬を以てす。此は蓋し方便教中不易の典なり。何を以てとならば、若し小乗人の為めに大乗の法を説けば、心則ち狂乱し、狐疑して信ぜず。謂わゆる、大海を以て牛跡に内る無ければなり。若し大乗人の為めに小乗の法を説かば、是れ穢食を以て宝器に置く、謂わゆる彼自ら創無し、之を傷う勿かれとなり。故に維摩経は其の義を摠べて云う、大医王と為って、病いに応じ薬を与うと。又た首楞厳三昧経に云う、先に思量しては何らの法を説かず、其の所応に随って為めに法を説くと。正に是れ此の義なる耳。猶お恐るらくは、説法の者が人の根性に随わざらんとなり。故に又た法華経には戒めて云う、若し但だ仏乗を讃ずれば、衆生は罪苦に没在し、是の法を信ずること能わず、法を破して信ぜざるが故にと[512]（以下略）。

白居易の手紙は、全篇一千三百字。以下仏陀の説法に、四乗の別があって、衆生の病に応じて薬を与える、方便の必要を説く一方、そうした方便を批判して、自ら仏性を断ずるものとし、衆生の性が即ち法性で、本よりこのかた増減なきを明かし、諸法に高下を説くのは、邪説であり、顚倒の説であるとするものがある。両説は相互に矛盾し、全く相い容れる余地がない。方便は形骸化しやすいから、対病の薬は危険であり、手放しで肯定することはできないが、方便と真実を分つことそのことが、すでに分別に堕し、形骸化の危険を含みはしないか。『維摩経』と

『法華経』、『首楞厳三昧経』が前者であり、『法王経』と『金剛経』、『金剛三昧経』は後者である。如来は真語の人、実語の人、不誑語の人、不異語の人という。同じ仏陀の説法の、この絶対矛盾はどうしたことか。とくに右の六経は、上人の常に講読されるところ、わたくしのために、此の疑いを解けというのであり、さらに五陰の色受想行識と、十二因縁のそれらに、順序の相違があるのは何故かという、もう一つの質問を呈出して終わる。主題は明らかに前半にあり、五陰と十二因縁の問題は、仏説の矛盾例を補説するものともみられる。注目してよいのは、白居易が引用する経文が、すべて神会以後の日用仏典と重なり、質問はそのまま禅文献を相手どる、頓教の矛盾に向けられることだ。『金剛経』が、神会によって頓教の根拠とされたことは、すでに詳しく考えたとおりである。『金剛三昧経』は、達摩の『二入四行論』を含み、『法王経』は百丈の説法に、はじめて引かれる、もっとも新しい中国仏典である。

済上人の返書は、伝わらない。のちに、宋の覚範が上人に代わって、三百年ぶりに白居易に答える書が、覚範の「林間録」に収められて、それはそれで興味深い話頭となるが、唐代の問題とはいえないし、白居易もまた必ずしも覚範の返書を期待したわけであるまい。あまりにも矛盾の大きい、当代の南宗頓教に対し、已むことを得ぬ一矢であった。済上人の返書の趣旨は、おおよそ見当がついていた。『伝灯録』第二十九に収める、白居易の「八漸偈并序」は、すでにかれ自身の意見を暗示する。(513) 八漸偈は、東都聖善寺鉢塔院で、貞元十九年に入寂した凝公大徳に捧げる供養の文章で、凝公生前の教えである「観覚定恵、通明済捨」の八法について、自分の見解をあらわす。済禅師への質問と直接のかかわりはないとも言えるが、これが白居易その人の仏教をあらわしていることはまちがいない。白居易は、馬祖につぐ興善惟寛のために、「伝法堂碑」(『白氏文集』四十一)を書いているし、おそらくは宗密の依頼によって、荷沢第四世東京神照の碑を書いてもいる。周知のように、馬祖につぐ仏光如満に参じたこと

（『伝灯録』十）や、鳥窠道林との問答も知られる（『祖堂集』三、『伝灯録』四）。とりわけ、白居易は仏光如満の心法を得、兼ねて大乗金剛宝戒を稟けたとされる[514]。史実の確認はむつかしいが、すくなくともその表現が、『六祖壇経』をふまえることは明らかである。

さらに、『白氏文集』には、七篇の「真誥」と一巻の『壇経』をならべ歌う、律詩一百首の一つ「味道」や、心地を将て南宗禅に回向するという、杓直に贈る作品もある[515]。白居易の作品には、別に四巻本『楞伽経』に寄せる、特別の心情を歌うものがあり[516]、必ずしも南宗に限らぬ、はばひろい共感があって、『金剛経』や『法王経』にみられる頓教に、一種の違和感があったことは確かであろう。要するに、達摩を祖とする禅仏教への、はばひろい関心は、当代の士大夫に共通し、有縁の禅僧と交わることが、すでに一般の傾向となっている。白氏の禅仏教は、そうした時の動きを代表するといってよい。もともと、禅仏教のラジカリズムは、このくにの伝統を支える士大夫として、にわかに許しがたい危険性を含むとともに、儒教や道教の沈滞をやぶるに足る、妙に魅力ある新しさをもっていた。柳宗元の「賜諡大鑑禅師碑」が、孔子に大位の無かったことを、恵能に長く諡号の無かったのに比し、その教えがのちに長く世を持って、今日に至るように、六祖の教えがすでに天下に広がっているとするのは、禅仏教に寄せる時代の期待を先取りすることで、その逸脱をあらかじめ批判したもの、といえるかもしれない。

かつて、漢魏両晋以来の約五百年を経過し、道教との不断の対決によって、相互に多くの中国撰述の経典を生みだした仏教は、今や従来の経典と、その様式を分つ語録生産の時代に移る。『六祖壇経』の出現は、正しくそんな画期といえた。この本になお残る古い要素を切りすて、今の対話を探るところに、馬祖以後の新しい動きが起こる。対話が、拡大されるだけではない。語彙も、発想も大きく広がる。今の対話の完全な成立は、相互に古い伝統の確認と批判があって、始めて可能となる。伝統の確認は、三教の別を問わず、相互に今の自己に受けとめられた、文明そのものが問われる。

儒教は仏教を、異国の宗教として排斥しつづけるが、仏教が中国民族の宗教として、すでに不抜の伝統をもつことを、承認せざるを得なかった。語録の生産は、そんな中国民族の伝統を問い直すのであり、宋初に始まる中国文明の再編を、馬祖禅は先取りする。要するに、白居易に代表される、新しい居士仏教の出発は、語録生産の動きとともにあった。裴休が、黄檗の説法を記録し、『伝心法要』や『宛陵録』を編む。のちに、宋の駙馬都尉李遵勗が、『天聖広灯録』三十巻を編し、黄檗の語と『宛陵録』を含む、馬祖下『四家語録』を収める、異例の編集様式も、おそらくは裴休の先例をつぐ意図をあらわす。語録の生産は、すでに禅仏教より、道教に影響し、儒家に広がる。中唐の居士たちが、競って禅の塔銘をつくりだしたとき、そうした語録への関心が、すでに動いていたといえる。儒と禅との完全な結合は、宋代思想史の課題である。今はまず、柳宗元の「賜諡大鑑碑銘」によって、両者の拠る『論語』と禅の語録という、対話のテキストそのものに、すでに共通したもののあることを、あらかじめ注意するにとどめる。

中国の西南にひろがるチベット高原で、あたかもインドと中国より、同時に仏教をとりこむことによって、民族の文明をつくりあげようとする、新しい動きが起こるのは、八世紀より九世紀にかけてのことである。敦煌に初期の禅文献が集まるのも、そんなチベット民族の選択による。当初は、中国仏教への期待の方が大きい。やがて、チベット民族は、インドと中国仏教の大きい矛盾に気付く。有名な「ラサの宗論」は、そんな自らの選択を問い、路線の修正をめざすものといえた。中国仏教を代表する頓悟禅宗と、インド仏教のオーソドックスが問われて、遂に後者に傾くのである。[517] 数百年の歴史をかけて、中国民族が生んだ頓悟禅宗は、容易に理解しにくい魅力的な成果である。あたかも時を同じくして、隣邦の新羅と日本で、同じような民族文明の胎動が起こる。すでにくり返し注意する、最澄の菩薩戒壇独立運動は、単に小乗戒と大乗戒の域に終わらぬ、日本仏教の当否を問う、文明の試みである。すくなくとも、のちに分れる鎌倉仏教は、すべてが同じ問いに答えたもので、最澄の菩薩戒壇運動の成果といえる。[518]新羅でも、すでに九世紀より、中国禅仏教の受容が始まる。のちに九山禅門に整理される新羅禅と、高麗朝に完成をみる知訥の曹渓宗は、中国仏教による民族再編の成果であり、このくにの禅仏教は、今もすべて曹渓宗に属する。[519]近世朝鮮の儒仏の交流と対立は、中国よりもはげしい。

今、チベットや新羅・日本にひろがる、中国仏教の史実そのものを問うつもりはない。問題は、有名な「ラサの宗論」について、中国側の記録である『頓悟大乗正理決』が、頓悟禅宗を根拠づけるのに、大乗経典の引用に力めることで、先にみる白居易の済上人に与える手紙と、実によく似ている事実である。[520]『頓悟大乗正理決』は、頓悟禅宗を代表する漢僧摩訶衍が、新旧二度にわたる、相手側の質問に答えて、自説の根拠を示したもので、実際の宗論とは別のようだが、日常言語も思想的立場もちがう、漢僧とインド僧との対論の決択は、仏典に根拠を求める以外に方法はないであろう。摩訶衍が引用する大乗仏典のうちに、『金剛三昧経』や『首楞厳経』など、今では中国撰述であることの明らかな、新しい仏典のあることは、すこぶる注目に価しよう。事情は、白居易の場合にも共通する。ここに、時代の問題があった。白居易は頓教を根拠づける仏典が、他の方便を説く大乗経と、矛盾することをつくのだが、『頓悟大乗正理決』は、出典を示すだけで、その矛盾を弁証することはない。白居易の方は、方便を否定する三経に、問題を限るが、摩訶衍は気のむくままに、多様な引用を試みる。とりわけ、それらの引用について、摩訶衍が次のようにいうのは、今の場合とくに重要である。

摩訶衍は一生巳来、唯だ大乗禅を習い、是れ法師ならず。若し法相を聴かんと欲せば、婆羅門法師の辺に聴かしめよ。摩訶衍が説く所は、論疏に依らず。大乗経文に准じて、指示するのみ。摩訶衍が修習する所の者は、

大般若、楞伽、思益、密厳、金剛、維摩、大仏頂、華厳、涅槃、宝積、普超三昧等の経に依りて、信受奉行す。(521)

摩訶衍にとって必要なのは、仏語に准ずることである。大乗の経文だけが頼りで、インド仏教の論疏や、諸宗の成果ではなかった。摩訶衍が、ここに挙げる『大乗経』のリストには、『法華経』や『金剛三昧経』を含まないが、本文には引用があるから、とくに意図的な除外ではない。白居易のような疑問に、この人はまだほど遠い。すべてが、頓教で統一されていた。大乗、即頓教である。

いったい、摩訶衍は、北宗の三世である。じじつ、右の一段につづいて、かれは自ら次のように説く。

摩訶衍が依止和上は、法号降魔、小福張和上なり。准じて大福得六和上を仰ぎ、同じく大乗禅門を教示せらる。聞法已来、五六十年を経て、亦た曾て久しく山林樹下に居る。(522)

降魔は、先にいう滑台の宗論で、崇遠が嵩岳普寂とともに、北宗の代表とする東岳降魔である。別に、降魔蔵ともよばれる。『封氏聞見記』六に、泰山霊巌寺降魔師とし、『宋高僧伝』第八に、兗州東岳降魔蔵師とする。(523) 小福張和上は、不明であるが、小福は藍田玉山恵福のことで、『伝灯録』第四の目録に、京兆藍田深寂と太白山日没雲、東白山法超という、三人の弟子があったとするから、北宗の有力者である。恵福が張和上であるのか、あるいは別に張和上という人があるのか、今のところ不明であり、大福得六和上も判明しないが、大福得はおそらく義福であり、普寂とならぶ重要人物である。(524) 六和上は六祖神秀、もしくは六代の祖師を指す。摩訶衍は、それら北宗の諸師に従って大乗禅門を受け、五、六十年の修行歴をもつ。かれは、そんな盛期の北宗を、チベットに伝えた。摩訶衍が、沙州にゆくのは、チベット暦で申年（七八〇）であり、インド僧と対決するのは戌年（七八二）である。(525)

宗密の『中華伝心地禅門師資承襲図』に、摩訶衍を神会の弟子とする。宗密は、同じく神会の弟子として、法意の名をあげる。饒宗頤は、『頓悟大乗正理決』によって、そこに音写で登場する達摩祇を法意にあて、摩訶衍とともにチベットに赴く、神会の弟子であろうとする。[526]

摩訶衍の説くところが、やや神会に近く、北宗に似ぬことは確かであるが、先にいうように、南頓北漸は神会と『六祖壇経』の創作で、北宗の実際は必ずしもかれらが言うごとくでない。『大乗開心顕性頓悟真宗論』や、さらにこれを徹底する『頓教真宗金剛般若修行達彼岸法門要訣』、『恵達和上頓悟大乗秘密心契禅門法』（「北京本致字」八十六）など、明らかに頓悟を説く。いずれも、北宗後期の作品である。[527] のちにそれらが、大珠恵海の『頓悟要門』に総合せられることを、わたくしはすでにくり返し書いた。『頓悟大乗正理決』は、中国仏教を代表して、インド僧との対話を試みる摩訶衍の語録であり、南北の対決がねらいではなかった。中国に起こる禅仏教を、三蔵の書によって弁証するのである。

問題は、神会の時代より六十年を経て、頓教や頓悟のラジカリズムが、すでに過去のものになっていたことである。もともと、頓教は地方都市に起こる、曠野の声である。動きは嶺南にはじまり、四川に広がる。京兆・洛陽に入った禅仏教は、次第に頓漸の総合に傾く。宗密もまた、頓悟漸修の体系を求める。白居易にも、それがある。興味深いのは、柳宗元の「賜諡大鑑禅師碑銘」や、劉禹錫の「第二碑」に、同じ動きがあることで、時代はすでに頓漸の次元にない、新しい宗教を求めている。馬祖にはじまる祖師禅は、にわかに江西と湖南の大地に広がる。一部の動きは、洛陽や長安に移るが、中心は依然として洪州にある。碑銘や序跋は、中央官僚の手になっても、語録生産の原動力は、中央になかった。『曹溪大師伝』と『宝林伝』の成立にも、新羅の入唐僧が関係している。[528]

人々の関心は、すでにほとんど完全に、インド仏教の絆を脱する。経律論の三蔵が、仏陀の語録として読み直される。三乗十二分教は、聖典とされる限り、人を縛る人惑であり、不浄を拭う故紙にすぎない。対話の根拠は、当の対話そのものである。

三六　馬祖の語本とその時代

馬祖にはじまる、新しい祖師禅の勝利は、口語の語本をつくりだすことによる。開山に当る馬祖の語本については、すでに私見を明らかにした[529]。馬祖を曹渓の三世とし、世尊より馬祖までの、正法眼蔵の授受の次第を、伝法偈によって説く『宝林伝』が、敦煌本『六祖壇経』と『曹渓大師伝』を総合する、新しい禅文献であることも、くり返しいうとおりである。『宝林伝』の出現は、語本の歴史的根拠を説くことを動機とする。もともと、馬祖につぐ弟子たちに、語録の多いことが注目される。大珠の『頓悟要門』は、本来は著述であったが、やがて語録の部分が加わり、馬祖門下を代表する作品となる。大珠が十大弟子の筆頭となるのは、この本の故であろう[530]。馬祖の十大弟子は、何よりも語録をもつことが、条件とみられた。たとえば、馬祖の伝法偈は、誰に与えられたか、判明しないところもあるが、言語表現を肯定するのが特色であり、馬祖の初期の弟子たちのうちに、そうした動きがあったにちがいない。

心地は、随時に説く、
菩提も亦た只寧（かくのごとし）。
事理、倶に無碍、
生に当って、即ち生ぜず[531]。

心地や菩提をいうのは、『六祖壇経』を受けるためで、転結の二句もともに旧套を脱しないが、第一の随時に説くは、馬祖その人の示衆をふまえ、第二句は、恵能が菩提元無樹とするのを、さらに只寧とする勢を示す。先にいうように、『楞伽経』の仏語心を宗と為すのであり、馬祖の偈は『六祖壇経』や『曹渓大師伝』に見えぬ、新しい主張を含むといえる。

『祖堂集』第十四のテキストによると、右の伝法偈に先立って、馬祖は次のように示衆する。

又た云う、夫れ法を求める者は、応に求むる所無かるべし、心外に別仏無く、仏外に別心無し。善を取らず、悪を捨てず、浄穢の両辺、倶に依怙せず、罪性の空なるに達す。念念に不可得にして、自性無きが故なり。三界は唯心にして、森羅万象、一法の印する所、凡そ見る所の色は、皆な是れ心を見るのみ。心は自ら心ならず、色に因るが故に心有り。汝、随時に言説す可し、事に即し、理に即して、都て碍ぐる所無し。菩提の道果も、亦復た是の如し。心の生ずる所を、即ち名づけて色と為す、色の空なるを知るが故に、生は即ち不生なり。若し此の意を体すれば、但だ随時に著衣喫飯し、聖胎を長養して、任運に時を過せ、更に何事か有らん。(532)

示衆は、ここで先の伝法偈を誦するので、以上はそのコメントとなる。むしろ従来の伝法偈が、後から創作されたのに対し、馬祖の場合は現在の伝法偈として、馬祖自ら弟子たちに説示するので、『六祖壇経』を継承する、もっとも新しい実演といえた。

馬祖は、即心即仏の説を神会に受け、これを随時の説とする。南陽忠国師の批判に答える、新しい意味を含むことは、いうまでもないであろう。馬祖が筆頭弟子西堂を、忠国師のところに遣るのは、すこぶる深意ありといえる。(533)とりわけ、別の弟子伏牛は忠国師に対し、即心即仏の一句を、字謎によって呈している。(534)即心即仏は、すでに馬祖の家風となる。たとえば、『伝灯録』第六の馬祖の章に、次のような一段がある。

僧が問う、和尚は什麼としてか、即心即仏と説く。

師云く、小児の啼くを止めんが為めなり。

僧云く、啼き止む時は如何。

師云く、非心非仏。
僧云く、此の二種の人の来たるを除いて、如何が指示する。
師云く、伊に向って是れ物にあらずと道う。
僧云く、忽し其中の人の来たるに遇う時は、如何。
師云く、且らく伊をして大道を体会せしむ。(535)

有名な、止啼の説である。それが、『涅槃経』や『大般若経』によることを、とくに注意する必要はないであろう。(536)馬祖は相手の問いに答え、文字通りに随時に説くので、経典の説明をしているのではない。先にいう、事理倶に無碍の意である。

要するに、馬祖の示衆は神会以来の、壇場授戒を継承する、無相心地戒の日用化となる。事実、示衆は心地法門をいい、善悪をとらず、罪性の空なるに達することを説くので、これも一種の懺悔に外ならず、示衆そのものが授戒を目的とすることとなる。浄穢両辺の句は、この時期に姿をあらわす、傅大士の語による。(537)馬祖は、従来の三学を総括し、即今の言語を肯定することで、相手の質問を促すのであり、伝法偈の説示がその根拠となる。とりわけ、右に引く『祖堂集』のテキストは、『宗鏡録』第一と『伝灯録』第六に共通するから、馬祖の語本の原型とみることができる。(538)

大恵の『正法眼蔵』上に、右の示衆とこれにつづく問答を引いて、洞山聡禅師が集める所の『禅門宗要』と『祖堂』の二録は、その宗要の末上に馬祖と石頭二師の語を準式とすといい、『宗鏡』と『通明』の二集もこれに同じとする。(539)北宋の中期より南宋時代に、馬祖の語本がこの部分を含み、もっとも重視されていたことを知る。大恵のコメントは、やや別の意図を含むけれども、馬祖の語が当時、定本をもっていた証拠となろう。

とりわけ、『宗鏡録』第九十七によると、右の示衆の大半を、馬祖は南岳懐譲より受けたものとし、即今言語の部分を欠くことが注目される。(540) かつて、私見を出すように、『宗鏡録』に伝える南岳懐譲と馬祖の問答は、明らかに馬祖以後の創作であり、そのまま同時資料とはできず、さらに、即今言語の一段を、同じ『宗鏡録』第九十七で、吉州思和尚の示衆とするのは、さらに新しい修正とみるほかないが、それらの工作が、馬祖の語本をふまえていることは明らかである。もともと、南岳懐譲の弟子は、馬祖以外は伝記不明で、師の眼耳鼻舌身意を得るという、得意の説話そのものも、この時代に完成する、達磨と恵可のそれをふまえる、創作の域を出ぬことは確かである。(541) 馬祖の語本のテキストについては、いずれのちにあらためて考える。今は以上の考察によって、馬祖の示衆と伝法偈そのものが、この人にはじまる語本の発端となることを、一往確認することができたとしたい。

いったい、馬祖の弟子は八十八人といい、あるいは百三十九人、あるいは八百余人という。(542) 多数の弟子が集まったことは確かだが、これらはいずれも意味をもつ数字で、当初は先にくり返しいう、十大弟子の発想より来るとみられる。馬祖の十大弟子は、権徳輿の撰する『洪州開元寺石門道一禅師塔碑銘幷序』（『唐文粋』六十四、『文苑英華』七百八十六、『全唐文』五百一、『文集』二十八）に、沙門恵海、智蔵、鎬英、志賢、智通、道悟、懐暉、惟寛、智広、崇泰、恵雲とし、本来は都合十一人である。百丈や南泉の名が見えぬことは、注目に価しよう。

今はまず、大珠に次いで、有力な弟子とされる西堂智蔵についてみよう。西堂は、馬祖の入寂に侍し、馬祖滅後の開元寺をとりしきる、事実上の筆頭弟子である。西堂は、開元寺の西堂の意であり、智蔵は当初からすでに客位にあった。『伝灯録』第七の西堂の章に、馬祖が看経を命じて、向後の為人を求めるとき、智蔵は病思自養し、なんぞ為人を言わんとするのは、のちに百丈が正系とされるのを意識する言葉である。

権徳輿が馬祖の碑文を書くのは、西堂や鎬英らの手で塔が成る、貞元七年（七九一）のことである。「冊府元亀」

第五十二（崇釈氏）によると、元和中に大寂の謚号あり、文宗の太和元年十月に、江西が塔号の勅賜を奏して、円証之塔と号せられたとする。(543)元和中というのは、先にみる惟寛や懐暉の運動で、南岳懐譲の塔がつくられ、張正甫が碑銘を書くのと、おそらくは同時のことであろう。同じ権徳輿が懐暉（七五七―八一六）のために書く、『唐故章敬寺百巌禅師碑銘并序』（『唐文粋』六十四、『文苑英華』八百六十六、『全唐文』五百一、『文集』十八）には、すでに懐暉の師を大寂禅師とする。白楽天が惟寛のために書いた、「興善伝法堂碑」も、すでに馬祖を大寂とよぶ。十大弟子のうちに、惟寛や懐暉がいるのは当然のことである。同じように馬祖につぐ、大義の入内を機として、元和朝昭義軍監軍使守内侍省奚官局令李朝正がまとめる、『重建禅門第一祖達摩大師碑陰文』（『全唐文』九百九十八）は、なお大寂の号を用いない。権徳輿の「石門道一禅師碑銘」は、馬祖の入寂より貞元七年まで、その有力弟子とみられた人々を、先にいう十一人とするのであり、筆頭の恵海、智蔵以下、ほぼその評価の順序を示すとみられる。

のちに百丈や南泉が、その語録によって、馬祖の正系とされると、西堂の評価は変化する。この人は、当初より後継者とみられ、他の弟子が各地に法幢をひろげるとき、馬祖の故道場龔公山を守って、その正系を自負したこと、とくにその門下に多くの新羅僧が集まり、海東への禅仏教の初伝となること、さらに『宝林伝』の成立も、そうした新羅僧と密接な関係にあることは、わたくしの別の文章にくわしい。(544)とりわけ、最近に至って、西堂智蔵の唐碑が発見され、貞元より咸通初年に至る、この人を中心とする洪州宗の実態が判明するに至る。すなわち、石井修道の「洪州宗における西堂智蔵の位置について」（印度学仏教学研究第二十七巻第一号、一九七八年）に紹介する、『贛県志』第五十と『贛州府志』第十六に収める、唐技の「龔公山西堂勅謚大覚禅師重建大宝光塔碑銘」がそれで、長慶四年に建てられた李渤の「唐大覚禅師塔銘」が、会昌の破仏で壊されたので、宣宗の勅によって再興するのであり、智蔵につぐ上足弟子として国縦、その上足弟子として法通の名が知られ、碑文の撰者唐技は、権徳輿を堂伯舅とよんでいる。この碑文によると、西堂は元和十二年（八一七）に、八十歳で入寂するから、従来元和九年とするのと異なり、諡号や塔号にも問題を残す。

今、西堂智蔵の史伝とその弟子たちの問題に、とくに深入りすることはしない。ただ、『伝灯録』第七の虔州西堂智蔵の章に、馬祖の滅後、貞元七年に大衆が開堂を請うたというのは、権徳輿の塔碑を受けるのであり、百丈や南泉を嗣法弟子とする『伝灯録』が、なおそのことを伝えることを考えると、西堂が馬祖下にもっとも重きをなしていたことを知るに足りようし、さらに大寂が生前に納袈裟を与えていること、とくに智蔵に看経を求めて、子は末年必ず世を興さんと予言しているなど、特別の扱いが注目される。貞元七年は、石頭希遷が貞元六年庚午十二月二十五日に九十一歳で入寂する翌年に当る。西堂の開堂は、馬祖と石頭に参じた天皇道悟や丹霞天然が、湖北と山東に家風をあげるのと、あたかも同時のことである。西堂を伝える資料には、かなり計算があるように思われる。

又、『宋高僧伝』第十の西堂伝によると、李渤や斉映、斐文といった名公の帰依があり、元和九年四月八日に入寂するや、弟子たちが直ちに塔を建てたとし、諫議大夫韋綬が蔵の言行を追問し、図経に編入したというのも、異常な扱いといわねばならぬ。図経の正体はよく判らないが、あたかも中央では、宰相が暗殺され、御史中丞が襲われる。地方の動きも活発化する。流謫十年目に、永州より都に帰った柳宗元が、ふたたび柳州に遷され、白居易も出でて江州司馬となる。あわただしい、時の動きである。開元以来、すでに禅僧の辞世が、そうした政変に利用された[545]。西堂智蔵にも、何らかの関係がありはしないか。すくなくとも、先に連帥路嗣恭が馬祖に帰依し、開元寺をその新道場とすることに、西堂が深くかかわっていて、これが動機となって、鮑防や李兼といった新官僚が、相次いで帰依している。路嗣恭は、寒門の出身で、政界へは異例の昇進である。馬祖の葬儀は北宗の普寂と、浄土教の大成者善導につぐほど、盛大であったといわれる[546]から、そんな先師の終葬を進め、馬祖の二世となる智蔵が、神異の僧とみられたことを、自然に想像することができる。

『祖堂集』第十七の雪岳陳田寺元寂の章によると、元寂は建中五年に入唐し、最初に広府の宝壇寺で受具し、曹溪に祖塔を礼したのち、洪州開元寺で智蔵に参じ、次いで百丈懐海に参じたという(547)。馬祖の寂後、開元寺にいたのは西堂であり、同門の弟子たちと、名公の支持によることが判る。後代、百丈が石門の塔に侍し、黄檗の来るのを待ったとされるのは、西堂が開元寺にいたのに対する、特殊の計算を含む説である(548)。『祖堂集』にのみ伝える、「江西の禅脈は、総に東国の僧に属するか」という、百丈が道義に与える言葉は、『宝林伝』の編纂をふまえる、西堂の言葉にちがいない。馬祖につぐ有力弟子として、西堂と百丈を並記する習慣は、王諷が撰する『漳州三平山広済大師行録(549)』や、のちに裴休が黄檗の『伝心法要』に序を書き、黄檗を百丈の子、西堂の姪とすることにもみられ、西堂に対する評価を伝える。

権徳輿が伝える馬祖の十大弟子は、大珠と西堂、惟寛と懐暉の四人を除いて、伝記の明らかな人が少ない。わずかに、志賢は太原の甘泉志賢であり、古くより語本が知られて、円仁の『入唐目録』にその名があり、『宗鏡録』第九十八にその一部を伝えることは、先にいうとおりであるが(550)、馬祖との機縁は不明であり、のちに太原にいたとすれば、参問期間も短いのでないかと思われる。

又、道悟は天皇道悟で、のちに石頭希遷に嗣いで、その下に龍潭崇信あり、その下に徳山宣鑑を出すことで、謂わゆる天皇派の祖となり、雲門と法眼二家の源流とされるから、唐代の禅宗史を左右する重要な祖師の一人である(551)。馬祖との機縁は、今ではほとんど不明だが、当時としては、馬祖の弟子とすることに意味があり、宗密の『中華伝心地禅門師資承襲図』がこれに従って、懐暉と百丈、西堂と惟寛の四者に列べ、五人を挙げることが注目される。『伝灯録』第十四の石頭希遷の章に、石頭が、自己の仏法の由来について語る、おそらく開堂の示衆につづいて、門人道悟が曹溪の意志は誰が得たかと問い、石頭が仏法を会する人が得たと答えると、さらに「師は得たのか」と問うのに、「我は仏法を会せず」と答える一段があり、とくに門人道悟とされることは、すこぶる注目に価しよう。「我は仏法を会せず」というのは、やがて曹溪恵能その人が、黄梅の伝法について問われ、同じ句で答えたとされるように、この時期の禅問答の成句となるが、道悟と石頭の対話が、事実上の発端である(552)。

馬祖の弟子のうちには、のちに天皇と同じように、石頭につぐ丹霞天然があり、一方には、当時すでに一派をなす牛頭宗より、馬祖下に転じた人があった。智蔵も道悟も、径山法欽と関係をもつ。他に、東寺の如会や伏牛自在、芙容太毓、超岸など、はじめは法欽に参じた人である。馬祖の弟子は、北は太原より、洛陽と長安、江陵を経て、江西と湖南、浙東の地に広がるので、実際は十大弟子以外の、新しい弟子の動きによるところが大きい(553)。大半は短期のあいだ、江西の何処かで馬祖に参じたにすぎず、あるいはのちに攀龍附鳳し、自ら弟子と称する人もあろう。馬祖との話頭は、すべて後から創られた(554)。大珠恵海はその典型で、早く十大弟子とされたが、大珠と同じような経歴をもつ人々は、かなり多いとみられ、むしろこれが、馬祖の家風となる。

たとえば、『伝灯録』第二十八に広語を収める、大達国師無業がそれである。別に、早くより天台山中の大梅に隠れた、有名な大梅法常のごときも、同じ経路をたどる。いずれも、馬祖の弟子とされるのは、語録があったためだ(555)。

無業は、仏教学の専家である。諷誦遺す無く、五行倶に下ると言われ、四分律にも通じている。馬祖に参じたときの機縁は、『六祖壇経』に収める法達や、「証道歌」で知られる一宿覚に似ている。即心即仏の一句が軸になっていることも、大梅の場合と共通し、これが馬祖の家風をなしていて、仏教学者無業は、真正面より馬祖の家風をたたくのである。のちに無業が、莫妄想の一句を家風とするのは、馬祖下に転向したためである。

『宋高僧伝』第十一の汾州無業伝によると、州牧楊潛(556)が僧録霊準に命じ、碑頌をつくらせたといい、碑頌の製作は馬祖下第一であり、大達国師の謚号も、穆宗の勅によるもので、門下に有力者が集まっていたためだろう。当時、中央に対する汾州の動きは、にわかにたかまる。この人にも、西堂と同じ政治的な、神異の期待がある。『伝灯録』所伝の広語は、この人に対する同時代の評価を示す。

一方、大梅法常の遺跡は、のちに永明延寿が再編したこともあり、『宗鏡録』にその語の一部を収めるほか、現に、わが金沢文庫に『明州大梅山常禅師語録』一冊を伝える(557)。大梅は、天台の一峰である。山中に隠れたといっても、四方より弟子が集まった。語録は、かなり長い上堂示衆の句を、幾つも収める。大梅と馬祖の機縁は、無業の場合と同じように、有名な即心即仏の一句をめぐるもので、正しく馬祖の語本による。先にいう東寺の批判を含めて、馬祖の止啼問答が、この派の出発となっていることが判る。馬祖が一僧を遣って、大梅の即心即仏を試み、梅子熟せりと許す話は、南岳が晩年に馬祖を試み、その上堂の句を伺わせると、「胡乱にしてより三十年、曾て塩醤を闕かず」と答えるのと相似する(558)。おそらくは、話頭としては、同時に成立している。

要するに、馬祖の弟子には、各地各様の動きがあり、いずれも思い思いに宗風を拡げた。神会にみられる、正傍の思考はない。十大弟子の順序も、すでにくずれはじめる。一括して馬祖の弟子とされる理由は、語本の語句を軸に、独自の問答を創造したことにあり、今や正しく伝統そのものが問われる。師資の確認があるだけで、宗派の意識はすでになかった。人々は、道俗を分けず、菩薩戒の問題も、従来の伝統の域にはなかった。龐居士の登場は、馬祖とその弟子たちを相手どり、出家の存在性を問う、新しい挑戦といえた。龐居士は、馬祖と石頭に参じて、自ら馬祖を選んでいる(559)。同参の丹霞が、自ら石頭を選ぶのと、対蹠的である。国子博士劉軻が、石頭の碑文を製し、「江西の主は大寂、湖南の主は石頭、往来憧憧として、二大士に見えざるを無知と為す」と記すのは、長慶中のこととされる[560]。

三七　西堂と百丈

『伝灯録』第六の百丈懐海（宋本）の章に、次のような話がある。

洪州百丈山懐海禅師は、福州長楽の出身である。幼いときに出家し、三学に通達した。ちょうど、大寂（馬祖）が南康で、盛んに説法していたので、傾倒し師事する。西堂智蔵禅師とともに、入室の弟子とよばれ、時の人は、二弟子を、角立とした。ある晩、二人は馬祖に侍して、満月を愛でていた。馬祖がきく、

正恁麼の時、如何（満月をどうする）。

西堂、供養するのが恰好です。

百丈、修行が、恰好です。

馬祖、経は蔵（西堂）に帰り、禅は海（百丈）に入った[561]。

先に馬祖下に重きをなす西堂に対し、百丈を評価しようとする、新しい対話である。満月の供養と修行と、いずれが先かを問わず、二弟子の答えを、馬祖が同格としたことは確かである。西堂が教学にすぐれたことは、すでに先にいうとおりである。百丈もまた若くして『大蔵経』に親しんだことが、その塔銘に特筆される。もともと、陳詡が撰する百丈の塔銘は、先師の碑文にその名を晦す、百丈の謙譲を称揚することに、ねらいがある。先師の伝記に名をあらわさぬ弟子が、のちに有力な後継者となるのは、『六祖壇経』の十大弟子に含まれぬ懐譲が、その名のように謙譲の美を懐いて、脚下に馬祖を打出する先例をふまえ、これが馬祖以後の新しい法系パターンとなる[562]。西天二十七祖般若多羅や、達摩と同学の仏大先につぐ那連耶舎の懸記に、謂わゆる脚天徒と称するのは、かつての正

傍の意識とは別の、新しいはみだしの論理であり、元来は西堂とその弟子がつくり出した、『宝林伝』の歴史観といえるが、今や同じ論理によって、百丈を西堂と同格の、筆頭弟子とするのである(563)。

とくに興味ぶかいのは、右の二大士随侍の話について、南泉を加える三大士の語がつくられて、のちに南泉を格外とする、新しい評価におちつくことだ。『四家語録』百丈録のはじめに、三人角立をいうのが、それであり、『天聖広灯録』第八や、明版の『伝灯録』第六がこれに従う。じつをいうと、西堂と百丈の対決は、四句を離れ百非を絶して、西来意を直指せよという、もう一つ別の話頭によって、すでに同格とされる。

『祖堂集』第十四によると、対話はおおよそ次のようである。

問い、どうか和尚さま、四句を離れ百非を絶したところで、ずばり西来意をお示し下さい、くどい話はいりません。

師がいう、わしは今日、気がのらん。君に説くことができん。君は西堂にゆき、智蔵にきいてみよ。

その僧は西堂にゆき、前のいきさつをのべてきいた。西堂がいう、君はどうして和尚にきかんのか。

僧、和尚は私を上座（そなた）にききに来させました。

西堂は、忽ち手で頭をたたいた。わしは今日、とてもここ（頭）が痛む。君に説いてやることはできぬ。君はひとつ、海師兄にききにゆけ。

その僧は、さらに百丈にゆく。そこで、前の質問をだす。

百丈、わしはそこんとこにくると、とんとお手あげだ。

その僧は、かえって来て、師に報ずる。

師、蔵は頭が白い、海は頭が黒い(564)。

四句百非の話は、『伝灯録』第七の西堂の章や、『天聖広灯録』第八にあり、のちに『雪竇頌古』第七十五則にもとられる。先の満月の話に先立って、西堂と百丈の角立を語るに足る、コンパクトな話頭といえる。『祖堂集』は、満月の話を収めず、これを百丈と西堂の、互角の証とするのである。馬祖のいう蔵頭白海頭黒が、評価の意を含まぬのに比し、満月の話では、やや禅と教の評価がみられる。満月の話には、四句百非の話よりも、百丈寄りの作意が感ぜられる。南泉を加えることによって、作意はさらに強まる。後代、百丈を馬祖につぐ代表的な弟子とする評価が定着し、西堂の名は忘れられてしまう。先師の碑文にその名をあらわさぬ百丈を、西堂と互角の弟子とし、さらに西堂以上とする話頭の変化は、馬祖以後を考えるのに、大きい課題を含むと言わねばならぬ。

あらためて、後代の作意をみるなら、先にいう宋本『伝灯録』のテキストを、明本は次のように変える。

洪州百丈山懐海禅師は、福州長楽の人なり。丱歳にして塵を離れ、三学該練す。属たま大寂が化を南康に開くや、乃ち心を傾け依附し、西堂智蔵、南泉普願と同じく入室と号し、時に三大士を角立と為す。

一夕、三士馬祖に随侍し、翫月する次で、祖曰く、正恁麼の時、如何。

西堂云く、正に好し供養するに。

師（百丈）云く、正に好し修行するに。

南泉、払袖して便ち去る。

祖云く、経は蔵に入り、禅は海に帰す。唯だ普願有りて、独り物外に超ゆるのみ。(565)

西堂と百丈の上に、南泉を加える三大士角立の話は、テキストとしては、『天聖広灯録』第八の百丈の章が最初であり、全体的な章立てからいうと、南泉の章におくのが当然で、『四家語録』の百丈録が、依然としてこれを巻首におくのは、やや奇妙な感じを与える、無理な作意の継承と言わねばならぬ。『祖堂集』や『伝灯録』以後、南泉に対する評価が高まる時、南泉の為めに、独立の章を設けぬ『天聖広灯録』の、苦肉の策というほかないが、『祖堂集』や『伝灯録』が編まれたのちも、さらに変化してやまぬ、過去の話頭の流動の実態を、今に伝える好例の一つといえよう。

たとえば、『伝灯録』第七の西堂の章で、西堂が仏跡巌で馬祖に参じ、百丈海禅師とともに入室の弟子となり、すべて印記を得たというのは、語るにおちたものであり、百丈を正系とする立場を含んでいる。(566) 百丈の参侍は、馬祖が南康に移ってからであり、二人を同時の入室とするのは、百丈の参侍は、馬祖が南康に移ってからであり、西堂が馬祖の受記に対し、自ら病思自養して、為人のことを他に譲るのも、西堂自身の言葉というより、伝記作者の作意である。

いったい、西堂と百丈の問答は、『祖堂集』と『伝灯録』、『天聖広灯録』、その他を通して、おおよそ次の三つが基本であり、これが角立の実態である。

(1)西堂が師(百丈)にきく、你は向後、どんなあんばいに人々を開示するか。

師は、手で(拝席の)両辺をまきあげ、さらにのばす。

堂、それから、どうする。

師は、手で三度、自分の頭をたたく。

(2)示衆していう、誰か西堂和尚に、わしの伝語に行ってほしい。誰か行けるか。

五峰、わたくしが参ります。

師、おまえ、どんなふうに伝語する。

峰、ひとつ、西堂におめにかからせて頂いてから、申しあげる。

師、どう申しあげる。

峰、帰ったら、先生に報告します。
(3)あるとき、僧が西堂にきいた、問えば答えます。問いもせず、答えもしないところを、先生は、どう教えます。
西堂、舌の腐るのが怖くて、どうする。

師（百丈）は、この話をきいたとき、いったものだ、「まえまえから、この老人はくさいとにらんでいた」

僧がきく、どうか和尚さまのお答えを、おきかせ下さい。

師、一合相（一つにくみあわすの）は不可能だ。(567)


要するに、後代の禅宗史は、百丈が西堂以上の弟子であったことを、特筆することにつとめる。百丈がすぐれた弟子であったことは確かだが、西堂と角立したというのには、すでに別の意図が加わっている。あたかも、西堂と百丈は、元和九年（八一四）より十二年に、相次いで入滅する。百丈は、陳詡の塔銘によれば、元和九年正月十七日に報齢六十六、僧臘四十七を以て百丈山に寂し、その四月二十二日に、門人法正等が、西峰に全身入塔していて、塔碑の建立は元和十三年十月三日のことである。ただし、『宋高僧伝』第十と『伝灯録』第六との百丈章は、寿齢をともに九十五とし、碑銘のいうところと異なる。すでに百丈を馬祖の上首とする、他の意識の新加である。一方、西堂の入寂は、先にいう唐技の「重建大宝光塔碑」によると、(568)元和十二年（八一七）のことで、年寿八十、僧臘五十一とするが、『宋高僧伝』第十と『伝灯録』第七の西堂章は、元和九年四月八日、春秋八十、夏臘五十五で没したとし、あたかも百丈と同年の入寂である。

かつて、指摘するように、大寂の下に同名の智蔵が三人あり、ほとんど同時の人である。(569)西堂智蔵の伝記の上に、無意識の混乱が起こるとともに、意図的な修正が加わる。すくなくとも、「重建大宝光塔碑」は、咸通五年八月八日に書かれる。ともに二世、又は三世の弟子たちの活動期に当る。百丈にはじまる禅院の清規は、馬祖の故道場にも、共通して用いられる。作務や普請の、新しい修行方法が、会昌の破仏事件を介して、禅仏教の将来を変える。「一日作さずんば一日食わず」という、百丈の言葉は、単に経済倫理の域にはなかった。『祖堂集』第十四の馬祖の章に、百丈が馬祖下で典座となったとき、飯を分って辟支仏に供養する話があり、百丈はすでに神異の人とみられている。(570) 三乗十二分教を、あえて不浄の故紙とする人々と、馬祖の故道場を守る長老弟子との間に、意識のひずみが起こるのは、当然のことである。百丈のいう修行は、西堂の供養の比でなかった。すくなくとも、『宝林伝』をつくることで、馬祖の新仏教の由来をとく人々に対し、百丈を馬祖の代表弟子とする人々によって、全く別種の馬祖の伝記と、その語録が再編される。

先にいうように、権徳輿が馬祖の碑銘を書くのは、貞元七年のことであり、西堂が馬祖の故道場に開堂する年に当る。西堂は大珠とともに、十大弟子の筆頭であった。陳詡が百丈の碑銘を書くのは、元和十三年のことであり、その衆が石門を踰えたこと、門人法正等が嘗て稟奉する所を、ともに調柔することを得て、逓相発揮し、付嘱を墜さず、さらに門人神行と梵雲が、微言を結集し語本を纂成したことが特筆される。閩越の霊藹が、仏性の有無について問う、もう一本の語本があったことは、すでに先に注意するとおりである。(571) 百丈の十弟子の名はすでに見えず、その語本が門弟の内外に拡がり、広く後学のうちに流布して、新しい弟子を形成していたことが判る。百丈の語本の編成が、馬祖のそれにならうことは、いうまでもないであろう。百丈の語本の編成に伴って、馬祖の語本が再編され、さかのぼって懐譲の語本が創られる。

陳詡のいう門人法正は、百丈山の第二世である。馬祖につぐ百丈惟政、すなわち百丈涅槃和尚、又は大義禅師との同異は、にわかに決し難いが、この人に帰せられる開田の問答は、百丈清規を実践し、山門の経済を守る弟子にふさわしい、新しいイメージを含む。『祖堂集』第十五によると、百丈惟政は、野鴨子の問題で開悟している。これが五洩の石頭嗣法につながり、後代になると、百丈その人の開悟の縁となる。[572]柳公権の「百丈山法正禅師碑銘」（『全唐文』七百十三）は、毘尼を敷演し、戒範を洪厳したとし、年光六易度衆千余とする。門人神行と梵雲は、釈迦の教律を結集した、迦葉や阿難に比してよい。陳詡の銘文には、明らかにそんな仏伝の発想をふまえ、語本の出現を特筆せんとする気配がある。

もともと、洪州開元寺は、南昌の城中にある。[573]馬祖がここを道場とし、広く道俗を接化したことは、曹渓の三世にふさわしい、『壇経』の実演である。四方の学者が、坐下に雲集する。路嗣恭の帰依は、恵能に授戒を請う韋拠のそれに当る。のちに、裴休が黄檗に説法を請うときも、州中の龍興寺に迎えている。王公大臣の参請が、開堂の条件であり、語録生産の動機となる。道場は、山林より町に移る。

西堂より百丈へ、洪州宗の主導権が移るのは、懐海が百丈山に新道場を構え、「百丈清規」を成文化し、文字通りに山門の体制が再編されたことによる。「百丈清規」の精神は、我よりして古と作るにある。[574]八世紀の中葉以来、江左に拡がる禅律互伝の風は、ここに来て終わるのである。百丈は、山を下ることがない。文字通り、独坐大雄峰の生涯である。神行と梵雲が編する語本は、百丈山における、新しい上堂示衆の記録である。現存する『百丈広語』には、西国高祖の語が引かれ、此土初祖の語が引かれる。達摩語録の再発見は、百丈の示衆を下限とする。百丈の示衆を期として、馬祖と懐譲、そして曹渓の語が再編される。西堂の門下に、新羅の入唐僧が集まり、江西の禅脈を海東に伝える。かれらは、あらためて百丈を訪うている。[575]わが円仁や円珍が、多くの禅文献を伝えたように、海東に江西の語録が広がる。江西の禅脈は、百丈を新しい本山とするのである。

先にいうように、『宗鏡録』第九十七に懐譲と馬祖の問答がある。

譲和尚云く、一切万法は皆な心の生ずるに従う。若し心地に達すれば、作す所、碍げ無し。汝が今の此の心、即ち是れ仏なるが故なり。達磨は西来して、唯だ一心の法を伝うるのみ。三界は唯心なり　森羅及び万象は、一法の印する所なり。凡そ見る所の色は、皆な是れ自心なり。心は自から心ならず、色に因るが故に心なり。汝、随時に事に即し理に即し、都べて碍ぐる所無かる可し。菩提の道果も、亦復た是の如し。心の生ずる所に従って、即ち名づけて色と為す。色の空なるを知るが故に、生に即して即ち不生なり。[576]

以下、さらに心地法門について、馬祖の問いと、譲和尚の答えがくり返されるが、右の引用に明らかなように、すべて馬祖自身の、伝法偈の意味を説明するための問答で、これにつづいて、懐譲自身の伝法偈が示されることは、すこぶる注目に価しよう。『宗鏡録』第九十七は、これらを過去七仏以来、馬祖に至るまで、一連の伝法偈の説示とするのである。懐譲と馬祖の示衆の重複は、『宗鏡録』のもとづく資料が、なお未完成の域にあったことを示す。要するに、馬祖の示衆によって、懐譲の言葉が創られる。馬祖の示衆の特徴となる、随時言語の一句が、敢えて姿を見せぬのも、とくに理由ありといえた。

問題は、右の譲和尚の出だしの句のみを、別に『天聖広灯録』第八の南岳大恵禅師懐譲の章で、先天二年に始めて南岳に往き、般若寺に居したときの、最初の示徒のことばとすることである。[577]『天聖広灯録』の編者は、『宗鏡録』によったとしても、『宗鏡録』が自ら創ったのでない限り、何らか由るところがあるとみてよい。明初に、『古尊宿語録』四十八巻を入蔵させるに当り、大鑑下一世、『南岳大恵禅師語録』を巻首におき、『天聖広灯録』のテキストを、ほぼそのままとるのも、理由のないことではない。『天聖広灯録』と『四家語録』の関係は、のちにあらためて考えたい。『四家語録』の出現と同時、あるいはこれに先立って、『南岳大恵禅師語録』の祖本となる、何らかの懐譲語録の存在を考えることができはしないか。

言うならば、懐譲の語本が要求された。宋の覚範の『石門文字禅』第二十五にも、懐譲禅師伝に題する文があり、他の語録に題するものと、同格に扱われている。[578]懐譲の示衆の発端となる、「一切万法は皆な心の生ずるに従う云云」の一句は、かつて六祖が晩年に自分の生涯を総括し、伝法偈を説くときの、「汝等諸人自心是仏云云」の示衆につづく内容をもつ。懐譲伝の名所の一つ、「説似一物即不中」の句も、六祖と神秀の心偈問答をふまえるだろうし、「修証即不無云云」の問答に、それがすぐにつづくのは、「道は修証を用いず」という、馬祖の示衆をふまえること、のちにあらためて指摘するごとくである。[579]先天二年は、恵能の入寂の年である。懐譲はこの年に南岳で、最初の示衆をはじめる。貞元七年に、馬祖の故道場を引きつぐ西堂の開堂をふまえる、意図的な虚構である。言ってみれば、『六祖壇経』の示衆を受ける、馬祖の示衆と伝法偈にもとづいて、六祖晩年の示衆と、南岳懐譲の最初の示衆が創作される。南岳懐譲の弟子は馬祖ひとりで、眼耳鼻舌身意を得る他の五人は、すべて創作である。先にいう、懐譲が晩年に僧を派して、馬祖の上堂を試みる話は、南岳得法の結論である。[580]西堂系統の『宝林伝』と角立する、百丈の弟子たちの仕事とみてよい。懐譲語録の編者は、『宝林伝』が創作する、般若多羅や那連耶舎の讖偈を、もののみごとに利用し返す。『祖堂集』や『伝灯録』、『宋高僧伝』の懐譲伝も、そんな資料による集大成である。[581]

三八　「四家録」の成立

馬祖を第一代とする、四代の語録を集めて、「四家録」とよぶようになるのは、宋代に入ってのちのことである。「四家録」の存在を確認できる、最古の資料は、元豊八年（一〇八五）十一月一日のデートをもつ、楊傑の序である。宋本『四家語録』は、中国では明刻を存するが、日本では知られず、わずかに慶安版の『四家語録』に、その序のみが付載されて、片鱗を残す[582]のである。

現存の慶安版『四家語録』のテキストは、明末の再編であり、毘陵唐鶴徴と幻有正伝の序があるから、隠元の日本渡来に先立つ頃のもので、先にいう明刻宋本とは、その内容を異にする。慶安版『四家語録』は、古く日本に伝わった宋本に、楊傑の序があるのを取ったのであろう。楊傑は、朝散郎尚書主客員外郎軽車都尉賜紫金魚袋の肩書きを有し、宋初を代表する名公の一人で、延寿の『宗鏡録』や、楊岐方会の語録に序を寄せているほか、天衣義懐に参じて、龐居士の偈で大悟し、芙蓉道楷や高麗義天とも関係があったことが知られ、浄土教に帰依した居士としても有名である。(583)

金雞は、粟を銜んで、一馬駒を出だし、
牛が懶れば、車に鞭ち、塼を磨して鑑を成ず。
野鴨が飛び去れば、鼻を引いて牽回し、
払を掛けて呵に遭い、耳聾すること三日。
家醜を隠さず、重ねて偈言を説き、
累は児孫に及んで、徒らに舌を吐かしむ。
三回、杖を賜って、猶自お未だ知らず、
再び虎鬚を捋いて、老婆心切なり。
古人は往くと雖も、公案は尚お存す。
積翠の老南、従頭に点検して、
字字、審かに的し、句句、差わず。
諸方の叢林、伝えて宗要と為す。
只だ一処有りて、未だ誵訛を免れず、

具眼底の人は、他の為めに拈出せよ。(584)

すべて四字、二十八句。金雞云云は、譲禅師の出生を予言する、般若多羅の讖偈であり、牛が懶るのも、塼を磨く云云も、周知の譲禅師と馬祖の問答をふまえる。以下、四家の語録の要処を挙げ、四家の語が一本にまとめられる、貫道の理とするもの。のちに、馬防が『臨済録』の重刊に寄せる、有名な序文によく似ている。(585)宣和庚子（一一二〇）中秋日に書かれる馬防の序は、全篇四字六十句、楊傑のものより長いが、最後の「只だ一処有り」以下は、全く同じ構造であり、明らかに楊傑を受けている。現在の『臨済録』は、「四家録」のテキストによる再編であることが、これによって判り、『臨済録』の本文研究にも、楊傑の序は重要資料となる。(586)とりわけ、「四家録」のテキストを決定した人として、積翠老南の名が明記される。積翠老南は、黄龍恵南（一〇〇二―六九）のことである。『禅林僧宝伝』第二十二、黄龍南禅師の章に、黄檗に住して庵を谿上に結び、積翠と名づけたとし、『雲臥紀談』上に、程闢が預章の刺となり、その額を与えるのは、治平三年（一〇六六）丙午のこととする。「四家録」の成立も、ほぼこの前後に当ることが判る。黄龍恵南が、宋初に確立する五家七宗の、一方の祖とされることは、すでに周知のごとくである。『林間録』上によると、黄龍三関の提示は、積翠時代のことである。同じ『林間録』に、「徳山四家録」の名のあることも、注目に価しよう。(587)黄龍恵南による「四家録」のテキストの総点検は、黄龍宗の成立ともかかわり、宋代禅宗史の動きを、あらかじめ先取りすることとなる。あたかも時を同じくして編まれる、『慈明四家録』は、楊岐系の編集であり、『黄龍四家録』に遅れるが、楊岐の語録にも、楊傑が序をつけているから、馬祖を第一代とする「四家録」の出現を機として、黄龍と楊岐の動きが活発化してくる事情を推すことができる。(588)とりわけ、恵南の祖翁に当る汾陽善昭に、達磨より懐譲に至る七祖の頌があり、さらに六祖より自己に至る、『伝法正宗血脈頌』があって、汾陽より慈明―黄龍の時代に、六祖以後を楷定しようとする、新しい動きのあったことが判る。[589]前者の七祖の頌には、唐の六祖の後、門人が譲禅師を立てて七祖と為すという、汾陽自らのコメントがついている。かつて宗密が神会を七祖とし、石頭下の弟子たちが、青原を七祖とした時代と、動機はすでに異なるけれども、懐譲以後をどうみるかが、宋初の禅宗史の課題となることは同じい。

景徳元年、『景徳伝灯録』三十巻が上進され、勅によって入蔵する。汾陽善昭の名字と示衆が、その第十三巻に収められる。汾陽は、太原の極北にある。ニュースが汾陽にとどくと、善昭は上堂し、胸裏の感動を説く。[590]『伝灯録』を刪定し、序を加えて入蔵をすすめた楊億は、汾陽善昭と親交があり、『汾陽語録』にも序を加えている。楊億は、汾陽と同門の広恵元璉に参じた居士であり、『天聖広灯録』三十巻の編者である駙馬都尉李遵勗は、さらに汾陽善昭や広恵元璉と同門の、石門蘊聡に参じた居士である。楊億と李遵勗は、公私ともに相知の仲である。ついでにいえば、『伝灯録』三十巻を刪定し、『伝灯玉英集』十五巻を編する王随も、汾陽善昭や広恵元璉、石門蘊聡らとともに、首山省念につぐ居士であり、首山より汾陽―慈明―黄龍、および楊岐に至る、北宋初期の臨済宗は、そうした名公の参禅によって活気づいている。[591]首山は、臨済下五世である。臨済宗は、漸く再編の時期に入る。禅の語録に、関心が集まる。臨済以後、二世興化より四世風穴まで、あたかも唐末五代の乱で、仏教は正しく受難の期に当る。『臨済録』の行録のうちに、有名な臨済栽松の話中、風穴の再編が予言されるのは、風穴に寄せる人々の期待をあらわす。[592]禅仏教は、今や時の仏教である。士大夫の関心が、禅に集まる。宗源となる懐譲以後、もしくは馬祖以後の語を再編しようとする、新しい動きが起こるのは必至である。

とりわけ、先に入蔵する『景徳伝灯録』は、楊億の刪定があったとはいえ、編者は法眼下三世に当る承天道原で、江南の動きに詳しいけれども、初期臨済の舞台である華北の事情に弱い。『伝灯録』には、首山と汾陽の一章があるだけで、先にいう広恵や石門など、同時代の記録を欠く。『伝灯録』が成立する景徳元年より、わずか三十数年のうちに、『天聖広灯録』三十巻が編せられ、あらためて入蔵の運びとなる背後に、前者の内包と立伝態度に飽きたらぬ、一部の士大夫の憤慨があった。古来の仏教書、もしくは編纂物の歴史を通して、名公の編集は珍しい。達摩より北宗に至る、最初の禅宗史書『伝法宝紀』は、例外中の例外といえた。

いったい、『天聖広灯録』と『伝灯録』をくらべると、両者の違いはかなり大きい。『天聖広灯録』が、『伝灯録』以後に強いのは当然で、編者の師である石門の伝と語の記録に、多くの力が注がれるのはよいが[593]、同時代の他派の動きについては、すこぶる公平を欠く嫌いがありはしないか。唐末五代の禅仏教を代表する五家のうち、臨済以外の四派について記す第十九巻以後は、前十八巻にわたる臨済系のそれと、扱いが全く異なる。釈迦仏より曹渓六祖まで、すべて臨済の前史である。あたかも、臨済宗の独走時代で、他派の宗勢は振わぬにしても、編者の関心は、当初より別のところにあった。言うならば、『天聖広灯録』の特色は、臨済宗の源流となる、南岳大恵禅師以後、列祖の語録を集めるにある。むしろ、『伝灯録』以後、同時代の関心をよぶ、馬祖以下の語録をふまえて、編者は『伝灯録』を改換した。禅宗史書といっても、この本は『祖堂集』や『伝灯録』と質のちがう、新しい編纂物となるのである。もちろん、『祖堂集』にも、『伝灯録』にも、他の仏教史籍と異なる禅文献としての独自性があった。『天聖広灯録』は、あえて一種の語録集成となる。唐の語録を集める限り、馬祖系統に中心がくるのは、当然のことである。

『天聖広灯録』に収める。「四家録」の実体は、必ずしも明らかでない。個々の語録の題名も、詳しくは判らない。すくなくとも、語録の名はまだ一般化しない。先にいう、楊傑が序を書くのは、元豊八年のことであり、積翠の点検は、恵南が入寂する凞寧二年（一〇六九）以前のはずで、『天聖広灯録』の直後につづく時期となる。現存の『四家語録』は、明代の再編本であるから、そのまま宋初のテキストとするわけにはいかないが、『黄檗断際禅師宛陵録』の末尾に付する、裴相国伝心偈と、南宗の字は夫（天）真なる者のあとがきは、慶暦戊子歳（一〇四八）に書かれているから、すくなくとも黄檗の『宛陵録』は、宋本の原型をとどめるとみられる。あたかも時を同じくして、覚範恵洪が『伝心法要』につけた序文があり、このとき新しく開版されたことが、金沢文庫に現存する宋槧の写本によって推定できる。[594] 又、同じ恵洪の『石門文字禅』第二十五に収める、「題百丈常禅師所編大智広録」によると、恵洪の友人の知瓊が、嘗て積翠で本録を手校したことを記す。詳細は、のちにあらためて考えるが、百丈と黄檗の語が、当時、人々の関心となっていたことが判る。[595]

黄龍の積翠に、唐代の古い語録を伝えていたことは、確かである。とりわけ、元版『景徳伝灯録』第九の末尾に、『伝心法要』の首部三分の一を引用し、右の伝心偈と天真のあとがきを付し、『伝心法要』のうち十一処を改めたとし、三字を除落し九字を添入する、並びに「四家録」并び「別録」を按じて拠とすると注するのをみると、[596] 天真の補筆は、宋本「四家録」（もしくは「別録」）の欠を示すのであり、『天聖広灯録』に収める四家の語録が、「四家録」に一括される以前の、さらに古い形をとどめることが判る。別録の『伝心法要』云々は、おそらくは、右にいう恵洪の序をもつ本で、宋本『天聖広灯録』の巻首に収めるものとは別であり、『天聖広灯録』の第八巻に収める「黄檗語録」は、さらにこれらと異る「四家録」によっている。言ってみれば、積翠の「四家録」は、『天聖広灯録』を素材とする再編ではなくて、別の由来をもつはずであり、『天聖広灯録』との校合によって、さらに古い原型を得る可能性を含むわけである。

以上、考証はややこみいったが、詳細を別稿にゆずる。[597] 宋初に馬祖以降四家の語が、あらためて人々の関心を呼ぶ事情と、『天聖広灯録』の成立が、同じ関心によることを、ほぼ確認できたと信ずる。馬祖や百丈の語録に対する関心は、臨済を祖とする、宋代臨済禅の動きとともに起こる。選定の動機は、『臨済録』の定本を得るにあった。

たとえば、馬祖を祖とする洪州宗といっても、馬祖—南泉—趙州の三家を選ぶことは可能であり、馬祖—百丈—潙山—仰山の四家を選ぶこともできた。いずれも、すでに単独の語録があり、当時としては一括可能である。馬祖—百丈—黄檗—臨済という、四代の選定は、それぞれの語録に対する評価と別に、それらを一貫する正法眼蔵の確かさによって、同時代の関心に答えたものといえる。『臨済録』の最後におかれる、有名な臨済示寂の上堂と、伝法偈の説示は、はるかに『六祖壇経』や、馬祖の伝法偈を継承するといえる。当時、すでに五家の語があり、「五家語録」を編むこともできたはずだ。一般の関心も、かなり高まる。(598)現存の『五家語録』は、これも明代の再編である。「四家録」と「五家録」に共通する、『臨済録』のテキストは、相互に異なる。「別録」のある『雲門録』もまた異なる。『臨済録』は、「四家録」のものが古く、『雲門録』もまた「別録」の方が古い。今の場合、古さは同時に評価を含む。「四家録」の選定は、北宋という新しい時代の開幕に当って、唐代の禅仏教を集大成するのであり、『祖堂集』や『伝灯録』のように、師資の機縁を軸とする禅宗史書と異なる、新しい語録集成の出発となる。

当時、あたかも『宗鏡録』が編まれて、宗密の『禅源諸詮集』をつぐ、禅思想の体系化に成功する。ともに、教禅一致の立場をとる。この本も、やがて宋版『大蔵経』に入る。同じ楊傑が序を書いていることは、すでに注意したとおりである。六朝から隋唐時代に完成する、各派の仏教学を集大成するのである。多くの禅文献が、随処に引用される。

教禅一致の要求は、中国仏教史の中核をなす、根本課題の一つである。中国仏教は、つねに国主の教化を輔ける、絶対条件下にある。国主によらざれば、法事は成り難い。(599)教外別伝の禅は、ややもすると、何度もこの原則をはずれようとした。出世の仏教には、教外に出なければならぬ、本質的な理由があった。じじつ、インド仏教は、単なる輔教の域にとどまることがなかった。南北二宗の対立は、禅仏教の問題にとどまらず、そんな中国仏教の本質を問う、根元的な課題である。『六祖壇経』は、即心是仏を説いて、輔教の功を言わない。七仏以来の伝法を明らかにし、徹底して世法の無功徳を歌うのである。恵能は生涯曹渓を出でず、本来の禅仏教の所在を示した。

恵能に大鑑の勅諡があり、馬祖の弟子たちが、相次いで帝都に宣教するようになって、事情はにわかに変わってくる。宗密が教禅一致を標榜し、たえず洪州宗を批判するのは、教外別伝そのものに、変質が始まるためである。宋朝の国家統一に当って、延寿による『宗鏡録』が完成し、さらに契嵩が「輔教篇」を上進して、教禅一致を強調するのも、宗密以来の成果である。

『宗鏡録』百巻は、黄龍の祖心が節本をつくって、『冥枢会要』三巻とする。『伝灯録』三十巻を、王随が十五巻に縮め、『伝灯録玉英集』としたことは、先にいうとおりである。当時、別に三巻の「伝灯録節本」があった(600)。禅文献に寄せる、人々の幅広い関心を推すことができる。関心は、出家比丘の外に出て、一般士大夫のうちに拡がる。『伝灯録』と『宗鏡録』は、ともに法眼宗の成果である。法眼は、教禅一致を宗旨とする。禅仏教の無義理を非難する朱子が、法眼を評価するのは、理由のないことでない(601)。

要するに、李遵勗の『天聖広灯録』は、広く輔教の要求に応えつつ、輔教の域にとどまることのできぬ、教外別伝の本領を、馬祖以後の祖師たちの、生の言葉によって示そうとする、野心的な作品である。臨済が真正の見解を求めて、相手が国王大臣たるを問わず、弁懸河のごとくなるを問わず、経論を解することを取らず、聡明智恵を取らぬというのは、達摩にはじまって、恵能に再編される、禅仏教の所在を示す言葉である。先にいうように、釈迦が大迦葉に正法眼蔵を伝える、霊山会上拈華微笑の話も、この本に至ってはじめて登場する(602)。『六祖壇経』以来の、伝心偈問題を相手どる、最後の点睛といえた。最初の本格禅宗史書といえる、西堂系の『宝林伝』をふまえ、百丈の禅院開創を再評価する『天聖広灯録』の成立は、『伝灯録』や『宗鏡録』と異なる、第三の禅文献の創始となる。

言ってみれば、宋室の一員である李遵勗が編者となり、真宗の序を得て入蔵する『天聖広灯録』は、かつて六祖に大鑑の勅賜があって、馬祖以後の弟子たちがこれにつづく唐代の禅宗史を、あらためて一括公認する意味をもつとともに、かれらの示衆上堂の語を集大成する、語録の権威を高めることとなり、語録そのものに対する、新しい関心を深めるのは当然だろう。(603) 以下、『四家語録』の一家ごとに、問題となるところを明らかにしたい。

三九　語本と語録　その一

「四家録」が編まれたとき、素材となる四本の単行があった。すくなくとも、馬祖の語本と『百丈広録』、『黄檗語録（宛陵録）』、『臨済録』などが存在した。いずれも本来の標題は判らないが、個別に単行されていたことが推定される。先にいうように、時代は『天聖広灯録』に先立つ頃のこと。南岳懐譲の語も、おそらくは単行している。「四家録」が編まれてのちも、『黄檗語録』、『臨済録』の二本は、それぞれ個別に開版されている。『百丈広録』も、おそらくは単行された。「馬祖録」の単行本は、ないようである。南岳と馬祖の語録は、「四家録」によってのみ伝わった。「四家録」が、「馬祖四家録」とよばれるのは、理由のないことでない。現存する馬祖の語録は、百丈以下の三家を一書にまとめるに当って、とくに新しく編まれたのである。「四家録」に取られる以前の、馬祖の語本を確認しなければならぬ。明版『古尊宿語録』の始めにある、南岳下五代の語のすべてを、宋初に溯らせてはどうか。

現存する明本『四家語録』に収める馬祖の語は、他の三家に比して分量が少ない上に、やや偏った感じがある。当時としては、これがすべてであったろう。『祖堂集』や『伝灯録』、『天聖広灯録』に引くものと校合することによって、その祖本を確認することができる。大恵の『正法眼蔵』や、明版『古尊宿語録』のテキストも、馬祖の語の由来を考える、証拠となる。とりわけ、かつて考えたことがあるように、『宗鏡録』に引くものは、他のテキストと系統がちがっていて、青原行思の言葉とも重複するから、馬祖の語本の原型を確認するのに役立つ(604)。

要するに、宋初に馬祖の語とされたものは、かなりまとまった幾つかの示衆と、個々の弟子との問答という、二つの系統に分けることができる。示衆や上堂という、禅院における説法の様式、もしくは制度の由来については、のちにあらためて考えたい。馬祖の語録に限らず、『達摩論』にも『神会語録』にも、ほぼ同じ傾向があって、示衆と問答とが、禅の語録の基本型となるのであり、そうした語録の様式が定着するのは、すでに先に考えたように、『六祖壇経』の出現が動機でないか。『六祖壇経』の場合は、巻首に恵能の自伝があり、その編成は、謂わゆる嗣法の弟子の手になる可能性が強い。これもまた、のちの語録の先例となる。『六祖壇経』の出現は、当初より伝授本の使命を負うのであり、馬祖以後の語録は、そんな嗣法の書の性格をいっそう強める。言ってみれば、語録は弟子が師の伝と説法を総括し、自ら嗣法の弟子であることを証する、独自の禅文献として成立し、新しく発展してゆく。嗣法の弟子の編する示衆が、先師の伝と語を理想化する、自派の運動に都合のよい一種のプロパガンダとなるのは、むしろ当然のことである。天子の勅諡と、知名の作家の塔銘や序跋も、そうした語録の権威を助けた。

馬祖の語本の成立に、すでに固定化の動きがあって、少数派の批判を受けたことは、先に指摘するとおりである(605)。とりわけ、馬祖の語本は、謂わゆる敦煌の禅文献と、敦煌以後を二分する画期の位置にあって、後代に発展する語録の諸要素を、ほとんどすべて先取りすることとなる。敦煌の禅文献は、インド・チベットの仏教に対する、中国側の総括という、新生の胎動を今にとどめるが、馬祖以後の禅文献は、時代的にこれに続きながら、同じ禅仏教内部の分派に向い、文献的には後代の再編を受けている。弟子たちの活動が、分派の対立を強め、王公貴顕の帰依を誇ろうとする傾向は、すでに唐代にみられるけれども、かれらは自派の歴史を書くことにつとめただけで、語本をつくることがなかった。敦煌文献の伝える初期禅宗史は、謂わゆる禅宗史書の生産に急で、狭義の語録を含まぬのである。南宗の発展と、『六祖壇経』の出現が、馬祖以後の語録の展開を導くのであり、神秀の『観心論』や牛頭系の『絶観論』が、ともに達摩に帰せられるのも、そこに画期がある証拠となる。要するに語本の成立と、その語録への改編は、馬祖以後の特色であり、敦煌の禅文献と異なる新しい動きを含むこととなる。

今はまず、そんな視点から、馬祖の示衆とされるテキストについて、個々に検討を加えよう。あらかじめ、テキストの所在を例示すると、おおよそ次のようである。

①示衆第一、達摩大師の西来にはじまり、伝法偈の説示に終わる。『宗鏡録』その他五本。
②示衆第二、『宗鏡録』にのみ伝える、「即今言語するもの」の一段。
③示衆第三、「道は修を用いず」で始まる一段。『伝灯録』第二十八その他の三本。
④示衆第四、修道に始まる一段。『天聖広灯録』第八その他四本。
⑤示衆第五、『宗鏡録』にのみ伝える、「此の生に経行する所云云」の一段。

今、①と②のテキストを先に掲げる（『祖堂集』以下の四本は、『禅学叢書』による）。

示衆第一

宗鏡録 第一 (T.48-418b)	祖堂集 第十四 (4-33)	伝灯録 第六 (6-51)	天聖広灯録 第八、江西馬祖大寂禅師 (5-405)	四家語録 第一、江西馬祖道一禅師語録 (3-3)
(1) 洪州馬祖大師云、達磨大師従南天竺国来、唯伝大乗一心之法、以楞伽経印衆生心。恐不信此一心之法。楞伽経云、仏語心為宗、無門為法門。何故仏語心為宗。仏語心者、即心即仏。今語即是心語。故云、仏語心為宗。	江西馬祖…、毎謂衆曰、汝今各信自心是仏、此心即是仏心。是故達摩大師従南天竺国来、伝上乗一心之法、令汝開悟。又数引楞伽経文、以印衆生心地。悉(恐)汝顚倒不自信、此一心之法、各各有之。故楞伽経云、仏語心為宗、無門為法門。（以下(4)につづく）	江西道一禅師…、一日謂衆曰、汝等諸人、各信自心是仏、此心即是仏心。達磨大師従南天竺国来、躬至中華、伝上乗一心之法、令汝等開悟。又引楞伽経文、以印衆生心地。恐汝顚倒不自信、此心之法、各各有之。故楞伽経云、仏語心為宗、無門為法門。	師謂衆曰、汝等諸人、各信自心是仏、此心即是仏心。達磨大師従南天竺国、躬至中華、伝上乗一心之法、令汝等開悟。又引楞伽経文、以印衆生心地。恐汝顚倒不肯自信。此一心之法、各各有之。故楞伽経云、仏語心為宗、無門為法門。	馬祖示衆云、汝等諸人、各信自心是仏。此心即仏。達磨大師従南天竺国来至中華、伝上乗一心之法、令汝等開悟。又引楞伽経、以印衆生心地。恐汝顚倒、不(自)信此一心之法、各各有之。故楞伽経以仏語心為宗、無門為法門。
(2) 無門為法門者、達本性				

空、更無一法、性自是門、性無有相、亦無有門。故云、無門為法門。亦名空門、亦名色門。何以故、空是法性空、色是法性色、無形相故、謂之空。知見無尽故、謂之色。故云、如来色無尽、智慧亦復然。随生諸法処、復有無量三昧門。遠離内外知見情執、亦名総持門、亦名施門。謂不念内外善悪諸法、乃至皆是諸波羅蜜門。色身仏是実相仏家用。経云、三十二相八十種好、皆従心想生。亦名法性家焰、亦法性功勲。菩薩行般若時、火焼三界内外諸物尽、於中不損一草葉、為諸法如相故。故経云、不

宗鏡録　第九十七（T. 48-940b）

吉州思和尚云、即今語言即是汝心、此心是仏、是実相法身仏。……相好之仏、是因果仏、即実相仏家用。経云、三十二相八十種好、皆従心生。亦云、法性家

正法眼蔵続蔵本上

馬祖示衆云、汝等諸人、各信自心是仏、此心即仏。達磨大師従南天竺国来至中華…。

壊於身、而随一相。

(3)今知、自性是仏、於一切時中、行往坐臥、更無一法可得。乃至真如、不属一切名、亦無無名。故経云、智不得有無、内外無求。任其本性、亦無任性之心。経云、種種意生身、我説為心量。即無心之心、無量之量、無名為真名、無求是真求。

焔。又云、法性功勲。随其心浄、即仏土浄。諸念若生、随念得果、応物而現、謂之如来。随応而去、故無所求。一切時中、更無一法可得。自是得法、不以得更得。是以法不知法、法不聞法、平等即仏、仏即平等、不以平等更行平等、故云、独一無伴。

迷時迷於悟、悟時悟於迷。迷還自迷、悟還自悟。無有一法不従心生、無有一法不従心滅。是以、迷悟総在一心。故云、一塵含法界。非心非仏者、真為本性、過諸数量。非聖無弁、弁所不能言。無仏可作、無道可修。経云、若知

(4)　経云、夫求法者、応無所求。心外無別仏、仏外無別心。不取善、不作悪。浄穢両辺、倶不依、法無自性、三界唯心。経云、森羅及万像、一法之所印。凡所見色、皆是見心。心不自心、因色故心。色不自色、因心故色。故経云、見色即是見心。

如来常不説法、是名具足多聞。即見自心、具足多聞。故草木有仏性者、皆是一心。飯食作仏事、衣服作仏事故。

又云、夫求法者、応無所求。心外無別仏、仏外無別心。不取善、不捨悪、浄穢両辺、倶不依怙、達罪性空、念念不可得、無自性故。三界唯心、森羅万像、一法之所印。凡所見色、皆是見心。心不自心、因色故有心。汝可随時言説、即事即理、都無所㝵。菩提道果、亦復如是。於心所生、即名為色。知色空故、生即不生。若体此

又云、夫求法者、応無所求。心外無別仏、仏外無別心。不取善、不捨悪、浄穢両辺、倶不依怙、達罪性空、念念不可得、無自性故。故三界唯心、森羅万像、一法之所印、凡所見色、皆是見心、心不自心、因色故有心。汝但随時言説、即事即理、都無所礙。菩提道果、亦復如是、於心所生、即名為色、知色空故、生即不生。若了此

夫求法者、応無所求。心外無別仏、仏外無別心。不取善、不捨悪。浄穢両辺、倶不依怙、達罪性空、念念不可得、無自性故。故三界唯心、森羅万像、一法所印、凡所見色、皆是見心、心不自心、因色故有。汝但随時言説、即事即理、都無所礙。菩提道果、亦復如是。於心所生、即名為色、知色空故、生即不生。若了此

夫求法者、応無所求。心外無別仏、仏外無別心。不取善、不捨悪。浄穢両辺、倶不依怙、達罪性空、念念不可得、無自性故。故三界唯心、森羅及万像、一法之所印、凡所見色、皆是見心、心不自心、因色故有。汝但随時言説、即事即理、都無所礙。菩提道果、亦復如是。於心所生、即名為色。知色空故、生即不生。若了此

宗鏡録 第二十四 (T. 48-550c) (5) 所以先徳云、汝若悟此事了、但随時著衣喫飯、任運騰騰。	示衆第二 **宗鏡録 第十四** (T. 48-492a) (6) 馬祖大師云、汝若欲識心、祇今語言、即是汝心。喚此心作仏、亦実相法身仏、亦名為道。経云、有三阿僧祇百千名号、随世応処立名。如随色摩尼珠、触青即
意、但可随時著衣喫飯、長養聖胎、任運過時。更有何事。汝受吾教、聽吾偈曰、心地随時説、菩提亦只寧。事理俱無导、当生則不生。	**宗鏡録 第九十七** (T. 48-940b) 吉州思和尚云、即今語言、即是汝心。此心是仏、是実相法身仏。経云、有三阿僧祇百千名号、随世界、応処立名。如随色摩尼珠、触青即青、触黄即黄。宝
意、乃可随時著衣喫飯、長養聖胎、任運過時。更有何事。汝受吾教、聽吾偈曰、心地随時説、菩提亦只寧。事理俱無礙、当生即不生。	
意、乃可随時著衣喫飯、長養聖胎、任運過時。更有何事。汝受吾教、聽吾偈曰、心地随時説、菩提亦祇寧。事理俱無礙、当生即不生。	
意、乃可随時著衣喫飯、長養聖胎、任運過時。更有何事。汝受吾教、聽吾偈曰、心地随時説、菩提亦只寧。事理俱無礙、当生即不生。	

青、触黄即黄。体非一切色、如指不自触、如刀不自割、如鏡不自照。随縁所見之処、各得其名。此心与虚空斉寿。

(7)

乃至輪廻六道、受種種形、即此心未曾有生、未曾有滅。為衆生不識自心、迷情妄起、諸業受報、迷其本性、妄執世間風。自心四大之身、見有生滅、而霊覚之性、実無生滅。汝今悟此性、名為長寿、亦名如来寿量、喚作本空不動性。前後諸聖、祇会此性為道。今見聞覚知、元是汝本性、亦名本心。更不離此心別有仏。此心本有今有、不仮造作。本浄今浄、不待瑩拭。

本色、如指不自触、刀不自割、鏡不自照。随像所現之処、各各不同、得名優劣不同。此心与虚空斉寿。

若入三昧門、無不是三昧。若入無相門、総是無相。随立之処、尽得宗門。悟言啼笑、屈伸俯仰、各従性海所発。故得宗名。相好之仏、是因果仏、即実相仏家用。経云、三十二相八十種好（以下(2)につづく）

自性涅槃、自性清浄、自性解脱、自性離故。是汝心性、本自是仏、不用別求仏。汝自是金剛定、不用作意、凝心取定。縦使凝心斂念作得、亦非究竟。

『宗鏡録』と『祖堂集』以下、五種のテキストが、ほぼ完全に一致するのは、馬祖の示衆の基本が、ここにあることを示す。さいごにある伝法偈と、その核心となるのが、言語表現の肯定という、この人の新しい主張であることは、すでに先に考えた。(606) 今、『宗鏡録』のテキストと比較すると、『祖堂集』以下のテキストが、伝法偈を新しく加えるために、中間の三段を省き、(4)のあとに言語表現の肯定を説く、もう一つの文章をあらためて挿入したことが判る。かつて、梵網菩薩戒が、凡そ心あるものに、すべて自誓自授を認めたように、今は随時に言語するものすべてが、善知識の言下に伝法することができるという、新しい伝法の根拠を明示するのである。ただ一度の相見と問答によって、三学のすべてを了した多くの事例を、馬祖とその弟子たちは今に伝える。(1)にみえる『楞伽経』の位置づけと、(4)に取られる、達摩のことばについても、すでに注意したとおりである。前者については、大恵の『正法眼蔵』第一に、やや詳しい考証があり、今本の『四家語録』は、これに拠っているようである。(607) 後者につづいて、『宗鏡録』のテキストが引く経は、『般舟三昧経』のことばであり、のちに潙山と仰山の問答がある。(608)

さらに、『宗鏡録』のテキストのみが含む(3)を、同じ『宗鏡録』第九十七で吉州思和尚のことばとし、(4)の一部を譲和尚のことばとすることについても、わたくしは別に私見を出している。[609] 吉州思和尚のことばは、別に「示衆第二」にみられるように、『宗鏡録』第十四に引く馬祖の語とも共通するから、本来は馬祖の示衆とみるほかないであろう。そこに引く経は明らかに『楞伽経』であり、摩尼宝珠の譬えは、宗密もまたこれによって、洪州の意を説明している。[610]『宗鏡録』に引く「示衆第一」と「示衆第二」のテキストは、当初は一連の記録であり、思和尚のことばにとられるものの方に、原型をとどめるのでなかろうか。[611]

馬祖の示衆は、あらかじめ一つのテーマについて説くよりも、ある弟子の質問を動機として、文字通り随時に説かれたので、テーマもまた意外な展開を示すこととなる。記録もばらばらに行われ、幾つかの異本があったにちがいない。「示衆第二」のテキストには、達磨と『楞伽経』より説き起こす、新しい整理の手が入っているようにも思われる。整理は何度も加わったにちがいない。さいごに伝法偈をおくものが、いうまでもなくもっとも新しい。

かつて、恵能の伝法偈は、十大弟子に与えられた。馬祖の伝法偈は、特定の弟子に与えたものではないが、『宝林伝』の編者を、西堂智蔵系統に求めると、伝法偈をさいごにおく「示衆第一」の最終テキストも、この系統の人々の手になるとみられる。先にいうように、語本の生産そのものが、『六祖壇経』を手本とするので、伝法偈の作製も、『六祖壇経』を受けていることは、あらためていうまでもあるまい。仏祖の伝法偈は、馬祖のそれを最後とする。馬祖の示衆を改編し、伝法偈を加えることにより、馬祖の語本を作ったのは、そんな『六祖壇経』型の思考を受ける、長老グループでなかろうか。

さらに、『宗鏡録』以外のテキストは、(1)の冒頭部分に、「汝等諸人各信自心是仏云云」の一行を加える。「即心即仏」の四字は、馬祖の止啼銭で、文字通り随時の説である。[612]「汝等諸人云云」を加えると、情況は全く変わってくる。馬祖の相手は、汝であって汝等ではなかった。とりわけ、自心是仏を信ぜよ、此心が即ち仏心であるとする、信字の新加に注目したい。達摩は、理入壁観を明かして、深く凡聖等一なることを信ぜよと説く。『楞伽師資記』によると、四祖道信もまた各おの仏を念ずる心、此の心が即ち仏心であるとする。(613)念は、信である。当時、すでに三祖の作という、『信心銘』も登場する。信を説くことに、誤りがあるわけではないが、信字には、文語の語気があり、ともに著作の発想である。本来、随時の対話を記録した語本の冒頭に、汝等自心是仏なることを信ぜよという、新しい一行を加えた人々には、伝法偈に共通する、伝統思考がありはしないか。一方に、東寺如会の批判を支持する、別派の動きが起こるのは当然であろう。東寺や南泉が、非心非仏を言い、南泉はさらに、「不是心不是仏不是物」を説く。いずれも、馬祖自身の句とするのが、特色である。南泉が明月の夜の問答で、独り物外に超えるものとされるのは、そんな批判を含むと考えてよい。先にいう、汾州無業や大梅法常の機縁も、同じテーマを追っている。たとえば、『伝灯録』第二十八に収める、池州南泉普願禅師語に、南泉の上堂につづく、次のような問答がある。

そのとき、ある僧がきく、伝統による祖師たちは、江西大師(馬祖)に至るまで、すべて即心是仏といい、平常心是道と教えます。今、和尚は心不是仏、智不是道と教える。学生は誰もみな、疑惑をもちます、どうか和尚さま、親切な御説明をねがいます。師は、声をたかめた、君がもし仏なら、わざと疑って、老僧にきくことはない。どこで、そんな傍みちにそれて、仏を疑ってきたのだ。老僧は、まず仏じゃないし、祖師をみたこともない。それほどなら、自分で祖師を探しにゆけ。(614)

問答は、さらにつづく。馬祖の弟子たちのうちに、馬祖の示衆を金科玉条とする長老派と、これを批判する一派があって、相互に語本を伝持したことを確認すれば足りる。

すでにくり返しいうように、馬祖の即心即仏は、即今言語するものを仏とする、随時の言語を肯定する発想よりくる。「示衆第二」のテキストが、おそらくはそんな原型を伝える。「示衆第一」は、むしろ第二につづくのであろう。吉州思和尚のことばが、同じ句ではじまるのも、馬祖下の運動の新成果である。吉州思和尚が、のちにふたたび語言啼笑をいうのは、即今言語の問題に応じていて、論旨一貫の趣きをとどめる。青原と南岳の二派は、その法孫に五家を出すことから、相互に相い容れぬ教義をもつようにみられやすいが、当初はむしろ神会や牛頭の動きに対して、曹渓下の直系を自任するに急で、相互に正傍を分つ意識はなかった。馬祖の十大弟子とされる道悟が、石頭に曹渓の意旨を問い、のちにその法をつぐのも、当初の両派の家風を伝えるといえよう。石頭の「参同契」は、永嘉玄覚の「証道歌」と同時の作で、曹渓につぐ意旨をあらわす。人根に利鈍有るも、道に南北の祖無しというのは、神会を相手どることばである。[615]丹霞天然も、馬祖と石頭に参じている。臨済が馬祖下の先輩の名をあげ、丹霞の家風を、翫珠隠顕とするのは、丹霞その人の「翫珠吟」によるが、明珠の譬えは、馬祖にはじまるといえないか。とりわけ、「示衆第二」に引く、随色摩尼珠の譬えは、宗密によって洪州宗の意とされる。有名な『中華伝心地禅門師資承襲図』の後半部も、この譬えをふまえて構成される。宗密は明らかに、「示衆第二」を知っていて、そんな洪州のうちに、青原を含めたといえる。[616]宗密は、洪州の摩尼珠を批判するので、即今言語を仏とは認めないが、馬祖の示衆は当初より体系をもとめず、無限に応機接物して、その全体が随時の説で、記録されることを自ら拒否する不思議な魅力をもっている。馬祖の示衆には、記録を拒否したことが、同時に記録されている「示衆第四」のごときがあって、これが一つの家風となるので、馬祖を境にして、問答商量の風が一挙に開華するのも、理由のないことではない。[617]たとえば、のちに『臨済録』の示衆に、次のような一段があることは、すでに周知のとおりであるが、先にいう丹霞の「翫珠吟」を含めて、馬祖のことばを継承するとすれば、宗密の洪州批判に、真っ向から答えたこととなる。

道流よ、山僧が仏法は、的的相承して、麻谷和尚、丹霞和尚、道一和尚、廬山と石鞏和尚とより、一路に行じて天下に徧ねし、人の信得する無く、尽く皆な謗りを起す。道一和尚の用処の純一無雑なるが如き、学人三百五百、尽く皆な他の意を見ず。廬山和尚の自在真正にして、順逆する用処の如き、学人は涯際を測らず、悉く皆な忙然たり。丹霞和尚の翫珠隠顕するが如き、学人来る者、皆な悉く罵らる。麻谷の用処の如き、苦きこと黄蘗の如く、近皆し得ず。石鞏の用処の、箭頭上に人を覓むる如き、来たる者皆な懼る。山僧が今日の用処の如きも、真正に成壊して、神変を翫弄し、一切境に入れども、随処に無事にして、境も換うる能わず。但有（およそ）来たり求むる者は、我れ即便ち出でて渠を看るに、渠は我を識らず。我れ便ち数般の衣を著くれば、学人は解を生じて、一向に我が言句に入る。苦なる哉、瞎禿子、無眼の人、我が著くる底の衣を把って、青黄赤白を認む。我れ脱却して、清浄境中に入れば、学人は一見して、便ち忻欲を生ず。我れ又た脱却すれば、学人は失心し、忙然と狂走して、我れに衣無しと言う。我れ即ち渠に向って、你は我が衣を著くる底の人を識るやと道えば、忽尔として頭を回して、我を認め了れり。(618)

臨済が今、真正に成壊すといい、神変を翫弄すというのは、馬祖の随色摩尼の譬えで、すべてを理解することができる。言句を数枚の衣にたとえ、学人が臨済の著ける衣によって、青黄赤白を認めるとし、それらを脱して無衣を現ずると、学人が忻欲を生じたり、あるいは失心したりして、さいごに無衣の我を認めるというのは、摩尼宝珠が相手の色を照し、さいごに何も照さぬ、明珠そのものを認める意であり、臨済は、そうした発想を馬祖に受け、宗密の随縁と逐機の説を、ともに批判する意を含めている。現存する『馬祖語録』が、摩尼宝珠の一段を含まぬだけに、『臨済録』の一段は、重要な再編と言わねばならぬ。

さらに、馬祖の「示衆第二」のうち、今一つ注目すべきは、即今言語する心が、虚空と寿を斉しくするとし、未だかつて生滅する無しとすることである。『宗鏡録』第九十八に引く、汾州無業の言葉によると、無業は臨終に衆に告げ、汝等が見聞覚知の性は、虚空と寿を斉しくすること、猶お金剛の破壊す可からざるが如し、と語っている。(619)のちに、黄檗の『伝心法要』にも、此の霊覚の性は、無始よりこのかた、虚空と寿を同じくし、未だかつて生滅せず、とする一段があって、本性の方に引きよせる嫌いはあるが、いずれも馬祖の示衆をふまえることは確かで、これらの語本を伝えた弟子の径路を、ある程度まで確認することができる。言ってみれば、五本の示衆は、『宗鏡録』が編まれる頃まで、別々に伝承されたのである。

さらに、「示衆第一」と「第二」を通して、『楞伽経』や『大品般若経』、『観無量寿経』、『維摩経』、『法句経』、『金剛三昧経』、『涅槃経』などの句が、『楞伽経』以外はほとんどその名をあげることなしに、自由に断句して引かれるほか、達摩の『二入四行論』を始め、神会の語録や『六祖壇経』にみえるテーマが、かなり形を変えて受けつがれることが目につく。(620)前代にとりあげられたテーマは、すべて馬祖に総括され、次期の弟子たちに受けつがれるので、あたかもふくべの肚のように、前代より後代へ、達摩を祖とする禅仏教の基本問題が、必ずここを通ることとなる。即心即仏や心地法門は、その中核であるが、馬祖の示衆の新しさは、そんな前代の経典も語録も、ほとんど文献の意を失って、馬祖自身のことばとされ、謂わゆる観心釈の方法すら、すでに無用となっていることである。先にいう汾州無業や、西堂智蔵のように、経論に精通した弟子のほか、仏教学の知識をもたない、はばひろい白衣の弟子の存在が予見される。

観心釈は、経論の句を自心に引きよせ、こちら側から解釈する方法である。自心が尺度ではあるが、経典の権威は依然としてのこり、結局は経典によって、自心を解釈することとなる。謂わゆる、古鏡照心である。今や、自心が仏語の心である。あらためて解釈するまでもない。仏経と言わず、祖語といわず、相手の関心に応じて、一般の日常会話と同じように、文字通りに随時言説するにとどまり、解釈することはなかった。たとえば、『百丈広語』のはじめに、いきなり語について緇素を分ち、総別を知ることを求めるのは、馬祖にはじまる語本が、すでに何らかの蓄積をもち、新しい交通整理が必要であったことを示す(621)。

要するに、馬祖の「示衆第一」と「第二」は、多数の異本によって判るように、馬祖のことばの核となる要素を、もっとも簡潔の形でまとめたものといえる。伝法偈を含まぬ、『宗鏡録』のテキストを原型とし、多数の弟子たちの動きにつれて、他の形に変わったとみられる。達摩西来と『楞伽経』の仏語心によって、全体を再編したとき、それが馬祖禅の出発となった、即今言語の問題は大きく後退し、わずかに伝法偈のうちに圧縮された。馬祖につぐ西堂と百丈が、そんな変化にかかわっている。次に、「示衆第三」のテキストについて、同じ動きを考えよう。

四〇　語本と語録　その二

示衆第三

景徳伝灯録　第二十八	**天聖広灯録　第八**	**四家語録　第一**
(8) 江西大寂道一禅師示衆云、道不用修、但莫汚染。何為汚染。但有生死心、造作趣向、皆是汚染。若欲直会其道、平常心是道。謂平常心、無造作、無是非、	師示衆云、道不用修、但莫汚染。何為汚染。但有生死心、造作趣向、皆是染汚。若欲直会其道、平常心是道。何謂平常心。無造作、無是非、無取捨、無	示衆云、道不用脩。但莫汙染。何為汙染。但有生死心、造作趣向、皆是汙染。若欲直会其道、平常心是道。何謂平常心、無造作、無是非、無取捨、無断常、

無取捨、無断常、無凡無聖。経云、非凡夫行、非賢聖行、是菩薩行。只如今行住坐臥、応機接物、尽是道、道即是法界、乃至河沙妙用、不出法界。若不然者、云何言心地法門。云何言無尽灯。一切法皆是心法、一切名皆是心名。万法皆従心生、心為万法之根本。

(9)

経云、識心達本、故号沙門。名等義等、一切諸法皆等、純一無雑。若於教門中、得随時自在、建立法界、尽是法界。若立真如、尽是真如。若立理、一切法尽是理、若立事、一切法尽是事。挙一千従、理事無別、尽是妙用、更無別理。皆由之心廻転。譬如月影有若干、真月無若干。諸源水有若干、水性無若干。森羅万象有若干、虚空無若干。説道理有若干、無礙恵無若干。種種成立、皆由一心也。

建立亦得、掃蕩亦得、尽是妙用、妙用尽是自家。非離真而有、立処即真、立処尽是自家体。若不然者、更是何人。

断常、無凡聖。故経云、非凡夫行、非聖賢行、是菩薩行。祇如今行住坐臥、応機接物、尽是道、道即是法界。乃至河沙妙用、不出法界。若不然者、云何言心地法門。云何言無尽灯。一切法皆是心法、一切名皆是心名。万法皆従心生、心為万法之根本。

故経云、識心達本源、故号為沙門。名等義等、一切法皆等、純一無雑。若於教門中、得随時自在、建立法界、尽是法界。若立真如、尽是真如。若立理、一切法尽是理、若立事、一切法尽是事。挙一千従、事理無差、尽是妙用、更無別理。皆由心之回転。譬如月影有若干、真月無若干、諸源水有若干、水性無若干。森羅万象有若干、虚空無若干。説道理有若干、無礙恵無若干。種種成立、皆由一心也。

建立亦得、掃蕩亦得。尽是妙用、妙用尽是自家。非離真而有立処、立処即真、尽是自家体。若不然者、更是何人。

無凡無聖。経云、非凡夫行、非聖賢行、是菩薩行。只如今行住坐臥、応機接物、尽是道、道即是法界、乃至河沙妙用、不出法界。若不然者、云何言心地法門。云何言無尽灯。一切法皆是心法、一切名皆是心名。万法皆従心生、心為万法之根本。

経云、識心達本源、故号為沙門。名等義等、一切諸法皆等、純一無雑。若於教門中、得随時自在、建立法界、尽是法界。若立真如、尽是真如。若立理、一切法尽是理、若立事、一切法尽是事。挙一千従、理事無別、尽是妙用。更無別理、皆由心之廻転。譬如月影有若干、真月無若干、諸源水有若干、水性無若干。森羅万象有若干、虚空無若干。説道理有若干、無礙恵無若干。種種成立、皆由一心也。

建立亦得、掃蕩亦得。尽是妙用、尽是自家。非離真而有立処、立処即真、尽是自家体。若不然者、更是何人。

(10) 一切法皆是仏法、諸法即解脱、解脱者即真如。諸法不出於如、行住坐臥、悉是不思議用、不待時節。経云、在在処処、則為有仏。仏是能仁、有智恵善機情、能破一切衆生疑網、出離有無等縛。凡聖情尽、人法俱空、転無等輪、超於数量。所作無礙、事理双通。如天起雲、忽有還無、不留礙迹、猶如画水成文、不生不滅是大寂滅。

在纏名如来蔵、出纏名大法身。法身無窮、体無増減、能大能小、能方能円、応物現形、如水中月、滔滔運用、不立根栽。不尽有為、不住無為。有為是無為家用、無為是有為家依。不住於依、故云、如空無所依。

(11) 心生滅義、心真如義。心真如者、譬如明鏡照像。鏡喩於心、像喩諸法。若心取法、即渉外因縁、即是生滅義。不取諸法、即是真如義。声聞聞見仏性、菩薩眼見仏性。了達無二、名平等性、性

一切法皆是仏法、諸法即解脱。解脱者即是真如。諸法不出於真如。行住坐臥、悉是不思議用、不待時節。経云、在在処処、則為有仏。仏是能仁、有智恵善機情。能破一切衆生疑網。出離有無等縛。凡聖情尽、人法俱空、転無等輪、超於数量、所作無礙、事理双通。如天起雲、忽有還無、不留蹤跡。猶如画水成文、不生不滅、是大寂滅。

在纏名如来蔵、出纏号浄法身。体無増減、能大能小、能方能円、応物現形、如水中月。滔滔運用、不立根苗。不尽有為、不住無為。有為是無為之用、無為是有為之依。不住於依、故云、如空無所依。

心生滅義、心真如義。心真如者、喩如明鏡照像。鏡喩於心、像喩於法。若心取法、即渉外因、即是生滅義。不取於法、即是真如義。声聞耳聞仏性、菩薩眼見仏性。了達無二、名平等性、性無

一切法皆是仏法、諸法即解脱。解脱者即真如。諸法不出於真如。行住坐臥、悉是不思議用、不待時節。経云、在在処処、則為有仏。仏是能仁、有智恵善機性。能破一切衆生疑網。出離有無等縛。凡聖情尽、人法俱空、転無等倫、超於数量、所作無礙、事理双通、如天起雲、忽有還無、不留礙跡。猶如画水成文。不生不滅、是大寂滅。

在纏名如来蔵、出纏名浄法身。法身無窮、体無増減。能大能小、能方能円、応物現形、如水中月。滔滔運用、不立根栽。不尽有為、不住無為。有為是無為家用、無為是有為家依。不住於依、故云、如空無所依。

心生滅義、心真如義。心真如者、譬如明鏡照像。鏡喩於心、像喩諸法。若心取法、即渉外因縁、即是生滅義。不取諸法、即是真如義。声聞聞見仏性、菩薩眼見仏性。了達無二、名平等性、性

無有異、用則不同。在迷為識、在悟為智。順理為悟、順事為迷。迷即迷自家本心、悟即悟自家本性。一悟永悟、不復更迷。如日出時、不合於冥。智恵日出、不与煩悩暗倶。了心及境界、妄想即不生。妄想既不生、即是無生法忍。本有今有、不仮修道坐禅。不修不坐、即是如来清浄禅。如今若見此理、真正不造諸業、随分過生、一衣一納、坐起相随。戒行増薫、積於浄業。但能如是、何慮不通。久立諸人珍重。

有異、用則不同。在迷為識、在悟為智。順理為悟、順事為迷。迷即迷自本心、悟則悟自本性。一悟永悟、不復更迷。如日出時、不与暗対、智恵日出、不与煩悩暗倶。了心境界、妄想即除、妄想既除、即是無生。法性本有之性、不仮修成。禅不属坐、坐即有著。若見此理、真正合道。随縁度日、戒行増薫、積於浄業。但能如是、何慮不通。久立珍重。

無有異、用則不同。在迷為識、在悟為智。順理為悟、順事為迷。迷即迷自家本心、悟即悟自家本性。一悟永悟、不復更迷。如日出時、不合於暗。智恵日出、不与煩悩暗倶。了心及境界、妄想即不生。妄想既不生、即是無生法忍。本有今有、不仮脩道坐禅。不脩不坐、即是如来清浄禅。如今若見此理、真正不造諸業、随分過生、一衣一衲、坐起相随。戒行増薫、積於浄業。但能如是、何慮不通。久立諸人珍重。

「示衆第三」は、今のところ、三種のテキストを伝えるにとどまり、いずれもほぼ異同はないようである。

道が修証を用いぬ、本心であるという発想は、馬祖系の基本である。『修心要論』に由来する本心や、『梵網経』の「心地法門、根源清浄」の句は、すでに『六祖壇経』にみえる。馬祖は今、あらためてそれらを総括し、修行の体系化を試みる。道は修を用いずといっても、修行の単なる一方的否定でないことは、言うまでもないだろう。むしろ、道は修を用いずという主張は、より大きいスケールで修道を構想する、禅仏教の基本テーマの一つとなる。修行の問題は、馬祖より臨済に至る四家を一貫する、唐代禅仏教の特色であり、さかのぼって六祖と南岳懐譲の問答がつくられ、曹渓につぐ意味が、そこに求められたことは、先に指摘するとおりである。[622] 南岳の有名な、「説似一物即不中」の句に対し、六祖は修証を仮るやと徴し、南岳は修証は無きにあらず、汚染することは即ち得ずと答える。『百丈広録』にも、禅道は修を用いず、但だ汚染すること莫かれという、ほぼ同じ句があり、『頓悟要門』にも、修行を問う弟子に、但だ自性を汚染せぬのが修行であると教え、臨済が、諸方の修証を批判し、修し得るものがあると考えるのは、すべて生死の業とするのを想起してよい。(623)

「示衆第三」は、そうした馬祖の禅仏教の、行道学の綱格といえる。(8)の平常心の問題が、南泉を通して趙州を導き、(9)の「純一無雑」や、「立処即真」の句が、臨済の示衆で大きく展開されることは、のちにやや詳しく考える。(11)の「心生滅義云云」が『起信論』により、「本有今有云云」が、神会を継承する『涅槃経』の句、「本有今無」によることはいうまでもないが、いずれも経典の原意と大きく異なって、修道坐禅を仮らぬ如来清浄禅の意となるのは、訓詁や著述の書と異なる、行道の記録ゆえの成果である。「示衆第三」は、そうした馬祖のことばを、ほぼ忠実に伝えている。次に考える、「示衆第四」の問答も、これにつづくものとみてよい。

ここでもまた、『涅槃経』や『楞伽経』のほか、『維摩経』と『金剛経』、『中本起経』を始め、『肇論』や『宝蔵論』の句が、いずれも経論の名を出すことなしに引用される。(624)すべてが、馬祖自身のことばとして、再編されるのである。周知のように、臨済も三乗十二分教を、不浄を拭う故紙としつつ、随処に経論の句を引き、古人のことばをあげていて、いずれも、馬祖の示衆で一期を画していることが判る。馬祖の示衆の新しさは、既成の経論の句にあわせて、今の自分を解釈するのではなくて、今の自分にあわせて経論を再編したことにある。かれが頻りにくり返す、外に向って覓めずとは、元来はそのことを意味しよう。我よりして古を作すのである。先にいう、道は修を用いずという大前提は、たとえば『起信論』にいう、菩提の法は修すべき相にあらず、作すべき相にあらず、畢竟じて無得なりというのに当り、(625)道は即ち法界であり、河沙の妙用は法界を出でずというのは、杜順の『法界観』に、法界とは一切衆生の身心の本体なり、とするのに当るとみられるが、(626)馬祖はむしろ、そうした伝統的な仏教学の成果を、平常心とか、立処即真という、日常の発想で受けとめることにより、文字通り血肉化したといえる。迷うときは人が法を逐う、悟るときは法が人を逐うという、達摩のことばは、すでに同時代の『悟性論』で再編されている。[627]馬祖はともに自家の本心に迷い、自家の本性を悟ることとし、一悟永悟、復たさらに迷わずとするので、発想が全く異なり、不汚染の修行が出発となる。次にみる「示衆第五」で、悟は迷に対していうので、迷わねば悟ることもないとするのも、そんな不汚染のところを指す。不汚染の一句は、他の『悟性論』にも『血脈論』にもみられない、馬祖の示衆独自のものである。ここでも、文語と口語のちがいを、考えることができる。

先にいうように、『伝灯録』第二十八に収める南泉普願の上堂と、これにつづく問答に、即心是仏と平常心が批判される。南泉が心不是仏を説き、智不是道をいうのは、いずれも、即心是仏を形骸化する、他の弟子の動きに対する批判である。平常心を誤解する弟子に対する、別の批判も、その中に含まれるとも考えられるが、あらためてそのことを言わぬのは、注目してよいであろう。それほどに、平常心の一句は、何とも是非しようのない、完璧の立言であり、金剛の句である。文字通りに、顚撲不破の句といえた。後代、南泉と趙州の問答となる、有名な次の一段は、そんな馬祖の平常心のコメントとなる。今、『趙州録』のテキストによって、その原型をみよう。

師（趙州）は、南泉にきく、「どういうところが道ですか」

泉、「平常心がそれだ」

師、「（わたくしにも）たちむかえますか」

泉、「何かやれば、はずれる」

師、「何もしないで、どうして道だと判ります」

泉、「道は、判ると判らんの領域には、入らん、判るのは妄想、判らんのは無関心だ。ずばり疑いようのない道をものにすれば、あたかも太虚をがらりとみすかせるように、全てあけすけだ、何をことさらよしあしできよう」

師は、言下に玄旨に気付いて、心が満月のようである。(628)

のちに、『無門関』第十九則にとられる、重要な公案の一つとなるが、歴史的にいう限り、趙州はこれによって、南泉を師とするのであり、馬祖にはじまる洪州宗の一員となる。

とりわけ、南泉のさいごの説明に、太虚をとりあげるのは、他の僧が、太虚を虚無と誤解するのにより、(629)先にいう神会の『壇語』で、煩悩即菩提の義を説き、虚空と明暗の関係に譬えたのを、おそらくは継承しよう。南泉は、かれ自身の示衆で、すでに同じ譬えを使っている。

仏が出世してからは、道を問わせただけで、他のことは問わぬ。祖師は相い伝え、江西おやじに来ても、誰にも道という奴を問わせるだけだ。仏法が（禅より）先に、このくにに来て五百年、達摩がこのくににくるのは、君たちが三乗や五性の名相にしがみつくのを恐れたから、それで法を説いて君たちの迷いを救ったにすぎぬ……。大道は形をもたず、真理には相対がない。太虚が不動で、生死の流れとちがうように、（大道は）三界に属せず、三世にも関わらぬ。それでこそ、明暗が去来するだけで、虚空は動揺しない、万象が去来するだけで、明暗は何も知らん、というのだ。(630)

南岳が六祖に、説似一物即不中と言い、馬祖が南岳伝法院で坐禅し、南岳が磚を磨いてみせる、あの不染汚の修証の流れに、趙州もまた浴するのである。今は、馬祖の「示衆第三」の⑾に、本有今有、修道を仮らぬ坐禅を、不修不坐の如来清浄禅とするのが、すべての思考の発端である。『臨済録』の示衆で、諸方の修道を批判し、修を修補の意とする一段につづいて、平常心の句をあげるのも、この系統の主張の総括であり、『臨済録』の示衆全体を通して、平常無事といい、平常真正の見解といった、平常の思考はきわめて鮮烈である[631]。臨済の示衆に来て、頓悟というよりも、頓教とよばれねばならぬ、そんな神会以来の語録の全史を、あらためて確認することができる。

平常心の一句は、趙州に限らず、南泉の他の弟子にも注目される。『祖堂集』第十七の長沙の章に、次のようにいうのは、その一つである。

質問、どういうところが、平常心ですか。
先生、眠りたければ、眠る。坐りたければ、坐る。
僧、わかりません。
先生、暑いときは、涼をとる。寒いときは火にあたる[632]。

のちに、『無門関』の著者が、趙州の平常心に頌をつけ、「春に百花有り秋に月有り、夏に涼風有り冬に雪有り云云」と歌うのは、右の長沙の意を含むといえよう[633]。

周知のように、朱子の『中庸章句』で、平常は庸の解となり、事理の当に然る可きところを指すことばとされる。君臣父子、日用の常より推して、尭舜の禅譲、湯武の放伐など、無限の変例に到るまで、適として平常にあらざるはなしとされ、程子が、易らざるを庸としたのを、朱子は一歩すすめるのである[634]。朱子の発想に、禅の平常心がどう作用したか、今、立ちいって論及できないけれども、中国的な道統の再編と、馬祖の平常心を無関係とすることはできない。とりわけ、朱子学の日常的、口語的な発想と、馬祖にはじまる四家の禅思想は、根を一つにするといえる。

次に、『臨済録』の示衆で知られる、「立所皆真」の句について考えたい。

師は、示衆していう、道流よ、仏法には、工夫の入りこむ余地がない、平常無事にすぎぬ。糞をひり、小便をたれ、衣をつけ飯をくう。疲れたら、横になるだけだ。愚人はわしを笑うが、智者にはちゃんと判るのだ。古人はいう、外に功夫がみえるのは、すべて痴漢にすぎぬ、と。君たちは先ず、随処に主となることだ、どこにいても、すべて真実である。何がきても、振り向かせることはできぬ。よしんば、前世の名ごりで、五無間の罪が残っても、必ず解脱の海となる。[635]

臨済の示衆は、馬祖のそれをふまえる。意図しての発言でないだけに、馬祖の示衆の作用は大きい。臨済は、別にもう一カ所、同じ句をくり返す[636]。かつて、私見を出すように、馬祖は僧肇により、僧肇は『放光般若経』によるから、立処云々は歴とした仏語で、大乗仏教の基本原理をふまえるが[637]、今はとくに仏語というのでなしに、平常無事の景色として、日常茶飯の句となるところに、馬祖の示衆の新しさがある。

僧肇は既に、『不真空論』の末尾で、次のようにいう。

是を以て聖人の、千化に乗じて変ぜず、万惑を履んで常に通ずるは、其の万物の自ら虚なるに即するを以てし、虚を仮りて物を虚ならしむるにはあらざるなり。故に経に云う、甚だ奇なり、世尊よ、真際を動ぜずして、諸法の立処と為りたまう、と。真を離れて立処あるにあらず、立処即ち真なり。然れば則ち道遠からんや、事に触れて真なり、聖遠からんや、之を体すれば、即ち神なり[638]。

かつて論ずるように、『放光般若経』の原文は、「真際を動かして諸法の立処と為すにあらず」とも訓める[639]。むしろ、経典の原意は、そうした双非の認識論を説くにある。「真際を動かさずに諸法の立処と為る」と訓み、「事に触れて真なる」、「不真にして空」の論理を展開するところに、中国仏教の発端がある。『放光般若経』や、『維摩経』に頻出する、「不動等覚而建立諸法」の論理、又は「不捨道法而現凡夫事」の句を、無為無不為という老子の論理で解するのが、僧肇の仕事である。六朝の中国仏教は、同じ論理の体系化にすぎない。道は近くにあるという、儒教の倫理がこれを助ける。神会の壇語が、この句をふまえて、煩悩即菩提の論を立て、虚空と明暗に譬えたことは、すでに考えた(640)。馬祖の示衆の新しさは、そうした六朝の大乗仏教を、平常心の域に引きさげたことである。臨済の示衆は、その拡散である。前生の余習である、五無間の業を、現世の解脱の証とする発想は、すでに達摩門下の縁法師にある(641)。馬祖や臨済のことばは、そうした前代の発想をふまえて、つねに目前の大衆に語りかける、口語の新鮮さに特色をもつ。馬祖が僧肇をふまえる故に、「非離真而有立処、立処即真」という、ややもたつきをとどめるのに、臨済の場合は簡潔であり、前生の五無間という、重々しいテーマを、簡単にもちだし得るのも、眼前の弟子に対する、示衆ゆえの語勢といえる。すくなくとも、馬祖の「示衆第三」は、頓悟よりも頓教を先とする、『六祖壇経』の語気を、もっとも強く引きつぐ示衆となる。

今、とくに注目してよいのは、先に平常といい、ここにいう立処の句をめぐって、一方にすでにそれらを形骸化する傾きがあり、他方にこれを批判する、教学の動きがあることである。宗密の批判は、その代表であるが、延寿の『宗鏡録』第三十三にも、全く同じ意見がみられる。今、後者についてみる。

古徳の釈にいう、禅宗失意の徒、理に執し事に迷うて云う、性は本とより具足す、何ぞ修求を仮らん、但だ情を亡ぜんことを要す、即ち真仏自から現ず、と。法学の輩は、事に執して理に迷う。何ぞ孜孜として理法を習うことを須いん。之を合して双びに美なり、之を離れて両ながら傷う。理行双びに修して、以て円妙を彰す(642)。

延寿の意見は、事理双修に傾く。問題は、理事をどう把えるかにある。馬祖の伝法偈の第三句に、即事即理とある対話の語気に注目したい。無条件には、立処即真を認め得ない、新しい問題があったことは、確かであるが、延寿の意見は、かつて天台が指摘した、教観双運の再編にとどまる。先にいう白楽天が、済法師に与える質問にも、関係しよう。同一の趣旨を説く『万善同帰集』巻中が、右とほとんど同文で、先にいう「慈愍三蔵」を引き、さいごに馬祖の伝法偈を引くのも、理由なしとしないであろう。(643) 馬祖その人に、すでに同じ体系の試みがある。次の「示衆第四」が、それである。

四一　語本と語録　その三

馬祖の「示衆第四」は、修道とはどういうことかという、「示衆第三」を受けての、ある僧の質問ではじまる。馬祖自ら問うたともいえるが、全体的な語気からいうと、やはり相手がいたとみたい。『天聖広灯録』と『正法眼蔵』、『四家語録』のテキストは、完全に一致する。『古尊宿語録』は、この一段のみをとる。

示衆第四 **天聖広灯録　第八**（5-406a）	**正法眼蔵　上**（Z118-34b）	**四家語録　第一**（3-3b）	**古尊宿語録　第一**（Z118-159b）
(12) 問、如何是修道。師云、道不属修。若言修得、修成還壊、即同声聞。若言不修、即同凡夫。云、作何見解、即得達道。師云、自性本来具足。但於善悪事上不滞、喚作修道人。取	僧問、如何是修道。曰、道不属修。若言修得、修成還壊、即同声聞。若言不修、即同凡夫。又問、作何見解、即得達道。師曰、自性本来具足。但於善悪事中不滞、喚作修道人。	僧問、如何是修道。曰、道不属脩。若言脩得、脩成還壊、即同声聞。若言不脩、即同凡夫。又問、作何見解、即得達道。祖曰、自性本来具足、但於善悪事中不滞、喚作脩道人。	問、如何是修道。師云、道不属修。若言修得、修成還壊、即同声聞。若言不修、即同凡夫。云、作何見解、即得達道。云、自性本来具足。但於善悪事上不滞、喚作修道人。取善

善捨悪、観空入定、即属造作。更若向外馳求、転踈転遠。但尽三界心量、一念妄想、即是三界生死根本。但無一念、即除生死根本、即得法王無上珍宝。無量劫来、凡夫妄想、諂曲邪偽、我慢貢高、合為一体。故経云、但以衆法合成此身。起時唯法起、滅時唯法滅。此法起時、不言我起、滅時不言我滅。前念後念中念、念念不相待、念念寂滅、喚作海印三昧。摂一切法、如百千異流、同帰大海、都名海水、住於一味、即摂衆味。住於大海、即混諸流、如人在大海水中浴、即用一切水。

所以声聞悟迷、凡夫迷悟。声聞不知聖心、本無地位。因果階級、心量妄想。修因証果、住其空定、八万劫二万劫、雖即已悟却迷。諸菩薩観如地獄

取善捨悪、観空入定、即属造作。更若向外馳求、転踈転遠。但尽三界心量、一念妄想、即是三界生死根本。但無一念、即除生死根本、即得法王無上珎宝。無量劫来、凡夫妄想、諂曲邪偽、我慢貢高、合為一体。故経云、但以衆法合為此身。起時唯法起、滅時唯法滅。此法起時、不言我起、滅時不言我滅。前念後念中念、念念不相待、念念寂滅、喚作海印三昧。摂一切法、如百千異流、同帰大海、都名海水、住於一味、即摂衆味、住於大海、即混諸流、如人在大海中浴、即用一切水。

所以声聞悟迷、凡夫迷悟、声聞不知聖心本無地位、因果階級、心量妄想、修因証果、住於空定、八万劫二万劫、雖即已悟、悟已却迷。諸菩薩観如

取善捨悪、観空入定、即属造作。更若向外馳求、転踈転遠。但尽三界心量、一念妄想、即是三界生死根本。但無一念、即除生死根本、即得法王無上珍宝、無量劫来、凡夫妄想、諂曲邪偽、我慢高貢、合為一体。故経云、但以衆法合成此身。起時唯法起、滅時唯法滅。此法起時、不言我起。滅時不言我滅。前念後念中念、念念不相待、念念寂滅、喚作海印三昧。摂一切法、如百千異流、同帰大海、都名海水、住於一味、即摂衆味、住於大海、即混諸流、如人在大海中浴。即用一切水。

所以声聞悟迷、凡夫迷悟、声聞不知聖心、本無地位、因果階級、心量妄想、脩因証果、住於空定、八万劫二万劫、雖即已悟、悟已却迷。諸菩薩観、

捨悪、観空入定、即属造作、更若向外馳求、転踈転遠。但尽三界心量、一念妄想、即是三界生死根本。但無一念、即除生死根本、即得法王無上珍宝。無量劫来、凡夫妄想、諂曲邪偽、我慢貢高、合為一体。故経云、但以衆法合成此身。起時唯法起、滅時唯法滅。此法起時、不言我起、滅時不言我滅。前念後念中念、念念不相待、念念寂滅、喚作海印三味、摂一切法、如百千異流、同帰大海、都名海水、住於一味、即摂衆味、住於大海、即混諸流。如人在大海中浴、即用一切水。

所以声聞悟迷、凡夫迷悟。声聞不知聖心、本無地位、因果階級、心量妄想、修因証果、住其空定、八万劫二万劫、雖即已悟却迷。諸菩薩観、如地

苦、沈空滞寂、不見仏性。

⒀

若是上根衆生、忽遇善知識指示、言下領会、更不歴於階級地位、頓悟本性。故経云、凡夫有返覆心、而声聞無也。対迷説悟。本即無迷、悟亦不立。

一切衆生、従無量劫来、不出法性三昧、長在法性三昧中、著衣喫飯、言談祇対。六根運用、一切施為、尽是法性。不解返源、随名逐相、迷情妄起、造種種業。若能一念返照、全体聖心。

⒁

汝等諸人、各達自心、莫記吾語。縦饒説得河沙道理、其心亦不増。摠説不得、其心亦不減。説得亦是汝心、説不得亦是汝心。乃至今身放光、現十

地獄苦、沈空滞寂、不見仏性。

若是上根衆生、忽尓遇善知識指示、言下悟去、更不歴於階級地位、頓悟本性。故経云、凡夫有返復心、而声聞無也。対迷説悟、本即無迷、悟亦不立。

一切衆生、従無量劫来、不出法性三昧、長在法性三昧中、著衣喫飯、言談祇対、六根運用、一切施為、尽是法性。不解返源、随名逐相、迷情妄起、造種種業。若能一念返照、全体聖心。

汝等諸人、各達自心、莫記吾語。縦饒説得河沙道理、其心亦不増、摠説不得、其心亦不減。説得亦是汝心、説不得亦是汝心、乃至分身放光、現十

如地獄苦。沈空滞寂、不見仏性。

若是上根衆生、忽尓遇善知識指示、言下領会、更不歴於階級地位、頓悟本性。故経云、凡夫有反覆心、而声聞無也。対迷説悟、本即無迷、悟亦不立。

一切衆生、従無量劫来、不出法性三昧、長在法性三昧中、著衣喫飯、言談祇対、六根運用、一切施為、尽是法性、不解返源、随名逐相、迷情妄起、造種種業。若能一念返照、全体聖心。

汝等諸人、各達自心、莫記吾語、縦饒説得河沙道理、其心亦不増、縦説不得、其心亦不減、説得亦是汝心、説不得亦是汝心、乃至分身放光、現十

獄苦、沈空滞寂、不見仏性。

若是上根衆生、忽遇善知識指示、言下領会、更不歴於階級地位、頓悟本性。故経云、凡夫有反覆心、而声聞無也。対迷説悟、本即無迷、悟亦不立。

一切衆生、従無量劫来、不出法性三昧。長在法性三昧中、著衣喫飯、言談祇対、六根運用、一切施為、尽是法性。不解返源、随名逐相、迷情妄起、造種種業。若能一念返照、全体聖心。

汝等諸人、各達自心。莫記吾語。縦饒説得河沙道理、其心亦不増。総説不得、其心亦不減。説得亦是汝心、説不得亦是汝心、乃至分身放光、現十

八変、不如還我死灰来。淋過
死灰無力。喩声聞妄修因証果。
未淋過死灰有力、喩菩薩道業
純熟、諸悪不染。若説如来権
教三蔵、河沙劫説不可尽。猶
如鈎鏁、亦不断絶。若悟聖心、
揔無余事。久立珍重。

八変、不如還我死灰来。淋過
死灰無力、喩声聞妄修因証果。
未淋過死灰有力、喩菩薩道業
純熟。諸悪不染。若説如来権
教三蔵、河沙劫説不尽。猶如
鈎鎖、亦不断絶。若悟聖心、
揔無余事。久立珍重。

八変、不如還我死灰来。淋過
死灰無力、喩声聞妄修因証果。
未淋過死灰有力、喩菩薩道業
純熟、諸悪不染。若説如来権
教三蔵、河沙劫説不尽。猶如
鉤鎖、亦不断絶。若悟聖心、
揔無余事。久立珍重。

八変、不如還我死灰来。淋過
死灰無力、喩声聞妄修因証果。
未淋過死灰有力。喩菩薩道業
純熟、諸悪不染。若説如来権
教三蔵、河沙劫説不可尽。猶
如鉤鏁、亦不断絶。若悟聖心、
総無余事。久立珍重。

前の示衆と同じように、『維摩経』の引用が多い。むしろ、『維摩経』にのみ拠っている。[644] とくに、最初の海印三昧の根拠となる、衆法合成の一段は、別に僧肇に帰せられる『宝蔵論』にもとられる。僧肇の再評価は、北宗以来のことで、『楞伽師資記』は、その先例である。今も、『維摩経』と『肇論』が、ほとんど同じ扱いを受ける。『宝蔵論』の序は、馬祖につぐ章敬暉の作であり、[645]『宝蔵論』の引用は、宗密を最初とする。『宝蔵論』は、『肇論』以上に評価された。同時代の要求をふまえる、新しい成果のゆえである。要するに、衆法合成の句は、凡夫と仏の等質をいうためで、のちにわが道元が、その『正法眼蔵』海印三昧の巻を、『維摩経』によって構想するのも、馬祖を経由しているように思われる。[646] とくに、凡夫と仏、もしくは菩薩の等質問題は、後半に引かれる返覆（復）心の句を予想する。

いったい、凡夫の返復心を評価し、声聞を敗種とする『維摩経』仏道品の思考は、すでに神会の『壇語』に引かれる。修因証果の声聞は、空定に住すること八万劫乃至二万劫を経て、始めて発心するが、今の智識の発心と同じという、神会のことばを、馬祖の示衆はふまえる。[647] 神会の場合は、壇場授戒の説ゆえに、発心を強調することに中心がある。とりわけ、神会は空定の発意を強調するあまり、凡夫に返復あり云云を、天女が舎利弗に語る言葉とする。維摩の室中に姿をあらわす天女が、人々の上に天華を雨ふらせると、諸菩薩のはすべて地に堕ちるが、声聞の身についた華は、神力をもって払っても、堕ちないのである。返復の句は、次にいうように、仏道品にみえる大迦葉の懺悔に由来していて、本来は天女のものではない。空定と返復を対比する発想は、おそらく神会に始まるとみてよい。空定の問題は、すでに達摩の語録にあり、南陽忠国師の示衆にもみえる[648]。馬祖は今、君たち凡夫は上根の衆生ゆえ、善知識の指示に遇うて、言下に領会し、およそ階級地位を経ず、ずばり本性を頓悟できたとするので、神会よりもさらに徹底した頓教となる。示衆は、そんな頓教開演の形式である。禅仏教では、凡夫は声聞以上に上根である。この示衆の最初の問答で、凡夫を不修の人とし、無量劫来の幻想とするのは、頓教の機ゆえであろう。声聞は迷って悟り、凡夫は悟を迷うにすぎぬ。声聞のうちに、すでに三乗が含まれる。三乗はすでに形骸化して、新しい発展の可能性をもたない。凡夫は、菩薩の可能性を宿すのである。

声聞は仏性を聞見するが、菩薩は眼に仏性を見る[649]。凡夫を前に示衆する馬祖は、自ら法王として、無上の珍宝を施す。すくなくとも、共に法性三昧の中にあるかれにとって、一切の階級は問題にならない。馬祖は座上に、『維摩経』仏道品を演ずる。仏道品の大迦葉は、今は声聞の代表であって、禅仏教の初祖ではない。大迦葉は、退いて自己を敗種とし、仏種としての凡夫の能力を保証する、化菩薩となる。『維摩経』というお経は、中国仏教の各派と時代を貫いて、つねに読まれつづけるが、馬祖のような読み方は、他に例がないであろう。『維摩経』は今、完全に禅仏教のテキストとなる。

我らは今、阿耨多羅三藐三菩提心を発す資格はない、ひっきょう、五無間の罪（人）すら、意を発して仏性を生むことができるのに、今や我らは、永遠に之を発すことができない。たとえば、根敗の男が五欲に対し、欲望をとりもどすことができぬにひとしい。このように、声聞（わたくしたち）という煩悩の根のない男は、仏法の中で、再び役立つことなく、もはや理想をもたぬ。それゆえに、文殊師利よ、凡夫は仏法に対して、返復があるけれども、声聞には無いのである。なぜならば、凡夫は仏性を聞いて、よく無上道の心を起し、三宝を断たせぬが、これに反して声聞は死ぬまで、仏の法力と無畏を聞いても、もはや無上道の意志を発すことができない。[650]

返復は、僧肇の注によって、仏恩に報ゆる意とされる。初心にかえる、若返りの意に解してもよいであろう。[651]迷うから悟りがある。迷わねば、悟ることもないという言葉は、道には修も証もないという、修道の否定の意に解釈されやすい。今、馬祖の「示衆第四」は、全く逆の方向をとる。声聞には、もはや迷も悟もないので、迷って悟る凡夫の相対的な思考の力が、再評価されるのだ。法性三昧とは、衆生の本性のことであり、本より増減のないところであり、今は、凡夫の再評価の根拠である。ここから、独自の凡夫修道論が引きだされる。とりわけ、それが単に相対的な、修因証果の権教に終わらぬことは、さいごの部分にみえる死灰の譬えが、もっともよくこれをあらわす。

死灰の譬えは、中国文献では『荘子』の斉物論の冒頭に出て、槁木と対をなし、枯木死灰ともいわれるが、小乗仏教の灰心滅智、つまり煩悩を滅尽しきった、声聞の悟りの境地をいうのと合わせて、善意に用いるのが普通である。そうした仏教と『荘子』の結合に、『老子』第十九章の「絶聖棄智」の句が、重要な支えとなっていることは、いうまでもないだろう。しかし、馬祖が今、そんな死灰を我に還せというのは、おそらくは還債の意を含める。前生で俺が貸した債を還すのに、君には今、死灰しかのこらぬにしても、君の最後の所有である死灰を、当然還すべきものとして、俺に還せというのである。先にいう善意の場合とちがって、火葬の後にのこる骨灰を指す、痛烈な批判の句のようである。六祖が大庾嶺上で道明に向って、我に本来の明上座の面目を還し来れ（『祖堂集』十八）といい、あるいは夾山が黄山に向って、子は且らく老僧に草鞋価を還せ、然るのちに老僧は子に江陵の米価を還さん（『祖堂集』九）などというのは、いずれも同じ文脈で理解されよう。

要するに、馬祖は何も還すものがない相手に、声聞の死灰を求めるのであり、分身放光や十八変といった、二乗の神異変現を拒否する、強い語気を含むとみられる。さらに、同じ死灰でも、声聞のは淋過で無力だが、凡夫（菩薩）のそれは、未淋過ゆえに有力であると、馬祖はいうのだろう。文字通り、死屍に鞭うつ批判であり、死灰を相手どる説法である。先に大迦葉のいう、五無間の罪人すら、意を発して仏法を生ずることができる云云も、そんな凡夫ゆえの可能性を意味しよう。臨済の示衆に、従来の習気、五無間の業有るも、自ずから解脱の大海となるとあり、さらに進んで、五無間の業を造って、方に解脱を得んというのとも関係する。[652] 馬祖の「示衆第一」で、善を取って悪を捨てることを批判し、罪性の空を説くのに比べると、今はすでに、一般論としての善意や、罪性の問題ではない。眼前に声聞を相手どる、臨場の説法といえる。

とくに、「淋過死灰無力、未淋過死灰有力」の句は、もっとも注目すべきである。淋過死灰とは、灰あくをたれきった、灰かすである。淋は、醸された原酒がしみ出ること、あるいは酒をしぼる意で、『朱子語類』第百九に、古典から新しい解釈を引きだすのを、酒をしぼるのに譬えるところがあり、元来は典型的な口語である。淋了灰堆の例も、同時代の『雲臥紀談』にみえる。[653] 馬祖は凡夫を相手どって、未だしぼりのこりのある、お前たちの灰あくは、役にたつけれども、しぼりきった声聞のは、もはや何の役にもたたぬというのであろう。有力、無力も、おそらくは口語である。淋過と未淋過の譬えを介して、凡夫と菩薩が一体化し、道業純熟、諸悪不染というのも、弟子たちを眼前にする説法ゆえの、巧妙なレトリックとなる。言ってみれば、声聞と凡夫を区別するのは、単に声聞を敗種とするのではなしに、無烟の火種を認めるためであり、敗種さえ発芽させる、海印三昧の天沢を前提する発想である。石女(うまずめ)が児を生み、化人が煩悩を起こすといった、後代の禅問答に頻出する、特異のテーマは、いずれも同じ発想より出ている。あるいは、滅尽定に出入の息あり、非非想定に人の退くをみるといい、羅漢が婬房に遊ぶというのも[654]、元来は天女と舎利弗の問答をふまえる句である。

要するに、「示衆第四」には、口語の気分がもっとも強い。神会の壇場説法や、『六祖壇経』の示衆にみられる、授菩薩戒儀の伝統をふまえつつ、やや形式化する儀式の重々しさを払拭し、菩薩戒の精神に徹底することで、相互に菩薩の対話を試みるのは、やはりに馬祖にはじまる禅仏教の、もっとも大きい魅力である。馬祖の示衆は、そうした大きい変化の画期で、語本より語録への新しい動きが、そこに同時に含まれることを、わたくしは以上の考察によって、一往確認できたのでないかと考える（百川異流同帰大海云々は『金剛三昧経』による）。

さいごに、『宗鏡録』第四十九にのみ伝える、「示衆第五」について考えたい。テキストは、一本である。『宗鏡録』の拠るところは、不明であり、どこまでが馬祖の語かも、じつは必ずしも明確でないが、今はこれを加えて、馬祖の示衆を尽すこととなる。

示衆第五

宗鏡録　第四十九（T.48-707b）

馬祖大師云、若此生所経行之処、及自家田宅処、所父母兄弟等挙心見者、此心本来不去。莫道見彼事、則言心去。心性本無来去、亦無起滅。所経行処、及自家父母眷属等、今所見者、由昔時見故、皆是第八含蔵識中、憶持在心、非今心去。亦名種子識、亦名含蔵識。貯積昔所見者、識性虚通、念念自見、名巡旧識、亦名流注生死。此念念自離、不用断滅。若滅此心、名断仏種性。此心本是真如体、甚深如来蔵、而与七識倶。

傅大士云、心性無来亦無去、縁慮流転実無停。又心無処所、故云無停。心体実無来去。昔所行処、了了知見、性自虚通、体無去住。不用除滅此心。若識此心、本是仏体。不須怕今有。不識心人、将此為妄、終日除滅、亦不可得滅。縦令得滅、証声聞果、亦非究竟。只如過去諸仏、恒沙劫事、見如今日。真如之性、霊通自在、照用無方、不可同無情物。仏性是生気物、不可兀尒無知。但無心量、種種施為、如幻如化、如機関木人、畢竟無有心量。於一切処無執繫、無住著、無所求。於一切時中、更無一法可得。

はじめの五行が、馬祖の示衆であり、あとの九行は、延寿のコメントである。本来は、さらに長い前後のある説法の断片のようであり、示衆の趣旨は、かつて経行して見たことのある、出家以前の田宅や父母兄弟のことを、今もなお憶持するのは、本来起滅することのない、心体の作用であり、今あらためて心を起こして見るに及ばないということのようで、本文とコメントとともに、この一段はかなり難解だが、あえて前の「示衆第四」に関係づけ、一往の結論をいえば、即今所見の物について、起滅のない心体を見とどけよというので、徒らに妄心を除滅しようとする、声聞の修行を非難するのが趣旨であろう。延寿のコメントに、今も過去の体験を憶持するのは、第八含蔵識の力であるとし、「甚深如来蔵、而与七識倶」という『楞伽経』の句や[655]、傅大士の「心性無来亦無去云云」を引くのは[656]、やや教学寄りであるが、真如の性は霊通自在で、照用無方であるから、無情物に同ず可からず、仏性は生気の物であり、兀尒として無知なる可からずとする語気は、明らかに前段の示衆に共通する。

とりわけ、馬祖のことばのうちに、心中に憶持される自家田宅や、父母兄弟のことをいうのは、すでに神会の『壇語』に先例があり[657]、必ずしも理解できぬ話題ではない。むしろ、出家の弟子たちにとって、共感を引きやすい示衆の一つといえた。そうした妄念を断除せよといわず、念々自ずから離るといい、若し此の心を滅するなら、仏の種性を断つとするのは、やや過激の嫌いはあるが、馬祖の示衆の一面を、今に伝えることにはなるだろう。

以上で、馬祖の示衆とされるもの五本について、一往の検討を終わる。示衆が記録されて語本となり、門弟の証しとして、各地に伝えられた。それらをまとめて語録としたとき、弟子の機縁と問答が新たに加わる。テキスト化はいずれも、偶然を免れないが、現存最古の語録であることに変わりはない。『宗鏡録』と『祖堂集』はその古形を伝え、『伝灯録』は機縁語句を軸にして、禅宗史書を編む。宋代に入って、馬祖以後の四家の語が、『四家語録』となる段階で、馬祖の語にかなり整理の手が入っていること、とくに『天聖広灯録』の成立が動機となることは、先にいうごとくである。

四二　示衆より上堂へ

馬祖にはじまる、新しい禅の動きを、もっとも明確に証拠するのが、語録の製作であることを、上来くり返し考えた。

馬祖の語録は、当初は語本とよばれた。語本とは、神会の壇場説法と、これをモデルに創作される『六祖壇経』を受ける、菩薩戒本の変化したものでないか。そんな作業仮説について、わたくしは私見をくり返した。すくなくとも、馬祖の語本の生産には、この人を先河とする、独自の示衆が動機となる。示衆は、文字通り衆に示す、説法のことであるが、従来のような、経典の講義や、礼拜、礼讖等の儀式、もしくは説法でなしに、一挙に仏法の所在を示すのが、新しい特色となる。とりわけ、示衆は別に陞座（升座ともかく）ともよばれるように、壇に昇るのが条件で、これが次に百丈のとき、上堂として制度化される。高座に升って説くのが升座であり、壇は先にいう戒壇のそれを受けるので、必ず高座に昇ることが条件となる。[658]そうした升座の行われる法堂を、始めて建造するところに、百丈による上堂の新しさがある。上堂とは、文字通り法堂に上ることである。師資ともに、法堂に在るのであるる。現存する馬祖の示衆五つは、明らかにそのことをあらわす。経律や祖語を引き、その意味を解釈することもあるが、ねらいは仏語心そのものの提示であり、単なる古典の講義や学習にとどまるものではない。不立文字、以心伝心とは、そのことである。

わが無著道忠の『禅林象器箋』第十一、垂説類に上堂の由来を説き、楊億の古清規序をあげて、『伝灯録』第五の弘忍の章に、上堂の記事があるのを、最古の証とする。[659]百丈にはじまる上堂の起源を、五祖の時に求めるのは無理であり、『伝灯録』の編者が、北宋初期の慣例に従って、用語を整理したにすぎまい。『祖堂集』によれば、釈迦の章に示衆あり、『雪竇頌古』第七十九則に、世尊陞座の例がある。『頓悟要門』に上堂をいうのも、おそらくは後代の再編である。[660]『伝灯録』第二十八に収める諸方広語の大半が、すべて上堂の語とされるのは、注目してよいであろう。南陽忠国師語を問答とし、荷沢神会と馬祖道一のものを示衆とする以外、すべて上堂で統一される。要するに、禅門の上堂の制は百丈にはじまり、馬祖の示衆を制度化し、その語本を再編するのであり、ここに明確な画期がある。参問する道俗の数が、にわかに増大したことも一因である。馬祖の葬儀が、普寂につぐほど盛大であったというのは、おそらくは弟子の数と関係しよう。注目してよいのは、敦煌本『六祖壇経』のはじめに、恵能が大梵寺の講堂中で、高座に昇って摩訶般若波羅蜜の法を説き、無相戒を授けたとき、座下の僧尼道俗の数を、一万余人とすることである。[661]一万余人は実数ではあるまいが、これが升座の条件である。興聖寺本は、道俗一千余人とし、升座示衆とする。北宋初期の実際にあわせたので、これが宋代以後の升座示衆の標準となる。

馬祖の示衆は、そんな『六祖壇経』を手本とする。『六祖壇経』は、禅律互伝の意図をもつ創作であるが、恵能が始めて単伝の宗旨を開演したことは、すでに『法性寺瘞髪塔記』にみえ、別に『楞伽師資記』や『伝法宝紀』が伝える、北宗の祖師たちにも、すでに一般道俗を相手どる、示衆開法の先例[662]がある。『楞伽師資記』は、『楞伽経』四巻を翻訳する求那跋陀羅が、宋の太祖に迎えられ、王公道俗の請によって、丹陽郡で禅訓を開いたことに、開法の起源を求める。同じ著者による、『注般若心経』の序にも、ほぼ同一の記事があり、これを楞伽の伝灯とし、南宗とよぶのが注目される。南宗は、南天竺一乗宗のことであり、大乗を意味する。大乗は、大衆の存在を前提する名であり、この時期の大乗は、禅仏教を意味した[663]。要するに、禅門の示衆は、伝灯の祖師が宗旨を開演する、独自の説法のことであり、必ず公開を原則とする。のちに上堂陞座とよばれ、開堂とよばれるのは、それらの条件を含めてのことだろう。さらに上堂は、のちに釣語とか、索話とかよばれるように、弟子の質問を誘発する、ひきがねの役を含んでいた[664]。古来すでに考証があるように、聴衆は雁立側聆し、いつでも発問できる姿勢にあることが求められる。示衆のさいごに、「久立珍重」とあるのも、単に形式的な儀礼の句ではなかったにちがいない。仏陀が、つねに大徳、又は善男子とよびかけたように、祖師たちは善知識、兄弟とよびかけ、道流を相手どって語ることとなる[665]。

いったい、百丈による上堂の制度化は、先にいう法堂の創始を動機とする。法堂は、上堂のための建造物である。謂わゆる仏殿を立てず、唯だ法堂のみを樹てたのは、禅院生活の根本をそこに求めたためである[666]。『六祖壇経』の説法は、大梵寺の講堂で行われるから、八世紀の後半、上堂のための法堂は、まだ存在しなかったといえる。ただし、法堂とよばれる建物は、インド仏教にあり、すでに諸種の経律や『大唐西域記』にも記載がある。古くより七堂伽藍の一つで、禅院には限らぬといえるが、仏殿よりも法堂を先とする発想は、やはり百丈以来とみなくてはならぬ。たとえば、厳挺之が義福のために撰する、『大智禅師碑銘并序』（『全唐文』二百八十）によると、義福はすでに嵩山で高僧万廻に会い、正法を宏通するのは必ず此の人であると予言され、神龍の歳に群公に迎えられて京師にゆき、終南化感寺に法堂を置いたというが、「外に離俗を示し内に安神を得て、宴居寥廓たるもの廿年」というから、化感寺の法堂は必ずしも道俗を相手どる、公開演法の堂ではなかった(667)。

さらに、百丈が法堂を創始し、これを馬祖の示衆にさかのぼらせたことによって、馬祖につぐ同時代の人々の説法に、変化が起こる。たとえば、薬山惟儼は太和八年十一月、八十四歳で入寂したとき、「法堂倒る、法堂倒る」と叫んだので、弟子たちが法堂の柱を支えようとすると、薬山は手をあげて、「子ら我が意を会せず」と答えたとされる。『祖堂集』第四、『伝灯録』第十四、『宋高僧伝』第十七に、ともに伝えるところである。薬山の法堂は、薬山自身をいうので、建物のことではない。薬山の法堂は、百丈の法堂開創をふまえる、新しい示衆といってよい。じじつ、『祖堂集』索引によると、法堂の語は約三十例あり、すべて同時代、同じ意味に使っていることが判る(668)。

興味ぶかいのは、『伝灯録』第十四の石頭の章にあって、『祖堂集』にその片鱗を示す、次のような上堂である。

師一日上堂して曰く、吾が法門は先仏より伝受す。禅定精進を論ぜず、唯だ仏の知見に達して、即心是仏なるのみ。心仏衆生、菩提煩悩、名異るも体は一なり。汝等当に知るべし、自己の心霊、体は断常を離れ、性は垢浄に非ず、湛然円満して、凡聖斉同、応用無方にして、心意識を離れ、三界六道、唯だ自心に現ずるのみなることを。水月鏡像、豈に生滅有らん。汝ら能く之を知れば、備わらざる所無し(669)。

わが道元の『正法眼蔵』仏道の巻に引かれる、周知の一段である。汝ら当に知るべし以下は、別に『宗鏡録』第九十八にもみえて、早くより石頭語録の一部をなしていたらしいが、形式内容ともに明らかに馬祖の示衆を受けるというべく、上堂の標示と、「即心是仏」の一句が決め手となろう。先にいう大恵の『正法眼蔵』に、馬祖の「示衆第二」のあとがきとして、洞山総禅師の編する『禅門宗要』と祖堂のことばをあげ、馬祖と石頭を准式とするというのも、両者の示衆が思考を一つにすることを意味しよう(670)。とくに、馬祖の示衆が、『六祖壇経』と『曹渓大師伝』に拠るように、石頭の上堂の前半は、明らかに『曹渓大師伝』に拠る。[671] 六祖は、唯だ見性を論じて、禅定解脱、無為無漏を論ぜずと教えた。今は、上堂こそが、仏の知見を伝える、伝法の形式で、形式と内容のくいちがいは、起こりようがなかった。のちに石頭の後継となる天皇道悟が、曹渓の意旨を問う一段が、これにつづくことも注目してよい。[672] 要するに、示衆は馬祖にはじまり、百丈のときに法堂が創立されて、記録のすべてが、上堂として再編される。馬祖と百丈による、そうした上堂示衆の開始は、どこまでも禅仏教の本質をなす、基本姿勢の造型である。法堂の開創と、上堂の形式化に伴って、説法もまた多様式する。上堂して無言良久し、あるいは珍重し、あるいは喝し、あるいは涅目瞬視する。説法は、必ずしも舌頭に限らず、謂わゆる咽喉脣吻を併却する、新しい表現が求められる。払子や拄杖、如意、香盤、灯籠、露柱といった大小の道具が、示衆の大きい要素となる。北宗や神会の時代、何らかの同じ小道具があったことは確かである。『大乗五方便』で、和尚は木を打つと記す。[673]『楞伽師資記』で、弘忍は長短の火筋を示し、「瓶に三十二相ありや、柱に三十二相ありや、土木瓦石に三十二相ありや」と問う。[674] 瓶は、浄瓶であり、柱は露柱である。指示問義という以上、眼前の具体的な事物を指して問うのは、当然のことである。弘忍の法堂には、土木瓦石があった。造営最中である。

百丈が初めて馬祖に参じたとき、馬祖は縄牀角上の払子を目視する。[675] 払子は、師と弟子の関係を示す道具で、そこにあるだけで、用いなくても言葉を含むのである。払子を竪起し、あるいは空に一画し、あるいは円相を描く。あるいは打ち、あるいは放下する。拄杖についても、同様であって、棒は大半が杖であり、払子を使うこともある。さらに、そうした大小の小道具の使用にとどまらず、あるいは拳でこづき、平手で打ちすえ、あるいは相手の鼻孔を扭し、胸襟を約し、托解する。謂わゆる払拳棒喝の機用が、上堂示衆の常套手段となる。弟子もまた、必ずしも受け身とは限らず、あるときは礼拝し、あるときは礼拝せず、法堂上を東より西に過ぎて立ち、西より東に過ぎて立つ。あるいは、師の縄牀を擒倒し、拄杖を奪って打つ。正しく、機関の展開[676]となり、自由奔放の作用となる。とくに、作務や普請制度の定着に伴って、問法の場所も拡大する。師弟の教室は、寺内より山野に移る。钁頭を竪起し、山刀を求め、鎌子を示し、担子を指すなど、人々の見聞覚知と、行住坐臥の行為のすべてが、新しいテーマとなる。こうして、十二時中、日常生活のすべてが、修行の時空となると、あるいは深夜に炉中の火をかき、法堂に坐して唾をはくといった、きめこまかい対話が増す。いずれも、何らかの形で、第三者の話題となり、やがて語録に入ることとなるが、そうした謂わゆる大機大用の作略は、必ずしも全てが記録にのこらぬ、無限の周縁を有したとみてよい。

『四家語録』第一の馬祖録のさいごに、薬山が石頭と馬祖に参ずる、かなり長い一段の機縁がある。『禅門拈頌集』第五（一二二ページ）は、「百丈因馬大師陞座、良久。師出捲拝席。祖下座帰方丈」の則に夾注し、「馬祖四家録」を引く。野鴨子の機縁である。先のものと異なる、古い「馬祖四家録」が、高麗に渡来していた。『禅門拈頌集』第六、百丈の再参馬祖でも、異本を併記する。「皮膚脱落し尽きて、唯だ一真実のみ有り」という、薬山の有名な一句によって、馬祖は薬山に住山をすすめる[677]。薬山は馬祖のすすめに従わず、辞して自ら住山地を選ぶので、それなりにこの人の家風を伝える話といえる。薬山と馬祖の関係は、古くは知られず、『天聖広灯録』にもなお見えず、宋代中期の『宗門統要』や、大恵の『正法眼蔵』宋版上冊にはじまるが、北宋末期にはすでに知られていたはずである。先にいう西堂と百丈の翫月の話に、南泉が新加するのとも、おそらくは関係するであろう。五家のすべてを馬祖下に含めようとする、北宋初期の一部の動きと関係する、史実とは別次元の話頭であるが、馬祖が薬山に住山をすすめる最後の対話は、すこぶる注目すべきである。馬祖が薬山に求める住山は、開法を意味する。先にいう薬山が入滅のとき、自ら法堂到ると叫ぶように、薬山にはすでに法堂の自覚があった。『祖堂集』第四の薬山章は、首座が強いて昇座を求める話を伝える(678)。薬山には、経律論の外に出る、この人独自の升座があった。皮膚脱落の話には、本来は馬祖にはじまる上堂を、薬山に結びつけようとする、かなり意図的な作意が含まれる。

『唐文粋』第六十二に、唐伸の記す澧州薬山故惟儼大師碑銘并序がある。別に『仏祖通載』第二十三、『全唐文』五百三十六にも収めるもの。『全唐文』の紹介によると、唐伸は、宝暦元年の進士で、賢良方正直言極諫科第三等である。さらに、本文で自ら言うように、作者は薬山の弟子と関係をもつ、西京崇敬寺大徳の族縁に当り、西京大徳に参じたこともあったらしい。

唐伸の薬山大師碑は、古来偽作とされる。『唐文粋』百巻は、大中祥符四年に編集を終わる、唐一代の名文の類集であり、六朝の『文選』をつぐ意図をもつ。唐伸の名による、薬山碑銘の偽作が、すでに北宋初期にあることは、承認してよいであろう。あたかも、『伝灯録』の成立と上進、入蔵の時期である。『伝灯録』第十四の薬山伝に対し、修正を求めんとするのである。薬山碑銘のねらいは、薬山が大寂の下にあること二十年、不違如愚であったとし、大寂がこれを認めて、次のように言ったとするにある。

　你の得る所は、謂いつ可し、心体に浹ねく、四体に布く。益さんと欲すれども、益す所無く、知らんと欲すれども、知る所無し。渾然たる天和、大無に合す、吾れ以て教うること有る無し。仏法は、群盲を開示するを以て、大功徳と為し、衆悪を滅するを大徳と為す。你は当に功徳を以て、迷途を普済すべく、宜しく梯航と作るべし。久しく此に滞ること無かれ。

馬祖の言葉の前半は、『四家語録』の皮膚脱落問答に一致するが、後半の開法をすすめる部分に、かなりちがいがみえる。今は衆生済度を求めるので、『四家語録』の問答では、行住坐臥の所当然として、住山というにとどまる。要するに、唐伸の所伝は倫理的であり、『四家語録』の問答には、機関が含まれる。

とくに、唐伸の薬山碑銘は、薬山が石頭に参じたことをいわず、自ら馬祖を選ぶのであり、馬祖の下にあること二十年、不違如愚であったとする。作者の文飾にすぎぬとはいえ、薬山と馬祖の関係を、孔子と顔回に比するのであり、この碑文全体が儒教的発想で書かれるのは、北宋初期の禅仏教の体質を濃厚に示すといえる。柳宗元が曹渓恵能を、孔子に大位がなかったのに比したあと、馬祖とその一般道俗への開法を、儒教のそれに合わせて考えようとする、新しい動きがあったことを想起してよい。『祖堂集』第四、『伝灯録』第十四、『宋高僧伝』第十七の薬山伝が、筆を揃えて李翺の参禅を強調するのに、唐伸の碑銘がこれを明言せず、碩臣重官の帰依修礼するも、師の道に於て未だ門閫に及ばざる者は、故に之を篇に列せずとして、すこぶる勿体ぶった表現にとどめるのは、北宋初期における、儒仏交渉史の一端を示すとみられる。要するに、唐伸の薬山碑銘は、馬祖にはじまる禅仏教の動きを、儒教倫理にあわせて歴史化しようとする、新しい試みの一つであり、従来非難されるような、法系史の問題以上に、大きい資料価値を含むのでないか。

いったい、『祖堂集』第四の石頭の章と、『伝灯録』第十四の薬山の章に、かれが石頭の下で坐禅していたときの問答と、石頭がこれを許す七絶の讃偈がある。

　従来共に住して名を知らず、
　任運に相い将いて、只麽に行く。
　古よりの上賢すら、猶お識らず、
　造次の凡流、豈に敢て明かさんや。(679)

石頭の嗣法者としての薬山の地位は、すでにこの偈によって決する。言ってみれば、これは石頭の伝法偈である。様式も、主題も、馬祖のそれと異なるけれども、南岳—馬祖の動きに対する、法系意識が、含まれることは明らかである。薬山の坐禅は、明らかに南岳と馬祖の磨磚問答をふまえる。石頭が薬山を許す根拠となる、「千聖も亦た識らず」の一句も、すでに青原と曹渓六祖の問答に、聖諦すら為さずと言い、青原の書を南岳にとどける、石頭と懐譲との問答が、諸聖を慕わず己霊を重んぜずと言い、むしろ永劫に沈淪を受く可し、諸聖に従って解脱を求めずとする、この系統の人々の見識をふまえる句といえよう(680)。先にいう、石頭の上堂語が、その前提となる。薬山の上堂に、即心即仏の句はみられず、むしろ批判的であることは、南泉に共通しよう。石頭は垂語して、言語動用勿交渉と言い、大顚との問答でも、言語するものを心とする大顚を叱り、揚眉動目を除却して、心を将ち来れと求めている(681)。即今言語するもの、揚眉動目するものを心とする、馬祖の作用即性の思考に対し、言語や動用となる以前の一句子を求めるのである。

『祖堂集』第四、『伝灯録』第十四の薬山の章に、ともにひとしく伝えるように、薬山は潮州西山の恵照について出家し、大暦八年に衡岳希操律師について受戒する。やがてまもなく、小乗戒を離れるのであり、これが神会以来の菩薩戒の精神を継承することは、いうまでもないであろう。「大丈夫、当に法を離れて自から浄なるべし、豈に能く屑々として、細行を布巾に事とせん」というのが、このときの薬山のことばである。じつをいうと、ほとんど同じ経緯が百丈の塔銘にあり、同じ西山恵照について出家ののち、衡山法朝律師に律を学んでいる(682)。戒律に甘んじない見識は、すでに南岳懐譲にもあって(683)、これが曹渓以後の伝統をなしている。薬山が律を棄てたことは事実だが、その評価と記述の様式は、南岳と百丈を意識している。要するに、青原—石頭—薬山の法系は、馬祖にはじまる洪州宗の動きに対して、重層的に確認される。思想的な対決の背後に、上堂や示衆という、制度的な共通の問題があった。

薬山は、首座が上堂を求めると、一旦は応諾するけれども、上堂して良久すると、ただちに方丈に引きかえす。

首座が約束違反をなじると、経に経師あり、律に律師あり、論に論師がある。君はわしのどこが気に入らぬのかと答えている。[684]『伝灯録』第十四では、薬山はこのとき、良久したとし、のちになると、良久を薬山の上堂とする解釈があるが、薬山はそうした機関を示すよりも、むしろ示衆そのものを拒否したとみてよい。薬山はある上堂で、「我に一句子有り、未だ曾て人に説向せず」とし、あるいは「言説に非ず」といっている。[685]薬山が示衆を拒否したことは、すこぶる注目に価しよう。懐譲や青原、石頭の道場に、法堂があったわけではない。その示衆の様子も、明らかでない。馬祖と百丈にはじまる、上堂の様式が、他の人々の説法に拡がり、上堂そのものがすでに形式化しはじめる。薬山は、馬祖や百丈の上堂にも、批判的であったといえないか。すくなくとも、薬山には、示衆の記録が少ない。示衆や上堂の背後にある、表現以前のものを問題にしようとする傾向があった。公開説法とは、そのことである。

たとえば、『伝灯録』第十四の薬山の章に、次のような問答がある。

僧がきく、わたくしは疑いがあります、どうか先生、解決して下さい。

師、ひとつ、上堂のときに来なさい、貴公のために疑いを解いてやる。

晩の上堂のとき、大衆が集まって席につく。

師、今日、疑いを解けとたのんだ修行僧は、どこにおいでか。

先の僧が、衆の中から進み出て、つっ立つ。

師は、禅牀をおりて、僧をつかみあげた。

「皆の衆、この坊主には疑いがあるぞ」というや否や、突きはなして方丈に帰る。[686]

これによって、上堂が夜も行われたこと、上堂は必ずしも示衆を前提とせず、直ちに問答の場となることが判る。

そうした発想は、薬山のみならず、いずれの禅院にも共通したであろう。後年、『臨済録』の主要部をなす示衆が、晩参のそれであることを考えあわせてよい(687)。

周知のように、薬山の下に雲巌を出し、雲巌の下に洞山を出す。洞山は曹洞宗の祖とされるから、曹洞の宗風は薬山に始まる、と見ることができる。雲巌は百丈の下にあること二十年、百丈の寂後に薬山にくる。百丈の上堂とその家風は、雲巌によって薬山に伝えられた。『祖堂集』第四の薬山の章に、次のような雲巌との対話がある。雲巌が薬山の下にくる、最初の問答である。

薬山、海師兄は平生、どういうことを教えているのか。

答、三句に納まらん処を知れ。又た、六句に納まらんところを把えよ、といいました。

師、三千里もはなれて、ありがたや、何のかかわりもたずにすんだな。

さらに、「そのほかには、どんなことを教えたか」

答え、あるとき、説法がすんで、大衆が退散するときでした、先生は、大衆をよびとめます。大衆がふりむきますと、先生は言いました。「(それは)何なのだ」

薬山、どうしてそれを先に言わんのか。海兄は、ちゃんとしたものだ。おまえのおかげで、海兄におめにかかることができた(688)。

百丈下堂の句とよばれる、有名な一段である。『天聖広灯録』第八の伝によると、文脈はややちがっていて、百丈は上堂して説法せず、拄杖をとって大衆を追いかえし、大衆が帰り去るのを呼びかえすことになっていて、『祖堂集』以上に迫力があるのは、修正の手が入っているためだろうが、百丈の機関の一つとして、事件が早く知られたことはまちがいない。のちにいう、夢窓疎石の夢中問答にも、南岳の説似一物の句や、馬祖が西山の亮座主を問

いつめる、即心即仏の句とともに、百丈下堂を評価し、教外悟入の手本とする。(689)

いったい、三句に納まらんところとは、『百丈広語』に収める示衆のうちに、「若し三句を透得し過ぎれば、三段に管せられず。教家の喩えを挙ぐるに、鹿の三跳して網を出づるが如し。喚んで纏外仏と作す、物の渠を拘繫得する無し、是れ然灯後仏に属す」というのに当り、(690)三句は有名な『金剛般若経』に、「般若は般若に非ず、これを般若と名づく」という、三句の弁証法を指すから、百丈がそうした教家の論理を超出するところに、自派の上堂の根拠をおいたことは確かで、六句の例は広録に見出し得ないけれども、四句を離れる外というのがあり、「濁心貪心、愛心染心、瞋心執心、住心依心、著心取心恋心の十句（じつは十一句）をあげ、但だ是れ一句に各おの三句有り、箇々三句外に透過せよ」という場合もあるから、(691)三句と同じ発想で、六句を説くことは可能である。

要するに、『百丈広語』の主要部をなす示衆は、そうした教家の論理をふまえる、一種の観心釈である。薬山は、百丈のそんな示衆をとらず、むしろ示衆ののちに起こった、百丈下堂の一句を評価するのである。後代の分類によると、薬山は理致よりも機関の句をとるのであり、これが薬山その人の上堂となる。

たとえば、薬山はある上堂で、「我に一句子有り、未だ曾て人に向って説かず」(692)といい、あるいは別の夜参のとき、「我に一句子有り、特牛の児を生むを待って、即ち汝に向って道わん」と垂語している。(693)薬山の上堂は、一句子を挙するのがねらいで、先にみる馬祖の示衆や、『百丈広語』に収めるそれと異なって、すこぶる機関の傾きがあったといえる。薬山の上堂に、何らかの記録があったことは、『伝灯録』第二十八に収める、諸方広語がこれを証する。示衆よりも、問答が主である。薬山の語録は、『百丈広語』と、その類を異にしていたようである。

機関とは、謂わゆる語気を尊ぶ、短い一問一答のことである。示衆は事を分けて教外の道理を説くから、一種の教説となり易い。のちに『臨済録』に収める晩参示衆は、必ずしも事を分けて説く教説ではなくて、それ自ら機関に満ちたもので、示衆がすべて教説となるとは限らないが、示衆を軸にみる限り、馬祖や百丈の示衆が教理に傾き、薬山が機関の特色を発揮したことは、あながち否定できないであろう。薬山を祖とする曹洞宗の成立に、そうした薬山の家風が大きく作用することも確かであり、従来とかく類型化されがちであった、馬祖下を大機大用とし、薬山下を理致的とする発想は、再検討を必要としよう(694)。

要するに、上堂の制を画期として、曹渓の祖師禅が再編される。示衆と問答という、新しい修行方法の確立に、神会を軸とする六祖顕彰の運動が、何らかの影響をもつことは確かであるが、視角はすでに完全に神会の時代と、大きくちがったものになる。馬祖と百丈にはじまる祖師禅は、新しい上堂と示衆の制度によって、無数の語録の生産を可能とした。語録は、まとまった示衆より、短い一問一答の記録に傾く。とくに、くり返しいうように、語録はつねに負の運命を含むから、編者の能力に左右されるところがあり、出来のよしあしが大きい。馬祖、百丈、黄檗、臨済の語が、当初よりかなりまとまったものをのこすのに比べると、薬山系には、語録らしいものがなくて、文字通りにすべてが人々の口碑によるほかなかった。口碑による語録の伝播には、後人の再編と新しいコメントがつきやすい。謂わゆる拈徴代別の動きが、五代の雪峰や雲門に至って顕著となる由来も、すでに薬山下にあったといえそうである。曹洞宗の成立は、そうした人と時代を異にする、さまざまの対話を総合し、集大成するのであり、それが正しく曹洞の家風となる(695)。馬祖下四代の語が、示衆を軸にまとめられ、師資の一問一答が、つねにその場で決着をみる、一回性を特色とするのに比べると、薬山より曹洞下の問答には、すでに成句となる以前の問題を挙し、あるときはこれを洗い直し、あるときはその先をつぐことによって、不断に、新しい意味を与えようとする、独自の方法が工夫される。謂わゆる、「諸方雑挙拈徴代別」の語は、四家とよばれる馬祖の直系よりは、他の系統の人々に多く伝わり、これが雲門や法眼に集大成されて、禅問答の開花を導くのであり、禅の語録のもう一つの重要な契機となる。

四三　馬祖の諸弟子

馬祖の弟子のうち、百丈以外について考えよう。すでにくり返しいうように、『伝灯録』第六の馬祖章の終わりに、師の入室弟子、「一百三十九人、各おの一方の宗主と為り、化を転ずること窮まる無し」とする。一百三十九人は、巻第六に三十七人、巻第七に四十五人、巻第八に五十六人とするのを合せた数字で、正しくは一百三十八人である。一人の相違は、おそらくは百丈惟政の扱いに由るもので、『伝灯録』の編集当時、すでに問題のあったことが判る(696)。さらに、碑銘の十大弟子のうちに、天皇道悟を含むから、同じように、のちに石頭の後継となる丹霞天然や、招提恵明らを加え、『宋高僧伝』が馬祖に参じたとする超岸や、九井玄策、興果寺神湊、大安国寺好直を加え、『祖堂集』が馬祖の嗣法とする高城和尚、閉魔巌和尚の二人を加えると、総数一百四十八人となり、その盛大を計るに足りる。

ただし、『伝灯録』が機縁の語句なしとして、名を挙げるにとどまるものについて、『祖堂集』でやや伝記らしいものがあり、あるいは『祖堂集』が馬祖との関係を言わず、『伝灯録』が強いて馬祖下に加えたもの、たとえば山寺や興平、隠山、米嶺のごときが、一百三十八人に含まれる一方、権徳輿の碑銘にあげる十弟子のうち、智広と恵雲の名は、他の関係資料にみえないから、実際は個別の検討を必要とするけれども、馬祖を祖とする洪州宗の大勢が、百三十八人という入室弟子の数字によって、象徴されるに至る事情を、推知することは可能であろう。

今、右の百三十八人に、『宋高僧伝』と『宗鏡録』、および碑銘など関係資料をあわせて、一往の図表とすると、おおよそ次のようになる。

	伝灯録	祖堂集	宋高僧伝	『宗鏡録』、『四家語録』その他に機縁あるもの
1	巻六 越州大珠恵海	巻十四 大珠和尚		『宗鏡録』第八十五、九十八、『四家語録』
2	洪州泐潭法会			『四家語録』
3	池州杉山智堅	巻十四 杉山和尚		
4	洪州泐潭惟建			『四家語録』
5	澧州茗谿道行	巻十四 茗渓和尚		
6	撫州石鞏恵蔵	巻十四 石鞏和尚		『宗鏡録』第十一、『四家語録』
7	唐州紫玉道通	巻十四 紫玉和尚	巻十（767b-c） 唐州紫玉山道通	
8	江西北蘭譲			
9	洛京仏光如満			『伝灯録』第十で、白居易の師とする。
10	袁州南源道明	巻十四 南源和尚		
11	忻州酈村自満			
12	朗州中邑洪恩			「仰山語録」
13	洪州百丈懐海	巻十四 百丈和尚	巻十（770c） 新呉百丈山懐海	宗密の『承襲図』にあげる馬祖下四人の一人、『四家語録』
14	鏑英（馬祖塔銘）			
15	崇泰（同右）			

16	王姥山脩然	鵝湖大義の碑銘に脩然の名がある		
17	華州伏棲策			
18	澧州松滋塔智聡			
19	唐州雲秀神鑑		巻二十（842a）唐州雲秀神鑑	「新羅九山」の一（『韓国仏教通史』一〇七頁）
20	揚州棲霊智通（馬祖塔銘）			
21	杭州智蔵		越州智蔵か	
22	京兆懐韜			
23	処州法蔵			
24	河中懐則			
25	常州明幹			
26	鄂州洪潭			
27	象原懐坦			
28	潞府青蓮元礼			
29	河中保慶			
30	甘泉志賢		巻九（763a）唐太原甘泉寺志賢	巻九十八 太原和尚（甘泉和尚）
31	大会道晤			

32	潞府法柔			
33	京兆感道覚平			
34	義興勝弁			
35	海陵慶雲			
36	洪州開元玄虚			
37	巻七 潭州三角総印			
38	池州魯祖宝雲	巻十四 魯祖和尚		
39	洪州泐潭常興			
40	虔州西堂智蔵	巻十五 西堂和尚	巻十 (766c) 虔州西堂智蔵	碑銘あり 宗密の『承襲図』にあげる、四人の一人、『四家語録』
41	京兆章敬懐惲 （百巌大師塔銘）	巻十四 章敬和尚	巻十 (767c) 雍京章敬寺懐暉	同右
42	定州柏巌明哲			
43	信州鵝湖大義 （大義禅師碑銘）	巻十五 鵝湖和尚		『宗鏡録』巻一、入内問答、又、『緇門警訓』第二の坐禅銘
44	伏牛自在	巻十五 伏牛和尚	巻十一 (771c) 洛京伏牛山自在	
45	幽州盤山宝積	巻十五 盤山和尚		『祖庭事苑』第一、示衆
46	毘陵芙蓉太毓		巻十一 常州芙蓉山太毓	
47	蒲州麻谷宝徹	巻十五 麻谷和尚		『四家語録』

48 杭州塩官斉安（禅門禅師塔銘）	巻十五 塩官和尚	巻十一（776b） 杭州塩官海昌院斉安	『宗鏡録』第二十八
49 婺州五洩霊黙	巻十五 五洩和尚	巻十（768c） 婺州五洩山霊黙	
50 明州大梅法常（語録）	巻十五 大梅和尚	巻十一 明州大梅山法常（馬祖の弟子なることを明記せず）	『宗鏡録』第二十三、九十八、『四家語録』
51 京兆興善惟寛		巻十（768a） 京兆興善寺惟寛	白居易『文集』二十四の伝法堂碑あり、宗密の『承襲図』にあげる、四人のうちの一人、『宗鏡録』第九十八
52 湖南如会	巻十五 東寺和尚	巻十一（773b） 長沙東寺如会	
53 鄂州無等		巻十一（774b） 鄂州大寂院無等	
54 廬山帰宗智常	巻十五 帰宗和尚	巻十七（817b） 廬山帰宗寺智常	『宗鏡録』第九十八 『伝灯録』第二十九
55 韶州渚涇清賀			
56 紫陰山惟建			
57 封山洪濬			
58 練山神翫			
59 崛山道円（新羅僧か）			
60 玉台惟然			

61 池州灰山曇覲
62 荊州新寺宝積
63 河中府法蔵
64 漢南慈悲良律
65 京兆崇
66 南岳智周
67 白虎法宣
68 金窟惟直
69 台州柏巌常徹
70 乾元暉
71 斉州道巌
72 襄州常堅
73 荊南宝貞
74 雲水靖宗
75 荊州永泰霊湍　巻十五 永泰和尚
76 潭州龍牙円暢
77 洪州双嶺道方
78 羅浮山修広

79	峴山定慶			
80	越州洞泉惟献			
81	光明普満			
82	巻八 汾州無業	巻十五 汾州和尚	巻十一（772b） 汾州開元寺無業	『伝灯録』第二十八、『宗鏡録』第九十八、『四家語録』
83	澧州大同広灯	巻十五 大同和尚		
84	池州南泉普願（語要）	巻十六 南泉和尚	巻十一（774c） 池州南泉院普願	『宗鏡録』第六、第二十五、『四家語録』
85	五台鄧隠峰	巻十五 鄧隠峰和尚	巻二十一（847a） 代州北台山隠峰	『四家語録』
86	温州仏嶴			
87	烏臼			『四家語録』
88	潭州石霜大善			
89	石臼			『四家語録』
90	本谿			
91	石林			
92	洪州西山亮座主			『宗鏡録』第九十二、『四家語録』
93	黒眼			
94	米嶺	巻二十 米嶺和尚		
95	斉峰			

96	大陽			
97	紅螺山和尚			
98	泉州亀洋無了	巻十五 亀洋和尚		『蒲陽黄御史文集』、『甫山霊巌寺碑銘幷序』
99	利山			
100	韶州乳源			仰山が若い時に参ずる宗和尚か（『祖堂集』第十八）
101	松山			
102	則川			
103	南嶽西園曇蔵		巻十一（774a）南岳西園蘭若曇蔵	
104	百霊			
105	鎮州金牛	巻十五 金牛和尚		
106	洞安			『撫英集』十五、南康軍同安禅師
107	忻州打地			
108	潭州秀谿			
109	磁州馬頭峰神蔵			
110	潭州華林善覚			
111	汀州水塘			
112	古寺			
113	江西椑樹	巻四（丹霞章）		

114	京兆草堂			
115	袁州陽岐甄叔（碑銘）		巻十（770b）袁州陽岐山甄叔	
116	濛谿			
117	洛京黒澗	巻十五 黒磵和尚		
118	京兆興平	巻二十 興平和尚		
119	逍遙			
120	福谿			
121	洪州水老			『宗鏡録』第九十八、『四家語録』（水潦和尚）
122	浮杯			
123	潭州龍山	巻二十 隠山和尚		
124	襄州居士龐蘊（語録）	巻十五 龐居士		『四家語録』
125	天目山明覚		巻十一（774b）天目山千頃院明覚	
126	王屋山行明			
127	京兆智蔵		巻十一（775c）京兆華厳寺智蔵	
128	大陽山希頂			
129	蘇州崑山定覚			

130	随州洪山大師			
131	連州元堤			
132	泉州無了	巻十五 亀洋和尚		泉州亀洋無了と重複
133	泉州恵忠	巻十五 陳禅師		
134	安豊懐空		巻二十（839b） 徐州安豊山懐空	
135	羅浮道行		巻二十（841a） 広州羅浮山道行	
136	廬山法蔵		巻二十（840b） 江州廬山五老峰法蔵	
137	呂后山寧賁			
138			巻六（義解） 唐越州曁陽杭烏山智蔵	
139	智広（馬祖塔銘）			
140	恵雲（同右）			
141	巻十四 荊州天皇道悟（馬祖塔銘）	巻四 天皇和尚	巻十（769a） 荊州天皇寺道悟	
142	鄧州丹霞天然	巻四 丹霞和尚	巻十一（773b） 南陽丹霞天然	『四家語録』
143	潭州招提恵朗	巻四 招提和尚		『四家語録』
144	薬山惟儼（塔銘）	巻四 薬山和尚	巻十七 朗州薬山唯儼	『四家語録』
145	巻六 百丈惟政（塔銘）	巻十四 百丈政和尚 巻十五 五洩和尚		『宗鏡録』第九十八

146			巻十一 京兆華厳寺智蔵	
147			巻十一(774b) 超岸（南岳西園曇蔵の附伝）	
148			巻十一(777c) 黄州九井玄策	
149			巻十六(807a) 江州興果寺神湊	
150	巻三十 高城和尚歌	巻十五 高城和尚	巻三十(894c) 上都大安国寺好直	『白氏文集』二十四、「唐江州興果寺律大徳湊公塔碣銘并序」
151	巻十 永泰霊湍下、五台山秘魔巌	巻十五 閉魔巌和尚		『宗鏡録』第九、第十八、第四十四、第九十八、「心賦注」第四
152	泰　初			(T.81-110b) 蜀ノ人、馬祖ニ嗣ギ、南岳草衣寺ニアリ。寂室録「布衲」のあとがき
153	権徳輿（碑銘）			

馬祖とその弟子、さらにその弟子たちの特色は、語録をのこすことにある。大珠と汾州、西堂、南泉、大梅、龐居士らの語については、すでにその一端にふれた。語録としてまとまる以前の、何らかの機縁問答が、いずれの弟子にも存したにちがいない。『祖堂集』は、多くの伝記の末尾に、「未だ実録を看ず、化縁の終始を決せず」とし、あるいは「行状を見ず」とする。実録、行状、別録とよばれるものは、師資の機縁を録することがねらいであった。『伝灯録』に機縁の語句なしとする人々について、他の資料がその一部を伝えるものがあり、のちに拈徴代別のテキストとされるものを加えて、今後も知られる可能性がかなりある。馬祖の語録とよびうるものは、先にいう五本

の示衆を軸に、すくなくとも百五十三人の弟子たちとの、それらの機縁問答をあわせ含むわけである。『四家語録』は、百丈以下の示衆を軸に改編し、『祖堂集』は江西下と石頭下という、曹渓の二大分派を軸に、示衆と機縁を集大成するが、『伝灯録』と『天聖広灯録』の場合は、資料の増加も原因して、示衆と機縁のいずれかに傾くこととなる。ひっきょう、禅の歴史は、語録再編のくり返しにほかならぬ。

たとえば、楊億の『景徳伝灯録』序の草稿とされる、「仏祖同参集序」（『武夷新集』第七）に、次のようにいうのは、この間の事情を推するに足りよう。

　是より先き、諸方の大士は、各おの宗徒を立て、互いに師承を顕わし、迭いに語録を存す。圭山の患いは、其れ是の如し。(697)

楊億のねらいは、諸方の大士にそれぞれ一家の語録があったことと、宗密がそれらの語録の異説を集め、一貫の理を明らかにするために、『禅源諸詮集』をつくった先例をふまえ、『伝灯録』の編集も、これをつぐ意より出ることを明かすにある。宗密は教禅一致を宗とし、楊億は師資の機縁を第一とするが、宗密にしても楊億にしても、あるいは同時の延寿にしても、ともに諸家の語録に対して、論理的な斉合を求め、あるいは自ら一家の見を以て、禅仏教の体系化をめざすことは変わらず、本来の語録の趣旨と異なる、文語的著述の発想が加わることとなる。

今、そんな問題の所在を整理するために、馬祖と百五十三人の弟子たちの機縁の、いくつかについて考えてみよう。

『祖堂集』第十五に、五洩和尚の章がある。末尾に入寂のことを記し、沙門志閑が碑文を撰したとする。志閑は、伝記が明らかならず、碑文も現存しないけれども、『宋高僧伝』第十の唐婺州五洩山霊黙伝にも、ほぼ同じ記事があり、高僧志閑は道行峭抜、文辞婉麗、また江左の英達なり、黙の行録を為るといい、とくにこれを附伝とするから、著者賛寧は、五洩の行録を見ていることとなる。[698] 注目すべきは、同じ第十巻に収める唐袁州陽岐山甄叔伝の末尾にも、上足の任運なる者が、志閑に命じて碑紀をつくらせたとすることで、[699] 先にいう楊岐山甄叔大師碑銘がそれであり、『全唐文』第九百十九は至賢とするが、『金石粋篇』第百八のテキストは、とくに志閑の撰とするから、同人の作とみてよいのでないか。

『宋高僧伝』第十による限り、五洩ははじめ登第を志すが、馬祖に投じて披剃し、やがてその法をついでいる。『祖堂集』と『伝灯録』は、登第（選官）を止め、馬祖に投ずることは同じだが、馬祖のすすめによって石頭に参じ、石頭の作略によって豁然大悟するので、『祖堂集』は給侍数載とし、『伝灯録』の宋元二本では、師は言下に大悟し、乃ち拄杖を蹋折してここに棲止したとし、明本は一住二十年、侍者と為ったとする。[700] 年数の相違のことは、しばらく別としても、五洩は石頭の下で大悟し、石頭の侍者として、その左右にいたのであり、師資の機縁を重視する見方からすれば、石頭の弟子とすべきである。先にいうように、『伝灯録』は馬祖の弟子を強いて増そうとした嫌いがあるが、『宋高僧伝』のよる志閑の行録が、すでに馬祖の弟子としていたことは、ほぼ疑うことができない。言うならば、石頭に参じたことは確かであろうが、石頭の下で大悟したこと、とくに石頭に参じたことそのことを、ともに馬祖のはからいとするのは、すこぶる馬祖と石頭という両派の法系につきすぎる、作意を感ぜしめないか。とりわけ、『祖堂集』の言うところによると、五洩は馬祖下にあって、政上座が野鴨子の機縁で豁然大悟するのを目撃し、にわかに好気を失って、馬祖に特別の指示を求めるのであり、馬祖はそこで石頭に行けとすすめる。話のはこびは、すこぶる劇的である。

もともと、五洩が石頭のところで大悟する話は、のちに曹洞宗の祖となる洞山良价が、遍参時代に五洩に参じ、さいごに雲巌の法をついで、石頭、薬山の法系を集大成するのと関係をもつ。洞山は後年、五洩が石頭の下で大悟する話について、次のようなコメントをつける。

そのとき、もしも五洩でなかったら、とても肯うことは難しい。ただし、まだまだまわりくどいところがあるにはあるが[701]。

洞山の評価は、謂わゆる抑下の托上ではない。むしろ、托上の抑下であり、相当に手きびしいコメントである。『祖堂集』と『伝灯録』によると、この話にはさらに後があり、長慶が「険」といい、『祖堂集』では、さらに長慶の句をめぐる、序者の浄修禅師と僧との問答、および保福（漳南）とある僧の問答を引き、『伝灯録』では、法眼下の玄覚が、「どこがまわりくどいところか」と徴したとし、さらにある僧と玄覚の問答を引く[702]。洞山のコメントそのものが、のちに大きい話題となるのであり、すくなくとも洞山以後、五洩はすでに石頭に参じて大悟し、馬祖の法をついだこととなっていて、それが却って、人々の大きい関心を引いたことが判る。

さらに又、五洩が石頭に参ずる動機となる、馬祖下における野鴨子の事件は、周知のように、のちに百丈開悟の縁となる。『祖堂集』が、明らかに政上座とするように、本来は百丈惟政のことであり、百丈懐海とは別人であるのに、強いて懐海のこととする、新しい作為に発展してゆく。要するに、師資の機縁とその話頭化のプロセスは、すこぶる流動的であり、不断に変加を重ねることとなる。石頭との関係を言わない志閑の行録に、野鴨子の話があったとは考えられないが、おそらくは志閑の行録と平行して、もう一つの五洩の行録が、人々のあいだに口碑として広がってゆく、盛期の語録の実態を、かなり的確に推定させはしないか。機縁の語とは、必ずしも紙墨に上ったもの、もしくは本の形になったものに限らず、むしろ人々の耳から口に広がる、諸方雑挙拈徴代別の語として、流動的に定着し、語本に発源する示衆の記録とは別に、すでに語録形成の重要な契機となっていたにちがいない。『祖堂集』の編者が、頻りに行実を覩ずといい、行状を知らずとするのは、むしろ当初の関心が、そこになかったためである。会昌の廃仏や、唐末五代の戦火をくぐって、伽藍や尊像、経巻の存否とかかわりのない、口碑による話頭の集散が、より活性化するのは当然であるが、そうした傾向は、すでに馬祖その人にあったといえる。

たとえば、『祖堂集』第十四の馬祖の章のうち、先に引く「示衆第二」を除くと、謂わゆる座主との対話が大部分を占める、異常な構成をもつ事実がある。馬祖にはじまる洪州宗は、宗密によって全体即真とされ、あるいは大機大用の禅とされ、宋学では全体大用の祖とされるけれども、そうした思想史もしくは教学の視角とは別に、座主の接得を特色とする、多くの話題を含むといえる。座主とは、経論研究の専門家のことで、大まかにいえば、禅仏教を含む教学者を、すべて座主とみることもできる。すでに、一家の教学者として、門下に弟子を集めた人々が、馬祖と対話することで、あるいは転向し、あるいは論破されてしまうので、ここにもすでに史実以上の、ある種の作意がないとはいえず、一般に、禅文献に登場する座主は、当初より負役とされる傾向があるけれども、馬祖の時代は、そんな禅と座主の対話が、なお若々しい生気をもっている。

たとえば、のちに馬祖の弟子となる無業は、五行倶下といわれる経論研究の俊英である。『祖堂集』第十五に、歴とした汾州和尚の専伝があるのに、別に第十四の馬祖の章でも、その入門の機縁をあげるのは、汾州が座主であったことによる。後年、大達国師無業として、江西の禅を宣揚する上堂の語句については、すでに先に注意するごとくである。[703] 汾州無業には、明らかにまとまった語録があった。

さらに、座主より馬祖の弟子に転ずる、もっとも有名な人物に、西山亮座主がある。亮座主の機縁は、『祖堂集』第十四の馬祖の章と、『伝灯録』第八のほか、すでに『南泉語要』や『宗鏡録』第九十二にあり、宋代になると、『大恵武庫』に伝える後日譚も加わって、わがくにでは、夢窓疎石の私淑するところとなり、西芳寺の石庭で知られる、坐禅石のテキストとして、あたかも座主の代表の観があるが、[704]『祖堂集』の話は、一般のそれとかなり異なる、臨場感を含んでいる。言ってみれば、これが原型で次第に尾鰭がつくので、『祖堂集』に伝える原型そのものも、すでにある種の作意を含むかもしれぬ。

今、『祖堂集』第十四のテキストにもとづいて、話の変化をみよう。

西川の黄三郎という男が、二人の子供を馬祖について出家させた。一年して、二人は家にかえってくる。おやじは二僧が、生き仏そっくりなのをみて、礼拝した、「古人がいっている、我を生むものは父母、我を成すものは朋友だ、おまえたち二僧は、まぎれもなくわしの朋友だ、老人をものにしてくれよ」

「大人よ、年寄りだって、その気があれば、何も難しいことはないよ」

大人は、よろこんだ。それから、居士の形のまま、息子の僧といっしょに、馬祖のところにやってくる。その僧は、来たわけをのべる。大師は、すぐに法堂に上る。黄三郎は、法堂の前にやってくる。

師、「これ、西川の黄三郎とは、そちのことか」

対、「いかにも」

師、「西川よりここまでやってきて、黄三郎は今、西川におるか、それとも洪州におるか」

「家に二主なく、国に二王はありません」

師、「年はどれほどか」

「八十六です」

「そうではあろうが、とても（そんな）年とは言えたものじゃない」

「和尚におめにかからねば、空しく一生を終るところでした。先生のおかげで、あたかも刀が空をきるようです」

師、「それが確かなら、どこでも真実に任せよ」

黄三郎はある日、大安寺の廊下にやってきて、声をあげて哭する。亮座主がきく、「何か、哭する事があったのか」

三郎、「そなた（座主）を哭する」

座主、「わしを哭して何になる」

三郎、「話にもきいておるだろう、黄三郎（わたし）は馬祖について出家し、御指示を頂くとたんに、どんぴしゃだった。おまえたち座主は、葛藤を説いて、何とする」

座主は、それから発心した。すぐに、開元寺にやってくる。門番が大師に申しあげた、「大安寺の亮座主が来て、老師に参じたい、仏法がききたいと言っています」

大師は、すぐに升座する、座主は、大師に参じにくる。

大師、「座主（そなた）は、六十本の経論を講ずることができるそうじゃが、まことか」

対、「いかにも」

師、「どんなふうに講ずる」

対、「心で講じまする」

師、「（それでは）まだ経論を講じたりはでけんぞな」

座主、「どんなふうに（でけんの）です」

「心は主役の如く、意はワキ役の如しだ。どうして、経論を講じたりでけようぞいの」

座主、「心が講じられぬからには、そもそも、虚空（明暗と虚空のそれ）が講ずるとでもおっしゃるのか」

師、「虚空の方が、ちゃんと講ずる」

座主は気がつかずに、飛びだすが、階段を下りたとたんに大悟し、かえってきて礼謝する。

師、「にぶい先生よ、礼拝して何とした」

亮座主はたちあがり、小糠雨にぬれたように汗を流し、昼夜六日、大師のおそばに侍立して、やっと始めて申しあげた、「わたくしは和尚のおそばを離れても、ちゃんと路をみつけて修行します。どうか和尚さま、いつまでも世間にとどまり、広く群生をお救いください、おそれながら、御大切にねがいまする」

座主は大安寺にかえり、人々に告げた、「わしは、今まで（学問に）年期を入れて、誰も先にゆけまいとばかりおもっていたのに、今日という今日は、馬大師にどやしつけられて、完全に妄想の根が切れたわい」

たちまち、学生を解散し、西山に入ったまま、ぷつりと消息が切れた。(705)

座主の歌、

三十年来の、餓鬼の己が、

今、漸く人の身にかえることができた。

青い山には、妙にちぎれ雲が似合う、

善財童子も、御勝手に、別の人のところにゆくがよい。(706)

『祖堂集』によると、西山亮座主の話は、西川黄三郎のそれと対をなす。亮座主を蜀の人とするのも、この話をふまえるが、おそらくは、ともに創作である。ねらいは、馬祖の禅仏教の新しさをいうにあり、『祖堂集』は、大安寺の座主が鬼使におどされ、馬祖のおかげで生命拾いする、もう一つ別の話を伝えるから、何段階にも発展していることが判る。座主が鬼使におどされる話は、他にもあるが、『祖堂集』による限り、大安寺の座主と亮座主は同一人ということになる。亮座主と馬祖は、ともに四川より出て、江西で一家をなすので、話の核となる史実を考える、一つの手がかりとなるかも知れない。宋代になると、馬祖は郷里の西川を嫌い、二度と四川に帰らなかったとされる。[707] 亮座主にも、同じ傾向がありはしないか。すくなくとも、禅僧の前身は、大半が座主か律僧であり、教律より禅への転化がみられるから、亮座主や汾州無業は、その典型といえる。

とりわけ、話のさいごにある座主の偈は、馬祖の弟子として転生する、投機の偈に当るであろうし、投機の偈としては、最古の例である。『六祖壇経』に収める、神秀と恵能の偈に比し、すでに視角が異なっているが、のちに登場する諸禅師の投機の偈も、その展開とみることができる。[708] 亮座主の機縁は、伝法偈と投機の偈とのかかわりを考えるのにも、重要な資料の一つである。

四四　百丈と『百丈広語』

百丈と馬祖の機縁は、当初は極めて簡単なものであった。馬祖の弟子代表として、その使命が確認されるに従って、幾つかの新しい機縁が加わる。先にいう野鴨子の話（宋代の海東に「馬祖四家録」があった。『禅門拈頌集』五（7-86b）に野鴨子と捲席をつなぐ、重要な資料である。『韓国仏教全書』十一にとる。）や、百丈再参の話のごとき、いずれも後代の加上である。そうした機縁の加上もまた、創草期の語録の要素である。

たとえば、『伝灯録』第六の馬祖の章に、次のような三つの機縁がある。

(1)一日、師上堂、良久す。百丈、面前の席を収却す。師便ち下堂。
(2)百丈問う、如何なるか是れ仏法の旨趣。師云く、正に是れ汝が身命を放つ処。
(3)師、百丈に問う、汝は何の法を以て人に示す。百丈、払子を竪起す。師云く、只だ這箇か、為当（それとも）

別に有るか。百丈、払子を拋下す。[709]

馬祖と百丈の機縁としては、おそらくこれが最古のものである。ところが、『祖堂集』第十四の馬祖の章は、右の(1)と(2)を収めるだけであり、(1)には百丈の名があるが、(2)の問者を百丈とはしないから、元来は百丈のものでなかったかも知れない。[710]『天聖広灯録』の馬祖の章と、『四家語録』の馬祖録は、(2)のみを収めて質問者を百丈と明記し、(1)と(3)については、両者共に百丈の章に一括する。[711] テキストにかなり相違があり、宋代の複雑な変化をみせることとなる。それらについては、のちに詳しく考えることとするが、要するに、当初、馬祖と百丈の機縁とされたのは、(1)だけであり、両者共に無言、黙契の機であったことを示す。[712] 言葉による対話を原則とする語録として、正しく異例の記録であるが、周知のように、これが後代の語録の先例となる。

じじつ、この型の機縁は、のちに幾つも例がある。先に陞座の例とする『雪竇頌古』第七十九則[713]は、元来は『祖堂集』第十二の禾山の章にみえるから、禾山の時代に作られたのであり、馬祖と百丈のものを承けるといえる。

釈迦、座上に在りて良久す。衆、指帰を□す。其の時、鶖子出で来り、乃ち白搥して云う、大衆、当観法王法。又云う、法王法如是。世尊便ち下座し去る。[714]

鶖子、すなわち舎利弗が白搥して唱える、当観法王法の二句は、説法の後に唱える決まり文句で、百丈が礼拝の席を片づけるのと、全く同じ意味をもつ。『雪竇頌古』では、文殊が白搥し、諦観云云と唱えるので、この方が通例となる。『祖堂集』では、十大弟子の一人として、世尊の説法をとりしきる、舎利弗が進行を受けもつ。

さらにもう一例、『雪竇頌古』第六十九則についてみる。

梁の武帝、傅大士を請じて講経せしむ。大士便ち座上に於て案を揮つこと一下して、便ち下座す。武帝愕然たり。志公問う、陛下還って会するや。帝云く、不会。公云く、大士は講経し竟んぬ。[715]

北宋初期の『汾陽頌古』が出典(716)で、目下のところ、そのもとづくところは不明だが、武帝が傅大士に『金剛経』の講釈をもとめ、大士が座に升って拍板をとり、経文を唱えた話が、敦煌本の「傅大士頌金剛経序」(『大正新修大蔵経』第八十五巻)にみえるから、傅大士と武帝の組みあわせは、正しく馬祖と百丈の時代に当る。唱歌して講じ、無言で説く発想は、すでに馬祖の上堂に含まれていた。先にいう、薬山が上堂して良久するのは、もっとも早期の事例である。

いずれにしても、馬祖と百丈の機縁のうち、最古のテキストといえるのは、(1)のみであり、そこに二人のすべてが含まれるとともに、のちに大きい影響をのこすことが判る。百丈に始まる上堂の制度化は、文字通りに今を以て古と作したのである。

次に、(3)の機縁について、考えよう。『祖堂集』は、この話を何処にも伝えぬ。注目してよいのは、『伝灯録』第六の百丈の章に先に(1)と(3)をあわせて、次のような再参の話とすることである。『四家語録』の百丈録は、そうした変化に影響されている。今、宋本によると、全文は次のようである。

(4)馬祖上堂、大衆雲集す。方に升坐良久するに、師乃ち面前の礼拝の席を巻却す。祖便ち下堂す。

(5)師一日、馬祖の法堂に詣す。祖、禅牀角より払子を取って、之を示す。師云く、只だ遮箇か、更に別に有るか。祖乃ち旧処に放(お)いて云う、你は已後、什麼を将てか為人する。師却って払子を取って之を示す。祖云く、只だ遮箇か、更に別に有るか。師、払子を以て旧処に挂安し、方に侍立す。祖、之を叱す(717)。

馬祖章の(1)と、(4)の重複を、さほど気にすることはあるまい。(5)の事件の前提として、あらためて(4)の意味が問われている。強いて言えば、先の馬祖章の場合にも、(3)は(1)を前提する。馬祖が百丈に対し、汝は何を以て人に示すかと問うのは、(1)で百丈が席を収却したこと、馬祖が上堂良久するのを、全面的に肯ったことをふまえる。俺は、良久して人に示した、汝はそれを肯った。いったい、汝は何を以て示すかと、相手の新しい説法をもとめたともとれるからである。ただし、(1)と(3)は別の事件で、(1)は馬祖と百丈という、師資の呼吸がぴたりと合った、洪州宗の新しい上堂の在り方を示し、(3)は別に、馬祖が百丈その人に、今後の説法の仕方を徴したとみるのが、おそらくは元来のものである。払子は、師家が学生を接得する道具であり、このときの百丈は、未だ払子をもってはいないから、百丈が払子を立てるのは、馬祖の禅牀角上に掛けてある、馬祖の払子をとりあげて立てた処に、この機縁の新しさがある。言うならば、馬祖の弟子代表としての百丈が、馬祖と互角の作用を示すので、事件は一往ここで完了するのである。

ところが、(5)になると、事情はかなりちがってくる。馬祖は自ら払子をとって、百丈に示すのであり、(4)でぴたりと呼吸のあった百丈の実力を、あらためて試みようとする拈徴の意がみられる。百丈が馬祖の法堂に升るのも、すでに(4)の黙契を破ろうとする、弟子の側の姿勢といえた。師家が払子を手にとるのは、相手の質問を受けいれる用意の姿で、普通ならば、口頭で問うことを促す意を含む。百丈の態度は、そうした尋常の出方を退け、馬祖の弟子に相応しい、別の応答を求めたのである。(4)を前提にしていえば、馬祖は依然として無言である。百丈は、馬祖の発言を求める。しかし、馬祖はなお無言である。払子をもとの禅牀角にもどすだけで、今度は百丈の為人を求める。為人とは、その時その場の相手に相応しい、個別指導のことであり、君ならどうする、尋常ならぬ方法で、この馬祖を説けるかというのである。百丈は、ここで始めて、馬祖の払子をとる。先の(3)のテキストは、(5)の後半のみを出したともみられるが、事情はむしろ(3)の百丈が、いきなり馬祖の払子をとる異常さを、尋常の問答にもどして説明するために創られた、新しいテキストと考えた方が当るであろう。(5)のさいごに、祖が之を叱すとあるのは、大声でどなりつけたことであり、後代のテキストでは、馬祖は振威一喝すとし、ここに有名な馬祖の一喝が登場することとなる。すなわち、百丈は馬祖の一喝で、三日耳聾するのであり、これがのちに黄檗を感動させて、謂わゆる馬祖を大機大用の祖とし、自らその三代となるとともに、弟子の見解が師と斉しいのは、なお師の半徳を減ずるもの、資の見解が師にすぎて始めて、正法を伝授するに堪えるという、謂わゆる超師の作略とするのである。喝を大機の表現とし、これを三代の法系に結合するのは、すこぶる短絡的であり、これをさらに超師の作に結合するのは、すでに一部の批判を受けることともなるが、禅問答における喝の起源が、ここにあることは認めなくてはならぬ。言ってみれば、右の(5)のテキストは、すでに馬祖—百丈—黄檗という、三代の師資の相承を前提する修正であり、(3)より(5)への、テキストの変化の含む歴史的意味は、きわめて大きいと言わねばならぬ。

とりわけ、右の『伝灯録』第六のテキストは、元明版に至って、さらに変化をみせる一方、『四家語録』第二の百丈録では、最初の馬祖上堂の前に、先にいう野鴨子の話と、百丈が馬祖に搊ねられた鼻頭の痛みを哭する、もう一つ別の機縁をはさんで、ともにそれらにつづく一連の事件とする気配があって、解釈はすこぶる複雑となる。じつをいうと、百丈の野鴨子と、これにつづく二つの話は、『祖堂集』にも『伝灯録』にもなくて、『天聖広灯録』第八の百丈の章で、はじめて登場するのであり、二つの話の最後のところで、すでに馬祖が喝一喝しているし、それらのすべてが、先にいう(1)と(3)、(4)と(5)の変化に結びつく一方、さいごに『四家語録』に総合されるとみられる。今、そうしたテキストの変化を考えるために、先にいう『祖堂集』第十五の五洩の章にある百丈政の野鴨子の話、および『伝灯録』第六のテキスト(5)を含めて、関係資料を相互に対比すると、おおよそ次のようになるであろう。

(5)	伝灯録第六、百丈章〈宋本〉	天聖広灯録第八、百丈章	四家語録第二、洪州百丈山大智禅師語録

師一日詣馬祖法堂。祖於禅牀角、取払子示之。師云、只遮箇、更別有。祖乃放旧処云、你已後将什麼為人。師却取払子示之。祖云、只遮箇、更別有。師以払子挂安旧処、方侍立。祖叱之。

『伝灯録』第六、百丈章
〈右の元明本テキスト〉

(6)
師再参馬祖。祖見師来、取禅牀角頭払子竪起。師云、即此用、離此用。祖掛払子於旧処。師良久。祖云、你已後開両辺皮、将何為人。師逐取払子竪起。祖云、即此用、離此用。師掛払子於旧処。祖便喝。師直得三日耳聾。

馬祖一日上堂。衆集。以手点払柄三下、便下座。師黙有省。三日後、挙似祖。祖上堂、告衆曰、吾何憂矣。自有大黙在。是汝諸人之師也。

馬祖一日問師、什磨処来。師云、山後来。祖云、還逢著一人磨。師云、不逢著。祖云、為什磨不逢著。師云、若逢著、即挙似和尚。祖云、什磨処得者箇消息来。師云、某甲罪過。祖云、却是老僧罪過。

師再参馬祖。祖豎起払子。師云、即此用、離此用。祖掛払子於旧処。良久。祖云、你已後開両片皮、将何示人。師遂取払子豎起。祖云、即此用、離此用。師亦掛払子於旧処。祖便喝。師直得三日耳聾、方乃大悟。

師再参侍立次、祖目視縄牀角払子。師曰、即此用、離此用。祖曰、汝向後開両片皮、将何為人。師取払子竪起。祖曰、即此用、離此用。師挂払子於旧処。祖振威一喝。師直得三日耳聾。

祖堂集第十五、五洩章

有一日、大師領大衆、出西墻下遊行次、忽然野鴨子飛過去。大師問、身辺什摩物。政上座云、野鴨子。大師云、什摩処去。対云、飛過去。大師把政上座耳拽。上座作忍痛声。大師云、猶在這裏。何曾飛過。政上座豁然大悟。

『伝灯録』第六、百丈章

〈宋元明三本共通〉

馬祖上堂、大衆雲集。方陞座良久。師乃巻却面前礼拝席。祖便下堂。

天聖広灯録第八、百丈章

師為馬祖侍者、一日随侍馬祖路行次、聞野鴨声。祖云、什磨声。師云、野鴨声。良久、祖云、適来声向什磨処去。師云、飛過去。祖廻頭、将師鼻便扭。師作痛声。祖云、又道飛過去。師於言下有省。

明日祖昇堂、纔坐、師出来巻却簟。祖便下座。

師随至方丈。祖云、適来要挙転因縁。你為什磨巻却簟。師云、為某甲鼻頭痛。祖云、你什麼処去来。師云、昨

四家語録第二、洪州百丈山大智禅師語録

師侍馬祖行次、見一群野鴨子飛過。祖曰、是甚麼。師曰、野鴨子。祖曰、甚処去也。師曰、飛過去也。祖遂回頭、将師鼻一搊、負痛失声。祖曰、又道飛過去也。師於言下有省。郤帰侍者寮、哀哀大哭。同事問曰、汝憶父母邪。師曰、無。曰、被人罵邪。師曰、無。曰、哭作甚麼。師曰、我鼻孔被大師搊得、痛不徹。同事曰、有甚因縁不契。師曰、汝問取和尚去。同事問大師曰、海侍者有何因縁不契、在寮中哭。告和尚、為某甲説。大師曰、是伊会也。汝自問取他。同事帰寮曰、和尚道汝会也、令我自問汝。師乃呵呵大笑。同事曰、適来哭、如今為甚郤笑。師曰、適来哭、如今笑。同事罔然。次日、馬祖陞堂。衆纔集。師出巻郤席。祖便下座。師随至方丈。祖曰、我適来未曾説話。汝為甚便巻郤席。師曰、昨日被和尚搊得鼻頭痛。祖曰、汝昨日向甚処留心。師曰、鼻頭今日、又不痛也。祖曰、汝深明昨日事。

	日偶有出入、不及参随。祖喝一喝。師便出去。	師作礼而退。（一本作、馬祖云、你什麽処去来。昨日偶有出入、不及参随。祖喝一喝。師便出去。）

『天聖広灯録』が、『祖堂集』の五洩章にある話を知っていたことは、あらためていうまでもあるまい。百丈の野鴨子を新しく導入したため、古くより知られた唯一の馬祖上堂が、その翌日のこととなり、さらに百丈が座を巻きあげたことの意味について、馬祖と百丈の新しい問答が加わり、馬祖はさいごに一喝を与えるのである。しかも、馬祖の上堂はこれに終わらず、次の再参の話との間に、『天聖広灯録』は、もう一つの上堂と問答をはさんで、馬祖がすでに百丈を唯一の弟子とし、後継者とする、他にみられぬ機縁をつくりあげるのに対し、『四家語録』の百丈録では、野鴨子の話につづいて、同事との問答が加わる。先にいう西堂と百丈の、四句百非を超える話のやりとりのように、同事は馬祖と百丈の間を、空しく往来するのである[718]。次日の馬祖升堂の話がこれに続き、さらに馬祖と百丈の問答の言葉が、『天聖広灯録』のものとちがっている上に、さいごの馬祖の一喝がない。『四家語録』が、『天聖広灯録』のテキストを知っていたことは、さいごの校記によって判り、校記を明本『四家語録』のものとしても、『四家語録』が『天聖広灯録』と別の、第三のソースを受けていることは、明らかである。

とりわけ、北宋初期における、馬祖と百丈の機縁の変化と新加は、右の一段にとどまらず、先にいう馬祖の一喝を受ける、黄檗と百丈の機縁をめぐって、さらに新しい発展を示す。百丈の弟子は、『伝灯録』にいうように、潙山と黄檗の二人が重要であり、潙山がその弟子の仰山と、潙仰宗の祖となるのに対し、黄檗はその弟子に臨済を出すことで、臨済宗の源流となるために、五家のうちの最初の二派を、百丈の下に出す結果となる。馬祖と百丈の機縁が、そんな潙山と黄檗の動きをめぐって変化するのは、五家よりも四家の発想が先に定着していたことを示し、馬祖の弟子代表としての、百丈の機縁と語録の総括が、早くより要求されたことが判る。黄檗の登場を含む、馬祖と百丈の機縁の変化については、再参の二字をふまえてのちにあらためて考えたい[719]。馬祖にはじまる語録の仕事は、そうした不断の総括を含み、各時代の再編を受けることとなる。

すでにくり返しいうように、百丈の語録としては、弟子神行と梵雲がまとめた語本があり、わが入唐僧の将来目録によって、『百丈山和尚要決』の存在が知られる。『宗鏡録』と『万善同帰集』は、百丈和尚もしくは百丈広語の名で、その一部を引き、『祖堂集』第十四と『伝灯録』第六の百丈の章にも、別の一部が引かれる。現存する『百丈広語』と語之余の二巻（『天聖広灯録』第八、『四家語録』第三）は、それらの古いソースである。『百丈広語』は、その名のように広録であり、分量が大きい。唐代盛期の語録として、『百丈広語』の現存は、もっとも注目に価しよう。宇井伯寿の『第二禅宗史研究』（岩波書店、一九四〇年）に収める、百丈大智禅師広語は、『祖堂集』と『伝灯録』、および『宗鏡録』や『林間録』の引用と校合する、そのテキストのすべてである。『百丈広語』は、北宋の初めに法眼下の百丈常禅師によって再編され、覚範恵洪が題序を書いている[720]。テキストは、現存のものと同じであろう。今、そうした『百丈広語』の内容について、細部にわたる詮索はできないが、遠く北宗より大珠恵海の『頓悟要門』に至る禅文献を受け、馬祖の即心即仏や、道は修を用いずという句を受けて、その思考と方法を集大成し、禅仏教の学問を基礎づけていること、とくに後につづく黄檗の『伝心法要』や、臨済の示衆に共通するところがあるのは、一方で機縁問答の様相が大きく変わるにかかわらず、示衆の部分がほとんど変わらなかったことを示す。阿修羅と帝釈天の戦いの話、『法華経』の大通智勝仏の話、無辺身菩薩が如来の頂相を拝めなかったこと、文殊が剣をとって仏にせまり、同じく鴦掘魔羅が仏を殺そうとする、『大宝積経』の説話など、百丈が初めて注意するところである。[721] 臨済の示衆にいう、五無間業を解脱の縁とする主張も、すでに百丈にある。[722] 四家の語は、相互に他をまって、完全な理解に達する。別の対校によって明らかなように、『祖堂集』と『伝灯録』に、共通して引く「大乗入道頓悟法門」の一段は、『四家語録』や『天聖広灯録』とも、ほとんど完全に一致する。[723] 頓悟禅宗の立場は、すでに全く定着していた。言ってみれば、馬祖や百丈の示衆の原理を、日常化するところに、さまざまの機縁問答が生まれる。機縁問答が変化すればするほど、示衆の思考は不変であることが立証される。先にみる薬山の百丈批判は、明らかにそのことを伝える。[724]

百丈の示衆には、馬祖の場合と同じように、『維摩経』や『法華経』、『楞伽経』、『般若心経』、『大品般若経』をはじめ、僧肇や宝誌のことばが、ほとんど出典の名を記さずに引かれる。『首楞厳経』や『金剛三昧経』、『法王経』など、中国撰述の経典もある。[725] とりわけ、『法王経』の引用は、注目すべきである。たとえば、「寧ろ心の師と作るも、心を師とせず」というのは、元来は『涅槃経』の言葉であるが、今は『法王経』の重要なテーマの一つで、百丈は『法王経』に拠っていよう。[726] 馬祖が即心即仏を止啼の句とし、東寺や南泉が批判したことを、百丈はすでに知っている。『法王経』は、九世紀初頭の仏性論をテーマとする、中国仏教の課題を総括するのである。[727]

百丈の引く次の一段は、明らかに『法王経』のことばであり、のちにわが道元の「仏性」の拠るところとなる。

云うが如し、仏性は有なりと説けば、則ち増益謗なり、仏性は無なりと説けば、則ち損減謗なり、仏性は亦有亦無なりと説けば、則ち相違謗なり、仏性は非有非無なりと説けば、則ち戯論謗なり。[728]

『法王経』の原文では、仏が虚空蔵菩薩に語る、「一切衆生悉有仏性」の一段である。百丈は、続いてコメントを加える。「始めより説かじと欲せば、衆生は解脱の期無し、始めより之を説かんと欲せば、衆生は又た語に随って解を生ず、益少くして損多し。故に云う、我は寧ろ法を説かず、疾かに涅槃に入らんと」。以下、仏陀が開悟ののち、鹿野苑にはじめて法輪を転ずる心情の変化について、百丈は説明を加える。馬祖が上堂して良久し、百丈が席を巻く話や、仏性の有無について、四句百非を絶して説けという、為人説法の根拠について、人々はすでに思考を深めていた。『法王経』の引用と、百丈自身のコメントは、そうした時代の課題について、洪州宗の一往のガイダンスとなる。やがて、馬祖下の塩官が、「一切衆生有仏性」と説くのに対して、百丈につぐ潙山が、「一切衆生無仏性」を説く。(729)馬祖につぐ興善惟寛が、狗子に仏性有りやと問われて、有と答えたのに対し、趙州は同じ問いに無と答える。いずれも百丈の示衆をふまえる、新しい機縁問答である。無数の機縁問答の発展は、背後に共通の歴史性をもつ。(730)『百丈広語』は、そうした時代のテキストである。先にいう陳詡の塔銘によると、神行、梵雲が編した語本と別に、閩越の霊藹律師が、かつて仏性の有無について百丈に発問し、大師は書に寓して以て之を釈したことがあり、今すでに語本と並んで後学の問に流行するとある。『百丈広語』のうち、仏性の有無に関する発言は、霊藹との手紙による問答を含むのであるまいか。もし然りとすれば、広語は狭義の語本のほかに、すでに何らかの著作を含んでいたことが判る。『百丈広語』が、馬祖にはじまる洪州宗の綱要書として、弟子以外の人々に知られた理由でもある。ついでにいえば、『宋高僧伝』第十七や『景徳伝灯録』第十二の、千頃楚南（黄檗希運につぐ）の章によると、楚南は閩中の人であり、若くして開元寺の曇藹に投じて出家している。曇藹は閩越の霊藹律師、もしくはその門下にちがいない。(731)

さらに百丈は、初祖達摩の語を引く。近代、敦煌本の発見に、『百丈広語』は絶大の資料となる。達摩の語の引用は、すでに馬祖にみられるが、百丈の場合はより明確であり、これによって逆に、馬祖の示衆の由るところを考えることができる。(732)三祖僧璨の『信心銘』や、宝誌の『大乗讃』も、百丈の引用が最初である。『信心銘』や『大乗讃』の成立研究に、『百丈広語』の引用は、大きい手がかりを与える。(733)百丈と同時の清涼澄観も、『信心銘』の存在を知っている。『信心銘』と『大乗讃』は、『伝灯録』第二十九と第三十に収められる。先にいう神会の北宗攻撃をテーマとする、南宗五更転や大乗五更転につづいて、南宗の多くの歌曲が一挙に登場する。宗密の『禅源諸詮集都序』のはじめに、禅門の根源道理を詮表する文字句偈を集めたという。すでに多くの句偈があった。宗密は、別にこの本のさいごで、求那、恵稠、臥輪の名をあげ、あるいは志公、傅大士、王梵志の名をあげて、その製作するところ、あるいは至道を詠歌し、あるいは迷凡を嗟歎したとする。いずれも、謂わゆる散聖であって、正系の祖師ではない。馬祖や百丈の時代に、その名を仮りる作品がにわかに登場することは、すこぶる注目に価する。馬祖の示衆には、すでに「傅大士行路難」の句があり、傅大士の『心銘』には、すでに「是心是仏」の句がある。

周知のように、三祖僧璨の顕彰は、北宗にはじまって、神会の時代にさらに高まる。顕彰の動きは、僧璨の著作を要求し、時代としては晩唐につづく。僧璨の『信心銘』は、馬祖以後の思考を含む。たとえば、冒頭の「至道無難」の一句は、この系統の修道論をふまえ、祖師の句として、これを根拠づけようとしている。黄檗や臨済・趙州が、頻りに『信心銘』の句を引くのは、百丈を受けてのことである(734)。馬祖下四家の禅仏教の成立に、三祖の『信心銘』は、大きく作用するといえよう。百丈による『信心銘』の引用は、西国高祖と此土初祖につづき、曹渓より先師馬祖におよぶ、仏祖の言葉を再編することとなる。正系の祖師の作品は、諡号の追賜や塔銘の製作以上に、もっとも重要な条件となる。

先にいうように、『祖堂集』第十四と『伝灯録』第六の百丈の章の後半に、大乗入道頓悟の法について、僧との問答数則をあげる。『宗鏡録』第七十八と『天聖広灯録』第八にも、その一部が引用される。『四家語録』の百丈広語のものも、部分的には出入があるけれども、テキストはほぼ一定している。『祖堂集』と『伝灯録』が、この部分をまとめて引く理由は明らかでないが、元来は広語と別に行われた、百丈の語本とみてはどうか。『祖堂集』も

『伝灯録』も、百丈章の構成は、大乗入道頓悟法以下が、全体の約二分の一もしくは三分の二になっていて、すこぶる異常である。『伝灯録』は、さらにこの後に禅門規式を付するので、百丈は馬祖にはじまる新仏教の組織者、もしくは修理固成の役を負う感が強い。大乗入道頓悟法以下は、わが円仁の伝える、『百丈和尚要決』に擬することもできる。円珍は、これを『神海集』一巻とする。神海は神行であろう。(735)『百丈広語』が、霊藹の書問に答える百丈の著述の意を含むのに対し、『百丈要決』は正しく、門下の弟子たちとの問答記録であり、本来の語本のおもかげを存する。馬祖の示衆とのかかわりも、この部分に強いように思われる。

強いていえば、馬祖につぐ二人の弟子代表として、西堂とその弟子たちが、『宝林伝』の製作に関係したのに対し、百丈とその弟子たちは、馬祖と百丈の示衆を再編し、広語を編むことにつとめる。じっさいにその門閫をふまぬ、広語による不特定の弟子が、多数に拡散することとなる。百丈が成文化する清規の書の拡大とともに、洪州宗の動きが、天下の禅仏教を左右する時代となる。

四五　黄檗希運と裴休の『伝心法要序』

『景徳伝灯録』第六の百丈章は、すでに潙山と黄檗の二人を、弟子代表とする。先にいう、(5)と(6)の再参馬祖の話につづいて、次のように言うのがそれだ。この部分は、宋元明三本ともに同じであり、『四家語録』の百丈録も、同文である。

此より、雷音は将に震わんとす。(果して)檀信は洪州新呉の界に請じ、大雄山に住せしむ。居処の巌巒の峻極なるを以て、故に之を百丈と号す。既に之に処ること未だ期月ならず、参玄の賓、四方より麕至す。即ち潙山と黄檗有り、其の首に当る。(736)

『伝灯録』の文脈に従うかぎり、百丈が馬祖に一喝されて、三日耳聾となった話が天下に広がり、檀信が洪州新呉の界に大雄山を建てたのであり、百丈がここに住して未だ期月ならず、参玄の徒が四方より集まったのであって、参学の首となる潙山と黄檗は、必ずや馬祖と百丈の話を知っていたはずである。問題は、じつはここにある。

いったい、百丈の法嗣は、『伝灯録』によると三十人で、そのうち十三人を見録とし、十七人を機縁の話なしとする。百丈門下には、その語本による弟子があって、必ずしも機縁があるとは限らないから、三十人は実際に名の知られる人々で、そのほかにも、さらに多数の弟子がいたにちがいない。とりわけ、潙山と黄檗を上首とするのは、二人がのちに潙仰と臨済の祖となるためで、百丈との機縁も、必然そうした視角で再編されることとなる。

潙山霊祐には、鄭愚が撰した「潭州大潙山同慶寺大円禅師碑銘幷序」（『唐文粋』六十三、『全唐文』八百二十、『支那仏教史蹟』五）があり、その弟子仰山恵寂には、陸希声撰の「仰山通智大師塔銘」（『全唐文』八百十三）がある。潙仰宗の開祖にふさわしい、当初の二人の動きの実際を伝えるのに比べると、黄檗希運には碑銘の存するものがなく、史実がほとんど不明であるにかかわらず、裴休が編む『伝心法要』と『宛陵録』、およびその序が存して、仏教学の内実を具体的に今に伝えるという、資料の均衡がある。潙山にも仰山にも、語録があったことは確かで、『祖堂集』はその一部を伝えるが(737)、かつて『潙山語録』の開版を聞かず、先にいうように、五家録の編集は明末のことである。『伝灯録』第九の潙山章は、霊祐が二十三歳で百丈に参じ、百丈は一見して入室を許し、遂に参学の首に居るとし、次で有名な撥火の事件について記す。撥火の話は、すでに『祖堂集』第十四の百丈の章にあり、別に『宗鏡録』第九十八にも引かれるから、百丈の法嗣としては、潙山の方が黄檗よりも先輩で、潙仰宗の成立も、臨済宗に先立つことは、いうまでもないであろう。霊祐の二十三歳は、貞元九年（七九三）に当っていて、正しく百丈が新呉の界に大雄山を創する年まわりである。してみると、『伝灯録』第六の百丈章が、先にいう潙山と黄檗が衆首になったとする文につづいて、次のような黄檗と百丈の機縁をかかげ、黄檗が百丈を超えて馬祖につぐほどの、すぐれた弟子であったとするのは、かなり露骨な作意といえないか。『伝灯録』は、潙山と黄檗が互角の弟子であったとしつつ、黄檗を重視することに傾くのであり、三日耳聾の話そのものが、じつはそのことを意図している。『伝灯録』の百丈伝は、馬祖、百丈、黄檗、臨済という四家の法系を軸に、再編成されるのである。百丈の再参である。

一日、師(百丈)は衆に謂いて曰く、仏法は是れ小事ならず、老僧昔、馬大師に一喝せられて、直に得たり耳聾し眼黒きことを。黄檗覚えず、舌を吐いて曰く、某甲は馬祖を識らず、要且つ馬祖を見ず。師云く、汝は已後、当た馬祖を嗣ぐか。黄檗云く、某甲は馬祖を嗣がず。曰く、作麼生。曰く、已後我が児孫を喪せん。師曰く、如是如是。(738)

右は、宋版『伝灯録』のテキストである。元版もほぼ同じいが、明本との間に、大きい同異があるのみならず、変化はすでに『天聖広灯録』にはじまる。先にいう、百丈その人が馬祖に再参する因縁と、密接に関係することは、いうまでもないであろう。もともと、黄檗は若くして京に上り、一婆より百丈の名を聞いて、直ちに江西に来るのであり、あるいは馬祖に参ずるつもりで江西に来たとされ、あるいは百丈がなお馬祖の祖塔を守っていた時の事とされて、黄檗と馬祖の関係が強調される。百丈との機縁には、幾層かの発展のあることが注目される。右の記事にも、すでに馬祖を嗣ぐ意旨の有無が問われるから、黄檗が百丈を超えて馬祖につぐほどの、すぐれた祖師であったという、無言の黙契のようなものが感ぜられる。京に上って一婆にあい、百丈の名を知る話は、すでに『祖堂集』第十六の黄檗の章がこれを伝え、『宋高僧伝』第二十にも、全く同じ記事がある。宋の恵洪の『林間録』上冊はこれを非とし、馬祖に参ずるために、黄檗は江西に来るので、馬祖はすでに遷化していたため、その墓塔を守っていた百丈に参じたとし、馬祖と黄檗の関係を強化するのであり、何か格別の不自然さが目につく[739]。今、そうした黄檗が百丈に参ずるまでの、史実如何に深入りすることはしない。問題は、黄檗が百丈に参じた時の、師資の問答そのものにある。

いったい、黄檗が初めて百丈に参じたとき、二人の問答は如何であったか。右の百丈の三日耳聾の話について、黄檗が覚えず舌を吐くのは、じつは最初のときのことではない。今、『祖堂集』第十四以下、宋本『伝灯録』第九、『天聖広灯録』第八の黄檗の章、および『四家語録』の百丈録についてみると、おおよそ次の対照によって知られるような、大きい変化があって、他に三日耳聾の話を収めぬ『祖堂集』が、すでに最初の問答によって、百丈の弟子としての、黄檗の心境を明示するのに比べて、『伝灯録』以下のテキストが、すでに三日耳聾の話を予想して、最初の問答に修正を加え、あるいはほとんど無視していることが判る。すくなくとも、三日耳聾の話に比べると、最初の二人の対話は、甚だ精彩を欠くこととなる。

祖堂集第十四、黄檗章	**宋本伝灯録第九、黄檗章**	**天聖広灯録第八、百丈章**	**四家語録第二、百丈録**
師遂依言而造百丈、礼而問、従上相承之事、和尚如何指示。百丈良久。師曰、不可教後人断絶去也。百丈云、我本将謂、汝是一个人。遂起入丈室、欲掩其戸。師云、某甲特来、只要這个印信足矣。丈	師後遊京師、因人啓発、乃往参百丈。問曰、従上宗承如何指示。百丈良久。師云、不可教後人断絶去也。百丈云、将謂汝是箇人。乃起入方丈。師随後入云、某甲特来。百丈云、若尔、則他後不得孤負吾。	黄檗問、従上古人、以何法示人。師良久。黄檗云、後代児孫、将何伝授。師云、将謂你者漢是箇人。便帰方丈。	黄檗問、従上古人、以何法施人。師良久未語。黄檗云、後代児孫、将何伝授。師云、将謂你這漢是箇人。便帰方丈。

廻言、若然者、他後不得辜負於吾。

いったい、最初の問答は、『祖堂集』による限り（じつは他のテキストも同じだが）、上堂の時でなしに、平常裡に行われた。さいごに、百丈は方丈に入る。対話の場所は、法堂であったかも知れないが、ただ二人だけの対話であることは、確かである。

言ってみれば、従上相承之事は、百丈が馬祖より受ける正法眼蔵のことで、今はとくに伝法の方法が問われる。馬祖のように良久したり、払子を竪てたりするのでなしに、かつて馬祖その人が明白に指示しているように、随時随処の言説として、和尚は今、この私にどう示すかという、まことにするどい質問といえた。馬祖と百丈の問答を、すでに充分に知悉したうえでの、かねて用意の発問である。ところが、百丈は良久する。馬祖が答えたのと、全く同じである。黄檗のいう、後人をして断絶せしむべからずとは、私のききたいのは、先生の伝法偈であるという、最初の自分の問いの動機を、あらためて説明したのであろう。後人とは、黄檗その人である。馬祖の伝法を、先生一代で断絶して貰っては困ります。黄檗は、執拗に言説を求めた。百丈は、期待はずれの弟子をのこし、かつて仏陀が摩竭に室を掩うたように、丈室に身を隠す。維摩の一黙と対句にされる、有名な仏陀の沈黙である。[740]黄檗は追及をやめず、只だ這个の印信を要すれば足るとせまる。他後、吾に辜負するを得ずとは、正しく百丈の印信であり、師資相互の黙契といえる。『祖堂集』に拠るかぎり、黄檗はこれで、百丈の後継者となる。良久は、仏祖の伝法偈に代わる、新しい伝法の印信である。

『伝灯録』以後の変化は、すでにくり返しいうように、馬祖と百丈その人の機縁に関係し、とりわけ『伝灯録』

所収のテキストで新加する、払子問答の変化に従って、幾層もの発展を重ねることとなる。逆にいえば、黄檗を百丈の弟子代表とし、あるいは百丈以上にすぐれた馬祖の三代とする作意が生みだす、おそらくは百丈とも黄檗とも、歴史的関係をもたない、語録の編者の独走となる。先にいう三日耳聾の話についても、黄檗だけが舌を吐くので、他の弟子の関知せぬ機縁であり、『天聖広灯録』以後、弟子仰山との問答の形式を仮りて、新たに潙山が登場するという、まことに手のこんだ話となる。(741)百丈が馬祖に一喝されて、三日耳聾する話は、大衆を相手に語られているから、潙山は当初より同席していたはずである。黄檗のみが舌を吐くのは、当初から潙山を不在とするので、二人を互角の弟子といいつつ、黄檗寄りの作意であり、仰山の口を仮りて、黄檗の大機を賞し、あまつさえ百丈その人に、黄檗に超師の作あること、見師に過ぎることを明言させて、潙山がこれを認めるという、徹底加上ぶりである。

潙山と仰山の評論は、周知のように、『臨済録』の行録のうち、黄檗と臨済の機縁について語るのが、おそらくは根拠である。百丈と黄檗の機縁に、潙仰の評論を加えるのは、『臨済録』をふまえての加上とみるほかはない。たとえば、『天聖広灯録』に初めて登場する百丈野狐の問答に、すでに潙仰の評論があるのは、百丈関係の機縁を考える、歴史上の手がかりとなる。(742)百丈以後、禅の語録の主要部分をなす、資師の機縁問答は、大半が同じような手続きを経て定着するのであり、今の一例は、正しくそんな機縁形成の典型といえるかも知れない。参考のために、先に掲げた宋本を含め、『伝灯録』三本と『天聖広灯録』第八、および『四家語録』を対比して、全てのテキストを次に掲げる。

宋本伝灯録第六、百丈章

一日師謂衆曰、仏法不是小事。老僧昔被馬大師一喝、直得三日耳聾眼黒。黄檗聞挙、不覚吐舌曰、某甲不識馬祖、要且不見馬祖。師云、汝已後当嗣馬祖。黄檗云、某甲不嗣馬祖。曰、作麼生。曰、已後喪我児孫。師曰、如是如是。

元本伝灯録第六、百丈章

一日師謂衆曰、仏法不是小事。老僧昔再蒙馬大師一喝、直得三日耳聾眼黒。黄檗聞挙、不覚吐舌曰、某甲不識馬祖、要且不見馬祖。師曰、汝已後当嗣馬祖。黄檗云、某甲不嗣馬祖。曰、作麼生。曰、已後喪我児孫。師曰、如是如是。

明本伝灯録第六、百丈章

一日師謂衆曰、仏法不是小事。老僧昔再参馬祖、被大師一喝、直得三日耳聾眼暗。時黄檗聞挙、不覚吐舌。師曰、子已後莫承嗣馬祖去。檗云、不然、今日因師挙、得見馬祖大機之用。然且不識馬祖。若嗣馬祖、已後喪我児孫。師云、如是如

天聖広灯録第八、百丈章

黄檗到師処。一日辞云、欲礼拝馬祖去。師云、馬祖已遷化也。檗云、未審有何言句。師遂挙再参馬祖豎払因縁。檗聞挙、不覚吐舌。師云、子已後莫承嗣馬祖去麼。檗云、不然。今日因師挙、得見馬祖大機之用。然且不識馬祖。若嗣馬祖、已後喪我児孫。師云、見与師斉、減師半徳。見過於師、方堪伝授。子甚有超師之見。

後潙山問仰山、百丈再参馬祖、豎払因縁、此二尊宿、意旨如何。仰山云、此是顕大機之用。潙山云、馬祖出八十四人善知識。幾人得大機、幾人得大用。仰山云、百丈得大機、黄檗得大用、余者尽是唱道之師。潙山云、如是是如。

四家語録第二、百丈録

黄檗到師処、一日辞云、欲礼拝馬祖去。師云、馬祖已遷化也。檗云、未審馬祖有何言句。師遂挙再参馬祖、豎払因縁言、仏法不是小事、老僧当時、被因馬大師一喝、直得三日耳聾。檗聞挙、不覚吐舌。師云、子已後莫承嗣馬祖去麼。檗云、不然。今日因師挙、得見馬祖大機之用。然且不識馬祖。若嗣馬祖、已後喪我児孫。師曰、如是如是。見与師斉、減師半徳、見過於師、方堪伝授、子甚有超師之見。

後潙山問仰山。百丈再参馬祖、豎払因縁、此二尊宿、意旨如何。仰山云、此是顕大機之用。潙山云、馬祖出八十四人善知識。幾人得大機、幾人得大用。

仰山云、百丈得大機、黄檗得大用、余者尽是唱道之師。潙山云、如是如是。

是。見与師斉、減師半徳、見過於師、方堪伝授、子甚有超師之作。

いったい、馬祖の三世、もしくは百丈の弟子代表として、黄檗の名声を天下に知らせたのは、時の宰相裴休の編する『伝心法要』であり、その序文である。神秀や神会以後、名公の帰依は多いが、黄檗と裴休の関係ほど、洪州宗の所在を確かならしめた事件はない。とりわけ、裴休は圭峰宗密の帰依者である。宗密の著述のすべてに、裴休は序文を書いているし、宗密の滅後、「唐故圭峰定慧禅師伝法碑」（『全唐文』七百四十三、『仏祖通載』第十六、『金石粋編』第百十四、『支那仏教史蹟』第二）を書く。大中七年のことである。裴休自ら草した『勧発菩提心文』は、先に注意するように、東山法門や北宗の時代から、にわかに一般の関心をよぶ、授菩薩戒のテキストであるが、この場合は逆に宗密が序文を書いている。宗密が示寂する前年のものである。有名な『中華伝心地禅門師資承襲図』も、宗密が裴休の質問に答えたもので、宗密最晩年の作である。最近、新たに知られる真福寺本では、『裴休拾遺問』の名があり、裴休との関係がより強調される。[743] 要するに、宗密と裴休の親交は、宗密が入寂する会昌元年（八四一）まで、おそらくは不動であった。このとき、裴休はすでに五十歳である。ところが、黄檗との関係は、宗密示寂の翌年、裴休が鍾陵に廉となる、会昌二年にはじまる。事情は「大中十一年十月八日謹記」という、『伝心法要』の序に明言するとおりで、裴休は以前から黄檗の名を知っていたかもしれないが、じっさいの交渉は、このとき以後のこととなる。宗密の寂後、にわかに一変するのである。果して、然るか。『伝心法要』の序を、無条件に信じてよいのか。

『伝灯録』第九の黄檗の章に、黄檗ははじめ洪州大安寺にいたとする。洪州大安寺は、馬祖の故道場である。西堂は龔公山にあり、百丈は謂わゆる新呉界の百丈山に道場を構える。馬祖の寂後、大安寺にいたのは誰か、歴史事情は明らかでないが、黄檗が大安寺に来たことは、馬祖の三世としての、この人の自信を高めたにちがいない。やがて、黄檗は裴休の帰依によって、別に黄檗山を開創し、文字通りに、黄檗山希運となるのである。二人の交渉については、種々の機縁が伝えられる。もっとも有名なのは、黄檗が大安寺に身を潜めていて、新任の廉師裴休に見つけ出される話であり、裴休の帰依もこのときに始まるとみられる(744)。さらに『祖堂集』第十六に、裴休が死んで冥界に行き、玉池に飛び込もうとするのを、黄檗が一喝して蘇生させる話を伝える(745)。いずれも、相互の親交を示すけれども、宗密の場合とは、かなり事情がちがうのでないか。

周知のように、宗密は自ら荷沢の五世を自在し、荷沢宗を曹渓の正系とする。馬祖にはじまる洪州宗を、宗密があえて旁系とするのは、当然の結論であり、この人のすべての著作は、そのことを弁証するために書かれた。今、宗密の主張する史実と教義そのものに、深入りすることはしない。問題は、宗密の側からは、水火相容れぬ洪州宗の方へ、あえて転じた裴休の心境の動きと、転向後の帰依の深さにある。裴休が自ら記す、洪州宗への帰依の証しは、「伝心法要序」一編にすぎず、宗密への多数に及ばぬ。裴休は会昌以後、江南に廉となるごとに、黄檗希運のみならず、潙山霊祐その他に、帰依の事実があり、盧肇の「宣州新興寺碑銘并序」(『唐文粋』六十五)は、裴休が大中二年に宣城に来たとき、新興寺を再興したことと、会昌以来の廃仏に抗した、この人の信念を伝える記録である。要するに、会昌以後、裴休は初めて洪州宗の実態を知る。かつての宗密の批判や、武宗の廃仏にもかかわらず、黄檗の説法に触れることによって、裴休は心機一転するのである。生の口語の説法が与える、洪州宗の鮮度は絶大だろう。『伝心法要』は、その記録である。宗密に学ぶ教学体系や、法系史の問題は、一挙に過去のこととなる。説法するのは黄檗だが、記録は裴休のものである。唐代の語録のうち、説法者にその人を得、記録者にその人を得て、最高の作品が誕生する。馬祖以来の示衆のうち、黄檗と裴休は、その語録化に成功した、唯一の例外である。黄檗の説法そのものが、論理的であったうえ、裴休の記録の力によって、見事な構成をみせるのだ。裴休がその序文の末に、門下僧太舟・法建に草本を授け、旧山の長老たちがかつて日常に聞いたものと、同異如何と問わせるのは、満々たる自信の表明である。裴休は、単なる記録者の域にいない。のちに、宋の天真が伝える、「裴相国伝心偈」は、すでに黄檗の俗弟子としての、この人の印信といってよい。言ってみれば、すべてが巧くできている。

いったい、黄檗の説法は、会昌二年と大中二年、鍾陵と宛陵の二カ所で行われる。はじめの部分に日付の記入があるのは、明らかに会昌二年、鍾陵での記録にちがいない。しかし、日付のない部分と、別に『宛陵録』と呼ばれるものを含んで、黄檗の説法のすべてを、何時、何処の説法と確認できるかどうか、必ずしも明確ではない。『宛陵録』を宛陵の説法とするのは、謂わゆる『伝心法要』の部分を、鍾陵での記録とする前提によるので、『宛陵録』の第一章冒頭に、裴相公が師に山中のことを問うのは、明らかに裴休自身の記録でないことを示す。目下のところ、裴休の記録として確かなものは、序文につづく数段、つまり宋代に南宗の天真が、その最後に伝心偈を加えたものを、宋版『伝灯録』が第九巻の末尾に付録し、日付を省いてしまった部分に限ってはどうか。他にも裴休の記録があることは確かだが、現存のテキストは、のちに他の弟子の記録とあわせ、裴休のそれを軸に、整理再編したものにすぎまい(746)。

さらに、現存の『四家語録』にみられるように、黄檗には謂わゆる『伝心法要』と『宛陵録』のほか、「黄檗語録」と名づけてよいものがあり、この人の説法は豊富である。『天聖広灯録』第八の黄檗章にあるのがそれで、当時なお裴休の記録以外に、他の弟子たちの伝えるテキストが、重複してのこっていたことが判る。臨済と同門の睦州の語録にも、黄檗の言葉が記され、『宗鏡録』にもかなり幾つかの引用がある。(747)この場合も、『宗鏡録』に引用するものは、裴休の記録と異なるテキストを含み、『伝心法要』や『四家語録』にまとめられる以前の、古形を伝えるとみてよい。裴休の序に即して言えば、かつての旧山の長老たちが、裴休の序に挑発されて、各自に呈出したのである。

『伝心法要』の成功は、結果的には、裴休の教養や、造寺帰依の力、あるいは会昌の廃仏と宣宗の復仏策、その他さまざまの原因を数え得るけれども、要は黄檗その人の、心法の把握の透徹と、言語表現の確かさにあり、文字通りに黄檗の伝心法要となる。かつての伝法偈や、不立文字、教外別伝といった発想の根拠を、黄檗はあらためて心法の問題として把え直し、禅仏教の体系化に成功するのだ。廃仏が、そうした反省を強める。復仏とは、そのことである。先にいうように、黄檗の機縁は、後から再編されたものが多く、その史伝も明らかでない。生没年も知られず、俗姓も不明、塔銘も書かれなかった。黄檗の仏法の所在は、『伝心法要』一巻によるのであり、これだけで足りるとも言えよう。実をいうと、ここに大きい問題が残る。すくなくとも、『伝心法要』を軸に、『四家語録』が編まれる。『伝心法要』は、『四家語録』の成立以後も、幾度か独立して開版されるほか、『天聖広灯録』とあわせて、福州版『大蔵経』に入蔵される。禅の語録の単独の入蔵は、この本が最初である。(748)

裴休が、かつて宗密の著作の協力者であったことと、江南であらためて黄檗と相知り、新しい口語仏教に触れたことの含みもつ、歴史的意味は甚だ大きい。そんな裴休の序をもつ『伝心法要』を軸に、宗密の洪州批判に答えたのが、『四家語録』の成立であるともみられる。当時、馬祖を祖とする四家の選定は、他にも幾つか考えられる。馬祖―百丈―潙山―仰山とすることは、もっとも可能性が大きい。『伝心法要』は、馬祖四家録を決定した、もっとも新しい動機といえる。最近、楊億の「仏祖同源集序」によって、『景徳伝灯録』の構成に、宗密の教禅一致論に対する、批判的な意味をみようとする意見がある。[749]『四家語録』のテキストは、『伝灯録』以後に再編されるが、四家の発想そのものは、『伝灯録』の前提であり、何らかの語録の存在をふまえることは、すでにくり返し考えるとおりである。

裴休と黄檗の『伝心法要』、および他の黄檗語録のすべてについて、さらに考えるべき問題は甚だ多い。裴序の時代を疑うと、すべての構造が動く。各テキストの成立についても、語学的思想的な広がりは、ほとんど無限の内容を含む。今はそんな黄檗の語が、『四家語録』にとりこまれる事情を、最初の記録者裴休の側からみるにとどめる。テキストの研究についても、すでに入矢義高の訳注（筑摩版『禅の語録』第八、一九六九年）があり、書誌に関するわたくしの旧稿も、そのうちに含まれる。現在の私見は、本書に附する、「四家録と五家録」にゆずる。

四六　『臨済録』の成立　その一

馬祖を祖とする四家の伝統は、その最後に位する臨済義玄と、その数代後の弟子たちの時代に確認される。馬祖と百丈、および黄檗の三代は、江西を中心に活動する。臨済は郷里の華北に帰り、鎮州臨済を道場とするから、その晩年より滅後数世代、唐末五代の戦火の下にあり、同時資料は焼滅し、江南との交流も分明でない。『臨済録』とその伝記資料は、宋初の江南における再編で、五家の一派としての視角が強まり、四家と五家の意識がからみあう。四家は縦に臨済を殿後とし、五家は横に臨済を開祖とする、新しい要求に応える必要から生まれる。四家と五家に共通するのは、臨済の一家である。要するに、臨済義玄その人の評価は、かれを開祖とする臨済宗の動きに関係し、四家の選定そのものも、すでにそれが動機となる。とりわけ、宋初の臨済宗は、すでに黄龍と楊岐の二派に分れ、五家と合せて七宗とよばれる、新しい状況下にある。[750]黄龍の祖とされる恵南が、『四家語録』の成立に関係していることは、すでに考えるとおりである。

今、そうした臨済宗の形成と、臨済以後の動きに、とくに深入りすることはしない。問題を「四家録」の成立に限り、その殿後に位置する『臨済録』の成立を、先にみる黄檗希運とその語録を軸に、まず二人の関係から、やや詳しく吟味してみよう。臨済には、語録はあるが塔銘が存在しない。塔銘がないことは、黄檗と共通する。入寂は、咸通七年丙戌四月十日と判るが、年寿は明らかでない。伝記は、語録とからみあう。黄檗との機縁が、四家の発想をふまえるからである。

黄檗の弟子としての臨済の位置づけは、『臨済録』の行録と、『祖堂集』第十九、『景徳伝灯録』第十二、『宋高僧伝』第十二、『天聖広灯録』第十などに、ほぼ共通してみられるが、『伝灯録』以下の史伝が、『臨済録』の行録と一致するのに、『祖堂集』の記載のみ、すこぶる相違するところがある。『宋高僧伝』も、今の立場は埒外にある。言うならば、『臨済録』の行録は、『祖堂集』に後れて編まれる。明本『四家語録』の『臨済録』と、流布本とのちがいは、先にやや詳しく考えた(751)。今は大きいちがいのない部分を、とくに区別することはしない。

周知のように、『臨済録』の行録によると、臨済は黄檗の下にあること三年、首座にすすめられて黄檗に参じ、仏法の大意を問うが、黄檗の痛棒をくらうこと三度、辞して大愚に参じて、はじめて黄檗が棒で打った意味を知り、仏法の大意にめざめる。黄檗に帰った臨済は、大愚での始終をつげるが、黄檗が大愚を非難し、見つけ次第に一頓の棒をくらわすというのに、臨済は直ちに黄檗に一掌を与えるのであり、これによって、黄檗は臨済の得力を認める。「這の風顛漢、這裏に却来し、虎鬚を捋く」というのがそれで、これが黄檗の印可である。先にみる馬祖と百丈、もしくは百丈と黄檗の場合に比べると、言葉より良久へ、良久より喝へ、喝より棒への動きが目立つ。謂わゆる棒喝時代の、到来を示すこととなる。黄檗の棒は、馬祖の喝以上に、行為的である。先にいう裴休の『伝心法要』に示すところと、黄檗の手段は、全くちがったものである。行録の内容は、必ずしも右の要約にとどまらず、黄檗や首座の舞台裏での、思いやりに満ちた配慮を含んでいて、『伝心法要』の説ともつながり、臨済その人の後年の示衆には、黄檗のそれと共通するところがあるから、棒喝の創始者を、黄檗と臨済に限定することはできないが、馬祖にはじまる機関の理想を、二人に求めることは可能である。臨済と臨済以後の、そうした新しい動きをふまえて、四家の機縁のすべてに、何らかの修正が加えられる。馬祖より臨済に至る四家の発想に、共通したものがあるのは、当然のことである。

とりわけ、黄檗につぐ臨済が、当初その痛棒の意味に気付かず、辞して大愚に参ずるのは、大愚が黄檗と一味の人であったことによる。行録のいうところも、臨済を大愚のところにやるのは、じつは黄檗と首座のはからいである。そうした黄檗の弟子としての、臨済の誕生を支える、もう一方の大きい使命を負う大愚について、『祖堂集』の伝えるところは、もっとも注目に価しよう。『祖堂集』は、行録や『伝灯録』以後の史伝の、共通のソースのように思われる。

黄檗和尚は、大衆にいう、「わしが昔、共に大寂に参じたときの友人に、大愚というのがいる。この男は、各地に行脚して、道眼が明るい。今は、高安にいて、人々と群居するのを嫌い、独り山中にいる。わしと別れるとき、しきりにたのまれたものだ、これから先、はしこい弟子を見かけたら、一人選んでよこしてほしい」そのとき、師（臨済）は大衆の中にいた。話がおわると、すぐに飛びだした。先方にやってくると、一部始終をつげ、夜半まで大愚を相手に、瑜伽を語り、唯識を論じ、さらに意見をのべたてた。大愚は一晩中、ひっそりと黙して答えぬ。翌朝、師に申しわたす、「老僧は独り山中にいたので、そなたがはるばるやって来たのをねぎらって、しばらく一夜の宿を仮したまでのこと、何と夜どおし、わしの面前で、羞らいもなく、夜糞をたれおった」

言いおわると、杖で数度ぶったたいて、外に追いだし、ぴたりと門をしめた。

師は黄檗にかえって、右の次第を報告する。黄檗は、ききおわると、首を地につけて礼拝した、「腕のたつ男は、猛火のようにカッカするものだ、でかしたぞ、そなたは人を見つけた、行ったのもむだでなかった（虚往）」

師はさらに、再び大愚に会いにゆく。

大愚、「あの時は、有難いともいわず、今日は又、何の目的があって、来よったぞ」

言いおわると棒で打ち、門から追いだす。師は黄檗にかえる、「謹んで和尚さまに申しあげます、こんど再びもどりましたのは、手ぶらではございませぬ」

黄檗、「どうして、そうなる」

師、「一棒の下に、仏境涯に入らせて頂きました、たとえ百劫かけて紛骨砕身し、須弥山を頭上にささげて、無限に回りつづけましても、この深恩を返すには、とても酬えるものでございませぬ」

黄檗はききおわると、常になく喜んだ、「そなた、しばらく休息せよ、身のふりかたは自然に決まろう」

先生は十日すぎて、さらに黄檗にいとまをつげ、大愚のところにくる。大愚は見るやいなや、師を棒で打とうとかまえる。師は棒をうけとめて、たちまちにして大愚をよりたおす。そのうえ、背中めがけて、拳骨でなぐりつける。大愚はしきりにうなずいていう、「俺は山小屋にいて、てっきり一生台なしかと思ったが、今日は思いもよらず、息子が一人できおった[752]」

『祖堂集』によると、臨済を二度、大愚のところにやるのは、黄檗である。大愚は、臨済を棒で打つ。最初、大愚に打たれて帰った臨済に、黄檗は棒のいわれを説いてやる。腕のたつ男とは、大愚のことである。鉄は熱いうちに打たねばならぬ。臨済は打つに価する、熱い鉄である。臨済は黄檗の説明によって、すでに大愚の深恩に気付く。あとは、一種の儀式である。

最初の夜、臨済が大愚を相手に、瑜伽と唯識を語るのは、仏教学より禅仏教への転向を示す、記録者の演出である。先にいう、馬祖と西山の亮座首や、宗密教学より洪州に転じた裴休の、あざやかな飛躍のみちを、臨済もまた通るのである。馬祖にはじまる洪州宗の本質を、臨済の転向は総括する。問題は、『臨済録』の行録と、『祖堂集』の記載とのあいだで、黄檗と大愚の役柄が完全に逆転することだ。『祖堂集』による限り、黄檗は棒をとらず、常に説明役にまわっている。首座は、全く姿をみせぬ。

たとえば、先の一段につづいて、『祖堂集』は編者自身のコメントをはさんで、次のような後日譚を付け加える。

師（臨済）はそのときから、大愚に仕える。十年あまりすぎて、大愚は遷化をひかえて、師にいいふくめた、「そなたは自分で日々を無駄にせず、そのうえ、俺の一生を完うさせた。これからは世間に出て、心法を伝えよ（出世伝心）、ゆめゆめ黄檗を忘れるでないぞ」

それから、師は鎮府で化を振った。黄檗につぐといっても、つねに大愚をたたえた。教化の方法となると、喝と棒を使うことが多い(753)。

棒喝の創始者として、『祖堂集』は、臨済の教化を明記する。棒喝の家風は、大愚より来るが、黄檗に受ける出世伝心が主体である。言うならば、馬祖―百丈―黄檗―臨済という、四代の出世伝心について、『祖堂集』は最古の資料となる。大愚と臨済の、十年以上の師資関係を伝え、家風の由来を語りつつ、出世伝心の根拠を黄檗におくのである。行録と『伝灯録』以下のテキストが、黄檗と大愚の立場を逆転させ、大愚の役割を弱めるのは、理由のないことでなかった(754)。

いったい、大愚は馬祖につぐ廬山帰宗の弟子であり、黄檗と同世代に当る。『伝灯録』第十の目録に、帰宗の法嗣六人の名をあげ、四人を見録とし、機縁の句なしとする二人のうちに、洪州高安大愚の名がある。『祖堂集』によると、黄檗は大愚を、昔、かつて大寂に参じたときの道友とし、諸方に行脚して道眼分明、群居を好まず、今独り高安の山舎に居るとする。黄檗が、馬祖（大寂）に参ずる機をもたぬことは、先にいうごとくである(755)。黄檗は、大愚にもまた、帰宗を超える、超師の作を認めようとするのであろう。帰宗・大愚・黄檗ともに、生没年の記述を欠くから、今のところ、史実のことは確認できぬが、いずれもみな、馬祖にはじまる洪州宗の、猛火のごとき作者であったことは確かである。

とりわけ、注目に価するのは、『祖堂集』第十六の黄檗章にある、「是你諸人、尽是一隊喫酒糟漢、大唐国内に禅師無きことを知るや」という、有名な示衆につづく、次のような言葉である。

さらに言われた、貴公たち、見えんかの、馬大師の下に（弟子が）、八十八人も道場に坐っていたが、馬大師の本ものの正法眼を得たのは、一人二人にすぎん。廬山は、その一人(756)である。

廬山は、帰宗智常を指す。黄檗は、馬大師の正法眼を得た人として、この人の名だけをあげる。何故であろう。黄檗の右の示衆は、『祖堂集』以外に、『伝灯録』第九にあるが、『天聖広灯録』第八と『四家語録』の黄檗録の場合は、かなり変化したものとなる。のちに、『雪竇頌古』第十一則にとるのは、前半の「一隊喫（鍾）酒糟漢」の段だけで、「馬大師下云云」を切りすてる(757)。要するに、後代になるに従って、廬山の名が消えるのであり、示衆全体の調子が、大きくくずれてしまうことは、言うまでもない。

結論を先にいえば、黄檗は道友である大愚の師として、廬山帰宗に特別の敬意をもっている。若い臨済を感激させたという、『祖堂集』第十九の示衆と、右の「一隊喫酒糟漢」の一段は、元来は一連の説法であったにちがいない。もともと、廬山帰宗は南泉と伴をなして行脚し、帰宗一人が神彩奇異とされたので、自ら眼を薬で薫じ、赤眼帰宗とよばれるほどに豪放の人。神彩奇異とは、眼に重瞳があり、古聖の相とされたのをいうらしい。[758]あるいは、蛇を钁断して麁行沙門とされ、あるいは、廬山東林寺の座主神建と問答し、触目菩提の問に答えて、一脚を蹺起したことから、江州の裁判にかかるなど、荒っぽい逸話が多い人である。白楽天や、李渤との交友も知られる。[759]黄檗が帰宗に注目したのも、この人の棒が動機のようである。

たとえば、『天聖広灯録』第八の黄檗章に、次のような帰宗との機縁を伝える。

有る僧、帰宗を辞す。宗云く、甚処にか往き去る。云く、諸方に五味禅を学し去る。宗云く、諸方は五味禅有り、我が者裏は、祇だ是れ一味禅なるのみ。僧云く、如何なるか是れ一味禅。宗便ち打つ。僧云く、会せり会せり。宗云く、道え道え。僧、口を開かんと擬す。宗又た打つ。

其の僧、後に師（黄檗）の処に到る。師問う、什麽の処よりか来たる。云く、帰宗より来たる。師云く、帰宗に何の言句か有りし。僧、遂に前話を挙す。

師乃ち上堂し、此の因縁を挙して云う、馬大師は八十四人の善知識を出だす。問著するに箇箇、屙漉漉地なり。祇だ帰宗有りて、些子に較れり。[760]

これによると、一味禅を問うて打たれた僧を介して、黄檗は帰宗の家風を知り、上堂して称賛するのであり、賛辞はやや抑えたものとなるが、馬祖下にただ一人といった理由が判る。おそらくは、『祖堂集』にいうものの、異伝であろう。後代、廬山から来た僧を、大愚その人とするのは、やや牽強付会であるが、黄檗が廬山を評価するのは、先に引く『祖堂集』の示衆によっても、各地を行脚して来る、幾人かの修行僧の話によるとみてよい。[761]要するに、黄檗は帰宗に、かねてから一目おいている。若い臨済を、大愚のもとにやるのは、馬祖にはじまる洪州宗の正法が、帰宗と大愚にあるとみてのことだろう。臨済の示衆のうちに、自己の仏法の先輩として、馬祖、石鞏、廬山、丹霞の家風をあげることは、すでに先に指摘した。(762) 石鞏もまた猟師の身で、馬祖の弟子となった人、豪放は帰宗、丹霞に共通する。

いったい、臨済は後年の上堂で、「我れ二十年、黄檗先師の処にあって、三度仏法的的の大意を問うて、三度他の杖を賜うことを蒙る、蒿枝の払著するが如くに相似たり」と言っている。(763) 二十年は、『法華経』の長者窮児の話（信解品）によるので、(764) 実数と考える必要はないが、『祖堂集』にいうところと、大きく異なることは重要である。先にいう行録の、黄檗にあること三年とも、二十年は相違する。

後年、臨済を祖とする臨済宗の成立に従って、祖師像は大きく変化する。黄檗の弟子代表として、臨済の伝記の確立とともに、臨済の師にふさわしい、新しい黄檗のイメージが要求される。『伝心法要』と、臨済の示衆との開きは大きい。裴休以外の記録が、新しく見出される。『伝心法要』をその一部とすることで、黄檗の全体像が再編される。超師の作という、四家の禅に独自のイメージは、黄檗と臨済の相違を解く試みである。

『臨済録』の行録によると、臨済は黄檗の下を辞する時、次のような問答を交わす。

師（臨済）はある日、黄檗にいとまをつげた。

檗、「どこへゆく」

師、「河南でなければ、河北に帰りまする」

黄檗は、（棒で）打つ。師は（棒を）ひっつかんで、一掌を与える。黄檗は、大いに笑う。そして侍者を呼ぶ、「百丈先師の禅版と机案を持って来い」

師、「侍者よ、火を持って来い」

黄檗、「さもあろうが、汝は持って行くだけでよい、今後（こいつが）天下の人の舌を、ちぢみあがらせることはまちがいない」(765)

黄檗は、百丈から貰った禅版と机案を、印可状として臨済に与える。臨済は直ちに、焼き捨てようとする。弟子の巣立ちを喜ぶ、老いた黄檗の姿が、的確に要約される。

問題は、行録がこの一段の後につける、潙山と仰山の問答である。(766)全文を引く必要はない。そこに例の、「見が師と斉しきときは、師の半徳を減ずる、見が師に過ぎて、はじめて伝授するに堪える」という、かつて百丈が再参馬祖の話のあと、黄檗に与えたはずの一句が、潙山の口から出るのである。歴史的にいえば、潙山は百丈の弟子であるから、百丈が黄檗に与えた、例の一句を知っていたのは当然だろう。黄檗自身、百丈の禅版と机案を臨済に与えたとき、先師の一句を想起していて、あえて口に出すことをしなかったとも考えられる。潙山はそんな黄檗に代わって、黄檗の胸裏にある言葉を、おのが弟子である仰山につげるのであり、それなりにつじつまは合うのだが、黄檗と臨済の二人についてだけ、何故にこの一句が問題になるのか。むしろ、あまりにつじつまの合いすぎる、四家の発想そのものに、問題があると言ってよい。とりわけ、『伝灯録』第十二の臨済の章に収める、この一段のテキストには、右の潙山と仰山の評論を欠く。(767)「百丈先師云云」も、見えない。『伝灯録』のもとづく『臨済録』のテキストに、評論部分が無かったのか、『伝灯録』の編者が、故意に省略したのかは明らかでないが、『伝灯録』に拠るかぎり、禅版机案は黄檗のもので、必ずしも百丈よりの伝来底ではない。『臨済録』のテキストそのものに、問題がのこるようである。とくに、『天聖広灯録』第八によると、先にいう百丈の再参馬祖の話につづいて、今問題の一句があり、さらに潙山と仰山の評論がつづいていて、これは大機の用をあらわすもので、馬祖は八十四人の善知識を出すが、その大機を得たのが百丈、大用を得たのが黄檗であって、他はすべて唱道の師にすぎぬという、四家（表面的には三家）の正統をたたえる、潙山と仰山の口うらをあわせた問答で幕となる。[768] 元来は黄檗が廬山をたたえた、「馬祖下八十四人の善知識云云」まで、潙山が当の黄檗をほめる言葉となるのである。

もともと、「見が師に過ぎて云云」の句は、『祖堂集』第七によると、巌頭が徳山の下を去るとき、巌頭自らいうのを最初とする。情況は、臨済の場合と全く同じである。

師（巌頭）、徳山を辞す。徳山問う、什麼処にか去る。対えて云く、暫く和尚を辞す。徳山云く、子は後に作麼生。対えて云く、忘れず。徳山云く、既然に此の如し、什麼に因ってか山僧を肯わざる。師は対えて云く、豈に聞かずや、智恵が師に過ぎて、方めて師の教えを伝う、智恵若し師と斉しきは、他後恐らくは師の徳を減ぜんと。徳山云く、如是如是。応当に善く護持すべし。[769]

ここでも、巌頭はすでに成句とするから、その前例があってよい。たとえば、『暦代法宝記』の無相の章に、同じ意味の勝師の句があり、[770] 巌頭も百丈も、共にこれを承けているとみてよい。要するに、超師の発想は、馬祖下とは流れを分つ、無相や巌頭の機縁より出て、馬祖系にとりこまれた。馬祖四代の総括が、古い四川派や徳山下をも総合して、臨済の喝、徳山の棒といった、馬祖や徳山その人とは異なった、虚構の家風をつくりあげるのである。[771] 臨済が乱喝を戒めたことは、のちにあらためて考える。

注目してよいのは、宋の恵洪の『林間録』に、「徳山四家録」の名を伝えることである。[772] 存否も内容も不明であるが、徳山と巌頭以下、四代の語を集めたとすれば、雪峰、玄沙らの語録をこれに擬することができる。とくに四家に限るのは、馬祖以下の四家を意識している。大恵の『正法眼蔵』に引く徳山の示衆は、臨済のそれに相似する。[773] 徳山と臨済の教化の相似は、『宋高僧伝』にも指摘されるが、示衆になると問題は別である。おそらくは編集の段階で、臨済の語が徳山に影響したか、あるいはその逆でなければならぬ。右に引く超師の一句は、逆の根拠となりそうである。

結論をいえば、臨済を祖とする臨済宗の形成と、宗祖の語としての『臨済録』の成立によって、四家の機縁は幾層にも練り直され、完全につじつまの合うものとなる。すべての機縁が、臨済の師として、あるいは祖として、曾祖としての視角で、再編されてくる。そうした動きの最後の成果が、「四家録」にほかならない。とりわけ、百丈下に流れを分つ、潙山と仰山の師資二人が、百丈と黄檗、黄檗と臨済の機縁について、断えず評論家の役を負うて登場するのは、同じ馬祖下でも、臨済を正系とする発想によるものであり、『伝灯録』より『広灯録』へ、『広灯録』より『臨済録』へと、その傾向を強めるごとに、潙仰は傍系の地位におとされ、逆に潙仰問答の頻度を高めることとなる。『臨済録』は、臨済一個の示衆と機縁を集めつつ、じっさいは四家以前にさかのぼって、禅仏教を集大成する、作意の強い本である。語録の編者は、単に示衆や機縁の記録にとどまらず、むしろそれらを評価し、改編し、創作するようになる。言ってみれば、語録の本質はここにあるので、先にいう宋代以後の禅文献を偽史とする近代の短絡は、語録を直ちに史料とする、無批判側の解釈より来ている。

四七　『臨済録』の成立　その二

『臨済録』の作意は、幾つか指摘することができる。たとえば、臨済がはじめて鎮州に化を振う、上堂の段のはじめに、次のような問答がある。

問、師は誰家の曲をか唱え、宗風は阿誰にか嗣ぐ。師云く、我れ黄檗の処にあって、三度問を発して三度打たる。僧擬議す。師便ち喝し、随後に打って云く、虚空裏に釘橛し去る可からず。[774]

家風を問うのは、参学の儀礼である。『楞伽師資記』によると、則天武后は神秀を宮廷に召し、所伝の法は誰家の宗旨ぞと問うている。『暦代法宝記』では、体無という学生が、和上は誰の弟子か、誰の宗旨かと、無住に問うている。[775] 問題は臨済以後、この問いが新しい成句となることであり、臨済を祖とする人々に多いことである。『臨済録』は、すでに一種の聖典となる。

たとえば、『伝灯録』第十三に、汝州首山省念の章があり、その開堂の日の問答を、次のように伝える。

開堂の日、有る僧が問うて曰う、師は誰家の曲を唱え、宗風は阿誰にか嗣ぐ。

師曰く、少室巌前に親しく掌視す。

僧曰く、更に請う、洪音の一声を和せんことを。

師曰く、如今も也た大家の知らんことを要す。[776]

首山省念は、臨済の五代の孫であり、風穴についで、首山を開く。臨済宗の事実上の開創は、この人にはじまる。何らかの、『臨済録』の祖本がすでに存在した。あたかも『伝灯録』の編纂に先立つ頃である。首山につぐ汾陽の章が、その生前にこの本に伝を立てられて、汾陽がこれを喜んだことは、すでに先にいうとおりである。[777]『伝灯録』の首山の章には、臨済の喝、徳山の棒という、宗風の類型化もみられる。[778] 宗風問答は、この人にはじまるとみてよい。

たとえば、『伝灯録』のあとを受ける、『天聖広灯録』第十三に、臨済の弟子雲山の章があり、次のような一段で始まる。

雲山禅師開堂升座。有る僧問う、師は誰家の曲をか唱え、宗風は阿誰にか嗣ぐ。師云く、乾山は来りて絶えず、坎水は坤を出でて流る。進んで云う、恁麼ならば、赤脚にして披衣し去るや。師云く、三峯は夜月を鎖し、独

り照す一輪の灯。(779)

雲山、乾山、坎水、三峯、ともに所在を確認できないが、乾山と坎水は、明らかに虚構である。開堂に宗風をきくのは、臨済下の嗣法と知ってのことで、『伝灯録』第十三の雲山の章には、この問答をとらないから、『天聖広灯録』の作意を知るに足りる。

『天聖広灯録』は、臨済の嗣法として、他に斉聳（巻十二）と、新羅智異山禅師の二人について、右の宗風問答を掲げる。(780)いずれも、『伝灯録』には機縁なしとする人々である。さらに、臨済下三世の汝州宝応、すなわち南院恵顒についても、右の斉聳や智異山と同じケースがみられる。『伝灯録』第十二の汝州宝応の章にない宗風問答が、『伝灯録』第十四（宝応）に明記される。(781)宝応は風穴延沼の師であり、臨済禅は風穴によって再興されるから、『天聖広灯録』の編者が、宝応の章にこれをとるのは、すこぶる意図的である。じじつ、『伝灯録』第十六の首山省念の章に、先の問答をとるのは当然だが、同じく鳳翔府長興満（いずれも宝応につぐ）の章に、新しく宗風問答が加わり、西院思明につぐ、郢州興陽山静の章にもみえる。(782)要するに『天聖広灯録』は、『臨済録』をふまえて編まれたといってもよいので、馬祖以下の三代についても、臨済禅の由来を説くことに、特別の配慮があることは、くり返し指摘するところである。

さらに、『臨済録』の行録に、風穴の臨済再興を予言する栽松の話と、これにつづく潙仰問答があることは、(783)すでに周知のごとくである。この一段も、『伝灯録』第十二と『天聖広灯録』第十に収めるテキスト、および『臨済録』との問いに、大きい異同があるのみならず、『伝灯録』の宋元二本にも異同があって、臨済禅の発展にともなって、幾度も変化を受けることとなる。問題は、臨済禅にとどまらず、潙仰宗の動きにも関係する。百丈と黄檗の機縁に、潙仰の問答がついているのは、臨済の場合を軸に、吟味を加える必要があり、臨済の場合にも、すでにかなりの加上がみられる。そんな唐末五代より宋初におよぶ、禅仏教の歴史性について、わたくしはすでに私見を出している。[784]すくなくとも、語録とよばれる禅文献の含みもつ、有力な作意の事例として、この一段は、とくに注目に価しよう。

いったい、『臨済録』の中心をなすのは、量質共に晩参示衆の部分である。先に仮に機縁問答とよぶ、上堂と勘弁、行録のテキストは、時代によって変化するが、示衆は宋以後、ほとんど動かなかった。『天聖広灯録』第十一は、これを示衆として独立させ、『四家語録』も同じ形式をとる。臨済の示衆のすべてが、夜間の説法であったかどうか、もとより確認はできないけれども、鎮州臨済院の歴史的地理的条件を推すると、晩参とよばれるにふさわしい、少人数の示衆であったにちがいない。言ってみれば、上堂とは名ばかりで、仏殿は本来存在せぬにしても、法堂や厨庫三門なども、果して揃っていたかどうか。むしろ、正常な建物は、何もなかったと思われる。上堂は行われたにちがいないが、大抵は問答が主であり、記録はすべて記憶によるであろう。長い示衆は夜間のもので、弟子たちの記録と定本の確認までに、かなりの時間が考えられるが、全体量はほとんど一定していたのでないか。それらをすべて晩参の示衆とし、鎮州紙衣和尚との問答につづくものとするのは、[785]たとえ宋代の再編であるにしても、古い伝承と地理的条件による、一定の祖本があったことが推定される。宋代の清規の本に、晩参の事例は少ないが、上堂以外の示衆は、ほとんど晩参であったようで、とくに唐代のは、これに当るものが多い。先にいう、薬山の示衆がそれであり、徳山がある上堂で、今夜不答問話というのは、明らかに晩参であろう。[786]さらに、『伝灯録』第十二の陳尊宿の章にも、晩参の示衆がある。[787]睦州は黄檗につぐ、臨済の同門である。晩参は、黄檗下の家風ともいえる。今、『祖庭事苑』第八にいう、次のような小参の説は、もっとも注目に価する。

禅門に詰旦に升堂する、之を早参と謂い、日晡に念誦する、之を晩参と謂い、非時の説は、之を小参と謂う。[788]

これによると、小参は晩参を含む、上堂以外の示衆ということになる。少なくとも、臨済の示衆は、上堂と示衆に二分されるので、先に馬祖より百丈への変化について考えたのと、おそらくは逆の方向をとるとみてよい。会昌の破仏が、動機である。さらに、先に負の本質とよんだものも、じつはここに原因がある。

問題を、『臨済録』のテキストにかえす。臨済の示衆は、複数の弟子が、別箇に記録したであろう。すでに対照を試みたように、臨済の同じ説法について、『祖堂集』と『伝灯録』、『宗鏡録』、『広灯録』のテキストが異なるのは、引用者の修正というより、もとづく記録が異なるとみられる。(789) 注目してよいのは、テキストに開きがあるにかかわらず、説法そのものは、ほとんど一定していることである。

『百丈広語』、『伝心法要』、臨済の示衆の形式は、それぞれに特色をもつ。他の二つに比べると、臨済の示衆は、ほとんど別本がないように思われる。馬祖の示衆の全体は、ほとんど確認できない。百丈も、黄檗も、現存するのは一部であろう。臨済の場合は、晩参の示衆ゆえに、ほとんど完全に記録された。行録や勘弁、上堂の部分が、臨済禅の発展とともに大きく変化したことは、先に考えたとおりである。(790) 示衆の記録が早く一定し、作意の加えようがなかったのである。

以上、『臨済録』の成立について、機縁と示衆の両面から、幾つかの要素について考えた。今、あらためて『臨済録』が、洪州宗の主張を集大成し、五家の語録の先駆となる理由を考えると、もう一つの大きい要素があるように思われる。遷化上堂の創作が、それである。

宋本『伝灯録』によると、臨済のさいごは、おおよそ次のようである。

師(臨済)は、咸通七年丙戌の四月十日、示滅の時が来る。そこで、伝法偈を説いた、

流れに沿うて止まず、如何と問えば、

真は無辺を照すと、他に説似せよ。
相を離れ名を離れて、人は稟けず、
吹毛は用い了って、急に須らく磨すべし。

偈がすむと、坐ったまま逝去された。勅して恵照大師と諡し、塔を澄霊という。(791)

臨済の伝法偈は難解で、多少異本があるようだが、勅諡と関係していることは、確かであろう。(792)澄霊は、別に澄虚ともいわれる。問題は、伝法偈を説いたこと、そのことである。時代的にいえば、伝法偈の製作は、『六祖壇経』にはじまって、『宝林伝』で終わる。前後、約五十年の事件である。内容よりいえば、馬祖のそれがさいごである。先に見る薬山と石頭の、坐禅問答の偈を、仮にこの系統の伝法偈とすれば、明らかに馬祖を意識している。今、臨済の偈も、明らかに伝法偈とされる。臨済は馬祖を意識し、馬祖をつぐ用意を示すのである。臨済その人の意図であるか、伝記作者の作意であるかは判らぬが、先にいう『祖堂集』の臨済伝で、臨済の大悟の話が、大愚を介して馬祖に直結されるのと、伝法偈のことを言わぬことは、大いに注目に価しよう。(793)もともと、伝法偈は一流相承、一師印証を前提とし、特定の弟子個人に与えるのが建て前である。臨済の偈のはじめにある、流れに沿うて止まずとは、六祖が弘忍の入滅に当って、弟子たちに言いわたす句を受けている。(794)言ってみれば、一流相承の建て前が消滅する、馬祖以後の時代に、あらためて伝法偈が説かれるのは、それなりの理由があったとみてよい。四代前にさかのぼって馬祖をつぐとともに、特定の弟子を選ぶことによって、臨済禅の伝統を確認させる、新しい必要が臨済以後に生まれる。『伝灯録』の宋本は、伝法偈を与える弟子の名を明かさぬ。あらためて、伝法の弟子の名が必要となる。そうした変化を示すのが、『天聖広灯録』のテキストであり、これを受ける元版以後の『伝灯録』である。問題の所在は、『四家語録』と流布本の『臨済録』に至って、より明確となる。

今、『天聖広灯録』第十によると、テキストは次のようである。

師、遷化の時に臨み、上堂して曰く、吾が滅後、吾が正法眼蔵を滅却することを得ず。三聖が出て云う、争でか敢えて和尚の正法眼蔵を滅却せん。師云く、已後、人有って你に問わば、他に什麼と道うぞ。三聖、便ち喝す。師云く、誰か知らん、吾が正法眼蔵、者の瞎驢辺に滅却することを。

乃ち頌有り、曰く、

流れに沿うて止まず、如何と問う、

真は無偏を照すと、他に説自せよ。

相を離れ名を離れて、人は稟けず、

吹毛、用い了って、急に還って磨く。

言い訖って、法座上に端然と示寂す。時に咸通七年丙戌四月初十日なり。勅して恵照禅師と諡し、塔を澄霊と号す。(795)

後半で偈を説くことは同じいが、とくに伝法偈とせず、前半に別の遷化上堂と、三聖との問答が新加される。偈は、前半の問答の総括となる。とりわけ、正法眼蔵の遺嘱と、三聖という特定の弟子の名が明記される。三聖は、臨済の正法眼蔵を、一喝として受けとめるが、臨済は之を認めず、あらためて偈を与える。のちに、『四家語録』の『臨済録』は、後半の偈の部分を省き、前半の上堂と問答のみとする。(796)解釈が変化するのは、いうまでもない。謂わゆる、抑下の托上で、臨済は三聖の一喝を認めたとし、ここに臨済禅の根拠をおくのだ。

『臨済録』を宗祖の語とし、その伝統をうけつぐ人々によって、伝法偈にもとづく、遷化問答が創作された。やがて、遷化問答のみが、重視されることとなる。先にいうように、伝法偈は『宝林伝』の中心テーマで、如来の正法眼蔵を、逓相伝持する祖師たちの、一師印証の根拠である。とりわけ、『天聖広灯録』第二の摩訶迦葉章は、謂わゆる世尊拈華の話を根拠に、正法眼蔵の伝統を創作する。臨済の遷化問答は、遠く世尊拈華の話に応ずるのである。

三聖が正法眼蔵の証拠とする一喝が、臨済のそれを受けることは、あらためていうまでもないが、喝の起こりは馬祖にあり、とくに三日耳聾とされる、百丈再参の話によって、黄檗に超師の作ありという、百丈の印信をあらわすこととなる。むしろ、臨済の一喝は、馬祖にはじまる禅仏教を総括し、今を以て古と作すところに意味をもつ。臨済の喝は、徳山の棒とならぶ（あるいは黄檗の棒を超える）、新しい機関の一つとなる。先に引く『祖堂集』第十九の臨済の章にも、化門に至っては多く喝棒を行ずとある、そうした臨済の正法眼蔵を、三聖は己の一喝にこめる。抑下の托上という、肯定的な解釈が生まれるのは、当然のことである。

ただし、臨済の滅後に至って、先師の喝を学ぶ人々を批判する、少数派の弟子がいたことも確かである。たとえば、のちに『臨済録』（古尊宿語録本）の本文に収められる次のような一段は、この系統の人々が加えたものにちがいない。

師（臨済）は機に応じ、多くの喝を用う。会下の参徒も亦た師の喝を学ぶ。師曰く、汝等総に我が喝を学す、我今、汝に問わん、有る一人東堂より出で、一人西堂より出づ。両人斉しく喝一声せんに、這裏に賓主を分ち得んや。汝且らく作麼生か分つ。若し分ち得ずんば、已後、老僧が喝を学ぶことを得ず。[797]

臨済が修行僧を一喝し、その真偽を検したことは、語録のうちに多くの例がある。右にいう、両堂の二僧が同時に一喝する話も、やや違った形で『天聖広灯録』に収める。[798]四賓主問答、又は四照用とよばれる、一種の問答体系も、すでに示衆のうちにあり、謂わゆる瞎老師の、胡喝乱棒が批判される。流布本『臨済録』の勘弁の章や、『人天眼目』の臨済宗の条に、四喝問答があることは、周知のごとくである。[799] 問題は、それらを臨済の家風とし、特殊なものとする発想にある。むしろ、臨済はそうした家風を、もっとも嫌った人だろう。先に引く宗風問答で、黄檗先師に打たれたと答えるのは、打たれた事実を言うにとどまり、これを家風とするのではない。示衆にも、わが語を取る勿れといましめ、すべて表顕の名句であり、小児を接引する施設薬病にすぎぬとする。弟子たちが已れの喝を学ぶのを、もっとも嫌ったのは臨済である。そうした臨済の心情を受ける人々が、先に引く遷化問答を創作する。三聖を相手どるのは、すでに三聖の系統に、胡喝乱喝の傾きがあったためだろう。すくなくとも、臨済の弟子たちのうち、三聖はもっとも年長であり、他の弟子たちの過ちを負う破目となる。

たとえば、『伝灯録』第十二の鎮州三聖恵然の章に、三聖は臨済より訣を受けたとされるが、[800] 魏府興化の章は、すでに他の弟子たちの喝を批判する、次のような示衆を収める。

師（興化）、衆に謂いて曰う、我れ只だ聞く、長廊下にも也た喝し、後架にも也た喝することを。諸子、汝ら盲喝乱喝すること莫かれ。直饒い、興化を喝得して、半天裏に住却し、撲下し来って気絶せしめんと欲するも、待に興化（われ）蘇息し起ち来り、汝に未在と道わん。何を以ての故ぞ。我れ未だ曾って紫羅帳裏に真珠を撒して、汝諸人に与えず。虚空裏に乱喝して什麼か作ん。[801]

三聖に代表される、胡喝乱喝の動きを批判する、若いリーダーとして、興化は登場する。三聖派と興化派は、おそらくは対決の勢いとなる。『天聖広灯録』第十二の興化の章で、興化が三聖の下で首座となり、大覚の下で院主となったとし、のちに開堂の拈香で、二人をおいて臨済先師を供養したとするのは、臨済滅後の弟子教団を統一する、新しい必要が起きたためである。[802] 臨済は晩年、魏府にあり、興化の師承を受けるので、例の遷化問答が、ある意図をもつ創作であることは、いうまでもないであろう。とりわけ、興化には公乗億が撰する、同時代の塔銘

（『文苑英華』八百六十八、『全唐文』八百十三）が現存する。古い資料の少ない河北の唐末仏教を考える、確かな手がかりの一つである。[803] 公乗億は、なお興化の諡号のことを記さぬが、『祖堂集』第二十の興化の章は、広済大師通寂の塔という、諡号のことを伝える。臨済の諸弟子のうち、諡号のあるのは興化のみである。[804]

今、三聖と興化の史料問題に、深入りする必要はない。『臨済録』の編集と改編が、両派の動きとともにあることを、確認すれば足りる。周知のように、流布本『臨済録』の祖本となる、宣和二年の刊本は、巻首に参学嗣法小師恵然集、巻尾に参学嗣法小師存奨校勘という、重々しい編号をもつ。[805] どの部分が三聖の編集で、興化がどの部分を校勘したのか、確認の手がかりは何もないが、二人の弟子が、ともに『臨済録』を編し、すべてを校勘したと、人々は信じたのでなかろうか。臨済禅の聖典としての扱いは、もちろんそれでよいのだが、すでに先にいうように、宣和本『臨済録』は、「四家録」のテキストを改編したことが、その序文によって推定される。[806] 三聖の編集、興化の校勘という編号は、宣和刊本の新加である。とくに、宣和刊本の特色は、『臨済録』と同時に刊する、『雲門広録』の様式に合わせて、上堂、示衆、勘弁、行録という、新しい分類を用いたことと、行録の末尾に付せられる、嗣法の小師延沼の筆という、臨済の略伝の部分にある。上堂、示衆以下の分類は、あくまで改編にとどまる。行録末尾の略伝は、このとき初めて加わるので、嗣法の小師延沼の名によって、臨済の塔記とよばれることもあって、[807] 従来の『伝灯録』や『広灯録』の伝記に見えぬ、新しい事実が目につく。とりわけ、興化と晩年の臨済の関係をいうのは、このテキストが最初であり、存奨の校勘も、略伝の部分のみとする見方（たとえば『古尊宿語録』第五）もあるほど、興化寄りの臨済像となる。言ってみれば、三聖は臨済の遷化問答で、弟子代表の印信を得、興化は延沼が書いた略伝で、末期の弟子という、新しい証拠を与えられる。遷化の年時や、鎮州臨済院の変動についても、略伝は問題が多いが、その最大の特色は、興化を三聖とならぶ弟子としたことである。もともと『臨済録』は、弟子の機縁をあげることが少ないから、先にいう遷化問答の三聖と、略伝の興化が、唯一の例外となる。[808] いずれも、『臨済録』の成立そのことと、密接な関係をもつ。宋代に語録を構成する要素の一つとなるのは、塔銘であり、臨済の上堂と略伝は、この要求に合せて再編される。塔銘は、嗣法の弟子が、時の作家に書かせるのであり、語録の編集もまた嗣法の弟子の仕事である。[809]

要するに、『臨済録』の本来の編者は、今のところ推論の域を出ない。嗣法の小師、又は参学門人が、先師の語を編集するという、右のような一般論が確立するのは、臨済の七代に当る、『汾陽録』以後のことで、あたかも『伝灯録』の成立と同時である。『汾陽録』の成立に、『臨済録』は何らかの作用をもつ。[810] くり返しいうように、唐代の語録の編集は、つねに負の運命を含む。裴休の記録にも、すでに同じ気配があり、『雲門広録』も同様である。臨済の示衆のように、記録を拒否する内容のものは、なおさらのことである。本来は、無名の弟子の記録が、嗣法の小師の名によって、漸くに権威を得、一般に公開される。すべてが推論を出でぬにしても、『臨済録』は当初より、全体量が限られたことと、宋代臨済禅の動きが、比較的分明であることから、成立経過を考える手がかりは、却って多いと言えるかも知れない。もっとも重要なことは、馬祖にはじまる禅仏教の諸問題が、臨済でその底を尽して、これ以上は拡大できぬところまで来たことだろう。最初に引く銭大昕の語録批判は、明らかに『臨済録』を相手どる。[811] 全体量とは、そのことである。

さいごに、あらためて注意すべきは、先にいう陳尊宿、すなわち睦州道蹤の語録である。睦州は臨済とならぶ、黄檗の弟子の一人で、早くより語録をのこす。現存する『睦州語録』の祖本は、南宋の初めに福州の鼓山で開版する、「古尊宿語要」四策中のものである。[812] 今のところ、その由来は明らかでないが、『伝灯録』第十二の睦州の章に対応する部分が、すでに完全に一致するところをみると、睦州の語の記録と編集は、かなり早期に完成し、ほとんど変化しなかったと言える。睦州は、黄檗の法をついだのち、早く隠遁して世に出ず、潜かに蒲鞋を製して路行の人に売り、母を養って生涯を終わったといわれる。

『睦州語録』には、参問者との機縁が多く、上堂の語もある。謂わゆる現成公案、又は両重公案の句は、この人を最初とし、「一状領過」、「担枷過状」、「屈」、「放你三十棒」といった、法制用語の愛用が目につく。もともと、棒は刑法の制より出るから、それらを禅問答にとりこむ特殊の好みも、この人に始まったとみられる。睦州の嗣法に刺史陳操あり、唯一の弟子である。陳操は、史乗にその名を見ないが(813)、睦州の俗姓と同名で、睦州はその郷国であるから、語録の編集には、この人の影響が考えられる。さらに、看経僧を勘弁する、謂わゆる座主との問答が多いことも、睦州の特色であり、さかのぼって馬祖や大珠の勘弁に共通するところもある。睦州は年寿九十六、臘七十六とされるのみで、生没年を欠くが、若い雲門との機縁が知られ、趙州の批評もあって、唐末五代の江南に、黄檗の仏法を守りつづける、一方の雄将であったようである。

要するに、『睦州語録』は早く成立し、開法地も異なるから、『臨済録』との直接関係はなかったが、臨済と睦州は、黄檗下における同門というので、例の若い臨済をけしかけて、黄檗に仏法の大意を問わせる首座を、睦州とする発想が宋代に生まれる。覚範恵洪に「睦州影堂記序」があって、すでにその説がみえる(814)。睦州が雲門の師であったことは確かで、示衆にもその証拠がみられるから、広い意味では、宋代にとくに流行した『臨済録』と『雲門広録』の、新しい成果の一つとしてよい。又、『祖庭事苑』の編者睦庵が、深く睦州に私淑したこと、『祖庭事苑』が雲門下の語註を集めて、『風穴語録』を加えることなどが注目される。『風穴語録』は早く逸し去るが、風穴が臨済の中興と目されたこと、『風穴語録』もまた早く編集を終わり、ほぼ一定していたらしいことは、『睦州語録』に似ている。

四八　理致と機関

わが夢窓疎石の『夢中問答』下冊に、次のような一条がある。

問ふ、理致と機関と申すことは、いかなる義ぞや。

答ふ、若し本分を論ぜば、理致と名づけ、機関と名づくべき法門なし。然れども、方便の門を開いて、宗旨を挙揚する時、義理を以て学者を激励する法門をば、理致と名づく。或は棒喝を行じ、義理に亘らざる話頭を示すをば、機関と名づけたり。いずれも皆、小玉と呼べる手段なり。古人云く、馬祖、百丈以前は、多くは理致を談じ、少しくは機関を示す。馬祖、百丈よりこのかた、多くは機関を用ひ、少しく理致を示す。是れ即ち風を見て帆を使ふ手段なり、と。今時の学者の中に、理致を尊ぶ者は機関をきらひ、機関を愛する者は、理致をきらふ。皆これ祖師の手段を知らざる人なり。蓋し是れ機関の法門勝れたりと云はば、馬祖、百丈以前の祖師は、眼なしとせんや。若し理致の法門勝れたりと云はば、臨済、徳山は宗旨を知らずとせんや(815)。

夢窓は、馬祖と百丈の時代を境に、仏教学と修行の方法に変化があり、優劣ありとする一部の意見を批判する。小玉を呼ぶ手段とは、仏教学と修行の目的を開悟におき、開悟の手段として、仏祖の話頭を工夫することをすすめる、看話禅の譬えである。深窓に育った女が、用もないのに頻りに小玉という名の下女を呼んで、窓下に来ている恋人に己の意を通じたという、宋代の艶詞を例にとり、仏祖の名や言葉を口にするのは、本来の自己にめざめるための、大切な手段だというのであり、宋代中期にはじめて趙州無字の公案をとりあげた、五祖法演に由来する思考である(816)。夢窓は、理致と機関のいずれをも、そんな小玉を呼ぶ手段であり、相互に優劣なしとするのだが、当時、看話の流行とともに、理致よりも機関を愛好する、一部の動きがあったことは確かである。事情は中国でも、日本でも同じである。禅仏教は、開悟の問題に終始する。人々は、公案を開悟の方法とし、とくに趙州無字の機関を選んだ。趙州無字の公案を最初にすえて、四十八則の機関を集める『無門関』が喜ばれるのは、理由のないことではなかった[817]。

もともと、理致とは理論的な理解の意であり、演繹的な独断に堕ちやすい。一種、形而上的解釈学となる。あたかも、理気の哲学の完成期に当って、儒教に先を越された禅仏教は、個人の開悟を目的とする、方法の問題に深まる。機関は先にいうように、本来はからくりの意であり、理論的には説明できない、複雑に入りくんだ全体を、体験的に知る方法を意味する[818]。問題は本来の自己にあり、目的を達すれば手段は不用となるが、この時期の禅仏教は徹底して、手段の開発につとめる。そんな機関公案への関心が、唐代の禅の語録の再編をうながす。要するに、機関は応病与薬の方便というより、病まぬ人に薬をのませ、自己を疑わせる手段である。無理会の機関公案が選ばれるのは、当然のことである[819]。棒喝や、竪払、良久といった、無言の対話が好まれる。人々は好んで、そうした機関の先例として、唐代の禅問答をとりあげ、馬祖、百丈に注目するのである。馬祖が百丈の鼻をひねりあげる話や、修行と因果を問う百丈野狐の話が、新しく登場する。理論的な示衆よりも、語気のするどい対話が好まれる。

たとえば、円悟が杲書記に与える、次のような法語が、『円悟心要』上冊に収められる。

臨済の正宗、馬師、黄檗より大機を闡わし、大用を発す。籠羅を脱し、窠臼を出で、虎驟り龍馳せ、星飛び電激す。巻舒擒縦、皆な本分に拠り、綿綿的的たり。風穴・興化に到って、唱え愈いよ高うして、機は愈いよ峻しく、西河は師子を弄し、霜華は金剛王を奮う。深く閫奥に入って、親しく印記を授くるに非ずんば、端倪を知ること莫く、徒自に名邈して、只だ戯論を益すのみ[820]。

一般に『臨済正宗記』とよばれるように、この法語は臨済一宗のプロパガンダに傾くが、表現が勇ましいほど、内容的に新しい説はない。むしろ、かつて百丈その人が、今を以て古としたのとは逆に、古人の話頭に先例をおく、復古的傾向の強いものである。古人の話頭を古則とよび、とくに公案とする発想の定着も、ほとんどこの時期のことである。

「大機を闡わし大用を発す」とは、先にいう黄檗と百丈の再参馬祖の話を指し、黄檗が百丈を超えて、馬祖の大用を得たという、潙仰問答を受ける句であり、[821] 円悟はすでに大機をも、黄檗のものとする気配である。「籠羅を脱し、窠臼を出で云云」も、具体的には馬祖と百丈で一期を画する、四家の伝統を指す言葉である。機関を第一とする看話禅が、そうした印記を云云するのは、おそらくは北宋末より南宋に入って高まる、国粋主義とかかわりをもつ。周知のように、大恵は張九成の主戦論に組みして、十年近くも衡梅の地に配流される。

そんな衡梅配流の間に、唐より宋初の代表的な示衆を集大成するのが、大恵の『正法眼蔵』である。[822]『正法眼蔵』の名は、先にいう臨済遷化の話をふまえる。大恵の胸裏に、強烈な道統意識が働いていることは明らかだ。『正法眼蔵』は編集であって、著作の書ではないけれども、大恵はすでにそうした編集によって、臨済正宗の立場をあらわすのである。大恵がとくに唐宋の示衆を選ぶのは、先にいう理致の意を含むけれども、一方で数百人に及ぶ門下の士大夫たちに、趙州無字の工夫をすすめる、多数の手紙をのこしていることを考えあわせると、[823] むしろ理致と機関をともに工夫させることで、文字通りに『正法眼蔵』の再編をねらい、円悟の期待に答えたといえるかも知れない。

じじつ、大恵の弟子たちによって、やがて首都臨安を中心に、五山十刹の制度が確立し、禅院は国家の祈禱道場となる。[824] 看話禅が、士大夫の道統意識を、いっそう高める。上堂示衆は記録され、無数の語録を生みだす。大恵の語録三十巻は、宋版『大蔵経』に入蔵する。同時代人の生前の入蔵は、この人が最初で最後である。[825] 唐末五代に成立した五家のうえに、黄龍と楊岐の二宗を加えて、五家七宗の意識が定着するのは、円悟より大恵の時代である。当時、黄龍宗は事実上は振わず、五家七宗の禅といっても、楊岐一派の独走であり、楊岐を達磨の正系とし、唐宋仏教史のすべてを、楊岐の一宗に総合するのである。当時、宋朝仏教の少数派を自任し、天童如浄の正法眼蔵を伝える道元が、はげしく機関を退けるのは、単なる宗派の問題ではなかった。

いま現在大宋国に、杜撰のやから一類あり。いまは群をなせり、小実の撃不能なるところなり。かれらいはく、いまの東山水上行話、および南泉の鎌子話のごときは、無理会話なり、その意旨は、もろもろのかかはれる語話は、仏祖の禅話にあらず、無理会話、これ仏祖の語話なり。かるがゆえに、黄檗の行棒、および臨済の挙喝、これら理会およびがたく、念慮にかかはれず、これを朕兆未萌以前の大悟とするなり……。かくのごとくいふやから、かつていまだ正師をみず、参学眼なし、いふにたらざる小獃子なり、宋土ちかく二三百年よりこのかた、自然外道児(826)なり。

道元の『正法眼蔵』山水経の一節である。道元が無理会の代表とする、東山水上行や南泉の鎌子話について、今深入りすることはしない。又、大宋国杜撰の輩とされる、大恵一派の看話が、ただちに自然外道にすぎぬかどうか、問題は多くのこるにしても、大宋国の仏教が、機関の弊に傾いていたことは疑えぬ。黄檗の行棒、臨済の挙喝がそれである。道元は円悟を高く評価するけれども、先に引く『臨済正宗記』の一節は、明らかに宋朝仏教の大勢を語っている。馬祖、百丈を先河とする、四家の発想の行きつくところ、何人も抗しがたいものがある。今もまた一部の禅仏教のイメージに、除きがたくのこっている一面といえる。

夢窓のいう古人も、おそらくは円悟を指す。たとえば、『円悟心要』上冊に収める、隆知蔵に示す法語がそれである(827)。隆知蔵は虎丘紹隆であり、大恵とならぶ円悟下の大弟子である。

有祖以来、唯だ単伝直指を務む。水を帯し泥を拖き、露布を打し、窠窟を列ね、人を鈍置することを喜ばず……。迦葉より二十八世、少しく機関を示し、多く理致を顕わすと雖も、付授の際に至りては、直面提示せずと云うこと靡し。刹竿を倒し、鉢水に針を投じ、円相を示し、赤幡を執り、明鑑を把み、鉄橛子の如き伝法偈を説く(828)。

円悟によれば、理致も機関も、ともに単伝直指の方法である。要するに師資の黙契であり、頓悟のことである。円悟が直面提示の先例とする刹竿、鉢水、赤幡、明鑑など(829)は、いずれも『宝林伝』、もしくはその周辺の説である。伝法偈も、『宝林伝』にはじまる。馬祖と百丈を境に、理致より機関が増加するという、古人の説のもとづくところ、おそらくは円悟にあった。夢窓に先立って、日本ではすでに大応や円尓の法語に、理致、機関、向上の分類があった(830)。南宋の看話禅を受ける、日本中世の臨済禅が、そうした面授提示の方法に、特別の関心を集めるのは当然だろう。理致と機関の総合は、中国よりも日本で深まる。先にいう、看話批判の道元が、日本語による示衆を創始し、仮字『正法眼蔵』をのこすことは、すでに周知のごとくである。

いったい、宋代は語録の生産が盛大となるにかかわらず、語録の名に価するものは少ない。先にいう負の意識は、すでに完全に消えている。たとえば、法昌奇遇の語の編集に寄せる、徐俯の序は次のように言う。

今の住院、長老と為り、徒を聚めて出世の宗師と称する者、其の幾何人(いくばく)なるかを知る莫し。其の平居、挙揚問答の語、門人弟子は必ず之を録し、号して語録と曰う。語録の言、天下に満ちて、仏法益ます微かなり。豈に言多くして道を去ること転た遠く、画餅は以て飢を充たすに足らざるか。蓋し能言の者、未だ必ずしも皆な其の人ならざるなり(831)。

徐俯は、奇遇を宋朝禅の例外とし、少数派とする。果して、それが密度の濃い、良質の語録であるかどうか、問題はのこるにしても、そうした反省があったことは、注目してよいであろう。禅院の制度がととのい、参学者の数が増すに従って、説法はマンネリ化せざるを得ない。語録の出版が大型化するほど、理解は次第に平均化する。上堂や示衆は年中行事となり、テーマも偏向する。

そうした傾向は、すでに唐末五代にはじまる。説法の記録と編集は、宋代ほど大がかりではないが、唐末はすでに記録の体制がととのい、師家の示衆そのものも、古人の話頭の再編となる。問いも答えも、すでに何らかのテキストを前提する。謂わゆる諸方雑挙拈徴代別が、示衆の大勢を占めるのである。臨済が弟子たちを叱って、諸方老師の口裏の語を記録し、三重五重の複子に裹んで秘重し、他人に隠して見せぬとするのは[832]、おそらく同時に師家の側に、同じ傾向があったためだろう。諸方の老師その人が、すでに弟子たちに記録されることを予想し、ひねりのきいた語句の工夫に、全力を傾けていたのである。時代が降るに従って、偏向はいよいよ強まる。かつて、初期の祖師たちが批判する、座主の仕事と変わらぬこととなる。

『祖堂集』第十二の禾山は、十一位を編し、数百言を集めたという[833]。求める者が門に填ち、師は多く要を秘したとある。十一位の内容は不明だが、多くの参学者がこれを求めたというのは、禅問答の先例を集大成し、何らかの整理を加えたことが想像される。『伝灯録』第十七の禾山の章によると、かつて垂誡十篇を述べたとし、諸方は歎伏して、叢林の表則とすべしと謂ったとある[834]。『祖堂集』のいうところが、『伝灯録』のそれと同じかどうか、問題はのこるけれども、禾山が弟子たちのために、公案の学習手引を編したことはまちがいない。百丈にはじまる叢林の独立運動は、当然そうしたテキストを必要とする。

じじつ、『祖堂集』の禾山の章は、当然各地で挙揚された、多くの話頭を集めている。一種の、問答総集の観すらある。先にいう釈迦の升座と鶖子白搥の話も、ここに見えるのが最初である[835]。懐譲と六祖の不染汚の話を、神会と六祖の本源仏性の理に対比して、一方を大教の意とし、他を祖師意とする判断もみられる。[836]大教の意が、祖師意に及ばぬことは、いうまでもないであろう。禾山は必ずしも、そうした判断を肯わぬ様子もあるが、この人の上堂示衆が、そうした古人の話頭を挙揚し、コメントを加えるという、やや平均化された傾向にあったことは確かである。謂わゆる諸方雑挙拈徴代別語の生産を、法眼宗の新しい特色とすれば、禾山にも同じ傾向がみられる。

禾山は、南唐後主の帰依を受けるから、法眼の場合と同じように、唐末五代の戦火によって、絶滅寸前にあった禅仏教の記録を保存し、整理体系化につとめたのであり、『伝灯録』の編集に先立って、その成果は多く『祖堂集』に利用されたらしい。古人の話頭の拈弄は、『祖堂集』の編纂を導く、雪峰門下の一般傾向であり、[837]さらにさかのぼっていえば、禾山や雪峰門下に限らず、潙仰や曹洞、雲門にもあって、五家のすべてに共通するといえる。馬祖より臨済に至る四家の特色を、大機大用にあるとする発想は、じつはそうした唐末五代の一般傾向より出ている。

あたかも、『伝灯録』の成立と同時に、先にいう臨済六世の汾陽が、「十八問」とよばれる公案の分類と、新しい体系化に成功している。[838]請益、呈解、察弁、投機、偏僻、心行、探抜、不会など、十八種のパターンのうちに、古来の禅問答すべてを、体系的に組織するのである。問答は答えよりも、首山に対する問いの動機が重視される。汾陽は若くして七十一員の善知識に参じ、さいごに首山に投じてその法をつぐ。[839]汾陽の質問は、百丈巻席の公案であり、やがて臨済の六世とされるのに、いかにもふさわしいものである。汾陽が、七十一員の善知識に参じたというのも、各地に行脚したことは事実であるが、むしろ『伝灯録』に集大成される、唐代の禅のすべてに通じて、しかもそこに満足できない、新しい問いをもっていたことを意味しよう。[840]「十八問」の体系は、そんなかれ自身の問いを軸に、かれに先立つ唐代の問答を総括し、宋代の公案禅を導く指針である。汾陽は別に、かれ自身の三決や四句、される。

「十智同真」といった体系を、とくに好んで主張する。「先賢三百則」とよばれる古則の頌と、代別語の総集もある。[841]「先賢三百則」の古則のうちには、『祖堂集』や『伝灯録』にみられぬ話があって、七十一員の善知識の所伝が想像される。

今、汾陽にはじまる古則の体系化や、それらの分類の一つ一つに、深入りすることはできない。問題は、汾陽の伝記に見られるように、ほとんど無数といえる古則があっても、当人にとって必要なのは、つねに一つの公案であったことだ。むしろ、一つの公案を選ぶことによって、すべての古則の体系化が可能となる。汾陽の場合は、百丈巻席の話がそれである。「十八問」も「十智同真」も、「先賢三百則」の公案も、すべて百丈巻席の答えである。百則は総数であり、三百の数は詩経にもとづく。周知のように、『伝灯録』の成立を機として、「一千七百則」の公案という、禅仏教の新しい総括が始まる。[842]「一千七百則」は、『伝灯録』に列名される、仏祖の総数である。実際は、機縁の語の知られぬ人もあるから、「一千七百則」の公案とは、要するに一人一派の意である。当人に唯一の公案は、「一千七百則」の内にあることもあり、外にあることもあろう。いずれにしても、当人の問いとなることで、「一千七百則」を相手どる、新しい総括が必要となる。

要するに、汾陽以後の語録は、つねに『伝灯録』を前提し、各自のコメントを要求することとなる。コメントは、一種の祖述となる。理致を好む人といえども、謂わゆる小玉を呼ぶ手段が必要である。コメントは、必ず言葉となる。言ってみれば、語録の著述化が始まる。先にいう、徐俯の批判の拠るところも、そんな語録の変質にあろう。馬祖、百丈をもって、理致と機関を分つ発想も、そんな宋代の現実より出ている。唐代の禅仏教そのものを相手どる、歴史的認識とは異なったものだ。記録された資料による限り、口語と文語の区別はつけにくいが、唐代の語録は口語の記録により、宋代の語録は著述の傾向をもつ。先にいう『円悟心要』も、大恵が士大夫に与えた『大恵書』も、ともに書かれた文章である。口語や俗語の使用はあっても、眼前にいる弟子を相手どる説法とは、かなり性格のちがったものである。言ってみれば、著述は教化の手段となる。説法や対話も、教化の意図をもつことは当然だが、生の問答の生の記録は、そうした教化の意図を突き抜けて、言語宇宙そのものの活動となるはず。禅の語録の特色が、そうした言語宇宙にあることは、上来の考察で明らかになったとおもう。「四家録」のさいごにおかれる『臨済録』は、そんな動きのすべてである。

かつて、鈴木大拙と胡適の二人が、中国禅の了解について、相互に論争を交えたことがある。(843)鈴木は、すべての禅文献の背後に、禅そのものを前提し、歴史とはかかわりのない、禅経験を要求するのに対し、胡適は一貫して禅の歴史的形成を主張し、鈴木の方法を、神秘的非合理的と決めつけて退かず、論争は相互非難に終始する。二人はともに初期禅仏教を相手どる専門研究者であり、とりわけ敦煌の禅文献について、二人が共力して校刊したテキストは、この分野での不朽の成果たるを失わない。二人に共通する、新しい初期禅文献への暗黙の了解が、論争を不毛に終わらせたようである。とりわけ、鈴木が胡適に学んで、敦煌文献の研究に情熱を燃したことは、自ら認めるところである。(844)胡適は宋以後の禅文献を、すべて偽史とし虚構とする、自ら立てた前提より出発する。宋代の文献を偽史とするあまり、敦煌文献に対する過信に気付く余裕がなかった。宋以後の文献が偽史であるように、初期の禅文献もまた、大きい虚構の所産といえる。問題は、そうした虚構を生みだす、禅仏教のエネルギーにある。本稿は、口語の語録の生産という、他に例のない禅仏教の運動の、歴史的展開を通して、禅そのものの了解に達しようとする、貧しい試論の一部である。胡適と鈴木の論争が、不断に私の思考を推進させたことを、とくに付記したい。

註

（1）神田喜一郎『敦煌学五十年』、筑摩叢書一六九、一九七〇年。

（2）藤枝晃「沙州帰義軍節度使始末（一）―（四）」、東方学報、京都第一二冊三分―一三冊二分。同「敦煌の僧尼籍」第二九冊。同「吐蕃支配期の敦煌」第三一冊。同「敦煌千仏洞の中興」第三五冊。

竺沙雅章『中国仏教社会史研究』後編、同朋舎、一九七五年。

（3）上山大峻「曇曠と敦煌の仏教学」、東方学報、京都第三五冊。同「大蕃国大徳三蔵法師沙門法成の研究」第三八―九冊。同「チベット訳『楞伽師資記』について」仏教学研究第二五、六合併号、一九六八年。同「敦煌出土チベット文マハエン禅師遺文」、印度学仏教学研究第一九巻二号。同「敦煌出土チベット文禅資料の研究―P. tib, 116とその問題点―」、仏教文化研究所紀要第十三集。同「チベット宗論における禅とカマラシーラの争点」、日本仏教学会年報第四〇号。同「『チベット訳頓語真宗要決』の研究」、禅文化研究所紀要第八号。小畠宏允「チベットの禅宗と『歴代法宝記』」、禅文化研究所紀要第六号。同「Pelliot, tib, No. 116 文献にみえる諸禅師の研究」、禅文化研究所紀要第八号。同「チベット伝ボダイダルマタラ禅師考」、印度学仏教学研究第二四巻一号。沖本克己「チベット訳二入四行論について」、印度学仏教学研究第二四巻二号。同「bSamyas の宗論（一）―（二）」、日本西蔵学会会報第二一―二二号。同「敦煌出土西蔵文禅宗文献の研究（一）―（四）」、印度学仏教学研究第二六巻一号―第三〇巻二号。木村隆徳「敦煌出土チベット文写本 Pelliot 116 の研究、その一」、印度学仏教学研究第二三巻二号。同「敦煌チベット語禅文献目録初稿」、東京大学文学部文化交流研究施設研究紀要第四号。山口瑞鳳「rin lugs rBa dPal dbyans-bSam yans 宗論をめぐる一問題」、平川彰博士還暦記念論集『仏教における法の研究』、春秋社、一九七五年。同「チベット仏教と新羅の金和尚」山喜房、新羅仏教研究のうち、一九七三年。

（4）羅福成「西夏訳六祖壇経残葉」国立北平国書館館刊第四巻三号、西夏文専号。川上天山「西夏語訳六祖壇経について」支那仏教史学第二巻三号。西田龍雄「西夏語訳された禅籍」（『西夏文華厳経』解題、京都大学文学部、一九七五年）。同「西夏語と西夏文字」、井ノ口泰淳「トカラ語及びラテン語の仏典」、西域文化研究第四別冊、西域文化研究会、一九六一年。吉田豊「ソグド語の『究竟大悲経』について」東京外国語大学アジア・アフリカ言語文化研究所、アジア・アフリカ言語文化研究第二七号、一九八四年。

(5) 金岡照光『敦煌の民衆—その生活と思想』、評論社(東洋人の行動と思想8)、一九七二年。榎一雄編『敦煌の歴史』、大東出版社(講座敦煌2)、一九八〇年。

(6) 望月信亨『仏教経典成立史論』、法藏館、一九四六年。牧田諦亮『偽経研究』、京都大学人文科学研究所、一九七六年。

(7) 黒田亮『朝鮮旧書考』、岩波書店、一九四〇年。石田茂作『写経より見たる奈良朝仏教の研究』、東洋文庫、一九三〇年。松本文三郎「智証大師の将来録」(『園城寺之研究』所収)、一九三一年。

(8) 関口真大『達摩大師の研究』、彰国社、一九五七年。同『達摩の研究』、岩波書店、一九六七年。後者に、私の書評がある(関口真大博士の「達摩抹殺説」について、中外日報一二月号)。

(9) スタイン第二〇五四号『楞伽師資記』は、達磨と書き、敦煌本では珍しい例外の一つ。ペリオ第三五五九に、一カ所だけ誤って達磨と書く(後註(289)をみよ)。

(10)『大唐内典録』第四の「後魏元氏翻伝仏教録」第十三に、沙門達摩菩提一部一巻とし、大涅槃論をこれに当てる。ただし、「開元釈教録」第六は、大涅槃論を人造かと疑っている。

(11)『祖堂集』第二に、南天竺国香至大王第三太子也というのが初見である。『大唐西域記』第十、達羅毘荼国の条に、国大都城号逮(建)志補羅というのによる(T. 51-931b)。達磨波羅(唐言護法)の生誕地である。香至の音写は、「梵僧指空禅師伝考」にみえる(T. 51-983a)。

(12) 辻善之助「聖徳太子慧思禅師後身説に関する疑」、『日本仏教史研究』第三巻、岩波書店、一九八四年。

(13)『大日本続蔵経』と『日本大蔵経』の首巻に、ともに松本文三郎の序がある。インドの仏典をふまえて、中国と日本の祖師たちが築きあげる、北伝仏教の成果であることが、とくに強調される。二つの大蔵の編集と出版は、謂わゆる諸宗教蔵の集大成である。中国では禅と密教、日本では修験宗と浄土教の典籍が、ここで初めて体系化される。

(14) 中村元「カナガキ仏教書—展望」、中村元選集第8(『日本宗教の近代性』のうち)、春秋社、一九六四年。椎名宏雄「大正新修大蔵経と中国禅籍」宗学研究第二五号、一九八三年。

(15)『先徳の芳躅』に挙げる数字は、松本文三郎が監修に当った「大日本続蔵経概表」によっている。諸宗著述部のほかに、史伝部があり、すべて一四五部一三三〇巻のうち、禅宗部は七一部九五九巻を数える。語録と史伝を、禅宗の場合は区別しにくい。

(16) 鄙俚甚処を批判する動きは、『朱子語録』第一二六—6に至って極まる。古くは忠国師の、南方禅批判もある。

(17) 常盤大定の「支那に於ける仏教と儒教道教」(東洋文庫論叢第一三、一九三〇年)と武内義雄の「支那思想史」(岩波全書七三、一九三六年)は、両者の関係を高く評価し、島田虔次の『朱子学と陽明学』(岩波新書六三七、一九六七年)は、少なく評価する。

(18) 松本が『金剛経』と『六祖壇経』をとりあげるのは、『仏典の研究』(丙午出版社、一九一四年)の一部として で、必ずしも禅文献の研究に限定されないが、叙論の部分ですでに敦煌文献に触れていて、正しく敦煌の禅文献研究の前史となる。

(19) 『全唐文』第九百十五に、六祖大師法宝壇経略序を収め、その作者略伝に、次のように記す。

法海、字文允、俗姓張氏、丹陽人、一云曲江人、出家鶴林寺、為六祖弟子、天宝中預揚州法慎律師講席。

『全唐文』の編者は、『宋高僧伝』第六の唐呉興法海と、『伝灯録』第五の韶州法海の伝を合せて、右の略伝をつくる。『六祖壇経』が虚構の作品であるように、編者法海の伝も虚構である。わたくしの『初期禅宗史書の研究』第三章第九節、古本『六祖壇経』の作者—その二—に私見がある。

(20) 天桂伝尊『註法宝壇経海水一滴』五巻、享保十年(一七二六)刊。益淳、景奭較定『攷証駢拇法宝壇経肯綮』五冊、元禄十年(一六九八)刊。無著道忠『六祖壇経生苕箒』三冊、未刊。

(21) 『続蔵経』に収めるものは、明治四十三年(一九一〇)十二月、編集長の中野達慧が、日蓮宗大本山妙顕精舎で発見し、同寺長老日辰に請うて入蔵せしめたもので、末尾の部分に約十六字詰十八行の佚文があった。宇井伯寿が、岩波文庫に『禅源諸詮集都序』を訳注し、『中華伝心地禅門師資承襲図』を付録とし(一九三九年)、次いで『第三禅宗史研究』(一九四三年)で、「中華伝心地禅門師資承襲図の佚文について」を発表し、知訥の「法集別行録節要幷入私記」によって、佚文を補うに至って、漸く首尾完全なテキストとなる。鎌田茂雄の『禅源諸詮集都序』(禅の語録9、筑摩書房)はこれによる、新しい訳注である。ところが、昭和五十三年(一九七八)に至って、駒沢大学の伊藤隆寿が、名古屋真福寺に伝える禅文献四種を紹介して、仁治二年に写された完本があることが判り、石井修道が「真福寺文庫所蔵の『裴休拾遺問』の翻刻」（花園大学禅学研究第六〇号、一九八一年）を発表し、本来の標題とテキストが復元される。本書の伝来は、金沢文庫の小経蔵目録にその名があり、証定の『禅宗綱目』にも引用があるほか、別に西夏語訳のあることも知られて、はばひろい流行が推定される（註(4)にあげる西田龍雄の『西夏文華厳経』解題）。

(22)『曹渓大師別伝』の名は、宝暦十二年に金龍沙門敬雄が加序、祖芳が跋を付して刊行したものによる。本来は、曹渓大師伝とよぶべきである。駒沢大学禅宗史研究会編『慧能研究―慧能の伝記と資料に関する基礎的研究―』（大修館書店、一九七八年）に詳しい。

(23) 胡適がのちに鈴木大拙の九十寿記念論文集『仏教と文化』（鈴木学術財団、一九六〇年）に寄せる"An appeal for a sistematic search in Japan for Long-hidden Táng dynasty sourcematerials of the early history of Zen Buddhism"は、恐らくは、この時期に構想される。

(24) 内藤湖南の清国派遣教授学術視察報告（狩野・小川・濱田・富岡諸氏と合作）が、明治四十四年二月五日の大阪朝日新聞に掲載される（目睹書譚『全集』第十二巻）。

(25)「三祖僧璨禅師に就いて」は、昭和五年（一九三〇）十一月の脱稿である。『大正新修大蔵経』に収める敦煌の禅文献のほか、『神会和尚遺集』の公刊が動機である。

(26) 久野芳隆「流動性に富む唐代の禅宗典籍―敦煌出土本に於ける南北禅宗の代表的作品」、宗教研究新第一四巻一号、一九三六年。

(27)『禅林象器箋』第十五巻（禅学叢書之九、六〇五ページ）。

(28)『臨済録』の行録にある、潙仰問答の句（禅学叢書之三、七〇ページ下右）。

(29)『臨済録』の示衆（禅学叢書之三、六七ページ上左）。

(30) 毎日上堂、謂衆云、汝等諸人、各々廻光返顧、莫記吾語。吾愍汝無始曠劫来、背明投暗、逐妄根深、卒難頓抜、所以仮設方便、奪汝諸人塵劫来麁識、如将黄葉止啼（禅学叢書之四、三三九ページ上）。同じ示衆が、『伝灯録』第十一の仰山の章にある（禅学叢書之六、九一ページ上右）。

(31) 続蔵第百四十八冊五九一ページ下。同じ記載が、『禅林僧宝伝』第二十九の雲居仏印の章にある。

(32) 太田辰夫『中国歴代口語文』、江南書院、一九五七年（朱子語類の解説に、禅の語録について触れる）。

(33) 楊億の「仏祖同参集序」に、語録の名があることが、後註(697)によって判る。仏祖同参集は、『伝灯録』の原本とみられる。

（34）『唐書経籍芸文合志』、南務印書館、一九五六年。椎名宏雄「宋元代の書目における禅籍資料㈠—㈡」、曹洞宗研究院研究生研究紀要第七号、一九七五—七六年。

（35）本稿第一六章以下を指す。

（36）『初期禅宗史書の研究』は、史書を主に考えたから、語録と著作の考証を含まない。

（37）禅学叢書之四、二八八ページ上。

（38）「本」の一語で語本をいう。『宗門円相集』のはじめに、円相の本を耽源が仰山に与える処がある。

（39）「三十二相」の一つ、第二十七広長舌相に当る。

（40）柳田聖山「宝林伝本四十二章経の課題」、印度学仏教学研究第三巻二号、一九五五年。岡部和雄「四十二章経の成立と展開」、駒沢大学仏教学部研究紀要第二五号、一九六七年。

吉岡義豊「四十二章と道教」、智山学報第一九輯、一九七一年。

（41）本稿第三六章。

（42）『伝灯録』第七、大梅山法常の章（禅学叢書之六、六二ページ下右）、および第六馬祖の章（五一ページ下左）。

（43）『勅修百丈清規』第八（T. 48-1156b）、『全唐文』四百六十六。

（44）本稿第四四章。

（45）「日本国求法僧円珍目録」（T. 55-1095a）。別に、「福州温州台州求得経律論疏記外書等目録」外題（T. 55-1095a）と、大中十一年の「智証大師請来目録」にも、百丈山和尚要決一巻とあり（T. 55-1106c）。

（46）「入唐新求聖教目録」（T. 55-1084a）。「智証大師請来目録」、内題「大唐国浙江東道台州唐興県天台山国清寺、日本国上都比叡山延暦寺比丘円珍入唐求法総目録」（T. 55-1106c）。

円仁の「入唐新求聖教目録」に、曹渓山第六祖恵能大師説見性頓教直了成仏決定無疑法宝記壇経一巻門人法海訳とあり（T. 55-1083b）、大唐韶州双峯山曹渓宝林伝一巻会稽沙門霊徹とある（：-1086c）。円珍の「福州温州台州求得経律論疏記外書等目録」には、曹谿山第六祖能大師壇経一巻門人法海集、随身とあり（：-1095a）、「日本比丘円珍入唐求法目録」に、曹渓能大師壇経一巻と記す（：-1100c）。

（47）「入唐新求聖教目録」（T. 55-1084b）。

（48）本稿第四三章。

（49）甘泉と太原のことばを対照すると、次のようである。

宗鏡録第九十八（T. 48-943b）	同上（：-942b）
甘泉和尚云、夫欲発心入道、先須識自本心。心者万法衆生之本。三世諸仏祖、十二部経之宗。雖即観之、不見其形。応用自在、所作無礙。洞達分明、了了無異。若未識者、以信為先。信者信何物。信心是仏。無始無明、輪廻生死、四生六道、受種種形。只為不敢認自心是仏。若能識自心、心外更無別仏、仏外無別心、乃至挙動施為、更是阿誰。除此心外、更無別心。若言別更有者、汝即是演若達多、将頭覓頭、亦復如是。千経万論、只縁不識自心。若了自心本来是仏者、一切唯仮名。況復諸三有、則明鏡可以鑑容、大乗可以印心。又云、求経覓仏、不如将理勘心。若勘得自心、本自清浄、不須磨瑩。本自有之、不因経得。何乃得知。経云、修多羅教、如標月指。若復見月、了知所標。若能如是解者、一念相応、即名為仏。	太原和尚云、夫欲発心入道、先須識自本心。若不識自本心、如狗逐塊、非師子王也。善知識、直指心者、即今語言是汝心、挙動施為、更是阿誰。除此之外、更無別心。若言更別有者、即如演若覓頭。経云、信心清浄、即生実相。又経云、無依是仏母、仏従無処生。

（50）『首楞厳経』第四に、次のようにいうのを指す。衆生迷悶、背覚合塵、故発塵労、有世間相（T. 19-121a）。

（51）本稿第六章。

（52）然遺半偈一言、蓋不得已而已。言教甚布於寰海、条貫未位於師承。常慮水涸易生、烏馬難弁（禅学叢書之四、一ページ上）。

（53）『祖堂集』第二祖阿難尊者章（同前、一七ページ下）。

（54）『双峰山曹侯渓宝林伝』第二（禅学叢書之五、二〇ページ上）。

(55)『祖庭事苑』第六、水涸の注（続蔵百十三冊0175下）。
(56)『法句経』上、述千品第十六（T. 4-564c）。
若人寿百歳、遠正不持戒、不如生一日、守戒正意禅。
若人寿百歳、邪偽無有智、不如生一日、一心学正智。
若人寿百歳、懈怠不精進、不如生一日、勉力行精進。
若人寿百歳、不知成敗事、不如生一日、見微知所忌。
若人寿百歳、不見甘露道、不如生一日、服行甘露味。
若人寿百歳、不知大道義、不如生一日、学推仏法要。
(57)『法華経』方便品第二（T. 90-5c）。提婆達兜編『増一阿含経』第四十七、（T. 2-805b）。
(58)言菩提達摩南宗定是非論者、叙六代大徳師師相授、法印相伝、代代相承、本宗無替……、又同学中有一長老答曰……、更不須子細、和上言教、指授甚深、不可以智知、不可以識識。縦使三賢十聖、孰弁浅深。声聞縁覚、莫知涯際。去開元二十年正月十五日、共遠法師論議、心地略開、動機陵雲、発言驚衆。道俗相謂、達摩後身。所是対問宏詞、因即編之為論（胡適校敦煌唐写本『神会和尚遺集』新版三一四ページ）。
(59)『宗鏡録』第一、標宗章第一（T. 48-417b）。
(60)『古尊宿語録考』（禅学叢書之一、付録）。
(61)『祖堂集』第十九（禅学叢書之四、三六四ページ下）。
(62)『祖堂集』第十七（同前、三三〇ページ上）。
(63)『祖堂集』第十五（同前、二八四ページ上）。
(64)『伝灯録』第二十八、諸方広語（禅学叢書之六、二八〇ページ上）。
(65)時有僧問、承師有言、世界壊時、此性不壊。如何是此性。師曰、四大五陰。僧曰、此猶是壊底。如何是此性。師曰、四大五陰。法眼云、是一箇両箇、是壊不壊。且作麼生会、試断看（同前、二九一ページ上）。趙州の言葉は、『趙州録』巻中の上堂（禅学叢書之一、四一ページ上）、および巻下の示衆（同前、四九ページ上左）に相当し、法眼のコメントは、「法眼録」の挙古の条にみえる（禅学叢書之三、一五四ページ下右）。
(66)平野宗浄訳注、『頓悟要門』（禅の語録6、筑摩書房）の解説をみよ。
(67)本稿第四六章。
(68)『祖堂集』第十九（禅学叢書之四、三六二ページ下）。
(69)『伝灯録』第十二（禅学叢書之六、九八ページ下左）。
(70)『宗鏡録』第九十八（T. 48-943c）。
(71)『伝灯録』第二十八（禅学叢書之六、二九一ページ上左）。
(72)『祖堂集』第十九（禅学叢書之四、三六四ページ上）。
(73)『天聖広灯録』第十一（禅学叢書之五、四四〇ページ上)。
(74)『宗鏡録』第九十八(T. 48-943c)。
(75)『伝灯録』第二十八(禅学叢書之六、二九一ページ上左)。
(76)『天聖広灯録』第十一(禅学叢書之五、四四〇ページ上)。
(77)『伝灯録』第二十八(禅学叢書之六、二九一ページ下右)。
(78)『天聖広灯録』第十一(禅学叢書之五、四四〇ページ上)。
(79)『伝灯録』第二十八(禅学叢書之六、二九一ページ下右)。
(80)『天聖広灯録』第十一(禅学叢書之五、四四〇ページ下、四四九ページ下)。
(81)『伝灯録』第二十八(禅学叢書之六、二九一ページ上左)。
(82)『祖堂集』第十、長生和尚章(禅学叢書之四、一九二ページ上)。
(83)『五家語録』瑞州洞山良价禅師章(禅学叢書之三、一二四ページ上左)。
(84) たとえば、『祖堂集』第七、雪峰の章に次のような一段がある。

因此師云、尽乾坤是一个眼。是你諸人向什麽処放不浄。(長)慶対云、和尚何得重重相欺。有人持此語、挙似趙州。趙州云、上座若入閩、寄上座一个鍬子去(禅学叢書之四、一四五ページ下)。

又、同書第十の翠巌の章に、有名な眉毛の話がある。

師有時上堂曰、三十年来無有一日不共兄弟持論語話。看我眉毛還在麽。衆無対。有人挙似長慶。長慶代云、生也(同右、一九九ページ上)。

第一の例は、趙州と雪峰と、南北はるかに距っている。雪峰と長慶の語を伝えた上座は、やがて語録の編者の一人となる。第二の例は、すでに代語を含む。代語や別語の発生は、第一次の話がすでにテキストとなることを前提しよう。『雪竇頌古』第八則では、全く異なった第一次の対話となる(禅の語録15、筑摩書房)。

(85)『祖堂集』第六、洞山の章に、次の例がある。

師示衆云、諸方有驚人之句、我這裏有刮骨之話。時有人問、承和尚有言、諸方有驚人之句、我這裏有刮骨之言。豈不是。師曰、是也、将来与你刮。僧曰、四方八面請師刮。師曰、不刮。僧曰、幸是好手。為什麽不刮。師曰、汝不見道、世医拱手(禅学叢書之四、一二四ページ上)。

又、巻第十三招慶の章に、次の例がある。

問、古人有言、皮膚脱落尽、唯有真実在。皮膚則不問、如何是真実。師云、莫是将皮膚過与汝摩。

問、承教中有言、正直捨方便。方便則不問、如何是正直。師云、方便裏収得摩（同前、二四七ページ上）。

(86)『伝灯録』第二十七、諸方雑挙拈徴代別語（禅学叢書之六、二七六ページ上右）。罽賓王の話は、『朱子語類』第百二十六巻六十二条に論ぜられる。仏家の作用即性の説に関する、宋儒の側の批判の一つとなる。

(87)『伝灯録』は、法眼下における玄覚と雲居斉（『禅林僧宝伝』第七）、同清鍚（『伝灯録』第二十五）等の拈徴代別語録であり、『祖堂集』は、雪峰下における長慶、保福、福先、石門等の拈徴代別語録であることを考えたのが、わたくしの第一論文「祖堂集の資料価値―唐期禅籍の批判的措置に関する一つの試み(一)」である。

(88) 律蔵では、戒本が経である。経分別が、律蔵となる。平川彰「律蔵の研究」、山喜房、一九六〇年。

(89)『仏垂般涅槃略説教誡経』、亦名『仏遺教経』（T. 12-1110c）。この本は、東山法門以来、初期禅宗で頻りにとりあげられる。

(90) 同前（T. 12-1110c）。

(91) 本稿第四三章。

(92) 東山の弟子数は、『続高僧伝』第二十六（明本）の蘄州双峰山釈道信伝に、道信の入寂について記し、于時山中五百余人、並諸州道俗、忽見天地闇冥、遶住三里、樹木葉白、房側梧桐樹、曲枝向房、至今曲処皆枯、即永徽二年閏九月一日也（T. 50-606b）というのによる。曹渓門下は敦煌本『六祖壇経』、潙山・黄檗は『臨済録』の行録、雪峰門下は『祖堂集』による。

(93)「祖堂集の本文研究」(一)、禅学研究第五四号、一九六四年。

(94) 湯浅幸孫「童蒙の課本としての論語」、武内義雄全集月報3、一九七八年。

(95) 前註(40)をみよ。最初の指摘は、胡適の陶弘景的真誥考である。『胡適文存』第四集巻二、一九三三年。

(96)『伝灯録』第六、江西道一禅師章（禅学叢書之六、五一ページ下右）。又、本稿第三九章。

(97)『楞伽経』第三（T. 16-499a）。又、『大品般若』第七に同一の句あり（T. 8-275b）。

(98)『続高僧伝』第十六（T. 50-552b）。『伝灯録』第三（禅学叢書之六、二二ページ下右）。

(99) 本稿第三二章。

(100) 道存問曰、達摩和尚既不将楞伽経来、馬大祖語本及諸方老宿、数引楞伽経、復有何意。仰山云、従上相承説、達摩和尚説法時、恐此土衆生不信玄旨、数数引楞伽経来、縁経上有相似処、宗通説通、誘童蒙宗通修行者云云（禅学叢書之四、三五〇ページ下）。

(101) 百丈清規は、古く失われて、『伝灯録』第六の百丈の章に存する『禅門規式』が、唯一の資料となる。細部の規則は口伝であり、厳密な意味の成文化は、本来なかったのでないか。むしろ、馬祖と百丈の時に至って、始めて住持の制ありといわれる（たとえば『禅林僧宝伝』第二十三、黄龍宝覚心禅師の章）、住院の事実の方が重要であろう。

(102) 『伝灯録』第六、百丈章（禅学叢書之六、五七ページ下左）。

(103) 『勅修百丈清規』第二、住持章第五、住持日用（T. 48-1119b）。解釈は、無著道忠の左觿（禅学叢書之八、三五四ページ）、および『禅林象器箋』第十一、垂説類の上堂の条による（禅学叢書之九、四三一ページ上）。

(104) 『伝灯録』第二十九に、筠州洞山和尚頌一首、潭州龍牙和尚頌十八首、同安禅師詩八首、雲頂山僧徳敷詩十首、同第三十に、南岳石頭大師参同契、石頭和尚草庵歌、道吾和尚楽道歌、楽普和尚浮漚歌、丹霞和尚翫珠吟二首、関南長老獲珠吟など、薬山系の作品を収める。他に、法系不明のものがあり、内容的には相互交渉が推定される。

(105) 『伝灯録』第二十八に収める趙州の示衆（禅学叢書之六、二九〇ページ下右）、および『趙州録』中冊のはじめと終わりにある（禅学叢書之一、四一ページ上右、同四八ページ上右）。

(106) 入矢義高訳注、『龐居士語録』（禅の語録7、筑摩書房）の解説。

(107) 本稿第七章。

(108) 『宗門十規論』対答不観時節兼無宗眼第四の説である（『続蔵経』第百十冊０８７９上）。

(109) 『趙州録』は、上巻と下巻の末尾に、次の校記をもつ。

廬山棲賢宝覚禅院住持伝法賜紫沙門澄諟重詳定。

棲賢澄諟は、法眼文益―百丈道常（恒）―澄諟と次第する、法眼下三世に当り、臨済下の黄龍恵南が、若い時にこの人に参じたことを、覚範の『林間録』上に伝える（『続蔵経』第百四十八冊０５８６下）。

(110) 因挙仏氏之学、与吾儒有甚相似処、如云有物先天地、無形本寂寥、能為万象主、不逐四時凋。又曰、撲地非它物、縦横不是塵、山河及大地、全露法王身。又曰、若人識得心、大地無寸土。看他是甚麼様見識、今区区小儒、怎生出得他手。宜其為他揮下也。此是法眼禅師下一派宗旨如此。今之禅家、皆破其説、以為有理路落窠臼、有礙正当知見。今之禅家、多是麻三斤乾屎橛之説、謂之不落窠臼、不堕理路。妙喜之説、便是如此。然又有翻転不如此説時（『朱子語類』第百二十六巻第四十三条）。

最初の偈は、『伝灯録』第二十三の法眼の章に引く、傅大士の偈であり、第二のは、天台徳韶の投機の偈、第三のは、『伝灯録』第三〇の末尾に付する楊億の手紙に、楊氏が古徳の言葉とするもので、すべて『伝灯録』に関係している。朱子はそれらを、麻三斤や乾屎橛など、大恵が好んで用いる機関公案と対比させつつ、さいごのところで、大恵が必ずしも機関一本でなかったことをいうので、大恵もまた一方では、法眼を評価するとみている。

(111) 『伝灯録』第二十八、池州南泉普願和尚上堂では、「不是心不是仏不是物」を、馬祖のことばとしている（禅学叢書之六、二八九ページ下右）。

(112) 趙州の説法を、口唇皮上に光を放つものとするのは、宋の円悟克勤であり、大恵の普説にいうところである。すなわち『大恵語録』第十六の傅経幹請普説に、次の一段がある。

所以圜悟先師説、趙州禅只在口唇皮上、難奈他何。如善用兵者、不賷糧行、就尓水草糧食、又殺了尓（T. 47-879b）。

又、皷山開版の『南泉語要』には、円悟の題語がついている（禅学叢書之一、一〇ページ上右）。

(113) 前註(60)、「古尊宿語録考」、花園大学研究紀要第二号、一九七一年。

(114) 駒沢大学禅宗史研究会の『恵能研究』に、六本対校金剛経解義のテキストと、歴史研究を総括している（大修館書店、一九七八年）。

(115) 椎名宏雄「『少室六門』と『達磨大師三論』」、駒沢大学仏教学部論集第九号、一九七八年。同「諸本対校『達磨大師三論』」、駒沢大学仏教学部論集第八号、一九七七年。同「六地蔵寺所蔵禅籍目録及び解題」、書誌学（復刊）新第二六・七号、一九八一年。

(116) 「天順八年（一四六四）、朝鮮国刊経都監奉教於全羅道南原府重修宣務郎前典牲署令臣韓叔倫書」の刊記あるものが、石井積翠軒文庫善本図録に収められる。朝鮮伝来のテキストが、幾種かの敦煌写本のすべてに当る完全なものであることを、椎名宏雄が報じている（『禅仏教の研究』に添える、著者解題七二〇ページ）。

(117) 『続蔵経』第二編、支那撰述の禅宗著述部に、次の四論を収める。すべての刊記を欠き、テキストと題名の由来は、今のところ不明であるが、三論のテキストは明らかに五山版に一致する。

菩提達磨大師略弁大乗入道四行観一巻、弟子曇林序。
達磨大師血脈論一巻。
達磨大師悟性論一巻。
達磨大師破相論一巻。

なお、安心寺版『最上乗論』を、正徳六年に日本で覆刻したものが、右の『続蔵経』と『大正新修大蔵経』第四十八巻に収められる。最上乗論は『禅門撮要』のテキスト以外に、別に光緒癸未（一八八三）に、朝鮮で合刻される『法海宝筏』にも入るが、テキストは完全に一本で、敦煌本の出現まで、朝鮮伝来以外には知られないようである。

又、近代になって、安心寺版『観心論』を相手どる、書誌研究と本文校訂の先駆となるものに、次の二つの仕事があり、後者は、前者の成果を継承している。前者については、本稿第八章で、あらためて詳論する。

神尾弌春「観心論私考」、宗教研究新第九巻第五、一九三二年。

金九経『薑園叢書』第一冊、一九三四年。

(118)『金沢文庫資料全書』仏典第一巻、禅籍篇、達磨和尚観心破相論、神奈川県立金沢文庫、一九七四年。

(119) 高橋秀栄「鎌倉初期における禅宗の性格（序）—日本達磨宗の禅の性格—」、宗学研究第一三号、一九七一年。

柳田聖山「空病の問題」（仏教思想7）、平楽寺書店、一九八二年。

(120) 高橋秀栄「［資料］京都正法寺所蔵達磨宗関係文書」、一九八三年十一月。

(121) 田村芳朗『鎌倉新仏教思想の研究』、平楽寺書店、一九六五年。「天台本覚論」、岩波版日本思想大系9、一九七三年。

(122) 大久保道舟「道元書本六祖壇経の研究」（修訂増補、『道元禅師伝の研究』付録）、筑摩書房、一九六六年。

(123) 石井修道「仏照徳光と日本達磨宗—金沢文庫所蔵『成等正覚論』をてがかりとして—」㊤・㊦、金沢文庫研究第二二二—三号、一九七四年。

(124)『中世禅家の思想』、岩波版日本思想大系16、一九七二年。

(125) 石井修道「伊藤隆寿氏発見の真福寺文庫所蔵『六祖壇経』の紹介—恵昕本『六祖壇経』の祖本との関連—」、駒沢大学仏教学部論集第一〇号、一九七九年。

テキストは、未公刊であるが、『悟性論』に夜坐偈がついていれば、日本で合わせたものであり、『血脈論』を含む宋本『達磨三論』とは、別系統のものとなる。

(126)『円覚経大疏鈔』巻三之下（『続蔵経』第十四冊０５５０上）。

(127)『祖堂集』第二（禅学叢書之四、三七ページ上）。この問答は、『伝灯録』その他に見えぬ。

(128)『伝教大師将来越州録』、内題は「日本国求法僧最澄目録」（T. 55-1059b）。

(129) 前註(117)にあげる、神尾弌春論文。

(130) 柳田聖山「禅門経について」、『塚本善隆博士頌寿紀念仏教史学論集』、一九六一年。又、『初期禅宗史書の研究』第三章第七節に、私見がある。

(131) 問、彼禅門宗、為何宗。答、自有宗、非八宗摂(抄)也。問、其宗教相何。答、未見立教相旨。唯以金剛般若・維摩経、而為所依、以即心是仏而為宗、以心無所著為業、(諸法空)為義。始自仏世、衣鉢授決、師資相承、更無異途、具出伝記者也(T. 74-310c)。一部は、栄西の『興禅護国論』世人決疑門に引かれ、詳しくは「東福寺総処分」(『東福寺誌』七二ページ)に引く。辻善之助『日本仏教史』中世編第二、一一〇ページ。

(132) 『初期禅宗史書の研究』第六章第四節。日本では、『渓嵐拾葉集』第九に、教外別伝、不立文字、直指人心、見性成仏とする(T. 70-530a)。

(133) 世尊拈華は、『天聖広灯録』第二、摩訶迦葉の章にいうのが最古である(禅学叢書之五、三六九ページ下)。

(134) 『血脈論』(禅学叢書之二、四ページ下左)。

(135) 同前(三ページ下右)。

(136) 『血脈論』は著作、『伝心法要』は示衆である。文体は、異なるけれども、論旨は共通する。次に、二本を対比しよう。

血脈論	四家語録
経云、動而無所動。終日去来、而未曾去来、終日見而未曾見、終日笑而未曾笑、終日聞而未曾聞、終日知未曾知、終日喜而未曾喜、終日行而未曾行、終日住而未曾住。故経云、言語道断、心行処滅、見聞覚知、本自円寂、乃至瞋喜痛痒、何異木人。只縁推尋、痛痒不可得。故経云、悪業即得苦報、善業有善報。不但瞋堕地獄喜即生天、若知瞋喜性空、但不執、即業脱。若不見性、講経決無憑。説亦無尽、略標邪正如是。不及一一也。(禅学叢書之二、七ページ上右)	問、如何得不落階級。師云、但終日喫飯、未曾咬著一粒米、終日行、未曾踏著一片地。与麼時、無人無我等相。終日不離一切事、不被諸境惑、方名自在人。念念不見一切相。莫認前後三際。前際無去、今際無住、後際無来。安然端坐、任運不拘、方名解脱。努力努力。此門中、千人万人、祇得三箇五箇。若不将為事、受殃有日在。故云、著力今生須了却、誰能累劫受余殃。(禅学叢書之三、五一ページ下左)

(137)　引用は、下巻の部分に限られる。達磨三論と六祖壇経については、おおよそ次のようである。建仁寺両足院蔵、利峰東鋭写本による。

(1)乃至壇経中、如秀和尚得法文云、身是菩提樹、心如明鏡台、時々勤払拭、莫使染塵埃云云。

(2)如大明録云、本無煩悩、元是菩提云云。是悪煩悩、愛菩提義也。若無煩悩、菩提又不可有。若有煩悩、菩提随可有之。何故無煩悩、有菩提云耶。是有一無一有之謬。

(3)如血脈論云、揚眉瞬目、運手動足、皆是自己霊覚之性、性即是心、心即是仏、仏即是道、道即是禅、禅之一字、非凡夫所測云云。

(4)又壇経中、如能禅師破秀上座得法偈、云菩提本無樹、明鏡亦非台、本来無一物、何処有塵埃云云。

(5)血脈論云、乃至語言施為運動覚、見聞覚知、皆是動心動用、動是心動、心即其用、動用外無心、心外無動、動不是心、心不是動、動本無心、心本無動、動不離心、心不離動、動無心離、離無心動、動是心用、用是心動、動即心用云云。

(6)又悟性論云、色不自色、由色故色、心不自心、由色故心云云。

(7)故以用彼達磨大師、前仏後仏、不立文字、以心伝心義者也。

(8)問、釈尊既決疑経説、不立文字、教外別伝。達磨又血脈論釈、不立文字、以心伝心。其義若然者、今此経論文言、不文言耶、如何。

(138)　柳田聖山「大蔵経と禅録の入蔵」、印度学仏教学研究第二〇巻第一号、一九七一年。

(139)　『修心要論』は、先に註(117)にいう、『最上乗論』である。この本も、敦煌本の発現によって、新しい関心を集める。先にいう鈴木大拙の、「龍谷大学附属図書館蔵敦煌菩提達摩観門法大乗法論、殊に其中の修心要論に就き」は、一種の火つけ役であった。

(140)　十地経云、衆生身中、有金剛仏性、猶如日輪、体明円満、広大無辺。只為五陰黒雲之所覆、如瓶内灯光、不能照輝（禅学叢書之二、二五ページ下右）。

『宗鏡録』第八十に左記あり、おそらくは『修心要論』による。延寿は、このテキストを他にも引くから、『十地経』の根拠とはなるまい。十地経云、衆生身中、有金剛仏性、猶如日輪（T. 48-858b）。

(141)　今当為汝更説譬喩、如四種衆生界隠覆。譬喩所謂、膚瞖覆眼、重雲隠月、如人穿井、瓶中灯焔。当知此四有仏蔵因縁、一切衆生悉有仏性……。如瓶中灯焔、其明不現、於衆生無用。若壊去瓶、其光普炤（T. 9-297a）。

(142)　本稿第二九章。

(143)『円覚経大疏』巻上之二、修証階差第八にいうところで(続蔵百四十冊０２３８上)、『円覚経大疏鈔』巻三之下に、五方便によって詳説する(同０５５４上)。払塵は、神秀の偈により、方便は五方便を指す。

(144)『観心論』(禅学叢書之二、一三ページ下右)。

(145)恵浄の『般若心経疏』は、五祖弘忍につぐ資州智詵のテキストと共通する部分がある。智詵の撰号をもつ敦煌本によって、そのテキストを定め、両者の歴史的関係を考えたのが、わたくしの「資州詵禅師撰、般若心経疏考」(山田無文老師古稀記念集『花さまざま』春秋社刊、一九七二年)である。

又、別の敦煌本によって、恵浄のテキストを考えたものに、福井文雅「般若心経恵浄疏の新出写本―恵浄疏第十門の発見―」(大正大学研究紀要第五七号、一九七二年)、平井宥慶の「敦煌資料より知られる唐紀国寺恵浄法師の一面」(豊山学報第一六号、一九七二年)がある。

(146)凝心入定は、神会が北宗の観心法を、批判的に総括する句であるが、達摩の『二入四行論』に、すでに凝住壁観の句あり、弘忍の『修心要論』に、先の『十地経』の引用につづいて、但能凝然守心とあり、初期禅宗の実践法として、必ずしも法縛心とはいえない。神会は、先の『観心論』より『五方便』に至る、北宗の実践法全体を批判し、達摩の禅法そのものを面目一新させるのである。

(147)昭和十年(一九三五)七月、岩波文庫の『臨済録』(五四ページ)に、祖師を神会とする注記が、始めて付せられる。

祖師云。六祖の嗣荷沢神会なり。敦煌出土神会録に、若有坐者、凝心入定、住心看静、起心外照、摂心内澄者、此是障菩提、未与菩提相応、何由可得菩提云々と。

(148)『円覚経大疏鈔』第三之下と、『中華伝心地禅門師資承襲図』にいうところである。

(149)『禅源諸詮集都序』巻上(禅学叢書之二、一三〇ページ下右より、一三四ページ下右まで)。

(150)『悟性論』に引く、『禅門経』の句は次のごとくである。

経云、五蘊窟宅名禅院、内照開解、即大乗門(禅学叢書之二、一九七ページ上左)。

(151)又廬山遠公与仏陀耶舎二梵僧所訳達磨禅経両巻、具明坐禅門戸、漸次方便、与天台及侁秀門下意趣無殊(禅学叢書之二、一三三ページ上左)。宗密は『禅門経』の名を出さず、「達磨禅経両巻」として、『達摩多羅禅経』との折衷説をとる。『暦代法宝記』は、諸小乗禅及諸三昧門、不是達摩祖師宗旨として、暗に達摩多羅禅経を攻撃している。仏陀と耶舎という両三蔵は、『暦代法宝記』の創作であるが、宗密がこれを認めたことから、後代両三蔵の墓塔が、廬山にあると考えられ、『天聖広灯録』第六でも、那連耶舎と混同されることとなる。
(152) 『悟性論』(禅学叢書之二、一九八ページ上右)。
(153) 『二入四行論』のテキストは、『達摩の語録』(禅の語録1、筑摩書房)による。
(154) 右のテキスト(六八ページ)。
(155) 你欲識三界麼、不離你今聴法底心地。你一念心貪是欲界、你一念心瞋是色界、你一念心癡是無色界、是你屋裏家具子(『四家語録』第六、鎮州臨済恵照禅師語録)。
又曰、三毒六賊、広大無辺。若唯観心、云何免彼無窮之苦。答曰、三界業報、唯心所生、若能了心、於三界中則出三界。其三界者、則三毒也。貪為欲界、瞋為色界、癡為無色界。由此三毒心、結集諸悪業報、成就輪廻六趣、故名為三界(『観心論』、禅学叢書之二、八ページ下左)。

貪為欲界、瞋為色界、癡為無色界。若一念心生、即入三界、一念心滅、即出三界(『悟性論』、禅学叢書之二、一九七ページ下左)。
(156) 『究竟大悲経』第三(T. 85-1376b)。
(157) 是知迷則人随於法、法法万差而人不同、悟則法随於人、人人一智而融万境(五台山鎮国大師澄観答皇太子問心要、『伝灯録』第三十)。
迷時人逐法、悟時法由人(『頓語要門』下、『諸方門人参問語録』第三十五段、『伝灯録』第二十八、越州大珠恵海和尚語、『宗鏡録』第九十八等)。
(158) 『伝灯録』第二十八(禅学叢書之六、二八七ページ上右)。
(159) 『悟性論』(禅学叢書之二、一九七ページ上左)。
(160) 了心及境界、妄想則不生(『楞伽経』第三(T. 16-505b)。
(161) 『悟性論』(禅学叢書之二、一九七ページ下右)。
(162) 本稿第一九章。
(163) 鎌田茂雄訳注『禅源諸詮集都序』(禅の語録9、筑摩書房)、『中華伝心地禅門師資承襲図』(二八九ページ)。
(164) 柳田聖山訳注「初期の禅史Ⅱ」(禅の語録3、筑摩書房)、『歴代法宝記』(六八ページ)。
(165) たとえば、『二入四行論』第七。三蔵法師のことばの、すぐ前段にある。
(166) 本稿第四四章。
(167) 『悟性論』(禅学叢書之二、一九八ページ上右)。
(168) 『四家語録』第六、鎮州臨済恵照禅師語録(禅学叢書之三、六〇ページ下左)。
(169) 柳田聖山「喜風—禅思想史の一つの課題」、禅文化研究所紀要第九号、一九七七年。
(170) 柳田聖山「絶観論の本文研究」、禅学研究第五八号、一九七〇年。常盤義伸、柳田聖山『絶観論』英文訳注、原文校訂、国訳(禅文化研究所研究報告)、一九七六年。

(171) 浄覚の『注般若心経』は、スタイン第四五五六号と向達の鈔本（現代仏学、一九六一年第四号）が知られる。前者の存在は、のちに註(178)にいう、竺沙論文によって明らかとなる。『初期禅宗史書の研究』（一九六七年）に、わたくしが二本を合せた、本文研究と語注がある。智詵の注も、前註(145)にいう、わたくしの本文研究があり、江南智融のそれは、花園大学の花信風第二号（一九七六年）に、「江南智融禅師注・般若波羅蜜多心経」を出した。江南智融は、伝記も法系も明らかでないが、『金剛経集験記』に牛頭山霊端寺僧恵融あり、この人に擬し得るとすれば、牛頭系の作品となる。又、『心経三註』については、左記がある。

宇井伯寿「南陽恵忠の心経註疏」、鈴木大拙博士喜寿紀念論文集『禅の論攷』、岩波書店、一九四九年。同「慈受禅師懐深の般若心経註」、鈴木大拙博士頌寿記念論文集『仏教と文化』、鈴木大拙博士頌寿記念会、一九六〇年。

古田紹欽「隆熙二年版南陽恵忠注『摩訶般若波羅蜜多心経』」（『新羅仏教研究』のうち）、山喜房仏書林、一九七三年。

(172) 智詵の『般若心経疏』は、智詵が玄奘に学んだとされるように、唯識の色彩の強いものであり、『大乗開心顕性頓悟真宗論』は、有名な転識得智について説く。大珠恵海の『頓悟要門』にも、その引用がある。又、『傅大士頌金剛経』も、その序文に梁の武帝との問答があって、神会より馬祖の時代に、唯識学の影響を受けた禅家の作品とみられる。達磨の『般若心経注』は、三界唯心万法唯識といった、透徹した唯識思想を生み出す前夜の、転向座主の作品である。

(173) 本稿第一章。又、講座『敦煌』第八巻「敦煌仏典と禅」（大東出版社、一九八〇年）の総説、敦煌の禅籍と矢吹慶輝の項に、この間の事情を明かす。

(174) 鈴木大拙の敦煌本禅籍の研究は、昭和六年（一九三一）十月のデートをもつ、「楞伽師資記とその内容概観」（大谷学報第一二巻三号）を最初とする。このとき、『二入四行論』長巻子の存在は、なお未だ知られていない。

(175) 『校刊少室逸書』に収める『二入四行論』長巻子は、全体を百一に分つ。『禅門撮要』のテキストが、「雑録第二」までを四十四段に分けるのを細分化したのである。わたくしの訳注『達摩の語録』（禅の語録1、筑摩書房）は、これをあらためて七十五段に圧縮したが、のちに「雑録第三」を加えて、さらに『ダルマ』（人類の知的遺産16、講談社、一九八一年）では、九十二段にあらためた。

今、便宜のために、対照表をつくると、おおよそ次のようになる。ただし、「達摩大師二入四行論及略序等」、「雑録第一」、「雑録第二」の大段落は、『校刊少室逸書』による。

〔一〕　達摩大師二入四行論及略序等

	『少室逸書』『達摩の語録』（禅の語録1）	『ダルマ』（人類の知的遺産16）
一	一、ダルマの小伝	1 ダルマの小伝
二	二、二つの立場、四つの実践	2 二つの立場、理と行の発見
三		
四		
五		3 四つの実践
六		
七		
八		
九	三、仲間の手紙、その一	4 仲間の手紙、その一
一〇		
一一	四、仲間の手紙、その二	5 仲間の手紙、その二

〔二〕　雑録第一

一二	五、仏たちが空の道理を主張するのは	6 空見の怖しさ
一三	六、般若の論理	7 般若の論理
一四		
一五	七、虚無主義を批判する	8 虚無主義を批判する
	八、三蔵法師のことば	9 法が人（われ）を追う
一六		
一七	九、仏心とは何か	10 仏心とは何か
	一〇、三宝について	11 三宝について
一八	一一、空虚なおちつき	12 空虚な禅
一九	一二、男女のすがた	13 男女のすがた
二〇	一三、本当のめざめ	14 本当のめざめ
二一	一四、道を修める手だて	15 道を修める手だて
二二	一五、二つの真理	16 二つの真理
二三	一六、心と法	17 心と法
二四		

二五	一七、もし心の中に大事なものがあると	18 もし心の中に大事なものがあると
二六		
二七	一八、道を得ることの速さ	19 道を得ることの速さ
二八		
二九	一九、理法の三宝によって道を実現する	20 理法という三宝によって道を実現する
三〇		
三一	二〇、古典によって悟った人は力が弱い	21 古典によって悟った人は力が弱い
三二	二一、常規を超えた世界	22 常規を超えた世界
三三	二二、淳朴な心	23 淳朴な心
三四	二三、正しい心、邪まな心	24 正しい心、邪まな心
三五	二四、根性の利鈍	25 根性の利鈍
三六		
三七	二五、学問しても道を得ぬのは	26 学問して道を得ぬのは
三八		
	二六、空の真理と修道の主体	27 空の真理と修道の主体
三九	二七、道でないところに行く	28 道でないところに行く
四〇	二八、一切の存在をきわめる	29 一切の存在をきわめる
四一	二九、邪見を捨てて正見に入るのではない	30 邪見を捨てて正見に入るのではない
四二		
四三	三〇、究極の真理は近いか遠いか	31 究極の真理は近いか遠いか
四四		
四五	三一、究極の真理はわかりやすい	32 究極の真理はわかりやすい
四六	三二、老子のことば	33 老子のことば
四七	三三、ボサツの生活	34 菩薩の生きざま
四八		
四九	三四、仏と亡霊	35 仏と鬼
五〇	三五、理法の世界	36 理法の世界
五一		

五二	三六、悟りの場所	37 悟りの場所
五三	三七、諸仏の境地	38 悟りの境地
五四	三八、智恵の日が地中に沈没するのは	39 如来の恵日が有という地底に
五五	三九、不動のすがた	40 みずからごまかす
五六	四〇、生滅と不生滅と	41 生滅と不生滅
五七		
五八	四一、罪の本質	42 罪の本質
五九	四二、自我を救うもの	43 自我を救うもの
六〇	四三、存在の本質	44 法界の主体
六一	四四、理法を知る	45 理法を知る
六二	四五、見ることを超えた理法と覚者	46 見ることを超えた理法と覚者
六三	四六、六種のハラミツ	47 六種のハラミツ
六四	四七、解放された心	48 解放された心
六五	四八、さまざまな妄執	49 さまざまな妄執
六六		
六七	四九、自分の心が現じ出したもの	50 自分の心が勝手に現じだしたもの

〔三〕 雑録第二

六八	五〇、縁法師のことば	51 縁禅師のことば
六九	五一、理法によるのかそれとも人によるのか	52 法と人と
七〇		
七一		
七二	五二、志法師の質問	53 志法師の問い
	五三、さまざまの考え	54 妄想のさまざま
七三	五四、理法は人に教えられぬ	55 法を人に教えることはできない
七四		
七五	五五、道とは何か	56 道とは何か
七六		
七七		
七八	五六、ばけもの(鬼魅)	57 ばけもの(鬼魅)
七九		
八〇		
八一	五七、可法師の教え	58 可法師のことば
八二	五八、安心の教え	59 君の心をさしだしなさい

八三	五九、懺悔の教え	60 懺悔の教え
八四		
八五		
八六	六〇、成仏の教え	61 仏道の完成
八七		
八八	六一、地獄にゆくもの	62 地獄におちるもの
八九	六二、石をきざんで仏を作れば	63 石をきざんで仏を作れば
九〇	六三、四種の説法	64 四種の説法
九一	六四、楞禅師の教え―心には自性がない	65 楞禅師のことば
九二	六五、業は断じようがない	66 業は断ちようがない
九三	六六、顕禅師の教え	67 顕禅師のことば
九四	六七、暄禅師の教え	68 暄禅師のことば
九五	六八、淵禅師のことば	69 淵禅師のことば
九六	六九、蔵法師のことば	70 蔵法師のことば
九七	七〇、賢禅師のことば	71 賢禅師のことば
九八	七一、安禅師のことば	72 安禅師のことば
九九	七二、憐禅師のことば	73 憐禅師のことば
一〇〇	七三、洪禅師のことば	74 洪禅師のことば

一〇一	七四、覚禅師のことば	75 覚禅師のことば

[四] 雑録第三		76 梵禅師のことば 77 道志師のことば 78 円寂尼のことば 79 監禅師のことば 80 因禅師と三蔵法師の問答 81 三蔵法師との問答、その二 82 忍禅師の意見 83 可禅師のことば 84 亮禅師のことば 85 曇師のことば 86 恵兗師のことば 87 知禅師のことば 88 志禅師のことば 89 汶法師のことば 90 一切の経論は 91 縁禅師のことば

92 朗禅師のことば

(176)『敦煌石室写経題記与敦煌雑録』に、雑詩として、この作品ともう一つ別のを掲げる。位字六十八号にあるものである。

写書不飲酒、恒日筆頭乾。且作随宜過、即与後人看。
学使郎身姓、長大要人求。堆虧急学得、成人作都頭。

(177)本稿第一二章。

(178)竺沙雅章「浄覚夾注『般若波羅蜜多心経』について」、仏教史学第七巻三号、一九五八年。

(179)前註(116)にいう、天順の刊本を指す。

(180)本文（七四ページ）にいう、ペリオ第三〇一八号を指す。

(181)小畠宏允「チベット伝ボダイダルマタラ禅師考」、印度学仏教学研究第二四巻一号、一九七五年。Appendice sur《DAMODUOLUO》(DHARMA TRĀ—TAI)、P. Demiéville（敦煌白画、*peintures monochromes de Dunhuang*, Paris, 1978）

(182)禿氏祐祥「禅籍伝来考」、龍谷大学論叢第二八二号、一九二八年十月。

(183)早くこの資料に注目したのは、次の二書である。該当部分に、研究史が要約される。関口真大「達摩禅師観門（敦煌出土）と念仏禅」、『達摩大師の研究』第二章第六、彰国社、一九五七年。

田中良昭「南天竺国菩提達摩禅師観門」、『敦煌禅宗文献の研究』第二章第三節、大東出版社、一九八三年。

(184)右第一書の第二章第一。奈良薬師寺蔵、達摩禅師論の紹介と、本文研究である。

(185)『初期禅宗史書の研究』第二章第四節に、私見がある。

(186)本稿第一六章。

(187)楞伽経云、自心現境界、随類普現於五法。云何是五法、名相妄想正智如如。『初期の禅史Ⅰ』（禅の語録2、筑摩書房）六三ページ。『楞伽経』のテキストとの異同は、前書の注に私見を記す。

(188)『初期禅宗史書の研究』第一章第三節、灯史の起源（二六ページ）。

(189)前註(7)にいう、「写経より見たる奈良朝仏教の研究」、奈良朝現在一切経疏目録（一〇〇ページ）。

(190)『達摩の語録』（禅の語録1、筑摩書房）、はじめに（九ページ）。

(191)本稿第二三章。

(192)『中国禅宗史』（筑摩版講座禅第三巻）、二の三、「禅を求める人々—王維と杜甫—」。

(193)『初期禅宗史書の研究』第一章第一節、「『続高僧伝』

より『宋高僧伝』へ」。

(194) 恵可の返事は、七言十句の韻文である。道宣は、其発言入理、未加鉛墨、時或纘之、乃成部類、具如別巻というから、恵可はすでに詩文集があった(T. 50-552b)。

(195)『宋書』第九十七巻「天竺迦毘黎国伝」は、沙門恵琳の「均善論」を収める。一種の「夷夏論」であり、仏教批判の意味をもつ。新しい大乗仏教が、必要であった。求那の東来を伝える、次の結語は注目に価する。

大明中、外国沙門摩訶衍、苦節有精理、於京都多出新経、勝鬘経尤見重内学。

(196)『開元釈教録』第六に、沙門菩提留支の訳経三十部を出し、その伝記の部分に菩提達摩について記す。『洛陽伽藍記』によるものであり、永寧寺の九層塔に関係することは、いうまでもないが、菩提留支や仏陀扇多、瞿曇般若流支らの筆受となる、曇林との関係を前提するのでないか。翻訳僧でない達摩の名を、経録に出すのは異例である。

(197) 摩以此法、開化魏土、識真之士、従奉帰悟。録其言誥(語)巻流于世(T. 50-551c)。

(198) 真誥者、真人口受之誥也、猶如仏経皆言仏説。而顧玄平謂為真迹、当言真人之手書迹也。亦可言真人之所行事迹也。若以手書為言、真人不得為隷字。若以事迹為目、則此迹不在真人爾。且書此之時、未得称真、既於義無旨。故不宜為号(真誥巻之十九、翼真検第一、真誥叙録)。

(199) 塚本善隆『魏書釈老志の研究』、訳註篇六十九(三三四ページ)。

(200) 太常八年十月、有牧土上師李普文。来嵩岳云、老君之玄孫也、昔居代郡桑乾。漢武時得道、為牧土宮主、領治三十六土人鬼之政、地方十八万里、其中為方万里者、有三百六十方。遣弟子云、嵩岳所統、広漢方万里、以授謙之。作誥云云。録図六十巻、真経付汝。輔佐北方泰平真君、出天宮静輪之法、能興造克就、則超登真仙矣。

又云、地上生民、末劫垂及、行教甚難、男女立壇宇、朝夕礼拝云云(「広弘明集」第一、『魏書釈老志』T. 52-105b)。

(201) 則天大聖皇后問神秀禅師曰、所伝之法、誰家宗旨。答曰、稟蘄州東山法門。問、依何典誥。答曰、依文殊説般若経一行三昧。則天曰、若論修道、更不過東山法門。以秀是忍門人、便成口実也(『初期の禅史I』禅の語録2、筑摩書房、二九八ページ)。

(202) 叩歯晨興秋院静、焚香宴坐晩窗深。七篇真誥論仙事、一巻壇経説仏心。此日尽知前境妄、多生曾被外塵侵。自嫌習性猶残処、愛詠閑詩好聴琴。(『白氏長慶集』第二十三、味道)

（203）道存問和尚云、達摩五行論云、借教悟宗、復借何教。仰山云、所言借教悟宗者、但借口門言語、牙歯咽喉脣吻、云口放光、即知義也（『祖堂集』第十八、仰山章、禅学叢書之四、三五〇ページ下）。

（204）『勝鬘宝窟』に引く、曇林のことばは、次のようである。

巻上之末

曇林云、自此章為十大願（T. 37-21c）。

曇林云、梵本言菩提縵莚羅、此云道場（-22a）。

林公云、自財為内、他財為外。梵本云爾（-22b）。

林公云、不起慳心、是捨無量（-22b）。

巻中之本

林公云、此訓為錯、応言弁説（-29b）。

林公云、口業為欺誑、意為諂曲、身業為幻偽（-38b）。

林公云、須弥留、此云善高、三百三十六万里、縦広亦然。略説有十宝山、広説六万諸山、以為眷属、須弥最勝（-39a）。

巻中之末

林公云、外国云僧伽邏。此云行（-45b）。

林公云、外国法、仏在世及滅後、共魔語、皆悉咲之、為彼（波）卑（旬）面、此云悪者（-52c）。

後見林公疏、同吾此釈（-54b）。

林公云、二乗無漏、猶是無明。無漏不尽、即無明不尽。故云無漏不尽（-55a）。

林公云、外国或名説、或名記。此方翻之不悉、故記説両存（-58b）。

林公云、応言空義真実隠覆、以二乗執空為真実、故隠覆如来蔵（-73a）。


なお、宝窟引用の無臂林疏については、すでに矢吹慶輝の「北魏正始元年筆写現存最古の勝鬘経義記に就いて」（鳴沙余韻解説第二部）に注意するところがあり、窺基、普寂、凝然らの注疏に継承され、批判されることを指摘する。

（205）曇林の筆受の事実と、翻訳記の類を整理すると、おおよそ次のようになる。又、瞿曇般若流支の『仏説一切法高王経』については、牧田諦亮『六朝古逸観世音応現記の研究』（平楽寺書店、一九七〇年）に、「高王観世音経の出現」という一章がある。

公元	訳者		経名	訳場
五二五	正光六	仏陀扇多	金剛上味陀羅尼経一巻（T. 21-850a）	洛陽白馬寺
		〃	如来師子吼経一巻（T. 17-888b）	
五三一	普泰一	〃	摂大乗論二巻（T. 31-97a）	
五三九	元象二	〃	転有経一巻（T. 14-949a）	
		〃	大乗十法会（大宝積経28 T. 11-151a）	
		〃	銀色女経一巻（T. 3-450a）	
		〃	正恭敬経一巻（T. 24-1102b）	
		〃	無畏徳菩薩会（大宝積経99 T. 11-550b）	
		〃	無字宝篋経一巻（T. 17-870c）	
五三九	興和一	瞿曇般若流支	正法念処経七十巻（T. 17-1a）	高澄第
五四〇	興和二		聖善住意天子所問経三巻（T. 17-115b）	
五四一	興和三			
	三月三日	毘目智仙・瞿曇般若流支	廻浄論一巻（T. 32-13b）	鄴都金華寺
	七月二三日	〃	業成就論一巻（T. 31-777b）	〃
	八月一一日	〃	転法輪経優波提舎一巻（T. 26-355c）	〃
	九月　一日	〃	宝髻経四法優波提舎一巻（T. 26-273c）	〃
	九月一三日	〃	三具足経憂波提舎一巻（T. 26-359a）	〃
五四二	興和四			
	六月二二日	瞿曇般若流支	一切法高王経一巻（T. 17-852a）	定正寺

	七月　七日	〃	毘耶婆問経二巻（T. 12-223b）	高仲密第
	七月三〇日	〃	奮迅王問経二巻（T. 13-935b）	〃
	九月　一日	〃	第一義法勝経一巻（T. 17-879b）	〃
	九月一九日	〃	不必定入定入印経一巻（T. 15-699b）	〃
		〃	八部仏名経一巻（T. 14-74b）	
		〃	金色王経一巻（T. 3-388a）	
		〃	菩薩四法経一巻（仏陀扇多訳と同本か）	金華寺
五四三	武定一	〃	順中論二巻（T. 30-39c）	高仲密第
不　明		菩提流支	妙法蓮華優経波提舎二巻（T. 26-1a）	
〃		仏陀扇多	阿難陀目佉尼呵離陀隣尼経一巻（T. 19-692a）	

(206)　范文瀾の『文心雕龍註』（人民文学出版社、一九七八年）による。

後数百年、有羅漢菩薩、相継著論、賛明経義、以破外道。摩訶衍、大小阿毗曇、中論、十二門論、百法論、成実論等是也。皆傍諸蔵部大義、仮立外問、而以内法釈之（『魏書釈老志の研究』、訳註篇十八、一三八ページ）。

以仏所説経為三部、又有菩薩及諸深解奥義賛明仏理者、名之為論（『隋書経籍志』）。

(207)(208)　木村英一編『慧遠研究』遺文篇、創文社、一九六〇年。

(209)　為民所誉、則有名者也、無誉、無名者也。若夫聖人名無名、誉無誉、謂無名為道、無誉為大、則夫無名者、可以言有名矣、無誉者、可以言有誉矣（何晏『無名論』）。前註(206)『文心雕龍註』三三九ページ引。

(210)　同前。

(211)　夫万化本於無生而生、生者無生。三才兆於無始而始、始者無始。然則無生無始、物之性也。有化有生、人之聚也。聚雖一体、而形神両異。散雖質別、而心数弗亡。故救形之教、教称為外、済神之典、典号為内……。釈教為内、儒教為外、備彰聖典、非為誕謬。『広弘明集』第八、二教論（T. 52-136c）。

内外両教、本為一体。漸極為異、深浅不同。内典初門、設五種禁。外典仁義礼智信、皆与之符。仁者不殺之禁也、義者不盗之禁也、礼者不邪之禁也、智者不淫之禁也、信者不妄之禁也。『顔氏家訓』帰心篇。

釈僧可、一名恵可。俗姓姫氏、虎牢人。外覧墳素、内通蔵典。末懐道京輦、黙観時尚、独蘊大照、解悟絶群。『続高僧伝』第十六、斉鄴中釈僧可伝（T. 50-551c）。

(212)『弘明集研究』巻上（遺文篇）二ページ上。

(213)『弘明集』は、右の牟子理惑につづいて、正誣論、明仏論以下、二十五論を集める。論とよばないものも、大半は対論、駁論の書である。『広弘明集』は、内容によって分類し、篇名で統一するが、すべて仏道の論衡である。

(214)『続高僧伝』第十六、「斉鄴下南天竺僧菩提達摩伝」五（T. 50-551b）。

(215) 四十歳は、与えられた一生を終えて、第二の人生に入ることらしい。必ずしも、実数ではない。『祖堂集』にも、例が多い。のちに神会が中年で、恵能に会うというのも、恵可伝による。

(216)『金剛三昧経』の出現を、玄奘の帰朝以後、元暁の『金剛三昧経論』以前と断じたのは、水野弘元「菩提達摩の二入四行説と金剛三昧経」（印度学仏教学研究第三巻二号、一九五五年）である。

(217)『初期禅宗史書の研究』第六章第一節、祖師伝の変貌（四二八ページ）。

(218)『禅源諸詮集都序』上巻（禅学叢書之一、一三三ページ上左）。

(219) 同前（一三五ページ下左）。

(220) 別記云、師初居少林寺九年、為二祖説法。秖教曰、外息諸縁、内心無喘、心如牆壁、可以入道。恵可種種説心性、理道未契。師秖遮其非、不為説無念心体。恵可曰、我已息諸縁。師曰、莫不成断滅去否。可曰、不成断滅。師曰、何以験之、云不断滅。可曰、了了常知、故言之不可及。師曰、此是諸仏所伝心体、更勿疑也。『伝灯録』第三、菩提達磨章（T. 51-219c）。

(221)『禅源諸詮集都序』上巻（禅学叢書之一、一一四ページ下右）。

(222)『続高僧伝』第十六、菩提達摩章（T. 50-551c）。

(223) 前註(169)の私見を指す。

(224)「初期禅宗と止観思想」、関口真大編『止観の研究』、岩波書店、一九七五年。

(225) 生既潜思日久、徹悟言外。迺喟然歎曰、夫象以尽意。得意則象忘。言以詮理、入理則言息。自経典東流、訳人重阻、多守滞文、鮮見図義。若忘筌取魚、始可与言道矣。『高僧伝』第七、竺道生第一（T. 50-366c）。

(226)『大般涅槃経集解』第一、序経題の章（T. 37-377b）。

(227) 疏二、能所無二者、生公云、夫真理自然、悟即冥符、真理無差、悟豈容易。此文在法華中。『円覚経大疏鈔』巻十一之上（『続蔵』第十四冊０８９８下）

(228) 本稿第一〇章。

(229) 前註(175)に付する、三種刊本対照表による。

(230) 中川孝「菩提達摩の研究―四行論長巻子を中心として」、文化第二〇巻四号、一九五六年。

(231) 宇井伯寿『禅宗史研究』(四八ページ)。

(232) 前註(194)をみよ。

(233) 文は繁で理は散とは、歴代経録の編者が、偽経を難ずることばである。多くの中国仏典が、この一語で退けられ、偽妄乱真とされて、地上より姿を消した。

(234)『続高僧伝』第二十（麗本）、習禅篇の総論（T. 50-596b）。

(235) 周祖已前、有忌黒者云、有黒人次膺天位。故斉宣惶怖、欲誅稠禅師。稠以情問、云有黒人当臨天位。稠曰、斯浪言也。黒無過漆、漆可作耶。斉宣妄解、手殺第七弟渙。故可笑也。周太祖初承俗讖、我名黒泰可以当之。既入関中、改為黒皂、朝章野服、咸悉同之、令僧衣黄、以従讖緯。『広弘明集』第六、「列代王臣滞惑解」上（T. 52-124a）。

自古相伝、黒者得也。謂有黒相当得天下……。昔者高洋之開斉運、流俗亦有此謡。洋言、黒者稠禅師、黒衣天子也。将欲誅之。会稠遠識、悟而得免、備如別説。同右第八（-136a）。

(236) 本稿第八章。

(237)「『伝法宝紀』とその作者」、禅学研究第五三号、一九六三年。

なお、ペリオ第三五五九号に含まれる、大乗心行論につづく部分、稠禅師意、問大乗安心入道之法云何に対する答えの一部が、ペリオ・チベット文書第六三五号に当ることが、最近になって知られた。前註(3)にいう、「敦煌出土西蔵文禅宗文献の研究」(四)が、それである。

(238)『敦煌禅宗文献の研究』第五章第四節、および第五節の二（五三五ページ）。

(239) 伏陀禅師云、籍教明宗、深信含生同一真性、凡聖一路、堅住不移、不随他教、与道冥符、寂然無為、名為理入（『宗鏡録』第九十八、T. 48-942a）。

(240) 長安有男児、二十心已朽、楞伽堆案前、楚辞繫肘後。陳商に贈る、李賀の自賛の始め四句である（荒井健、中国詩人選集『李賀』一〇八ページ、原田憲雄『李賀論考』、楞伽—李賀小記—三六八ページ)。

白居易にも、楞伽を詠んだ句がある。夜涙闇鎖明月幌、春腸遙断牡丹庭、人間此病治無薬、唯有楞伽四巻経。元九の悼亡の詩を見、因みに此を以て寄す、という作品である。

(241) 原田憲雄「宝塔—岑参伝論—」、花園大学研究紀要創刊号、一九七〇年。

(242) 前註(216)をみよ。

(243) 『初期の禅史Ⅰ』(禅の語録2、筑摩書房、三三七ページ)。

(244) 同前、三五五ページ。

(245) 同前、三五六ページ。

(246) 『初期禅宗史書の研究』第三章第二節、「菩提達摩南宗定是非論」について(一一一ページ)。又、第四章第六節、『暦代法宝記』の登場(二八〇ページ)。

(247) 人と法と、ともに依るとするのは、達摩の直弟子縁法師である(本書一二〇ページ)。敦煌本『六祖壇経』は、その修正(本稿第三一章以下)。

(248)

注般若心経	雑録第二[九五]
是諸法空相。謂諸法本空也。安心論云、過去仏説一切法、亦一切空。未来仏説一切法、亦畢竟空。現在仏説一切法、亦畢意空。	淵禅師曰、若知一切法畢竟空、能知所知亦空。能知之智亦空、所知之法亦空。故曰、法智倶空、是名空空。故仏蔵経云、過去仏説一切法畢竟空、未来仏説一切法、亦畢竟空。

(249) 時維摩詰室有一天女、見諸大人聞所説法、便現其身、即以天華散諸菩薩大弟子上。華至諸菩薩、即皆堕落、至大弟子、便著不堕……。譬如人畏時、非人得其便。如是弟子畏生死故、色声香味触、得其便也。已離畏者、一切五欲無能為也。結習未尽、華著身耳。結習尽者、華不著也(T. 14-547c)。

(250) 『伝灯録』第二十八、諸方広語(禅学叢書之六、二八三ページ下左、二八九ページ上左)。

(251) 同前、第三十(三〇九ページ下右)。

(252) 智出於人之性、人之為智、或入於巧偽、而老荘之徒、遂欲棄知、是豈性之罪也哉。善乎孟子之言、所悪於知者、為其鑿也(『和刻影印近世漢籍叢刊』5、七八四ページ)。

(253) 将送行者到彼薩雲、非闇証禅師誦文法師所能知也。『摩訶止観』第五上(T. 46-52b)。

(254) 『初期の禅史Ⅰ』(禅の語録2、筑摩書房、一〇二ページ)。

（255）『続高僧伝』第十六、斉鄴中釈僧可伝六（T. 50-552a）。

（256）平川彰『律蔵の研究』第六章の一、2パーリ律犍度部の内容（五九九ページ）。又、『十誦律』第三十七、『涅槃経』第四など。

（257）『究竟大悲経』第四、対一切衆生弁邪正品第十三（T. 85-1377a）。

（258）仏告諸沙門、慎無視女人。若見無視、慎無与言、若与言者、勅心正行。『四十二章経』第二十八章（T. 17-723b）。

（259）如善知識、把出箇境塊子、向学人面前弄、前人弁得、下下作主、不受境惑、善知識便即現半身、学人便喝。善知識又入一切差別語路中擺撲。学人云、不識好悪老禿奴。善知識歎曰、真正道流（禅学叢書之三、六四ページ下右）。

上堂云、但有来者、不虧欠伊、総識伊来処。若与麼来、恰似失却、不与麼来、無縄自縛。一切時中、莫乱斟酌。会与不会、都来是錯。分明与麼道、一任天下人貶剝。久立珍重（同前、五八ページ下右）。

無縄自縛は、『百丈広語』にもみえる。

若守初知為解、名頂結、亦名堕頂結。是一切塵労之根、自生知見、無縄自縄所知故（同前、一八ページ上右）。

（260）『摩訶般若波羅蜜経』第二十四、四摂品第七十八（T. 8-396c）。

（261）是以経云、一切法無性故、一念起時、即不生不滅。［九二］楞禅師のことば。

若知一切法畢竟空……。［九五］淵禅師のことば。註（248）をみよ。

於一切法無所得者、是名脩道之人。［九六］蔵禅師のことば。

眼見処即実際、一切法皆是実際。［九七］賢禅師のことば。

経云、一切法本無。［九九］憐禅師のことば。

凡是施為挙動皆如、見色聞声亦如。乃至一切法亦如。［一〇〇］洪禅師のことば。

意不属一切法、即是自性解脱。経云、一切法不相属故。［七五］覚禅師のことば。

若知一切法皆是一法、即得解脱。［七六］梵禅師のことば。

一切法無导。何以故。一切法無定……。［七七］道志師のことば。

一切法無対、即是自性解脱。［七八］円寂尼のことば。

（262）本稿第三六章。

（263）是你如今与麼聴法底人、作麼生擬修他証他荘厳他。渠且不是修底物、不是荘厳得底物。（禅学叢書之三、六三ページ上右）

諸方説、有道可修、有法可証。你説、証何法修何法。你今用処、欠少什麼物、修補何処。（同前、六三ページ上左）

（264）『宗鏡録』第九十七（T. 48-941b）。

（265）計較は、計校とも書く。古くは、計の一字で足りた。計校は、「雑録第一」[六七]は、その好例の一つ。計校は、「雑録第一」[一九]、[三七]、[五三]、「雑録第二」[八二]、[八六]などにみえる。

（266）『二入四行論』長巻子と、『安心法門』のテキストを対比すると、おおよそ次のようである。

雑録第一　[六七]	安心法門、第二段
問、云何自心現。答、見一切法有、有自不有。自心計作有。見一切法無、無自不無、自心計作無。乃至一切法亦如是、並自心計作有、計作無。貪似何物、作貪解。自心起見、故自心計無処所、是名妄想。自謂出一切外道計、亦是妄想、自謂無念無分別、亦是妄想。	問、云何自心現量。荅、見一切法有、有自不有、自心計作有。見一切法無、無自不無、自心計作無。乃至一切法亦如是。並是自心計作有、自心計作無。

（267）是法平等無有高下、是名阿耨多羅三藐三菩提。『金剛般若経』（T. 8-751c）。

法無高下、等法性故。法無取捨、住実際故。『文殊説般若経』上（T. 8-727a）。

法無高下、法常住不動、法離一切観行。『維摩経』弟子品（T. 14-540a）。

（268）『達摩の語録』（禅の語録1、筑摩書房）、二一九ページ。

（269）問、祖伝法付与何人。師云、無法与人。云、云何二祖請師安心。師云、你若道有二祖、即合覓得心。覓心不可得故。所以道、与你安心竟。若有所得、全帰生滅。『四家語録』第五（禅学叢書之三、五〇ページ下左）。

又問、請和尚安心。師（達摩）曰、将心来、与汝安心。進曰、覓心了不可得。師曰、覓得豈是汝心。与汝安心竟。達摩語恵可曰、為汝安心竟。汝今見不。恵可言下大悟。恵可白和尚、今日乃知、一切諸法本来空寂。今日乃知、菩提不遠。是故菩薩不動念、而至薩般若海、不動念而登涅槃岸。師云、如是如是。『祖堂集』第二（禅学叢書之四、三七ページ上）。

師（達摩）遂因与易名曰恵可。光曰、諸仏法印、可得聞乎。師曰、諸仏法印、匪従人得。光曰、我心未寧、乞師与安。師曰、将心来、与汝安。曰、覓心了不可得。師曰、我与汝安心竟。『伝灯録』第三（T. 51-219b）。

師（達摩）遂因与易名曰恵可。光曰、諸仏法印可得聞乎。師曰、諸仏法印、匪従人得。光曰、我心未寧。乞師与安。師曰、将心来、与汝安。光曰、覓心了不可得。師曰、与汝安心竟。『天聖広灯録』第六（禅学叢書之五、三九五ページ上）。

達磨面壁。二祖立雪断臂云、弟子心未安、乞師安心。磨云、将心来。与汝安。祖云、覓心了不可得。磨云、為汝安心竟。『無門関』第四十一（T. 48-298a）。

(270) たとえば、明曠の『天台菩薩戒疏』上巻に、次のようにいう。

教言弟子某甲等、願従今身尽未来際、帰依仏両足尊、帰依法離欲尊、帰依僧衆中尊、三説。弟子某甲等、願従今身尽未来際、帰依仏竟、帰依法竟、帰依僧竟、三説。……唯願三宝、慈悲摂受、哀愍故、礼三宝。受三帰竟。（T. 40-582a）

竟字の由来は、さかのぼれば白四羯磨による、議決の句である。謂わゆる達磨安心の問答は、そうしたインド伝来の形式に、ことさらに合わせたのである。

(271) 第二祖可大師云、凡夫謂古異今、謂今異古。復離四大、更有法身。解時、即今五陰心、是円浄涅槃。此心具足万行、正称正宗。伝法偈云、本来縁有地、因地種華生、本来無有種、華亦不能生（T. 48-939c）。「雑録第三」83に拠っている。

(272) 本稿第二六章。

(273) 後見先師可公、請為懺悔。可公曰、将汝罪来、与汝懺悔。大師曰、覓罪不可。可公曰、与汝懺悔矣。大師白先師曰、今日乃知、罪性不在内、不在外、不在中間、如其心然、罪垢亦然。先師曰、如是。『宝林伝』第八（禅学叢書之五、一五〇ページ上左）。

(274) [八五]の経典は、出所不明であるが、今も食前呪願に唱える、一口為断一切悪、二口為修一切善、三口為度諸衆生というのを、思いあわせてよい。答えの妄想自心現は、明らかに[六七]を受ける。

[八七]の鏡中像は、『起信論』に一例あり、『維摩経』に二例あって、一方を妄想の譬えとし、一方を菩薩の仏事とするのが、参考となろう。是故一切法、如鏡中像、無体可得、唯心虚妄。以心生則種種法生、心滅則種種法滅故（T. 32-577b）。

優波離、一切法生滅不住、如幻如電。諸法不相待、乃至一念不住、諸法皆妄見。如夢如炎、如水中月、如鏡中像、以妄想生。其知此者、是名奉律。「弟子品」第三（T. 14-541b)。

阿難、或有仏土、以仏光明、而作仏事……、有以虚空、而作仏事。衆生応以此縁得入律行。有以夢幻影響、鏡中像水中月、熱時炎、如是等喩、而作仏事。「菩薩行品」第十一（T. 14-553c)。

(275) 石を刻んで仏とする譬えは、のちに南泉に受けつがれて、ポイントが変わる。『祖堂集』第十八、陸亘太夫の章に、次のようにいっている。

太夫問南泉、家中有一片石、或坐或踏。如今鐫作仏像、還坐得不。南泉云、得得。陸亘云、莫不得不。泉云、不得不得。雲嵒云、坐則仏、不坐則非仏。洞山云、不坐則仏、坐則非仏。南泉云、摘一个字添両字、仏法大行。有人摘得摩。無人対。泉代云、只今是有是無（禅学叢書之四、三三八ページ上)。

(276) 求那跋陀羅訳の『楞伽阿跋多羅宝経』第一の偈に、云何為化仏、云何報仏、云何如如仏、云何知恵仏といい、長行部分では、大恵、如工幻師、依草木瓦石、作種種幻、起一切衆生若干形色、起種種妄想。彼諸妄想、亦無真実。如是大恵、依縁起自性、起妄想自性、種種妄想心、種種想行、事妄想相、計著習気妄想。大恵、是為妄想自性相生。大恵、是名依仏説法。大恵、法仏者、離心自性相、自覚聖所縁境界、建立施作。大恵、化仏者、説施戒忍精進禅定、及心智恵、離陰界入、解脱識相、分別観察建立、超外道見無色見。大恵、又法仏者、離攀縁所縁、離一切所作、根量相滅。非諸凡夫、声聞縁覚、外道計著、我相所著境界。自覚聖究竟差別相建立。是故大恵、自覚聖差別相、当勤修学、自心現見、応当除滅とし、依仏と法仏について説く（T. 16-486a)。

(277) 元来、四仏の一一の説明は、『楞伽経』にはなかったようで、『宗鏡録』第十六にも、且楞伽経説有四仏、一化仏、二報生仏、三如如仏、四智恵仏。随機赴感、名之為化、酬其往因、名之為報、本覚顕照、名為智恵、理体無二、故曰如如とし、若別依五教、随教不定。一小乗教有二身仏、一生身、二法身。二大乗初教、有三身仏。一法身、二応身、三化身。三終教有四身仏。一理性身、二法身、三報身、四応化身。四頓教唯一仏身。一実性仏。五一乗円教、有十身仏とする（T. 48-500a)。

智昇の『続集古今仏道論衡』に引く、「漢法本内伝」第三に、摩騰法師が明帝に四種法身を説くところがあり、この場合はすべて法身である（T. 52-399b)。

(278) 前註(271)をみよ。

(279) 伝法偈と可禅師の語は、内容的に結びつかない。なお、可禅師の語の後半、煩悩海中明珠の譬えは、

「雑録第三」81の三蔵法師の言葉のうちに、「煩悩大海に入らずんば、无価の宝珠を得ず」というのを受けるであろう。この場合は、『維摩経』仏道品の句である。

(280) 本稿第二一章。

(281) 本稿第四六章。

(282) 『伝心法要』さいごの上堂にみえる（禅学叢書之三、四三ページ上左）。

(283) 前註(237)にあげる小稿に、すでに原文の迻録がある。

(284) 脇尊者の名は、脇を席につけない、常坐不臥の行持による。『暦代法宝記』の道信の章に、「昼夜常坐不臥、六十余年、脇不至席」とあり、脇比丘の行持が理想とされた。元来は『付法蔵因縁伝』第五（T. 50-314c）による話であり、西天祖統説の成立に先立って、この人がとくに注目されたのかもしれぬ。

(285) 達磨禅師後、有恵可、恵育二人。育師受道心行、口未曾説。可禅師後、粲禅師、恵禅師、盛禅師、那老師、端禅師、長蔵師、真法師、玉法師、已上並口説玄理、不出文記。『続高僧伝』第三十五（明本）、兗州法集寺釈法冲伝第三十九（T. 50-666b）。

(286) 『証心論』（燉煌出土）と天台止観法門、「達摩大師の研究」第2章、達摩大師撰述についての諸問題第5（二四六ページ）。

佐藤哲英「証心論と坐禅方便門」、『天台大師の研究』第二篇、前期時代著作の研究第七節、百華苑、一九六一年。敦煌本では、証（證）と澄は混用される。『澄心論』の方が、よいであろう。

(287) 二本のテキストを対比すると、おおよそ次のようになる。

楞伽師資記、道信章	**証心論、一巻**
又古時智敏禅師訓曰、学道之法、必須解行相扶、先知心之根源、及諸体用、見理明浄、了了分明無惑。然後功業可成。一解千従、一迷万惑、失之毫氂、差之千里。此非虚言。（『初期の禅史1』二二五ページ）	夫学道之法、必須先知根源。求道由心。又須識心之体性、分明無[惑]、功業可成、一了千迷、迷一万[惑]。（『校刊少室逸書』五二ページ）

(288) たとえば、「雑録第二」［六八］の会是は、『修心要論』でややふくらみをもつ。

［六八］法師曰、若欲取遠意時、会是結習俱尽。

［修心要論］但於行住坐臥中、常了然守本真心。会是

妄念不生、我所心滅。若了此心源者、一切心義自現、一切願具足、一切行満、一切皆弁、不受後有。会是妄念不生、我所心滅。捨此身已、定得無生。（『校刊少室逸書付録』一五三ページ）

(289) 註(237)の小稿に、次の文章を引くのをいう。道凡趣聖心決。初菩提達磨、以此学伝恵可、恵可伝僧璨、僧粲伝道信、道信（伝）大師弘忍、弘忍伝法如、法如伝弟子道秀等。是道信有杜正倫作碑文。此文忍師弟子承所聞伝云云。

又、『修心要論』のはじめにつけられる、まえがきの一段は、ペリオ第三五五九本以外のすべてに共有する。

(290) 玄賾の伝える十大弟子は、のちに多少の加減を経て、各派伝統説の根拠となる。牛頭宗と四川の智詵派は、その代表である。『初期禅宗史書の研究』一二七ページ、二八〇ページをみよ。

(291) 四種の資料には、出入りがある。便宜的に対照表をつくる。数字は、各テキストの列名順位を示し、『承襲図』は右より左へ数える。

楞伽人法志	暦代法宝記	円覚経大疏鈔	中華伝心地禅門師資承襲図
1神秀	1神秀師	1荊州神秀	2北宗神秀
2資州智詵	2智詵師	4資州智詵	7資州侁（資州処寂、益州金、益□石、保唐李了法）
3白松山劉主簿	9劉主簿	3襄州通	4果閬宣什
4華州恵蔵	7恵蔵師	6華州恵蔵	1襄州通
5随州玄約	8玄約師		6業州法
6嵩山老安	5老安師	9嵩山老安	9老安（陳楚章）
7潞州法如	6法如師	2潞州法如	
8韶州恵能	伝衣得法弟子恵能	新州盧行者	5恵能第六
9揚州高麗僧智徳	3智徳師	8揚州覚	10揚州覚
		7蘄州顕	
10越州義方		5越州義方	3越州方
玄賾	4玄賾師		8江寧持
初期の禅史 I（一七三ページ）	初期の禅史 II（九二ページ）	続蔵（一一〇七—七a）	『禅源諸詮集』付録（二八九ページ）

『円覚経大疏鈔』の7蘄州顕は、先にいう双峰山塔各談玄理による新加で、『承襲図』では道信第四の弟子に

移されて、江寧法持が加わる。江寧法持のことは、『初期禅宗史書の研究』で、詳しく考えた（一一八ページ）。

(292)『初期禅宗史書の研究』第二章第四節、『楞伽師資記』の形成―その一（五九ページ）。

(293)『初期の禅史Ⅰ』禅の語録2、筑摩書房、二八七ページ。

(294)前註(174)にいう「楞伽師資記とその内容概観」による。

(295)のちに、宗密が知の一字をいい、宋代に趙州の無字、理の一字などというように、字は文字のことではなくて、哲学的な課題のことである。

(296)吉岡義豊「道教の守一思想」、『道教と仏教』第三、国書刊行会、一九七六年。

又、『朱子語類』第九十七に、左記がある。

持国曰、道家有三住、心住則気住、気住則神住。此所謂存三守一。伯淳曰、此三住者、人終食之頃、未有不離者、其要只在収放心。此則明道以持国之言為然、而道家三住之説、為可取也。至第二巻、何以有曰、若言神住気住、則是浮屠入定之法。雖言養気、亦是第二節事。若是則持国当日之論、容有未尽者、或所記未詳如何。曰、二程夫子之為教、各因其人、而随事発明之。故言之抑揚亦或不同。学者於此等処、必求其所以為立言之意、倘自為窒塞、則触処有礙矣。与持国所言、自是于持国分上、当如此説。然猶卒帰於収放心。至闢之以為浮屠入定之説者、是必厳其辞、以啓迪後進、使先入之初、不惑乎異端之説、云爾。謨。

(297)本稿第二六章。

(298)『初期の禅史Ⅰ』禅の語録2、筑摩書房、二八七ページ。

(299)引用句の出典についても、右の小著の語註をみよ。

(300)前註(237)(289)をみよ。

(301)孔子愀然曰、請問何謂真。客曰、真者、精誠之至也。不精不誠、不能動人。故強哭者、雖悲不哀、強怒者、雖厳不威……。真在内者、神動於外、是所以貴真也。『荘子』漁父篇第三十一。

王母歎曰、言此子者誠多。然帝亦不必推也。夫好道慕仙者、精誠志念、齋戒思愆、輒除過一月、克己反善、奉敬尊神、存真守一、行此一月、輒除過一年、徹念道累年、齋亦勤矣（「漢武内伝」、『太平広記』三）。

(302)前註(296)をみよ。

(303)若有初心学坐禅者、依観無量寿経、端坐正念、閉目合口、心前平視、随意近遠、作一日想守真心、念念莫住、即善調気息、莫使乍麁乍細、則令人成病。（禅学叢書之二、二七ページ下右）

(304)又云、三界虚幻、唯是一心作。若不得定、不見一切境

界者、亦不須恠。（同前、二七ページ下左）

三界虚幻は、『起信論』にいう、三界虚偽、唯心所作、離心即無六塵境界の句により、唯心虚妄をいうにとどまって、唯心を真心とするわけではない。

(305) 前註(140)をみよ。

(306) 本稿第三九章。

(307) 『初期の禅史Ⅰ』、禅の語録2、筑摩書房、二六八ページ。

(308) 南北二宗の対決は、『六祖壇経』の所伝である。『六祖壇経』の成立年代が、敦煌本によって八世紀末と決まると、すべてが恵能その人の時代より、約七十年ほど下ることとなる。本稿第三〇章をみよ。

(309) 『円覚経大疏鈔』第三之下に、次のようにいうのによる。神会第七、大師承南宗能和尚、後於東京荷渓（沢）寺、時人皆云荷沢和上。和上姓万（高）、頂異凡相、如孔丘也。骨気殊衆、総弁難測。先事北宗秀三年、秀奉勅追入、和上遂往嶺南和尚。（『続蔵』第十四冊０５５３下、又、後註(469)をみよ。

(310) 柳田聖山「北宗禅の思想」、禅文化研究所紀要第六冊、一九七四年。吉津宜英「神秀の華厳経疏について」宗学研究第二四号、一九八二年。

(311) Bernard Faure, Shen-hsiu et L'Avataṁsaka-Sūtra, *ZINBVN* No. 19, 1983.

(312) 久野芳隆「最澄を終点とする受菩薩戒儀の成立過程、附、梵網戒に関する諸見解」、『常盤博士還暦記念仏教論叢』、弘文堂、一九三三年。

(313) 天台智者大師説、門人灌頂記という、『菩薩戒義疏』巻上に、梵網本、地持本、高昌本、瓔珞本、新撰本、制旨本の六種をあげる（T. 40-568a)。

関口論文は、右の六本以外に、南岳恵思撰とされる『授菩薩戒儀一巻』と、敦煌本のスタイン第一〇七三号、および大乗無生方便門によって、達摩本の存在を推定せんとするもの。

(314) 北宗残簡第六篇、大乗無生方便門（宇井伯寿『禅宗史研究』四四九ページ、岩波書店、一九四〇年）。スタイン第二五〇三号によるもの。北宗五方便『鈴木大拙全集』第三巻、第二篇研究文献（一六七ページ）、岩波書店、一九六八年。

(315) 北宗残簡第五篇、大乗北宗論一巻、同前（四四七ページ）。スタイン第二五八一号によるもの。

(316) 同前、四四八ページ。

(317) 同前、四四八ページ。

(318) 同前、四五〇ページ。

『大正新修大蔵経』第八十五巻に、スタイン第一〇七三号による和菩薩戒文一本を収める。『梵網経』の菩薩十戒について、師資の問答を記したもの。一種の懺悔文に似る。スタイン第一〇七三号は、続いて「授菩薩戒儀」を写す。授戒の儀式の途中、このような問答による注釈が加えられたのか、あるいは別の場所での問答か、いずれとも決し難いが、口語の注釈であることは注目に価しよう。

(319)　北宗残簡第七―八篇、同前（四六八ページ）。ペリオ第二〇五八号、第二二七〇号によるもの。

(320)　同前、四六九ページ。

(321)　『鈴木大拙全集』第三巻、三二九ページ。
なお、スタイン第一〇七三号の「授菩薩戒儀」にいう五種下心は、次のごとくである。

菩薩有五種下心。第一観一切衆生、作賢聖想、自身凡夫想。第二観一切衆生、作国王想、自身作百性想。第三観一切衆生、作師僧和尚想、自身作弟子想。第四観一切衆生、作父母想、自身作男女想。第五観一切衆生、作郎主想、自身作奴婢想。

(322)　パリのドミエヴィルが、『塚本善隆博士頌寿紀念仏教史学論集』（京都、一九六一年）に寄せる、左記論文を指す。
Deux documents de Touen-Houang sur le dhyāna chinois.

(323)　前註(46)(47)をみよ。

(324)　『胡適校敦煌唐写本神会和尚遺集』胡適紀念館、民国五十七年、四二六ページ。

(325)　前註(86)(87)をみよ。

(326)　北宗残簡第六篇（宇井伯寿『禅宗史研究』、四五二ページ）。

(327)　北宗残簡第七篇、第八篇（同前、四七〇ページ）。

(328)　但簡兄弟、余無預焉（胡適校写本、四二六ページ）。
聊顕入道方便偈等、用簡有縁同悟之徒（鈴木大拙校刊『少室逸書』四ページ）。

簡は、手紙を出すこと、手紙を出す相手としてえらぶことのようである。仏教学の伝統的な術語としては、えらびすてる意があるが、ここでは通用しない。

(329)　当時の北庭都護府は、今の新疆ウイグル自治区ウルムチにあり、貞元以後、吐蕃の支配下にあった。宝珍の伝は不明で、漢僧かどうかも判らぬが、神会語録の流伝が、チベットの中国仏教受容と、有名なラサ宗論に関係をもつことは、確かである。北宗崇遠を相手どる、神会の滑台宗論は、ラサ宗論のモデルであったろう。

(330)　『敦煌曲校録』、任二北、上海文芸連合出版社、一九五五年。

(331)　神会の檀越については、山崎宏『隋唐仏教史の研究』

第十一章「荷沢神会禅師」に詳しい（法藏館、一九六七年）。大半は神会に限らず、北宗の諸禅師にも、密教関係の梵僧にも関係している。

(332) 懐迪の伝は、『開元録』第九にあり、のちに『宋高僧伝』第三に、そのまとめられる。『首楞厳経』の訳出については、『貞元録』第十四に、沙門般剌蜜帝（極重）の誦出、烏萇国沙門引伽釈迦の訳語、菩薩戒弟子前正儀大夫同中書門下平章事清河房融筆受、脩州羅浮山南楼寺沙門懐迪証訳とし、このときはじめて房融の名を明らかにする。

(333) 『胡適校敦煌唐写本神会和尚遺集』四九四ページの胡註九、および胡註十二をみよ。

(334) 二本は相互に出入あり、私見による本文校合は、別に発表の予定である。註(336)に、その一部を掲げる。

(335) 『初期禅宗史書の研究』付録、［資料三］大唐大安国寺故大徳浄覚師碑銘幷序、［資料五］六祖能禅師碑銘幷序。

(336)(337) 二本を対比すると、おおよそ次のようになる。

南陽和尚問答雑徴義	石井本神会録
10 和上問澄禅師、修何法而得見性。澄法師曰、先須学坐修定、得定已後、因定発慧、［以智恵］故、即得見性。問曰、修定之時、豈不要須作意否。答言、是。［問］、既是作意。即是識定。若為得見性。答、今言見性者、要須修定。若不修定、若為見性。問曰、今修定者、元是妄心、［妄］心修定、如何得定。答曰、今修定得定者、自有内外照。以内外照故、得見浄［心］、以心浄故、即是見性。問曰、今言見性者、性無内外。若言因内外照故、元是妄心。若為見性。経云、若学諸三昧、是動非坐禅。心随境界流、云何名為定。若指此定為是者、	［二九］問曰、門人劉相倩、在南陽郡、見侍御史王維在臨湍駅中、屈和上及同寺恵澄禅師、語経数日。于時王侍御問和上言、若為修道得解脱。答曰、衆生本自心浄。若更欲起心有修、即是妄心、不可得解脱。王侍御驚愕云、大奇。曾聞諸大徳、皆未有作此説者……。和上答、今言不同者、為澄禅師要先修定、得定後発恵、会則不然。今已共侍御語時、即定恵等。涅槃経云、定多恵少、増長無明、恵多定少、増長邪見。定恵等□、名見仏性。故不同。王侍御問、作勿生是定恵等。和上荅、今言定者、体不可得。今言恵者、能見不可得体、湛然常寂、

維摩詰即不応訶舎利弗宴坐也。（胡本四四八ページ）	有恒沙之用、即是定恵等学。衆人起庁前、共澄禅師、語禅師語。王侍御云、恵澄与会闍梨、同否。師云不同。王侍御乃謂和上曰、何故不同。和上荅言、不同者、為澄禅師先修得定、以後発恵。会即不然。正共侍御語時、即定恵等。是以不同……。（鈴木校訂本三一ページ）

（338）　(6)礼部侍郎蘇晋問、何者是大乗、何者是最上乗。（中略）答曰、言大乗者、如菩薩行檀波羅蜜、観三事体空、乃至六波羅蜜亦復如是。故名大乗。最上乗者、但見本自性空寂、即知三事本来自性空、更不復起観、乃至六度亦然。是名最上乗。又問、仮縁起否。答曰、此中不立縁起。問、若無縁起、云何得知。答、本空寂体上、自有般若智能知、不仮縁起。若立縁起、即有次第（『胡適校敦煌唐写本神会和尚遺集』新版四四〇ページ）。

神会の三事体空は、達摩の称法行を継承しつつ、三事本自性空と知る、知の一字をいうところが新しい。縁を仮らずに知り、境に対せずして照すので、見性の根拠もまたここにある。無住体上自有本智の句は、苗侍郎との問答（胡適テキスト一二四ページ、石井本[一五]）にあり、澄観の『華厳経疏演義鈔』第二十一で、明是本明、即無念体上自有真知、非別有知知心体也（T. 36-164b）とされる。又、無念の問題は、次の張燕公との問答に詳しい。

(8)張燕公問、禅師日常説无念法、勧人修学。未審无念法有无。答曰、无念法、不言有、不言無。問、何故無念不言有无。答、若言其有者、即不同世有。若言其无者、不同世無。是以無念不同有無。問、喚作是没勿。答、不喚作勿。問、異没時作物生。答、亦不作一物。是以無念不可説。今言説者、為対問故。若不対問、終無言説。譬如明鏡。若不対像、鏡中終不現像。尓今言現像者、為対物故、所以現像。問曰、若不対像、照不照。答曰、今言対照者、不言対与不対、倶常照。問、即無形像、復無言説。一切有无、皆不可立。今言照者、復是何照。答曰、今言照者、以鏡明故、有自性照。以衆生心浄故、自然有大智恵光、照無余世界。問、既若如此、作没生時得。答、但見無。問、既無、見是物。答、雖見、不喚作是物。問、既不喚作是物、何名為見。答曰、見無物、即是真見常見。

（前掲『神会和尚遺集』四四三ページ）

(339) 語録に登場する名公は、大半が歴史的人物と異なる、特殊のイメージをもつ。当初より、禅問答の対機として、文学的虚構の所産であることが多い。神会と王維、張説のかかわりは、のちに第三五章にいう、白居易と済禅師、あるいは鳥窠問答に発展する契機を含む。

(340) 荷沢宗者、全是曹渓之法、無別教旨。為対洪州傍出故、復標其宗号……。然能和尚滅度後、北宗漸教大行（亦如上叙）、因成頓門弘伝之障、曹渓伝授碑文、已被磨換故……。天宝初、荷沢入洛、大播斯門、方顕秀門下師承是傍、法門是漸。既二宗双行、時人欲揀其異、故標南北之名、自此而始（『中華伝心地禅門師資承襲図』禅の語録9、筑摩書房、二八二ページ）。

(341) 上座法海向前言大師、大師去後、衣法当付何人。大師言、法即付了、汝不須問。吾滅後二十余年、邪法撩乱、惑我宗旨。有人出来、不惜身命、定仏教是非、竪立宗旨、即是吾正法（『慧能研究』資料篇、第一章六祖壇経、三七七ページ）。

　『曹渓大師伝』で、滅後二十年に代わる七十年後の予言が創られて、「二十年云云」は次第に忘れられてゆく。『祖堂集』第二、『伝灯録』第三も、『曹渓大師伝』に拠っている。問題は、神会その人の生前、恵能滅後二十年よりも、四十年後の予言があったことで、石井本『神会録』の最後に付する、六代伝に次のようにいうのが注目される。

　弟子僧法海問曰、和上（泥）曰以後、有相承者否。有此衣、何故不伝。和上謂曰、汝今莫問、以後難起極盛。我縁此袈裟、幾失身命。汝欲得知時、我滅度後四十年外、竪立宗者（旨）、即是（鈴木校本、六二ページ）。

　四十年が二十年の誤記でない限り、神会生前に二十年の予言はなかった。むしろ、二十年後を最初にいうのは、神会を受ける『暦代法宝記』であり、敦煌本『六祖壇経』は、『暦代法宝記』を受けたこととなる。

(342) 独孤及、李華、梁粛は、柳宗元や韓愈にはじまる、新しい哲学と文学の先河である。独孤及の諡議は、権徳輿が書いている。神田喜一郎「梁粛年譜」、東方学会創立二十五周年記念『東方学論集』、一九七二年。

(343) 序文の作者は、皇四従伯中散大夫行金州長史李知非である。その趣旨は、浄覚生平の説にちがいない。

　古禅訓曰、宋太祖之時、求那跋陀羅三蔵禅師、以楞伽伝灯、起自南天竺国、名曰南宗。次伝菩提達摩禅師、次伝可禅師、次伝粲禅師、次伝蘄州東山道信禅師、遠近咸称東山法門也。次伝忍大師、次伝秀禅師、道安禅師、賾禅師云云（『初期禅宗史書の研究』付録、資料七、五九六ページ)。

(344)『胡適校神会和尚遺集』旧版一五九ページ、新版二六〇ページ。

『師資血脈伝』は、石井本『神会語録』のさいごについている六代伝であろう。その文脈に従えば、神会が宗論のとき、崇遠に語ったこととなり、神会が普寂の作という、『伝法宝紀』によることも首肯されるが、前註(341)にいうように、恵能滅後四十年の懸記があって、現在のテキストは、後代の再編とみるほかはない。石井本六代伝の出だしの部分を、定是非論の該当部分に対比すると、おおよそ次のようになる。

[四九] 遠法師問曰、禅師口称達摩宗旨、未審禅門有相伝付嘱、以為是説。答曰、従上以来、具有相伝付嘱。又問曰、復経今幾代。答曰、経今六代。請為説六代大徳是誰、并叙伝授所由。

胡適新校本(二八〇ページ)

遠法師問、禅師既口称達摩宗旨。未審此禅門者、有相伝付嘱。為是得説、只没説。和上答、従上已来、具有相伝付嘱。又問、相伝□□已来、経今幾代。和上答、経今六代。遠法師□□(以下断欠)。

(345) たとえば、神会は自分が普寂を退けるのは、名利のためではなく、一切衆生に正法の所在を知聞させるためであるとし、次のようにいっている。此の論を読む者を、身後に求める気概である。

遠法師問、普寂禅師、名字蓋国、天下知聞、衆口共伝、為不可思議。何故如此、苦相非斥。豈不与身命有讎。和尚答曰、読此論者、不識論意、謂言非斥。普寂禅師、与南宗有別、我自料簡是非、定其宗旨。我今為弘揚大乗、建立正法、令一切衆生知聞、豈惜身命。遠法師問、修此論者、有不為求名利乎。和尚答曰、今修此論者、生命尚不惜、豈以名利関心(胡適テキスト旧版、一七八ページ)。

(346) 前註(344)のテキスト、一五九ページおよび二六一ページ。

(347)『大乗起信論』と独孤沛の帰敬偈を対比すると、おおよそ次のようである。

帰命尽十方、　帰命三宝法、
最勝業遍知。　法性真如蔵。
色無礙自在、　真身及応身、
救世大悲者。　救世大悲者。
及彼身体相、　宗通並宗(心)通、
法性真如海。　如月処虚空、
無量功徳蔵、　唯伝頓教法、
如実修行等。　出世破邪宗。

為欲令衆生、
除疑捨耶執。
起大乗正信、
仏種不断故。
（T. 32-575b）　（胡適テキスト二六〇ページ）

※因みに、「宗通並心通」以下の四句は、敦煌本『六祖壇経』［三六］にとられる。

当時、帰敬偈のある著作より、語録への変化がみられる。後註(408)に引く、慈愍の慈悲集にも、帰敬偈がある。今、『楞伽師資記』、『伝法宝紀』、『頓悟要門』の三本を対比すると、おおよそ次のようである。

(1)仏性空無相、真如寂不言。口伝文字説、
斯皆妄想禅。涅槃齧鏃法、秘密不教人。
心通常黙用、唯当度有縁。二乗元不識、
外道未曾聞。小根多毀謗、誓願莫流伝。
（『初期の禅史Ⅰ』四九ページ）

(2)稽首善知識、能令護本心。猶如濁水中、
珠力頓清現。所以今修紀、明此通伝法。
願当尽未来、広開仏智見。
（同前、三二九ページ）

(3)稽首和南十方諸仏、諸大菩薩衆。弟子今作此論、恐不会聖心、願賜懺悔。若会聖理、尽将廻施一切有情。願於来世尽得成仏。
（『頓悟要門』（禅の語録6、筑摩書房、六ページ）

『頓悟要門』の帰敬偈は、おそらくは『修心要論』を受ける、口語体である。

(348) 前註(344)(346)につづく。テキスト一六〇ページ、および二六一ページ。

(349) 本稿第二六章。

(350) 前註(344)(346)(348)につづく。テキスト一六二ページ、および二六三ページ。

(351) 『初期の禅史Ⅱ』、一五四ページ。
『暦代法宝記』のねらいは、後半の袈裟の行方を問うにある。前半の壇場説法とその内容を、知見と言説におくのは、神会その人の主張を、正しく伝えているといえる。知見を立てるのは、「菩提達摩南宗定是非論」に、神会三十年の工夫が見の一字にありとするのを受け、言説の方は先にいう、王維との問答（前註(336)(337)）を指すとみてよい。

(352) 神会が崇遠と対論するのは、開元二十年を中心とする滑台の宗論以外、天宝四年に洛陽に入って以後も、幾度かあったとみられるが、今、とくに天宝八載中というのは、むしろ『暦代法宝記』の側に、その動機ありと言わねばならぬ。すなわち、『暦代法宝記』の無住伝による

と、無住はこの年に三十六歳、具戒し已って（太原の自在を辞し）、五台山清涼寺で一夏を経、到次山明和上の蹤由と、神会和上の語意をきくのみで、意況を知って往いて礼せずとされる（一六八ページ）。無住、もしくは『暦代法宝記』の編者は、独孤沛のテキストを読んで、伝衣説だけを受けつぐので、開元二十年前後の宗論には、直接の関心がなかったといえる。前註(341)にいうように、開元二十年の宗論問題を、恵能その人の懸記とするのは、ほかならぬ『暦代法宝記』である。

(353) かつて指摘したように、「見性成仏」の四字は、『涅槃経集解』第三十三に収める、僧亮の語にもとづく（T. 37-490c）。神会の見性説は、前註(336)に引く、澄禅師との問答の後半にみえ、(338)に引く蘇晋との問答の後半でも、次のようにいっている。

　又問、見此性人、若起無明、成業結否。答、雖有無明、不成業結。問、何得不成。答、但見本性体不可得、即業結本自不生（胡適テキスト、四四二ページ）。

(354) 『顕宗記』は、敦煌本『頓悟無生般若頌』を祖本とする。無生は、北宗の大乗無生を受け、頓悟と般若に南宗の創意がある。知即知常空寂、見即直見無生、知見分明、不一不異、動寂倶妙、理事皆如というのが、この作品の核心である。衣為法言、法是衣宗、衣法相伝、更無別付。非衣不弘於法、非法不受於衣、衣是法信之衣、法是無生法というのも、宗論直後の作であることを示す。衣法の矛盾については、神会自ら『定是非論』に、次のようにいっている。

　遠法師問、未審法在衣上、将衣以為伝法。和上答、法雖不在衣上、表代代相承、以伝衣為信、令弘法者得有稟承、学道者得知宗旨、不錯謬故。昔釈迦如来金蘭袈裟、見在雞足山、迦葉今見持此袈裟、待弥勒出世、分付此衣、表釈迦如来伝衣為信。我六代祖師、亦復如是（胡適テキスト、二八四ページ）。

(355) 『胡適校敦煌唐写本神会和尚遺集』新版一八〇ページ。後半の定恵等学は、先に(336)(337)にいう、王維との問答をふまえる。

(356) 前註(338)をみよ。

(357) 天宝四年、兵部侍郎宋鼎、請入東都。然正道易申、謬理難固。於是、曹渓了義、大播於洛陽、荷沢頓門、派流於天下。然北宗門下、勢力連天。天宝十二年、被譖聚衆、勅黜弋陽郡、又移武当郡。至十三載、恩命量移襄州、至七月、又勅移荊州開元寺。皆北宗門下之所毀也。『円覚経大疏鈔』第三之下（『続蔵』十四―０５５３下）

(358) 『胡適校敦煌唐写本神会和尚遺集』新版二八五ページ。

(359) 前註(147)をみよ。

(360) 此法門中、何名坐禅。此法門中、一切無碍、外於一切境界上、念不起為坐。見本性不乱為禅。敦煌本『六祖壇経』、鈴木テキスト[一九]。甚是坐、念不起坐、見本性禅。本性無性、無性法身、法身无身、故無滅壊。『三宝四諦問答』、『大乗三窠』、その他、田中良昭『敦煌禅宗文献の研究』(三七一ページ)、大東出版社、一九八三年。

(361) (1)魏郡乾光法師問……、常聞禅師説法、与天下不同、仏法一種、何故不同。答、実是。仏法元亦不別、今日学者、各見浅深有別、所以言道不同。問、請為説不同所由。答、今言不同者、為有凝心取定、或有住心看浄、或有起心外照、或有摂心内証、或有起心観心、而取於空、或覚妄俱滅、不了本性、住无記空。如此之輩、不可具説。

(胡適テキスト一二四ページ、鈴木テキスト[一六])

(2)志徳法師問、禅師今教衆生、唯求頓悟。何故不従小乗漸修。未有昇九層之台、不由階漸而能登者。答……、若有坐者、凝心入定、住心看浄、起心外照、摂心内証者、此是障菩提、未与菩提相応。何由可得解脱、不在坐裏。若以坐為是、舎利弗宴坐林間、不応被維摩詰訶。

(胡適テキスト一三〇ページ、鈴木テキスト[一一])

(362) 潭州招提慧朗禅師、始興曲江人也、姓欧陽氏……。往虔州龔公山謁大寂。大寂問曰、汝来何求。師曰、求仏知見。曰、仏無知見、知見乃魔界(『伝灯録』第十四、禅学叢書之六、一一八ページ下右)。

牛頭法融の作という心銘に、「心性不生、何須知見、本無一法、誰論重錬」の句あり、これもまた神会批判の意を含む(同前、三〇五ページ下左)。

(363) 柳田聖山「曹洞五位説の一側面」、印度学仏教学研究第一一巻二号、一九六三年。

(364) 本稿第二一章。

(365) 同じ四句が、『涅槃経』の南無純陀云云とともに、不空釈の『金剛頂瑜伽中発阿耨多羅三藐三菩提心論』(T. 32-572b)にみえる。発菩提心論は、密教の即身成仏儀の拠るところである。神会と不空の、背後にあるものが問題となる。

(366) 仏法いまだその要見性にあらず、西天二十八祖、七仏いずれの処にか、仏法のただ見性のみとある。六祖壇経に見性の言あり、かの書これ偽書なり。付法蔵の書にあらず、曹渓の言句にあらず、仏祖の児孫またく依用せざる書なり(『正法眼蔵』四禅比丘、岩波版日本思想大系13、道元下、四六七ページ)。

(367) 時維摩詰、室有一天女……。舎利弗言、天止此室、其已久如。答曰、我止此室、如耆年解脱。舎利弗言、止此久耶。天曰、耆年解脱、亦何如久。舎利弗黙然不答。天曰、如何耆旧、大智而黙。答曰、解脱者無所言説故、吾於是不知所云。天曰、言説文字、皆解脱相。所以者何。解脱者不内不外、不在両間、文字亦不内不外、不在両間。是故舎利弗、無離文字説解脱也。所以者何、一切諸法、是解脱相（『維摩経』観衆生品第七、T. 14-547c）。

(368) ペリオ第三七七七号に、「了性句序幷崇済寺満禅師云云」の題をもつ一本があり、『楞伽経』の「了心及境界、妄想即不生」の句に拠っている。前註(160)をみよ。

(369) 『胡適校敦煌唐写本神会和尚遺集』新版二一八ページ。

(370) 「大乗戒経としての六祖壇経」、印度学仏教学研究第一二巻一号、一九六四年。

(371) 前註(312)をみよ。

(372) 前註(369)のテキスト、二二八ページ。

(373) 『初期禅宗史書の研究』第三章第六節、古本「六祖壇経」の推定（一五四ページ）。

(374) 前註(369)(372)のテキスト、二三三ページ。

(375) 同前、二三六ページ。

(376) 『頓悟要門』（禅の語録6、筑摩書房、三七ページ）。

問、云何為禅、云何為定。答、妄念不生為禅、坐見本性為定（同前一一ページ）。

(377) 問、仏性与煩悩、倶不倶。答、倶。雖倶生滅有来去、仏性无来去。以仏性常故。猶如虚空、明暗有来去、虚空无来去。以是无来去故、三世无有不生滅法（『胡適校敦煌唐写本神会和尚遺集』一〇四ページ）。

大道無形、真理無対、等空不動、非去来今。所以明暗自去来、虚空不動揺、万象自去来、明暗実不鑑。『南泉語要』（禅学叢書之一、九ページ上右）

因普化常於街市揺鈴云、明頭来明頭打、暗頭来暗頭打、四方八面来旋風打、虚空来連架打云云（『臨済録』、禅学叢書之三、五六ページ上右）。

(378) 前註(369)(372)(374)(375)のつづき、テキスト二四四ページ。

(379) 同前、二三七ページ。

(380) 前註(336)(337)。

(381) 『阿含経』は、六朝の教相判釈で、つねに蔵教の位置におかれた。語録としての、再評価が必要となる。とりわけ、『雑阿含経』や『増一阿含経』に収める。短経の問答には、語気のするどいものが多い。仏伝公案とよばれるものは、すべてそうした再編の成果である。

(382) 前註(379)のつづき、二三八ページ。

(383) 前註(147)と(359)をみよ。

(384) 前註(382)のつづき、テキスト二三八ページ。

(385) 『勝天王般若経』七巻は、陳の月婆首那訳である。神会がとくにこの経を引く理由は判らないが、すでに『壇語』の第七段に引用があり、『金剛経』と同格に扱っているようである。いずれも、暗引にちがいない。宗密は、一行三昧の根拠とし、『文殊説般若経』と同視している（『円覚経大疏鈔』三之下、『続蔵』十四—０５４９下）。

(386) 六祖が南海の町で『金剛経』を聞き、直ちに黄梅に参じたこと、弘忍が恵能を堂内に喚び、『金剛経』を説いたことは、敦煌本『六祖壇経』にみえるが、応無所住の句を重視することはない。『祖堂集』や『伝灯録』も同様で、『曹渓大師伝』は、『金剛経』のことを何処にも言わぬ。応無所住の句を、南海の場面でいうのは、宋初の『天聖広灯録』であり、弘忍の室中に移すのは、興聖寺本と大乗寺本以後の『六祖壇経』である。

(387) 問曰、金剛般若経云、菩薩摩訶薩、不応住色生心、不応住声香味触法生心、応无所住而生其心。其義云何。答曰、善哉善哉、解問此義。観汝所問、根基純熟。為汝直説法要、不出意念、到於彼岸。汝諦聴……、一切心无、是名无所。更不起心、名之為住。而生其心者、応者当也、生者看也。当无所処看、即是而生其心也。問曰、当无所処看、有何意義。答曰、一切諸仏、皆従无所得道、亦是諸菩薩修法身処、亦是汝法性住処。汝看時、令汝得見。問曰、見何物。答曰、経云、見性成仏道。問曰、看時若為看。答曰、直当无所処看。問曰、无所在何処。答曰、一切心无、即是无所……。問曰、看无所、可不是著无所耶。答曰、令无所心看无所処、名无為法、即不著无所看（ペリオ第二七九九号、スタイン第五五三三号）。

『頓悟真宗金剛般若修行達彼岸法門要決』は、智達禅師侯莫陳琰の作品である。その序文によると、初め安闍梨につかえ、のちに秀和尚につかえて、皆な親しく口決を承けたといい、この本は、棣州刺史劉無得が、先天元年十一月五日に叙録したものとされる。ほとんど同じ構造をもつ、『頓悟真宗論』とともに、仮托の作品にちがいないが、別にペリオ第三九二二号と、チベット第一一六号にチベット訳があり、侯莫陳琰の寿塔銘も知られた（朝議大夫守宋王諮議上柱国崔寛撰「六度寺侯莫陳大師寿塔銘文并序」、羅振玉輯『芒洛冢墓遺文』四編第五、石刻資料新編19—一四二六三下）。

(388) 前註(378)のつづき、テキスト二四七ページ。

(389) 同前、二四八ページ。

(390) 疏、我智俱尽者、我等四相、及智恵俱尽也。是我智者、我及智、非謂是我之智。照体独立者、是生公語。清凉大師心要亦云、一念不生、前後際断、照体独立、物我皆如。将此四句、対詳前文、始終相当。故略取一句（『円覚経大疏鈔』第十二之上、『続蔵』十五—００１９上）。

(391) 『初期禅宗史書の研究』第四章第四節、敦煌本『六祖壇経』の成立、その一、第五節、その二。

又、敦煌本『六祖壇経』の訳注を、「世界の名著」続3、中央公論社、一九七四年に収める。

(392)『六祖壇経諸本集成』(禅学叢書之七、中文出版社、一九七六年)に、興聖寺本以下十種を収める。

(393) 香水授戒のことは、『宋高僧伝』に限らず、新旧唐書に記事があり、神会以後もこれに倣う動きがあった。長慶四年に徐州の王智興が計画する臨淮戒壇はその代表で、贊寧の『大宋僧史略』下、度僧規利の条に詳しい。山崎宏『隋唐仏教史の研究』、牧田諦亮訳注『大僧宋史略』(大東出版社、国訳一切経和漢撰述部史伝13、二一二ページ)。

(394) 横超恵日「戒壇について」、『中国仏教の研究』第三、法藏館、一九七九年。

(395) 道教の道場が、一般に壇宇、又は壇祠、壇とよばれたことが、前註(200)に引く、『魏書釈老志』の太常八年十月の条の続きの部分にみえる。たとえば、始光の初め、寇謙之が世祖に献じた上疏のことについて記し、次のようにいっている。

及嵩高道士四十余人至、遂起天師道場於京城之東南。重壇五層、遵其新経之制、給道士百二十人衣食(塚本テキスト、三四〇ページ)。

さらに、太和十五年秋の詔と、遷都のことについて、次のようにいう。

夫至道無形、虚象為主。自有漢以後、置立壇祠、先朝以其至順可帰、用立寺宇。昔京城之内、居舎尚希。今者里宅櫛比、人神猥湊、非所以祇崇至法、清敬神道、可移於都南桑乾之陰、岳山之陽、永置其所、給戸五十、以供齋祀之用、仍名為崇虚寺。可召諸州隠士、員満九十人。遷洛、移鄴、踵如故事。其道壇在南郊、方二百歩。以正月七日、七月七日、十月五日、壇主道士哥人、一百六人、以行拝祠之礼(同前、三五四ページ)。

(396)『金石萃編』第七十に、義浄の少林寺戒壇銘并序がある。長安四年(七〇四)、少林寺主と衆徒、上座に請われて、新たに戒壇を結したことを記す。義浄は中印度那爛陀寺にゆき、親しく仏制の戒壇を拝し、説一切有部の律典を将来している。道宣の戒壇に対し、復古の意をもつことは、いうまでもない。南海寄帰内法伝に、直指空門、将為仏意、寧知諸戒非仏意、不看戒経、写得両巻空門、便謂理包三蔵、不思咽咽、当有流漿之苦、誰知歩歩、現招賊住之殃(T. 54-211c)というのも、禅仏教への批判のようである。すくなくとも、栄西の『興禅護国論』は、この意味で引く。

なお、『伝灯録』第十の趙州従諗伝によると、趙州は曹州郝郷の人、早く池州南泉に参じて、馬祖下の法をつぎ、嵩山琉璃戒壇で受具したという。嵩山の琉璃戒壇については、『冊府元亀』第五十二の帝王部、崇釈氏二の条に、後唐荘宗の同光二年、河南尹張全義が奏し、万寿節に嵩山で琉璃戒壇を開き、僧百人を度したとする。中唐と五代を通して、疏璃戒壇とよばれたらしい。

又、嵩山会善寺にも戒壇があり、弘忍につぐ恵安や、その弟子浄蔵（曹渓恵能にもつぐ）、普寂下の一行らの由るところとなる。前註(394)にいう、『中国仏教の研究』（横超恵日）に詳しい。

(397) 前註(130)の小論を指す。

(398) 『無畏三蔵禅要』（『続蔵』百四—0341上）

(399) 契嵩の壇経賛は、この立場で書かれる。北宋の再編にすぎぬことは、本稿第三章に指摘するとおりである。

(400) 『伝灯録』第二十八（禅学叢書之六、二八〇ページ上左）。

(401) 『初期禅宗史書の研究』第三章第七節、古本『六祖壇経』の課題（二六一ページ）。

(402) 釈瞻病篇、題中四字、即下両門、瞻送是能施、病終即所為……。次文中国本伝、壇経所謂、別伝是也。日光没処者、壇経云、西方為無常之院、由終歿於天傾之位也。今寺亦有、但方隅不定、不知法故（T. 40-411a）。

壇経は、明らかに『戒壇図経』を指し、そこに掲げる図絵に、無常堂を示す。別伝は、『中天竺舎衛国祇洹寺図経』を指す。『法苑珠林』第九十五（T. 53-987a）、『諸経要集』第十九（T. 54-176c）。『往生要集』（日本思想大系6、岩波書店、二〇六ページ）。

(403) 前註(372)、知識、要須三学（等）、始名仏教。何者是三学等。戒定恵是。妄心不起名為戒、無妄心名為定、知心無妄名為恵。是名三学等……。要藉有作戒有作恵、顕無作恵。定則不然。若修有作定、即是人天因果、不与無上菩提相応（『胡適校敦煌唐写本神会和尚遺集』新版、二二九ページ）。

知識、今発心学般若波羅蜜相応之法、超過声聞縁覚等、同釈迦牟尼仏授弥勒記、更無差別（同前、二三二ページ）。

(404) 前註(374)をみよ。

(405) 前註(379)をみよ。

(406) 有南方禅客問、如何是古仏心。師曰、墻壁瓦礫、無情之物、並是古仏心。禅客曰、与経太相違。故涅槃経曰、離墻壁瓦礫無情之物、故名仏性。今云一切無情皆是仏心、未審心与性、為別不別。師曰、迷人即別、悟人即不別。禅客曰、又与経相違。故経曰、善男子、心非仏性、仏性是常、心是無常。今曰不別、未審此義如何。師曰、汝依語而不依義。譬如寒月結水為氷。及至暖時、釈氷為水。衆生迷時、結性成心、衆生悟時、釈心成性。汝若定執無情無仏性者、経不応言、三界唯心、万法唯識（禅学叢書之四、六一ページ上）。

これが原型である。『伝灯録』第六、『宗門統要』第二などでは、かなり文脈を異にし、質問者の問いも、如何是仏心となって、全く別の問答となる。

(407) 宗密の『中華伝心地禅門師資承襲図』で、荷沢と洪州の区別について、真性に有無を分つのも、恵忠の批判をふまえるものでないか。恵忠の時、洪州はまだ京洛に知られない。

(408) 義浄の批判は、前註(396)に一部を引く。慈愍は義浄に学んだ人で、その『略諸経論念仏法門往生浄土集』上、一名『慈悲集』の各所に、禅門の批判がみられる。今、一例をあげると、おおよそ次のようである。

自禅門東流、未曾聞有証五通者。況六通耶。通義尚未能了、焉知禅定証与非証。但行欺詐、謗無浄土、軽蔑聖教、埋没世尊、顕揚己徳、闡提無信、何異此也。大求禅定、先持斎戒、斎戒為因、方能引定……。然坐禅者、於彼斎戒、心全慢緩、多分不持、以何為因、而得禅定。何以得知、学坐之人、不持斎戒、以現量知、非比知也……。又諸禅師観諸道俗、自内求仏、不仮外仏。為善知識者、亦応不仮禅師教導、自解看心。然禅師者、即是凡夫、都無証解、令諸道俗奔波奉事、愛過父母、悲泣雨涙、捨命求乞一言、何不内求、遣外求耶。設使得者、浮浅之言、不足可観（大屋徳城『鮮支巡礼行』付載、五ページ）。

(409) 『宗鏡録』第八十三に、『首楞厳経』第一（T. 19-107c）の文を引いて次のように言っている。

阿難、又汝覚了、能知之心、若必有体、為復一体、為有多体。今在汝身、為復遍体、為不遍体。若一体者、則汝以手挃一支時、四支応覚。若咸覚者、挃応無在。若挃有所、則汝一体、自不能成。若多体者、則成多人、何体為汝。若遍体者、同前所挃。若不遍者、当汝触頭、亦触其足。頭有所覚、足応無知、今汝不然。是故応知、随所合処、心則随有、無有是処（T. 48-876c）。

(410) たとえば、魏の曹操や、隋の法進の故事が、巧みに経中のものがたりとされる。

世説新語、仮譎篇	**首楞厳経巻第二**
魏武嘗行役、与軍士失汲道。軍皆渇。乃令曰、前有大梅林、饒子甘酸、可以解渇。士卒聞之、口皆出水。	阿難、譬如有人、談説酢梅、口中水出。思蹋懸崖、足心酸澀。想陰当知、亦復如是。阿難、如是酢説、不従梅生、非従口入。如是阿難、若梅生者、梅合

	自談。何待人説。若従口入、自合口聞。何須待耳（T. 19-114b）。
続高僧伝第十八（隋益州響応山道場釈法進伝第六）	**首楞厳経巻第五**
釈法進、不知氏族……、惟業坐禅。寺後竹林、常於彼坐、有四老虎、遶於左右。師語勿泄其相也。後教水観、家人取柴、見縄床上有好清水、拾両白石、安著水中。進暮還寺、弥覚背痛。具問家人。云安石子。語令明往可徐此石。及旦進禅、家人還見如初清水、即除石子。所苦便愈（T. 50-576a）。	月光童子、即従座起、頂礼仏足而白仏言、我憶往昔恒河沙劫、有仏出世、名為水天、教諸菩薩修習水精入三摩地……。我於是時、初成此観、但見其水、未見無身。当為比丘、室中安禅。我有弟子、窺窓観室、唯見清水遍在屋中、了無所見。童稚無知、取一瓦礫、投於水内、激水作声。顧眄而去。我出定後、頓覚心痛、如舎利弗、遭違害鬼。我自思惟、
	今我已得阿羅漢道、久離病縁、云何今日、忽生心痛、将無退出。尓時童子、捷来我前、説如上事。我則告言、汝更見水、可即開門、入此水中、除去瓦礫。童子奉教。後入定時、還復見水、瓦礫宛然、開門除去。我後出定、身質如初。逢無量仏、如是至於山海自在通王如来、方得亡身（T. 19-127b）。

又、創作の素材は、古典に限らず、既出の訳経による、類似の表現が極めて多い。始め数巻のうちから、従来知名の経論と、相似の例をあげると、次のようになる。

	巻第一
一切無礙人、一道出生死（『大方広仏華厳経』五、T. 9-429b）。	十方如来、同一道故、出離生死、皆以直心（T. 19-107a）。
以心生則種種法生、心滅	阿難言、我常聞仏開示四

則種種法滅故（『大乗起信論』、T. 32-577b）。	衆、由心生故、種種法生、由法生故、種種心生（-107c）。
捨父逃逝、久住佗国（『法華経』信解品第四、T. 9-16b）。	譬如窮子、捨父逃逝（-109a）。
説食与人、応得無飽。若得無飽、一切飲食、則無所用（『仏説法句経』T. 85-1432b）。	如人説食、終不能飽（-109a）。
	巻第二
如為愚夫以指指物、愚夫観指、不得実義（『楞伽経』第四、T. 16-507a）。	如人以手指月示人。彼人因指指、当応看月。若復観指、以為月体、此人豈唯亡失月輪、亦亡其指。
修多羅教、如標月指、若復見月、了知所標、畢竟非月（『円覚経』清浄慧章、T. 17-917a）。	何以故、以所標指、為明月故（-111a）。
以無価宝珠繫其衣裏、与之而去（『法華経』五百弟子受記品第八、T. 9-29a）。	譬如有人、於自衣中、繫如意珠、不自覚知（0121b）。

(411)　前註(332)をみよ。

(412)　世間道士経及行道義理、則約数論而後通。言、採仏家経論、改作道書。如黄庭、元陽・霊宝・上清等経、及三皇之典、並改換法華及無量寿等経而作。修心則依坐禅而望感。言、改坐禅之名、為思神之号（T. 52-185a）。なお、唐初の偽経の一つ、『究竟大悲経』第四に、「此の経を究竟大悲哀恋改換経と名づけ、改換不改換経と名づく」という（T. 85-1379c）。

(413)　且孔子受命、遂号素王。未聞載籍、称老為聖。言不関典、君子所慚（T. 52-138c）。

(414)　『六祖壇経諸本集成』（禅学叢書之七、四五ページ）。

(415)　『六祖壇経諸本集成』（同前、六五ページ下）。

(416)　同前（二一八ページ）。

(417)　『初期禅宗史書の研究』第四章第四節、敦煌本「六祖壇経」の成立—その一、注(10)を指す。

(418)　韶州刺史韋拠の名は、石井本『神会録』に付する、恵能伝に始めて登場し、このときは殿中丞韋拠が碑文を造ったとし、開元七年に人に磨改されたとするのであり、さらに『暦代法宝記』で増幅されるが、『壇経』の編集を法海に命じた形跡はない。

(419)　前註(341)と(352)をみよ。

(420)　晋穆永和四年、仏図澄滅于趙、趙亦以亡。澄有弟子曰道安……。又令僧食時念仏、取法報見未、摂摂及二十四大弟子、為十声。余為結句也。或者昧之、溺於数、而欠其所念、過矣(『釈門正統』第四、『続蔵』百三〇冊０８１２下)。

永平清規の赴粥飯法に、「清浄法身毘盧舎那仏、円満報身盧舎那仏、千百億化身釈迦牟尼仏、当来下生弥勒尊仏、十方三世一切諸仏、大乗妙法蓮華経、大聖文殊師利菩薩、大乗普賢菩薩、大悲観世音菩薩、諸尊菩薩摩訶薩、摩訶般若波羅蜜」とし、第六に『大乗妙法蓮華経』を加える。臨済宗では、これを加えぬ十仏名による。『禅林象器箋』第十七、十仏名(禅学叢書之九、五三三ページ下)。

(421) 本稿第三二章。

(422) 前註(46)をみよ。

(423) 無著の『六祖壇経生苔箒』にあげる、高山寺所伝の本。ただし、今は存否不明。

(424) 前者については、胡適の『神会和尚遺集』(新版三七六ページ左)、後者については、『六祖壇経諸本集成』(禅学叢書之七、一二ページ)をみよ。

(425) 同前(禅学叢書之七、一四ページ)。

(426) 同前(一七ページ)。三唱の注はないが、授菩薩戒儀としては、三唱のはず。

(427) 前註(370)「大乗戒経としての六祖壇経」をみよ。『六祖壇経諸本集成』にも収める。

(428) 『金剛般若波羅蜜経』(T. 8-752a, 749a)。

(429) 後註(441)をみよ。

(430) 『六祖壇経諸本集成』(禅学叢書之七、一二三ページ)。

(431) 石井修道「慧昕本『六祖壇経』の研究—定本の試作と敦煌本との対照—」、駒沢大学仏教学部論集第一一号、一九八〇—八一年。又、前註(425)をみよ。

(432) 『六祖壇経諸本集成』解説(禅学叢書之七、四二五ページ)。

(433) 敦煌本と興聖寺本のテキストを、細かく校合した仕事は、今のところ前註(431)の第一と、左記を最とする。

The Platform Sutra of the Sixth Patriarch, the Text of the TUN-HUANG Manuscript, translated with notes, by Philip B. Yampolsky, Columbia University Press, 1967.

(434) 宇井伯寿『第二禅宗史研究』、一九四一年。

この本の第一「壇経考」は、忠国師の批判を軸に、本文に新古の層を分ち、恵能自伝の心偈の部分を、新しいものとして除く。

(435) 『六祖壇経諸本集成』(禅学叢書之七、一〇ページ、七行目)。下ハ是レ法とするのは、上ハ六祖恵能大師その人、つまり仏宝を語るものとみられる。

(436) 『初期禅宗史書の研究』付録、資料の校注［資料四］、光孝寺瘞髪塔記（五三五ページ）。

(437)『六祖壇経諸本集成』付録四、四一二ページ。

(438) 駒沢大学禅宗史研究会編著、『慧能研究』第二章、恵能の伝記研究は、瘞髪塔記より縁起外紀にいたる十八種の資料を、年代順に対照し、批判を加えた仕事である。

(439) 如来諸大弟子、皆菩薩僧。大迦葉之頭陀、舎利弗之智恵、羅睺羅之密行、須菩提之解空、此四者皆最上乗、同趣異名、分流合体。舎利弗、先仏滅度、仏以法心付大迦葉、此後相承、凡二十九世。至梁魏間、有菩薩僧菩提達摩禅師、伝楞伽法、八世至東京聖善寺弘正禅師、今北宗是也。又達摩六世、至大通禅師、大通又授大智禅師。大智禅師、降及長安山北寺融禅師。蓋北宗之一源也。又達摩五代至璨禅師、璨又授能禅師、今南宗是也。又達摩四代至信禅師、信又授融禅師、住牛頭山、今径山禅師、承其後也。

　八世紀後半における、天台の祖統に重ねられる、同時代の共感である。恵能を僧璨に直結させるのは、ともに神会の顕彰運動の成果である。テキストに乱れあるも、敢て校定しない。左渓は、恵能と関係の深い、印宗と親しい。印宗は、『宋高僧伝』第四によると、弘忍に参じたと言われる。本稿第三三章を参照。

　撰者の李華は、鶴林玄素や玉泉恵真、善無畏三蔵その他、他の十数本の碑銘を書いていて、先にいう独孤及がその文集に序を加え、天台下の梁粛とも親交があり、菩薩戒の運動に対して、特別の見識があった。左渓の碑文は、早くわが最澄の注目するところで、光定の「伝述一心戒文」に引かれる。今、テキストは『唐文粋』第六十四をはじめ、『文苑英華』第八百六十一、『編年通論』第十六、『全唐文』第三百二十、『金陵梵刹志』第三十三などにある。

(440)『梵網経盧舎那仏説菩薩心地戒品』第十巻下（T. 24-1003c）。

(441) 前註(429)にみえる。『維摩経』と『梵網経』の引用は、必ず一括されるのが特色で、同じものが二度引かれる。鈴木テキストによって処在を示すと、おおよそ次のようである。

[一九]	[三〇]
維摩経云、即時豁然、還得本心。菩薩戒経云、我本元自性清浄。善知識、見自性自浄、自修自作、自性法身。自行仏行、自作自成仏道。	菩薩戒経云、我本元自性清浄。識心見性、自成仏道。維摩経云、即自豁然、還得本心。

因みに、維摩と梵網の原文は、次のごとくである。

(1)時維摩詰即入三昧、令此比丘自識宿命。曾於五百仏所、植衆徳本。廻向阿耨多羅三藐三菩提、即時豁然還得本心。於是諸比丘、稽首礼維摩詰足（弟子品第三、富楼那弥多羅尼子章、T. 14-541a)。

(2)爾時釈迦牟尼仏……、下至閻浮提菩提樹下、為此地上一切衆生、凡夫癡闇之人、説我本盧舎那仏心地中初発心中、常所誦一戒光明金剛宝戒、是一切仏本源、一切菩薩本源、仏性種子。一切衆生皆有仏性、一切意識色心、是情是心、皆入仏性戒中、当当常有因故、有当当常住法身。如是十波羅提木叉、出於世界、是法戒、是三世一切衆生、頂戴受持、吾今当為此大衆、重説十無尽蔵戒品、是一切衆生戒、本源自性清浄（『梵網経盧舎那仏説菩薩心地戒品』第十巻下、T. 24-1003c)。

維摩経の句は、すでに『楞伽師資記』の道信章に引かれるが、『梵網経』とは別である。

(442) 前註(397)。

(443) 『梵網経盧舎那仏説菩薩心地戒品』第十下（T. 24-1004b)。

(444) 『初期禅宗史書の研究』第四章第四節、敦煌本「六祖壇経」の成立―その一―（二六二ページ）。

(445) 『六祖壇経諸本集成』（禅学叢書之七、八ページ）。

(446) 本来無一物の句は、今のところ、黄檗の『宛陵録』（『四家語録』五、禅学叢書之三、四七ページ上右）と、『洞山録』（五家語録本、同前、一三三ページ上左）を最古とする。おそらくは、すでに『宝林伝』にあり、宗密も澄観も知っていたはずだが、宗密はことさらにとらず、澄観は敦煌本『六祖壇経』のテキストによっている。

(447) 前註(341)をみよ。

(448) 本稿第三九章。

(449) 『六祖壇経諸本集成』（禅学叢書之七、四一ページ）。

(450) 同前、三九ページ。

(451) 前註(143)をみよ。『法華経』は、開三顕一、すなわち開示悟入を宗旨とする。

(452) 馬祖の心地法門については、本稿第四二章で考える。臨済の心地法門は、示衆して次のように説く。

道流、山僧説法、説什麼法。説心地法。便能入凡入聖、入浄入穢、入真入俗。要且不是你真俗凡聖、能与一切真俗凡聖、安著名字。真俗凡聖、与此人安著名字不得。道流、把得便用、更不著名字、号之為玄旨（『四家語録』第六、禅学叢書之三、六〇ページ上左）。

(453) 師（南岳）曰、汝学心地法門、猶如下種。我説法要、譬彼天沢。汝縁合故、当見于道。又問、和尚見道、当見何道、道非色故、云何能観。師曰、心地法眼、能見于道。

無相三昧、亦復然乎……。汝受吾教、聴吾偈曰、心地含諸種、遇沢悉皆萌、三昧花無相、何壊復何成（『祖堂集』第三、禅学叢書之四、七二ページ）。

(454) 前註(410)。

(455) 『六祖壇経諸本集成』（禅学叢書之七、三〇ページ）。

(456) 本稿第二〇章。

(457) 前註(372)(375)をみよ。

(458) 本稿第三六章。

(459) 『宗鏡録』第九十七（T. 48-940a）。
『伝灯録』第五（禅学叢書之六、四〇ページ上左）。

『六祖壇経諸本集成』（禅学叢書之七、一五五ページ下右、二二八ページ下、二七〇ページ上左、三〇四ページ上右、三五六ページ下左、三九〇ページ上右）。

『慧能研究』資料篇第一章、六祖壇経（三七八ページ）。

(460) 『祖堂集』第二（禅学叢書之四、四八ページ下）。

(461) 昔吾師有言、従吾後、若受此衣、命如懸糸。吾以道化、不可損汝、汝受吾法、聴吾偈曰、心地含諸種、普雨悉皆生、頓悟花情已、菩提果自成。師説此偈已、乃告衆曰、其性無二、其心亦然、其道清浄、亦無諸相、汝莫観浄、及空其心、此心本浄、亦無可取。汝各努力、随縁好去（同前、四九ページ上）。

(462) 問曰、何名自心勝念彼仏。答曰、常念彼仏、不免生死。守我本心、則到彼岸。金剛経云、若以色見我、以音声求我、是人行邪道、不能見如来。故云、守本真心、勝念他仏。又云、勝者只是約行勧人之語、其実究竟果体、平等無二（『最上乗論』、禅学叢書之二、二六ページ上右）。
問曰、真如法性、同一無二。迷応倶迷、悟応倶悟、何故仏覚性、衆生昏迷。因何故然。答曰、自此已上、入不思議分、非凡所及。識心故悟、失性故迷。縁合即合、説不可定。但信真諦、守自本心。故維摩経云、無自性、無他性、法本無性、今即無滅。此悟即離二辺、入無分別智。若解此義、但於行（住坐臥、常凝然守本浄心、妄念不生、我所心滅、自然証解。更欲広起問答、名義転多。欲）知法要、守心第一。此守心者、乃是涅槃之根本、入道之要門、十二部経之宗、三世諸仏之祖（同前、二六ページ下右）。但し、敦煌本によって（　）内を補う。

『文殊師利所説摩訶般若波羅蜜経』巻下（T. 8-731a）。

又、『楞伽師資記』第五、唐朝蘄州双峰山道信禅師章（禅の語録2、筑摩書房、一八六ページ、二九八ページ）。

(463) 『初期禅宗史書の研究』第五章第三節、仏伝と「四十二章経」（三八七ページ）。
又、「禅の仏伝」、印度学仏教学研究第一三巻一号（一九六五年）に、謂わゆる仏伝公案について考えた。

(464) 本稿第七章。

(465) 拈華微笑の話は、『天聖広灯録』第二、第一祖摩訶迦葉章にはじまる。「大蔵一覧集」第十、「正伝品」第五十六に、伝灯によって次のようにいうのは、すでに『広灯録』の話を加上している。

伝灯云、初祖迦葉尊者、於霊山会上百万衆前、因世尊拈花、独迦葉破顔微笑。世尊云、吾正法眼蔵、涅槃妙心、分付於汝、汝可流布、無令断絶。仍授金縷僧伽梨衣、入雞足山、俟当来仏慈氏下生伝付也。

又、実相無相以下の句を加上するのも、おそらくは「宗門統要」を最古とする。

世尊昔在霊山会上、拈花示衆。是時衆皆黙然。唯迦葉尊者、破顔微笑。世尊云、吾有正法眼蔵涅槃妙心、実相無相微妙法門、不立文字教外別伝、付嘱摩訶迦葉。

なお、唐代中期の語録にとられる、世尊と迦葉、阿難等の話の主なものは、次のようである。

問、迦葉受仏心即得、為伝語人否。師（百丈）云、是。云、若是伝語人、応不離得羖羊角。師云、迦葉自領得本心。所以不是羖羊角。若以領得如来心、見如来意、見如来色相者、即属如来使、為伝語人。所以阿難為侍者二十年、但見如来色相、所以被仏呵云、唯観救世者、不能離得羖羊角（『天聖広灯録』第八、禅学叢書之五、四一五ページ上）。

問、六祖不会経書。何得伝衣為祖。秀上座是五百人首座、為教授師、講得三十二本経論、云何不伝衣。師（黄檗）云、為它有心、是有為法所修所証、将為是也。所以五祖付六祖。六祖当時只是黙契得密、授如来甚深意。所以付法与它。汝不見道、法本法無法、無法法亦法。今付無法時、法法何曾法。若会此意、方名出家児、方好修行。若不信、云何明上座、走来大庾嶺頭、尋六祖。六祖便問、汝来求何事。為求衣、為求法。明上座云、不為衣来、但為法来。六祖云、汝且暫時歛念、善悪都莫思量。明上座乃稟語。六祖云、不思善不思悪、正当与麼時、還我明上座、父母未生時面目来。明上座於言下忽然黙契、便礼拝云、如人飲水冷暖自知。某甲在五祖会中、枉用三十年功夫。今日方知不是。六祖云、如是。到此之時、方知祖師西来、直指人心、見性成仏、不在言説。豈不見、阿難問迦葉云、世尊伝金襴外、別伝何法。迦葉召阿難。阿難応諾。迦葉云、倒却門前刹竿著。此便是祖師之標榜也。甚生阿難、三十年為侍者。只為多聞智慧、被仏訶云、汝千日学恵、不如一日学道。若不学道、滴水難消（『黄檗断際禅師伝心法要』、禅学叢書之三、三七ページ下左）。

(466) 単純に図式化すれば、洪州宗は教外別伝、宗密は教禅一致を立場とする。相互に、補完することとなる。

(467) 前註(291)をみよ。

(468)「跋裴休的唐故圭峰定慧禅師伝法碑」、歴史語言研究所集刊第三四本、『故院長胡適先生紀念論文集』上冊、中華民国五十一年。

(469) 宗密は、神会を戒賢の弟子智光に比する。

又准無行禅師書、亦云西方有二宗並行。一宗無著天親。一宗龍樹提婆。則同時定有二宗。那爛陀者、此云施無厭。此寺在中天竺矣。疏、同時有二大徳等者、若案唐三蔵、似智光、乃戒賢弟子。而今云同時者、或恐名同人異。或先学戒賢宗教、後改業学清弁等宗。如荷沢和尚先依此宗六祖大通和尚、後往曹渓承稟南宗。揔戒賢年百二十歳、八十余夏、号正法蔵。即在世日久、故得智光習空、空成就弘伝、戒賢尚与同時、無所妨矣（『円覚経大疏鈔』第二之上、『続蔵』十四―０４８６上）。

又、前註(309)をみよ。

(470)『初期禅宗史書の研究』第四章第五節、敦煌本『六祖壇経』の成立―その二（二六八ページ）。

(471) 八世紀以後の天台と禅との関係は、相互の交渉である。『初期禅宗史書の研究』で、江左における禅律互伝の動きとよんだのは、天台が主となっている。宗密の天台批判を、考慮してのことである。

(472) 王琚との三車問答は、偈頌の形式をとる。『伝灯録』第二十八に収める、神会と六祖（神秀）の問答も、韻をふんだ偈頌である。神会その人の作品とすれば、初期の神会の関心は、思想内容よりも形式にあったこととなろう。神会その人は、北宗批判が中心で、天台学批判は弱かったといえる。

(473)『曹渓大師伝』は大栄とするが、『祖堂集』第三は智策で、一宿覚（永嘉玄覚）の章では、神策とされる。『宗鏡録』第九十七では智策、『伝灯録』第五では玄策である。『宋高僧伝』第八の玄覚伝で東陽策禅師とし、宋元二本に栄とするのも、右の異同を反影する。

(474) 所著心要集、起梁至唐、天下諸達者語言総録焉……。又纂百家諸儒士、三教文意、表明仏法者、重結集之。手筆逾高、著述流布。『宋高僧伝』第四、唐会稽山妙喜寺印宗伝（T. 50-731b）。当時、さらに『通明集』とよばれる、もう一つの本があった。後註(539)をみよ。

(475) 石井修道「宋代禅籍逸書跋考」、駒沢大学仏教学部論集第八号、一九七七年。

(476) 元版『伝灯録』の末尾に付する、長楽鄭昂の跋によると、伝灯の編者道原は、拱辰の原稿を盗んで、先に上進したとされる（T. 51-465b）。

(477) 張説撰「謝賜御書大通禅師碑額状」（『文苑英華』六百三十四、『全唐文』二百二十四）、「荊州玉泉寺大通禅師碑銘幷序」（『唐文粋』六十四、『文苑英華』八百五十六、

『全唐文』二百三十一)。後者は、原石が現存し、わたくしの校注と語注がある(『初期禅宗史書の研究』、資料二)。

(478) 『大宋僧史略』下五十二、賜謚号(T. 54-252c)。

厳挺之、大智禅師碑銘并序(『金石萃編』八十一、『全唐文』二百八十)、陽伯成、大智禅師碑陰記(『文苑英華』八百二十一、『全唐文』三百三十一)。

(479) 李邕「大照禅師塔銘」(『全唐文』二百六十二)。一行については、『宋高僧伝』第五、唐中嶽嵩陽寺一行伝に、次のようにいう。

一云辞告玄宗、後自駕前、東来嵩山、謁礼本師、即寂也……。帝覧奏、悲愴曰、禅師捨朕。深用哀慕、喪事官供、詔葬于銅人原。謚曰大恵禅師、御撰塔銘。天下釈子栄之(T. 50-733c)。別に『旧唐書』第百九十一、方伎伝にも謚号のことあり。詳しくは、長部和雄の「一行禅師の研究」、神戸商科大学学術研究会、一九六三年。但し、塔銘は現存しない。

三祖僧璨の謚号については、『宝林伝』第八に収める、房琯撰の碑文につづいて、河南尹李常と神会らの、天宝五載の舎利供養のことをいい、さらに次のように記す。

至天宝十載庚寅之歳、玄宗至道大聖大明孝皇帝、謚号鏡智禅師、勅覚寂之塔(禅学叢書之五、一五三ページ下右)。

前註(342)にいう、独孤及の碑銘(大暦七年)に対する、南宗側の虚構であり、歴史的には代宗の勅謚である。

独孤及撰「舒州山谷寺覚寂塔、隋故鏡智禅師碑銘并序」(『唐文粋』六十三、『文苑英華』八百六十四、『全唐文』三百九十、『毘陵集』九)、「舒州山谷寺上方禅門第三祖璨大師塔銘」(『全唐文』三百九十二、『毘陵集』九)。

達摩の謚号は、『宝林伝』第八に、「至唐大歴年中、代宗睿聖大文孝皇帝謚号円覚禅師、勅空観之塔(禅学叢書之五、一四二ページ下右)」というのが最古で、『唐文拾遺』三十一に、陳寛の再建円覚塔誌(八瓊室金石補正七五)があり、代宗の勅謚と大中七年の、再建を伝える。但し、貞元末に書かれる李朝正の、「重建禅門第一祖菩提達摩大師碑陰文」(『全唐文』九百九十八、陳垣『中国仏教史籍概説』一〇二ページ)には、謚号のことが見えぬ。道信、弘忍、恵可の謚号については、すでに『初期禅宗史書の研究』第四章第九節(三二〇ページ)で、かなり詳しく考えたことがあり、白居易が興善惟寛(七五五—八一七)のために書く、「伝法堂碑銘」(『白氏長慶集』四十一、『全唐文』六百七十八)に、恵能を含む六代を謚号で呼んでいることをあげ、ここではすべて省略することとする。

(480) 文宗太和二年七月、浙西道観察使李徳裕奏、潤州鶴林寺故禅師玄素、伝牛頭山第五祖智威心法、是径山大覚之師。伏請依釈門例、賜謚号大額。勅宣賜謚大律禅師大宝般若之塔。『冊府元亀』第五十二、帝王部崇釈氏二、五八〇ページ下左。

　李徳裕「請宣賜鶴林寺僧謚号奏」（『全唐文』七百一）。

　李吉甫撰「杭州径山寺大覚禅師碑銘幷序」（『文苑英華』八百六十五、『全唐文』五百十二）。

(481)　前註(148)をみよ。

(482)　順宗皇帝之在儲闈、問安之余、棲神道域。嘗問尸利禅師、経言、大地普衆生、見性成仏道。答曰、仏性猶如水中月、可見不可取。後因問大師、曰仏性非見必見、水中月何不攝取。順宗然之。復問、何者是仏性。答曰、不離殿下所問。黙契元関、一言遂合。後入内神龍寺（韋処厚撰「興福寺内道場供奉大徳大義禅師碑銘」、『全唐文』七百十五、『仏祖通載』十五）。

(483)　貞元十二年、勅皇太子集諸禅師、楷定禅門宗旨、遂立神会禅師為第七祖、内神龍寺。勅置碑記、見在。又御製七祖讃文、見行於世（『円覚経大疏鈔』第三之下、『続蔵』十四―０５５４上）。

(484)　順宗が太上帝として在位する一年間の記録が、韓愈の『順宗実録』である。

(485)　達摩大師同学兄、名仏大先。此仏大先是仏駄跋陀羅三蔵之弟子。仏駄跋多羅、復有弟子、名那連耶舎。於南天大化、後来此土。東魏高歓鄴都、与五戒優婆塞万天懿、訳出梵本尊勝経一部……。尒時那連耶舎、説此讖已、告万天懿云、今此国、吾滅後二百八十年中、有大国王、善敬三宝。此前諸賢、悉出于世、化導群品、約有千百億。後所得法、只因一師、興大饒益、開甘露門。能為首者、当菩提達摩焉（『祖堂集』第二、禅学叢書之四、三三ページ下）。

(486)　且如第七祖門下伝法二十二人。且叙一枝者、磁州法観寺智如和尚。俗姓王。磁州門下成都府聖寿寺唯忠和尚、俗姓張、亦号南印。聖寿門下遂州大雲寺道円和尚、俗姓程、長慶二年、成都道俗迎帰聖寿寺。紹継先師大昌法化。如今現在、当代法主帰心（『円覚経略疏鈔』第四、『続蔵』十五―０２６２）。

　霊集媿天恩、霊者神、集者会也。媿者荷也。天恩者沢也。神会大師、住洛京荷沢寺。

　生于二六人、生于者、師資也、二六者、会大師弟子、十二人也（『祖堂集』第二、達摩章、禅学叢書之四、三五ページ上）。

　「中華伝心地禅門師資承襲図」の十八人と、『伝灯録』第十三の「神会大師法嗣一」十八人（一人見録）、その他を対比すると、おおよそ次のようになる。

中華伝心地禅門師資承襲図	**伝灯録第十三、目録** —福琳、光宝のみ立伝—
1 魏州寂	
2 荊州慧覚	江陵行覚禅師（宋、二十九）
3 太原光瑤	沂水蒙山光宝禅師　（宋、十）
4 涪州朗	涪州朗禅師
5 襄州寂芸	
6 摩訶衍（頓悟大乗正理訣）	
7 西京大願	
8 浄住晋平	懐安郡西隠山進平禅師　（宋、八、二十九）
9 河陽空	河陽懐空禅師
10 磁州智如	磁州法如禅師（宋、二十九）
11 荊州衍	
12 浮査無名—花厳疏王	五台山無名禅師　（宋、十七）
13 東京恒観	
14 潞州弘済	
15 襄州法意（＊達摩麼低）	
16 西京法海	
17 陝州敬宗	
18 鳳翔解脱	
19 西京堅（碑銘）	
	20 黄州大石山福琳禅師　（宋、二十九）
	21 澧陽恵演禅師　（宋、二十九）
	22 南陽円震禅師　（宋、二十）
	23 宜春広敷禅師、碑銘　（宋、二十）
	24 五台山神英禅師　（宋、二十一）
	25 南岳皓玉禅師　（宋、二十九）
	26 宣州志満禅師　（宋、十）
	27 広陵霊坦禅師、碑銘　（宋、十）
	28 寧州通隠禅師　（宋、二十九）

＊アイデンティティは、饒宗頤論文による。「神会門下摩訶衍之入蔵兼論禅門南北宗之調和問題」、『香海大学五〇週年紀念論文集』第一冊、一九六四年。

29　河南尹李常（宝林伝八）
30　黄龍山惟忠（宋、九）

（487）『初期禅宗史書の研究』第四章第十節、浄衆派の発展（二四三ページ）。

（488）後註（500）をみよ。

（489）張文成は、遊仙窟の作者、張鷟である。その名は、空海の聾瞽指帰の序に見え、もっとも早いものの一つである（川口久雄『絵解きの世界』、二二二ページ）。『宝林伝』第一に収める「摩訶大迦葉尊容碑」一十五徴幷序、朝請大夫行尚書司門員外郎上柱国常山張文成述の文字は、仮托にはちがいないが、仏家の作品として注目に価する。『宝林伝』（現存部分）は、張文成以外に、左のような作品を収める。

達摩大師碑銘（梁武帝）、同祭文（昭明太子）、二祖恵可碑銘（唐内供奉沙門法琳）、三祖僧璨碑銘（唐吏部尚書同中書門下三品清河郡開国公房琯）。いずれも、わが最澄の『内証仏法相承師師血脈譜』に、その一部を引く。

（490）「曹渓第六祖賜諡大鑑禅師碑幷序」、『柳河東集』六、『全唐文』五百八十七、明本『六祖壇経』付録（T. 48-363b）。

（491）『全唐文』十七に、中宗の召曹渓恵能入京御札を収める。曹渓大師伝の創作を、『祖堂集』や『伝灯録』、『広灯録』などの禅宗史書が、史実としてとりこむのによる。『伝灯録』と『広灯録』が入蔵する、宋代の権威も大きい。次に、二本を対照する。

曹渓大師伝（禅学叢書之七、四一四ページ）	**伝灯録第五、恵能章**（禅学叢書之六、三九ページ下左）
朕虔誠慕道、渇仰禅門、召諸州名山禅師、集内道場供養。安秀二徳、最為僧首。朕毎諮求再推、南方有能禅師、密受忍大師記伝、伝達磨衣鉢、以為法信。頓悟上乗、明見仏性。今居韶州曹渓山、示悟衆生、即心是仏。朕聞如来以心伝心、嘱付迦葉、迦葉展転相伝、至於達磨、教被東土代代相伝、至今	朕請安秀二師、宮中供養。万機之暇、毎究一乗。二師並推譲云、南方有能禅師、密受忍大師衣法。可就彼問。今遣内侍薛簡、馳詔迎請。願師慈念、速赴上京。

不絶。師既稟承有依。可往（住）京城施化。緇俗帰依、天人瞻仰。故遣中使薩蕳迎師、願早降至。神龍元年正月十五日下。	

恵能の辞病表も、『旧唐書』では神秀に答えたものとなるが、元来は曹渓大師伝の創作である。

曹渓大師伝（四一五ページ）	**旧唐書第百九十一、神秀伝**
恵能生自偏方、幼而慕道、叨為忍大師嘱付如来心印、伝西国衣鉢、授東土仏心。奉天恩、遣中使薩蕳、召能入内。恵能久処山林、年邁風疾。陛下徳包物外、道貫万民、育養蒼生、仁慈黎庶。臣弘大教、欽崇釈門、恕恵能居山養疾、修持道業。上答、皇恩、	吾形貌短陋、北士見之、恐不敬吾法。又先師以吾南中有縁、亦不可違也。（「旧唐書僧神秀伝疏証」、羅香林『唐代文化史』、一四三ページ）

下及諸王太子。謹奉表、釈迦恵能、頓首頓首。	

（492）柳宗元の「賜諡大鑑禅師碑」につづいて、劉禹錫が「曹渓六祖大鑑禅師第二碑」を書く。『唐文粋』六十三、『文苑英華』八百六十七、『全唐文』六百十に収め、明本の『六祖壇経』に付録する。劉禹錫や柳宗元は、韓愈にはじまる宋学の先河である。馬僕射を祭る文が、『韓昌黎集』第二十三にある。六祖恵能の顕彰運動は、すでに神会の時代と異なって、狭義の南宗の立場に限らぬ。劉禹錫は、別に牛頭法融の新塔銘を書いている。

（493）宗密の記述によれば、大暦五年に勅によって贈賜されるのは、真宗般若伝法之堂という、祖堂の額であり、七年に般若大師の塔とは、塔額の号である。明らかに諡号とは言わないが、諡号の意を含むことは確かだろう。七祖の追認も、すでに懐譲下の動きに対するものだ。

（494）(1)禅有諸宗、互相違反者、今集所述、殆且百家。宗義別者、猶将十室。謂、江西、荷沢、北秀、南侁、牛頭、石頭、保唐、宣什、及稠那、天台等、雖皆通達、情無所違、而立宗伝法、互相乖阻（『禅源諸詮集都序』、禅の語録9、筑摩書房、四八ページ）。

(2)『疏有払塵看浄方便通経』下、二、叙列也。略叙七家。今初第一也（『円覚経大疏鈔』第三之下、『続蔵』第十四冊０５５４上）。

今、(1)の十室と(2)の七家、および『承襲図』の四宗を対照すると、おおよそ次のようになる。

禅源諸詮集	円覚経大疏鈔	承襲図	宗源
1 江西	第四家	洪州宗（六祖下傍出）	南岳観音
2 荷沢	第七家	南宗、荷沢宗	荷沢神会
3 北秀	第一家	北宗	玉泉神秀
4 南侁	第二家		智詵
5 牛頭	第五家	牛頭宗（四祖下傍出）	牛頭恵融
6 石頭			
7 保唐	第三家		老安
8 宣什	第六家		宣什
9 稠那			（僧稠・求那跋陀羅）
10 天台			

(495)　大暦中、睿文孝武皇帝、以大道馭万国、至化統群元、聞禅師僧臘之高、法門之秀、特降、詔命、移居招聖……。又奉　詔与諸長老、弁仏法邪正、定南北両宗。禅師以為開示之時、頓受非漸。修行之地、漸浄非頓。知法空則法無邪正、悟宗通則宗無南北。孰為分別而仮名哉（『西安碑林』図版一〇三）。

(496)　華林寺大悲禅師碑銘のテキストは、これまで全く読まれていない。『全唐文』の雲坦は、霊坦の誤りである。

(497)　本稿第三六章。

(498)　馬総の伝は、『旧唐書』第百五十七、『新唐書』第百六十三にある。『唐方鎮年表』第七によると、嶺南節度使となるのは元和八年十二月より十一年までで、この年に入って刑部侍郎となる。

(499)　権徳輿「章敬寺百巌大師碑銘幷序」、『唐文粋』第六十四、『文苑英華』八百六十六、『全唐文』五百一、『権載之文集』十八。

白居易「西京興善寺伝法堂碑銘幷序」、『全唐文』六百七十八、『白氏文集』四十一。韋処厚「興福寺内道場供奉大徳大義禅師碑銘」、『全唐文』七百十五。

(500)　天宝三載、観音大師終于衡山。春秋六十八、僧臘四十八。元和十八年、故大弟子道一之門人、曰惟寛・懐暉。感塵劫遽遷、塔樹已拱、懼絶故老之口、将貽後学之憂、不若貽謀、思揚祖徳、乃列景行、託於廃文。彊名無跡、以慰乎罔極之恩。

張正甫は、張説の「荆州玉泉寺大通禅師碑銘」の、次の句をふまえて、「観音大師碑銘」を書いている。

生於天地、不知天地之高厚、飲於江海、不知江海之広深。強名無跡、以慰其心（『初期禅宗史書の研究』付録、資料二、五〇〇ページ）。

(501) 馬祖に大寂の謚号があるのは、憲宗のときというのみで、何年のことか明らかでないが、右にいう元和十八年の観音大師塔再建に先立つことは確かである。『宋高僧伝』第九の唐南岳石頭山希遷伝の末尾に、貞元六年の順化と、塔成りて三十載、始めて無際大師の謚号があったとする。とくに次の有名な記載によって、それが馬祖を謚号で呼び、石頭に対せしめているのは、注目に価しよう。

自江西主大寂、湖南主石頭、往来憧憧、不見二大士、為無知矣。貞元六年庚午歳十二月二十五日順化。春秋九十一、僧臘六十三。門人恵朗、振朗、波利、道悟、道銑、智舟、相与建塔于東嶺。塔成三十載、国子博士劉軻、素明玄理、欽尚祖風、与道銑相遇、盛述先師之道。軻追仰前烈、為碑紀徳。長慶中也。勅謚無際大師、塔曰見相焉。『宋高僧伝』第九（T. 50-764a）。

劉軻の碑文は、現存しないが、『全唐文』七百四十二の小伝のほか、『太平広記』百八十一に、唐摭言による逸事を伝え、少くして僧となり、予章高安の果園に止まったこと、その文章が韓柳と名を斉しくしたことを伝える。又、先の一段は『伝灯録』第六の馬祖の章にも引かれて、憲宗による追謚の根拠となる。ただし、馬祖の塔号については異説があって、『伝灯録』は大荘厳とするのに、『冊府元亀』第五十二の帝王部、崇釈氏二に次のように言っている。

文宗太和元年十月、江西奏、洪州道一禅師、元和中賜謚大寂。其塔未蒙賜額。詔賜名円証之塔。

(502) 韋処厚「興福寺内道場供奉大徳大義禅師碑銘」。胡適は、壇経伝宗を、宗密の祖宗伝記に比す（『神会和尚遺集』新版八ページ書込み、七五ページ）。

(503) 『宋高僧伝』第十に、唐袁州陽岐山甄叔伝がある。志閑碑による立伝である（T. 50-770b）。

(504) 前註(496)をみよ。

(505) 甘露の変への宗密のかかわりは、山崎宏の『隋唐仏教史の研究』第十二章、圭峯宗密禅師二、甘露の変の条にくわしい。

(506) 『宗鏡録』第九十八に、大悲和尚のことばを引く。おそらくは、霊坦のものである。語録の一部にちがいない。

大悲和尚云、能知自心性、含於万法、終不別求、念念功夫、入於実相。若不見是義、勤苦累劫亦無功夫（T. 48-944b）。

(507) 小川環樹編『唐代の詩人―その伝記』に、韓愈、唐故相権公墓碑の訳注を収める。大修館書店、一九七五年。

(508)『登科記考』巻十五（九八八ページ）。

(509) 明本『六祖壇経』付録（T. 48-363b）。

(510) 異端との対決によって、柳宗元や韓愈の新儒教が始まる。異端の代表が、禅仏教である。祖師の再発見と、師説の強調は、禅仏教と新儒教に共通する。

(511)『白氏文集』第四十五、『全唐文』六百七十五。

(512) 後註(514)に引く、『伝灯録』第十の白居易の章に、書問の要約がある。又、本文にいうように、白居易の手紙は、宋の恵洪の『林間録』下冊に、その全文が収められる（『続蔵』百四十八―0617下）。

(513) 唐貞元十九年秋八月、有大師曰凝公、遷化於東都聖善寺鉢塔院。越明年春二月、有東来客白居易、作八漸偈。偈六句、句四言、賛之。初居易嘗求心要於師。師賜我言焉。曰観、曰覚、曰定、曰恵、曰明、曰通、曰済、曰捨、繇是、入於耳、貫於心。嗚呼、今師之報身則化、師之八言不化。至哉八言、実無生忍観之漸門也。故自観至捨、次而賛之。広一言為一偈、謂之八漸偈。蓋欲以発揮師之心教、且明居易不敢失墜也。既而升於堂、礼於牀。跪而唱、泣而去（『伝灯録』第二十九、禅学叢書之六、三〇二ページ上右）。

聖善寺の凝公は、同じく『白氏文集』第六十九（『全唐文』六百七十六）に収める、「東都十律大徳長聖善寺鉢塔院主智如和尚茶毘幢記」によると、智如和尚の師に当る法凝大師であり、白居易は東都の聖善寺で、法凝と智如の二師に参じたらしい。どちらかというと、頓教よりも漸教や持律の教えに傾いている。払塵看浄、方便通経の立場である。

(514)「唐東都奉国寺禅徳大師照公塔銘」、『白氏文集』第七十一、『全唐文』六百七十八。興善惟寛の伝は、『祖堂集』に収めない。『伝灯録』第七の京兆興善寺惟寛の章は、白居易の「伝法堂碑」によっている。「伝法堂碑」は、白居易が伝える惟寛語録の一部である。

伝法堂碑（『全唐文』六百七十八）	**伝灯録第七、興善惟寛**
元和四年、憲宗章武皇帝、召見於安国寺。五年、問法於麟徳殿。其年復霊泉	元和四年、憲宗詔至闕下。

於不空三蔵池。十二年二月晦、大説法於是堂。説訖就化、其化縁云尓。有問師之心要曰、師行禅演法、垂三十年。度白黒衆、殆百千万億、応病授薬。安可以一説、尽其心要乎。

然居易為賛善大夫時、嘗四詣師、四問道。第一問云、既曰禅師、何故説法。師曰、無上菩提者、被於身為律、説於口為法行、於心為禅。応用有三、其実一也。如江湖河漢、在処立名。名雖不一、水性無二。律即是法、法不離禅。云何於中、妄起分別。

第二問云、既無分別。何以修心。師曰、心本無損傷。云何要修理。無論垢与浄、一切勿起念。

第三問云、垢即不可念、浄無念、可乎。師曰、如人眼睛上、一物不可住。金屑雖珍宝、在眼亦為病。

第四問云、無修無念、亦何異於凡夫耶。師曰、凡夫無明、二乗執著。離此二病、是名真修。真修者、不得勤、不得妄（忘）。勤即近執著、忘即落無明。其心要云爾。

白居易嘗詣師問曰、既曰禅師、何以説法。師曰、無上菩提者、被於身為律、説於口為法、行於心為禅。応用者三、其致一也。譬如江湖淮漢、在処立名、名雖不一、水性無二。律即是法、法不離禅。云何於中、妄起分別。

又問、既無分別。何以修心。師云、心本無損傷、云何要修理*。無論垢与浄、一切勿起念。

又問、垢即不可念、浄無念、可乎。師曰、如人眼睛上、一物不可住。*金屑雖珍宝、在眼亦為病。

又問、無修無念、又何異凡夫耶。師曰、凡夫無明、二乗執著、離此二病、是曰真修。真修者、不得勤、不得忘。勤則近執著、忘即落無明。此為心要云爾。

（禅学叢書之六、六三ページ上右）

＊後に臨済の示衆と問答にみえる、特殊な修証の解釈と、「金屑云云」の成句は、明らかに「伝法堂碑」による。（従って、『祖堂集』第十六の南泉章にあるものも、吟味を要する）。

(1)道流、諸方説、有道可修、有法可証。你説証何法修何法。你今用処、欠少什麼物、修補何処（『四家語録』

第六、禅学叢書之三、六三ページ上左)。

(2)王常侍一日訪師(臨済)……。師云、総教伊成仏作祖去。侍云、金屑雖貴、落眼成翳、又作麼生。師云、将為你是箇俗漢(同前、五七ページ上左)。

(515) 鳥窠と白居易の問答といわれるもの、三本を対照すると、おおよそ次のようである。

酉陽雑俎続集第四	**祖堂集第三、鳥窠章**	**伝灯録第四、鳥窠章**
相伝云、釈道欽住径山。有問道者、率爾而対、皆造宗極。劉忠州晏、嘗乞心偈、令執鑪而聴再三、称諸悪莫作、諸善奉行。晏曰、此三尺童子皆知之。欽曰、三尺童子皆知之、百歳老人行不得。至今以為名理。予読梁元帝雑伝云、晋慧末洛中沙門耆域、蓋得道者。長安人与域食於長安寺、流沙人与域食於石人前、数万里同日而見。沙門竺法行、嘗稽首乞言。域升高坐曰、守口摂意、心莫犯戒。竺語曰、得道者、当授所未聴、今有八歳沙弥亦以誦之。域笑曰、八歳而致誦、百歳不能行、嗟乎、人皆敬得道者、不知行即是得。(『太平広記』	鳥窠和尚、嗣径山国一禅師。在杭州……。白舎人問、一日十二時中、如何修行、便得与道相応。師云、諸悪莫作、諸善奉行。舎人曰、三歳孩児也解道得。百歳老人略行不得。舎人因此礼拝為師。讃曰、形羸骨痩久修行、一納麻衣称道情。曾結草菴倚碧樹、天涯知有鳥窠名。師問白舎人、汝是白家児不。舎人称名白家易。師曰、汝啊爺姓什摩。舎人無対。(禅学叢書之四、五四ページ上)	杭州鳥窠道林禅師……、後見秦望山有長松、枝葉繁茂、盤屈如蓋。遂棲止其上。故時人謂之鳥窠禅師。復有鵲巣於其側、自然馴狎。人亦目為鵲巣和尚。元和中、白居易出守茲郡。因入山礼謁。乃問師曰、禅師住処甚危険。師曰、太守危険尤甚。曰、弟子位鎮江山、何険之有。師曰、薪火相交、識性不停、得非険乎。又問、如何是仏法大意。師曰、諸悪莫作、衆善奉行。白曰、三歳孩児也解恁麼道。師曰、三歳孩児雖道得、八十老人行不得。白遂作礼。(禅学叢書之六、三三一ページ下左)

第九十六、釈道欽の条に引くもの、全く同じ）		

鳥窠は、径山の弟子である。径山と劉晏の問答が、鳥窠と白居易のものとなる経過は、右の対照によって判明しよう。さらに又、『祖堂集』第四の鳥窠の章に、先の白家児問答に続いて、次のような話がある。

鳥窠とは、かかわりがないにもかかわらず、編者は故意に何らかの関係をつけようとしている。作品は、次に掲げる『白氏文集』第三十五、戯礼経老僧によっている。

舎人帰京、入寺遊戯。見僧念経、便問、甲子多小。対曰、八十五。進曰、念経得幾年。対曰、六十年。舎人云、大奇大奇。雖然如此、出家自有本分事。作麼生是和尚本分事。僧無対。

舎人因此詩曰、空門有路不知処、頭白歯黄猶念経、何年飲著声聞酒、迄至如今酔未醒（禅学叢書之四、五四ページ下）。

白氏の作品は、わが『和漢朗詠集』上にとられる。

戯礼経老僧、

香火一炉灯一盞、
回頭夜礼仏名経。
何年飲著声聞酒、
直到如今酔未醒。
（宋本影印六910）

仏　名

香火一炉灯一盞、
白頭夜礼仏名経。白
香自禅心無用火、
花開合掌不因春。菅

兼盛

あらたまの年も暮るれば造りけむ罪ものこらずなりやしぬらむ、

かぞふればわが身につもる年月をおくりむかふとなにいそぐらむ。

（岩波版「日本古典文学大系」73―一四七ページ）

さらに、周知の白居易と仏光如満のかかわりも、具体性を欠く。『伝灯録』第十の前洛京仏光寺如満禅師法嗣、唐杭州刺史白居易の章は、右にいう諸師との交渉を総括するにすぎぬ。

唐杭州刺史白居易、字楽天。久参仏光得心法、兼稟大乗金剛宝戒。元和中、造於京兆興善法堂、致四問。語見興善章。十五年、牧杭州、訪鳥窠和尚、有問答偈頌。鳥窠章叙訖。嘗致書於済法師。以仏無上大恵、演出教理、安有徇機高下、応病不同、与平等一味之説相反。援引維摩及金剛三昧等六経、闢二義而難之。又以五蘊十二縁説、名色前後不類、立理而徴之。並鈎深索隠、通幽洞微。然未覩法師酬対。後来亦鮮有代答者。復受東都凝禅師八漸之目、各広一言而為一偈、釈其旨趣。自浅之深、猶貫珠焉。凡守任処、多訪祖道、学無常師、後為賓客、分司東都、罄已俸修龍門香山寺。寺成自撰記、凡為文、動関教化、無不賛美仏乗。見於本集。其歴官次第、帰全代祀、即史伝存焉耳（禅学叢書之六、八七ページ下左）。

以上の外、白居易の機縁として、『祖堂集』第十五の帰宗の章に左記があるが、元来は李軍容と潙山のものを、白氏と盧山との関係から、故意に帰宗に結びつけた形跡がある。

祖堂集第十五、帰宗章	**祖堂集第七、巌頭章**
白舎人為江州刺史、頗甚殷敬。舎人参師（帰宗）。師泥壁次、師廻首云、君子儒、小人儒。白舎人云、君子儒。師以泥鏵敲泥板。侍郎以泥挑挑泥、送与師。師便接了云、莫是俊機白侍郎以不。対云、不敢。師云、只有送泥分。（禅学叢書之四、二八九ページ下）	因潙山和尚於廊下泥壁次、李軍容具公裳、直来詣潙山訪道。到潙山背後、端笏而立。潙山廻首、便側泥盤、作接泥勢。侍郎便転笏、作進泥勢。潙山当下抛泥盤。与侍郎把臂帰方丈。師（巌頭）後聞此語云、噫、仏法已後澹薄去也。多少天下潙山、泥壁也未了在。（同上、一四〇ページ下）

（516）前註（202）と（240）をみよ。

（517）前註（2）と（3）にあげる、近代の研究成果を指す。

（518）柳田聖山「道元と中国仏教」、禅文化研究所紀要第一三号、一九八四年。

（519）『祖堂集索引』下冊に付する、祖堂集解題のうちに、新羅・高麗の禅仏教についての私見がある。京都大学人文科学研究所、一九八四年。

（520）両者は、歴史的にいう限り、全く無関係である。宗密は、ラサ宗論を知っていたようであり、敦煌の禅文献のうちに、宗密の著作が含まれる。しかし、白居易とチベット仏教のかかわりは、今のところ考えられない。

（521）Le Concile de Lhasa, F° 156b.

（522）同前、F° 156b-157a.

（523）『嵩山会善寺景賢大師身塔石記』（『全唐文』三百六十二）に、大通の弟子を寂成福蔵の四人とする。蔵は、降魔蔵である。『宋高僧伝』第八に、唐兗州東岳降魔蔵師伝があり、『伝灯録』第四にも、前北宗神秀の法嗣として、兗州降魔蔵禅師の伝を立てる。『封氏聞見記』第六は、飲茶の条に次のように言う。同一人物である。

又、開元中、泰山霊巌寺有降魔師。大興禅教、学禅務于不寐、又不夕食、皆許其飲茶。人自懐挾、到処煮飲。従此転相倣效、遂成風俗。

(524) 『八瓊室金石補正』第六十七に、大唐空寂寺故大福和尚碑がある。宇井伯寿『禅宗史研究』三七五ページ、北宗禅の人々と教説の末尾に、神秀の弟子として付記される。六五五—七四三の一生で、姓は張氏である。義福と恵福以外に、大福張和上がいたこととなる。

(525) 前河西観察判官朝散大夫殿中侍御史王錫が撰する、「頓悟大乗正理決叙」に次のように言う。

首自申年、我大師忽奉明詔曰、婆羅門僧等奏言、漢僧所教授、頓悟禅宗、並非金口所説、請即停廃……。至戌年正月十五日、大宣詔命曰、摩訶衍等所開禅義、究暢経文、一无差錯。従今已後、任道俗依法修習。

(526) 前註(486)に掲げる、神会門下対照表の付注*印をみよ。

(527) 恵達和上頓悟大乗秘密心契禅門法は、鈴木大拙が北京で発見し、『少室逸書』に収めた(一九三五年)。その後、『禅思想史研究』第二に収める、師資七祖方便五門の末尾に、「侯莫陳口決」として、その一部を引用している。侯莫陳は、『頓悟真宗金剛般若修行達彼岸法門要決』の著者恵達和上であり、侯莫陳琰である。前註(387)をみよ。

(528) 曹渓大師伝に、六祖恵能の首級盗難事件の予言がある。開元二十七年に、刺客が首を取りに来るが、恵能が生前にこのことを予期し、遺言して遺体の頸を鉄鍱で補強し、全身を膠漆で封じたために、終に未遂に終わったというものである。『伝灯録』第五の恵能伝で、事件は開元十年壬戌八月三日夜半のこととなり、県令楊侃と刺史柳無忝が賊を捕えて鞫すると、姓は張、名は浄満という男で、新羅僧金大悲より銭二十千を貰ったといい、金大悲は六祖の首級を海東に迎えて、供養したい一念より出たことが判る。現存の『宝林伝』に欠く、第九巻と第十巻に、この記事があったことが、『祖庭事苑』の引用で知られ、さらに曹渓大師伝の成立と直接関係する、滅後七十年の予言で、東方よりくるとされる僧俗二人を、新羅入唐使とする解釈があって、『曹渓大師伝』と『宝林伝』の成立には、新羅僧の動きがつきまとうように思われる。

(529) 本稿第五章。

(530) 権徳輿の撰する、「洪州開元寺石門道一禅師塔碑銘」にいうところで、恵海、智蔵、鎬英、志賢、智通、道悟、懐暉、惟寛、智広、崇泰、恵雲という、十一人の名がある。詳しくは、本稿第四三章を参照。

(531) 『祖堂集』第十四、江西馬祖の章(禅学叢書之四、二六〇ページ下)。

(532) 同前、二六〇ページ上。

(533) 馬祖遣師(西堂)送書到国師処……。国師問、汝師説什麼法。師従東辺過西辺立。国師云、只者个、為当別更有不。師又過東辺立。国師云、這个是馬師底。仁者作麼生。師云、早个呈似和尚了也（『祖堂集』第十五、二八〇ページ上）。

（534）伏牛和尚、与馬大師送書到師処。師（忠国師）問、馬師説何法示人。師曰、即心即仏。師曰、是什麼語話。又問、更有什麼言説。対曰、非心非仏。亦曰、不是心不是仏不是物。師笑曰、猶較些子。伏牛却問、未審此間如何。師曰、三点如流水、曲似刈禾鎌（『祖堂集』第三、六四ページ下）。

（535）『伝灯録』第六（禅学叢書之六、五一ページ下左）。

（536）『涅槃経』第二十、嬰児行品（T. 12-485c）。『大般若経』第五百九十九（T. 7-1104c）。『大智度論』第二十にもある（T. 25-211a）。百丈、南泉、黄檗、臨済等の語録に、頻出する。

（537）『善慧大士語録』第三、行路難二十篇の第七章、明般若無諍の句（続蔵第百二〇冊００２９下）。

（538）本稿第三九章、各本の対照表（二九〇ページ）。

（539）妙喜曰、予建炎中、首衆颾峯時、首座寮有洞山聡禅師所集禅門宗要、祖堂二録。宗要末上、以石頭馬祖二師語為準式……。後永明寿禅師、天衣懐禅師、於宗鏡通明二集中、因之……。然宗鏡通明二聖師所集、未必皆錯。恐後来伝者之誤耳。諺云、一字三写、烏焉成馬。信然（『続蔵』第百十八冊００３５上）。

因みに、『通明集』は天衣義懐の編集らしいが、元版の『伝灯録』第十一、詁州香厳智閑の章に、有名な撃竹の偈について校注を加え、動容以下の二句を、「此句旧本並福邵本並無、今以通明集為拠」とするところをみると、元版の時代にはなお存し、唐代の機縁や句偈を集めた本であったことが判る。先に註(474)に指摘する印宗の『心要集』とともに、六祖やその弟子たちの資料とするに足りる。すくなくとも宋末の『人天宝鑑』が、南岳が六祖に参ずる話を、『通明集』より引くところをみると、この本が唐代の古い機縁を多く集めていたことが判る（続蔵百四十八―０１３３上）。

（540）「馬祖禅の諸問題」、印度学仏教学研究第一七巻一冊、一九六八年。

（541）達磨の皮肉骨髄の話を、『伝灯録』の成立の側から考えたものに、左記がある。南岳の眼耳鼻説も、このうちに含まれる。

石井修道「圭峰宗密の肉骨髄得法説の成立背景について」、印度学仏教学研究第三〇巻二号、一九八二年。

同「『景徳伝灯録』序をめぐる諸問題」、仏教学第一七号、一九八四年。

(542) 八十八人は、黄檗希運のいうところ（『祖堂集』第十六）、『天聖広灯録』第八の百丈の章は、潙山の言葉として八十四人とし、『四家語録』第二も、これを受ける。百三十九人は、『伝灯録』六、七、八の目録にあげる弟子の名の合計、八百余人は『宋高僧伝』第十一、唐池州南泉院普願伝にいうところである。いずれも、本文であらためて吟味する。

(543) 前註(501)。

(544) 「新続灯史の系譜、叙の一」、禅学研究第五九号、一九七八年。

(545) 山崎宏『隋唐仏教史の研究』第十章、および第十一章にくわしい。

(546) 自昔華厳帰真於嵩陽、善導瘞塔於秦嶺、礼視齎斬、人傾国城。哀送之盛、今則三之（『宋高僧伝』第十、唐洪州開元寺道一伝、T. 50-766b）。

(547) 以建中五年歳次甲子、随使韓粲号金譲恭、過海入唐、直往臺山、而感文殊……、遂届広府宝壇寺、始受具戒、後到曹渓、欲礼祖師之堂、門扇忽然自開、瞻礼三遍而出、門閉如故。次詣江西洪州開元寺、就西堂智蔵大師処、頂謁為師、決疑釈滞。大師猶若摭石間之美玉、拾蚌中之真珠。謂曰、誠可以伝法。非斯人而誰、改名道義。於是頭陀而詣百丈山懐海和尚処。一似西堂。和尚曰、江西禅脉、捻属東国之僧歟（『祖堂集』第十七、雪岳陳田寺元寂禅師章、禅学叢書之四、三一七ページ下）。

(548) 断際禅師、初行乞於雒京、吟添鉢声。一嫗出棘扉間、曰太無厭足生。断際曰、汝猶未施、反責無厭、何耶。嫗笑掩扉。断際異之。与語多所発薬。辞去。嫗曰、可往南昌、見馬大師。断際至江西、而大師已化去。聞塔在石門、遂往礼塔。時大智禅師、方結廬塔傍。因叙其遠来之意、願聞平昔得力言句（『林間録』上、続蔵百四十八―０５９１上）。又、註(739)をみよ。

(549) 先造百巌懐暉禅師、次依西堂智蔵、後謁百丈懐海、巾侍十年、仍往撫州。石鞏纔見、便開弓云、看箭。師乃当前□胸。鞏抜箭云、三十年来、張一枝弓、掛三隻箭、而今只射得半個聖人……。師乃巾缾八載、末後南遊潮州山、礼見大顛……（『潭州三平山広済大師行録』、嶺南学報第三の二、民国二十三年）。

(550) 本稿第五章。

(551) 宇井伯寿『第二禅宗史研究』第五、薬山惟儼と天皇道悟。

(552) 石頭と道悟、曹渓恵能と一僧との問答を対照すると、おおよそ次のようである。

伝灯録第十四、石頭章	祖堂集第二、恵能章
時門人道悟問、曹谿意旨、誰人得。師曰、会仏法人得。曰、師還得否。師曰、我不会仏法。（禅学叢書之六、一一六ページ下左）	有人問曰、黄梅意旨、何人得。師云、会仏法者得。僧曰、和尚還得也無。師云、我不得。僧曰、和尚為什摩不得。師云、我不会仏法。（禅学叢書之四、四九ページ上）

（553）鈴木哲雄『唐五代の禅宗』第二章第二節、南宗発展の基礎なる開拓期、（学術叢書禅仏教）、大東出版社、一九八四年。

（554）大珠恵海と馬祖との問答は、『伝灯録』第六に伝えるものが唯一つあるだけで、師事六載とする以外、その間の機縁は一切不明である。『祖堂集』第十四の大珠章も、いきなり上堂語を記すだけで、伝記的なものは何もない。

（555）馬祖の弟子は、即心即仏の句によって開悟し、直ちに自在を得るという、共通の型をもつ。これがのちに、二次三次の問答を引き起こし、語録を生み出す根拠となる。馬祖に参ずる以前、すでに伝統的な仏教学の専門家で、一種の転向であることも共通する。

（556）楊潜の名は、『唐郎官柱題名考』十二と十五にみるというが、伝記は他に照合できない。

（557）『金澤文庫資料全書』仏典第一巻、禅籍篇、一九七四年。

（558）後馬大師闡化於江西。師（南岳懐譲）問衆曰、道一為衆説法否。衆曰、已為衆説法。師曰、総未見人持箇消息来。衆無対。師遣一僧去、云待伊上堂時、但問作麼生、伊道底言語記将来。僧去、一如師旨。廻謂師曰、馬師云、自従胡乱後三十年、不曾闕塩醬。師然之（『伝灯録』第五、禅学叢書之六、四六ページ上右）。

大寂聞師（大梅）住山、乃令一僧到問云、和尚見馬師、得箇什麼、便住此山。師云、馬師向我道、即心即仏。我便向這裏住。僧云、馬師近日、仏法又別。師云、作麼生別。僧云、近日又道非心非仏。師云、這老漢惑乱人、未有了日。任汝非心非仏、我只管即心即仏。其僧廻、挙似馬祖。祖云、大衆、梅子熟也。（僧問禾山、大梅恁麼道、意作麼生。禾山云、真師子児）、自此学者漸臻、師道弥著……。龐居士問師、久嚮大梅、未審梅子熟也未。師云、你向什麼処下口。士云、与麼、則百雑砕也。師云、還我核子来（『伝灯録』第七、同前、六二ページ下右）。

(559) 龐蘊は、中国の維摩とされる。中国の維摩とされたのは、傅大士である。百丈や臨済の示衆に、傅大士と維摩をセットとする句があるのは、龐居士の存在をふまえるのでないか。馬祖教団の対話は、出家と在家の区別を超えている。

夫語須弁緇素、須識総別語、須識了義不了義教語。了義教弁清、不了義教弁濁。説穢法辺垢揀凡。説浄法辺垢揀聖。従九部教説、向前衆生無眼、須仮人彫琢。若於聾俗人前説、直須教渠出家持戒、修禅学恵。若是過量俗人、亦不得向他与麼説、如維摩詰傅大士等類（『百丈広録』、禅学叢書之三、一三ページ上右）。

上堂云、一人在孤峯頂上、無出身之路。一人在十字街頭、亦無向背。那箇在前、那箇在後。不作維摩詰、不作傅大士。久立珍重（『鎮州臨済恵照禅師語録』、同前、五八ページ下左）。

問曰、白衣有妻子、婬欲不除。憑何得成仏。答曰、只言見性、不言婬欲（『血脈論』、禅学叢書之二、六ページ下右）。

(560) 前註(501)をみよ。

(561) 『伝灯録』第六、禅学叢書之六、五六ページ上右。

(562) 能大師方弘法施、学者如帰。渉其藩閫者、十一二焉。躋其室堂者、又十一焉。師以後学弱齢、分於末席虚中、而若無所受。善閉而惟恐有聞。能公異焉、置之座右（張正甫「衡州般若寺観音大師碑銘幷序」）。

既師大寂、尽得心印、言簡理精。貌和神峻、睹即生敬。居常自卑、善不近名。故先師碑文、独晦其称号（陳詡「唐洪州百丈山故懐海禅師塔銘幷序」）。

(563) 前註(544)をみよ。

(564) 問、請和尚、離四句絶百非、直指西来意。不煩多説。師云、我今日無心情、不能為汝説。汝去西堂、問取智蔵。其僧去西堂、具陳前問。西堂云、汝何不問和尚。僧云、和尚教某甲来問上座。西堂便以手点頭云、我今日可殺頭痛、不能為汝説。汝去問取海師兄。其僧又去百丈、乃陳前問。百丈云、某甲到這裏、却不会。其僧却挙似師。師云、蔵頭白、海頭黒（『祖堂集』第十四、江西馬祖章、禅学叢書之四、二六三ページ下）。

(565) 『伝灯録』第六、洪州百丈山懐海禅師章（台湾、真善美出版社印行、普恵大蔵経刊行会版本、一一三ページ）。

(566) 虔州西堂智蔵禅師者、虔化人也。姓廖氏。八歳従師、二十五具戒。有相者覩其殊表、謂之曰、師骨気非凡。当為法王之輔佐也。師遂往仏迹巌、参礼大寂、与百丈海禅師、同為入室、皆承印記（『伝灯録』第七、禅学叢書之六、五九ページ上右）。

(567) (1)西堂問師、你向後、作磨生開示於人。師以手巻舒両辺。堂云、更作磨生。師以手点頭三下（『天聖広灯録』第八、洪州百丈山大智禅師章、禅学叢書之五、四〇九ページ上）。

(2)師謂衆曰、我要一人伝語西堂。阿誰去得。五峯対云、某甲去。師云、作麼生伝語。対云、待見西堂即道。師云、道什麼。対云、却来説似和尚（『祖堂集』第十四、百丈章、禅学叢書之四、二七一ページ下、『伝灯録』第六、百丈章、五六ページ下右、『天聖広灯録』第八、百丈章、四一一ページ上）。

(3)僧問西堂、有問有荅則不問。不問不荅時、如何。荅曰、怕爛却那作麼。師（百丈）聞挙云、従来疑這个老漢。僧云、請師道。師云、一合相不可得（『祖堂集』第十四、百丈章、二七二ページ上、『伝灯録』第六、百丈章、五六ページ下左）。

(568) 石井修道「洪州宗における西堂智蔵の位置について」、印度学仏教学研究第二七巻第一号、一九七八年。

(569) 『初期禅宗史書の研究』第四章第十節、浄衆派の発展、注10（三四八ページ）。

(570) 有一日斎後、忽然有一个僧来、具威儀、便上法堂参師。師（馬祖）問、昨夜在什麼処。対曰、在山下。師曰、喫飯也未。対曰、未喫飯。師曰、去庫頭覓喫飯。其僧応喏、便去庫頭。当時百丈造典座。却自个分飯、与他供養。其僧喫飯了、便去。百丈上法堂。師問、適来有一个僧、未得喫飯。汝供養得麼。対曰、供養了。師曰、汝向後無量大福徳人。対曰、和尚作麼生与麼説。師曰、此是辟支弗僧、所以与麼説。進問、和尚是凡人、作麼生受他辟支弗礼。師云、神通変化則得。若是説一句仏法、他不如老僧（『祖堂集』第十四、江西馬祖章、禅学叢書之四、二六一ページ下）。

(571) 本稿第五章。

(572) 本稿第四三章。

(573) 権徳輿は、「大暦中、尚書路冀公之為連師也、舟車旁午、請居理所、貞元元年、成紀李公、以侍極司憲、臨長是邦、勤護法之誠、承最後之説」とし、『宋高僧伝』第十の唐洪州開元寺道一伝は、「大暦中、聖恩溥洽、隷名於開元精舎、其時連率路公、聆風景慕、以鍾陵之壊、巨鎮奥区、政有易柱之絃、人同湊轂」とする。唐方鎮年表によると、路冀公は路嗣恭、成紀李公は、李兼である。

(574) 『宋高僧伝』第十、唐新呉百丈山懐海伝の末尾に、賛寧は次のように言う。

系曰、自漢伝法、居処不分禅律。是以通禅達法者、皆居一寺中、院有別耳。至乎百丈立制、出意用方便、亦頭陀之流也。矯枉従端、乃簡易之業也。所言自我作古、古故也、故事也、如立事克成、則云自此始也。不成、則云無自立辟。今海公作古、天下随之者、益多而損少之故也。謚海公為大智、不其然乎。語曰、利不百不変格。将知変斯格、厥利多矣。弥沙塞律有諸、雖非仏制、諸方為清浄者、不得不行也（T. 50-771a）。

（575）前註（547）をみよ。（549）も、参照。

（576）次註（577）をみよ。

（577）『宗鏡録』第九十七と、『天聖広灯録』第八を対照すると、おおよそ次のようである。

宗鏡録第九十七	天聖広灯録第八
譲大師云、一切万法皆従心生。若達心地、所作無礙。汝今此心、即是仏故。達磨西来、唯傳一心之法。三界唯心、森羅及万像、一法之所印。凡所見色、皆是自心。心不自心、因色故心。汝可随時、即事即理、都無所礙。菩提道果亦復如是。従心所生、即名為色、知色空故、生即不生。馬大師問曰、如何用意、合禅定無相三昧。師曰、汝若学心地法門、猶如下種。我説法要、譬如天沢。汝縁合故、当見于道。馬大師又問曰、和尚云見道。道非色故、云何能覩。師曰、心地法眼、能見于道。無相三昧亦復然矣。馬大師曰、有成壊不。師曰、若契此道、無始無終。不成不壊、不聚不散、不長不短、不静不乱、不急不緩。若如是解、当名為道。汝受吾教、聴吾偈言、心地含諸種、遇沢悉皆萌、三昧華無相、何壊何成。（T. 48-940a）	先天二年、始往南岳、居般若寺。示徒云、一切万法、皆従心生。心本無生、法亦無住。若達心地、所作無礙。非遇上根、宜慎言哉。（以下、一僧との鏡像問答、及び馬祖との磨磚問答、牛車坐仏の教誨あり、次いで無相三昧、見道、成壊の問答があって、伝心偈の説示となること、『祖堂集』第二、『伝灯録』第五と、ほぼ同じである。禅学叢書之五、四〇四ページ下）

（578）題譲和尚伝。心之妙不可以語言伝、而可以語言見。蓋語言者心之縁、道之標幟也。標幟審則心契。故学者毎以

語言為得道浅深之候。予観南岳譲禅師、初見六祖。祖曰、什麼物与麼来。対曰、説似一物即不中。曰、還仮修証也無。対曰、修証即不無。染汚即不可。祖嘆曰、即此不染汚、是諸仏之護念。大哉言乎、如走盤之珠、不留影跡也。然譲公猶侍六祖十有五年、乃去庵於三生石之上。時天下尚以律居、未成叢席。有僧忘其名、為総衆事二十年、為県官勘其出納。先是寺未嘗籍其資。僧方囚自念、久已忘之、仰祝譲公求助。於是一夕通悟、尽能追憶、二十年間物件、不遺毫髪、乃得釈故。以譲公為観音大士之応身。而譲居庵中、未嘗知之。予游福厳、与僧読其事。僧疑以問予、此何理哉。予曰、涅槃経云、外道妬世尊、入其国駆五百酔象来奔。世尊垂手示之、而象見五指輪中、皆出師子。於是怖伏、遺糞而去。世尊曰、尓時我指実無師子、而是護財狂象、自然見之。皆我慈善根力故。夫世尊慈善根力、要不可以有思議心測之、而可以無隠蔵事証。如月在天、光遍谿谷。初不択谿谷之濁清、而水之澄徹、必有月影、必有澄徹、則月現影、而善悪之必有所感、乃不見慈善根力哉。則譲公坐令其僧獲聡明之弁、要不足怪也（四部叢刊二一八—二一八六ページ下）。

(579)　本稿第四〇章。

(580)　前註(558)をみよ。

(581)　『祖堂集』以後の懐譲伝の、重々しい構成については、『新続灯史の系譜、叙の一』で考えた。前註(544)をみよ。

(582)　『大正新修大蔵経』も、『続蔵経』も、『四家語録』のテキストを分解して収録し、原形を知る手がかりがない。楊傑の序の由来も明らかでないが、鎌倉より室町時代にかけて、日本で宋本を写したものによるとみられる。他にも類似のケースが、幾つかある。大慧の『正法眼蔵』に寄せる、呉潜の序は、その一例である。お茶の水図書館蔵の『宋本正法眼蔵』は、この序文一葉を補写する。

(583)　居士としての楊傑伝は、『嘉泰普灯録』第二十二、賢臣伝に収めるのを初出とする。又、釈門正統七、先覚宗乗二、など。

(584)　禅学叢書之三、一ページ下左。なお、中国宋代以後の書目に見える禅文献について、曹洞宗研究生研究紀要第一五号と、駒沢大学仏教学部論集第一四号に、椎名宏雄の論文がある。

(585)　馬防が楊傑によっている句は、おおよそ次の部分である。

臨済録、馬防の序	**四家語録、楊傑の序**
円覚老演、今為流通。点	積翠老南、従頭点検。字
検将来、故無差舛。唯余	字審的、句句不差。諸方
一喝、尚要商量。具眼禅	叢林、伝為宗要。只有一

流、冀無賺挙。宣和庚子、
中秋日謹序。
（T. 47-496b）

処、未免謷訛。具眼底人、
為他拈出。元豊八年十一
月一日序。

(586) 柳田聖山「臨済のことば—『臨済録』口語訳の試み—」、禅文化研究所紀要第三号、一九七一年。

(587) 大恵の『正法眼蔵』に、徳山の長い示衆をあげる（後註(773)をみよ）。臨済のものと似ていて、いずれが先か問題である（後註(772)をみよ）。又、『事苑』五に『徳山広録』を引く。

(588) 椎名宏雄「宋版『慈明四家録』とその周辺」、駒沢大学仏教学部論集第一三号、一九八二年。

(589) 唐六祖後、門人立譲大師為七祖。頌曰、一達磨大師。西天二十八、東土為第一。親承迦葉宗、得法波羅蜜。六衆已調伏、三化早周畢。震旦果芬芳、遍界金光出。（中略）七譲大師。已得観音号、猶談譲子名。有危持夢救、無苦不辞軽。受讖応先聖、伝灯付後経。随根興普沢、蒙潤即芽生。

　叙六祖後、伝法正宗血脈頌。能師密印付観音、百丈親伝馬祖心。黄檗大張臨済喝、三聖大覚解参尋。興化流津通汝海、宝応曾窮風穴深。首山一脈西河注、六七宗師四海欽。師子金毛牙爪備、嚬呻震奮象穿林。群狐併蹤狐蹤絶、衆類潜形類不侵。唯有五湖真大士、遠方来湊競投針。横筇掛錫挑灯手、不過茅刀豈得金。為報水雲参道者、直須英俊勿沈吟。一般採薬求真薬、莫将薺苨作仁蔘。真印真得、親伝軌則。千万人中、一両人克。又頌。鵝王鳥飛去、馬頭嶺上住。天高蓋不得、大家総上路（『汾陽無徳禅師語録』下、T. 47-625a）。

(590) 奉宣編伝灯録入蔵。師観名字、乃述讃并序。大慶汾陽、請我何当。三千里外、始建道場。伝灯続焔、法継飲光。一十八載、果熟道香。聖君親録、景徳伝芳。聞名見面、獲福無疆。瞻礼供養、人王法王。千古万古、不泯不蔵。金文玉軸、永劫清涼。讃不可及、孰弁孰□。（中略）邑人崇斎慶賀請上堂。師云、此日声鐘撃鼓、禱祝焚香、聖凡共集、釈梵同臻。僧俗目前、更無別説。意為国恩、所以開演一乗、引導群迷。直言問答、只有如今。還有請問者麼（同前、-603a）。

(591) 椎名宏雄「『伝灯玉英集』の基礎的考察」、曹洞宗研究員研究生研究紀要第九号、一九七七年。『玉英集』の編者王随は、長水子璿の『首楞厳注経』を始め、『雪峯語録』や『玄沙語録』に序を寄せていて、その教学の確かさを知らせる。

(592) 「臨済栽松の話と風穴延沼の出生」、禅学研究第二一号、一九六一年。

(593)『天聖広灯録』の章立ては、第一—第五巻に西天二十七祖、第六—第七に中華六祖、第八—第十一に南岳懐譲と馬祖以下の四家、第十二—第十八巻に、臨済以後、編者の師である谷隠山蘊聡とその弟子、及び広恵元璉の弟子として、楊億の伝と語を収め、そのうちに自ら鎮国軍節度使検校太保駙馬都尉李遵勗の章を含む、異例の構成である。とりわけ、巻第十七の谷隠蘊聡の章には、李遵勗が自ら撰する塔銘があり、同時資料として有力であるにとどまらず、蘊聡の入寂を動機として、この本が構想される経過をあらわす。蘊聡には、別に他の弟子が記録する、『鳳巌集』と『谷隠山太平寺語録』があって、『古尊宿語要』第二策に収められるから、ほとんど完全な形での、伝と語をのこすこととなる。

(594) 金沢文庫には、宋版を覆した五山版『伝心法要』一本と、宋版の様式をもつ写本二種との、都合三種のテキストを伝える。写本の一つは断欠を含むが、もっとも注目すべきは、恵洪の『石門文字禅』第二十五に収める、『題断際禅師語録』を序とする一本である。恵洪の題序は、このとき新しく開版されたテキストに寄せるもので、当時なお「断際禅師語録」の名でよばれていた根拠となる。

(595)『石門文字禅』第二十五は、前註(578)にいう、題譲和尚伝に続いて、題洞山巌頭伝、題断際禅師語録、題百丈常禅師所編大智広録、題雲居弘覚禅師語録など、この人が唐代の語録のために書いた、題序の文章を多く集める。

(596)『大正新修大蔵経』第五十一巻(-273a)。

(597) 本稿第四七章。

(598) 李遵勗とともに、石門蘊聡につぐ達観曇頴が、『五家宗派』を編している。現存しないが、五家の語録によっていることを推定してよい。とくに、『伝灯録』第十四の天皇道悟の章に引く、元本の夾注によると、五家宗派の編集は、天皇を馬祖下におくのが動機であり、徳山や巌頭の家風を、臨済と同一視するのがねらいであったらしい。

(599) 謂徒衆曰、今遭凶年、不依国主、則法事難立。又教化之体、宜令広布(『高僧伝』第五、道安伝、T. 50-352a)。

(600) 趙清献公、平居以北京天鉢元禅師、為方外友、而咨決心法……。已而答富鄭公、書略曰、近者旋附節本伝灯三巻、当已通呈。今承制宋威去余七軸上納。抃伏思西方聖人、教外別伝之法、不為中下根機之所設也。上智則頓悟而入、一得永得。愚者則迷而不復、千差万別、唯仏与祖、以心伝心、其利生摂物、而不得已者、遂有棒喝挙指、揚眉瞬目、拈椎竪払、語言文字、種種方便、去聖逾遠。諸方学徒、忘本逐末、棄源随波、滔滔皆是。斯所謂可憐憫者矣（『羅湖野録』上、『続蔵』百四十二冊、０９６１下）。

(601) 前註(110)をみよ。

(602) 前註(465)をみよ。

(603) 真宗の序に、次のような句がある。仏祖の一括勅諡といえた。李遵勗自身の筆であろうが、この本の編集動機をあらわす。

　遵勗承栄外館、受律斎壇、靡恃貴而驕矜、頗澡心於恬曠……。頤其祖録、広彼宗風、釆開士之迅機、集叢林之雅対、粗裨於理、咸属之篇。嘗貢紺編来聞扆坐、且有勤請、求錫於文。朕既喜乃誠、重違其意。載念薄伽之旨、諒有庇於生霊。近戚之家、又不嬰於我慢。良亦可尚。因賜之題、豈徒然哉。亦王者溥済万物之源也（『天聖広灯録』御製序、禅学叢書之五、三六五ページ下）。

(604) 前註(539)。

(605) 前註(37)。

(606) 前註(531)。

(607) 前註(582)。

(608) 因潙山与師（仰山）遊山、説話次云、見色便見心。仰山云、承和尚有言、見色便見心。樹子是色。阿那个是和尚色上見底心。潙山云、汝若見心、云何見色。見色即是汝心。仰山云、若与摩、但言先見心、然後見色。云何見色了見心。潙山云、我今共樹子語。汝還聞不……（『祖堂集』第十八、仰山章、禅学叢書之四、三四二ページ上）。

　又一日普請、雪峯（挙）潙山語、見色便見心。還有過也無。師（鏡清）対云、古人為什摩事。峯云、雖然如此、我要共汝商量。対云、与摩商量、不如某甲钁地（同前、第十、鏡清章、一九四ページ上）。

　自念欲処、色処無色処、是三処意所作耳。我所念即見心作仏、心自見心、是仏心、仏心是我身。心見仏心、不自知心、心不自見心、心有想為癡心、無想是涅槃（『般舟三昧経』、T. 13-899b）。

(609) 前註(577)をみよ。

(610) 大恵、我説意生法身如来名号。彼不生者、一切外道声聞縁覚七住菩薩、非其境界。大恵、彼不生即如来異名。大恵、譬如因陀羅釈迦、不蘭陀羅、如是等諸物、一一各有多名、亦非多名而有多性、亦非無自性。如是大恵、我於此娑呵世界（娑呵訳言能忍）、有三阿僧祇百千名号。愚夫悉聞各説我名、而不解我如来異名（『楞伽阿跋多羅宝経』第四、T. 16-506b）。

　如一摩尼珠、唯円浄明、都無一切差別色相。以体明故、対外物時、能現一切差別色相。色相自有差別、明珠不曾変易……。謂如珠現黒色時、徹体全黒、都不見明。如癡

孩子、或村野人見之、直是黒珠。有人語云、此是明珠。灼然不信、却嗔前人、謂為欺誑、任説種種道理、終不聴覧。縦有肯信是明珠者、縁自覩其黒、亦謂言被黒色、纏裹覆障、擬待磨拭揩洗、去却黒暗、方得明相出現、始名親見明珠。復有一類人、指示云、即此黒暗便是明珠、明珠之体、永不可見。欲得識者、即黒便是明珠、乃至即青黄、種種皆是、致令愚者的信此言、専記黒相。或認種種相為明珠。或於異時、見黒槵子珠、米吹青珠、碧珠乃至赤珠琥珀、白石英等珠、皆云是摩尼。或於異時、見摩尼珠、都不対色時、但有明浄之相、却不認之、以不見有諸色可識認故、疑恐局於一明珠相故（『中華伝心地禅門師資承襲図』禅の語録9、筑摩書房、三三二ページ）。前半が北宗、後半が洪州宗に譬えられる。なお、随色摩尼宝珠は、唐代語録の一般テーマとなる。たとえば、『宗鏡録』第九十八に収める帰宗和尚のことばは、これを経の句として引き（T. 48-944b）、『伝灯録』第二十九に収める法眼の頌にも、「僧問随色摩尼珠」という作品がある。

摩尼不随色、色裏勿摩尼。摩尼与衆色、不合不分離（禅学叢書之六、三〇一ページ下左）。

(611) 吉州思和尚のことばとされるもののうち、注目すべきは「語言啼笑、屈伸俯仰」の句である。おそらくは、『楞伽経』によるもので、この句もまた宗密によって、洪州宗の意となる。前註(610)に引く、『中華伝心地禅門師資承襲図』で、北宗の意について叙べる一段がそれであり、『円覚経大疏鈔』第三之下に、ほとんど同一の説明がある。すなわち、後者によると、次のようである。

起心動念、弾指磬咳揚扇、因所作所為、皆是仏性全体之用、更無第二主宰。如麪作多般飲食、一一皆麪、仏性亦尓。全体貪瞋癡、造善造悪、受苦楽故、一一皆性……。意准楞伽経云、如来蔵是善不善因。能遍興造一切、起生受苦楽与因倶。又云、仏語心。又云、或有仏刹、揚眉動睛、笑欠磬咳、或動揺等、皆是仏事。故云触類是道也（『続蔵』十四—０５５７上）。

宗密の引く『楞伽経』の句は、或有仏刹、瞻視顕法、或有作相、或有揚眉、或有動睛、或笑或欠、或謦咳、或念刹土、或動揺（T. 16-493a）とあるのに当り、『宗鏡録』第二十三に引く、大梅和尚の問答にも、この句がみえる（T. 48-543c）。さらに又、吉州思和尚の引く後の経は、『涅槃経』第二十六の句（T. 12-520b）で、すでに『修心要論』や『楞伽師資記』の道信の章に引かれる（禅の語録2、筑摩書房、一九九ページ）。

(612) 前註(532)。

(613) 大品経云、無所念者、是名念仏。何等名無所念。即念仏心、名無所念。離心無別有仏、離仏無別有心。念仏即是念心、求心即是求仏。所以者何、識無形、仏無相貌。若也知此道理、即是安心（『楞伽師資記』道信章、同前、一九二ページ）。

(614)『伝灯録』第二十八、禅学叢書之六、二八九ページ上左。

(615)竺土大僊心、東西密相付。人根有利鈍、道無南北祖（『伝灯録』第三十、同前、三〇八ページ上右）。

(616)前註(610)をみよ。

(617)本稿第四章。

(618)『鎮州臨済慧照禅師語録』、禅学叢書之三、六六ページ下左。

(619)『宗鏡録』第九十八（T. 48-942c）。

(620)重要なものを挙げると、おおよそ次のようである。

(1)『大品般若経』第八。色無量故、般若波羅蜜無量。受想行識、乃至一切種智無量故、般若波羅蜜無量。何以故、一切種智量不可得。譬如虚空量不可得（T. 8-279a）。

(2)『観無量寿経』。諸仏如来、是法界身、遍入一切衆生心想中。是故汝等心想仏時、是心即是三十二相八十随形好。是心作仏、是心是仏。諸仏正遍知海、従心想生（T. 12-343a）。

(3)『維摩経』上、弟子品第三、若須菩提、不断婬怒癡、亦不与倶。不壊於身、而随一相（T. 14-540b）。

(4)同前中、不思議品第六。夫求法者、不貪軀命、何況床座。夫求法者、非有色受想行識之求、非有界入之求、非有欲色無色之求。唯舍利弗、夫求法者、不著仏求、不著法求、不著衆求（T. 14-546a）。

(5)『楞伽経』第一。世間離生滅、猶如虚空華。智不得有無、而興大悲心（T. 16-480a）。

(6)同前第三。如如与空際、涅槃及法界。種種意生身、我説為心量（T. 16-500b）。

(7)『宝蔵論』、夫求法者、為無所求（T. 45-146a）。

(8)『仏説法句経』、普光問如来慈偈答品第十一。参羅及万像、一法之所印。云何一法中、如生種種見（T. 85-1435a）。

(9)『二入四行論』長巻子〔一六〕。心有所須、名為欲界。心不自心、由色生心。名為色界。色不自色、由心故色。心色無色、色無色界（鈴木テキスト七ページ）。

(10)『金剛三昧経』、本覚利品第四。無住菩薩言、心得涅槃、独一無伴、常住涅槃、応当解脱（T. 9-368c）。

さらに、(4)はすでに神会の『壇語』（胡適テキスト二四五ページ）にみえ、本有今有や、凝心斂念も、神会のテーマである（同一〇三ページ、一二五ページなど）。

又、一塵が法界を含むという、経典の出所は不明だが、

『楞伽師資記』の序に、一塵の中に無辺世界を容受すとあり、すでに北宗以来の発想である。

(621) 前註(559)に引く、『百丈広録』の首句。

(622) 『祖堂集』と『伝灯録』・『広灯録』で、テキストはやや異なる。今、二本を対照する。

祖堂集第二、南岳懐譲章	天聖広灯録第八、南岳章
師（南岳）乃往曹渓、而依六祖。六祖問、子近離何方。対曰、離嵩山、特来礼拝和尚。祖曰、什摩物与摩来。対曰、説似一物即不中。在于左右、一十二載。至景雲二年、礼拝祖師。祖師曰、説似一物即不中。還仮修証不。対曰、修証即不無。不敢汙染。祖曰、即這个不汙染底、是諸仏之所護念、汝亦如是、吾亦如是。西天二十七祖般若多羅記汝、仏法従汝辺去、向後馬駒踏殺天下人、汝勿速説此法、病在汝身也。（禅学叢書之四、七二ページ上）	乃直詣曹渓、礼六祖。祖問、什麽処来。師云、嵩山安禅師処来。祖云、什麽物与麽来。師無語。経于八載、忽然有省。乃白祖云、某甲有箇会処。祖云、作麽生。師云、説似一物即不中。祖云、還仮修証也無。師云、修証即不無、不敢汚染。祖云、秖此不汚染、是諸仏之護念。吾亦如是、汝亦如是。西天二十七祖般若多羅讖汝曰……、汝向後出一馬駒、踏殺天下人。師侍奉一十五載。（禅学叢書之五、四〇四ページ下）

(623) 亦云、禅道不用修。但莫汚染（『百丈広録』禅学叢書之三、一七ページ上右）。

又問、如何是修行。師曰、但莫汚染自性、即是修行。莫自欺誑、即是修行（『頓悟要門』巻下、諸方門人参問語録、禅の語録6、筑摩書房、一八六ページ）。

臨済の示衆については、前註(263)をみよ。

(624) 主要なものについて、出典をあげるならば、おおよそ次のようである。

(1)『維摩経』中、問疾品第五。在於生死、不為汚行、住於涅槃、不永滅度、是菩薩行。非凡夫行、非賢聖行、是菩薩行。非垢行、非浄行、是菩薩行。雖過魔行、而現降衆魔、是菩薩行（T. 14-545b）。

(2)同前、菩薩品第四。維摩詰言、諸姉有法門、名無尽灯、汝等当学。無尽灯者、譬如一灯燃百千灯、冥者皆明、明終無尽（-543b）。

⑶同前、菩薩行品第十一。仏告諸菩薩、有尽無尽解脱法門、汝等当学。何謂為尽。謂有為法。何謂無尽。謂無為法。如菩薩者、不尽有為、不住無為（-554b）。

⑷同前、仏国品、達諸法相無罣礙、稽首如空無所依（-538a）。

⑸『中本起経』上。一切諸法本、因縁空無生。息心達本源、故号為沙門（T. 4-153c）。

⑹『法華経』、序品第一。尓時有仏号日月灯明如来、応供正遍知、明行足善逝、世間解無上士、調御丈夫、天人師仏世尊、演説正法、初善中善後善、其義深遠、其語巧妙、純一無雑、具足清白梵行之相（T. 9-3c）。

⑺『金剛経』。須菩提、在在処処、若有此経、一切世間天人阿修羅、所応供養。当知此処、則為是塔（T. 8-750c）。

⑻『金光明経』第二。仏真法身、猶如虚空、応物現形、如水中月。無有障礙、如焔如化、是故我今、稽首仏月（T. 16-344b）。

⑼『大乗起信論』。依一心法、有二種門。云何為二。一者心真如門。二者心生滅門……。心真如者、即是一法界大総相法門体。所謂心性不生不滅、一切諸法、唯依妄念、而有差別（T. 32-576a）。

⑽『涅槃経』第二十七。善男子、見有二種。一者眼見。二者聞見。諸仏世尊眼見仏性、如於掌中観阿摩勒果。十住菩薩、聞見仏性、故不了……。善男子、復有眼見。諸仏如来十住菩薩、眼見仏性。復有聞見。一切衆生乃至九地、聞見仏性（T. 12-527c）。

⑾『楞伽経』第三。譬如鏡中像、雖現而非有。於妄想心鏡、愚夫見有二。不識心及縁、則起二妄想。了心及境界、妄想則不生（T. 16-505a）。

⑿同前第二。凡夫所行禅、観察義禅。攀縁如実禅、如来清浄禅（-492a）。

⒀『宝蔵論』、離微体浄品第二。夫性離微者、非取非捨、非修非学。非本無今有、非本有今無。乃至一法不生、一法不滅。非三界所摂、非六趣所変。非愚智所改、非真妄所転。平等普遍、一切円満。総為一大法界応化之霊宅。迷之則歴劫而浪修、悟之則当体而凝寂（T. 45-145c）。

(625) 是故修多羅中、依於此真如義故説、一切衆生本来常住入於涅槃、菩提之法、非可修相、非可作相、畢竟無得（T. 32-577a）。

(626) 法界観序云、法界者、一切衆生身心之本体也。従本已来、霊明廓徹、広大虚寂、唯一真之境而已。無有形貌、而森羅大千、無有辺際、而含容万有。昭昭於心目之間、而相不可覩、晃晃於色塵之内、而理不可分。非徹法之恵目、離念之明智、不能見自心如此之霊通也（『宗鏡録』

第九十九、T. 48-950c)。

(627) 前註(152)。

(628) 『古尊宿語要』第一策（禅学叢書之一、三〇ページ下右)。テキストに、やや異同がある。

伝灯録第十（八五ページ上右）	**祖堂集第十八**（三三二ページ上）
異日問南泉、如何是道。南泉曰、平常心是道。師曰、還可趣向否。南泉曰、擬則即乖。師曰、不擬時、如何知是道。南泉曰、道不属知不知。知是妄覚、不知是無記。若是真達不疑之道、猶如太虚廓然虚豁。豈可強是非耶。師言下悟理。	師問、如何是道。南泉云、平常心是道。師云、還可趣向否。南泉云、擬則乖。師云、不擬時、如何知是道。南泉云、道不属知不知。知是妄覚。不知是無記。若也真達不擬之道、猶如太虚廓然蕩豁。豈可是非。師於是、頓領玄機、心如朗月。

(629) 曰、既不是心、不是仏、不是物。和尚今却云、心不是仏、智不是道。未審如何。師曰、你不認心是仏、智不是道。老僧勿得心来、復何処著。曰、総既不得。何異太虚。師曰、既不是物、比什麼太虚。又教誰異不異（『池州南泉普願和尚語要』、禅学叢書之一、三ページ下右）。

(630) 師示衆云、仏出世来、只教会道、不為別事。祖祖相伝、直至江西老宿、亦只教人会者箇道。仏法先到此土五百年、達磨西来此土。恐尓滞著三乗五性名相、所以説法度汝諸人迷情……。大道無形、真理無対。等空不動、非生死流。三界不摂、非去来今。所以明暗自去来、虚空不動揺、万象自去来、明暗実不鑑（同前、八ページ下左）。

(631) (1)大徳、且要平常、莫作模様。有一般不識好悪禿奴、便即見神見鬼、指東劃西、好晴好雨。如是之流、尽須抵債、向閻老前、呑熱鉄丸有日（『鎮州臨済慧照禅師語録』、禅学叢書之三、六〇ページ上右）。

(2)無事是貴人、但莫造作、祇是平常、你擬向外傍家求過、覓脚手、錯了也（同前、六〇ページ上左）。

(3)道流、仏法無用功処、祇是平常無事、屙屎送尿、著衣喫飯、困来即臥。愚人笑我、智乃知焉（同前、六〇ページ下右）。

(4)夫出家者、須弁得平常真正見解、弁仏弁魔、弁真弁偽、弁凡弁聖。若如是弁得、名真出家（同前、六〇ページ下左）。

(5)約山僧見処、無如許多般。祇是平常、著衣喫飯、無事過時。

(6)古人云、路逢達道人、第一莫向道。所以言、若人修道道不行、万般邪境競頭生。智剣出来無一物、明頭未顕暗頭明。所以古人云、平常心是道（同前、六三ページ上左）。

(632)・(633)

祖堂集第十七、岑和尚
問、如何是平常心。師云、要眠則眠、要坐則坐。僧云、学人不会。師云、熱則取涼、寒則向火。（禅学叢書之四、三二五ページ上）
無門関第十九、平常是道
無門曰、南泉被趙州発問、直得瓦解氷消、分疎不下。趙州縦饒悟去、更参三十年始得。頌曰、春有百花秋有月、夏有涼風冬有雪。若無閑事挂心頭、便是人間好時節。（禅の語録18、筑摩書房、七八ページ）

(634) 惟其平常、故不可易。若非常、則不得久矣。譬如飲食、如五穀、是常、自不可易。若是珍羞異味、不常得之物、則暫一食之可也、焉能久乎。庸固是定理、若以為定理、則却不見那平常底意思。今以平常言、則不易之定理、自在其中矣。広因挙釈子偈、有云、世間万事不如常、又不驚人又久長。曰、便是它那道理、也有極相似処、只是説得来別。故某於中庸章句序中、着語云、至老仏之徒出、則弥近理、而大乱真矣。須是看得它那弥近理、而大乱真処始得（『朱子語類』第六十二、十四条）。

(635) 前註(631)に引く、臨済の示衆(3)につづく一段。

(636) 道流、你若欲得如法、直須是大丈夫児、始得。若萎萎随随地、則不得也。夫如甏嗄之器、不堪貯醍醐。如大器者、直要不受人惑。随処作主、立処皆真。但有来者、皆不得受（『鎮州臨済恵照禅師語録』、禅学叢書之三、六二ページ上左）。

(637) 「無の探究」第一部九章、あたりまえの生き方が真理である（『仏教の思想』7、角川書店、一五一ページ）。

(638) 塚本善隆編『肇論研究』第一篇、肇論とその訳註（二二ページ）、法藏館、一九五五年。

(639) 前註(637)をみよ。

(640) 本稿第二七章。

(641) 本稿第一七章。

(642) 『宗鏡録』第三十三（T. 48-605b）、『万善同帰集』中（T. -973b）。

(643) 慈愍三蔵録云、若言世尊説、諸有為定如空華、無有一物名虚妄者、虚妄無形、非解脱因。如何世尊勅諸弟子、勤修六度万行妙因、当証菩提涅槃之果……。古徳云、若一向拱手自取安隠、不行仁義道、即闕荘厳、多劫亦不成。但実際不受一塵、仏事不捨一法。還源観云、真該妄末、行無不修、妄徹真源、相無不寂。又云、真如之性、法尓随縁、万法倶興、法尓帰性。祖師伝法偈云、心地随時説、菩提亦祇寧。事理倶無閡、当生即不生（T. 48-973c）。

(644)『維摩経』その他、出典は、おおよそ次のごとくである。

(1)「問疾品」第五。有疾菩薩、応作是念。今我此病皆従前世妄想顚倒、諸煩悩生、無有実法……。既知病本、既除我想及衆生想、当起法想。応作是念、但以衆法合成此身、起唯法起、滅唯法滅。又此法者、各不相知。起時不言我起、滅時不言我滅（T. 14-544c）。

(2)「菩薩行品」第十一。在諸禅定如地獄想、於生死中如園観想（-544b）。

(3)「仏道品」第八。如是声聞諸結断者、於仏法中、無所復益、永不志願。是故文殊師利、凡夫於仏法有返復、而声聞無也。所以者何、凡夫聞仏法、能起無上道心、不断三宝、正使声聞終身聞仏法力無畏等、永不能発無上道意（-549b）。

(4)『宝蔵論』離微体浄品第二。故経云、起唯法起、滅唯法滅。又此法者、各不相知。起時不言我起、滅時不言我滅。夫大智無知、大覚無覚、真際理空、不可名目。是以涅槃大寂、般若無知。円満法身、一切限量相寂滅也（T. 45-147c）。

(5)『南陽和上頓教解脱禅門直了性壇語』。知識、今発心学般若波羅蜜相応之法、超過声聞縁覚等、同釈迦牟尼仏授弥勒記、更無差別。如二乗人執定、経歴劫数、如須陀洹在定八万劫、斯陀含在定六万劫、阿那含在定四万劫、阿羅漢在定二万劫、辟支仏在定十千劫。何以故、住此定中劫数満足、菩薩摩訶薩、方乃投機説法、能始発菩提心、同今日知識発菩提心不別。当二乗在定時、縦為説無上菩提法、終不肯領受。経云、天女語舎利弗云、凡夫於仏法有返覆、而声聞無也（胡適テキスト、二三二ページ）。

二乗人在定の劫数は、『涅槃経』第二十一―二によるか（T. 12-491c, 494b）。『祖堂集』第三、南陽忠国師の章にも、同じ説がみえる（禅学叢書之四、六三ページ）。

(645) 弘治十七年刊、『宝蔵論』にのみみえる。

(646) 衆法合成の句は、維摩のことばである。道元は馬祖により、仏陀のことばとしたらしい。海印三昧をも、そのうちに含めている。

(647) 前註(644)の(5)をみよ。

(648)『二入四行論』長巻子〔十八〕、『達摩の語録』十一、空虚なおちつき（七五ページ）。南陽忠国師の示衆については、前註(644)の(5)をみよ。

(649) 前註(624)の(10)をみよ。

(650) 前註(644)の(3)をみよ。

(651) 肇曰、凡夫聞法、能続仏種、則報恩、有反復也。声聞独善其身、不弘三宝、於仏法為無反復也。『注維摩経』第七（T. 38-392c）。

竺法護訳『仏説受歳経』に、「不知恩潤、不知反復」の句あり（T. 1-842b）、『増一阿含経』第四十七に、不得道の条件十一をあげ、姦偽、悪語、難諫、無反復、好憎性、害父母、殺阿羅漢、断善根などとする（T. 2-800a）。

(652) 臨済の示衆の相手に、瞎禿兵が混在している。河溯三鎮の俄か道心ならんか。又、後註(722)をみよ。

(653) 坐中有説赴賢良科。曰、向来作時文応挙、雖是角虚無実、然猶是白直、却不甚害事、今来最是。喚做賢良者、其所作策論、更読不得。縁世上只有許多時事、已前一斉話了、自無可得説。如笮酒相似。第一番淋了、第二番又淋了、第三番又淋了、如今只管又去許多糟粕裏、只管淋。有甚麼得話（『朱子語類』第一百九、第三十九条）。

雪竇持禅師嗣象田卿公、乃東林照覚之孫、平居偈頌衝口而成……。大恵老師前住径山、法席雄盛諸山、未嘗敢有登其門者。独持造謁。大恵為上堂、講法眷礼。相与観画工図臨済像次、持且欲伝其本。大恵令為揎肘作堊拳之勢。持遂命為讃曰、面似淋了灰堆、喝似旱天怒雷。雖然麤麤慥慥、且不隅隅毸毸。咄、是甚麼。若不得這箇道理、定作一枚渠魁（『感山雲臥紀談』上、『続蔵』百四十八冊0013下）。

(654) いずれも、宋代の禅問答に頻出する、機語である。非非相天の例について言えば、雲門の遊方遺録に、陳操尚書との対話として、次のようにいうのによる。

師云、見説尚書看法華経、是不。書云、是。師云、経中道、一切治生産業、皆与実相不相違背。且道、非非想天、有幾人退位。書云、尚書且莫草草。十経五論、師僧抛却（ママ）却、特入叢林、十年二十年、尚不奈何。尚書又争得会（T. 47-574b）。のちに、虚堂の『育王録』に、あらためてとりあげるもの（T. 47-1006a）。又、羅漢遊婼房は、わが一休の『狂雲集』の基本テーマの一つ。

(655) 甚深如来蔵、而与七識俱。二種摂受生、智者則遠離。如鏡像現心、無始習所薫。如実観察者、諸事悉無事（『楞伽経』第四、T. 16-510c）。

(656) 『善恵大師語録』には、見出し得ない。

(657) 知識、自身中有仏性、未能了了見。何以故。喩如此処、各各思量家中住宅衣服臥具、及一切等物具知有、更不生疑。此名為知、不名為見。若行到宅中、見如上所説之物、即名為見、不名為知。今所学者、具依他説、知身中有仏性、未能了了見……（「南陽和尚頓教解脱禅門直了性壇語」、『胡適校敦煌唐写本神会和尚遺集』、新版二四六ページ）。

(658)『梵網経』下に説く、四十八軽戒のうち、第四十六番に、左記がある。若仏子、常行教化起大悲心、入檀越貴人家、一切衆中、不得立為白衣説法。応白衣衆前高座上坐。法師比丘、不得地立為四衆説法。若説法時、法師高座、香花供養、四衆聴者下坐。如孝順父母、敬順師教、如事火婆羅門。其説法者、若不如法、犯軽垢罪（T. 24-1009b）。

(659)『禅林象器箋』第十一巻、垂説類、上堂の条（禅学叢書之九、四三一ページ上）。

(660)尒時釈迦如来成道竟、示衆曰、夫出家沙門者、断欲去愛、識自心源、達仏本理、悟無為法、内無所得、外無所求、心不繫道、亦不業結、無念無作、非修非証、不歴諸位、而自崇敬、名之為道（『祖堂集』第一、禅学叢書之四、一一ページ下）。

挙、世尊一日陞座。文殊白槌云、諦観法王法、法王法如是。世尊便下座（『雪竇頌古』第七十九、禅の語録15、筑摩書房、二二一ページ）。

『頓悟要門』の上堂は、下巻の諸方門人参問語録、〔一〇〕の一段に限られる。『伝灯録』第二十八のテキストによる。

(661)『六祖壇経諸本集成』、禅学叢書之七、三ページ。

(662)『伝法宝紀』の法如伝に、「垂拱中、都城名徳恵端禅師等人、咸就少林、累請開法」と言い（『初期禅宗史書の研究』、五六七ページ）、行状碑にも、「垂拱二年、四海標領僧衆、集少林精舎、請開禅法（同前、四八八ページ）」とする。のちに宗密が、洪州宗の歴史を叙し、南岳観音台譲和尚が、本不開法とするのも、開法を建て前とする思考である（同前、三三七ページ）。

(663)『大乗無生方便門』といい、『大乗開心顕性頓悟真宗論』というのは、ともに小乗に対するそれでない。傅大士の大乗讃（『伝灯録』第三十）は、その好例である。

(664)前註(659)にあげる、『禅林象器箋』にみえる。

(665)いずれも、神会の壇語をはじめ、『六祖壇経』、馬祖の示衆に例がある。

(666)『伝灯録』第六、禅門規式による。

(667)関口真大の『禅宗思想史』第六章第四、牛頭宗の発展と分派に、牛頭恵忠が昇州荘厳寺に法堂を創設したことを指摘する。資料は、『宋高僧伝』第十九である。

(668)『祖堂集索引』中冊（九七五ページ）。

(669)『祖堂集』は、故意に省略したのか、『伝灯録』のものが、のちに加上されたのか、今のところ決めにくいが、『宗鏡録』が後半を引くのをみると、加上の時代は早いであろう。

祖堂集第四、石頭章

思和尚曰、吾之法門、先聖展転、逓相嘱授、莫令断絶。祖師預記於汝。汝当保持善自、好去。（四―七六ページ）

伝灯録第十四、石頭章

師一日上堂曰、吾之法門、先仏伝受。不論禅定精進、唯達仏之知見、即心即仏、心仏衆生、菩提煩悩、名異体一。汝等当知、自己心霊、体離断常、性非垢浄、湛然円満、凡聖斉同、応用無方、離心意識、三界六道、唯自心現、水月鏡像、豈有生滅。汝能知之、無所不備。（禅学叢書之六、一一六ページ下左）

宗鏡録第九十八

石頭和尚云、且汝心体、離断離常。性非垢浄、湛然円満、凡聖斉等、応用無方、三界六道、唯自心現、水月鏡像、有生滅耶。汝能知之、無所不備。諸聖所以降霊垂範、広述浮言。蓋欲顕法身本寂、令帰根耳。（T. 48-943c）

(670) 前註(539)をみよ。

(671) 『六祖壇経諸本集成』（四一一ページ、四一五ページ）。

(672) 前註(552)をみよ。

(673) 宇井伯寿「北宗残簡」、『禅宗史研究』第八、岩波書店、一九四〇年（四五〇ページ、四五三ページ）。

(674) 前註(293)をみよ。

(675) 本稿第四四章。

(676) 機関は、からくりの意。翻訳仏典に例のある機関木人などいうのが原型で、人と同じように行住坐臥するが、ものを言わず、苦楽を感じない、ロボットのことである。禅のことばとなってのちも、無分別、無理会の意味をもつ所以で、ぴたりとツボに当る、大きい動きをあらわす句ともなる。大機大用である。『伝灯録』第八の浮盃の章に、凌行婆が南泉を批判し、王老師猶少機関とするのが、おそらくは初出であろう。

(677) 薬山惟儼禅師、初参石頭便問、三乗十二分教、某甲粗知。常聞南方直指人心、見性成仏。実未明了。伏望和尚慈悲指示。頭曰、恁麼也不得、不恁麼也不得、恁麼不恁麼摠不得。子作麼生。山罔措。頭曰、子因縁不在此。且往馬大師処去。山稟命恭礼祖、仍伸前問。祖曰、我有時教伊揚眉瞬目、有時不教伊揚眉瞬目。有時揚眉瞬目者是。有時揚眉瞬目者不是。子作麼生。山於言下契悟、便礼拝。祖曰、你見甚麼道理、便礼拝。山曰、某甲在石頭処、如蚊子上鉄牛。祖曰、汝既如是、善自護持。侍奉三年。一日祖問之曰、子近日見処作麼生。山曰、皮膚脱落尽、唯有一真実。祖曰、子之所得、可謂協於心体、布於四肢。既然如是、将三条篾来、束取肚皮、随処住山去。山曰、某甲又是何人、敢言住山。祖曰、不然、未有常行而不住、未有常住而不行。欲益無所益、欲為無所為。宜作舟航、無久住此。山乃辞祖（『四家語録』第一、禅学叢書之三、八ページ上右）。

大恵の『正法眼蔵』上に収めるものは、五祖法演の挙とされて、テキストにやや相違があり、宋本『宗門統要』第三のは、後半のみである。いずれも、住山が問題であり、かつての伝衣や『六祖壇経』の伝授、伝法偈の説似に代わる、新しい発想の一つである。『伝灯録』第五の青原行思の章に、青原が石頭に書を托して、南岳懐譲のところにゆくことを命じ、帰来すれば鈯斧子を与えて住山させるというのも、伝灯の祖としての開法を意味する。テキストは後註(680)をみよ。

(678) 其院主僧、再三請和尚（薬山）為人説法。和尚一二度不許、第三度、方始得許。院主便歓喜、先報大衆。大衆喜不自勝。打鍾上来。僧衆纔集、和尚関却門、便帰丈室。院主在外、責曰、和尚適来、許某甲為人。如今因什摩却不為人、賺某甲。師曰、経師自有経師在、論師自有論師在、律師自有律師在。院主恠貧道什摩処。従此後、従容得数日、後昇座。便有人問、未審和尚承嗣什摩人。師曰、古仏殿裏拾得一行字。進曰、一行字道什摩。師曰、一行字道什摩。師曰、渠不似我、我不似渠。所以肯這个字（『祖堂集』第四、薬山章、禅学叢書之四、八四ページ下）。

(679) 二本を対照する。

祖堂集第四、石頭章	**伝灯録第十四、薬山章**
薬山在一処坐。師問、你在這裏、作什摩。対曰、一物也不為。師曰、与摩則閑坐也。対曰、若閑坐則為也。師曰、你道不為、不為个什摩。対曰、千聖亦不識。師以偈讃曰、従来共住不知名、任運相将	一日師坐次、石頭覩之、問曰、汝在這裏作麼。曰、一切不為。石頭曰、恁麼即閑坐也。曰、若閑坐、即為也。石頭曰、汝道不為。且不為箇什麼。曰、千聖亦不識。石頭以偈讃曰、従来共住不知名、任

祖堂集	伝灯録
作摩行。自古上賢猶不識、造次常流豈可明。（禅学叢書之四、七七ページ上）	運相将只麼行。自古上賢猶不識、造次凡流豈敢明。（禅学叢書之六、一一九ページ上右）

（680）「聖諦すら為さず」の句は、『祖堂集』にみえず、『伝灯録』第五の青原の章にのみあり、石頭と薬山の坐禅問答以後の加上である。すなわち、『伝灯録』のテキストは、次のようである。

後聞曹谿法席、乃往参礼。問曰、当何所務、即不落階級。祖曰、汝曾作什麼。師曰、聖諦亦不為。祖曰、落何階級。曰、聖諦尚不為。何階級之有。祖深器之（禅学叢書之六、四四ページ下左）。

又、石頭と懐譲の問答は、『祖堂集』と『伝灯録』で、やや文脈を分つ。

祖堂集第四、石頭章	**伝灯録第五、青原章**
思曰、你去譲和尚処達書、得否。対曰、得。思曰、速去速来。你若遅晩麨子、不見吾、你若不見吾、不得牀下大斧。師便去、到南嶽譲和尚処。書猶未達、先礼拝問、不慕諸聖、不重己霊時如何。譲和尚曰、子問太高生、向後人成闡提去。師曰、寧可永劫沉淪、終不求諸聖出離。（禅学叢書之四、七五ページ下）	師令希遷持書与南岳譲和尚曰、汝達書了、速廻。吾有箇鈯斧子、与汝住山。遷至彼、未呈書、便問、不慕諸聖、不重己霊時、如何。譲曰、子問太高生。何不向下問。遷曰、寧可永劫受沉淪、不従諸聖求解脱。譲便休。（禅学叢書之六、四五ページ上右）

（681）(1)師因石頭垂語曰、言語動用、亦勿交渉。師曰、無言語動用、亦勿交渉。石頭曰、這裏、針劄不入。師曰、這裏、如石上栽花。『祖堂集』第四、薬山章（禅学叢書之四、八五ページ下）、『伝灯録』第十四、薬山章（禅学叢書之六、一一九ページ上右）。

(2)潮州大顛和尚、初参石頭。石頭問師曰、那箇是汝心。師曰、言語者是。便被石頭喝出。経旬日。師却問曰、前者既不是、除此外、何者是心。石頭曰、除却揚眉動目、将心来。師曰、無心可将来。石頭曰、元来有心、何言無心、無心尽同謗。師言下大悟……。師上堂、示衆曰、夫学道人、須識自家本心。将心相示、方可見道。多見時輩、只認揚眉動目、一語一默、驀頭印可、以為心要。此実未了……（『伝灯録』第十四、大顛章、同前、一二〇ページ下左）。

(3)『祖堂集』第五の大顛章（同前、九四ページ上）、『宗鏡録』第九十八（T. 48-944a）にも、ほぼ同じ示衆の話がある。

(682)『伝灯録』第十四、薬山章（同前、一一九ページ上右）。「唐洪州百丈山故懐海禅師塔銘并序」（T. 48-1156c）。

(683) 至久視元年七月十八日、自嘆曰、我受戒、今経五夏。広学威儀、而厳有表、欲思真理、而難契焉。又曰、夫出家者、為無為法。天上人間、無有勝者（『祖堂集』第三、南岳懐譲章、同前、七二ページ上）。

(684) 前註(678)をみよ。『伝灯録』第十四のテキストは次のとおりである。「一日、院主請師上堂。大衆纔集。師良久、便帰方丈閉門」（同前、一一九ページ上左）。

(685)『伝灯録』第十四、道吾円智の章に、次のようにいうのが、それである。

薬山上堂云、我有一句子、未曾説向人。師（道吾）出云、相随来也。僧問薬山、一句子如何説。薬山曰、非言説。師曰、早言説了也（禅学叢書之六、一二二ページ上左）。

(686)『伝灯録』第十四、薬山章、一一九ページ下右。

(687) 本稿第四七章。

(688)『祖堂集』第四、薬山章（同前、八九ページ上）。薬山章には、もう一つの同じ問答がある（八六ページ上）。この方は、さいごの一問一答を欠く。謂わゆる百丈下堂の句の由来を考える、有力な手がかりとなる。

(689) 百丈の大智禅師、上堂説法の終りには、たびごとに大衆とよび給ふ……。百丈かやうに示し給ふことは、学者に工夫用心を教へ給へるにもあらず、面々の見解を問ひ給ふにもあらず。畢竟じて、その意何れの処にかある。もし人直下に承当せば、曠劫の無明、一時に滅すべし（『夢中問答』中〔四六〕、岩波文庫本、一一六ページ）。

(690)『百丈広録』第三、禅学叢書之三、一三ページ下右。別に、次のような例もある。

夫教語皆三句相連、初中後善。初直須教渠発善心、中破善心、後始名好善。菩薩即非菩薩、是名菩薩。法非法、非非法、総与麼也。若秖説一句、令衆生入地獄、若三句一時説、渠自入地獄、不干教主事（同前、一六ページ下右）。

透三句不過、此人定言有罪。若透三句外、心中虚空、亦莫作虚空想、此人定言無罪（同前、一七ページ上右）。

但無一切有無等法、有無等見、一箇箇透過三句外、是名如意宝、是名宝華承足（同前、二一ページ上右）。

(691) 同前、一二七ページ下右。

(692) 前註(685)をみよ。

(693)『伝灯録』第十四、薬山章、禅学叢書之六、一二〇ページ上右。

(694) 本稿第四八章。

(695)『宗門十規論』にいう、曹洞は敲唱を用と為すとは、言句についていうので、曹洞に古い語録があった証拠となる。

(696)『祖堂集』によると、第二百丈と第三百丈の名がみえる。第二百丈は、涅槃和尚であり（『祖堂集』巻十四、百丈章、二七二ページ下）、百丈惟政とは別人である。又、第三百丈（巻八、疎山章、一六七ページ下）は、疎山以後の人であるが、コメントのみ知られて、名は不明である。百丈惟政は、馬祖の弟子にちがいないが、住山は懐海の百丈開創以後であろう。混乱の原因は、『伝灯録』の立伝にあって、古くは問題でなかった。

(697) 先是諸方大士、各立宗徒、互顕師承、迭存語録。圭山患其如是也。会合衆説、著為禅詮、融通諸家、円成一味。蓋祖門之能事畢矣。歴歳弥久、部序僅存、百巻之文、不伝於世（『武夷新集』第七、仏祖同参集序）。前註(475)による。

(698)『宋高僧伝』第十、唐婺州五洩山霊黙伝（T. 50-768c）。

(699) 上足任運者、命志閑為碑紀述矣（『宋高僧伝』第十、唐袁州陽岐山甄叔伝、T. 50-770c）。

(700) (1)師（五洩）便辞到石頭云、若一言相契則住、若不相契、則発去。著鞋履執座具、上法堂礼拝、一切了侍立。石頭云、什摩処来。師不在意。対云、江西来。石頭云、久業在什摩処。師不祇対、便払袖而出。纔過門時、石頭便咄。師一脚在外、一脚在内。転頭看。石頭便側掌云、従生至死、只這个漢、更転頭悩作什摩。師豁然大悟、在和尚面前、給侍数載。呼為五洩和尚也（『祖堂集』第十五、五洩和尚、禅学叢書之四、二八五ページ上）。

(2)後謁石頭遷和尚。先自約曰、若一言相契、我即住。不然便去。石頭知是法器、即垂開示。師不領其旨、告辞而去。至門、石頭呼之云、闍梨。師廻顧。石頭云、従生至死、只是遮箇漢、更莫別求。師言下大悟、乃踢折拄杖而棲止焉（『伝灯録』第七、婺州五洩山霊黙禅師、禅学叢書之六、六二ページ上右）。

(3)後初参石頭時、装腰便上方丈、見石頭坐次、便問、一言相契即住、不然便発。石頭拠坐。師便発去。石頭随後逐至門外、召云、闍梨闍梨。師廻首。石頭云、従生至死、秖是這箇。又廻頭転脳作什麼。師於言下忽然有省。便踏折拄杖、一住二十年、為侍者（『伝灯録』第七（明本）、婺州五洩山霊黙禅師、普恵大蔵経刊行会版本、一二五ページ）。

(701)『祖堂集』第十五、『伝灯録』第七の宋元版と明本とで、コメントもそれぞれ異なる。今、『祖堂集』のもののみを引く。

後有人挙似洞山。洞山云、登時若不是五洩、大難得承当。雖然如此、猶渉途在。自後、長慶云、嶮。浄修禅師拈問僧、只如長慶与摩道、意作摩生。僧無対。自代云、恐他認処錯。有人拈問漳南、古人道、従生至死、只這个漢。是和尚如何。漳南云、地獄柤滓、只有人作了也。僧云、深領和尚尊旨。古人因什摩与摩道。漳南云、只為這般漢。僧云、与摩則忘前失後去。漳南云、頭上不禿、肚裏無毒。僧云、貪看天上月、忘却宅中灯。漳南便失声（同前、二八五ページ上）。

洞山のコメントは、のちに『五家語録』洞曹宗に収める（禅学叢書之三、一三四ページ下右）。

(702) 洞山云、当時若不是五洩先師、大難承当。然雖如此、猶渉在途。長慶云、険。玄覚云、那箇是渉在途処。有僧云、為伊三寸途中薦得、所以在途。玄覚云、為復薦得自己、為復薦得三寸。若是自己、為什麼成三寸。若是三寸、為什麼悟去。且道、洞山意旨作麼生。莫乱説、子細看（『伝灯録』第七、五洩章、禅学叢書之六、六二ページ上右）。

(703) 本稿第三十六章。

(704)『夢窓』、西山の亮座主（『日本の禅語録』七、講談社、一九七七年、二八ページ）。

(705)『伝灯録』八（禅学叢書之六、六九ページ下）、『四家語録』一（禅学叢書之三、七ページ上）、『宗鏡録』九二（T. 48-919b）テキストはすべてここで終わる。

(706)『祖堂集』第十四、禅学叢書之四、二六二ページ下。

(707) (1)馬祖昔帰郷、以簸箕之譏、畏難行道、因再出峡、縁会江西（『円悟心要』上、示円首座、『続蔵』百二十冊０７０２下）。

(2)江西馬祖禅師……、得法南嶽、後帰蜀。郷人喧迎之。渓辺婆子云、将謂有何奇特、元是馬簸箕家小子。師遂曰、勧君莫還郷、還郷道不成、渓辺老婆子、喚我旧時名。再返江（「五家正宗賛」、『続蔵』百三十五冊０９０７下）。

(708) 投機の偈として有名なのは、「香厳撃竹、霊雲桃花、洞山過水、長慶独露身」など。

(709)『伝灯録』第六、馬祖章（禅学叢書之六、五一ページ下左）。

(710)『祖堂集』第十四、馬祖章（禅学叢書之四、二六三ページ下）。

(711) (1)『天聖広灯録』第八、馬祖章（禅学叢書之五、四〇七ページ上）、百丈章（同前、四〇八ページ下、四〇九ページ上）。

(2)『四家語録』第一、馬祖録（禅学叢書之三、五ページ上左）、同第二、百丈録（同前、九ページ上下）。

(712) 前註(710)の(1)、百丈章のテキストを、次に掲げる。他とかなり異なって、『伝灯録』の(1)と(3)を総合する意味をもつ。

　馬祖一日上堂。衆集。以手点払柄三下、便下座。師（百丈）黙有省。三日後、挙似祖。祖上堂、告衆曰、吾何憂矣。自有大黙在、是汝諸人之師也。

(713) 前註(660)をみよ。

(714)『祖堂集』第十二、禾山章（禅学叢書之四、二三一ページ上）。

(715)『雪竇頌古』第六十九則（禅の語録15、筑摩書房、一九五ページ）。

(716)『汾陽無徳禅師語録』中、頌古代別（T. 47-616c）。

(717)『伝灯録』第六、百丈章（禅学叢書之六、五六ページ上左）。

(718) 前註(564)をみよ。

(719) 本稿第四五章。

(720) 題百丈常禅師所編大智広録。余常識老僧知瓊於司命山下。瓊湓城人、黄龍無恙時客也。為余言、黄龍住山、作止甚詳。嘗手校此録於積翠。謂門弟子曰、仏語心宗、法門旨趣。至江西為大備、大智精妙、頴悟之力、能到其所安。此中雖無地可以棲言語、然要不可以終去語言也。故其広演之語、大剔禅者法執、而今之五家宗趣、皆此録森列、如井之在海、其清涼甘滑、泄苦濁毒所不同、而本則無異質也。予誌其言久之、偶見洞山蔵、角破函中多故経、往掀攬之、乃獲見常禅師居百丈日重編者、熟読験瓊之言信然。校世所伝多訛略。因蔵之以正諸伝之失。又誌瓊之首告也（『石門文字禅』第二十五、四部叢刊初編縮本二一八―二七八ページ上）。

(721) (1)阿修羅と帝釈の戦争のことは、『菩薩処胎経』第七（T. 12-1052a）、『華厳経』第十五（T. 9-79a）、『法苑珠林』第五（T. 53-310b）などに詳しく、近くは白隠の藕糸弁で有名となる。

　『百丈広録』（『四家語録』第三、禅学叢書之三、一六ページ下左）、『臨済録』（『四家語録』第六、同前、六四ページ上右）。

(2)大通智勝仏の話は、『法華経』化城喩品第七（T. 9-26a）に出で、『伝灯録』第四の天柱山崇慧の章（T. 51-229c）や、敦煌本『禅門経』の序に引かれる、唐代禅文献の基本テーマの一つ。

　『百丈広録』（同前、九ページ下左）、『臨済録』（同前、六八ページ上右）。

(3)無辺身菩薩の名は、『涅槃経』第一や第二十一にみえるが、如来の頂相云云に合わない。しかし、百丈と黄檗のとりあげ方は、完全に同じである。

『百丈広録』（同前、二〇ページ下右）、『宛陵録』（『四家語録』第五、同前、四〇ページ上左）。

(4)文殊が剣をとる話は、『大宝積経』第一百五（T. 13-589a）により、鴦掘害仏とあわせて、敦煌本『絶観論』や、『宗鏡録』第十四（T. 48-488a）、同第七十八（-848b）などにとりあげられる。

『百丈広録』（同前、二二ページ下左）、『黄檗語録』（『四家語録』第五、同前、四八ページ上右）、『臨済録』（同前、六九ページ上右）。

(5)以上のほか、出典のよく判らぬもので、百丈と臨済の語に、共通して引かれる成句が、幾つかある。

たとえば、『百丈広録』に、「解脱深坑可畏之処、菩薩悉皆遠離」とある（同前、一八ページ上右）。臨済の示衆にも、「古人云湛湛黒暗深坑実可怖畏」とする（同前、六六ページ上左）。黒暗の大坑は地獄をいい、『暦代法宝記』の無住の説法にも先例がある（禅の語録3、筑摩書房、二五八ページ）。しかし、解脱のところ、不動清浄のところを、黒暗の大坑とするのは、百丈にはじまる独自の説である。

(6)『百丈広録』に、「者箇人日食万両黄金亦能消得」の句がある（同前、二〇ページ下左）。臨済の示衆にも、「日消万両黄金」とある（同前、六一ページ上左）。永嘉玄覚の証道歌に、「万両黄金亦銷得」とあり（禅の語録16、筑摩書房、九一ページ）、全く同一の発想である。今のところ、共通のソースを見出し得ないが、百丈が初めて使ったことは、確かである。

(7)『百丈広録』に、「先達者入火不焼、入水不溺」の句がある（同前、二二ページ上左）。臨済の示衆にも、「入火不焼、入水不溺」とある（同前、六四ページ上左）。外典にもとづくことは確かだが、百丈の場合は、「惝要焼便焼、要溺便溺、要生即生、要死即死、去住自由」とつづいて、この人独自の発想となる。臨済にも「去住自由、要行即行、要坐即坐」などの句があって、百丈を承けている。

(8)さらに、『宛陵録』の末尾に、「著力今生須了知、誰能累劫受余殃」の二句がある（同前、五一ページ下左）。『祖堂集』第十九の香厳智閑の示衆の最後に、「百丈云、努力一生須了却、誰能累劫受諸殃」（禅学叢書之四、三五八ページ上）とあり、百丈の句であることが判る。

(722)　無明為父、貪愛為母、自己是病、還自己是薬、自己是刀、還殺自己無明貪愛父母、故云殺父害母（『百丈広録』、同前、二一四ページ下左）。

云、如何是父、師云、無明是父、你一念心、求起滅処不得、如響応空、随処無事、名為殺父。云何是母、師云、貪愛為母、你一念心、入欲界中、求其貪愛、唯見諸法空相、処処無著、名為害母（『臨済録』、同前、六八ページ下右）。

いずれも、『楞伽経』第三（T. 16-498a）に説く、五無間業の句によるので、『宗鏡録』第八十九（T. 48-904c）も、すでに台教の説とするけれども、逆説的な語気の新しさは、百丈を以て一期とすること、あらためていうまでもない。

（723）関係テキストを、次に対照する。

祖堂集第十四、百丈和尚章

問、如何是大乗入道頓悟法。師荅曰、汝先歇諸縁、休息万事、善与不善、世間一切諸法、並皆放却、莫記憶、莫縁念。放捨身心、令其自在。心如木石、口無所弁、心無所行。心地若空、恵日自現、猶如雲開日出相似。倶歇一切攀縁、貪嗔愛取、垢浄情尽、対五欲八風、不被見聞覚知所縛、不被諸境惑、自然具足、神通妙用、

伝灯録第六、洪州百丈山懐海禅師章

僧問、如何是大乗頓悟法門。師曰、汝等先歇諸縁、休息万事、善与不善、世出世間、一切諸法、莫記憶、莫縁念、放捨身心、令其自在、心如木石、無所弁別、心無所行。心地若空、恵日自現、如雲開日出相似、倶歇一切攀縁、貪嗔愛取、垢浄情尽、対五欲八風、不被見聞覚知所縛、不被諸境所惑、自然具足、神通妙用、是解脱人。対一

宗鏡録第七十八（T. 48-848a）

又如有学人問百丈和尚云、対一切境、如何得心如木石。

四家語録第三

問、如何是大乗入道頓悟法要。師云、你先歇諸縁、休息万事、善与不善、世出世間、一切諸法、竝皆放却、莫記莫憶、莫縁莫念、放捨身心、全令自在、心如木石、口無所弁、心無所行。心地若空、恵日自現、如雲開日出。但歇一切攀縁、貪嗔愛取、垢浄情尽、対五欲八風不動、不被見聞覚知所閡、不被諸法所惑、自然具足一切功徳、具足一切神通妙用、是解脱人。対一切境法、心無諍乱、不摂不散、透一切声色、無有滞閡、名為道

是解脱人、対一切境、心無静乱、不摂不散、透一切声色、無有滞㝵、名為道人。但不被一切善悪垢浄、有為世間、福智拘繫、即名為仏恵。是非好醜、是理非理、諸知見惣尽、不被繫縛、処処自在、名為初発心菩薩、便登仏地。

一切諸法、本不自言空、不自言色、亦不言是非垢浄、亦無心繫縛人。但人自虚妄計著、作若干種解、起若干種知見。若垢浄心尽、不住繫縛、不住解脱、無一切有為無為解、平等心量、処於生死、其心自在、畢竟不為虚幻塵労蘊界生死諸入和合、逈然無寄、一切不拘、去留無㝵、往来生死、如門開合相似。

切境、心無静乱、不摂不散、透一切声色、無有滞㝵、名為道人。但不被一切善悪垢浄、有為世間、福智拘繫、即名為仏恵。是非好醜、是理非理、諸知見揔尽、不被繫縛、処心自在、名初発心菩薩、便登仏地。

一切諸法、本不自空、不自言色、亦不言是非垢浄、亦無心繫縛人、但人自虚妄計著、作若干種解、起若干種知見。若垢浄心尽、不住繫縛、不住解脱、無一切有為無為解、平等心量、処於生死、其心自在、畢竟不与虚幻塵労蘊界生死諸入和合、逈然無寄、一切不拘、去留無㝵、往来生死、如門開相似。

答、一切諸法、本不自言是非垢浄、亦無心繫縛人。但人自虚妄計著、作若干種解、起若干種見、生若干種畏愛。但了諸法不自生、皆従自己顚倒取相而有、知心与境本不相到、当処解脱。一一諸法、一一諸心、当処寂滅、当処是道場。又本有之性、不可名目、本来不是凡、不是聖、不是愚、不是智、不是垢、不是浄、亦非空有善悪。与諸染法相応、名衆生界。与諸浄法相応、名人天二乗。若垢浄心尽、不住繫縛解脱、無一切有為無為縛脱等心量、処於生死、其心自在、畢竟不与諸虚幻塵労蘊界生死諸入和合、逈然無住、一切不拘、去来無礙、往来生死、如門開相似。

人。善悪是非、倶不運用、亦不愛一法、亦不捨一法、名為大乗人。不被一切善悪、空有垢浄、有為無為、世出世間、福徳智恵之所拘繫、名為仏恵。是非好醜、是理非理、諸知解情尽、不能繫縛。処処自在、名為初発心菩薩、便登仏地。

問、対一切境、如何得心如木石去。

師云、一切諸法、本不自言空、不自言色、亦不言是非垢浄、亦無心繫縛人。但為人自生虚妄繫著、作若干種解会、起若干種知見、生若干種愛畏。但了諸法不自生、皆従自己一念妄想顚倒取相而有、知心与境、本不相到、当処解脱、一一諸法、当処寂滅、当処道場。又本有之性、不可名目、本来不是凡、不是聖、不是垢浄、亦非空有、亦非善悪。与諸染法相応、名人天二乗界。若垢浄心尽、不住繫縛、若遇種種苦楽、不称意事、心無退屈、不念名聞衣食、不貪一切功徳利益、不与世法之所滞、心雖親愛苦楽、不干於懐、麁食接命、補衣寒暑、兀兀如愚如聾相似、稍有相親分。於生死中広学知解、求福求智、於理無益、却被知解境風漂、却帰生死海裏。

仏是無求人、求之則乖。理是無求理、求之則失。若取於無求、復同於有求。此法無実亦無虚。若能一生心如木石相似、不為陰界五欲八風之所漂溺、則生死因断、

若遇種種苦楽、不称意事、心無退屈、不念名聞衣食、不貪一切功徳利益、不為世法之所滞、心雖親受苦楽、不干于懐、麤食接命、補衣禦寒暑、兀兀如愚如聾相似、稍有親分。於生死中、広学知解、求福求智、於理無益、却被知解境風漂、却帰生死海裏。

仏是無求人、求之即乖、理是無求理、求之即失。若取於無求、復同於有求。此法無実無虚。若能一生心如木石相似、不為陰界五欲八風之所漂溺、即生死因断、去

不住解脱、無有一切有為無為、縛脱心量、処於生死、其心自在、畢竟不与諸妄虚幻、塵労蘊界、生死諸入和合。逈然無寄。一切不拘、去留無閡、往来生死、如門開相似。

夫学道人、

若遇種種苦楽、称意不称意事、心無退屈、不念一切名聞利養衣食、不貪一切功徳利益、不為世間諸法之所滞礙、無親無愛、苦楽平懐、麁衣遮寒、糲食活命、兀兀如愚如聾、如啞相似、稍有相応分。若於心中広学知解、求福求智、皆是生死。於理無益、却被知解境風之所飄溺、還帰生死海裏。

仏是無求人、求之理乖。理是無求理、求之即失。若著無求、復同於有求、若著無為、復同於有為。故経云、不取於法、不取非法、不取非非法。又云、如来所得法、此法無実亦無虚。但能一生、心如木石相似、不被陰界

去住自由、不為一切有為因果所縛。他時還与無縛身同利物、以無縛心応一切、以無縛慧解一切縛、亦能応病与薬。

問、如今受戒、身口清浄、已具諸善、得解脱不。師荅曰、小分解脱、未得心解脱、未得一切解脱。

問、如何是心解脱。師荅曰、不求仏、不求知解、垢浄情尽、亦不守此、無求為是、亦不住尽処、亦不畏地獄縛、不愛天堂楽、一切法不拘、始名為解脱無㝵。即身心及一切、皆名解脱。汝莫言有小分戒善、将為便了。有恒沙無漏戒定恵門、都未渉一毫在。努力猛作早与、莫待耳聾眼暗、頭白面皮皺、老苦及身、眼中流涙、心中慞惶、未有去処、到与摩時、

住自由、不為一切有為因果所縛。他時還与無縛身同利物、以無縛心応一切心、以無縛恵、解一切縛、亦能応病与薬。

僧問、如今受戒、身口清浄、已具諸善、得解脱否。荅、少分解脱、未得心解脱、未得一切解脱。

問、云何是心解脱。荅、不求仏、不求知解、垢浄情尽、亦不守此無求為是、亦不住尽処、亦不畏地獄縛、不愛天堂楽、一切法不拘、始名為解脱無㝵。即身心及一切、皆名解脱。汝莫言有少分戒善、将為便了。有常沙無漏戒定恵門、都未渉一豪在。努力猛作早与、莫待耳聾眼暗、頭白面皺、老苦及身、眼中流涙、心中慞惶、未有去処。到恁麼時、整理脚手

諸入、五欲八風之所飄溺、即生死因断、去住自由。不為一切有為因果所縛、不被有漏所拘。他時還以無自縛為因、同事利益、以無著心、応一切物、以無礙恵、解一切縛、亦云、応病施薬。

問、如今出家受戒、身口清浄、已具諸法。得解脱否。師云、少分解脱、未得心解脱。亦未得一切処解脱。

問、如何是心解脱、及一切処解脱。師云、不求仏、不求法、不求僧。乃至不求福智知解等、垢浄情尽、亦不守此無求為是、亦不住尽処、亦不忻天堂畏地獄、縛脱無礙、即身心及一切処、皆名解脱。汝莫言有少分戒、身口意浄、便以為了。不知恒沙戒定恵門無漏解脱、都未渉一毫毛。努力向前、須猛究取。莫待耳聾眼暗、面皺頭白、老苦及身、悲愛纏綿、眼中流涙、心裏慞惶、一無所拠、不知去処。到恁麼時節、整理手脚不得也。縦有福智多聞利養、都不相救、為心

整理脚手不得。縦有福智多聞、都不相救、為心眼未開、唯縁念諸境、不知返照。復不見道。一生所有悪業、悉現於前、或忻或怖、六道五蘊現前、尽見厳好舎宅、舟舡車轝、光明現赫、為縦自心貪愛所見、悉変為好境、随所覓重処受生、都無自由分、龍畜良賤、亦惣未定。

問、如何得自由。師荅曰、如今対五欲八風、情無取捨、垢浄倶亡、如日月在空、不縁而照、心如木石。亦如香象截流而過、更無疑滞。此人天堂地獄、不能摂也。

又云、読経看教、語言皆須宛転、帰就自己。但是一切言教、只明如今鑑覚性。自己但不被一切有無諸境転、是故導師。能照波一切有無境法、是金剛。即有自由独

不得。也縦有福智多聞、都不相救、為心眼未開、唯縁念諸境、不知返照。復不見仏道。一生所有悪業、悉現於前、或忻或怖、六道五蘊現前、尽見厳好舎宅、舟船車轝、光明顕赫。為縦自心貪愛所見、悉変為好境、随所見重処受生。都無自由分。龍畜良賤、亦揔未定。

問、如何得自由。荅、如今対五欲八風、情無取捨、垢浄倶亡、如日月在空、不縁而照、心如木石、亦如香象截流而過、更無疑滞。此人天堂地獄、所不能摂也。

又不読経看教、語言皆須宛転、帰就自己。但是一切言教、只明如今覚性。自己倶不被一切有無諸境転、是導師。能照破一切有無境法、是金剛。即有自由独立分。

天聖広灯録第九

夫読経看教語言、皆須宛転、帰就自己。但是一切言教、秖明如今鑑覚自性、但不被一切有無諸境転、是汝導師。能照破一切有無境、是金剛恵。即有自由独立分。若不

慧未開、唯念諸境、不知返照。復不見仏道、一生所有善悪業縁、皆悉現前、或忻或怖、六道五陰、倶時現前、尽敷厳好舎宅、舟船車轝、光明顕赫、皆従自心貪愛所現、一切悪境、皆悉変成殊勝之境、但随貪愛重処、業識所引、随著受生、都無自由分。龍畜良賤、都総未定。

問、如何得自由。師云、如今得即得。或対五欲八風、情無取捨、慳嫉貪愛、我所情尽、垢浄倶忘、如日月在空、不縁而照、心心如土木石、念念如救頭然、亦如大香象渡河、截流而過、使無疑誤、此人天堂地獄、倶不能摂也。

百丈広録巻三

立分。若不能任摩得、縦令誦得十二圍陀経、只成増上慢、却是謗仏、不是修行。読経看教、若准世間、是好善事。若向理明人辺数、此是壅塞人。十地之人不脱去、流入生死河、但不用求覓、知解語義句、知解属貪、貪変成病、只如今俱離一切有無諸法、透過三句外、自然与仏無差、既自是仏、何慮仏不解語。只恐不是仏。被有無諸法転、不得自由。是以理未立、先有福智載去。如賤使貴、不如於理先立、後有福智。臨時作得、捉土為金、変海水為酥酪、破須弥山為微塵、於一義作無量義、於無量義作一義。

若不能恁麼得、縦令誦得十二韋陀経、只成増上慢、却是謗仏、不是修行。読経看教、若准世間、是好善事、若向明理人辺数、此是壅塞人。十地之人、脱不去、流入生死河。但不用求覓、知解語義句、知解属貪、貪変成病、只如今但離一切有無諸法、透過三句外、自然与仏無差。既自是仏。何慮仏不解語。只恐不是仏、被有無諸法転、不得自由。是以理未立、先有福智載去、如賤使貴、不如於理先立、後有福智。臨時作得、捉土為金、変海水為酥酪、破須弥山為微塵。於一義作無量義、於無量義作一義。

能与磨会得、縦然誦得十二圍陀典、秖成箇増上慢、却是謗仏、不是修行。但離一切声色、亦不住於知解、是修行。読経看教、若準世間、是好事。若向明理人辺数、此是壅塞人。十地之人、脱不去、流入生死河。但是三乗教、皆治貪瞋等病。秖如今念念、若有貪瞋等病、先須治之、不用覓義句知解。知解属貪、貪却成病。秖如今、但離一切有無諸法、亦離於離、透過三句外、自然与仏無差。既自是仏、何慮仏不解語。秖恐不是仏、被有無諸法縛、不得自由。是以理未立、先有福智、被福智載、如賤使貴。不如先立理、後有福智。若要福智、臨時作得。撮金成土、変海水為酥酪、破須弥為微塵、摂四大海水、入一毛孔、於一義作無量義、於無量義作一義。

（724）前註（684）（685）（686）をみよ。

（725）(1)『維摩経』弟子品第三（富楼那弥多羅尼子）。彼自無瘡、勿傷之也、欲行大道、莫示小径、無以大海内於牛跡、無以日光等彼蛍火。

(2)同前（阿難）。仏身無為、不堕諸数、如此之身、当有何疾、当有何悩。

(3)同前（大目犍連）。法無有比、無相待故、法不属因、不在縁故。

(4)『楞伽経』第二。如水大流尽、波浪則不起、如是意識滅、種種識不生（T. 16-496b）。

(5)『摩訶般若波羅蜜経』第八。你時諸天子問須菩提、汝説仏道如幻如化、汝説涅槃、亦復如幻如夢耶。須菩提語諸天子、我説仏道如幻如夢、我説涅槃亦如幻如夢。若当有法勝於涅槃者、我説亦復如幻如夢。何以故、諸天子、是幻夢涅槃、不二不別（T. 8-276b）。

(6)『華厳経』第五十一（唐訳）、譬如有大経巻、量等三千大千世界、書写三千大千世界中事、一切皆尽……。時有一人、智恵明達、具足成就、清浄天眼、見此経巻、在微塵内、於諸衆生、無少利益。即作是念、我当以精進力、破彼微塵、出此経巻、令得饒益一切衆生。作是念已、即起方便、破彼微塵、出此大経、令諸衆生、普得饒益（T. 9-272c）。

(7)『法華経』信解品第四。於二十年中、常令除糞、過是已後、心相体信、入出無難、然其所止、猶在本処（T. 9-17a）。

(8)『般若心経』。是大神呪、是大明呪、是無上呪、是無等等呪（T. 8-848c）。

(9)『金剛経』。我於往昔節節支解時、若有我相、人相衆生相寿者相、応生瞋恨（T. 8-750b）。

(10)同前。如来所説法、皆不可取不可説、非法非非法。所以者何、一切賢聖、皆以無為法、而有差別（-749b）。

(11)『如来荘厳智恵光明入一切仏境界経』。仏常在世間、而不染世法、不分別世間、敬礼無所観（T. 12-248a）。

(12)『肇論』、『涅槃無名論』（開宗第一）。抱一湛然、故神而無功。神而無功、故至功常存（T. 45-157c）。

(13)『首楞厳経』第六。空生大覚中、如海一漚発、有漏微塵国、皆従空所生、漚滅空本無、況復諸三有（T. 19-130a)。

⒁『金剛三昧経』無生行品第三。心王菩薩言、禅能摂動、定諸幻乱。云何不禅。仏言、菩薩、禅即是動、不動不禅、是無生禅（T. 9-368a)。

『天聖広灯録』第八、および『四家語録』の宛陵録でも、入如来禅、離生禅想として引かれる（禅学叢書之三、四五ページ下右、同五、四一二ページ下）。

(726)　善知識、不執有、不執無、脱得十句魔語、出語不繫縛人、所有言説、不自称師、説如谷響、言満天下、無口過、堪依止。若道我能説能解説、我是和尚、汝是弟子、這箇同於魔説……、祇是重増比丘縄索。縦然不説、亦有口過。寧作心師、不師於心。不了義教、有人天師、有導師。了義教中、不為人天師、不師於法、未能依得玄鑑、且依得了義教、猶有相親分（『四家語録』第三、『百丈広録』、禅学叢書之三、一五ページ上右）。

涅槃経第二十八、師子吼品	法王経
若為衆生有所演説、願令受者敬信無疑。常於我所、不生悪心。寧当少聞、多解義味、不願多聞、於義不了。願作心師、不師於心。身口意業、不与悪交、能施一切衆生安楽、身戒心恵、不動如山。(T. 12-534a)	菩薩令諸衆生、当断疑心、而作心師、不師於心、離諸可欲、無令放逸、若生念処、即須当断。(T. 85-1386c)

(727)　前註(166)をみよ。

(728)　百丈の引用と、経典の原文を対照すると、大よそ次のようである。

百丈広録	法王経
如云、説仏性有、則増益謗、説仏性無、則損減謗。説仏性亦有亦無、則相違謗、説仏性非有非無、則戯論謗。如欲不説、衆生無解脱之期。如欲説之、衆生又随語生解、益少損多。故云、我寧不説法、疾入於涅槃。	仏告虚空蔵菩薩言、善男子、入仏妙性実相之際、亦不可得、非不可得、亦不可見、非不可見。何以故、菩薩、説仏性有、即名謗仏。説仏性無、亦為謗仏。説仏性亦有亦無、亦為謗仏。説仏性非有非無、亦為謗仏。何以故、

（禅学叢書之三、一六ページ上右）
菩薩、衆生仏性、非有如虚空、非無如菟角。菟角無故、虚空常故。非有質相、非有空相、離諸形相、無所著故。 （T. 85-1386a）

百丈は、『法王経』をさらにもう一度引く。

如云、説体不説相、説義不説文。如是説者名真説。若説文字、皆是謗誹、是名邪説。菩薩、若説当如法説、亦名真説、当令衆生持心不持事、持行不持法、説人不説字、説義不説文。 （同前、一九ページ上左）
善男子、若一千五百年後、為衆生説法者、説体不説相、説義不説文。如是説者、是真説法。若説文相、動口動心、皆是誹謗。善男子、若於一切衆生処説法、当如如相説、平等相説、何以故、当時一切衆生、皆同一病、一心一仏性、一性平等、等諸法故。 （T. 85-1387c）

（729）潙山示衆云、一切衆生、皆無仏性。塩官示衆云、一切衆生、皆有仏性。塩官有二僧、往探問。既到潙山、聞潙山挙揚、莫測其涯、若生軽慢。因一日与師（仰山）言話次、乃勧云、師兄須是勤学仏法、不得容易。師乃作此○相以手拓呈了、却抛向背後、遂展両手、就二僧索。二僧罔措。師云、吾兄直須勤学仏法、不得容易。便起去。時二僧却回塩官、行三十里。一僧忽然有省。乃云、当知潙山道、一切衆生、皆無仏性、信之不錯。便回潙山。一僧更前行数里。因過水忽然有省。自歎云、潙山道、一切衆生、皆無仏性。灼然有他恁麼道、亦回潙山。久依法席（『五家語録』潙仰宗、禅学叢書之三、一一四ページ上左）。

（730）柳田聖山「無字のあとさき」、『理想』第六一〇、一九八四年。

（731）釈楚南、閩人也。俗性張氏。爰在髫齢、冥然跪於父母前、訴志出家。投開元寺曇藹師而受訓焉。当授経法、日所経視、輒誦於口。執巾侍盥、灑掃応対、頗能謹愿。迨乎冠歳、乃落髪焉（T. 50-817c）。

『釈氏疑年録』第五に、楚南の生歿を八一三—八八八とする。曇藹を霊藹とすることは、年代的に可能である。

（732）『校刊少室逸書解説』一七ページ、一九三六年。『禅思想史研究第二』（全集本）一一六ページ、一九六八年。

（733）田中良昭「敦煌本『隋朝三祖信心銘』の出現」、宗学研究第五号、一九七三年。

牧田諦亮「中国における民俗仏教成立の過程」、『中国近世仏教史研究』所収、平楽寺書店、一九五七年。関口真大『達摩大師の研究』第九、「行路難」（敦煌出土）と傅大士、彰国社、一九五七年。

(734) ⑴黄檗の『宛陵録』に引くもの。
円同太虚、無欠無余。『四家語録』第五、四〇ページ下右。

⑵臨済の示衆に引くもの。

天地懸殊。『四家語録』第六、六〇ページ上左。

夢幻空花、何労把捉。同前、六四ページ上右、六六ページ下左。

一心不生、万法無咎。同前、六八ページ上左。

⑶趙州の語録に引くもの。

至道無難、唯嫌揀択。『古尊宿語要本』、三二ページ上左、三五ページ上左、四七ページ上右。

一心不生、万法無咎。同前、四一ページ上右。

夢幻空花、徒労把捉。同前。

心若不異、万法亦然。同前。

(735) 前註(45)をみよ。

(736) 『伝灯録』第六、百丈章（禅学叢書之六、五六ページ上左）。

(737) 『祖堂集』第十八の仰山章は、伝記と問答以外に、第一韋中丞問、第二と第三苑陵僧道存問、第四幽州僧思鄒問、第五海東僧亨育問という、六章で構成される。韋中丞すなわち韋宙と道存、思鄒、亨育が記録する、『潙仰語録』である。別に、仰山行録があったことも、知られる。

(738) 『伝灯録』第六、馬祖章。註(736)につづく部分。

(739) 前註(548)をみよ。その後半をあげると、次のようである。
（時大智禅師、方結廬塔傍。因叙其遠来之意。願聞平昔得力言句。）大智挙一喝三日耳聾之語示之。断際吐舌大驚。相従甚久。暮年始移居新呉百丈山。考其時、嫗死久矣。而大宋高僧伝曰、嫗祝断際見百丈、非也（『林間録』上、『続蔵』百四十八冊０５９１上）。

(740) 僧肇の『涅槃無名論』（開宗第一）に、釈迦掩室於摩竭、「浄名杜口於毘耶」というのによる（『肇論研究』六〇ページ）。その解釈については、無著道忠の批判がある。禅学叢書之八、勅修百丈清規左觽下冊に付録する、「無著道忠の学問」をみよ（一三四六ページ下）。

(741) 潙山と仰山が登場する、歴史的意味については、次章であらためて考える。

(742) 百丈野狐の話は、のちに無門関第二則にとられて、代表的な公案の一つとされる。『広灯録』では、後半の潙仰問答に重点があり、文脈が全く異なっている。創られた話にはちがいないが、これもまた弟子代表としての黄檗の大機用を、潙山と仰山に承認させる意図をもつ。

(743) 石井修道「真福寺文庫所蔵の『裴休拾遺問』の翻刻」、禅学研究第六〇号、一九八一年。

(744) 『伝灯録』第十二に、黄檗希運の法嗣として、裴休の伝を立てる。黄檗との出会いは、次のようである。

守新安日、属運禅師初於黄檗山捨衆、入大安精舎、混跡労侶、掃灑殿堂。公入寺焼香、主事祇接。因観壁画、乃問、是何図相。主事対曰、高僧真儀。公曰、真儀可観、高僧何在。僧皆無対。公曰、此間有禅人否。曰、近有一僧投寺執役、頗似禅者。公曰、可請来詢問、得否。於是遽尋運師。公視之、欣然曰、休適有一問、諸徳吝辞。今請上人代酬一語。師曰、請相公垂問。公即挙前問。師朗声曰、裴休。公応諾。師曰、在什麼処。公当下知旨。如獲髻珠。曰、吾師真善知識也。示人剋的若是、何汨没於此乎。寺衆愕然。自此延入府署、留之供養、執弟子之礼(禅学叢書之六、一〇一ページ上右)。

黄檗山の開創と、裴休の帰依の前後事情については、かなり異説と混乱があり、『伝灯録』第九の黄檗章と右の話との間にも、矛盾がみられる。元版『伝灯録』は、すでに考証を加えるが、同時代の他の資料を軸に、さらに徹底した整理が必要である。

(745) 裴相公有一日、微微底不安、非久之間、便死。師(黄檗)恰在宅裏、不抛相公頭辺底、坐看相公。相公無限時、却惺惺後、説冥中事。某一入冥界、有脚不曾行、有眼不曾見、行得个四五十里。困了、忽然見一池水。某甲擬欲入池、有一个老和尚、不与某甲入池裏、便喝。因此再見和尚。師云、若不遇老僧、相公泊合造龍(『祖堂集』第十六、黄檗章、禅学叢書之四、三一一ページ下)。

(746) 『伝灯録』の引用は、十月八日の記録で終わる。『古尊宿語録』が、これをとらず、これにつづく部分のみをとるのは、そうしたテキストが別にあったためでないか。又、現在の『四家語録』についても、本文に考えるような異同がみられる。

(747) 『宗鏡録』に引くのは、巻第五(T. 48-444b)、巻第十一(-477a)、巻第二十四(-550b)、巻第九十八(-943c)の四例で、すべて現在の『四家語録』に照合できるが、テキストにはかなりの異同がある。又、師(睦州)挙黄檗和尚語云、天下老和尚、一気道在我者裏、要放你也在我這裏、要不放你也在我這裏(『古尊宿語要』第一、禅学叢書之一、二〇ページ下左)。

(748) 禅学叢書之五に収める、『天聖広灯録』の巻首がそれである。三四一ページ上—三五四ページ上。

(749) 前註(541)、石井修道の第二論文を指す。

(750) 五家七宗の称は、『円悟心要』上に収める、示法済禅師を初出とする。黄龍は、五家を唱え、楊岐の児孫は七宗を主張した。

　世間随流、将錯就錯、満地流行、分五家七宗、逓立門戸、提唱就実、窮之端的、成得什麼辺事（『続蔵』百二十冊0707上）。

(751) 前註(586)をみよ。以下、行録とよばれる部分は、流布本によるので、『四家語録』に行録があるわけではない。

(752) 『祖堂集』第十九、臨済章（禅学叢書之四、三六三ページ上）。

(753) 同前。

(754) 出世と伝心は、相互に矛盾関係にあり、択一の緊張を保つ限り、その意義を発揮する。次の大唐国内無禅師という、黄檗の示衆は、この問題を提起する。

(755) 前註(548)と(739)をみよ。

(756) 関係テキストを対比すると、おおよそ次のようになる。

祖堂集第十六、黄檗章	**伝灯録第九、黄檗章**
師謂衆曰、是你諸人、患顚那作摩。把棒一時趁出云、尽是一隊喫酒糟漢、与摩行脚、笑殺人去。兄弟、莫只見八百一千人処、去那裏、不可只図熱鬧。這个老漢行脚時、或遇著草根下有个老漢、便従頂顊上、啄一下錐、看他若識痛痒、便将布袋、盛米供養他。古人个中、惣似你与摩容易。何処更有今日事也。兄弟行脚人、亦須著些子精神好。汝還知大唐国内無禅師。有人問、諸方尊宿、尽皆匡化。和尚為什摩道無禅師。師云、不道無禅、只道無師。又云、闍梨可不見、馬大師下、有八十八人坐道場、得馬大師真正法眼者、只有一二。廬山是一人。（禅学叢書之四、三一〇ページ上）	一日上堂、大衆雲集。乃曰、汝等諸人、欲何所求。因以棒趁散云、尽是喫酒糟漢、恁麼行脚、取笑於人。但見八百一千人処、便去。不可只図熱鬧也。老漢行脚時、或遇草根下有一箇漢、便従頂上一錐、看他若知痛痒、可以布袋盛米供養。可中総似汝如此容易、何処更有今日事也。汝等既称行脚、亦須著些精神好。還知道大唐国内無禅師麼。時有一僧出問云、諸方尊宿、尽聚衆開化。為什麼道無禅師。師云、不道無禅、只道無師。闍梨不見馬大師下、有八十八人坐道場、得馬師正眼者、止三両人、廬山和尚是其一人。（禅学叢書之六、七七ページ上左）

『天聖広灯録』第八と、『四家語録』のテキストは、後註(760)に対照する。

(757)『雪竇頌古』第十一則のテキストは、次のようである。

挙。黄檗和尚示衆云、汝等諸人、尽是噇酒糟漢。与麼行脚、何処有今日。還知大唐国裏無禅師麼。時有僧出云、只如諸方匡徒領衆、又作麼生。檗云。不道無禅、只是無師（禅の語録15、筑摩書房、三九ページ）。因みに、他の二本を対照すると、おおよそ次のようである。

広灯録第八	四家語録第五
上堂云、汝等諸人、尽是噇酒糟漢。与磨行脚、笑殺他人、摠似与磨容易、何処更有今日。汝還知大唐国裏無禅師磨。時有僧問、秖如諸方匡徒領衆、為什磨却道無禅師。師云、不道無禅、秖道無師。後潙山挙此因縁、問仰山云、鵝王意作磨生。仰山云、鵝王択乳、素非鴨類。潙山云、此実難弁。（禅学叢書之五、四一二ページ上）	上堂云、汝等諸人、尽是噇酒糟漢。与麼行脚、笑殺他人、総似与麼容易、何処更有今日、汝還知大唐国裏無禅師麼。時有僧問、秖如諸方見今出世、匡徒領衆、為什麼却道無禅師。師云、不道無禅、秖道無師。後潙山挙此因縁、問仰山云、意作麼生。仰山云、鵞王択乳、素非鴨類。潙山云、此実難弁。（禅学叢書之三、四五ページ上左）

(758) 帰宗和尚、嗣馬大師。在江州廬山。師諱智常。未詳姓氏。師久与南泉同道。神彩奇異、時人猜之、合有一人之分。師遂以薬熏其眼令赤、時人号為赤眼帰宗和尚焉（『祖堂集』第十五、帰宗章、禅学叢書之四、二八九ページ下）。

(759) すべて、『祖堂集』第十五、帰宗章（同前）にみえる。又、『宗鏡録』第九十八に、次の示衆を引く。

即心是仏、徹底唯性。山河大地、一法所印、是大神呪、真実不虚、是諸仏之本原、菩提之根骨。仏何者是。即今言下是、更無別人。経云、譬如一色、随衆生見、得種種名。一切法唯是一法、随処得名（T. 48-944b）。さらに、『伝灯録』第二十九に、頌一首あり（禅学叢書之六、二九八ページ上左）。

(760) 二本を対照する。

広灯録第八、黄檗章	四家語録第五
有僧辞帰宗。宗云、往甚	有僧辞帰宗。宗云、往甚

処去。云、諸方学五味禅去。宗云、諸方有五味禅。我者裏秖是一味禅。僧云、如何是一味禅。宗便打。僧云、会也会也。宗云、道道。僧擬開口、宗又打。其僧後到師（黄檗）処。師問、什磨処来。云、帰宗来。師云、帰宗有何言句。僧遂挙前話。師乃上堂、挙此因縁云、馬大師出八十四人善知識。問著箇箇屙漉漉地、秖有帰宗較些子。（禅学叢書之五、四一一ページ上）	処去。云、諸方学五味禅去。宗云、諸方有五味禅。我這裏秖是一味禅。云、如何是一味禅。宗便打。僧云、会也会也。宗云、道道。僧擬開口。宗又打。其僧後到師（黄檗）処。師問、甚麼処来。云、帰宗来。師云、帰宗有何言句。僧遂挙前話。師乃上堂、挙此因縁云、馬大師出八十四人善知識。問著箇箇屙漉漉地、秖有帰宗較些子。（禅学叢書之三、四四ページ上左）

(761) 大恵の『正法眼蔵』第一に、僧を大愚とし、黄檗との縁を切りすてる（『続蔵』百十八冊００１２上）。

(762) 前註(618)をみよ。

(763) 『鎮州臨済恵照禅師語録』（T. 48-496c）、および『四家語録』第六（禅学叢書之三、五八ページ上右）。

(764) 前註(725)の(7)をみよ。

(765) 前註(763)のテキスト（T. 47-505c、および禅学叢書之三、五五ページ上右）。

(766) 後潙山問仰山、臨済莫辜負他黄檗也無。仰山云、不然。潙山云、子又作麼生。仰山云、知恩方解報恩。潙山云、従上古人、還有相似底也無。仰山云、有。秖是年代深遠、不欲挙似和尚。潙山云、雖然如是、吾且不知、子但挙看。仰山云、秖如楞厳会上、阿難讃仏云、将此深心奉塵刹、是則名為報仏恩。豈不是報恩之事。潙山云、如是如是。見与師斉減師半徳。見過於師、方堪伝在（T. 47-505c、および禅学叢書之三、五五ページ上左）。

(767) 師一日辞黄檗。黄檗曰、什麼処去。曰、不是河南、即河北去。黄檗拈起柱杖、便打。師捉住柱杖曰、遮老漢、莫盲枷瞎棒。已後錯打人在。黄檗遂喚侍者、把将几案禅板来。師曰、侍者侍者、把将火来。黄檗曰、不然。子但将去。已後坐断天下人舌頭在。師即便発去（『伝灯録』第十二、禅学叢書之六、九八ページ下右）。

(768) 前註(756)(757)の諸本対照をみよ。

(769) 『祖堂集』第七、巌頭章（禅学叢書之四、一四一ページ下）。

(770) 又云、我此三句語、是達摩祖師本伝本教、不言是詵和上、唐和上所説。又言、許弟子有勝師之義、縁詵唐二和

上不説了教、曲承信衣（『暦代法宝記』、禅の語録3、筑摩書房、一四四ページ）。

(771) 臨済の喝、徳山の棒をセットとする発想は、すでに臨済その人にあるが、成句の初出は、臨済より五代目の首山の時代、つまり『伝灯録』と同時のものである。すなわち、『伝灯録』第十三、汝州首山省念の章に、左記がある。

問、臨済喝、徳山棒、未審明得什麼辺事。師曰、汝試道看。僧喝。師曰、瞎。僧再喝。師曰、這瞎漢、只麼乱喝作麼。僧礼拝。師便打（禅学叢書之六、一一〇ページ下右）。

(772) 達観禅師嘗竊笑、禅者不問義理。如宗門有四種蔵鋒。初曰就理、次曰就事、至於理事倶蔵、則曰入就。倶不渉理事、則曰出就。彼不視字画、輒易就理作袖裏、易出就作出袖、易入就作入袖、就事不可易也、則孤令之。今徳山四家録所載具存、使晩生末学疑長老袖中、必有一物出入往来。大可笑也（『林間録』上、『続蔵』百四十八冊0606下）。

(773) 徳山の示衆は、大恵の『正法眼蔵』上冊に収める、「諸子従朝至暮」以下のテキストが初出で、のちに『聯灯会要』第二十に収める「十四則」の一つとなる。今のところ、大恵が何に拠ったのかは、明らかでない。『聯灯会要』のテキストにより、臨済の示衆とよく似た部分を、次に対照しよう。『臨済録』は、『大正蔵』第四十七による。

聯灯会要	臨済録
(1)豈不聞道、老胡経三大阿僧祇劫修行。即今何在。八十年後死去、与你何別。諸子莫狂、勧你不如休歇去、無事去。（『続蔵』百十八冊0037上）	有一般禿比丘、向学人道、仏是究竟、於三大阿僧祇劫、修行果満、方始成道。道流、你若道仏是究竟、縁什麼八十年後、向拘尸羅城、双林樹間、側臥而死去。仏今何在。(499c)
(2)你見徳山出世、十箇五箇、擬聚頭来難問、教結舌無言。（同前下）	你諸方聞道、有箇臨済老漢、出来便擬問難、教語不得、被山僧全体作用……。(502c)
(3)莫錯仁者、波波地傍家走、道我解禅解道、点胷点肋、称楊称鄭。到這裏、須尽吐却、始得	你諸処祇指胸点肋、道我解禅解道、三箇両箇、到這裏不奈何。咄哉你将這箇身心、到処簸両片皮、

無事。 （同前） (4)到処覓人、道我是祖師 門下客、被他問著本分 事、只似木楔。便却与 他説菩提涅槃、真如解 脱、広引三蔵言教、是 禅是道、誑他閭閻。有 甚麼交渉、謗我先祖。 （同前） (5)徳山老漢見処、即不然。 這裏仏也無、祖也無。 達磨是老臊胡、十地菩 薩、是担屎漢、等妙二 覚、是破戒凡夫、菩提 涅槃、是繫馿橛、十二 分教、是鬼神簿、拭瘡 疣紙、四果三賢、初心 十地、是守古塚鬼、自 救也無、仏是老胡屎馿 橛。 （同前0038上）	誑謗閭閻。喫鉄棒有日在。 （503a） 也道我家、被他問著仏法、 便即杜口無詞、眼似漆突、 口如楄担。如此之類、逢 弥勒出世、移置他方世界、 寄地獄受苦。 （501c） 道流、取山僧見処、坐断 報化仏頭、十地満心、猶 如客作児、等妙二覚、担 枷鎖漢、羅漢辟支、猶如 厠穢、菩提涅槃、如繫驢 橛。 （497c） 乃至三乗十二分教、皆是 拭不浄故紙、仏是幻化身、 祖是老比丘。你還是娘生 己否。你若求仏、即被仏 魔摂、你若求祖、即被祖

(6)須是箇丈夫始得。你莫 愛聖、聖是空名……。 是有学得底、亦是依草 附木、精魅野狐。諸子、 老漢此間、無一法与你 諸子作解会。自己亦不 会禅、老漢亦不是善知 識。百無所解、只是箇 屙屎送尿、乞食乞衣、 更有甚麼事。 （同前） (7)徳山老漢勧你不如無事 去、早休歇去。莫学顛 狂、毎人担箇死屍、浩 浩地走、到処向老禿奴 口裏、愛他涕唾喫、便 道我是入三昧、修蘊積 行、……。辜負先聖、 帯累我宗、図他道我是 出家児。如此消他十方	魔縛。 （499c） 道流、你若欲得如法、直 須是大丈夫児始得……。 （499a）你若愛聖、聖者 聖之名……。（498c）山 僧、無一法与人、祇是治 病解縛。你諸方道流、試 不依物出来……。皆是依 草附葉、竹木精霊、野狐 精魅、向一切糞塊上乱 咬。（＊につづく） 你取山僧口裏語、不如休 歇無事去。 （500c） 大徳、莫錯用心、如大海 不停死屍。祇麼担却、擬 天下走、自起見障、以礙 於心。 （503a） ＊瞎漢、枉消他十方信施、

施主、水也消不得……。莫錯用心、闍羅王徴你草鞋銭、有日在。（同前）	道我是出家児、作如是見解。（500c）
(8)今時人、諸子莫向別処求覓。乃至達磨小碧眼胡僧到此来、也只是教你無事去、教你莫造作、著衣喫飯、屙屎送尿、更無生死可怖、亦無涅槃可得、無菩提可証。只是尋常一箇無事人。（同前下）	道流、仏法無用功処。祇是平常無事。屙屎送尿、著衣喫飯、困来即臥。愚人笑我、智乃知焉。古人云、向外作功夫、総是癡頑漢。（498a）
(9)汝道神通是聖、諸天龍神、五通神仙、外道修羅、亦有神通、応可是仏也。孤峰独宿、一食卯斎、長坐不臥、六時礼念、疑他生死……。（同前）	你道、仏有六通、是不可思議。一切諸天、神仙、阿修羅、大力鬼、亦有神通。応是仏否。（500a） 乃至孤峰独宿、一食卯斎、長坐不臥、六時行道、皆是造業底人……。
(10)出家児、乃至十地満心菩薩、覓他蹤跡不得。所以諸天歓喜、地神捧足、十方諸仏讃嘆、魔王啼哭。何以故。縁此虚空、活鱍鱍地、無根株、無住処。若到這裏、眼目定動、即没交渉。（同前００３９下）	乃至十地満心菩薩、皆求此道流蹤跡、了不可得。所以諸天歓喜、地神捧足、十方諸仏無不称歎。縁何如此。為今聴法道人、用処無蹤跡。（502a） 大徳、到這裏、学人著力処……、学人若眼定、即没交渉。擬心即差、動念即乖……。你還識渠麼。活撥撥地、祇是勿根株……。（501b）
(11)是小婬女子、不会便問、如何是祖師西来意。這老禿奴、便打縄床、作境致、竪起払子云、好晴好雨、好灯籠、巧述言辞、強生節目。（同前）	学人来問、菩提涅槃、三身境智。瞎老師便与他解説……、有一般不識好悪禿奴、即指東劃西、好晴好雨、好灯籠露柱。（500b）

（774）『鎮州臨済恵照禅師語録』（T. 47-496b）、『四家語録』第六（禅学叢書之三、五七ページ下右）。

(775)『楞伽師資記』（禅の語録2、筑摩書房、二九八ページ）、『暦代法宝記』（同前3、二二六ページ）。

(776)『伝灯録』第十三（禅学叢書之六、一一〇ページ上）。

(777)本稿第三八章。前註(590)。

(778)前註(771)をみよ。

(779)『天聖広灯録』第十三（禅学叢書之五、四五七ページ下）。

(780)同前、四五三ページ下、四五九ページ上。

(781)同前、四六九ページ。

(782)同前、四八四ページ上、四八四ページ下、四八六ページ下。

(783)『鎮州臨済恵照禅師語録』（T. 47-505a）、『四家語録』第六（禅学叢書之三、五三ページ下左）。

(784)前註(544)にあげる。

(785)『伝灯録』第十二、涿州紙衣の章に、謂わゆる四料簡の問答を収め、質問者を紙衣とする。紙衣の伝は明らかでないが、『広灯録』第十三では、涿州剋符道者となる。四料簡の話を、『広灯録』はすでに第十巻の臨済の章に収めるから、第十三のは符の記録となる。重複して出す、何らかの必要があった。とりわけ、剋符には三十八首の頌があり、初祖熊耳の珠より雲居の月に至り、さらに都頌一首を加えて、達摩より唐末におよぶ禅宗史を総括している。紙衣は、祖師の示衆や機縁問答の記録者にふさわしい名である。あるいは紙衣とよばれ、あるいは剋符とされる、私かに臨済の語を伝えた弟子がいたことは疑えまい。宋代末になると、剋符は普化とともに臨済の化を助けた、鎮州土著の風狂のイメージが強まる。『曹山録』で、別の使命を帯びて登場することも、あわせ考えてよい。

(786)薬山の示衆については、前註(678)をみよ。徳山の夜の上堂は、『伝灯録』第十五にみえる。『聯灯会要』第二十のテキストでは、上堂を小参に代える。

(787)『伝灯録』第十二、陳尊宿章（禅学叢書之六、九九ページ上右）。

(788)『祖庭事苑』第八、小参の説（『続蔵』百十三—０２３６下）。

(789)本稿第五章。

(790)前註(751)(752)以下をみよ。

(791)『伝灯録』第十二、鎮州臨済義玄禅師（禅学叢書之六、九九ページ上右）。

(792)勅諡は、鎮州（成徳軍）の奏による。鎮州は、臨済の伝法偈を知っている。

(793)大悟の話は、江南に広がり、伝法偈は鎮州の弟子たちが伝える。『祖堂集』は、江南の説を受ける。

(794)『宋高僧伝』第八の恵能伝によると、恵能は、上元中、弘忍の遷化を予期して、次のようにいっている。

遷流不息、生滅無常、吾師今帰寂矣（T. 50-755a）。

又、離相離性は、恵能の末期の示衆とされる、三十六対の一つである（敦煌本『六祖壇経』、三七ページ）。

(795)『天聖広灯録』第十、鎮州臨済院義玄恵照禅師（禅学叢書之五、四三九ページ上）。

(796)『四家語録』第六、鎮州臨済恵照禅師語録（禅学叢書之三、五八ページ下左）。流布本も、同じである（T. 47-506c）。

(797)『古尊宿語録』第五、臨済禅師語録之余（続蔵百十八冊0218下）。『大正新修大蔵経』第四十七巻に収める、『臨済録』の明本にも、この一段がみられる（T. 47-505c, 注記③の17行以下）。

(798)『天聖広灯録』と流布本の二本を、左に対照する。

天聖広灯録第八	**臨済録**（流布本）
上堂。有僧出礼拝。師便喝。僧云、老和尚、莫探頭好。師云、你道落在什麽処。僧便喝。又僧問、如何是仏法大意。師便喝。僧礼拝。師云、你道好喝也無。僧云、草賊大敗。師云、過在什麽処。僧云、再犯不容。師云、大衆要会臨済賓主句、問取堂中二禅客。便下座。（禅学叢書之五、四三六ページ上）	上堂。有僧出礼拝。師便喝。僧云、老和尚、莫探頭好。師云、你道落在什麽処。僧便喝。又僧問、如何是仏法大意。師便喝。僧礼拝。師云、你道好喝也無。僧云、草賊大敗。師云、過在什麽処。僧云、再犯不容。師便喝。是日、両堂首座相見、同時下喝。僧問師、還有賓主也無。師云、賓主歴然。師云、大衆、要会臨済賓主句、問取堂中二首座。便下座。（宣和重刊本 T. 47-496c）

(799) 師問僧、有時一喝、如金剛王宝剣。有時一喝、如踞地金毛獅子。有時一喝、如探竿影草。有時一喝、不作一喝用。汝作麽生会。僧擬議。師便喝（T. 47-504a）。

又、『人天眼目』第一、四喝（T. 48-302b）。

四喝は、『四家録』に収めない。洪覚範の『禅林僧宝伝』第三、首山章の示衆や、『林間録』上の所伝による。

(800)『伝灯録』第十二、鎮州三聖恵然禅師（禅学叢書之六、一〇二ページ下右）。

(801) 同前、魏府興化存奨禅師（一〇二ページ下右）。

(802)『天聖広灯録』第十二、魏府興化存奨禅師（四五四ページ下)。

(803) 興化存奨の史伝とその語録、禅学研究第四八号、一九五八年。

(804) 興化の諡号は、後唐の荘宗が与えたもので、おそらくは信用に価するが、興化と荘宗の問答は、公乗億の碑を認める限り、年代的に矛盾があって、弟子たちの創作にすぎまい。

(805) 陸川堆雲『臨済及臨済録の研究』、喜久屋書店、一九四九年。

(806) 前註(585)をみよ。

(807) 『古尊宿語録』五の末尾に、「臨済恵照禅師塔記」の名で、略伝部分を別出する。住大名府興化嗣法小師存奨校勘の一行も、この部分に付記される。

『祖堂集』第二十に、宝寿和尚の章がある。臨済につぐ、諱は沼という弟子であり、胡釘鉸や趙州、三聖との問答が知られる。『伝灯録』第十二は、鎮州宝寿沼和尚、第一世住とする。住鎮州保寿嗣法小師延沼と、宝寿沼和尚との同異は、必ずしも自明でない。

(808) 宣和重刊本の勘弁部に登場する、定上座の機縁は、『林間録』巻下の話による増補である。「四家録」に、本来はなかったはず。有名な無位真人の示衆による、宋代の虚構である。その他、大覚、洛浦の機縁についても、個人名の知られるものには問題がある。詳しくは、註(586)に示す小論をみよ。

(809) 『天聖広灯録』第十七に収める、李遵勗撰、先慈照聰禅師塔銘幷序が宋代語録の先例となる。

(810) 『汾陽録』三巻は、門人住石霜山慈明大師楚円集で、銀青光禄大夫行秘書監知汝州軍州兼管内営田隄堰橋道勧農使上柱国南陽郡開国侯食邑一千九百戸楊億述の序をもつ。汾陽が馬祖以後の法系を楷定したことは、前註(589)に引く偈頌の連作に明らかで、三玄三要や四賓主の説も、『臨済録』を前提する。又、石門恵徹との機縁は、李遵勗と石門聡の関係を意識している。汾陽塔銘の存否は、不明である。

(811) 本稿第四章。

(812) 『古尊宿語要』(禅学叢書之一、一八ページ下)。

(813) 「唐五代人物伝記資料綜合索引」に、見出し得ない。

(814) 『石門文字禅』第二十三(四部叢刊初編縮本二一八、二五一ページ上)。

(815) 岩波文庫本『夢中問答』下、一八〇ページ。

(816) 円悟到金山、忽染傷寒困極。移入重病閣。遂以平生参得底禅試之、無一句得力。追繹五祖之語、乃自誓曰、我病稍間、即径帰五祖。仏鑑在定恵、亦患傷寒極危。円悟甦省、経由定恵、拉之同帰淮西。仏鑑尚固執。且令先行。

円悟亟帰祖山。演和尚喜曰、汝復来耶。即日参堂、便入侍者寮。経半月、偶陳提刑解印還蜀、過山中問道。因語話次、祖曰、提刑少年曾読小艶詩否。有両句頗相近。頻呼小玉元無事、秖要檀郎認得声、提刑応喏喏。祖曰、且子細。円悟適自外帰、侍立次、問曰、聞和尚挙小艶詩。提刑会麼。祖曰、他既認得声。円悟曰、秖要檀郎認得声、他既認得声、為什麼却不是。祖曰、如何是祖師西来意、庭前柏樹子聻。円悟忽有省……(『大慧武庫』(T. 47-946a)。

(817) 無門関解説、『禅家語録』Ⅱ、筑摩書房、古典世界文学大系36B、三五七ページ。

(818) 本稿第四二章、前註(676)をみよ。

(819) 柳田聖山「看話禅における信と疑の問題」、日本仏教学会年報第二八号、一九六二年。

　中国仏教における実践道、同前、一九七六―七七年度科学研究費補助金、総合研究A、研究成果報告書(課題番号一三二一〇〇六)。

(820) 『仏果克勤禅師心要』巻上、示杲書記(続蔵百二十冊０７０７ａ)。

(821) 本稿第四五章。

(822) 石井修道「大恵普覚禅師年譜の研究」、駒沢大学仏教学部紀要第三七―四〇号、一九七九―八〇年。

　同「大恵語録の基礎的研究」、駒沢大学仏教学部紀要第三一―三三号、一九七二―七三年。

　同「大恵宗杲とその弟子たち」、印度学仏教学研究第一八巻二号―第二六巻二号、一九七〇―七八年。

　同「虎丘紹隆と大恵宗杲」、仏教史学研究第二五巻一号、一九八二年。

　柳田聖山「宋版禅籍調査報告」(正法眼蔵と宗門統要)、禅文化研究所紀要第五号、一九七三年。

(823) 『大恵普覚禅師書』二巻に収める書簡は、すべて六十二通で、六十通が名公士大夫に与えるもの。いずれも多忙な日用応縁のうちに、話頭の工夫をすすめるのが特色。話頭は、無理会のものばかりで、とくに趙州の公案について述べるものが、十六通に及ぶ。今、一例をあげると、富枢密に与える第一書に、次のようにいっている。

　若要径截理会、須得遮一念子曝地一破、方了得生死、方名悟入。然切不可存心待破。若存心在破処、則永劫無有破時。但将妄想顛倒底心、思量分別底心、好生悪死底心、知見解会底心、欣静厭閙底心、一時按下、只就按下処、看箇話頭。僧問趙州、狗子還有仏性也無。州云、無。此一字子、乃是摧許多悪知悪覚底器仗也。不得作有無会。不得作道理会。不得向意根下思量卜度。不得向揚眉瞬目処挅根。不得向語路上作活計。不得颺在無事甲裏。不得向挙起処承当。不得向文字中引証。但向十二時中、四威儀内、時時提撕、時時挙覚。狗子還有仏性也無、云、無。不離日用、試如此做工夫看。月十日、便自見得也（T.47-921c）。

(824) 石井修道「中国の五山十刹制度について—大乗寺所蔵寺伝五山十刹図を中心として」、印度学仏教学研究第三一巻一号、一九八二年。

同「中国の五山十刹制度の基礎的研究」駒沢大学仏教学部論集第一三—四号、一九八二—八三年。

(825) 前註(138)をみよ。

(826)『正法眼蔵』第二十九、山水経（日本思想大系12、岩波書店、三三三ページ）。

(827) 流れ円悟とよばれるもの、東京国立博物館に現存する、禅林墨蹟の代表作の一つ。「東洋の美術」第百十九図（東京国立博物館監修、便利堂）、一九六九年。

『禅林墨蹟』第一図（田山方南編、思文閣出版、一九八一年）。

(828)『仏果克勤禅師心要』巻上、示隆知蔵（続蔵百二十—0704下）。

(829) 利竿は、前註(465)をみよ。鉢水は第十四祖龍樹尊者、赤幡は第十五祖迦那提婆、明鑑は第十七祖僧伽難提の話である。

(830) 此宗ニ於テ、三重ノ気アリ。曰ク、理致、機関、向上、是ナリ。初ノ理致ト云ハ、諸仏之所説、并ニ祖師之示ス所之心性等ノ理語ナリ。次ニ機関ハ、諸仏祖師、直ニ慈悲ヲタレテ、謂ル鼻ヲヒネリ、目ヲマシロカシテ、乃云、泥牛飛空、石馬入水等是ナリ。後ノ向上トハ、仏祖ノ直説、諸法ノ相、捴テコトナルコトナシ。謂ル天ハ是天、地ハ是地、山ハ是山、水ハ是水、目ハヨコサマ、鼻ハ立サマ是ナリ。シカリト云ヘトモ、此三句トヲリ得ハ、是カタシ。又、或ハ理致ニ留リテ、知見解会ヲ生シテ、言句所説ノ文理ヲ会シ、或ハ機関ニ随テ忙然トシテ、ウタカヒヲ不絶、偏ニ機用ニ留リ、或ハ向上ニ住シテ、法々自然ノ見ヲナシテ、無事界ノ中ニヲツ。シカレトモ、時節之因縁到来シテ、三句ヲトヲル者コレ多シ（『大応国師法語』早苗憲生「禅宗仮名法語集の研究」禅文化研究所紀要第一三号、資料篇一八六ページ）。

示如上座……。直超仏祖、理致機関。所謂超仏理致、過得荊棘林、越祖機関、透得銀山鉄壁、始知有向上本分。得坐披衣、為人解黏去縛……（『聖一国師語録』、T.80-20b）。

示禅人……。仏祖出興、有理致、有機関、有向上、有向下。明頭来、暗頭合、日面仏、月面仏。手執夜明符、提取金剛剣。作家眼目、応機鉗鎚、不用言詮、不用機境、利根上智、直下透達（同前、-20b）。

又、柴山全慶、「白隠禅の看話について」（『禅の論攷―鈴木大拙博士喜寿記念論文集』、岩波書店、一九四九年）。

(831) 南州徐俯「洪州分寧法昌禅院遇禅師語録序」、（続蔵百二十六冊０４６０上）。

(832) 前註(29)をみよ。

(833) 『祖堂集』第十二、禾山和尚（禅学叢書之四、二三〇ページ下）。禾山（887-960）は、南唐後主の辛亥の歳に、洪州護国院に勅住し、澄源の号を受ける。『祖堂集』には記さないが、徐鉉の撰する碑銘が『騎省集』第二十七にあり、別に『禅林僧宝伝』第五に立伝される。

(834) 『伝灯録』第十七（禅学叢書之六、一五八ページ上）。

(835) 前註(714)(715)をみよ。

(836) 可不聞、六祖問譲大師従嵩山来、不汚之語、与神会和尚本源仏性之理、古徳配云、一人会祖師意、一人会大教意、諸人道是誰如此解会。須是鵝王之作始得（禅学叢書之四、二三一ページ下）。

(837) 前註(87)をみよ。

(838) 『人天眼目』第二、汾陽十八問（T. 48-307c）。

(839) 昭歴諸方、見老宿者、七十有一人、皆妙得其家風、尤喜論曹洞……。最後至首山、問百丈巻簟意旨如何。曰龍袖払開全体現。昭曰、師意如何。曰象王行処絶狐蹤。於是大悟、言下拝起而曰、万古碧潭空海月、再三撈摝始応知（『禅林僧宝伝』第三、続蔵百三十七冊０４５５下）。

(840) 前註(811)をみよ。

(841) いずれも、『人天眼目』第一（T. 48-304c）、同第二（-307a）、および『汾陽無徳禅師語録』巻中（T. 47-607c）。

(842) 『大恵普覚禅師普説』第二（和刻本三五ページ）。『緇門警訓』第五、中峯和尚遺戒（T. 48-1067a）。

(843) Ch'an (Zen) Buddhidm in China, its History and Method, Hu Shih, Philosophy East & West, vol. III No. 1, 1953. 『胡適禅学案』六八九ページ。工藤澄子訳『禅についての対話』、筑摩書房、一九六七年。

(844) 「胡適先生」、文藝春秋第二六巻第七号、一九四八年（鈴木大拙全集、別巻二）。

大蔵経と禅録の入蔵

一

臨済は示衆の終りに近いところで、文字の中に仏を求めることを退けて、「心動けば疲労す、冷気を吸うも益無し」と言っている。『臨済録』のうちで、難解の句である。これまで、いずれの注釈も明快でない。

先ごろ、大蔵経を整理する必要から、番号を示す千字文を読んで、「心動神疲、守真志満」とあるのに気付いた。第三八九字以下である。臨済のことばは、千字文によって整理された大蔵経の存在を前提している。

大蔵経が千字文によって分類されたのは、智昇の『開元録』以来のことである。五千四十八巻四百八十帙という入蔵経律論は、このときに決定した。千字文は、国家の権威を伴う経律論の公認番号である。それは、真経と偽経を分つ標準でもある。中国における偽経の歴史は古い。前秦の道安は、すでに二十部三十巻の偽経を記録する。人が作った経典を偽経とするのは、先王の古典を尊重して、述べて作らぬという信条による。『開元録』が真経を決定したのは、正史の芸文志や経籍志の著録に似ている。

しかし、梵経の将来は絶えず、その訳出はつづく。『開元録』は、新来の密教経典を含まぬ。さらに中唐以後になると、禅や浄土教などの実践的な宗派が栄えて、大蔵経に対する人々の関心は一変する。臨済のことばはその一例である。かれと同時の宗密は、終南山の草堂寺に大蔵経五百函を新書し、別に禅蔵百巻を編したという。智照のあとをついで、円照は新しく『貞元録』を編んだが、その後は経録の編集を見ない。

中唐以後の仏教史は、『開元録』によって固定化した大蔵経を如何に受けつぐかに帰著する。それは、大蔵経の本質そのものを問うことでもある。やがて、印刷技術の開発とともに、宋朝は国家事業として五千四十八巻の大蔵経を出版し、さらに開元より宋朝の新訳経律論を合せて、その入蔵を計る。ここにはじめて禅録の入蔵を見るのであり、続蔵のもっとも大きい特色の一つとなる。それは、これまでに入蔵していた『弘明集』や『高僧伝』など、此土撰述の域を越えるものである。禅録は、同時代人の書き降しである。それは、述べて作らぬことを信条としたこれまでの大蔵経と、どう調和するのであろうか。以下、そうした気運の由来とその展開、および意義について考えてみたい。

二

禅録入蔵の動きは、『開元録』の直後にさかのぼる。すなわち、建中末より元和二年（八〇七）に至って成立したという、恵琳の『一切経音義』の最終巻に、神秀の『観心論』一巻の名を見る。第九十九巻までは、すべて『開元録』の入蔵書であるが、最終巻の蔵外十七種は、すでに同時代書を含んでいる。『宝王論』三巻や、『金錍決膜論』一巻をはじめ、懐感の『群疑論』七巻や智顗に帰せられる『十疑論』一巻が、それである。『十疑論』は三大部よりも、人々の関心をひいていたらしい。

これらの同時代書とともに、『観心論』が一切経に準ずるものと考えられていたことはたしかである。この書の敦煌写本六種は、大半が経典の様式をもつ冊子である。特殊の扱いを受けていたのである。やがて六祖恵能の語録が、『壇経』とよばれるようになるのと、それはおそらく無縁でない。『壇経』の敦煌写本は、今のところ一種しか知られぬが、その一冊もまた冊子本である。もともと敦煌写本中の禅録は、一切経に準ずるものであった。

ところで、当初より経典に準ずることを意図して書かれた禅録は『宝林伝』である。この書は、『六祖壇経』と関係が深いが、まずその章品の名を挙げて、

度衆付法章涅槃品第三

第一祖大迦葉章結集品第四

婆耆徳政章徴述品第五

などとするのは、意識的に経典の筆法を用いている。そして、意図通りにこの書は最初の入蔵をかちとるのである。すなわち、金刻大蔵経のうちより見出された『宝林伝』巻二の末尾に、次のような刊記をとどめる。

長安終南太一山豊徳開利寺の訳経沙門雲勝は、遊行してこの書を携え、第二と第十の二巻を借り忘れた（第二巻は聖冑集で補ったが、第十巻はまだ欠けている）。咸平元年（九九八）に上表して、開元の智昇の経録以後、玄粛代徳の四朝あわせて七人と、我が朝四人の訳経に、御製の三蔵集伝を加えて、すべて一千余巻の入蔵をねがう。

刊記の主語は、雲勝その人であろう。かれの続入蔵上進は、太平興国八年（九八三）に完成した蜀版大蔵経につづくものである。雲勝は伝法院の新訳事業に従った人で、『大蔵経随函索隠』六百六十巻の著があるという。金刻の『宝林伝』には、秦の字号と新編入録の四字がある。秦字は六一五号である。おそらくは、宋初の続蔵に新入蔵したときのそれを承けるのである。新編入録の四字が金刻大蔵経のそれであるとしても、第十巻を欠く金刻の『宝林伝』は、雲勝が入蔵を上進した当のテキストを受けているはずである。『至元勘同総録』もまた『宝林伝』を九

巻とする。

高麗義天の言によると、隣国の遼では『宝林伝』と『六祖壇経』を偽妄として入蔵させなかったという。かつての偽経の扱いにひとしいこの処置は、逆に二種の禅録がすでに官版の大蔵経に入っていたか、あるいはこれに等しい扱いを受けていたことを推せしめる。たとえば、わが興聖寺本六祖壇経は、宋版を覆したものといわれるが、版心に軍の字号をとどめている。軍字は五九八号である。今日、いずれの大蔵経目録にも、軍字の『六祖壇経』を録しない。この事実は、遼朝以前にわれわれの知らぬ続蔵の存したことを思わせる。のちにいうように、金刻の『伝灯玉英集』十五巻は、沙と漠の字号に属する。六〇三―四号である。蜀版大蔵経の母体をなす開元の入蔵経は、四八〇号の英字で終る。従来知られているいずれの宋版よりも大きい金刻の続蔵部分は、宋初のそれのおもかげを伝えるものでなければならぬ。『唐書』の芸文志に、『宝林伝』と『六祖壇経』の名が見えることも、今は一つの証拠となるであろう。

三

いずれにしても、『宝林伝』の入蔵もしくはその運動は、やがて『景徳伝灯録』の入蔵に至って、明確な方向を決する。後者がたびたび『宝林伝』の名を挟注としてあげるのも、その続集たらんとしたことをものがたる。『景徳伝灯録』三十巻は、景徳元年（一〇〇四）に上進され、大中祥符四年（一〇一一）に入蔵を認められた。あたかも、雲勝の『宝林伝』刊記より十四年目である。

当時、官版の大蔵経は完成し、続蔵の要望は高まっていた。第二代太宗が賛寧に勅して『大宋高僧伝』を上進せしめたのは太平興国七年（九八二）であり、あたかも訳経院の設置と同時である。そうした新しい気運と成果を集大成したのが、『大中祥符法宝録』二十巻である。この書の編者の一人である翰林学士楊億は、すでに『冊府元亀』一千巻の編者として知られるが、さらに『景徳伝灯録』の刪定者でもある。『大中祥符法宝録』巻二十は、『景徳伝灯録』の入蔵で終っている。

『大中祥符法宝録』は、開元以後の経律論目録の最新版であり、その掉尾を飾る『景徳伝灯録』は、『宝林伝』以来の中国禅宗史の集大成である。その中間に位するはずの『祖堂集』は、今のばあい問題の外においてよい。『伝灯録』があえて景徳の年号を冠するのは、『開元録』や『貞元録』の例をつぐのであり、やはり法宝をつぐという意味をもつ。それは、国家の権威によって、真経と偽経が分けられたように、今もまた正伝の祖師たることを決する意である。のちに、この書に登載される祖師たちの総数にちなんで、千七百則の公案という考え方がおこるのは、『開元録』の五千四十八巻に比してよいであろう。ここには、ブッダのことばより、祖師たちのそれへの関心の推移が見られる。

こうして、『景徳伝灯録』の入蔵は、宋代にはじまる新仏教の動向を決する。周知のように、景祐三年（一〇三六）に成る『天聖広灯録』三十巻、建中靖国元年（一一〇一）に成る『建中靖国続灯録』三十巻、嘉泰四年（一二〇四）に成る『嘉泰普灯録』三十巻が、あいついで入蔵する。これらの四書は、淳熙十年（一一八三）に成った『宗門聯灯会要』三十巻とともに、やがて『五灯会元』の成立を導くが、年号を冠しない後の二書は、前の四書とかなり性格を異にする。その追及はまた別に試みることにして、今は『景徳伝灯録』の入蔵に遅れること三十年、この書を刪して十五巻として、同じように入蔵することとなる王随の、『伝灯玉英集』について考えておきたい。

先にいうように、この書もまた金刻大蔵経に含まれて漸く今日に残った。それは、宋初の続蔵を受けるのである。いったい、『伝灯録』三十巻は、すでに印経院で摸印されていた。そのことは王随が明言している。しからば、その抄録十五巻の重刊は、そもそも何を意味するのか。印経院は、訳経院の成果を刊行する国家機関であり、ともに開封の伝法院に属した。『伝灯玉英集』の刊行は、そうした国家の権威を示すものであった。王随によると、この書は仏門における律論の纂鈔や、儒家における史伝の紀略に比せられる。それはたしかに一般道俗の、読書の便宜をたすけたかもしれない。しかし、目的はおそらく別にあった。すでに、『伝灯録』が入蔵のとき、楊億や李維、王曙らの刊削があった。今あらためて王随が鈔録するのは、かさねて国家の権威を示すものにほかならぬ。いうならば、禅録の国家検定である。国家に都合がよくない部分があって削るのではない。刊削そのことに意味があるのである。そうした傾向は、この書と時を同じくして上進入蔵される『天聖広灯録』に至っていっそう強まる。『景徳伝灯録』の成立よりわずかに三十年である。いったいどれだけの新しい記事があろう。新しいのはその巻首に冠せられる御製序である。それは唐の太宗が玄奘にあたえた「大唐三蔵聖教序」や、宋の太宗の「御製新訳聖教序」に比すべきものである。禅録の御製序は、『天聖広灯録』が最初である。『伝灯玉英集』の巻首は損して伝わらぬが、『郡斎読書志』は、巻尾に詔答ありと言っている。内容よりも入蔵の権威が問題なのである。こうして、『景徳伝灯録』の入蔵よりわずかに三十年、禅録の形骸化はすでにはじまっていた。インドより将来される梵経の翻訳とちがって、国内での編纂にはどうしても偏向がある。

『天聖広灯録』は、鎮国軍節度使駙馬都尉李遵勗の編である。禅録としては、類の少ない居士の著作である。『伝灯録』の場合と、事情はよほど異なる。かれの官職は、もちろん楊億や王随に比すべくもないが、仁宗の御製序はこの書に重きを添えた。景祐四年（一〇三七）、呂夷簡らの奉勅撰になる『景祐新修法宝録』も、とくに御製序のことを記している。もちろん、編者李遵勗が当初よりそれを望んでいたかどうかは明らかでない。しかし、禅と国家の関係がこの時期より一層強まったことは事実である。たとえば、契嵩の『伝法正宗記』をはじめとする一連の著作は、先に天台の知礼らが禅の伝灯説の根拠について批判したのに答えたものであるが、禅宗側はつねにその権威を国家に求めた。当時、楊億も李遵勗も、ともに知礼と親交があったが、天台宗の論書が上進されたり、入蔵された記録はない。

いずれにしても、契嵩は『宝林伝』と『伝灯録』および『広灯録』によってその論議を強め、あるいは逆にそれらの史書の根拠を確立することにつとめたが、かれはまた一方で、韓愈以来の儒者たちの排仏に答えて、仏教と王法の一体を主張し、『輔教編』三巻を著している。そうした二つの主張が、いつか一つに結びつくことは当然であり、契嵩は『伝法正宗記』の上進に際して、そのことを大いに強調している。

ところで、時代はすでに動きつつあった。『伝法正宗記』の上進は嘉祐六年（一〇六一）であり、入蔵はただちに認められたが、その開版は印経院ではなくて、治平元年（一〇六四）に呉郡で完成した。開封にある太平興国寺の伝法院と印経院が廃せられたのは熙寧四年（一〇七一）であり、訳経三蔵日称の死によって、その事業が終熄するのは元豊元年（一〇七八）である。宋朝の財政難は急をつげ、勅版の大蔵経刊行にはじまった宋朝仏教は、おのずから変質をせまられていた。すくなくとも、大蔵経開版の主体は、国家より民間に移る。それがふたたび勅版となるのは、明初のことである。契嵩の活動は、まさしく国家の権威の最後の輝きを示すものであった。この時にやや遅れて、高麗では義天の『新編諸宗教蔵総録』が編まれるけれども、禅録はまったく含まれぬ。麗版の大蔵経は、『伝灯録』すら除外した。『祖堂集』は、蔵外の補版にとどまる。禅録の入蔵は、宋朝仏教の特色である。

四

『建中靖国続灯録』の成立に至って、禅録入蔵の歴史は新しい段階に入る。

まず、この書は巻首に徽宗の御製序を掲げ、題号の下に東京法雲禅寺住持伝法仏国禅師臣惟白集の自署がある。御製序のことは、すでに『天聖広灯録』に倣うものである。しかし、仏国禅師臣惟白集という自署は、かつて例がない。東京の法雲寺は、先帝の帰依で建った勅願道場である。この書は当初より輔教の使命を負っていた。大正蔵経に収める元版『伝灯録』の跋によると、『続灯録』の編者は僧を遣して事を採集し、金を受けて名を厠たという。この跋を書いている長楽の鄭昂は大恵下の居士である。この跋は、『伝灯録』の編者についても異説を出していて、真偽のほどは確かでないが、すくなくとも『続灯録』の編集について、好意をもっていないことが判る。

ところで、惟白の仕事としてさらに忘れてならぬのは、『大蔵経綱目指要録』八巻の存在である。この書は、『開元録』の五千四十八巻を主体に、宋代の続入蔵書若干を加えた大蔵経の内容目録である。また、その巻尾に禅門伝録の項目があって、『宝林伝』より『続灯録』にいたる禅宗史書百巻の由来と、その内容について解説している。とくに、禹門の太守楊衒之の『銘系記』なるものにより、仏祖伝法偈の翻訳について論ずるのは、契嵩の『伝法正宗記』の発展であり、大蔵経と仏祖の史伝書との接点を求めようとするものである。また、『伝灯録』以来の入蔵を強調するのは、もちろん『続灯録』の権威を高めるものである。『大蔵経綱目指要録』は、『続灯録』と表裏をなすのである。

惟白がこの書を成したのは、崇寧三年（一一〇三）の春であり、その前年に婺州の金華山智者禅寺で大蔵経を閲したことによるという。『建中靖国続灯録』三十巻の完成より二年後に当る。かれは、禅と教との一致をめざしたのであり、その編集態度は、明末智旭の『閲蔵知津』に似ているが、後者の精緻な体系には及ばない。

むしろ、惟白のそうした主張は、他の背景から考えなければならぬ。すなわち、福州東禅寺版大蔵経の開版事業のことである。この大蔵経は幸いにもほぼ完全な形で現存している。『東寺経蔵一切経目録』に記載されている刊記によると、出版は元豊三年（一〇八〇）が最初であるが、淡字号（六八）の『仏説光讃般若波羅蜜経』巻九とともに、杜字（四八一）より羅字（四九〇）にいたる『法苑珠林』百巻と振字（五一一）より世字（五一三）の『伝灯録』が、すでにこの年に出ている。千字文の字号のはじめをなす『大般若経』六百巻は、残念ながら後の開元寺版による補充であって、その出版年時を知り得ないが、それらが元豊三年に出たとしても、この大蔵経は『開元録』以来の母体にあわせて、その続蔵部を最初に刷りはじめたことが判る。それは当時の人々の関心をあらわす。とくに『伝灯録』に対する要望は強い。紹興初年になると、この書は大蔵経以外に二度も単行で重刊される。東禅寺版大蔵経につづく、開元寺版もまた『伝灯録』を含んでいた。

そうした禅録に対する関心は、東禅寺版における『建中靖国続灯録』および『大蔵経綱目指要録』の刊記にもうかがわれる。すなわち、前者は崇寧二年の冬より三年に至る出版であり、後者のそれは崇寧四年である。いずれも上進より三年後である。宋朝の財政事情からいって、入蔵は認めたが出版は東禅寺に任せたのである。開封の印経院は、すでに完全に機能を停止していた。東禅寺は、それらの国家機関の権威をひきついだのである。したがって、大蔵経の出版機能が民間道俗の手に移ると、禅録の入蔵の事情もまた変ってくる。

たとえば、東禅寺版大蔵経の実字号（五二四）に収められる『筠州黄檗山断際禅師伝心法要』と『黄檗断際禅師宛陵録』がそれである。この部分は大観三年の出版であるが、これらの入蔵については、他に何の資料もない。惟白の『大蔵経綱目指要録』もまた何も語らぬ。入蔵は、あるいは任意に行われたのでないか。東寺の本は目下これを見る機会がないが、知恩院所蔵の開元寺版によると、実字号は「筠州黄檗山断際禅師伝心法要」という標題の前に、「広灯録第一帙」とある。編者はこれらの二書を『広灯録』の一部とする形をとったのである。

周知のように、大正蔵経が収める元版の『伝灯録』は、その巻九の末尾に『黄檗希運禅師伝心法要』を附している。裴休の序を含めて、流布本の首部十段に当る。慶暦戊子（一〇四八）の歳に南宗天真が添えたものである。これもまた公式の入蔵ではない。慶暦戊子の「伝心法要」については、その巻首に添えられる裴休の序とあわせて、別に私見を出す。本書の別稿に収める「四家録と五家録」の一文がそれである。いずれにしても、東禅寺と開元寺の大蔵経が、『伝心法要』と『宛陵録』を収めたのは、当時の関心によるのである。後代の大蔵経は、この二書のみならず、『広灯録』以下の公式入蔵の禅録まで除いてしまった。

五

今日、続蔵経に収める『建中靖国続灯録』は、崇寧二年出版の本である。巻十三の刊記をみると、都勾当蔵〔主〕沙門霊肇、都勧首住持伝法沙門普明、同勾当住聖泉寺伝法沙門紹登などの列名がある。大半は伝歴を明らかにし得ないが、中央の普明は、黄龍恵南の四世に当る。同じく続蔵経に収める『広灯録』は、先にいうように大観三年の出版であるが、刊記に見える福州大中寺の広恵大師達杲は、やはり黄龍恵南の三世である。この人は、紹興初年に独力で『伝灯録』を重刊している。福州東禅寺の大蔵経は、その開版に多くの禅宗関係者が参加したとおもわれる。禅は、すでに時代の仏教であった。それは同時に禅の性格を決する。当時の禅は、大蔵経を踏まえたそれであった。

わが栄西が入宋して黄龍の法を伝えたのは、かならずしも当初の目標ではなかったとおもわれる。かれの大きい関心の一つは、宋版大蔵経の将来にあった。かれがじっさいに読んだ禅録は、あまり多い数ではないが、その中に『宗鏡録』と『大蔵経綱目指要録』がある。いずれも東禅寺版に収まっている。彼は『興禅護国論』の世人決疑門に、禅人の語録千余巻は世間の抄出に比すべきものとしている。抄出は大蔵経あってはじめて意味がある。さらに建立支目門の禅院行事のうちに、毎日一切経一巻を奉読す、もし一寺に百僧あれば則ち一年に一切経六蔵を終えると言っている。栄西の仏教は、宋代の大蔵経を踏まえている。『林間録』に伝えるところによると、黄龍の師であった棲賢澄諟は晩年に大蔵を読むこと三度で、坐して閲するのを不敬とし、立ちて誦し行いて披いたという。黄龍の法の一端を知るに足るであろう。

さらに、宋代の大蔵経の特色は、『大恵語録』三十巻の入蔵をもってその最とする。それは同時代書そのものである。『広灯録』以後の禅宗史書は、のちの大蔵経で姿を消すが、『大恵語録』の入蔵は、さらに雪竇や円語の語録を伴い、ついに『古尊宿語録』四十八巻の入蔵となる。これらについては、すでに一部私見を出している。また他の機会に継続して考えたい。

第二部

荷沢神会と南陽恵忠

敦煌の禅文献が知られて、すでに百年となる。研究は出尽くしたようで、実はまだ何も解けていない。従来の成果は、新資料の紹介に傾いて、個々の本文研究に終る。大半の資料が、全体として読まれていない。どこまで読めば完全か、もちろん議論もあろうが、新資料を伝世資料とつきあわせ、既存の定説を見直すことを、くり返す必要がある。人文系の学問は、要するに魅力ある試論と、仮設の提起にとどまる。初期禅宗史の研究は、その試論の一つである。さもないと、旧態依然たる護教学か、伝道布教の幇助に終る。

六祖恵能（六三八―七一三）と『壇経』の問題は、初期禅宗史のブラック・ホールである。胡適が神会を押しあげて、『壇経』が宙に浮いた。今から六十年前のこと。伝世資料が活性化し、読みが変わった。先ごろ、高雄の仏光山での、『壇経』研究をめぐる国際会議に出席し、私もまた私なりに、戦後四十年を総括する機会を得た。いわゆる古本『壇経』の仮設を、撤回することにしたのである。提案はすでに五年前、「語録の歴史」（『東方学報』京都五十七）本書第一論文以来のことだが、期待するほどの反論がなかった。

ところが、仏光山での会議に先立ち、駒沢大学の石井修道氏が、「南陽慧忠の南方宗旨批判について」（『鎌田茂雄博士還暦記念論集』所収、大蔵出版、一九八八年）を出していることを、後になって知った。私の新旧両説を相手どる、斬新な問題提起である。この論文の主旨は、氏自から限定されるように、古本『壇経』云々の前に、南陽恵忠が相手どる南方宗旨を、必ずしも神会（や牛頭）に限らず、これに続く馬祖門下を含む、広く長い波動のなかで、そのポイントを洗い直そうとするもの。とりわけ資料論としては、『伝灯録』二十八の南陽恵忠国師語の、『壇経』の改換云々に関わる部分が、『祖堂集』にみえないことに注目し、時代的に後加とする、新しい視点を踏まえる。

古本『壇経』の幻想を、払拭しようとする私にとって、問題提起の意味は大きい。私もまた私なりに、神会より馬祖に至る動きを、洗い直さねばならぬ。中断して久しい私自身の、「新続灯史の系譜」（『禅学研究』五十九—六〇）を補正し、持説の再編を急がねばなるまい。

いったい、ポスト神会を、どう把えるか。

南陽忠国師の登場は、ポスト神会の一番手である。神会が南陽和上とよばれたことは、敦煌本「壇語」の出現による、近代の新知識の一つ。伝世資料による限り、南陽は忠国師のことである。南陽忠国師の名は、牛頭宗の六祖恵忠と区別して、南陽の二字を冠せたというが、長安に出たことから言えば、西京千福でも、光宅でもよいはず。特に南陽忠国師とよぶのは、先に南陽和上とよばれた神会を、おそらくは意識してのこと。国師の称号についても、神会が第七祖国師とよばれたことが、近来漸く確認された（後述）。

北宗禅、牛頭禅、そして天台宗の再編に、神会南宗の影響の大なるは、すでに旧著にいうごとくである。「暦代法宝記」や「曹渓大師伝」、とくに敦煌本『壇経』と宗密の荷沢宗が、ポスト神会の総括であることは、あらためて言うまでもない。私の「新続灯史の系譜」は、馬祖以後を考えるのに急で、神会と馬祖の中間に、南陽忠国師や司空山本浄がいることを、軽くみた嫌いがある。宇井伯寿『第二禅宗史研究』に、責任を転嫁したのである。

言うならば、荷沢神会と南陽恵忠は、もっともたしかな同時代の、ポスト曹渓の旗手であった。一方は敦煌文献に、他は伝世資料によるので、神会の方が目あたらしい。神会は『壇経』の十大弟子に入るが、南陽忠国師の名は見えぬ。南陽忠国師に限らず（永嘉玄覚も）、南岳懐譲も、青原行思も司空山本浄も、のちに曹渓の後継として、大きい動きを示す人々は、すべて同じ傾向をもつ。いずれも『壇経』成立以後のゆえだが、それらポスト曹渓のうちで、南陽忠国師は最上限を生きている。南陽忠国師の動きが、敦煌本『壇経』の成立を導く。

南陽忠国師の伝と資料は、『祖堂集』三の恵忠国師、『宋高僧伝』九の唐均州武当山恵忠伝、『景徳伝灯録』五の西京光宅寺恵忠国師、および第二十八の南陽恵忠国師語につきる。『心経注』のことは、しばらく問わず、『宋高僧伝』によると、飛錫が撰する碑銘があったが、のちの禅文献に一部分を引くほか、その全文の所在が不明である。飛錫が真言僧不空のために、時を同じくして撰した碑文は、「不空表制集」に現存する。

大暦十年十二月九日（西暦七七四年一月五日）、恵忠は長安の光宅寺で入寂するが、いずれの伝にも年寿を記さぬ。長安にくるまでの四十年を、恵忠がそこに過ごしたという、南陽白崖山の党子谷に帰葬され、勅によって大証禅師と諡する。飛錫の碑銘は、おそらくそこに建てられた。白崖山党子谷は、順洋川の上流にある。古くは漢の南陽郡に属し、東魏のとき、順洋郡が置かれた処で、今日の河南省陝県の東南部に当たる。恵忠は南岳恵思禅師の行跡を慕い、その遺誡にもとづいて、白崖山と武当山の二カ所に、それぞれ大蔵経を設けたといわれる。『宋高僧伝』の作者が、均州武当山恵忠とよぶのは、その功績による。武当山には太一延昌寺、白崖山には香厳長寿寺がある。のちに潙山霊祐につぐ香厳智閑が、国師の行履を慕って草庵を結ぶのは、白崖山香厳長寿寺のあとで、しかも香厳はここに住する。唐の均州は、湖北省均県の北部に当たるが、古くは南陽郡、六朝の襄陽府に属する。問題は均州といっても、襄陽といっても、南陽といっても、すべて荷沢神会の生涯とかさなること、神会と恵忠は、その時代と道場の処を、まったく共有して生きたのである。

恵忠は曹渓に参じてのち（あるいは恵能滅後）、白崖山に隠れること四十年、南陽の王琚や趙頤貞の帰依により、開元末年に、南陽龍興寺に住する。龍興寺は、中宗が武后の死後、神龍元年に復位するや、天下諸州に置いた同名の官寺、中興寺のことで、開元時代にあらためて開元寺となる。とりわけ南陽龍興寺は、神会が太守王弼や県令張万頃の奏で、開元八年にそこに住したことを、同じ『宋高僧伝』が伝えている。南陽の王琚も、神会の檀越の一人。そうした檀越を相手に、神会が壇場を設けて、大乗無相戒を授け、曹渓南宗の宗旨を説く、同時代記録が「壇語」であり、詳しくは「南陽和上頓教解脱禅門直了性壇語」という。

いったい、恵忠は年寿不明だが、宇井伯寿が一説に百余歳というのは、右の白崖山四十年隠棲と、「少而好学、法受双峰」とある『宋高僧伝』を読み誤ったためで、双峰をとくに五祖とする必要はない。双峰は曹侯渓であり、若くして恵能の晩年に参じたとすれば、年寿は八十を越えまい。恵忠が粛宗の勅によって、西京千福寺に入るのは、上元二年（七六二）正月十六日のこと。開元中期より上元まで、白崖山に四十年いたこととなる。荷沢神会に対抗して、年寿を故意にひきのばそうとする、作意の方にむしろ注目したい。

言うならば、神会が洛陽荷沢寺に入ったあと、恵忠は南陽龍興寺に隷して、神会の檀越たちを引きつぐが、神会のような壇場説法には力めない。じっさいは白崖山にかくれて、大蔵経の看読に忙しかった。神会の寂後（七五八）、粛宗の勅を受け、上元入内ののち、粛・代二朝の帰依を得て、国師とよばれるのであり、はからずも生涯、神会のあとを追うのだが、神会の南方宗旨には、つねに批判的であった。

神会は開元二十年（七三二）を中心に、滑台の大雲寺で北宗と対決する。神会の北宗攻撃は、「壇語」の成果をふまえよう。「壇語」につづいて、右の対論の記録として、「菩提達摩南宗定是非論」が編まれる。恵忠は神会の言行を、逐一見聞するのである。正しく激動の世、闘争堅固の時であった。『宋高僧伝』十七の唐京兆大安国寺利渉伝によると、利渉は晩に罪を得て、南陽龍興寺に移徙される。恵忠に会って貴気を認め、その入内を予言している。利渉は論争の達人、護法の旗手である。入内した恵忠は、南方宗旨の批判に当たって、利渉のことを想起していないか。白崖山隠棲四十年が、恵忠のシンボルカラーとなる。

先年、河南省龍門文物保管所の温玉成が、「神会塔銘」と副葬品の一部を、その発現の事情とあわせて報告した（『世界宗教研究』一九八四年第二期）。出土地点は龍門西山の北、唐の宝応寺の跡である。塔銘は、「大唐東都荷沢寺歿故第七祖国師大徳於龍門宝応寺龍崗復建身塔銘幷序」とある、計十七行三百字ばかりの、粗末で簡単なテキスト。永泰元年（七六五）乙巳十一月戊子十五日壬申入塔時のものである。神会は乾元元年（七五八）五月十三日、荊府の開元寺で入寂、享年七十五、僧臘五十四夏で、直ちに龍門に運ばれて、塔所に宝応寺が営まれる。建碑は入寂後、七年目に当たる。

胡適が晩年に提案した、粛宗の無年号の歳、建巳十五日入寂説は、その入寂地と年寿九十三歳にあわせて、ともに再考をせまられるわけだが、さしあたって重要なことは、恵忠の入寂に先立って、神会が入寂しているのと、入寂七年目に第七祖国師大徳とよばれていることだ。乾元元年入寂説は、すでに宗密の言うところと一致するが、徳宗の貞元十二年に至って、勅によって第七祖と定められたとするのを、はるかに遡るのみならず、明らかに国師とよばれるのを、いったいどう理解すべきか。

竹内弘道の「新出の荷沢神会塔銘について」（『宗学研究』二十七）に、国師号について論じている。『大宋僧史略』の「国師」の条に、神秀と恵忠をともに国師と称したとあるのを引く。神秀のために張説が書く「荊州玉泉寺大通禅師碑銘」は、すでに西京法主三帝国師の称があったとする。神秀が国師とよばれたことは、すでに『楞伽師資記』がこれを伝え、そこに引く「楞伽仏人法志」にも、神秀は帝師であったという。恵忠が国師とよばれるのは、そんな神秀を先例とするので、粛宗時代の帝都仏教の、一つの傾向をふまえている。真言僧不空の活動と、あたかも時を同じくする。

粛宗は玄宗の第三子で、父王が晩年に政を失い、安禄山の軍に追われて、京より巴蜀に蒙塵すると、独立して霊武で即位し、節度使郭子儀の助けで、両京の奪回に成功する。神会が、乱中の洛陽に戒壇を設け、香水銭を徴して軍資金を補うのは、正にこの時のことである（山崎宏「隋唐仏教史の研究」）。神会はすでに天宝の始め、洛陽の荷沢寺にいるが、御史盧奕の弾該にあって、弋陽に配流される。玄宗の勅で均州に移量されるのは、至徳二年（七五七）のこと。正しく死の前年であり、粛宗即位の翌年に当たる。神会は襄陽の人、先にいうように、唐の均州は南陽に属する。「壇語」成立の故地である。

新出の「神会塔銘」は、香水銭のことを言わないが、『宋高僧伝』は粛宗が神会を召し、大匠を将作して、荷沢寺に禅宇を造成したという。名誉回復の気運は、すでに熟していた。神会の入内は、今一つ確証を欠くが、襄陽の開元寺で、入寂したことは間違いない。

粛宗は危難に遭って、ひたすらに神異をもとめる。突如として年号を廃し、たびたび建巳の月を設けるのは、正に狂気の沙汰である。神会の入寂年時が、これによって混乱した。

『宋高僧伝』は、恵忠の入内について、次のように記す。

粛宗皇帝、区夏を載定するや、其の徳高を聞く。上元二年正月十六日を以て、内給事孫朝進に勅して、駅騎もて迎請せしむ。その手詔の書に曰く、云々。

粛宗の勅語は、別に『全唐文』に収める。言うまでもなく、『宋高僧伝』よりとったので、もとづく処は飛錫の撰碑であろう。

恵忠が粛宗の勅によって入内し、長安に千福と光宅の二カ寺を与えられ、都城の大徳や俗官たちと、仏教教義の論議を交えたこと、それが代宗の大暦十年まで、前後十五年ばかり続くのは、あらためて言うまでもない。神会の生涯については、なお問題を残そうが、恵忠の晩年については、事は極めて単純である。神会が第七祖国師とよばれたことが、塔銘の出現で確認される以上、恵忠への国師号宣下は、ひょっとすると神会に先立つ。南陽忠国師の南陽も、先にいうように神会をふまえる。恵忠は神会を、獅子身中の虫とすることで、強いて曹渓の正統を自任する。第七祖国師大徳の称は、そんな恵忠の批判を知っていないか。

恵忠の晩年、注目すべき事件がある。大暦八年、恵忠は天子に奏して、天下名山の僧中より、経律禅法にすぐれる三十七人を選んで、恩度を求めたというのだ。この中に神会の弟子、大悲禅師霊坦がいた。霊坦のことは、『宋高僧伝』十の伝のほか、賈餗が撰する「揚州華林寺大悲禅師碑銘幷序」が、『唐文粋』六十四、『全唐文』七百三十一にあり、その生涯を確認できる。

霊坦は太原の人、姓は武氏、則天武后の族。父は洛陽県令であった。二十歳で出家、荷沢神会に侍すること八、九年、神会が弋陽に移されたあと、廬江の浮査で大蔵を閲し、上都で恵忠に参じて、その晩年に侍するのである。代宗より大悲禅師の勅賜あり、丞相趙公之が出でて揚州の知となるや、迎えられて華林寺を創している。霊坦の二十歳は、正に開元十六年に当たり、神会はまだ南陽龍興寺にいる。神会の北宗攻撃により、洛陽荷沢寺での八、九年、霊坦はこの人に侍する。浮査における大蔵経の閲読が、神会より恵忠への、方向転換の動機である。恵忠が恩度を奏するのは、南方宗旨の未来を嘱してのことだ。周知のように、達磨と四祖・五祖への諡号と塔号が、代宗より追賜される。先に玄宗が三祖に鑑智、のちに徳宗が恵可に大祖を贈る。七代の謚号と塔号が、この前後に揃う。七祖国師大徳の確認は、どうしても必要であった。

ところで、洛陽で神会に参じ、曹渓南宗をついだ人として、別に招聖寺恵堅（七一九—七九二）がいる。皇太子及諸王侍読史館修撰柱国徐岱の撰する、「唐故招聖寺大徳恵堅禅師碑銘并序」が、今も西安碑林に存する。恵堅は陳州准陽の人、姓は朱氏、漢の左丞相某の裔、唐の金吾将軍第三子で、七祖神会の升堂入室とある。注目に価するのは、恵堅を奏して招聖寺に住せしめる檀越に、嗣虢王巨なる人があり、宗室の重を以て成周（洛陽）を保釐したとすること。この人もまた粛宗を助けて、両京を奪回した功労者であった。ひょっとすると、新出の「神会塔銘」に、廟堂李公嗣□王毎が、尊顔を龍門に迎えたという、李公その人でなかろうか。「神会塔銘」の拓本は、未だに公表されない。照合の手だてはないのだが、七祖国師の有力檀越の一人が、恵堅を奏して西京の名刹に住せしめたことは、推定に難くないのである。

さらにまた、「恵堅碑銘」は、睿文孝武皇帝の大暦中、とくに勅して招聖寺に入れ、観音堂を造って七祖遺像を績かせ、銭を内府より施し、役を尚方に徴したとする。達磨より神会にいたる七祖国師像が、出揃うのである。当時、神会を含む七祖（若しくは八祖）像が、南詔に存したことは、先に私が「神会の肖像」（『禅文化研究所紀要』十五、入矢義高先生喜寿記念号）で、別に論ずるごとくである。六祖大鑑禅師碑や、曹渓大師伝の制作に先立って、神会の弟子たちはまず、七祖を楷定する必要があった。問題は恵空の「神会塔銘」が、広く一般の関心をよばず、宗密すら知らないことだろう。

恵忠の神会批判に、話を進めよう。

テキストは『伝灯録』二十八の「南陽恵忠国師語」と、『祖堂集』第三の両種。別に「宗鏡録」第一と、『伝灯録』第五にある毎日示衆語を、資料としてどうみるべきか。先にいうように、石井論文は『伝灯録』二十八の第一段を、他の部分と切りはなす。たいていの場合、詳しいものが加上である。今のところ、私見はむしろ逆である。『祖堂集』にこの一段を欠くのは、『祖堂集』の時代、すでにその必要がなかったためでないか。神会はすでに曹渓の傍出で、恵忠の神会批判そのことが、歴史性を失っていた。即心是仏の総括が、すでにほぼ終わる。『伝灯録』二十八は、古い資料として残る。

『祖堂集』にとる恵忠の対話は、神会を相手どることを、故意にぼかした傾向がある。かつて相手を神会とせず、牛頭のこととみたのは、そんな文体のせいである。要するに『伝灯録』二十八で、『壇経』云々とある最初の一段と、最後の一段と。『祖堂集』が省いた二つの部分は、ともに即心是仏の異解をつくことが、恵忠の主要テーマである。即心是仏の一句は、神会に始まって馬祖が継承する、南宗禅の核心である。このくに固有の性善説ともからんで、それは宋学の排仏論に及ぶ。先尼外道と断ぜられる身滅神不滅論と、『壇経』の改換問題は、即心是仏の異解に基づく、このくに独自の楽天主義の成果である。『祖堂集』が省く最後の一段で、二人の対話は次のように結ばれる。

［僧］曰く、師も亦た即心是仏と言い、南方知識も亦た尒り。那ぞ異同有らん。師は自ら是とし、他を非とす可からず。

師曰く、或るときは名異るも体同じ。或るときは名同じきも体異なる。茲に因って濫る。只だ菩提・涅槃・真如・仏性の如き、名は異るも体同じ。真心と妄心と、仏智と、名は同じきも体異る。南方は錯って妄心を（将て）是れ真心なりと言い、賊を認めて子と為す。有るものは、世智を取って称して仏智と為す。猶お魚目の明珠を乱すが如し、雷同す可からず、事須らく甄別すべし。

恵忠のみるところ、南北のちがいは、以上に尽きる。曹渓の直系ゆえに、寸分も仮借できない。神会もまた妄心を、即仏とするわけではなかった。『壇語』の、次の一節をみよ。

知識よ、諦聴したまえ、為めに妄心を説かん。何者か是れ妄心なる。仁者今既に此間に来たるも、財色、男女等を貪愛し、および園林屋宅を念ずる、此は是れ麁妄なり、応に此の心無かるべし。細妄有るが為めに、仁者は知らず。何者か是れ細妄の心なる。菩提を説くを聞いて、心を起こして菩薩を取り、涅槃を説くを聞いて、心を起こして涅槃を取る……。此れ皆な是れ妄心なり。若し此の心を用いるものは、解脱を得ず。

以下、涅槃に住せず、寂静に執せぬ、無念と無住、無相について説き、「無念を観るものは、即ち仏智に向うと為す」という、馬鳴の言葉を引いたあと、誰だ仏心を指して即心是仏とするのであり、神会は決して妄心是仏論者ではなかった。むしろ、一切善悪すべて思量せず、無住体上に自然智あり、能く本寂静の体を知るのが慧で、これが金剛経にいう、応無所住而生其心であるとし、のちに宗密が荷沢の宗旨を、知の一字におく根拠ともなる。煩悩を断つを涅槃となづけず、煩悩の生ぜざるを涅槃とする、有名な『涅槃経』第二十五（高貴徳王品）の句は、神会も恵忠もともにこれを引く。

要するに恵忠の神会批判は、相手の宗旨をたたくというよりも、それを心に得ることなしに、一般士大夫に解放しようとする、神会の大衆運動に向けられる。『伝灯録』第五の毎日の示衆に、「夫れ人師と為るもの、若し名利に渉って、別に異端を開かば、則ち自他何ぞ益せん」と言い、『宗鏡録』第一のテキストで、「横に見解を作して、後学を疑誤するは、倶に利益無し。従い師匠に依って宗旨を領受するも、若し了義経と相応せば、即ち依りて行ずべし、若し不了義経ならば、互いに相許さず。譬えば獅子身中の虫の、自から獅子身中の肉を食うが如し、天魔外道にして能く仏法を破滅するに非ず」とする、了義不了義の論理は、後に宗密に集大成される、教禅一致の思考である。

どうやら敵対者たちの論理は、つねにひどく似かよってしまうものらしい。ある一点をひょいと動かしただけで、味方の論理がたちまち敵の論理に転化してしまったといった事例は腐るほど、思想史上にころがっているのだ。そのある一点というのが、実は思想にとってのっぴきならないものであり、ひょいと動かすというわけにはゆかないもので、そのためにこの一点をめぐって、血みどろの思想的格闘がおこなわれるのだけれども、にもかかわらず、異端は正統に似せてみずからをつくる、あるいは正統は異端に似せて、みずからをつくるとでもいうほかない、相互規定性が敵対者たちをつらぬいてしまうのだ。それは思想の系譜とか、影響とかいった生やさしいものではない。思想の形成と展開を、ラジカルに規定する運動方程式というべきであろうか。

朱子と陽明、あるいは儒仏道三教の錯綜を見透し、近世思想風土の可能性を問う、山田慶児のエッセー「正統と異端」の冒頭である（角川版「仏教の思想」月報六）。四十年も昔のものゆえ、これでよいのかどうか、御本人に確かめないといけないが、私には今も妙に共感を覚える、思想史のポイントの、明快な指摘である。神会と恵忠という、不世出の大思想が、時と処を同じくして登場するのが、あたかも中国文明を前後に二分する、歴史的大事件にかさなること。長安、洛陽の両京は、チベット軍に寇されて、唐蕃対峙の時代となる。仏教がチベットに定着するのは、正にこの時に当たる。新羅、日本もまた同じ。神会とチベット仏教の関わりが、例の敦煌文献によって、漸く確認されるのは、ここ二十年来のこと。チベット宗論の解明も、まだ結論には至らない。もっとも確かなのは、初期禅宗文献が敦煌に運ばれたこと、神会文献がそこに多量に含まれることで、恵忠の方は伝世資料となる。

すでに石井論文にいうように、馬祖下の弟子たちが、続々と上都に恵忠を訪う、馬祖側の資料がある。恵忠の南方批判を、ふまえてのことである。恵忠は、うるさい存在であった。馬祖は、「即心是仏」を止啼銭とし、「非心非仏」を打ちだす。一方、恵忠の無情説法は、洞山行脚の動機となり、あるいは弟子耽源を通して、その円相論が潙仰宗の形成につながる。黄檗が若い時、京師で一老婆に会い、百丈の名をきく話も、『祖堂集』では南陽忠国師とつながる。いずれもポスト神会の、第一の旗手としてのことではない。神会が伝世資料から下りると、恵忠もまた使命を失う。馬祖を正統とする、唐中期以後の歴史からは、神会も恵忠もともに過渡期の人だが、過渡期の問題を解きほぐすことなしに、正系の確認はできぬはずだ。

附記

この小論は、のちに二〇〇〇年正月、私の潙仰宗の再発見を導く、新しい著想の動機となる、懐しい旧稿の一つである。仰山は南陽忠国師の三世で、ポスト神会の第二旗手だが、恵忠の白崖山に草庵を結び、撃竹の偈で有名な香厳も、実をいうと忠国師の滅後の弟子、いうならば仰山以上に忠国師に近い、ポスト神会の第二旗手である。香厳は生涯白崖山に住して、南方禅客を批判しつづける、第二の忠国師である。

神会の肖像

一

ロンドンとパリに拉し去られた、厖大な敦煌文書の中から、胡適が初期禅宗の古逸資料を見つけだすのは、一九二六年末のことである。一九二六年は中華民国十五年、日本では大正十五年（昭和元年）で、正に今より七十年以上も昔である。

敦煌文書に含まれる仏教資料への、新しい学問的関心としては、すでに我が矢吹慶輝が大正五年に、ロンドンとパリで綜合調査に当たっている。胡適は矢吹の成果について、何らかの情報をもっていたはずだ。胡適が見つけだす『神会語録』と『楞伽師資記』は、いずれも矢吹の調査に落ちたもので、初期禅宗史研究者としての胡適の、鮮やかな看経の力を世界に知らせた。『楞伽師資記』はのちに、鈴木大拙の懇請で、矢吹が当初より意図していた、大正新修大蔵経第八十五巻の古逸部に、目玉商品として入蔵されるが、『神会語録』のみは遂に入蔵の機がなかった。神会は胡適の、生涯の目玉商品なのだ。

一九二七年（昭和二年）、ロンドンで発刊される鈴木大拙の *Essays in Zen Buddhism*, first series 第一巻を胡適が読んで、ただちにロンドン・タイムズに書評を寄せたことも、この人の国際的な識見の程を示す。のちに鈴木自ら言うように、「禅論」第一巻は日本仏教の伝統底を出でず、敦煌文書の資料価値について、鈴木は全く無眼子であった。ロンドン・タイムスの書評子は、実はアーサ・ウエーリーだが、鈴木は胡適だと思ったらしい。

胡適は一九三〇年四月、『神会語録』の研究成果を、「胡適校敦煌唐写本、神会和尚遺集」にまとめ、上海の亜東図書館より公刊する。この本が近代における初期禅宗史研究の、文字通りの開堂語となることは、すでに周知の通りである。この本は単に、新しい資料を紹介するだけでなしに、既知の全資料を洗い直し、神会という半ば未知の人物について、その歴史と思想に評価を加えたもので、伝統的な中国・日本の仏教学で、胡適の仕事に太刀打ちできる人はいなかった。

日本に伝存する圭峰宗密の『円覚経大疏鈔』や、『中華伝心地禅門師資承襲図』といった、唐代の古逸資料が、近代の活字版続蔵経に入ってはいても、胡適がそれらを『神会語録』と対比し、新しい意味を引きだしてくれるまで、何人もその資料価値に気付くことはなかった。『続高僧伝』や『宋高僧伝』に収められる、初期禅宗関係文献の新しい吟味も、敦煌文書が知られてのちのことである。

敦煌文書に含まれる唐代禅宗資料の強みは、㈠初祖菩提達摩の確認、㈡南北二宗の歴史的形成、㈢六祖壇経の本文研究、㈣牛頭禅の思想史的吟味など、従来はほとんど神話の域を出なかった問題に、確かな歴史的規準を与えたことだ。歴史的人物としての荷沢神会の、やや生臭い実像の確認こそは、それらすべての課題を覆う、より確実で有効な規準となる。神会あっての達摩であり（菩提達摩南宗定是非論）、神会あっての忠国師（『南陽和上頓教解脱禅門直了性壇語』）である。南北二宗の問題も、牛頭禅の吟味も、神会が出て始めて精彩を放つ。

昭和十年七月、岩波文庫に『臨済録』が入る。「祖師言く、住心看静、挙心外照、摂心内澄、凝心入定、如是の流は、皆なこれ造作なり」の段に、校訂者は始めてコメントを加え、『神会語録』によるものとする。禅の語録の読みが、従来のそれと異なる新しい時代に来たことを、このコメントはものがたる。右の四句によって、北宗の看心看静主義を非難し、これを造作とする祖師を、神会と注するテキストは、今までどこにも見当たらぬ。臨済は神会を祖師として、自分の主張の根拠とするのであり、我々はそのことを了解して始めて、臨済の肉声に参ずることができた。神会のそうした歴史性が、次第に力をおとしてしまう宋以後の、伝統的な臨済禅の立場で『臨済録』を読むこと、そのことが問題なのだ。

敦煌の禅文献は、中国の辺疆に生き残った、禅仏教の一部の姿態を、今に知らせるだけでなしに、かつてこのくにの全域に、澎湃として広がっていたはずの、初期禅仏教の文派を、今の読者に伝えたのである。政変のはげしい中原の禅仏教は、『宋高僧伝』や『景徳伝灯録』という、大がかりでまとまった記録を残すけれども、それらの素材となった生資料を、顧みるだけのいとまがなかった。南唐の泉州で編まれた『祖堂集』が、早く朝鮮に将来されて、高麗版大蔵経の附録となるのは、遠く中原の政変を離れる、辺疆ゆえの僥倖であった。

『祖堂集』に限らず、朝鮮に伝来する初期禅宗文献が、忠実に原型をとどめるがゆえに、中国本土ですっかり形を変る、同一文献と比べようもない、高い資料価値を保つ幾つかの事例を、私たちはすでに知っている。日本に伝存する文献についても、事情はほぼ同じだ。かつて日本に『神会語録』の何本かが、何度も伝来されていた事実を、私たちは天台入唐僧の記録によって、明らかにすることができる。事柄は『神会語録』に、限らぬのである。

今は、敦煌資料のもつ意味について、それが単に伝統資料を欠く、空白部分の補填に役立つだけではない、一見多くの確かな資料を残す、既知の時代や領域についても、全体として再検討を要することを、あらためて確認してよいのだ。中央よりも周縁に、より鮮やかな生資料があるのは、単に民俗学や人類学の場合に限らぬことを、私たちは承認しなければなるまい。

要するに、胡適による『神会語録』の発見は、矢吹慶輝や鈴木大拙という、仏教の伝統が生きている日本の、新しい学問の成果に対して、その方法の反省をせまるに足る、画期的な意味を含んでいた。従来すでに伝統的な方法で、読みつくされていたテキストすら、新しい読み方が可能になる。たとえば、六祖恵能と『六祖壇経』の読みが、『神会語録』の発現によって、日本で立場を新たにするように、胡適の神会研究もまた日本の伝承によって、成果をより大きくする。日本に伝わる『曹渓大師別伝』や、興聖寺本『六祖壇経』に、胡適は新奇の関心をたかめる。「跋曹渓大師別伝――壇経考之一」の発表（『武漢大学文哲季刊』第一巻第一期）は、一九三〇年一月のことで、『神会和尚遺集』の出版に先立つ。「跋日本京都堀川興聖寺蔵北宋恵昕本壇経影印――壇経考之二」の発表は、一九三四年のことである。いずれも鈴木大拙の仕事を認める、胡適の日本伝存資料への深い関心によるもので、敦煌写本へのそれと平行している。

一方、鈴木大拙もまた胡適によって、新しい領域に踏み出す。この人の最初の敦煌関係論文、「楞伽師資記とその内容概観」は、昭和六年（一九三一）十月に書かれる（大谷学報第十二巻第三号）。胡適の好意によって、『楞伽師資記』のテキストを入手するのであり、これが大正新修大蔵経第八十五巻に、『楞伽師資記』が入蔵する動機となる。興味ぶかいのは、英文による胡適の最初の禅の論文 Development of the Zen Buddhism が、その翌年に発表されることだ。Zen Buddhism という言葉は、明らかに鈴木の「禅論」をうけている。胡適と大拙という、不世出の国際級学者が、いずれもともに禅仏教を相手どって、新しい研究に意欲を燃すこと、また、当時日本で盛んに活字印刷となる、大蔵経や続蔵経のテキストに対し、いわゆる蔵外資料に注目しているのは、正しく先にいう、周縁への配慮に外ならぬ。

あたかも、胡適の『神会和尚遺集』と同時に、神会語録の別の敦煌テキストが、わが石井光雄の有となり、昭和七年十月に鈴木大拙の解説と合わせて、その影印本の公刊をみる。原本の入手経路については、今なお明らかならぬ処を残すが、のちに『神会和尚遺集』とならんで、石井本とよばれるテキストが、同時に世に出るのであり、神会研究の新しい出発に当たって、大きい刺激となることは、今あらためて言うまでもない。とりわけ鈴木大拙は、石井本の校訂をすすめる過程で、胡適テキストを細かに検討するとともに、陳垣の『敦煌劫余録』によって、北京図書館に収められた敦煌写本のうちに、禅文献があることを嗅ぎつけ、昭和九年に自から北京に赴くのであり、それをまとめて『少室逸書』(昭和十年)とする。逸書という題名は、大正新修大蔵経第八十五巻の古逸部を意識している。鈴木の『少室逸書』に収められた、北京本敦煌写本の一一について、個別に解説する必要はあるまいが、出版は影印本と校刊本の二種となり、周知のように後者には、「菩提達摩の禅法とその思想、及びその他」と題する長編が、資料の解説とは別に附録されて、これが近代における初期禅宗史研究の、文字通りの出発となる。先にいう禅関係敦煌資料の四つの強みが、悉くそこに集約されたことは注目に価しよう。

今、そうした昭和初年における、あいつぐ敦煌写本の出現と、それらによる研究成果について、個々の検討を試みるつもりはない。問題は鈴木が『少室逸書』にまとめる、北京本敦煌資料のうちに、「和上頓教解脱禅門直了性壇語」とよばれる、『神会語録』の別本が含まれていたことだ。残念なことに、原本は首部に南陽の二字を損じ、内容的に神会のものとみられても、今一つ断定根拠を欠くのだが、それから三十数年を経て、民国四十七年(一九五八)八月に、再び胡適が完全な別本によって、南陽の二字を補うとともに、そのテキストに大改訂を加えて、神会の遺著と断定し、新しい校訂本を発表する(『新校定的敦煌写本神会和尚遺著両種』、中央研究院歴史語言研究所集刊第二十九本)。鈴木大拙の『少室逸書』は、ここで見事に結実するわけだ。とりわけ、胡適は先に『神会和尚遺集』に収めた、「菩提達摩南宗定是非論」について、先に断欠していた中間部分を、別本によって新たに補い、ほとんど完全なテキストとする。そうした胡適の新しい仕事は、先にフランスのジャック・ジェルネが、胡適の『神会和尚遺集』のテキストを仏訳し（一九四九年、ハノイ）、ドイツのリーベンタールが『南陽和上頓教解脱禅門直了性壇語』を、新たに別本によって英訳するのを承ける（一九五三年、ロンドン）。神会語録の研究は、すでに国際学術交流の新しいテーマの一つで、胡適の仕事がそれらを先導するのである。胡適がテキストの校合にとどまらず、神会の伝記と思想について、従来の研究成果を修正し、決定版をめざすことは、あらためて言うまでもない。

ただし、鈴木大拙が『校刊少室逸書』を出した昭和十一年頃から、時代はすでに日中戦争より、第二次世界大戦へと暗転し、学問研究と国際交流の道は狭まる。一九四五年（昭和二十年）の日本軍の敗北によって、戦火はひとまず収まるが、はからずも中国の内戦で、胡適は政界に転身するので、禅宗史研究に専念する時間を失う。先にいう『新校定的敦煌写本神会和尚遺著両種』は、台湾の南港でまとめられる。当初は資料の入手にも、困難を極めた様子だが、新しい学問交流の期運に恵まれて、英仏国家図書館の敦煌写本も、次第にマイクロ・フィルムによる公開が始まり、世界各国の公私施設に置かれる。日本でも東京・京都に一本が備わる。敦煌写本の全面利用は、かつての胡適や大拙という、不世出の大型学者に限らず、広く一般研究者のものとなる。神会語録についても、従来知られなかった、幾つかの異本や断片が次々と発見される。

とりわけ、昭和三十年代の後半、京都大学人文科学研究所で、マイクロ・フィルムによるスタイン本敦煌写本の、全体調査が進められる過程で、胡適と大拙の仕事を補うに足る、別の重要テキストが発見される。入矢義高の指示による、胡適の「神会和尚語録的第三個敦煌写本『南陽和尚問答雑徴義・劉澄集』」が出るのは、一九六〇年のことである（中央研究院歴史語言研究所集刊外編第四本）。一九二六年に始まる、胡適の神会研究は、これをもってテキストを完成する。胡適記念館で、それらの成果を集大成し、一九三〇年版「神会和尚遺集」の影印に附録し、胡適記念館単刊第三種とするのは、民国五十七年（一九六六）十二月のことで、ロンドン・パリでのテキスト発見以来、正に四十年ぶり、胡適が民国五十一年（一九六二）二月四日に、逝去して五年目に当たる。

胡適記念館単刊第三種の刊行は、神会研究が胡適の手を離れて、すでに歴史的存在となるほどの、新しい時期に来たことを示す。学問的な初期禅宗史研究の出発に、重要な使命を果した神会研究は、胡適の名を離れることはできぬが、胡適の成果に満足することもできない。あたかも鈴木大拙が昭和四十一年に逝去し、生涯の仕事を総括する全集が出て、初期禅宗史研究の基本文献六種のうちに、石井本神会語録と胡適本との対照、および『少室逸書』の『和尚頓教解脱禅門直了性壇語』の新訂を含む、禅思想史研究第三がつくられるのは、昭和四十三年十月のことである。

神会研究はすでにテキストの問題を終って、次期の課題に入っていた。かつて向達が敦煌を訪うて、現地の人が所蔵する敦煌写本のうちに、「菩提達磨南宗定是非論」「南陽和上頓教解脱禅門直了性壇語」「南宗頓教最上大乗壇経」および神秀門人浄覚の注する「金剛般若波羅密多心経」という、完全なテキスト四種があることを、『西征小記』のうちに報じたのは、一九五〇年七月のことである（『国学季刊』第七巻第一期）。この報告はのちに向達の「唐代長安与西域文明」に収められて、長く研究者の注目を集めるが、原資料の存在は杳として不明であった。最近、中国社会科学院の揚曽文が、当該『六祖壇経』の存在を中外日報紙上に報じ、「菩提達磨南宗定是非論」についても、その一部の写真を田中良昭が入手している。テキストの補完と一部修正は、今後もなお続くかも知れぬが、全面改正の必要は、もはやないように思われる。敦煌写本の全体像が、その出現より百年して、ようやく定まるのである。

胡適晩年のテーマも、テキストの問題よりすすんで、神会の生歿年の再検討や、圭峰宗密の法系問題に移る。いずれものちに出現する、新しい資料と関係して、先駆的栄光を負う仮説である。不幸にして、胡適が晩年に政界を退いて、再び禅宗史研究に帰り、生涯の成果の集大成を夢みはじめると、マルクス主義歴史観に立つ研究者が、胡適を反動思想家と断じ、その業績の全てを故意に軽視する動きが起こる。文化大革命の前後、神会と胡適を一括して断罪せんとする、一部の動きは最も滑稽であった。国民党政府の要人として、胡適が台湾に移住し、いわゆる自由主義思想を挙吹したためだが、そうした胡適その人の晩年の活動と、この人が国際的な学術領域で、若くして取り組んできた文学改革や、神会研究をふまえる思想史研究を、短絡して軽く評価し、性急に断罪してはなるまい。この人に始まる神会研究は、今なお各国学者によって継続され、多くの成果が見込まれる課題の一つ。ここに発表しようとする、小稿もまたその一つである。

さらにまた、禅宗史研究の方法について、鈴木大拙との間に交わされた論争の如きも、評価は必ずしも総括できない。むしろ、鈴木の研究方法に、日本禅の伝統が最後まで生き残って、哲学的心理的領域に深まるのに対し、胡適には客観的な思想史家の傾向があって、争点はほとんどかみあっていない。研究方法の検討そのものが、今後なお新しく再編され、深められる可能性を残す。要するに、胡適と大拙に始まる神会研究は、今二人の逝去をすぎて、課題の所在が見え始めたと言える。

二

一九八三年十二月、河南省洛陽市文物工作隊の人々によって、龍門の西山で神会墓塔が発掘される。「世界宗教研究」の一九八四年第二期号に、龍門文物保管所工作員温玉成が、「記新出土的荷沢大師神会塔銘」を発表するのを始め、同時に出土する文物が、一九八六年八月に、黄河文明展の一部として、日本でも公開された。

神会墓塔の発現地は、龍門西山の北側に位置する、唐の宝応寺の遺趾である。宗密の著作や、『宋高僧伝』の記事によって、神会墓塔が龍門に営まれたことは、古来すでに判っていたが、現存の報告者はかつてなかった。

碑銘はすべて十七行、一行二十字ないし二十二字の短篇ながら、従来未確認の問題を幾つか含む。まず第一行に、「大唐東都荷沢寺歿故第七祖国師大徳於龍門宝応寺龍崗復建身塔銘幷序、門人比丘恵空撰」とあり、最後第十七行に、「永泰元年歳次乙巳十一月戊子十五日壬申入塔、門人比丘法璘書」とある。碑石は誰か別人の、旧い墓石を利用したもので、地、祖、釈、および釈万珍寺など、削り残された原刻の文字があり、もともと釈氏の墓石であったらしい。

目下のところ、原石の写真も拓本も公表されず、※温玉成の移録によるほかないが、神会の生涯にわたる大車輪の活動のわりに、碑石はまことに貧弱の印象をうける。西安碑林に現存する、有名な大智禅師義福の碑の荘麗濶大なるには、比すべくもない。あたかも安史の乱後で、チベット、南詔の入寇もあって、玄宗、粛宗ともに都を離れ、たびたび蒙塵のうきめにあう年まわりである。一介禅者の墓塔の建立に、金も時間も余力はなかった。

龍門は有名な北魏の石窟寺や、唐の奉先寺の大石仏で知られる。とくに龍門西山は、玄宗の開元末年に、善無畏や金剛智という、唐室の帰依を得た密教の祖師の、新しい墓域となるところだ。わが園城寺の智証大師円珍が、膝を没する積雪をふみわけ、善無畏塔をさがしあて、塔を訪うて金剛智の塔銘を抄したという、日本仏教ゆかりの地である。塚本善隆の『龍門石窟に現れたる北魏仏教』で、すでに詳しく報告される如く、これに先立つ則天朝に、勅によって地婆訶羅が龍門の香山（東山）に葬られ、宝思惟が天竺寺を営んで、寂後そこに建塔旌表された土地だ。香山はのちに白居易が別荘をつくり、香山寺となることで知られる。また、白氏が東都奉国寺神照のために、碑銘を撰して言うように、その墓塔は龍門宝応寺の、荷沢塔の東に営まれた。

宗密の『円覚経大疏鈔』三之下によると、神会は乾元元年（七五八）五月十五日に、荆州開元寺に入寂、二年に東京龍門に遷厝して塔を置く。宝応二年に勅して、塔所に宝応を置くとあり、唐室の帰依をうける神会が、密教の祖師たちと同じように、龍門西山に塔所をもつのは、国家存亡の際とはいえ、せめてもの処遇である。

新発現の塔銘の撰者恵空は、神会の門人としては、従来未知の人である。発見者温玉成が説くように、北宗普寂につぐ大弟子という京師広福寺恵空（六九六—七七三）を、その人に擬してよいだろう。『宋高僧伝』第九に、唐陜州廻鑾寺恵空伝があり、代宗が詔して京師広福寺に居らしめ、朝廷公卿、傾信せざるなしとある。始め嵩山恵安に仕え、のちに神会に師事した居士恵光や、神秀につぐ侯莫陳琰居士の例もあり、北宗から神会に移った人があって差しつかえはない。宗密の言うように、神会もまた始めは神秀に参じている。書者の法璘は、他に資料を欠くけれども、恵空を北宗の門人とすると、同じ経歴の人であろう。神会が普寂を攻撃し、その門人が神会の下に入ることもあったろう。

永泰元年（七六五）は、神会入寂後、七年目に当たる。このとき、始めて入塔するのである。宗密の言うように、入寂の翌年に龍門に遷厝して、塔を置く。乾元三年は、四月に上元と改元、上元二年九月に、粛宗は年号を廃して元年とし、十一月を歳首の月とするので、無年号の月が翌年四月までつづく。つまり、上元三年に、年号のある宝応元年に復するのは、チベットの入寇に応じて、史朝義が営州を陥し、楚州で定国の宝玉十三枚を献じ、太上皇帝玄宗が崩じ、ついで粛宗も崩ずるのである。つまり、宝応は代宗治世の始めで、宝応二年は七月に、広徳と改元される年まわり。神会の塔所に宝応寺を置くのも、代宗の勅によるとみてよい。広徳は二年で終り、永泰元年となる。入塔も代宗の勅であろう。宗密はさらに大暦五年に、勅して祖堂の額を賜わり、真宗般若伝法の堂といい、七年には勅額を賜わって、般若大師の塔としたとする。いずれも、永泰入塔につづくので、いわゆる荷沢宗の形成と関係して、門人たちの急な動きがあったためだ。

もともと、神会の生歿年については、諸説があって一定しない。胡適が『宋高僧伝』の記事に注目し、無年号の建午月十三日入寂とあるのによって、あらためて宝応元年五月十三日と断じ、年寿九十三歳を逆算して、九七〇～七六二の数字を出し、古来の諸説を総括してから、大半の研究者が賛意をあらわす。私もまたその一人で、『宋高僧伝』の記事を重視してのことである。『宋高僧伝』を重視する理由は、神会晩年の香水銭問題と、粛宗勅召の関係による。今、永泰の碑銘が出現してみると、胡適が不信の意を示す宗密の、『円覚経大疏鈔』の拠るところと判る。香水銭問題を、過度に神会の功績とする、『宋高僧伝』の記事は再吟味を要する。『祖堂集』の上元元年（七六〇）歿、勅諡真宗大師般若之塔の説も、乾元と上元を混同し、粛宗との関係を重くみてのこと、『宋高僧伝』も『景徳伝灯録』も、ともに同じ混乱がみられる。宗密と『祖堂集』のあいだに、何か共通の素材があったようだ。

碑銘は神会が乾元元年五月十三日、荊州開元寺で奄然坐化し、檀越たちが師の尊顔を龍門に迎えたと、明記することにつとめている。宗密の言うところと、完全に一致するのである。

乾元元年四月の後に至り、頻りに門人に告げ、数しば問法せしめて、再三深く無為の一法を歎ず。五月十三日、中夜に示滅、年七十五なり。その夜、山南東道節度使制州刺史李広珠、大師の座の空中に過ぎるを見る、空に声有りて云う、開元寺に往き、神会和尚を迎え去ると云々。二年、東京龍門に遷厝し、塔を置く（『円覚経大疏鈔』三之下）。

制州刺史李広珠のことは、目下知るところがないが、洛陽荷沢寺で神会に参じた、白衣の弟子にちがいない。碑銘は、廟堂李公、嗣号王毎が、神会の尊顔を龍門に迎えたとする。荷沢寺にのこされた神会の座が、空を飛んで荊州開元寺にゆき、全身を旧居に迎えたのである。龍門にしても荷沢寺にしても、そうした神異が語られるほどに、神会にとっては遺恨の地であった。遷廟して師を龍門に葬ることは、遺法の弟子の共通のねがいである。『宋高僧伝』の神会伝は、神会が荆州開元寺に徙されて、天宝十四年に安禄山が背く、玄宗が巴蜀に駕幸すると、副元帥の郭子儀が両京を奪還すること、右僕射裴冕が一計を案じて、大府に戒壇を置いて香水銭を集め、巨額の軍費を調達したこと、とくに神会がこの計画に協力したことを、特筆するのに急であり、粛宗が詔して入内せしめ、供養して勅して大匠と作さんとする、功を併せて力を斉しくし、為に禅宇を荷沢寺中に造ると言い、あたかも荷沢寺で入寂したかの感がある。碑銘の出現によって、神会晩年の動きを、確認しておく必要がある。『宋高僧伝』は香水銭によって、神会と粛宗を結びつけるが、宗密は全く沈黙して言わぬ。拠るところは、碑銘にある。

先にいうように、碑銘が神会の尊顔を龍門に迎えたとする、廟堂李公、嗣号王毎の伝は不明である。檀主とする功臣高輔成、趙令珍についても今のところ資料に欠く。かつて山崎宏が、『荷沢神会禅師考』で論ずるように、神会の檀越は、その名の知られるものがきわめて多いにかかわらず、宋鼎や王琄、張説、蘇晋、房琯など、第一級の貴顕以外、ほとんど史伝を欠くのであり、一種の新興実力者たちで占められたようだ。

武周革命復旧後に、玄宗を擁立した張説らの文官一派と、安禄山叛乱後に、粛宗を擁立した崇仏派官僚で、科挙出身の知識人が多く、何れも勤勉の風はあっても、殆んど遠図なく、大体を知らず、一般に事件の勃興を利用して、富貴をとるという野心的積極性に富み、それが譎詭縦横とも見られた(『東洋史学論集』第二、「中国の社会と宗教」)。

問題は新発現の碑銘が、その標題に七祖国師とすることである。国師は天子の勅諡だから、入塔のときに代宗が与えたものだろうが、七祖の明記は注目してよい。宗密が例の『円覚経大疏鈔』で、恵能第六、神会第七とするのは、あくまで世代の標記である。宗密は神会七祖の公認を、貞元十三年に皇太子に勅し、諸禅師を集めて楷定したものとし、かなりのこだわりを残す。胡適が宗密の所伝を退けようとする、重要な根拠の一つである。今、碑銘の言うところは、次のようである。

粤に仏法が東流して、達摩に伝えられてより、達摩は可に伝え、可は璨に与え、璨は道信に伝え、信は弘忍に伝え、忍は恵能に伝え、能は神会に伝え、□承すること七叶で、永く千秋に播く。

六祖恵能の唯一の後継として、七祖神会の確認を、この人は生前自から意図しつつ、遂に明言できなかった。たとえば、神会は滑台の宗論で、崇遠法師にこう答える。

遠法師が問うた、能禅師の已後、伝授の人が有るのか。

答、有る。

又た問うた、伝授の者は誰か。

和上が答えた、已後で応に自知すべし。（『新校定的敦煌写本神会和尚遺著両種』胡適紀念刊本二八六ページ）

さらに、石井本『神会語録』の六代伝で、六祖が入滅せんとする時、法海が進み出て、以後の相承者を問い、衣が有るのにどうして伝えぬのかとただすのに、次のように答えている。

和上謂いて曰く、汝今、問うこと莫かれ。以後に難の起る極めて盛んなり。我れ此の袈裟に縁って、幾んど身命を失わんとす。汝、時を知らんと欲得す、我が滅度の後、四十年外、宗（旨）を竪立する、即ち是れなり。

ここでは、伝法衣の問題とも関係して、六祖の口はかなり重いが、恵能滅後四十年は、言うまでもなく神会を指すが、神会がそれを生前、自ら公言しなかったことは確かである。滑台宗論の時機と、荊州開元寺に配流される晩年期とで、その口ぶりに相違があるものの、自ら七祖と名のることはなかった。七祖国師の公認は、あくまで後にのこった弟子の希望だろう。

神会につぐ弟子の一人に、招聖寺恵堅がいる。『中華伝心地禅門師資承襲図』に、神会第七についで、西京堅とある人である。現に西安碑林に碑銘があり、大中大夫給事中皇太子及諸王侍読兼史館修撰柱国徐岱の撰、奉議郎前試詹事府司直孫蔵器の書、元和元年景戊歳夏四月十五日に立石される。徐岱は神会を七祖と呼び、堅をもって神会の堂室に升り、玄関の管鍵を持つ弟子とする。とくに恵堅は大暦中、睿文孝武皇帝（代宗）の勅で、西京の招聖寺に入るのであり、命じて観音堂を造らしめ、あわせて七祖の遺像を績かせたという。七祖は達摩より神会に至る、七代の祖師のこと。代宗が達摩に円覚大師、弘忍に大満禅師、道信に大医禅師の諡号を与えるのと、おそらくは関係があろう。大暦七年に、神会のために塔額を賜わり、般若大師の塔とするのと、同時のことに相違ない。

神会は滑台の宗論で、普寂が口づから七代を称し、嵩山に碑銘をたてて、七祖の堂をつくり、『法宝紀』を編して、七代の数を排するのを、口を極めて非難する。『法宝紀』は『伝法宝紀』のことで、七代といっても、神秀の前に法如を加える、北宗七祖のことであるから、普寂自ら七祖というわけでないし、『伝法宝紀』は普寂の作でないから、神会の非難は当たらないけれども、このときかえって自らを七祖に擬する、神会その人の『法宝紀』が、すでに書かれていたことになる。

そうした神会の意旨をくんで、遺弟たちは師を七祖とする。恵空の撰する碑銘につづいて、恵堅の七祖図績が、まず世に出たとみてよいが、事態は必ずしも弟子たちの意に沿わぬ。たとえば、大暦六年に、独狐及が三祖僧璨のために、新塔の碑銘を撰しているが、ことさらに普寂のために弁明し、その門徒は万人、堂に升るもの六十三人、弟子宏正の廓廡は、龍象またこれに倍すといい、恵能は退いて曹渓に老い、その嗣の聞えるものがないとするのは、すでに神会一門の動きを知っていて、ことさらに抑下するのである。

くり返し言うように、宗密は貞元十二年（七九六）に、徳宗が皇太子に勅して、諸禅師を内道場に集め、禅門の宗旨を楷定せしめて、遂に神会禅師を立てて第七祖とし、神龍寺に納れて碑記を敕置し、現に在りと記し、また御製七祖の讃文、見に世に行わるとする。招聖寺恵堅の碑にいう七祖の図績は、じつはこれに先立っている。神龍寺は代宗以来の内道場で、別に韋処厚の大義禅師碑銘（『全唐文』七百十五）にも見える。永泰元年は、代宗即位四年である。七祖神会の塔銘は、門人たちが建てたので、勅建でなかったから、やがて種々の権威づけが必要となる。宗密は慧空の碑銘をすでに知っていたか。

あたかも大暦五年（七七〇）の冬、潭州より岳州にゆこうとして、舟中に生涯を終える杜甫は、かつて夔州にいた前年、有名な夔州百韻をのこして、神会への帰依の思いを歌う。

身は許す双峰寺、門は求む七祖の禅。

杜甫が参じた七祖が、何人であったか。古来、多くのコメントがある。今は率直に、神会その人とりたい。私はかつて神会と杜甫の関わりが、歴史地理的に遠いのを理由に、杜甫が若くして彷徨する長安、洛陽で、北宗の人々と交わる可能性ありと考え、あるいは双峰寺を黄梅山ととれば、四祖下の最初の分派となる牛頭宗の、七祖の誰かと考えたりした。秦州より四川を経て、長江を下ってくる杜甫の胸に、七祖への共感がある。四川の成都では、五祖下に分立する浄衆寺無相や、保唐寺無住の動きがある。無住の法系を五祖下につなぐ『暦代法宝記』は、すでに神会を恵能の後継とする。七祖神会を認めるゆえに、四川の禅の源流を五祖下に求めたのである。則天武后による伝衣とりかえ説は、神会七祖に対抗するための作為である。それほどまでに、神会とその弟子たちの動きは、玄宗朝の末期より、粛宗、代宗の時代にかけて、人々の関心を集めている。杜甫もまた、そんな時代を生きている。有名な「飲中八仙歌」に歌われる人々も、『神会語録』にその名をみせる。杜甫の七祖を神会とすると、神会の素顔がよりはっきりするのである。

以上、温玉成が紹介する、新発現の神会碑銘によって、従来考え残した問題について、やや性急な検討を終る。神会碑銘の発現は、胡適が『神会語録』を発見して、初期禅宗史を書きかえて以来、今日に至るまでの種々の動きを、あらためて総括するに足る価値をもつ。とりわけ、龍門墓塔の発掘は、碑銘の出現にとどまらず、神会遺愛の陶鉢と、浄瓶、香合、柄香炉など、幾つかの文物をともなう。幸いにも一九八六年、名古屋市博物館その他で、黄河文明展が開かれて、私たちは親しくそれらに接する機会を得た。神会碑銘の理解に、臨場感が深まるのである。

鉢は陶製の漆器で、口径一九・二、高さ七・二センチメートル。口縁部分は丸く内にすぼまり、丸底の平碗である。手ざわりは、非常に軽い感じで、いかにも日常茶飯の雑器だが、唐代漆器の遺存は珍しい。外ならぬ神会の遺品として、いわゆる三衣一鉢の一つで、神会が日々受用した、伝法の証拠品である。袈裟の見えぬのは残念だが、衣鉢は神会の遺体そのものともいえる。同時代塔碑のうちに、鉢塔院の名があるのも、鉢を塔に収めることで、全身舎利と同じように、尊崇されたためだろう（『伝灯録』二十九、白居易の八漸偈の序）。

浄瓶もまた、同じである。神会が終生、身近かに携え、日々受用した道具である。出土したものは、塗金青銅製であり、口径五・二、高さ三三センチメートル、重さ一一〇〇グラム。日用品としては、やや重い感じである。全体がラッパ型、つまみの長い蓋をもち、頸部は鳥のそれのように長く、ここを把んで瓶を傾けると、傍についている口より水が出る。上部の注水口は広径で、胴体は丸肩で下に湾曲し、底は平らで安定感がある。

香合は口径八・一、高さ一六センチメートル、重さ一九八グラム。塗金青銅製で、携帯は不可能。あるいは、仏前献香用か。蓋は七層塔にかたどり、胴体は球形で、出土の時、底に香の灰があったという。柄香炉もまた同じで、長さ四一センチメートル、重さ五五〇グラム。蓋の中央に孔があり、炉は二段作りで、上部は口縁が外に広がり、腹は浅く底は平面をなす。上下二つ重なった下で、柄とつながり、柄は上向きの半切桶のように丸く、先端に金の獅子型飾りがつく。正に仏事用である。いずれも同種のものが、奈良や京都の密教寺院に伝世するから、使用法を推定しやすいが、後代の禅林器物にくらべると、やや異様の感があり、当時はそれが日常底であったらしい。とりわけ、黄河文明展に出品された、同時代の灰陶彩絵僧侶俑二点をみると、袈裟をつけた大僧の前に、背の低い小僧らしい人物が、同じように袈裟をつけ、左手に瓶をさげ、右手に柄香炉をもつ姿があり、当時の出家の日常を想像できる。香合も柄香炉も、浄瓶すらも、祖師自身の持ちものというより、侍者または供養人の道具であって、檀主の寄進によるのであり、高価なものがあったらしい。事実、次にいう南詔国伝来の図巻をみると、それらを手にする檀越の姿があり、当時の実情を想像することができる。

三

南詔は現在の雲南省と、四川省南部にまたがって、六詔とよばれるチベット・ビルマ系民族が、唐代中期に建てた王国の一つ。唐末に一旦滅亡するが、宋代に再び大理国が盛え、元代にクビライに亡ぼされて、明清以来、中国の版図に入る。

南詔に仏教が行われたことは、早くから知られていたが、その歴史と実態は不明であった。陳垣の『明李滇黔仏教考』も、元以前の仏教史書が一語のこれに及ばぬのを歎くのみ。藤沢義美の「南詔国の仏教に就いて」は、この領域唯一の成果である（『東洋史学論集』昭和二十七年）。幸いにも中華民国七十一年十二月、国立故宮博物院刊、李霖燦の「南詔大理国新資料的綜合研究」という、古く故宮博物院に伝えられた、宋代の大理国描工張勝温画梵像図と法界源流図、およびわが有隣館所蔵の南詔図伝、サンチエゴ博物館の雲南観音像など、現在知られる南詔、大理資料のすべてが、図版で紹介されるとともに、李氏の詳細な解説が世に出ている。法界源流図と南詔図伝のことは、今しばらくおく。注目すべきは張勝温の梵像図で、高さ三〇・四センチメートル、全長一六三六・五センチメートルという長巻であり、南詔仏教の源流として、神会系南宗禅の展開をあとづける、歴代祖師像を含んでいて、六祖恵能、神会和尚、和尚張惟忠の像は、絶品といってよい。

梵像図の製作は、宋代淳熙時代で、大理国の伝承にとどまるが、歴代帝王の帰仏の姿を伝えるとともに、尊者迦葉、阿難、達摩、慧可、僧璨、道信、弘忍以下、先にいう和尚張惟忠より、さらに七代に及ぶ南詔賢聖の肖像を連ね写して、伝承の上限が神会当時にあることを推せしめる。すくなくとも、神会および張惟忠の肖像は、敦煌写本や塔銘にならぶ、重要な資料の一つである。

かつて宗密は神会の相貌について、頂は凡相に異なって、孔丘の如し、骨気、衆に殊にして、総弁、測り難しと記す。頂の大きいことを聖人の相とするので、孔子を例にとるのだが、神会を宗とする人々の、神格化が加わるのは当然である。今、梵像図をみていると、そこに描かれる神会は、必ずしも孔子に似た聖者ではなくて、俗塵にまみれた老僧の、頽然たる苦渋の顔である。のちにいう二人神会の肖像を、私はそこにみるのだが、もっとも注目に価するのは、迦葉以来、師は必ず椅により、必ず師辺に侍する弟子の姿を、師資一図に描いて、師の方にのみ光背があり、必ずたたまれた伝法衣を坐辺におくことだ。達摩と五祖はこれを手にとり、僧璨の前では道信が、道信の前では弘忍が、これを推し頂いている。恵能はこれを坐前におくが、神会以後は、それを描かない。明らかに『暦代法宝記』をうけて、神会を特別扱いする、物的証拠の一つである。払子も必ず椅子に掛かり、手に如意を持つあり、張惟忠以後の南詔の賢聖は、側に香合と花瓶を置く。背景となる岩石や樹木、飛鳥の姿も注目される。鳥獣が高僧の使者となる姿は、南詔図伝にも共通するから、このくにに特有の信仰だろう。虎をつれた無相は、チベットで尊敬される。

今、そうした各図像の、細部に入るつもりはない。のちに発展する中国禅で、達摩以下の六祖、もしくは歴代祖師像を描くことは、決して珍しくないけれども、神会とその系統の人々を含むものは、他に例がないようにおもわれる。ここでもまた大理仏教の遺品ゆえに、中央の伝統を遠く離れて、古い周縁資料の力を発揮するのだ。『宋高僧伝』第八の恵能伝によると、神会は荷沢寺に能の真堂を樹立し、兵部侍郎の宋鼎が碑文をかく。真堂とは祖像をまつる堂で、像はおそらく坐像である。神会は別に如来より西域諸祖、および震旦六祖の像を図し、太尉房琯が六葉図序をつくったという。やがて、七祖神会像が、これに加わるのは自然なことだ。大理の梵像図は、南詔の伝承をふまえ、南詔の伝承は、唐代の遺響による。

六祖以前はしばらくおく、神会以後の列祖をみると、梵像には次の記名がある。

神会大師
和尚張惟忠
賢者羅者嵯
純陀大師
法光和尚
摩訶羅嵯
賛陀□多和尚　沙門□□
梵僧観世音菩薩

以上の九祖が、南詔仏教の源流である。神会と張惟忠以外は、南詔出身の祖師だろう。張惟忠のことは、のちにあらためて考える。惟字は消えかかって、惟と書いた筆勢がみえるにとどまる。南詔出身の列祖は、目下のところ他に資料がないが、尊容は僧俗両様である。賢者羅者嵯、摩訶羅嵯の二尊は、俗体のようである。摩訶羅嵯は、マハーラージャの音写で、大王の意である。羅者嵯も、おそらくこれに類する。純陀は賢者の子、つまり、大菩薩であろう。最後の梵僧観世音菩薩も、李霖燦氏の解説によると、南詔開化の伝説をふまえる。わが有隣館所蔵の南詔図伝で、建国観世音とよばれる、梵僧の来化を語るのによる。南詔王家は、阿育王の血をうけるという、俗信すら生まれている。南詔仏教が観音信仰をふまえる、複雑な霊験譚を生むことは、南詔文化研究者のひとしく認めるところ。達摩、神会の禅仏教も、観音信仰に合糅させている。

問題は、神会と張惟忠の二祖。私の関心も、じつはここにある。

南詔の開化は、チベットの動きと重なる。当初、両国は血縁関係にあり、いずれも中国仏教をうけて、国づくりをすすめる。チベット仏教が、四川の禅仏教を一つのルートとすることを、今あらためて確認したい。禅仏教が四川で開花するのは、玄宗朝末期のこと。安史の乱と、玄宗・粛宗の蒙塵で、四川は表舞台となる。『暦代法宝記』に名をとどめる、四川の僧俗は皆な一旗ものだ。神会が言い出した伝法衣を、則天武后が恵能から召しあげ、それが四川に伝わるという、おかしい物証がこの本を支える。神会は四川に入らぬが、その主張は四川と有縁である。同じ神会の伝衣説をうけつつ、『暦代法宝記』の無住は、四川の名公杜鴻漸と結び、七祖神会の確認をふまえる張惟忠は、南詔懐柔に大功のあった、南康王韋皐と手を結ぶ。時代もまた、無住は代宗の大暦期、惟忠は徳宗の貞元期と、両者の間に、一世代のずれがあるが、ともに神会の権威を必要とした。とりわけ、惟忠の実際の法系は、無住と同じ成都の浄衆寺に出て、荷沢神会と同名の浄衆神会がそこにいたはず。胡適晩年の名論となる、二人神会のテーマも、実は張惟忠の作為であった。神会――張惟忠の法系を、南詔は韋皐よりうけつぐ。韋皐と浄衆神会、張惟忠の史実を、南詔の梵像図は今に証する。

当初、南詔は唐と離反し、チベットと血縁を結ぶことで、少数民族の統一と、国家の創業に成功をおさめる。チベット軍は南詔と連合し、四川を経て中国に進寇する。安史の乱の背後に、チベットの動きがあった。益州刺史として、種々のかけひきの末、漸くチベット軍を制圧して、四川に蒙塵する玄宗を、金和上浄衆無相にとりつぐのは、章仇大夫兼瓊である。佞仏の誉れたかい章仇兼瓊は、チベットに禅仏教を根づかせる、最初の文化使節である。広徳元年（七六三）、長安はチベット軍の手におちる。浄衆無相が入寂する、翌年に当たっている。唐がチベットと和解し、一応の会盟が成るのは、建中四年（七八三）のこと。有名な唐蕃会盟碑の建立は、下って長慶三年（八二三）である。

当時、チベットは唐に寇して、その文明を受容する。建中二年の成立という、王錫の『頓悟大乗正理訣』は、いわゆるラサ宗論の記録で、チベット王は中国禅と、インド大乗を対決させる。中国の頓門を代表する摩訶衍を、宗密が神会門下とするのは、理由のないことでない。王錫の記録によって、摩訶衍自身の主張をとれば、依止和上は法号降魔、小福、張和上、准、仰、大福六和上である。降魔、大小福の三師以外、アイデンティフィケーションは困難だが、北宗系の祖師にちがいない。宗論の結果、チベットはインド仏教に傾き、次第に禅仏教より離れる。第一、サンスクリットをふまえるチベット文字は、禅仏教になじみにくい。南詔はチベットと結びつつ、チベット文字をとらず、漢字文化を選ぶのである。

チベットと同盟し、侵寇してくる南詔を懐柔し、チベットに背いて中国につかせるのが、先にいう南康王韋皐である。この人も評判はよくないが、南詔に禅仏教を根づかせる、最初の文化使節であった。注目してよいのは、『宋高僧伝』第十九にある唐天竺亡名伝が、じつは仏教者としての韋皐伝であること。

亡名はインド僧だが、出自は不明。その貌は醜悪、乾陀色の縵条衣をまとい、革履をはき鉄錫をついて、京師に行化していて、韋皐の生誕日に出会う。生後三日、その家を訪うと、嬰児に喜色あり、相い別れて久し、恙無きやと言い、相互に旧知の気配。家人が怪んで、わけをたずねると、僧は皐が諸葛亮の後身で、自分は蜀の丞相であった、今も蜀人は皐が蜀帥となり、坤維の人を利するのを待つとし、剣南節度となること二十年、官は中書令太尉に至ると予言する。晩に浄衆寺神会に参じ、梵僧の懸記に合したというのである。この話は、のちに種々の南詔伝に引きつがれる。

韋皐の伝は、『旧唐書』百四十、『新唐書』百五十八にあり、いずれも剣南節度使としての、功績を細やかに記す。貞元元年に成都尹となってより、蜀にあること二十一年、西南地域の安定に力を尽くす。さらに、『酉陽雑俎続集』七は、金剛経によるこの人の持験を言い、『全唐文』四百五十三は、その作品幾つかを伝える。『西川鸚鵡舎利塔記』のように、飼っていた鸚鵡が経を念じて成仏し、火葬して舎利を得たことを、みずから記すものもある。南詔の宣撫懐柔に、韋皐の仏教が役立った。南詔第六代の異牟尋（七七九―八〇八）は、韋皐の宣撫工作によって、チベットとの盟約をすてて、唐と和する政策をとる。南詔王家の子弟で、成都に学ぶものは千人を超え、和平はさらに五〇年もつづく。一時、侵寇することがあって、成都の子女百人を奪っても、南詔の漢化に利している。南詔が韋皐のときに、成都の禅仏教を受け入れたことは、ほぼまちがいないだろう。異牟尋は南詔に中国風の寺を建て、十代豊祐のとき、大理に崇聖寺が建つ。

くり返し言うように、韋皐は浄衆神会の禅を利用して、南詔宣撫に成功する。『宋高僧伝』第九の神会伝によると、韋皐は神会のために碑銘を書いている。その入滅は貞元十年（七九四）で、入塔は十二年二月のこと。先にいうように韋皐は、貞元元年に成都尹となる。両者の交渉は、十年つづくわけだが、韋皐と神会をより深く結びつけたのは、神会につぐ張惟忠でないか。浄衆神会の弟子としては、沙門那提があり、『北山録』の著者神清もその一人である。和上張惟忠によって、神会の禅は南詔に入る。張惟忠の伝は、『宋高僧伝』十一の伏牛伝に附する、南印伝を唯一とする。南印、姓は張で、『宋高僧伝』による限り、惟忠の名を出さない。浄衆神会につぐ大弟子として、成都府元和聖寿寺釈南印のよび名は、この寺名に注目する必要がある。『宋高僧伝』によると、この寺は司空高崇文（七四六―八〇九）の帰依で、元和聖寿寺と名づけられた。高崇文は、かつて考証するように、新旧唐書に伝があり、元和元年（八〇六）に起こる劉闢の叛乱を鎮圧し、その功によって検校司空成都尹となり、南平郡王に封ぜられている。元和元年は、韋皐が死んだ年だ。『唐会要』四十八、『冊府元亀』五十二によると、元和二年九月、成都府に勅して聖寿、南平の二寺を置かしめ、同十二年二月、元和聖寿寺を右神策軍におく。元和聖寿寺南印は、高崇文と関係があった。

要するに、南印は浄衆神会に師事し、師の寂後、韋皐の帰依をうけたとみてよい。韋皐に神会の碑銘を書かせ、亡名の神異を韋皐に結びつけるのは、南印の作為である。韋皐の死後、南印は高崇文の帰依で、元和聖寿寺の名を得る。元和聖寿寺は、成都の名刹である。成都と交渉をもつ南詔に、この人の禅仏教が根づく。

もともと、南印を一名惟忠とするのは、圭峰宗密である。『円覚経略疏鈔』四に、次のように言うのがそれだ。

且らく第七祖門下、伝法二十二人の如き、且らく一枝を叙ぶれば、磁州法観寺智如和尚、俗姓は王。磁州門下成都聖寿寺唯忠和尚、俗姓は張。亦た南印と号す。聖寿門下遂州大雲寺道円和尚、俗姓は程。長慶二年、成都の道俗迎えて、聖寿寺に帰せしむ。先師を紹継し、大いに法化を昌にし、如今現に在り、当代の法主たり。

長慶二年（八二二）は、南印が聖寿に入寂した年で、遂州道円が成都道俗に迎えられて、この寺に入るのは故なしとしない。宗密はここに、自ら法脈を求めるのである。問題は成都聖寿寺唯忠和尚、俗姓は張、また南印と号することだ。胡適晩年の関心は、二人の神会を引き剝すのに急で、南印張の問題に及ばぬ。わずかに白居易の「唐東都奉国寺禅徳大師照公塔銘」に、神照嗣法の師として、惟忠禅師、一名南印、すなわち第六祖の法曾孫とあるのを、注意するにとどまる。宗密が白氏によるのか、白氏が宗密によるのか。いずれとも決しにくいが、両者ともに同じ作為によっている。

『宋高僧伝』第九の唐黄龍山惟忠伝によると、姓は童氏、成都の人で、嵩岳に遊んで神会禅師に見えるが、この人は南印張氏ではない。神会も正に荷沢神会で、浄衆神会ではない。黄龍山は何処か不明だが、成都近郊と考えても、元和聖寿寺とは関わりがない。建中三年の入滅で、年寿七十八である。

要するに、大理に伝わる梵像の図容法系を、どこまで溯旧させ得るか。今のところ、何の資料もないのだが、宗密とまったく関係なしに、神会大師以下九尊の肖像が、描かれていることは確かである。神会は明らかに荷沢であって、浄衆神会ではない。にもかかわらず、和上張惟忠は、浄衆神会につぐ、南印張以外の何人でもない。浄衆を荷沢にすりかえ、みずから惟忠と名のる張南印は、いったい如何なる人物か。

『宋高僧伝』によると、南印張ははじめ曹渓の深旨を得るが、これに満足することなく、浄衆神会に見えたという。南印は江陵より蜀に入り、蜀江の南壖に草庵を結ぶ。貞元元年のことである。ここがのちに、元和聖寿寺となる。貞元元年は、韋皐が成都に尹となる年。貞元十年に神会が入寂するまで、南印は浄衆寺に往来し、いわゆる落機の錦が、濯いでもって妍を増し、銜燭の龍が行いて暗を破るに至る。南印が曹渓の深旨を得るのを、江陵とするか、蜀に入ってのちとするか。特に江陵より、蜀に入ったと言うのは、江陵時代に荷沢神会、もしくはその弟子に参じたのでないか。先にいうように神会は晩年、荊州開元寺にあり、ここで入寂している。荊州は一名、江陵である。神会に直接参ずるのは、歴史的に難しいが、全くあり得ぬわけでない。落機の錦を濯ぐ句は、蜀江の錦に譬えたもので、「江漢以て之を濯ぎ、秋陽以て之を暴す」という、曾子のことばをふまえよう（孟子滕文公上）。銜燭の龍の譬えも、神会につぐ黄龍惟忠とつなげば、南印は惟忠に参じたかもしれぬ。童氏の惟忠と、張氏の南印が、重なる気配がないでもない。

要するに南印の張は、荷沢と浄衆の両神会に参ずる。韋皐や高崇文の帰依で、成都の地に南宗禅をくりひろげる。保唐無住は、『暦代法宝記』によって、荷沢神会を宣揚した。韋皐の帰依で、南印張は、浄衆神会を宣揚するが、南詔ではむしろ荷沢神会ととられた。チベット経由の無相と無住、つまり『暦代法宝記』の説得力は大きい。南印張は、一名惟忠となる。南詔では南印よりも、張惟忠で知られる。このくにでは、張氏は望族に属する。神会大師につぐ、和上張惟忠の正体を、以上のように解いてみる。もとより、仮説の域を出ないが、宗密の法系の拠るところ、そんな四川の禅仏教の集大成でなかったか。江西の大地にひろがる、馬祖の新しい動きに対して、宗密は四川の出自にこだわる。中央は、周縁を離れない。胡適晩年の関心も、中央を離れてはいまい。

※一九九一年六月、中国社会科学出版社が、『洛陽出土歴代墓志輯縄』を出す。第五七六図に、「大唐東都荷沢寺歿故第七祖国師大徳於龍門宝応寺龍崗復建身塔銘幷序」がある。拓本によって、初めて公開される神会塔銘である。一九九八年三月刊、大谷大学真宗総合研究所の『唐代釈教文選訳注』は、この写真による。

四家録と五家録

一

唐一代の禅を五家とするのは、もっとも後れて出世する法眼文益である(1)。法眼は五代周朝の勅諡だが、南唐の首都であった金陵の清凉院に道場を構え、すでに宋朝の帰依をうけている。言うならば、南朝仏教の伝統を保持し、唐朝文化の再編に備える、南北統一の人。梁の武帝が、達摩を迎えたように、法眼は禅仏教を総括する、乱世時の使命を負うのである。もともと五家は、宗派というより、のちに宗祖と仰がれる個々の禅者の、一代の家風を総括するもの。多くの弟子が集まり、対機問答が家風を生む。五家は、その代表だろう。

法眼の『十規論』は、各地に宗師を訪うて、参禅問道する弟子の、軽卒の風をいましめ、その心懸けを十条とする(2)。もとより法眼その人の説法を、弟子が整理したのである。『宗門十規論』ともいうように、それを法眼の家風とみてよい。宗門(3)は法眼禅宗の別名である。

曹洞は敲唱を用と為し、臨済は互換を機と為す。韶陽は函蓋截流、潙仰は方円黙契す。谷の韻に応ずるごとく、

関の符に合するに似て、規儀を差別すと雖も、融会するを礙げず。(4)

曹洞は洞山良价と、その弟子曹山本寂を指す。曹山は自から曹渓に赴き、曹渓恵能の禅の再興を念じて、撫州に曹山を開く。(5)撫州は江西の臨川で、法眼もまたここに開法するので、あえて第一におくのだろう。敲は楽器を打ちならすこと、唱は歌うことで、弟子と師匠がかもしだす韻律の意（『禅林僧宝伝』第五）。先曹山、中曹山、後曹山が、洞上の宗をくりひろげる。父子唱和の風は、潙山と仰山が先例だが、創始者が二人以上あるのは、早く成立したためで、曹洞と潙山の特色である。

臨済の家風を、互換の機とする。師と弟子の互換であり、弟子を特定しないのが特色。おそらくは四賓主とか、照用同時とよばれる、臨済の説法を指す。山僧が此間には根機を歴ず、全体作用するのである。(6)

韶陽は雲門文偃で、韶州雲門山を道場とする。早く語録が編まれ、雲門の三句とよばれる。函蓋乾坤、截断衆流、随波逐浪の外に、さらに一頌がある。(7)弟子縁密の作品だが、縁密によって、雲門を総括するもの。師資の呼吸が、ぴたりとあうことだ。

潙仰の方円も、おそらくは相手の円と方。大公家教（十七B）に、欲求其円、先取其方とあり、黙契は有名な夢うらないで、師資相互に相手の心をよむのでないか。(8)言ってみれば、四家ともに師と弟子の、対話の妙を指していて、それがまた法眼の家風でも。師学共に胸中無私、言中に的を弁ずることを求める。

さらに大切なのは、五家の宗師に語録があって、参学者はあらかじめ相手の語を、知悉していたこと。曹洞と潙仰は、弟子の語録が先にできた。(9)参学者は何処かで、それらを交換する。人気のある宗師の下に、学者が集まるのは当然だろう。法眼宗は禅の情報センターとなる。のちにいうように、法眼の妙は、代別にある。

臨済の示衆に左あり、そんな傾向を戒めている。

今時の学人、得ざることは、蓋し名字を認めて解と為すが為めなり。大策子上に死老漢の語を抄し、三重五重に複子に裹んで、人をして見せしめず、是れ玄旨なりと道いて、以て保重と為す。大いに錯れり、瞎屢生、你枯骨上に向って什麼の汁をか覓む。(10)

臨済は当時、それらが伝口令のように、師より弟子へと、口写しにされたとののしる。文字を尊ぶ中国社会で、禅の語録が発生する、危険な陥し穴である。

雲門は云う。你合（まさ）に作麼生か、各自に箇の托生の処を覓取するが好かるべし。空しく遊州猟県して、只だ閑話を捉搦せんと欲する莫かれ。老和尚の口の動くを待って、便ち問禅問道し、向上向下、如何若何と、大巻に抄し了って皮袋裏に塞在し、到る処に卜度して火爐辺に三箇五箇、頭を聚めて口喃々と挙す。更に道う、這箇は是れ公才の語、這箇は是れ理従り道い出だす、這箇は是れ事上に就いて道う、這箇は是れ体語と。称が屋裏の老爺老嬢を体して、飯を噇却せしめ了れり、只管に夢を説いて便ち道う、我れ仏法を会し了れりと。将て知る你が行脚、驢年にも箇の休歇を得んや。(11)

你が屋裏の老爺以下は、おそらく雲門の勘語で、続いて者の滅胡種、尽く是れ野狐の群隊、總に這裏に在って作麼かせん。拄杖を以て一時に趁い下すともあり、中原の戦乱を逃れて、参学者が南方に集まる様子が判る。(12)『祖堂集』によると、九峰につぐ禾山に十一位あり、各地の宗師の示衆や問答を、すでに分類する傾向がある。十一位は満数である。言ってみれば、禅問答の虎の巻。禾山は南唐辛亥の勅をうける、法眼宗成立の先達。『伝灯録』第二十七に、諸方雑挙拈徴代別語がある。(13)大半は法眼とその弟子たちの、拈徴代別語がついている。明らかに、法眼下の語録（行巻）であった。勅招には、権威がともなう。

『宋高僧伝』によると、語録のあった禅者は趙州、黄檗、法眼の三家だが、(14)他に行状、行録、別録など、その言行をまとめるテキストは、『宋高僧伝』や『祖堂集』『伝灯録』に収める宗師たちの、いずれにも存したはず。強いていえば、語録の存在そのことが、禅の灯史に列伝される絶対条件で、機縁の語無きを録せずとか、未だ行状をみず、機縁の終始を決せずとする所以。唐代の禅を五家とする、法眼の十規論をふまえて、語録の成立を考えてよい。禅の語録の成立は、栄光の所産である一方に、自から禅ならぬものへの、堕落退廃の兆でも。

二

五家の語録の古型を、やや詳しく考えてみたい。現存する五家語録[15]は、明末の再編であるが、臨済と雲門は、幸いに南宋初期に福州で重刊する、いわゆる鼓山本があって、当初の古型を想定できる[16]。曹洞、潙仰、法眼の三家は、そうした手がかりがない。曹洞は明末のテキスト以外に、日本で再編される曹洞二師録その他[17]、かなりの成果をみる上に、かつて宇井伯寿の『第三禅宗史研究』が、学問的に佳い成果を示す[18]。アンリ・マスペロの、語学的アプローチもある[19]。

マスペロの語学的関心は、始め「龐居士語録」にあり、やがて洞山に移る。両者に共通するのは、信頼できるテキストがないこと。いずれも明代に再編をみるが、すっかり整理されて、唐代の語法を伝えず、すべてをそのまま信頼できるか、どうか危いのである。

ところが又、逆の利点がある。明代のテキストは、唐から宋・元を通して、何らかのソースをもつ。出来るだけそれらを集収し、対照すると、語法的に変化の経過が判る。完全に信頼できるものはないが、無限にそこに近づくことができる。マスペロの当時、『祖堂集』は利用できないが、現在は資料が豊かである。あるものは、敦煌本の利用も可能。問題は語法に限らず、語録の性質そのものにある。いってみれば、『臨済録』や『雲門録』のように、早くテキストが決定すると、思想的語学的な、変化を含まず、歴代の解釈が独り歩きするが、早くテキストを失った宗派は、内容的に思想的語学的な流動加上の記録を、多分に含むこととなる。

今、潙仰宗の成立と、その語録をあとづけるのに、『祖堂集』を吟味し直すと、かつて宇井伯寿が集めた曹洞の資料は、一つ一つ再吟味の必要があるものの、大枠はすべて揃っているので、その気になれば大いに役立つ。さらに又、宇井テキストが、すべてを同一次元のものとする、欠陥も見えてくる。

たとえば、洞山は撥草瞻風のはじめ、まず潙山をたずねている。若い洞山は潙山に参じ、南陽忠国師の無情説法話をただす。どうして南陽忠国師が、どうして無情説法なのか。

南陽忠国師は曹渓六祖につぐ、有力な弟子とされるが、白崖山に隠れること四十年、やがて粛宗に召されて入内し、一種の軟禁生活ですごす。言ってみれば、その情報は確かであり、テキストもはばがある。六祖以後の禅を考えるのに、胡適が神会を加えたために、禅学研究は大いに進歩するが、南陽を再評価してよい時。とりわけ、恵忠は神会を意識し、壇経の改換を難ずる。無情説法は神会にもあって、恵忠の無情説法は、むしろ神会の動きをふまえている。

南陽忠国師に、すでに語録あり、我が天台僧が叡山にもちかえる。さらに又、忠国師の滅後の弟子に、耽原真応があって潭州に開法する。この人は有名な無縫塔の話に関わって、国師の影にかくれるが、若い仰山が耽原に参じ、円相を伝えている。耽原ははじめ馬祖に参じたから、耽原を介して馬祖に南陽をとりこむことができる。馬祖の弟子のうち、南陽に参じた人があり、もしくは参じようとした話は、ポスト忠国師の重要資料である。

いったい耽原のいう湘の南、潭の北とは何処か。忠国師は何を、伝えんとするのか。黄金のくにとは、何であったのか。潙山は湖南に道場をさだめる一方、国師の懸記に応じていて、問題はすでに潙仰に移る。法眼の場合は、どうか。法眼は先にいう『伝灯録』の、諸方雑挙拈徴代別が原型で、法眼下の弟子たちが、古則に加える拈徴代別は、同書の巻第二十七に限らず、ほとんど各巻に分散していて、それらを整理するのが第一。さらに北宋中期に成る、睦庵善卿の『祖庭事苑』第六に、法眼（録）の語注がある。[20]残念ながら、明末のテキストに比して、共通する語彙がはなはだ少ないので、原型の洗い出しは困難。むしろ法眼宗の盛大は、二代三代の龍象を出して、『伝灯録』の第二十五─六を独占し、巻二十八に広語、第二十九に偈頌があり、『伝灯録』の成立そのことに関わる上、三代目の延寿に『宗鏡録』あり、『万善同帰集』[21]や『心賦注』[22]がある。南宋末、福州鼓山で続刊する『古尊宿語要』第二に、わずかながら法眼上堂の一部もある。[23]原始「法眼録」の割出しは、今なお興味深い仕事の一つ。

『潙仰語録』の場合はどうか。

かつて『臨済録』を訳注した時、私の興味の第一は、若き臨済の機縁の大半に、潙仰父子の批評があること。且つは共感し、且つは疑いを深めた。事実の記録というより、何か意図がありそう。馬祖─百丈─黄檗─臨済という、臨済宗の系譜ができるまで、百丈の正系は潙仰側にある。『馬祖四家録』が『五家録』に先立つなら、馬祖─百丈─潙山─仰山のはず。五家の第一に、潙仰を数える所以で、臨済は潙仰宗への攀龍附鳳。いわゆる臨済栽松の話に、潙仰の未来記があって、臨済下四代の風穴を懸記するのも、手がかりの一つ。テキストの成立を、風穴時代に引きおろすと、まぎれもなく潙仰下南塔光涌のコメント。『伝灯録』第十二の「臨済伝」は、南塔の注を併記する。『伝灯録』の成立は、事臨済伝に関する限り、潙仰宗の盛大をふまえる。臨済を鎮州に招く、王常侍を潙山下とする説が、早くより根強いのも再考に値する。

のちに次第に明らかになるように、『景徳伝灯録』の重点は、法眼宗より臨済宗に移る。[24]法眼下三世呉僧道原の原作より、刊削者楊億の力が大きい。楊億は翰林学士朝散大夫云々という、長い肩書をもつ宋の顕官で、汝南に知となった時、広恵元璉に参じて臨済下の正法を嗣ぐ。[25] 楊億の意図は、法眼下の『伝灯録』を修正し、臨済下の系譜を確立するにある。臨済栽松のコメントがその一つ、潙仰を百丈の分流とすることが、もう一つの大仕事である。いわゆる百丈再参がそれで、[26] 楊億の『汝陽禅会集』は、そんな宋朝禅を先取りする青写真であった。

潙仰父子のあと、その主流は新羅に移る。[27]『祖堂集』第十八の「仰山章」は、異常なふくらみをもつ上、多くの海東僧が登場する。同書第二十の主部をなす、五冠山瑞雲寺和尚もその一人。黄寿永編「韓国金石遺文」に、「高麗了悟和尚碑」があり、その伝を詳かにする。[28]『祖堂集』に収める四対八相も、初期潙仰宗の教学そのもの。とりわけ円相と牛字のシンボルは、有名な十牛図頌の先駆である。高麗志謙が集める、円相関係のテキストも、潙仰宗の遺響である。[29] 人天眼目の潙仰宗の部に、その一部があるのを参照し、原始潙仰録を再編できる。

『祖源通録撮要』第二巻に、袁州仰山恵寂の伝と機縁がある。他の祖師に比して、量質共に数倍で、中国伝世のものと異なる。『祖源通録撮要』は、宋初に編まれる灯史の一つで、楊億の『伝灯録』刊削に、やや批判的である。新羅末から高麗初期にかけて、海東に伝わる潙仰のテキストを考える、有力な証拠となりはしないか。潙仰の語に注意したのは、かつては雍正帝の『御撰語録』と、我が禅学大系の『祖録部』(一)だが、ともに明末の『五家語録』を出ない。

潙山霊祐の作品で、今日に伝わる唯一の例外は、有名な『潙山警策』である。[30] 宋代に『仏祖三経』の一つとして、幾つかの加注を生む。『四十二章経』と『遺教経』を仏説の代表、潙山を祖教の一つとするのだが、三経の選択そのものが、おそらくは潙仰宗の仕事で、馬祖にはじまる祖師禅の、教外の眼を含んでいる。『四十二章経』は、大教東流第一の訳経であるが、唐代以後、禅仏教でとりあげるのは、いわゆる宝林伝本である。宝林伝の仏伝は、この経を一代時教とし、テキストもまた入蔵のものとちがう。[31]

『遺教経』は仏陀最後の説法で、クマーラジーバの訳、一代時代の総括にふさわしい短経である。『四十二章』と同じく、儒教寄りである。東山法門以来、限られた引用句が、禅問答の教証となる。『潙山警策』に敦煌本があって、その伝来を確認できる。三祖の『信心銘』や、傅大士の作品とともに、『潙山警策』が読まれた。百丈以後、叢林の制度が定着し、各地の宗師を問う行脚僧を、内側から導くガイダンスである。法眼の『十規論』も、『潙山警策』を知っている。日本では、大日能仁の達摩宗で、『潙山警策』を重視している。

鄭愚の潙山同慶寺碑（『唐文粋』六十四）によると、潙山は武宗の廃仏に際し、自から僧形を捨てる。進んで俗世間に混じ、寺内にもどることを嫌った。『潙山警策』は鄭愚や裴休にすすめられて、事已むことを得ず、僧風刷新に応じたのである。

行脚僧に必要なのは、壮大な哲学体系でも、すぐれた文学でもなかった。平凡で単純な、短言寸句である。『祖堂集』の「仰山章」によると、海東僧亭育が、仰山の禅決名函についてきいている、謎のような韻文がある。おそらくは日常必需品を収める、小物入れでなかったか。そこに銘が書いてあり、自から警策とするのだ。ただそれだけのこと、むしろそれが本当の日新の銘だろう。

五家は武宗の廃仏以後、あらためて中国の大地に足をつけた、新しい仏教の動きの成果で、潙仰宗はその先駆であり、新羅九山の入唐僧とも関係する。五家のうち、潙仰宗のテキストが、『祖堂集』に残存するのは、理由のないことでない。

三

いったい『四家録』と『五家録』と、いずれが先にまとめられたのか。五家は横ならびだが、四家は縦系列である。言うまでもなく馬祖下の四代は、馬祖―百丈―黄檗―臨済の四家を指し、潙仰を除くのである。(32) 潙仰は黄檗と臨済の、機縁を批評するワキ役となる。あえて仮説をたてると、始めに五家の語録があった。『潙仰語録』は、臨済関係の機縁を含まぬ馬祖直系の『四家録』だった。臨済宗の盛行によって、臨済関係の批判が加わる。始めは臨済側の攀龍附鳳、のちに関係が逆転する。臨済関係を含まぬ、『潙仰語録』は無用となる。大唐国裏に禅師無し、人を離れて禅はない。

臨済関係を除いて、『潙仰語録』が次第に精彩を失う、長い大きい動きのうちに、黄檗の語録が肥大化し、裴休の聞き書としての『伝心法要』と、『宛陵録』の二本が登場する。

そんな裴休伝の変化には、楊億の思い込みがある。始め圭峰下の大居士だった裴休が、圭峰宗密の死後、にわかに黄檗下にのり移る。幾分か事実だろうが、大半は虚構でないか。とりわけ宗密の晩年、『中華伝心地禅門師資承襲図』(本来は裴拾遺問)を貰った裴休が、荷沢南宗の傍系にすぎぬと知る洪州直系の禅仏教を、すんなりと受け入れることができたか、どうか。

『中華伝心地禅門師資承襲図』に、達磨門下四弟子の見解あり、有名な皮肉骨髄の批判をふまえて、恵可の答えは、のちにわが日本達磨宗が伝える、禅の宗旨にかさなる。『伝灯録』以後は、恵可が黙って礼拝し、自席にもどるのと異なる。裴休が『禅源諸詮集』を写した時、この一段があったとすると、『伝心法要』の序と矛盾してくる。『伝心法要』の序や、『伝心偈』に比して、『中華伝心地承襲図』の相手を、裴休としてよいのかどうか。

宋初の天台宗で、右の達磨門下云々を疑い、圭峰の異説とする(宇井伯寿『第三禅宗史研究』四八六ページ)。『祖堂集』を知っていて、圭峰を退けるのである。『臥雲日件録』抜尤にも、同じ記載がある(寛正七年丙戌十二月)。恵可の答えが、圭峰の異説であったか、あるいは本音であったか。早卒に断定できないが、圭峰晩年の異説が、裴休を大きく動揺させる。綿州刺史裴休より、内供奉沙門宗密への帰依、河東の裴休より、昇平相国へ、にわかで大きい変身である。

『祖堂集』から『伝灯録』へ、その間に法眼の盛大と、『宗鏡録』百巻がある(33)。結果からいうと、本来の裴休伝と、黄檗『伝心法要』とよばれる、示衆の記録に変化が起る。そうした動きの果てに、『伝心法要』の序が書かれる。「黄檗希運禅師伝心法要河東の裴休集」とある有名な一文で、大禅師有り、号は希運に始まって、全て二百七十字に及び、時に大中十一年十月八日謹記という、堂々たる大文章である。

古往今来、この文章を疑う人はない。むしろ疑えぬ故に、幾重もの混乱が加わり、すくなくとも『伝灯録』の黄檗、裴休の両章に、腑分けのつかぬコメントが入る(34)。洪州黄檗山の開創も問題だが、裴休はいつ、どこで聞法したのか。

「圭峰の禅講に該通して、裴の重んずる所と為ると誰も、未だ心を黄檗に帰して、傾竭服膺する者に若かず」、「また圭峰の碑を撰して云く、休は師と法に於て昆仲為り、義に於て交友為り、恩に於て善知識為り、教に於て内外護為りと。斯に見る可し、仍て黄檗の語要を集め、親しく序引を書いて、編首に冠し山門に留鎮するを」。

『伝灯録』の裴休伝にいうところ、黄檗と裴休の関係は、圭峰の及ばぬ内証の問題となるのだが、黄檗の語要に冠する序引を、『伝心法要』のそれとみてよいか、どうか。『伝心法要』を録したことを、『景徳伝灯録』の編者は知らず、むしろ裴休が宗密の著作に、多くの序文を冠したのに対し、黄檗の語要に冠する序があるはずというにとどまる(35)。裴休が黄檗の示衆を集め、堂々の序文を二百七十字書いたとする人は、右の『伝灯録』の文をふまえたにすぎまい。裴休と黄檗の関係は、むしろ潙山と裴休の関係をふまえ、潙山以上の帰依であったとする、新しい虚構を含むのでないか。言うならば百丈下の正系として、潙山以上の黄檗の伝記と、その伝法を主張するのに、裴休の帰依が絶対必要であった。

会昌初年、裴休が湖南観察使として、中央より江南に赴く。(36) 霊祐を同慶寺に迎えたことは、鄭愚の「潭州大潙山同慶寺大円禅師碑銘幷序」(『唐文粋』六十三)によって分明だが、潙山と裴公との関係は通り一遍の、いわゆる昇平宰相の一面を出るものでない。鄭愚の記すところ、潙山が江西百丈の付伝宗系で、会昌破仏ののちに、ここに正法が起ることを、やや古めかしい筆致で記すのみ。裴休が圭峰の禅仏教より、洪州宗に改宗したことなど、一言も述べてはいない。むしろ、裴休を黄檗につなぐ、強引な動機のうちに、百丈下の正系問題があった。

潙山が百丈の正系であることは、仰山その他の弟子によって、いっそう強化されるので、本来は百丈下であった大安を、潙山下に移すことにも見える。陸希声の撰する仰山通智大師塔銘(『全唐文』八百十三)がそれで、宣宗の復仏とともに、潙仰が盛大となる所以。残念なことに、黄檗は会昌の廃仏を避けて、黄檗山を出てしまうと、その行方は不明で、碑銘も書かれず常随の弟子もなかった。臨済や睦州の伝を、気をつけて読みこむと、その間の事情が判る。(37) 常に黄檗に従ったのは、千頃楚南のみであり、希運がいつ故山に帰ったか、確かなことは何も判らぬ。『宗鏡録』に伝える、千頃の示衆については、のちにあらためて考えよう。

言ってみれば裴休が、会昌と大中の二度にわたって、親しく示教をうけたことは、黄檗伝の欠を補うに足る、もっとも有力なテキストであるが、裴休が鐘陵で黄檗に参じたこと、宛陵でふたたび治所に請じて、親しく示誨をうける事実は、裴休みずから記す序文以外に、まったくこれを確認できない。わずかに同時代の盧肇に、宣州新興寺碑(『唐文粋』六十四)あり、裴休が宛陵に新興寺を創する、華やかな昇平復仏の記録であり、裴休の禅仏教を窺うに足る、詳しいテキストであるにはあるが、どこにも黄檗のことを言わず、そのテキストは『宛陵録』の家風に似ない。要するに裴休の『伝心法要序』は、盧肇の説を知っていて、意図的に黄檗下にふさわしい大居士の風采を示すが、潙山や仰山側のテキストに比して、同時代の空白を補うに足る、確かな歴史性を欠くのである。

因みに朝鮮に伝わる宗密の、『禅源諸詮集都序』の後記によると、唐の大中十一年（八五七）丁丑の歳、裴相が親しくテキストを筆写し、金州武当山太一延昌寺の老宿に与え、五十年を経て大梁壬申に、老宿は唯勁禅師が湖南に帰るのに与え云々とある。[38] のちに大宋銭塘で、開版されるテキストの由来を語るもの。何か基づくところあっての後記だが、裴休が大中十年（八五六）に「伝心法要序」を書き、おそらくはそのテキストを写した翌年、あらためて『禅源諸詮集都序』を写すのは、大いに注目に価しよう。

いずれか一方が他方を知っていて、故意に口裏を合わせている。裴休が写したのを、この本の図とする別の説もあり、さらに混乱を含むけれども、裴休が写した図を何と解するか、『中華伝心地禅門師資承図』[39] や、朝鮮伝来のテキストに欠く、一心の真妄を図示する、十段階の円相を考えると、問題は宗密側にはねかえってくる。実をいうと、右の朝鮮本の巻首にある、裴休の序の自署に、洪州刺史兼御史中丞とあるのもおかしい。他のいずれのテキストも、裴休自から洪州刺史を名のる例をみないから、序文と後記に互いに対応して『伝心法要』の序を意識しているようにおもわれる。

四

結論を先取りすると、唐代の禅を五家とする、法眼宗の盛大化につれて、資料の乏しい臨済の伝記と問答が、時代の関心を集める。地理的に他の四家と、遠く距る河北で、独自の家風を振う、この人のテキストは、人々の平明な理解を越える、独脱無依のところをもつ。幸いに同時代に趙州あり、そのテキストもまた孤本だが、早く江南に伝わっている。『趙州録』の首部に行状あり、南唐の東京で書かれる。南唐の東京は揚州であり、成立は保大年間である。[40] 言ってみれば『趙州録』は、法眼宗の盛大裏に成立する。その開版者は、廬山の棲賢宝覚禅院伝法賜紫澄諟で、法眼の三世に当る人。澄諟は若い黄龍恵南の師で、のちにいう『馬祖四家録』の成立と、同時代の人である。『宋高僧伝』の臨済伝に、その人に示す心要が徳山に似ることと、言教が頗る世に行われて、恒陽に臨済禅宗と号すとある。[41]『臨済録』が河北に行われて、遅く江南に伝わるのを想定させる。『宋高僧伝』もまた、江南の作品。徳山に似るのは、馬祖―百丈と別の、捧喝の多用による。百丈と臨済をつなぐ、機鋒峭峻の師が必要であった。

黄檗は大男で根っからの田厙奴、魏々堂々とは、そのことだろう。額間隆起して肉珠の如く、音辞朗々である。『祖堂集』は南唐の作品だが、黄檗は福州の生れで、俗姓の伝わらぬのも問題。後に郷里に帰って、盲目の母と会う話も、出自不明のせいでないか。[42] 行脚のはじめ、山伏のような男に会う、過水問答とも関係しよう。潜龍中の宣宗との、麁行沙門の縁もある。臨済の師たるにふさわしい、荒々しい行持である。要するに臨済を打出する、捧喝の禅者である。宋代に入って、人々は別の黄檗像を求める。五家の禅仏教に、新たに七宗が加わる。五家七宗の分類ほど、禅宗史上の難問題はない。先にいうように、五家は横ならびで、七宗は継系列である。

七宗といっても、五家に加わるのは、黄龍と楊岐の二派で、ともに臨済下である。五家の臨済を合せて、臨済は三派となる。まことにふしぎな、構図ではないか。かつて指摘するように、五家の称挙確かに早いテキストは、『建中靖国続灯録』の序文。[43]『建中靖国続灯録』は、その題名が示すように、建中靖国元年（一一〇一）の成立。序文は哲宗の御製で、言うまでもなく編者惟白の作文だが、惟白は雲門下六世である。当時、雲門を馬祖下とする、新説が登場する。[44] 七宗の出典は後れて、『円悟心要』に降るけれども、[45] すでに五家の時代を過ぎて、臨済宗のみ天下に遍き宋代の、禅仏教を語るキーワードである。

後段、あらためて詳しく考えるように、七宗の最初の第一、黄龍の初祖恵南が、「四家録」を編集している。おそらくは同時に、開版された。今日、南京図書館に蔵する孤本『四家録』の基づくところ、巻首に黄龍恵南の識語と、楊傑の序あり、南岳―馬祖―百丈―黄檗―臨済の語を収める。[46]南京図書館のテキストは、明代の再刊本といわれている。巻首に右の黄龍の識語につづいて、南岳懐譲の語があるのは、宋本『古尊宿語要』に似ている。

黄龍恵南は、晩年に黄龍山に移るまで、洪州黄檗山に住して、その上方に積翠庵を構える。[47]唐代に黄檗希運が住したあと、長く無人であったのを再興し、「四家録」を編むのである。言うならば、黄龍恵南の住山によって、黄檗山が中興されて、馬祖以後の禅仏教がよみがえる。七宗の出発は、『四家録』の刊行と重なる。序者楊傑は当代の顕官で、『宗鏡録』の再編に関係し、重刊序を書いている。[48]黄龍恵南につぐ晦堂祖心が、『冥枢会要』を編するのとともに、[49]黄龍宗の展開は、法眼の盛大を引きつぐ。

黄檗と臨済のイメージが、時代とともに更新される。五家七宗の展開は、馬祖にはじまる洪州宗の、より大きい展開といってよい。問題は畢竟、黄檗と臨済の二家で、『伝心法要』と『宛陵録』によって、『臨済録』を読み直す必要があった。むしろ、『伝心法要』と『宛陵録』は、『臨済録』の新しいコメント。五家の臨済と、七宗の臨済は、明らかにちがうので、そうしたちがいが黄檗に集まる。有名な百丈再参の縁に、黄檗が加わる所以。[50]『伝灯録』の刊削は、百丈より馬祖伝へとさかのぼる。

もともと、百丈と馬祖の関係は、きわめて簡単であった。馬祖は百丈を一見しただけで、延いて入室させる。入室を許されたのは、畢竟は唯一人の印可を意味しよう。黄檗が百丈に参じた時も、ほぼ同様のところがあって、これが三代の基本である。

一日師（馬祖）上堂良久す。百丈は面前の席を収却す。師便ち下堂。

出会いが簡単であったために、伝記作者は、いろいろの工作を加える。

百丈問う、如何なるか是れ仏法の旨趣。師云く、正に是れ汝が身命を放つ処。

先の話と、おそらく別の問答だが、先のがあれば、後者は不要。後者をとれば、前者は不要となる。馬祖と百丈は、すでに一体である。問題はむしろ、第三者への為人に移る。家風とは人に示す、そんな方法のことである。

師（馬祖）は百丈に問う、汝は何の法を以て人に示す。百丈は払子を竪起す。師云く、只だ這箇か、為当（はたまた）別に有るか。百丈、払子を拋下す。

払子は馬祖のもの、人に示す法を問われて、百丈は馬祖の払子を竪てる。竪払はナイスクエッション、よしきた、相手の問いを受け入れる意。問い手が竪払を認めると、人に示す法は無用、払子を拋下する外はない。

以上が、おそらくは原型。百丈再参のテキストに、新たに黄檗が加わってくる。黄檗―臨済を加えるために、捧喝の祖としての馬祖像の、大きい変化が起こる。

元明版『伝灯録』第六、百丈章に左あり。

師（百丈）再び馬祖に参ず。祖は師の来たるを見て、禅牀角頭の払子を取って竪起す。師云く、此の用に即するか、此の用を離るるか。祖、払子を旧処に掛く。師良久す。祖云く、你已後両辺皮を開いて、何を将て為人する。師遂に払子を取って竪起す。祖云く、此の用に即するか、此の用を離るるか。師、仏子を旧処に掛く。祖便ち喝す。師直に三日耳聾するを得たり。

再参というのは、先の払子問答をふまえるためで、先には百丈が馬祖の払子を竪てる。此の用に即するか云々は、多少ニュアンスがちがうが、要するにただそれだけか、それとも別にあるか、先に馬祖がいうのに同じ。問題は師（百丈）良久以下で、良久を深い意味にとると、馬祖上堂、百丈巻席までさかのぼるが、今はそこまで読まず、次の「已後両辺皮」を聞いての為人、つまり第三者に示す法を問うところに、再参のねらいがあるとみる。今度もまた、百丈は馬祖の払子をとるが、さいごに馬祖が一喝し、百丈は三日、耳をつぶす。先に引く払子問答は、宋本（馬祖章）では、百丈が払子を拋下するところで終わるが、同じ宋本の百丈章では、馬祖が之を叱すとする。叱は喝と同じで、大声でどなりつけること。再参の二字が、暗に潙仰をふまえることは、別にあらためて考える。

元明版の百丈章で、これを祖便ち喝すとし、百丈の耳がつぶれるのは、再参のゆえでもあるが、やはりニュアンスがちがう。叱より喝への変化に、再参のねらいがあった。さらに、宋本『伝灯録』の百丈章は、「師一日馬祖の法堂に詣す」以下、祖（馬）之を叱するまで、原型を正しく存したあと、次のような一段をおく。

一日師（百丈）衆に謂いて曰く、仏法は是れ小事ならず、老僧昔馬大師に一喝せられて、三日耳聾し眼黒きことを得たり。黄檗は挙を聞いて、覚えず舌を吐いて曰く、某甲は馬祖を識らず、要且つ馬祖を見ず。師云く、汝已後当（はた）馬祖を嗣ぐか。黄檗云く、某甲は馬祖を嗣がず。祖曰く、作麼生。曰く、已後我が児孫を喪わん。師曰く、如是如是。

ここでは再参と言わぬが、百丈は明らかに黄檗に向って、自己の再参の縁を語る。法嗣としての黄檗の力を認め、さらに為人の法を説く。いうならば百丈再参の縁の、本当のねらいは黄檗にあった。再参とは師の滅後、自ら師位を得るに際して、弟子に対して為人するとともに、単に為人ならぬ正法を、今は亡き本師に問うのでないか。馬祖―百丈―黄檗という、三代伝持の真のねらいは、そうした師資の関係を確認すること。臨済を含む『四家語録』を、通底する正法である。明本『伝灯録』は、右の百丈の「如是如是」のあと、さらに次の一句をおく。

見の師と斉しきものは師の半徳を減ずる、見の師を過ぎたるものにして、即ち伝授するに足れり。

有名な一句である。周知のように『臨済録』の行録では、臨済が黄檗を辞する時、いわゆる打爺の拳のあと、百丈先師の禅板机案を与える黄檗に、行者をよんで火を将ち来たれと命ずるのに、潙山と仰山が加えるコメントで、右の一句が再び出てくる。潙山が先師百丈の語を、「如是如是」を含めて引いたといえば、話はかなり簡単であるが、それを潙山に言わせるのは、『臨済録』編者の新しい作意である。

いずれにしても、百丈門下の二大弟子として、潙山以上の黄檗像をねらう、『四家録』の編集意図が判る。法眼の時代から、黄龍の黄檗住山頃にかけて、七宗の一派としての黄龍宗が、「四家録」を掲げて登場する。横ならびの五家よりも、馬祖禅の新しい展開として、縦系列の思考が求められる。

五

『伝灯録』第九の巻外に、「黄檗希運禅師伝心法要」が附録される。裴休の序を含めて、『伝心法要』の首部十段と、「裴休相国伝偈」がつく。

予、苑陵と鐘陵に於て、皆（とも）に黄檗希運禅師に親しみ、伝心の要を尽すを得たり。乃（よつ）て伝心の偈を作ること尒り。

すべて四字二十八句、伝心の要を説くのだ。

さらに、次のコロホンがある。

嘗って聞く河東大士、親しく高安導師に見え、心を当年に伝え、偈章を著わして後に示す。頓に聾瞽を開いて、煥として丹青の若し。予、其の遺す所を惜んで、本録に綴ると尓か云う。

慶暦戊子の歳、南宗の字天真なる者題す。

慶暦戊子は、八年（一〇四八）である。天真は伝を欠くが、南宗は馬祖―百丈―黄檗―臨済とつづく、臨済禅の児孫をいう言葉。元版『伝灯録』の末尾に、楊億が李維に与える手紙があって、「病夫夙に頑惷を以て、奨顧を受くることを獲、預って南宗の旨を聞く」といい、汝南で臨済の児孫に出逢い、その宗旨を聞いたといっている。南宗は汝南の臨済禅を指す。楊億が参祥し、嗣法する広恵元蓮が、南地出身であることも。いずれにしても慶暦八年、臨済下に属する天真が、裴休の「伝心偈」を見つけて、本録に附録する。本録は裴休が編集する『伝心法要』、もしくはすでに「四家録」があったか。『景徳伝灯録』とみてもよいが、この時に黄檗の『伝心法要』の首部十段が、そんな「伝心偈」を含めて、『景徳伝灯録』第九巻の巻末に附録される。

河東裴休の聞き書きという、裴休その人の序を信用すれば、すでに大中十年以後、綿々と伝えられたテキストだが、裴休の序文と本文のすべてが、この時に新たに姿を現わすのを、いったいどう了解すればよいのか。言ってみれば首部十段が、当初のテキストである。近年出版された中華大蔵経に、金蔵版『伝灯録』が収められて、すでに右の巻第九を含んでいる。四部叢刊に収める『伝灯録』は、宋版四本の合成であるが、第九巻の部分の版本は、『伝心法要』を含まない。

ところが、わが大灯国師宗峰妙超が、三十二歳のときに写す『景徳伝灯録』三十巻が、大徳寺に伝えられていて、底本は四部叢刊本の宋版四本の一つに合致する。その巻第九に『伝心法要』がある。全巻の行数字数ともに、完全に一致するところをみると、巻第九の巻末に『伝心法要』をもつテキストが、宋代にあったことは確かである。

慶暦八年、南宗の天真が附録する、裴休の『伝心法要』十段は、現存最古のテキストであって、これをさかのぼるものは存しない。もちろん『宗鏡録』のあちらこちらに、黄檗の示衆がとられていて、現存の『伝心法要』に重なるが、その貸借関係は明らかならず、延寿は『伝心法要』の標題を知らない。『伝心法要』の題目は、嘉祐五年（一〇六〇）に成る『唐書』芸文志が初見である。(51)『祖堂集』『宋高僧伝』『伝灯録』『天聖広灯録』等、裴休と黄檗の伝は流動的で、『伝心法要』のことを言わぬ。

福州版『天聖広灯録』の巻首に、「筠州黄檗山断際禅師伝心法要」があり、「河東裴休集並びに序」とある。[52] 慶暦八年のテキストに相当する十段に続いて、さらに六段が増加し、現存の『伝心法要』に一致するだけでなく、別に『黄檗断際禅師宛陵録』が加わる。朝鮮に伝わる『伝心法要』と『宛陵録』についても、祖本は右の『天聖広灯録』とみてよい。ただし朝鮮本は、裴序をとらぬ。[53] さらに又、『天聖広灯録』の「伝心法要」は、裴序を含めて後代のテキストに一致するが、先の『伝灯録』第九巻のとやや異なる。

今、『伝心法要』と『宛陵録』の、本文研究そのものに入ることはできない。慶暦八年の天真のテキストをふまえ、『伝心法要』に第十一段以下が加わって、『宛陵録』に合せて、裴休の聞き書きがまとまってくる、宋代の福州版大蔵経にとりこまれる、そんな動きを確認すれば足りる。

問題はむしろ『四家録』。『天聖広灯録』巻第八以下、第十一巻までの四巻に、のちに黄龍恵南が編集し刊行する、『四家録』のテキスト全てが含まれる。言うならば恵南は、『天聖広灯録』をふまえて、『四家録』を編む。[54] 巻首に南岳大恵禅師、懐譲の章があるのも一証。明代に再編のとき、『天聖広灯録』や『古尊宿語録』によったかも知れんが、今さら確認を急ぐ必要はない。『天聖広灯録』のテキストが、祖本となったことは疑いえない。天真の『伝心法要』は、『黄檗語録』の欠を補い、臨済と百丈の語をつなぐ、新しい作意を含むのだ。

『景徳伝灯録』が出来て、楊億が全巻に刊削を加える。真宗に上進し、入蔵の勅語が出る。宋初の勅版に、同時代のテキストが入る。[55] そんな『伝灯録』の出現から三十年、『天聖広灯録』が出来て、入蔵の栄誉を得る。『伝灯録』は楊億の刊削で、臨済色が強まるが、ひろく五家の語を集め、宗師の伝と系譜を記す。ところが『天聖広灯録』は、大半が馬祖下の語で、第二十巻以下に雲門と法眼をとるのに、潙仰と曹洞への力を省く。巻首の西天二十八祖、東土六祖の伝も、馬祖の源流を示すにとどまる。紀伝体の書としては、明らかに偏向であるが、潙仰も曹洞も臨済のコメントとなる。楊億が『伝灯録』を刊削し、汝南の臨済宗を重視する、編纂意図を強めるのである。臨済の児孫の動きが、それほどに強かったことは確かだが、いうところの縦の灯史より、横ならびの語録集成へ、各派の機縁に、法眼下の拈語がつき、やがて臨済系に遷る。宋初三十年の禅仏は、そんな拈語生産で一貫する。『臨済録』によって知る、臨済その人の言葉と、まったくちがったものである。黄檗の『伝心法要』と、『宛陵録』の出現は、正しくその絶頂なのだ。

『宗鏡録』第二十四に、次のような黄檗の語がある。(56)

諸仏は一切衆生と、唯だ是れ一心にして、更に別法無し、心を覚せば即ち是なり。唯だ此の一心、即ち是れ仏にして、此の心を見るは、即ち是れ仏を見る。仏は即ち是れ心、心は即ち是れ衆生にして、衆生即ち是れ仏、仏は即ち是れ心なり。衆生為たる時も、此の心亦た減ぜず、仏為る時も、此の心亦た添えず。但だ一心を悟って、更に少法の得可き無き、是れ即ち真仏なり。

文殊は真空無礙の理に当る、普賢は離相無尽の行に当る。諸大菩薩が表わす所、人皆な之有り、一心を離れず、之を悟れば即ち是なり。但だ能く無心なれば、便ち是れ究竟なり、学道の人、直下に無心ならずんば、累劫に修行するも、終に道を成せず。如かず言下に自から本法を認取して、此の法即ち心、心外に法無く、諸思量を絶せんには。故に曰う、言語道断、心行処滅と。

此の心は是れ本源清浄仏にして、蠢動畜生も仏菩薩と一体なり。只だ妄想分別するが為めに、種々の業果を造るも、本仏上には実に一物無く、虚通寂静、明妙安楽なる而已。（以下略）

天真の『伝心法要』第一段から、第三段に相当する本文、おそらくはその名で定着する以前の、本来の語録の一部。かつて入矢義高の訳注にも、その旨のコメントがある（『禅の語録』8）。

『宗鏡録』に引く黄檗の言葉は、右の外にも幾つかあるが、巻九十八の「達磨西来唯伝一心法」以下、巻第十一の「尓若擬着一法」「印早成也」以下、さらに巻第五の「如学人間黄檗和尚」「秖如目前虚空可不是境」「豈無指境見心」以下等、すべて天真のテキストを出ぬのをみると、天真の先にあったというより、順序はむしろ逆でないか。すくなくとも、福州の大蔵経以後、天真のテキストを祖本に、重層的再編を加えたにすぎず、もとづくところは、『宗鏡録』である。他のソースは、今のところ判らない。

くりかえし言うように、横ならびに五家の語録が、縦系列に組みかえられて、馬祖下の語が再編される。黄檗もまたその一つである。

『宗鏡録』第九十八に、千頃和尚（八一三―八八八）の語がある。(57)

一切衆生、驢騾象馬、蜈蚣蚰蜒、十悪五逆、無明妄念、貪瞋不了の法も、並びに如来蔵中従り顕現して、本来是れ仏なるが、只だ衆生は為めにするのみ。無始劫従り来、一念を瞥起したり、此従り奔流して、迄に今日に至る。所以に仏出世し来って、意根を滅せしめ、諸の分別を絶つ。一念に相応すれば、便ち正覚を超えん。豈に用って、他を多知多解たらしめ、身心を擾乱せん。所以に菩提の光明、発現するを得ず。

汝今但だ能く見聞覚知を絶ち得て、物境上に於て、分別を生ずる莫かれ。随時に著衣喫飯し、平常心是れ道なれ、此の法は甚だ難し。

以下さらに学人の問いあり、和尚の答語がつづく。千頃は若くして開元寺の曇藹に投じて出家する。曇藹は書を呈して、百丈に仏性の有無をただし、それが百丈の語本とともに、時のテキストとなったことを、私はすでにとりあげている（『語録の歴史』（注）七三二）。千頃は黄檗に従って、武宗の破仏を避け、昇平相裴休の帰依を得たという。裴休は問題だが、千頃は黄檗の正法をつぐ、有力な弟子の一人。『伝心法要』を同聴しているはずで、平常心の一句は、百丈―黄檗をうける、一種の伝心偈である。

六

馬祖にはじまる中国禅を祖師禅とよぶのは、仰山と相弟子香厳との問答にもとづく。(58)潙仰の祖師禅は、超師の機を含む。祖師禅は如来禅に対し、如来禅は『楞伽経』に基づく。『金剛三昧経』にもあるが、初祖達磨が『楞伽経』を伝え、馬祖がこれを受けついで、五家の禅を方向づける。仰山は馬祖をふまえ、新たに潙仰宗をひらく。祖師禅の祖はおそらく曹渓で、曹山もまた曹渓を祖とするから、五家はすべて祖師禅となる。達磨と楊衒之の問答が、そのことを先取りする。(59)祖師禅とは、中国民族の宗教を意味する。

祖師禅の宗旨を、平常心とするなら、即心是仏はそのコメントである。

『伝灯録』第六の馬祖章に、左記がある。(60)

問い、和尚さまが即心即仏と言うのは、何のおつもりか。
答え、小児の啼くのをやめさせる。
僧、啼きやめたら、何とされる。
答え、心でもない、仏でもない。
僧、啼きもせず、啼きやみもせぬ男を、どう教える。
答え、そ奴には、物じゃないという。
僧、そ奴に出会ったら、何とされる。
答え、まずはそ奴に、大道を把ませる。

後半は、質問僧その人が相手。そ奴はおまえだぞ、そ奴などと水くさい。心仏及衆生（物）是三無差別。平常心が大道だ。

即心即仏は、南方の宗旨である。南陽忠国師が、やりだまにあげてから、南方宗旨は旗色がわるいが、コメントぬきの平常心は、為人のさまにならぬ。南陽御自身も、即心即仏を説くので、畢竟は水かけ論。南方宗旨を特定することは、まったくの戯論に終わる。

馬祖はそのことを、ちゃんと知っている。即心即仏は為人の法である、子供だましの空拳黄葉。人のためにせざるもまた、将錯就錯。そんな対機の説を、仮りに家風とよぶなら、五家とは正しく、家風の心切。その場限りの、言葉の完全燃焼。

有名な南泉の平常心は、趙州を相手に委曲を尽す[61]。答える方も、問う方も対機のモデル。黄檗は臨済をぶったたくが、一方に、『伝心法要』の饒舌がある。

趙州は南泉をといつめる、（平常心は）いかんが趣向せん。

南泉、向わんと擬せば、即ち乖く。

趙、擬せざるに、どうして道と判るか。

泉、道は知に属せず、不知に属せず。知は妄覚にすぎず、不知は無記である。真実、不疑（擬）の大道に達すれば、あたかも太虚の廓然虚豁たるに同じ、豈に強いて是非すべけんや。

『伝心法要』の第一段を、心して読むに限る。南泉の平常心は、さらに山下に牛となり去るところ、異類中行へとひろがる。心とは、痴鈍底のこと。真と妄を、分別せぬのである。

馬祖、南泉の平常心は、臨済に来て平常無事、屙屎送尿、著衣喫飯となる。困じ来れば即ち臥するのみ。随処に主と作って、立処皆な真である。先に引く千頃の語に、すでにその意がある。

いずれにしても、馬祖にはじまる祖師禅は、平常心を軸に展開する。

南宋の末、無門恵開はこの則をふまえて、次の頌をつける。(62)

　春は百花有り、秋は月有り、
　夏は涼風有り、冬は雪有り。
　若し閑事の心頭に挂くる無くんば、
　便ち是れ人間の好時節。

日本で、道元や良寛の名句を生む、有名な一段である。

『碧巌録』に玄沙の三種病人あり、雪竇が次の頌をつける。(62)

　争でか如（し）かん、独り虚窓の下に坐して、葉落ち花開く、自から時有らんには。

無門の好時節は、雪竇では、自から時有りで、平常心とは、自から時有ること、人間の好時節である。人間は六道の第五で、なお輪回をまぬがれぬが、輪回を出てしまってはダメ。不昧因果を出でぬ、不落因果とみてよい。生死するから、仏有り衆生有り、発心があり、入涅槃がある。入涅槃があれば、出涅槃もある。冬雪さえて、涼しかりけり。風雅の句に、生死がある。祖師禅のおもしろさは、そんな風雅の発見でなかったか。

因みに言えば、今の日本語の人間は、キリスト教をふまえる、近代欧米の思考による。『無門関』の場合は、六道の語源の上に、中国語の伝統が加わる。人間はいわゆる俗世間の（荘子の人間世）で、禅語の平常心にかさなるが、祖師禅の平常心は、俗世間を出ぬのであり、老荘風の真俗とちがっている。あえて真俗迷語を言わぬ、生きものの日々である。好時節とは、そのことだろう。道元や良寛の歌は、末期の眼、つまり遺偈とみてよい。道元のは本来面目だが、単なる拈頌でなかった(63)。

『伝灯録』第三十巻の外に、魏府元華厳の上堂を附録する(64)。「仏法の事は日用の処に在り、行往坐臥の処に在り」で始まる、有名な示衆である。大灯国師のテキストでは、第三十巻の内に入っている。魏府の元華厳は、『伝灯録』第十二の目録では、興化存奨の法嗣である。『林間録』上に、文路公との機縁を収める。

生老病死を行往坐臥、喫茶喫飯、語言相問と同じ、日用応縁の事とする、同時代の生き証人がいる。『雪臥紀談』と『羅湖野録』の編者は、『林間録』を非難するが、当時すでに宋代初期、臨済系の同時代に注目する、生きた禅学があったはず。『伝心法要』のテキストを、本録に附した南宗天真は、そんな動きの中にいた。他にもまた、『伝灯録』に加筆しようとする、無数の生き証人を想定したい。

註

(1) 諱は文益。余杭に生る。姓は魯氏。七歳にして全偉禅師に従って受業。法を羅漢琛に得、出遊して臨川に至る。州牧請じて崇寿に住せしむ。江南国主、師の道誉を聞いて、迎えて報恩に入住せしめ、浄恵禅師を賜う。のちに遷って清涼に住す。周の顕徳五年に至って示滅す。諡して大法眼禅師と号す。のちに門人行言、署は玄覚導師の請に因って、重ねて大智蔵大導師と諡す。八八五—九五八。『祖庭事苑』第六((20)をみよ)、また私の、『禅の文化』資料篇総説八四頁(京都大学人文科学研究所、一九八八年)。

(2) はじめに、自叙がある(Z.1-439a)。

文益、幼にして繁籠を脱し、長じて法要を聞く。知識に歴参すること、三十年に垂とす。而況、祖派瀚漫、南方最も盛なり、焉に於て達するも、其の人を得る罕なり。然も理は頓に明かすに在りと雖も、事は須らく漸に証すべし。門庭の建化、固に多方有り。接物利生、其れ一揆に帰するも、苟或も未だ教論を経ずんば、識情を破り難し。正見を邪途に駈せ、異端を大義に汩む。斯の後進を悞り、枉しく輪廻に入らしむ。文益、中に測する頗る深く、力めて排するも逮ぶ匪し、拒轍の心は徒に卄なるも、鼴河の智は堪うる無し。無言の中に於て、強いて其の言を顕わし、無法の中に向って、強て其の法を存す。宗門に病を指し、簡んで十条を弁じ、用て諸妄の言を詮し、以て一時の弊を救わん。謹んで叙す（Z.1-439b）。

（3）『宗門十規論』は、早く朝鮮に伝わり、日本に来て出版される。宗門という標題が、法眼その人の命名かどうか、やや不確かな部分をのこすが、宋に入ると『宗門統要』や、『宗門聯灯会要』の例がある。宗派の意にとることは、必ずしも不可でないが、本来は破仏のあとに興る、祖師禅の自称だろう。『臨済録』のはじめにいう、祖師門下に約して大事を称揚すれば、直に是れ開口不得である。そんな歴史的、社会的な言葉で、五家の禅をいうのでないか。また、『十規論』という場合の「論」は、古くは語録の意。本書の『語録の歴史』をみよ。

（4）Z.1-440a。

（5）『禅林僧宝伝』第一（『禅の文化』第一、七八頁）。

（6）『訓註臨済録』一二五頁。

（7）T.47-576a。

（8）T.47-579b。

（9）曹山は洞山につぐが、直接曹渓に赴いて、六祖の法をつぐ（註(5)参照）。仰山もまた曹渓に生まれて、祖塔を礼している。新羅入唐僧に倣うのだが、五家の先手となる二家は、直接に六祖恵能に嗣いで、曹渓宗を開くのでないか。『祖堂集』によると、仰山にそんな禅函の銘あり、曹山に対寒山の頌があった。五位の頌も、曹山三代の作。語録といっても、出版物とは限らぬ。

（10）註(6)のテキスト一三六頁。

（11）『景徳伝灯録』第十九（台湾本、一八七頁）。

（12）第三分冊、一二〇頁。

（13）註(11)のテキスト、一六一頁。

（14）『語録の歴史』（『東方学報』第五十七冊、二二九頁）。

（15）『禅学叢書』之三、七一頁以下。

（16）T.47-506c, 576c。

（17）T.47-507a, 517a, 526c, 540c。

（18）昭和十八年（一九四三）四月三十日、岩波書店刊。

（19）Sur Quelques Textes Anciens de Chinoise Parle.

（20）Z.4-87d。事苑の語注は、法眼（録）に限るまい。広く法眼関係のテキストかも。

（21）T.47-415a。

（22）Z.1-1a。

（23）Z.12-439b。

（24）石井修道『宋代禅宗史の研究』（大東出版社、一九八七年）。

（25）『禅林僧宝伝』十六（註(24)一八頁）。

(26) 百丈再参は、黄檗への授法である。『林間録』上（国訳テキスト、一四頁）。

(27) 『祖堂集』索引下冊解説（京都大学人文科学研究所、一九八四年）。

(28) 石井修道の教示による。

(29) 『禅学典籍叢刊』第六巻（臨川書店、二〇〇〇年）。

(30) 『禅家語録』下、世界古典文学全集36Ｂ（筑摩書房、一九七四年）。

(31) 『禅仏教の研究』六二九頁。

(32) 椎名宏雄「馬祖四家録の諸本」（『禅文化研究所紀要』第二十四号）。

(33) 『宗鏡録』は『禅源諸詮集』をふまえる、禅蔵の再編である。黄檗の幾つかの遺文を引く（後註(56)）。

(34) 宋版『伝灯録』九の黄檗伝は、裴序を知らず、廬肇の宣州新興寺碑（『唐文粋』六十五）による。まず、伝をあげよう。

　後に洪州大安寺に居るに、海衆奔湊す。裴相国休、宛陵に鎮して大禅苑を建て、師を請じて説法せしむ。師の旧山を酷愛するを以て、還た黄檗を以て之に名づく。又た師を請じて郡に至らしめ、所解一編を以て師に示す。師接して坐に置き、略も披閲せず、良久して云う、会する麼。公云く、未だ測らず。師云く、若し便ち恁麼に会得せば、猶お些子に較れり。若也紙墨に形すれば、何ぞ吾が宗有らん。裴乃ち詩一章を贈って曰く云々。

　宋版の編者によると、黄檗が洪州大安寺で海衆を接するのを、宛陵に鎮した裴休が、耳にし、宛陵に招いて黄檗山を開かせ、また治所に請じて所解を示す、さらに例の詩を贈って、浮盃今日漳浜を渡るというので、黄檗は洪州大安寺より宣州黄檗に移る、その途中で漳浜を渡るので、年次や地名を気にしなければ、それなりに情況が判るのだが、のちに書かれる『伝心法要』とその序をもちこむから、大混乱を起すのである。

　混乱の第一は、元版『伝灯録』の注である。元版の注者は例の裴休と『伝心法要』、そして『宛陵録』のことを知っている。それらを何とか合理化すると、いよいよ混乱を増すのであり、禅文献は理会できぬこととなる。念のため、次に元注を引こう。

　前に叙ぶる所を観るときは、則ち運禅師は洪州大安寺に居る。後に裴公宣州に在って、寺を剏て、師を請じて之に居らしめ、号して黄檗と曰い、而して贈るに詩を以てする也。然るに叙ぶる所の事、詩意と全く相い合せず。今此の詩を詳かにするに、乃ち裴公洪州に在る時の作也。言うこころは、挂錫十年棲蜀水とは、師が先に高安の黄檗に住して、已に十年なる也。前漢の地理志を按ずるに、予章郡の建成県に蜀水有り。建成とは即ち唐の高安県也。浮盃今日渡漳浜とは、黄檗より師を請じ来って洪城に至らしむるを謂う也。前漢の地理志を按ずるに、予章水は贛県の西南に出て、北して大江に入る。洪州城は漳水の浜に在りて、郡名は予章也。

又た裴公作る伝心法要の序に云く、大禅師有り、希運と号す。洪州高安県黄檗山鷲峰下に住す。海衆常に千余人。予れ会昌二年、鍾陵に廉たり、山より迎えて州に至らしめ、龍興寺に憩わしめて、旦夕に道を問う。大中二年、宛陵に廉たり、復た礼迎して所部に至らしめ、開元寺に寓して云々と。鍾陵は洪州也、宛陵は宣州也。此の序に述ぶる所を観ずるに、亦た師の先に高安黄檗に住するに、裴公請じて洪州に至らしむること、前詩と正に合す。其の宣州に廉たるに逮んで、復た師を迎請すと雖も、但ち開元寺に寓したる而已。初めより建寺の説無し。知らず本章、何を以て差誤すること此の若くなる。蓋し当に裴公法要の序と詩を以て正と為すべし。且つ会昌三年は武宗教を廃す、其の二年は、師は黄檗に居って已に十載と言う、此は必然の理也。裴公の宣州に在って師を請ずる、乃ち大中重興の後にして、師は再び徒を黄檗に聚むるの時也。故に千頃南公の章に云う、大中の初めに裴公出でて宛陵を撫するや、黄檗和尚を請じて山を出でしむ、而して南公之に随う也。其の余は裴公章中に在って、之を弁ぜん矣。

以上の引用で、混乱の事情は分明だが、あえて繁を犯して、裴公章を確かめ、元注を引くと次のようである。

裴休が新安に守たるとき、黄檗はすでに会昌の廃仏で、黄檗山の衆を捨て、大安精舎に入って、迹を労侶に混じ、殿堂を掃麗している。ここで裴休と出会うので、「真儀見つ可し、高僧何くにか在る」という、有名な問答のあと、公は弟子の礼をとり、延いて府署に入らしめ、堅く請じて黄檗山に入らしめる。さらに遷って宣城に鎮するに、還って瞻礼を思い、また精藍を創して迎請する。以下は元注の文である。

唐の新安郡は、即ち歙州也。唐史の裴相本伝に、出でて守たるの明説無し。未だ必ずしも歙州大守と為ることを経ずと雖も、然れども其の伝心法要の序を観ずるに、即ち知る其の初め運公を洪州に識り、再び之に宣州に見ゆる、皆な迎請して来らしむる、解逅に非さる也。今本章に述ぶる所、壁画の高僧を問うの処、必ず差誤と為すことを。苟も或は果して歙州に在るときならば、則ち序中に安ぞ之を言わざるを得ん耶。

(35) 右の裴休伝に、次あり、くり返し注意したい。圭峰の禅講に該通して、裴の重ずる所と為ると雖も、未だ心を黄檗に帰して、傾竭服膺せし者には若かざる也。又圭峰の碑を撰して云く、休は師と法に於て昆仲たり、義に於て交友たり、恩に於て善知識たり、教に於て内外護たりと。斯に見る可し矣。黄檗の語要を集むるに仍んで、親しく序引を書して編首に冠し、留めて山門に鎮す。

黄檗の語要は、『天聖広灯録』第八にあるもので、黄龍恵南が「四家録」にとりこむもの。『伝心法要』や『宛陵録』と別系列とみてよい。聞き書きでも、編集でもなかった。序引もまた裴休の撰述ではなかろう。

(36) 吉川忠夫「裴休伝」一六四頁(『東方学報』京都第六十四冊)。

(37) 黄檗と臨済の機縁は、『臨済録』によって決定するのだが、当初はかなり流動的である。『祖堂集』十九の臨済伝は、大愚参問をすすめる黄檗の姿が大きく、臨済の師としてのイメージは軽い。「陳尊宿」の場合は、『祖堂集』も『伝灯録』も、師匠黄檗のことを一切語らず、語録にも出て来ない。

(38) 『禅学叢書』之二、高麗本禅源諸詮集都序後記(一四九頁)。

(39) 宇井伯寿訳註『禅源諸詮集都序』後記二二八頁(岩波文庫)。同『第三禅宗史研究』附記五〇七頁。

(40) 『禅の文化資料篇』巻首に、南唐呉越の歴史地図を掲げる。南唐保大十二年(九五四)の情況である。

(41) T.50-779a。

(42) 無著道忠の『正宗賛助桀』巻第二、黄檗断際禅師章に、『中峰録』七の「不二鈔」を引く。

群玉集に、黄檗運禅師、得道の後、忽ち父母に省侍せんことを思う。一婆子出でて問う、何の処ぞ。曰く、江西。婆曰く、我家も亦た一子有り、江西に在り、多年帰らず。因って宿を借る。婆親しく為めに足を洗う。運の足心に一誌あり、甚だ大なり。婆は是れ其の子なるを失記す。次日運辞し去る。三里の外に於て、郷人に説与して云く、吾が母は識らず、山僧は但だ母子一見して足れり矣。郷人其の母に報す、母趕って福清渡に至る、運已に舟に登る。母一跌して終る。運回らず、但だ隔岸に於て、秉炬法語して云く、一子出家すれば九族天に登る。若し天に生れずんば、諸仏の妄言なりといって、炬火を擲つ。然して両岸の人皆な其の母の、火焰中に於て転じて男子の身と為り、大光明に乗じて、夜摩天宮に上生するを見る。後に官司改めて、福清渡を大義渡と為す。

（43）『禅の文化資料篇』一二八頁注。

（44）呂夏卿撰、明州雪竇山資聖寺第六祖明覚大師塔銘（T.47-712a）。

（45）法済禅師に示す（Z.14-354a）。

（46）前註(32)をみよ。

（47）『禅林僧宝伝』第二十二によると、積翠は黄檗の谿上にあり、退居のところである。仏手、驢脚、生縁の三関も、晩年のものである。また、別に『黄龍尺牘』があって、宗教書簡の最たるもの。積翠庵の開創は、馬祖、百丈の昔に帰る意図をもつ。

（48）元祐六年（一〇九一）、呉の徐思恭が東都法雲寺で『宗鏡録』をよみ、法誦、永楽、法真の諸老を請じ、遍く諸録を輯めて之を補い、全百巻とする。延寿（九〇四―九七六）の寂後、ほぼ百年のことである。

（49）『宗鏡録』の節本は、朝鮮、日本を含めて、何度もつくられるが、年代的内容的に、「冥枢会要」がその先導となる（禅学典籍叢刊三）。

（50）『林間録』上に、左あり。

断際禅師初め雒京に行乞し、添口の声を吟ず。一嫗棘扉の間より出づ。曰く、太無厭足生。断際曰く、汝猶お未だ施さず、反って無厭を責めて何かせん耶。嫗笑うて扉を掩う。断際之を異とし、与に語って多く投薬する所あり。辞し去らんとするに、嫗曰く、南昌に往いて馬大師に見ゆ可し。断際江西に至るに、大師已に化し去る。塔の石門に在るを聞いて、遂に往いて礼塔す。時に大智禅師方に廬を塔傍に結ぶ。因って其の遠来の意を叙べ、平昔得力の言句を聞かんと願う。大智、一喝三日耳聾の語を挙して之を示す。断際舌を吐いて大いに驚く。相い従うこと甚だ久し。暮年に始めて居を新呉百丈山に移す。

（51）椎名宏雄『宋元版禅籍の研究』四一〇頁。

（52）『禅学叢書』之五、『広灯録』第一帙三四一頁上。紹興戊辰閏八月の刊本。

（53）『禅学叢書』之二、三〇頁以下。朝鮮の刊本は、別に『法海法筏』を含めて、『宛陵録』を先におく。

（54）「臨済のことば―臨済録口語訳の試み」（『禅文化研究所紀要』三、一九七一年）。

（55）「大蔵経と禅録の入蔵」（『印度学仏教学研究』第二十の一、一九七〇年）。

（56）T.48-550b。

（57）T.48-945a。

（58）『禅仏教の研究』三七一頁。
（59）『宝林伝』第八（禅学叢書之五―一三五頁）。
（60）T.51-246a。
（61）T.51-276c。
（62）T.48-295b。
（63）傘松道詠では、鎌倉行化の時である。
（64）T.51-466b。

禅門宝蔵録解題

戦後間もなく、『祖堂集』を読みはじめて、未だに多くの疑問が残る。前後五十年以上、同じテキストを読んで、理解が全く変っている。

今頃、唐代の五家が、気になって、潙仰宗のことを考えている。会昌の破仏の後、最初に名のりをあげる潙仰を、私は何度もとりあげたが、今度は確かに的を射たとおもう。生き苦しい時ほど、禅のテキストがおもしろい。昔も今も、事情は変わるまい。五家といっても、雲門の大部分と法眼を、『祖堂集』は含まぬけれども、他の三家を考えるのに、甚だ重要なテキストの一つ。三家の歴史が判ると、五家と『伝灯録』の関わりが判る。『伝灯録』は法眼をふまえて書かれ、臨済を加えたために複雑となる。臨済と雲門の新しさは、『天聖広灯録』に来て完成する。そんな『伝灯録』の成り立ちをみても、潙仰を再検討する気になる。言ってみれば『祖堂集』は、潙仰をふまえて書かれた。やや大袈裟にいうと、『祖堂集』は潙仰宗のテキストだ。

潙仰は早く姿を消すが、姿を消すのは中国本土だけで、新羅・高麗に脈々と受けつがれる。『祖堂集』巻第二十の大半を占める、五冠山順之の章がその一つ。高麗志謙の『円相集』は、五冠山順之をふまえる集大成。言ってみれば、潙仰宗の大パノラマ。円相は南陽忠国師にはじまり、宋代の『十牛図頌』に受けつがれる。高麗本「十牛図」のことも、あわせ考えてよい。今まで、『宝林伝』がらみで「十牛図」を考えたが、案外に潙仰以後かも。[1]『宝林伝』と『祖堂集』のあいだに、潙仰のテキストを置くと、唐代の禅全体が動く。有名な「九山禅門」も、『海東七代録』も、再検討を加えてよい。

もっとも興味深いのは、宋初の『祖源通録』をふまえて、海東で再編される『祖源通録節要』第二巻に、表（袁）州仰山恵寂の章があって、中国伝存のテキストと異なるうえ、異様なほど詳細であること。『祖源通録』二十四巻は、湖州西余山拱辰の編で、拱辰は潤州曇穎達観の法嗣。そのテキストはかつて『伝灯録』の祖本に擬せられたこともあり、中国で早く伝を断つこととも関係しようが、今にして思えば、早く海東に伝えられていた。とりわけ『祖堂集』や『伝灯録』と別系統の、古い資料を含んでいて、今の場合は原始潙仰宗を考える、有力な支えとなることが判る。

『臨済録』の勘弁や行録に、潙仰父子のコメントがある。巻首の上堂にはないが、黄檗と臨済の機縁に、必ずといってよいほど、潙仰が評論を加えている。もっとも重要なのは、風穴延昭（沼）の出世を予言する、臨済栽松話である。臨済栽松は、『伝灯録』では栽杉であるが、ちゃんと仰山の未来記があって、仰山につぐ南塔光涌のコメントがつく。風穴章にも、受けつがれる。私はかつて風穴の伝を検討し、説話全体が風穴の時に出来たと考えた。大すじはそれでよいが、潙仰がどうして黄檗と臨済にこだわるのか。従来は、誰も問題にしない。汝州の張行満も、風穴にかさなる。張行満は一名張浄満で、六祖の首級事件の張本。のちに盛大となる臨済の法系をみると、潙仰は百丈下の傍系だが、当初はむしろ逆であったろう。臨済を鎮州に迎えて、開法を請う王常侍を、潙山下の王敬初とする解釈は、じつは当初からのもの。河朔三鎮の一人、鎮州の王氏にその正体を求めるのは、私のかねての創見だが、禅仏教は、狭義の歴史でつかめぬ。

臨済と王常侍が、僧堂の前で問答する。経もよまず、坐禅もせぬ修行僧を、一時に成仏させる臨済を、金屑貴なりと雖も眼裏に著けて瞖とすると、王常侍が軽くいなす処がある。この話は早く南方に伝わって、諸尊宿の話題となる。王常侍が、潙山下だと、役者の格が上るのである。

さらに、逆の場合もある。臨済は示衆で好晴好雨、好灯籠好露柱を笑う。相手を潙仰とする、陸川堆雲の読みがある。私は堆雲説に賛成だが、その意味が今にして判る。堆雲の本を読んで、五十年ぶりの再発見である。灯籠は居眠りする坐禅僧を、警策するために灯す。ポイントは、百丈下の伝統をつぐ、潙仰宗の盛大にかこつけて、黄檗・臨済の正当を保証して貰う、いわゆる攀龍附鳳にある。攀龍附鳳の動きは、必ずしも一方的でないから、潙仰側から臨済に相乗りする、逆の動きがあってよい。潙仰は早く法系を断つが、臨済の盛大がこれを受けつぐ。南塔光涌が臨済を訪うて、河北に赴く話もその一つ。さらに興味深いのは、河北に帰る臨済に、仰山が普化を紹介している。その意味が次第に読めてくるのだ。仰山と普化は、禅仏教の大悲旃陀羅だった。いったい潙仰の盛大は、何に基因するのか。地の利と人の勢い、時代と門下の盛大は言うまでもない。もっとも大切なのは、曹渓玄旨の確認でないか。潙仰宗旨の強みは、曹渓玄旨の再発見にある。問題は再び、曹渓古本の『六祖壇経』にもどる(2)。

『祖堂集』第十八に、仰山の章がある。『祖堂集』の仰山章は、かなり複雑だが、初期の潙仰を考えるのに、恰好のテキストである。そんな仰山章の後半をなす、第一〜第五のテキストは、原始潙仰宗の生資料である。それぞれに聞き手があって、編集者の形をとっている。海東僧亭育はその一人で、五編中、重要な鍵を握る人物。潙仰の生資料を海東僧が、新羅に伝えた。

海東僧亭育が編する、仰山和尚の「禅決名函」は、他の四編を蔵する文箱である。仰山集雲峰迦葉弥伽・舍那遮那三摩鉢底、師地静慮沙門恵寂という、梵語もどきの函札がある。謎の言葉が解けないと、この箱をあけることはできぬ。

第五函の意味が判ると、前四函が判る。すくなくとも第四函の燕州僧を、私は海東僧とみる。『伝灯録』の仰山章では、その名すらみせない。亭育のパンドラ第五を開くと、潙仰宗が解ける。潙仰宗が解けると、『祖堂集』二十巻が読める。

パンドラの第一函は、韋中承（丞）の編集だが、韋中承（丞）は韋胄であり、当代名賢の一人。そこに大庾嶺に恵能を追う、五祖下道明の話がある。『祖堂集』でも『伝灯録』でも、たいへん有名なテキストゆえに、当たり前のことと考えたのは、五十年来の失考である。『無門関』第二十三則は、すでに私たちの血肉である。どんな名医も血肉ゆえに誤診する。かつて『初期禅宗史書の研究』を書いて、道明の素性を洗ったことがある。陳の宣帝の胤という、『六祖壇経』のテキストを疑って、当時同名の唐川恵明をモデルに、壇経作家の虚構とした人物。私は今もそのことを、修正するつもりはないが、当の大庾嶺の対話そのものが、仰山伝にはじまることを見落とした。ついでに言えば、大庾嶺は五祖下における、衣鉢問題に端を発する上、衣鉢問題は当然、恵能と神秀の心偈合戦が動機。有名な「本来無一物」の句が、敦煌本にないことを、誰もみな熟知している。いつ、誰が、どうして変えたのか。当然確認すべきことを、ほとんど怠って来たのである。失考の第二である。石井修道の発表（『印度学仏教学研究』第三十六巻第二号）も、当然知っているはずで、今になっては礼を欠くが、あらためて再読してみると、『宝林伝』の問題が残っている。西天二十八祖問題に眼をとられると、第二十七祖般若多羅の姿が拝めぬ。

本来無一物、不思善不思悪、正与摩の時、（那箇カ是）本来の面目、水を飲んで冷暖自知するが如し、唐代の禅宗を色どるキーワードが、すべて潙仰宗に関わっていて、『壇経』と『宝林伝』になかったとすると、あらためて『祖堂集』を再読参読し、潙仰の時代を考えなくてはならぬ。ついでに言えば、同じ話が『伝心法要』にあって、問題は潙仰に限るまいが、当の『伝心法要』のテキストが、はたして本当に大丈夫か。私はここ数年、『伝心法要』と裴序を疑って、『伝灯録』第九の末尾に、南宗の天真が加えるテキストを、最古の祖本と考えている。黄龍恵南による、「馬祖四家録」の吟味が発端で、潙山の再興もまた黄龍宗と関わる。裴序とその『伝心法要』を疑う人は、古往今来なかったが、胡適晩年の新見地をふまえて、裴休と宗密のテキストを洗い、虚構の程度が判ってくると、潙山・黄檗も無事とは言えまい(3)。

当面の問題を、潙仰にしぼると、盛大な潙仰の背後に、新羅の弟子たちがいる。『宝林伝』と『祖堂集』の、海東撰述問題も残る。『六祖壇経』のテキストが、それらに大きく関わってくる。壇経は早く高麗に伝わって、智訥の曹渓宗を生むのだが、いわゆる高麗本「壇経」に序を書く、元代の高僧蒙山徳異に注目してよい。蒙山は例の大庾嶺で、六祖の正法をうける道明の、霊塔の所在地である。道明がここに来るのは、恵能の玄記によるが、恵能は一方で袁州を暗示する。袁と蒙は切りはなせまい。袁州は言うまでもなく、仰山である。徳異は歴たる中国僧だが、その法語を与えられた弟子たちは、高麗僧を含んでいたろう。徳異本「壇経」が高麗に流行し、何度も開版されるのは、そんな弟子たちの動きを支える、蒙山開山道明の遺徳である。蒙山徳異は「壇経」のみならず、「仏祖三経」の序、「蒙山法語」や「六道普説」の主人公として、元代仏教の動きに大をなし、そのすべてが高麗に伝わる。海東の看話禅を立て直す、大元延祐の中国僧である(4)。

周知のように高麗曹渓宗は、この時代に、臨済下に入る。看話は曹渓宗の基本だが、宋朝禅の法系をとらず、海東僧知訥を開祖とするので、厳密にいえば臨済宗ではない。元朝以後の海東臨済宗は、平山処林と石屋清珙をうける、歴たる臨済禅である。(5)蒙山徳異の「壇経」と「普説」が、大きく作用している。

蒙山開山道明の伝が、より正確にいえば、大庾嶺上の話が、あらためて再確認されると、「本来無一物」の一句が、海東の禅仏教を起こすことが判る。

『祖堂集』の仰山章を読むと、仰山は韶州懐化の出身で、晩年ここに帰って寂する。遺体を袁州仰山に迎え、あらためて入塔させるのは、弟子の南塔光涌である。袁州仰山と蒙山徳異は、遠く時代をへだてて、曹渓玄記の抽牽下にある。仰山は四方に塔があって、守塔の弟子が四人もいた。仰山はもともと、道教の霊場である。(6)『祖堂集』が伝える仰山は、密教と道教がらみで、未来記や讖緯の信仰とかさなる。仰山小釈迦の正体は、かなり奥ゆきがありそう。先にいう海東僧亭育の記録は、その一端にとどまる。

『祖庭事苑』の末尾に、初祖達摩をめぐる、各種讖偈の註がある。

般若多羅十一、那連耶舎十三、竺大力一、誌公一、達磨一、六祖一の計二十八首。『祖堂集』と『伝灯録』をあわせ、その全体を確認できる上に、すべて何らかの絵解きがある。讖偈は「未来記」だが、無註では用をなさぬ。

睦庵のいうところ、次のようである。

或は聞く、仰山の箋註頗る詳と、竟に見るを獲ず。晩に雲門の「曜禅師録」中に於て、曜の所註十八首を得たり。般若多羅は止だ三首の註を見る有るのみ。今并せて後に録す。禅師の諱は重曜・天台韶国師に嗣ぐ。名は当時に振い、銭氏に礼重せらる。其の讖註手沢、尚お存す。今、会稽の雲門雍熙の影堂に閟すと云う。

睦庵は、仰山の箋註を見なかったが、仰山が般若多羅その他の讖偈を集め、註をつけたことを伝える。仰山が般若多羅を重視するのは、馬祖・石頭以後を予言する、讖偈の補完にあったはず。ひょっとすると、馬祖・石頭以後にとどまらず、既成の讖偈を改作し、新しい解釈を与えることも、補完の仕事のうちにある。たとえば北周武帝の破仏を、唐の会昌に引きおろすと、さぞや溜飲がさがるだろう。

廿七祖般若多羅の創作は、『宝林伝』の功績だが、般若多羅は西天における達磨の師であるとともに、中国に旅立つ達磨に、讖偈十一首を与えて、中国三千年の禅仏教を予言したこと。いわゆる玄記の発信者である。宋代に至って、祖偈の翻訳が問題になって、讖偈もその一部となる。惟白の『大蔵経綱目指要録』八が、それらの難問を解明したために、すべてが『宝林伝』の功績となる。私もまた惟白の解明に従って、般若多羅と那連耶舎の讖偈を、『宝林伝』の創唱と考えた。内容的に馬祖、石頭を最下限とする、それら廿八首の有効期限は、『宝林伝』の時代にとどまる。気がかりなのは『宝林伝』の出現を、惟白の指示に従って、大唐貞元中とみるにしても、貞元は二十年もつづくので、必ずしも十七年（八〇一）に限るまいし、惟白の文章をよく読むと、貞元中は金陵の恵炬が、祖偈をもって曹渓に往き、西天勝持三蔵と共力参校し、唐初以来の伝法宗師の機縁をあわせて、『宝林伝』を集成する年まわり。中国に早く伝を断つ、仰山の讖偈集註や、『祖堂集』の亭育ノートが、『宝林伝』を補完する余地は、充分にあったといえる。

『祖庭事苑』に引く雲門曜の註と、『祖堂集』に引く般若多羅その他の讖偈は、解釈はかなりちがうが、誰を讖するかという相手が、ほぼ一致するところをみると、テキストは何らかの註を含み、『宝林伝』にとられたというより、『宝林伝』編者の創作にちがいない。『宝林伝』以後、それらをつぐ動きのうちに、潙山と仰山がいた。とりわけ潙仰を海東に伝える、新羅の入唐僧がいる。

もっとも注目に価するのは、『祖庭事苑』に引く、未見註の八首である。

其一曰、

路上忽ちに深処の水に逢う、等閑に虎を見、又た猪に逢う。小小の牛児に角有りと雖も、青谿に龍出でて總に須らく輸すべし。
其二曰、
八月商尊飛んで声有り、巨福来祥して鳥驚かず。
一雞を懐抱き来って会に赴く、手に龍蛇を把って両楹に在り。
其三曰、
公に寄す席脱、権時に脱す。蚊子の虫、小形を慚づ、
東海象帰って右服を披む、二処に恩を蒙って總に軽からず。
其四曰、
日月並び行きて君動かず、郎は冠干無けれども山に上って行く。
更に一峰有って、翠岫を添う、王は教え人は識る、始めて名を知る。
其五曰、
高嶺に人に逢うて又た衣を脱す。小蛇毒ありと雖も為す能わず。
可中し井底に天の近きを看れば、小小の沙弥大機を善くす。
其六曰、
大浪高しと雖も、知るに足らず、百年の凡木、乾枝を長ず。一鳥南に飛んで北に却帰す、二人東に往いて却って西に還る。
其七曰、
憐れむ可し明月独り天に当る、四箇の龍児各自に遷る。

東西南北、奔波し去って、日頭平かに上り無辺を照す。

其八曰、

鳥来って高に上り、堂興らんと欲す、白雲は地に入って色還た青し。

天上の金龍、日月明らかに、東陽の海水、清うして清からず。首に朱輪を捧ぐ、重うして復た軽し、心眼無しと雖も転た惺々たり。

耳目を見（具せ）ずして善く観聴す、身体元より無にして、空しく形有り。

姓字を説かず但だ名を験す、意は書巻を尋ねて錯って経を開く。

口に恩幸を談じて心は情無し、或は去り或は来って身停まらず。

例によって、謎句ばかりが続く。謎語の組み合わせである。訓読は和刻本によるが、心なしか潙仰宗の匂いがある。東海や高嶺の文字が、妙におもわせぶりで、『祖堂集』に伝える亭育の記録と、どこかでかさなりあう。陸希声の碑銘によると、仰山は潙山下の龍である。第二首の商尊は、無染のことか。言うまでもなく無仏の時、商山に隠れた四皓のことならん。仰山は般若多羅を補って、自己の「未来記」を書く。右の八偈を、契嵩の『伝法正宗記』に引く。『事苑』はおそらく契嵩によるが、契嵩もまた読めなかったらしい。

『祖庭事苑』八は、般若多羅と耶舎の讖偈に限らず、辨楞伽経、信位行位、入水見長人など、『祖堂集』仰山章にある語句や、テーマについて註釈する。今は『宝林伝』、『伝灯録』にあるにしても、潙仰宗が透けて見えるのだ。信位と行位の問題は、『祖堂集』にもどさないと解けまい。

『祖庭事苑』六は、『宝林伝』によって、張行満の事件を説く。「風穴衆吼集」の語解である。「風穴衆吼集」は、『天聖広灯録』十五によって、ほぼ復原可能である。張行満は汝州の人で、汝州風穴の話題となる。

張行満の註は、『宝林伝』の逸文として、古くから注目されたが、『祖堂集』では菀陵僧道存が記録する、潙仰問答の一部。先にいう般若多羅の讖偈につづく、六祖自身の玄記でも。首級事件のポイントは、生前に恵能が知っていて、未然に防いだところにある。

記録のすべては、『伝灯録』五の恵能伝にとられて、とくに『宝林伝』とする必要はなかった。言ってみれば潙仰問答が最古で、一方に『宝林伝』の権威づけがあり、のちに徳異本『壇経』に入る。徳異は『伝灯録』によるが、潙仰問答も『宝林伝』も、ともに新羅僧の所伝が動機である。

いったい六祖の首級事件を、仰山は般若多羅の玄記とする。すくなくとも、般若多羅の玄記を補完する、新しいネタの一つ。般若多羅の玄記は、禅宗向後三千年に及ぶ。『祖堂集』達摩章に引く、二十数首の比ではない。(7)

あえて結論を先に言うと、元の天頭の『禅門宝蔵録』上に、『般若多羅海底宗影示玄記』を引く。嶺南宗道者の註を含めて、仰山の所伝とみられる。

嶺南宗道者は、『祖堂集』によると、仰山が十八歳で沙弥となり、行脚して最初に参じた、韶州乳源である。耽原参問以前である。『伝灯録』第八は、馬祖の嗣として、韶州乳源をあげる。仰山は二人ともに捨て、大潙にゆくのだが、『祖堂集』は宗和尚の童行として、仰山が歌うように念経し、和尚に叱られたことを、さらに別の話として伝える。後年、潙山と般若多羅を論じて、仰山は宗和尚のテキストをとりあげる。向後三千年の玄記は、仰山の弟子によって海東に伝えられる。

『禅門宝蔵録』第六条に、付法荘(蔵)伝による、般若多羅の言葉がある。

我が仏は兜率天より摩耶胎中に入る、直に三十三人の与めに、揔に玄記を授けて云う、吾有の心法は揔に汝に付す、各々時を俟って当に一人が一人に伝え、宗旨を密護して、断絶せしむる勿かれ。之を教外別伝と謂う。

是に由って頌に曰く、

摩耶肚裏の堂、法如の体一如なり。卅三の諸祖師も、同時に密に授記せらる。

西天第二十七祖の玄記によって、真帰祖師と釈迦仏の、雪山面授の新説が生まれる。雪山は祖師禅の発祥地で、七仏は姿を消すのである。『伝灯録』第二十九に、『宝林伝』を読むと題する、僧潤の詩がある。『宝林伝』に七仏章がなかった、そんな空想を誘う詩である。祖師禅に、経典は無用とすると、仏もまた姿を消す。

『祖庭事苑』巻第六にある、仰山の伝記はもっとも注目すべきもの。そこに、潙山の法をつぐ以前、乳源、耽原、処微、性空、巌頭、石室、中邑、東寺など、当代を代表する、諸禅師歴参の事実が指摘される。一人一人別の資料によって、問答の確認が可能であるが、若くして虔州処微に参じたことは、もっとも注目に値しよう。処微は西堂下であり、他の三人の新羅嗣法者に対し、確認可能な唯一人の中国僧である。私はかねてから、処微を『宝林伝』の編者に擬するのだが、今新たに仰山を得て、『宝林伝』の正体が判る。

若い仰山は耽原から、境智と明暗一相を学ぶ。のちに道存が記録する、西天大耳三蔵のことも、耽原の所伝であろう。境智は、南陽忠国師と大耳の縁をふまえる、渉境心である。

大耳は他心通の名手で、忠国師の心の動きを把えるが、すべて渉境心にとどまって、国師の自受用三昧に音をあげる。臨済の示衆に批判があって、晴を好み雨を好み、灯籠露柱を好む悪禿奴とするのは、そんな潙仰問答を介する、大耳と忠国師に擬するのでないか。

臨済はまた、一般の好悪を識らざる悪禿奴が、便わち神を見、鬼を見、東を指し西を劃して、晴を好み雨を好むものともする。すでに陸川堆雲の指摘だが、あらためて一考するに価しよう。仰山は人の見解を試み、人の行解を試みず、正しく境に渉る時は、重処に偏流して業田に芽出づと言っている。見解は口密、行解は意密である。

仰山は慎重を期して、その一相を強調するにしても、潙仰問答のいずれをとるも、玄記の魅力が独り歩きする。潙仰宗が中国本土で、早く姿を消す理由である。

さらにまた、明暗一相は神会をうけるが、とかく一相に執すると、先尼外道の見となる。先尼外道の批判も、潙仰宗と大きく関わる。くり返し言うように、明は朝、暗は夜で、虚空と太陽をモデルとする。この場合もまた、臨済の批判がある。

所以に言う、若し人道を修せば道行われず、万般の邪境、頭を競うて生ず。智剣出で来たって一物無し、明頭未だ顕われず、暗頭明らかなり。

後半二句を、高い意味にとることはできまい。一物無しは、本来無一物の誤解。世界は、まっくらである。後生の小阿師、会せずして便即ち信じ、這般の野狐の精魅、他の事を説いて、他人を繫縛することを許す。

言道うらくは、理行相応し、三業を護惜して、始めて成仏することを得と。

理行相応は初祖の聖句だが、三業を護惜して、玄殺されかねぬ。すくなくとも臨済は、潙仰を批判している。基づくところは、菀陵の僧道存の記録。沙汰のあと、仰山が潙山に再参し、処分を求める一段である。処分とは師の印可を得、潙仰を天下に広めること。臨済が嫌うのは、当然と言えたろう。潙山もまた、仰山の口解脱を戒めるが、沙汰のあとは、なにぶんにも無事がうれしい。

原文をあげると、次のごとくである。

仰山、大和三年、和尚の処分を奉じて、究理して頓に実相の性、実際の妙理を窮めしむ。当刹那の時、身性の清濁を弁得して、理行分明なり。此より已後、便ち師承の宗旨有るを知って、行理力用は卒に未だ説く可からずと雖則も、如今和尚が得と不得を即ち知る。海印三昧を以て、前学後学を印定し、別に路有る無し。

潙山、汝が眼目既に此の如し。随処に各自に修行せよ、所在に出家と一般なり。

正しく黄梅山頭の一夜、五祖と六祖の面授である。

潙仰には潙仰の作法あり、臨済には臨済の批判がある。むしろ、臨済の行録によると、臨済に鎮州開法をすすめるのは、当の仰山その人であり、普化の佐保を保証している。

普化は臨済の開法を助け、臨済に先立って白日昇天する。すべて、仰山のシナリオである。

明頭来也明頭打、暗頭来也暗頭打、
四方八面来也旋風打、虚空来也連架打。

仰山の「禅決名画」そっくり、謎句もどきの一首だが、若い仰山が耽原から学んだ、境智、明暗一相の玄理、一円相の展開といえそうである。臨済も普化も、潙仰宗旨のタレントだ。

理行相応は、宗祖達摩の金句であるが、多分に誤解の危懼を含む。会昌破仏のあと、危懼をあえてすることで、潙山と臨済が達摩宗を再建する。

『祖堂集』第二の恵能章、さいごのところに竪払の話がある。招慶の拈がついているから、『祖堂集』の序者文僜のものだろう。言ってみれば六祖関係のテキストで、もっとも新しいものの一つ。

六祖、僧を見て払子を竪起して云う、還って見るや。対えて云く、見る。

祖師、背後に抛向して云く、見るや。

対えて云く、見る。

師云く、身前に見るか、身後に見るか。

対えて云く、見る時は前後を説かず。

師云く、如是如是。此は是れ妙空三昧なり。

有る人拈じて招慶に問う、曹渓が払子を竪起する、意旨如何。

慶云く、忽し有る人、杓柄を廻して汝に到らば、作摩生。学人は耳を掩うて云う、和尚と。慶便ち之を打つ。

曹渓の竪払は、たいへん珍しいテキスト。『祖堂集』の編者が、手を加えたかも知れないが、ソースそのものは創作ならず、拠るところがあったとみたい。すくなくとも、潙仰を経由している。有名な百丈再参をふまえ、馬祖以後の禅仏教に、為人の手段を問い直す、歴史的意味を含んでいる（本書三二五頁）。

『祖堂集』は右の機縁を含めて、恵能の平生の言葉、汝等諸人、自心是仏以下、一相三昧と一行三昧の示衆と、伝衣に代える伝法偈と、別れの言葉をあげ、黄梅の意旨は何人が得たかという、有る人の問いと、我れ仏法を会せずという、恵能の答えをあげたのち、これについての雲大師、龍華のコメントを収める。

恵能の平生の言葉は、『宗鏡録』第九十七に引かれ、我れ仏法を会せず云々には、龍花以外のコメントが、『禅門拈頌集』四に総括される。

『曹渓大師伝』と『宝林伝』以後、馬祖門下の展開をふまえて、新しい恵能語録が生まれる。そうした語録の発生は、『六祖壇経』の外にある。壇経もまた、変わらざるを得ない。言うならば、壇経より語録へ、曹渓玄旨の大きい変化が、仰山とその潙仰宗を支える。恵能の不会仏法は、南泉をふまえ、竪払の機縁は、馬祖と百丈再参をふまえよう。後者を軸に考えると、竪払は為人応機の仕草で、臨済まで降りそうである。いずれにしても、潙仰の時代、『六祖壇経』より『六祖法宝記』へ、人より法への動きが強まる。宋代に入ると、授戒儀の姿が消えて、恵能の語録に重点が移る。

『禅門宝蔵録』を読んで、興味ぶかいのは無染の「無舌土論」と、梵日の「海東七代録」である。まず前者を引くと、いきなり仰山の言葉がある。

問う、有舌と無舌と。其の義云何。

仰山云く、有舌土は即ち是れ仏土。是の故に応機門なり。無舌土は即ち是れ禅なり、是の故に正伝門なり。

『祖堂集』の仰山章に、有舌無舌の論はないが、仰山に関わることは確かである。すなわち『祖堂集』第十七、無染の章に左記あり、無染はここに根拠を求めている。

有る人問うて曰く、無舌土中、師無く弟無し。何が故ぞ西天二十八代より、唐代六祖に至るまで伝灯相い照し、今に至って不絶なる耶。答えて曰く、皆な是れ世上の流布なるのみ。故に是れ正伝にあらず。

問うて曰く、一祖師中に、二土を具するや、

答えて曰く、然り。是の故に仰山云く、

両口ともに一無舌、即ち是れ吾が宗旨。

最後に引く仰山の言葉は、仰山の「伝法偈」である。仰山は韶州東平山で寂するから、遺偈は海路を経て、新羅に伝わる。

『人天眼目』四に、龍潭の智演が仰山の「付法偈」をふまえて、四頌をのこす。この人も、仰山の弟子だろう。それぞれ四句の第一句が、仰山の遺偈である。

一二の二三子、㊎牛字、清風起る。㊕仏来、勘し就かず。㊇人乃ち綱紀を争う。

平目して復た仰視す、児孫還って異有り。未だ箇の端倪を弁ぜず、門を出でて俱に利を失す。

両口一舌無し、止みなん止みなん、説くを須いず。西天の僧到来するも、烏亀を喚んで鱉と作す。

此は是れ吾が宗旨、声を揚げて囉々哩。鏡智、三生を出だす、吹き到って大風止む。

無染によると、正伝の禅根は法を求めず、故に師も亦た餉せず、是を無舌土と為す。応に実のごとくに求法する人は、仮名を用って之を言う、是を説いて有舌土と名づく（矣）と。

餉は弟子を養うこと、いわゆる飯をかんで、幼児を養うのである。

無染は麻谷に嗣いで、会昌六年に帰東するが、その無舌土論は、仰山によっている。先にいう龍潭智演か誰か、潙仰を伝える人がいた。今はそんな詮索よりも、潙仰への攀龍附鳳が、無舌土のポイントだろう。

次に、梵日の海東七代録。

『禅門宝蔵録』によると、いわゆる真帰大師始伝玄極の出典。先に引く第二条の、達磨密録と同本である。『祖堂集』第十七によると、梵日は入唐して塩官に参じ、次で薬山を訪う。会昌の破仏に遇うて、商山に隠れること半載、異人の導きで韶州に祖塔を礼し、曹渓恵能の来儀に与かる。直接に、曹渓玄旨を得るのだ。海東七代録は、潙仰の七代録に対する、曹渓直伝の達磨密録である。

あたかも仰山が、潙山に再参する年まわり、曹渓玄旨が海東に根づく。

新羅の禅仏教は、後に九山にまとめられる。中国では、五家である。潙仰は、五家の筆頭である。ひょっとすると、海東七代録に対して、仰山の曹渓玄旨がつくられ、会昌の破仏以後、潙仰宗が宗旨を決する。

九山禅門は、道義の入唐にはじまる。道義は曹渓に赴き、祖塔を礼している。道義の入唐は、『曹渓大師伝』に玄記される。東方の二菩薩という、他の一人は問題だが、『曹渓大師伝』が書かれた時、二菩薩が東来する動機は、すでに充分である。曹渓玄旨は、首級問題に限らず、新羅仏教を視野におく。道義以前に、北宗神行があり、浄衆無相がいる。道義以後は、馬祖を経由する曹渓の再確認である。李義山の『梓州恵義寺南禅院四証堂碑』は、無相の入唐と西堂下三大師を記念するが、新羅で王勃の釈迦如来成道記が重視されることに、私は注目して久しい。王勃は梓州恵義寺に、もっとも有縁の文人。柳宗元が大鑑禅師碑を書くのは、元和十一年のこと。恵能滅後百六年して、大鑑の勅諡がある。今、天下の禅を言うものは、みな曹渓を師とすと、柳宗元は記す。

九山禅門は、国家仏教である。国家仏教といっても、近代帝国主義の宗教ではない。国主に菩薩戒を授けて、国土を荘厳するのだ。九山は新羅末道詵の建議で、道詵は悪僧とされるが、もういちど正体を洗う必要がある。道義以後の入唐僧は、帰国して天子を説くのに、大鑑碑を金看板とする。仰山は勅諡を問題にしないが、武宗の破仏を経て、曹渓玄旨が確立される頃、梵日と無染を、道義以後の代表とすると、ともに仰山に関係するのを、見落すべきではない。

おおまかに考えて、九山禅門はすべて潙仰宗で、その国土にふさわしい、変化をみせる。中国本土とちがうのは、至極当然で、ともに般若多羅玄記の補完である。

最初、『禅門宝蔵録』を読んだ時、徹底した教外別伝の説に驚き、真帰祖師の伝灯説に、絶句したものだが、今あらためて由来を知ると、中国で五家の第一陣となる、潙仰宗が生まれ、ただちに海東に定着すると、中国でその伝統を断つ事情が判る。ともに曹渓の玄旨であって、高麗の曹渓宗も、同根同種の禅仏教である。曹渓宗は圭峰宗密によって、教禅一致に傾く一方、大恵の看話禅をとりこんで、修道論に精彩を加える。

懶翁、太古以後の看話に、独自のものをみてよいか、どうか。評価はおのずから分かれようが、あたかも蒙山徳異のテキストが、広く流布することは、すでに指摘した通りである。大庾嶺上の対話が、この時はじめて『壇経』に入る。ひっきょう海東の禅仏教は、教外別伝と教禅一致の、比類稀な緊張感をくり返す。一千年に及ぶ、大ドラマである。

『禅門宝蔵録』は、そんな禅仏教を総括する、無限のシナリオを含んでいる。

『禅門宝蔵録』のテキストは、『禅門撮要』の上巻にある。『二入四行論』や『修心要論』など、敦煌写本に魅せられて、私は早くから『禅門撮要』に取り組む。ガリ版による禅文献づくりは、『禅門撮要』が最初である。知訥の曹渓宗と、そのテキストにも関心を深めた。韓国伝来の禅文献をふまえて、私の戦後禅仏教がひろがる。ところが『禅門宝蔵録』のみ、長く私の関心の外にあった。中国のテキストを使っていても、内容のまったく異なる節略に、私はなかなかなじめなかった。

一九七六年、思いがけず京都大学人文科学研究所に移って、研究生活に余裕が生まれる。真昼間から、本を読むのである。当初は何か、悪いことをしている、後ろめたさがあったが、次第に新しい職場になれてくる。禅の寺に生まれ、禅の学校に育った私には、本格の基礎研究がないが、あらためて文献を読むことに、全力をそそぐことができた。小僧の勉強は夜、人知れずにやるので、昼間は掃除と決まっていた。私は庭掃除のつもりで、朝から本を読む。専門のちがう多くの同僚と、整備された研究施設がありがたい。共同研究と自他の成果の発表、批評の機会が増える。とくにうれしいのは、海外学者の来所である。大陸はなお全面解放に至らず、各国の仏教研究者が、次々と私の研究室に集まる。欧米はいうまでもない、台湾、韓国、オーストラリアの学者と、私は夢中で禅を話し合った。そんな海外学者のうちに、韓国延世大学の韓基斗博士がいた。

韓基斗さんは早くアメリカに渡り、中国と朝鮮仏教の研究で、すでに一家をなしている。韓基斗さんを迎えて、私は友人たちと計って、『禅門宝蔵録』を読むことにした。新しい成果と研究情報が、次々と私の研究室に集まる。『禅門撮要』のと別の、『禅門宝蔵録』の単本を頂くのもこの時。当時、大谷大学大学院を出たばかりの、若い西口芳男君にたのんで、私は毎回の成果を記録し、整理して貰った。一年ばかりの共同研究で、厖大な原稿となる。何もかもが、新しいテキスト。次第に関心がひろがって、私もできる限りの新資料を集めた。整理発表の希望は、自他ともにあるけれども、先を急ぐ他の計画があって、その機を得ぬままに過ぎる。

一九八六年、私は京都大学を退いて、名古屋市外の中部大学に移る。新しい国際関係学部で、比較宗教の授業をうけもち、併設の国際地域研究所長として、多くの新しい国外部門にかかわる。ともに何の拘束もなく、自分の研究を続け得たのは、ありがたい限りであるが、何分にも新設の学部であり、夢のような研究所である。何をやってもよいという、徹底恵まれた研究環境で、私は従来の研究視野の外に出た。毎週数回、京都と名古屋を往還するうち、外から禅仏教を考え、さらに人類の未来を考えるようになる。中部大学への往還は、結局二年で切りあげて、再び母校の花園大学に、国際禅学研究所をつくるが、京都大学と中部大学という、公私の名門大学で得た、新しい研究関心をふまえて、私は長年研究をともにした友人とはかり、世界の宗教書簡を集大成し、体系化することを考えつく。

計画は著々進行し、数年で資料が再び山積する。当初、早々に成果を出すはずだったのが、毎月の共同研究も、三年五年と経過するうち、次第に進行が苦痛となる。

そんな逡巡と彷徨のうちにも、海外の研究者はあとをたたず、私の計画と関心は、飛翔しつづける。生まれて始めて韓国を訪ね、『祖堂集』のある海印寺に詣し、古都慶州を巡礼できたし、第二回目は東国大学校と、『祖堂集』ゆかりの海南島の土をふむ。さらにまた、ロサンゼルスとサンフランシスコの曹洞系禅センターの招きに応じて、アメリカを訪うこともできた。国際禅学研究所のために、とくに副所長になって頂いた、ウルス・アップ博士がともに同道してくれた。ウルスさんは先にいう、京大人文研以来の心友の一人である。

そんなこんなのうち、韓国仏教への私の関心が深まり、海印寺の僧伽大学から、一九九一年から翌年にわたって、二人の研究者が来所する。円昭（won so）さんと宗林（chong lim）さんである。

私は再び西口芳男君を労わして、円昭・宗林二法師のために、『禅門宝蔵録』の研究会を開く。宗教書簡の研究会から川島常明君が加わり、韓国語に堪能な中島志郎君（当時花園大学助教授）が出席した。情報は主として数年来の、当方の蓄積を提供するのみで、新しい成果は少なかったが、おかげで研究記録を錬りあげ、原稿化する機会を得る。

近いうち、日の目をみそうにない宗教書簡の、せめてもの一部と考え、ここにあえて公刊に至る、『禅門宝蔵録』の研究は、最後に再び西口君にたのんで、版下製作まで運んでもらった、苦心の力作。従来発表されている韓国仏教研究の、いずれの成果に比しても、格段豊かな資料をふまえている。時間をかけただけのことはある。関係各位の、無私の恵与である。厚く厚くお礼申しあげたい。そしてさいごに、何よりも私の怠惰を、長いあいだ黙って見守った、西口芳男君の寛大さがうれしい。

二〇〇一年三月

行年七十九歳　京都北区の花園大学国際禅学研究所分室にて、柳田聖山が識す

註

（1）韓国高麗大学に、珍しい十牛図を蔵する。東国大学校の鄭性本博士にたのんで、コピーをみせて頂くと、中国伝世のとまったく異なる図柄。近世韓国の普明本ともちがう。きっかけは韓基斗博士の韓国禅思想史を頂いて、それがカバーに使われていたこと。普明、廓庵のものにくらべて、図柄も偈頌も、やや古風である。古風は、このくにの特色で、はじめて開く『禅門宝蔵録』に似る。すくなくとも、普明や廓庵と同時代、潙仰

をふまえて作られている。力強いのは、五冠山順之以来の円相があって、牛や人の文字を、絵にかえただけのこと。歴史の力は大きい。

『従容録』第三十二則に、潙山心境の則がある。『祖堂集』第十八にある、幽州の僧思鄮のテキスト。『伝灯録』で思鄮の名が消え、内実もかなり変化する。信位と人位がその一つ。『金剛三昧経』を引く、『祖庭事苑』の注は、別本による。興味ぶかいのは、万松老人の評唱に、清居皓昇の「牧牛図」を引くこと。「牧牛図」は十二章より成り、宋代のものと似ない。むしろチベットの「牧象図」に似て、やや教学的であるのは、唐の潙仰宗と関わりそう。とりわけ信位と行位の理解は、この作品に不可欠である。信位は円相、人位は十位ないし十二位の、人と牛の動き、言ってみれば人相成仏である。高麗大学の十牛図は、その正体が明らかになると、このくににおける潙仰のテキストを、もう一つ加えることになる。

（2）一九七六年、京都大学人文科学研究所に職を得て、以前に発表した自分の成果を、新しく総括する機会をもつ。筑摩書房の『禅の語録』に収める、敦煌写本その他について、テキストを吟味するうちに、敦煌本『六祖壇経』の古本を予想する、これまでの自説を撤回し、「曹溪大師伝」と『宝林伝』のあいだと考える、新しい考えを発表した。『東方学報』第五十七冊にのせる、「語録の歴史」がそれである。南陽忠国師が批判する、南方の「壇経」にも、新しい解釈を加えた。神会と恵忠という、同時代、同地域で活躍する、二人の国師についても、旧稿の思考を再吟味した。その後、神会の墓塔がみつかり、塔銘と鉢、柄香炉など、多くの埋蔵品が出る。もちろん写真を介してのこと、現物を見ていないが、神会と『壇経』の関係が、さらに遠いものとなるのである。さらにまた、雲南成立の「祖師像」に、神会ともう一人の嗣法者がいる。古本『壇経』の成立を考えて、牛頭禅や江左の禅律を想定した、私の旧稿『初期禅宗史書の研究』は、同時代の課題を掘りおこすのに、今もなお役立つかも知れぬが、古本『壇経』の実在を求めると、問題はまったく別となる。言ってみれば、潙仰宗の形成を導く、「曹溪玄旨」のテキストを、あえて古本とよぶなら、主として恵能の玄記を含む、潙仰と新羅への伝播は、古本の名にふさわしいシナリオで、百丈より馬祖に溯り、馬祖より曹溪に溯る法系を、『壇経』に加える必要があった。

恵能の十大弟子といっても、南岳も青原の名もない、南陽忠国師も永嘉玄覚も出てこない、そんな古本『壇経』を「曹溪玄旨」といえるか、どうか。同じ古本の名を冠するなら、馬祖・石頭以後を含む、般若多羅の「玄記」を補完し、新しい古本をつくる必要があった。冒険を承知で言えば、契嵩の古本『壇経』は、馬祖・石頭を含む、『伝灯録』第五の素材であったろう。契嵩は、『祖堂集』を知っている。

（3）『臨済録』を読んで、後半の勘弁と行録にだけ、潙仰の評論があるのに、ふしぎな思いを深めたのは、戦後間もない頃のこと。陸川堆雲の本によって、『祖堂集』臨済伝の異説にも、新しい疑問をもちはじめる。臨済と黄檗という、絶世の名演技者の裏に、何かあるのでなかろうか。シナリオの作者は誰か。

胡適博士と親しくなって、最晩年の宗密研究を読むと、共感することが大きい。胡適説をふまえて、馬祖と宗密の足どりを洗い、胡適に見て貰うつもりで、『初期禅宗史書の研究』をまとめた。胡適はまもなく亡くなるが、私の胡適は生きつづけ、胡適晩年の指摘をたどって、梓州恵義寺の南禅院四証堂碑を吟味し、自分なりに馬祖以後を考える。馬祖―百丈―黄檗―臨済という、四代の系譜を定着させた、シナリオの作者は誰か。系譜そのものは、『祖堂集』に明記されるが、すでに陸川堆雲が言うように、その臨済伝はシナリオ通りでない。禅仏教の系譜は、要するにいつも攀龍附鳳であって、攀龍附鳳の作為そのことが、新しい禅仏教を生む。仰山の禅は新羅に伝わって、中国では臨済下に入る。南塔はその一人である。

要するに百丈下を代表する、潙山と黄檗が力を競うのは、その下に仰山と臨済が出たためで、『祖堂集』は強引に臨済を黄檗下とする。仰山の方は潙山下として、すでに天下の認むるところ。陸希声の碑があり、韋宙の記があった。黄檗と臨済には、ともに名公がいない。すべてが、破仏のせいではない。黄檗と臨済を、潙仰が支える。潙山の碑に升平相裴休がいる。別に、宣州新興寺碑でも知られる。裴休の名は圭峰下として、すでに定着しているが、破仏後の働きには、めざましいものがある。裴休と黄檗をつなぐ、シナリオ化が進む。『祖堂集』から宋版『伝灯録』へ、次第に密度を加えるが、両本ともに『伝心法要の序』を知らない。南宗の天真が、『伝灯録』第九を補完して、一件落着である。「裴序」と「新興寺碑」、そして圭峰関係の序を、すべて同じ次元のテキストとみては、大混乱が起こるのが当然だろう。ちなみにいえば、『宗鏡録』に引かれる黄檗の遺文は、裴序と切り離してよい。

『伝心法要』の第十五～第十六段（筑摩書房の『禅の語録』による）に、『祖源通録節要』に引く潙仰のテキストと、共通するところがある。同時代の相互関係とみてよいが、第十六段の場合は必ずしも然らず、むしろ『伝心法要』の方が、『祖堂集』や『伝灯録』のテキストを一方的にふまえるのでないか。阿難と迦葉の刹竿問答も、『伝心法要』が『祖堂集』をとるので、その逆ではないようである。いずれにしても、『伝心法要』のうち、『宗鏡録』に引かぬ黄檗のテキストは、南宗の天真以後とみられる。

（4）昭和十五年の四月、臨済学院専門学校に上り、はじめて専門機関誌「禅学研究」を読んだとき、大屋徳城所蔵の徳異本「壇経」が、特集されているのに注目する。敦煌本、興聖寺本につづく、第三のテキストである。その後、大乗寺本、金沢文庫本、東北大学本、真福寺本等々、多くの異本が紹介されるが、朝鮮本『壇経』の問題は、黒田亮の『朝鮮旧書考』にとられて、朝鮮伝来の『壇経』が、この一種に限られることを知る。朝鮮伝世の徳異本は、大正新脩大蔵経四十八にとられて、すでに周知のもの。徳異と宗宝本（明蔵）の校合は、大正蔵が最初である。昭和十年代になって、あらためて大きい反響をよぶのは、大屋徳城がその解題に、大元延祐高麗刻本なゞと、麗々しく宣伝したためで、言ってみれば朝鮮本の価値を、大屋先生が学界に再提議する。徳異本は至元廿七年の序あり、その翌年に宗宝が跋をつけたものが、のちに明版大経に入るので、一見同じテキストのようだが、内容はまったくちがうので、宗宝は徳異のことを知らぬ。中国は大きいから、ふしぎなこともあるが、事情はむしろ簡単で、徳異本は早く高麗に伝わり、大元延祐三年になって、始めて開版されるのである。昭和十八年、宇井伯寿博士の『第二禅宗史研究』に言うところ、『壇経』問題は落着するが、そこに序を書いている徳異は、いったい何者か。

今にして思えば、中国僧徳異の時代は、朝鮮では内願堂真静禅師天頙が、『禅門宝蔵録』に序を書くのと、ふしぎに相前後している。李能和の『朝鮮仏教通史』によると、『禅門宝蔵録』ののちには、門人内願堂兼住持通奥真静大禅師法珍の、「高麗国義興山曹渓宗麟角寺迦智山下普覚国師碑銘」が、元貞元年（一二九五）に立石される。徳異は別に『潙山警策』の註（守遂）に序し、その普説が『禅門撮要』にあり、別に『蒙山六道普説』があると知ると、この人の禅仏教は、南宋の滅亡から大元国の成立期に当たって、高麗に根をおろすことが判る。太古、懶翁の臨済禅を導くのである。大元延祐高麗刻本の表題は、それなりに歴史性をもつ。

『鈴木大拙全集』第四巻に、「禅と念仏の心理学的基礎」の附録として、「禅経験の諸形相」というものあり、石屋清洪の語録から、仰山と潙山の問答を引く。石屋清洪は、海東正脈第一祖太古普愚の師であり、このくにの臨済禅に大きい存在である。

仰山（恵寂）、百丈会下に在り、一を問えば十を答えて、口吧吧地なり。百丈云く、汝已後去って人に遇う在り。のちに潙山の処に到る。潙問うて曰く、承わり聞く子、百丈に在って、一を問えば十を答うと、是なりや。仰云く、不敢。潙云く、仏法向上の一句、作麼生か道わん。仰、口を開かんと擬す。潙便ち喝す。是の如くなること三問、仰三たび答えんと擬して三たび喝せらる。仰低頭垂涙して云く、先師道く、我を更に人に遇わしめて始めて得てんと。今日便ち人に遇うなり。遂に発心して牛を看ること三年、一日潙山、仰の樹下に在って坐禅するを見る。潙、拄杖を以て背を点ずること三下するに、仰首を回す。潙云く、寂子道い得んや未。仰云く、道い得ずと雖も、且らく別人の口を借らず。潙云く、寂子会せり。

潙仰録にあるものと、かなりちがった処があるが、香厳や臨済の開悟とかさね、仰山の禅仏教が依然として、大きい関心をひいている。

（5）臨済禅が、高麗曹渓宗に入る次第は、『西域中華海東仏祖源流』にみえる。大清乾隆二十九年の成立で、やや後のものだが、この時すでに『壇経』も、潙仰宗も関心にないことが判る。

（6）「夷堅志」に数点の『仰山廟記』あり、『袁州府志』三十二に張商英の作品あり、秋月観暎氏の『中国近世道教の形成―宋朝浄明道の研究』（創文社の東洋学叢書）も必読。

（7）陸希声の「仰山通知大師碑銘」（『全唐文』八百十三）を、本書『禅文献の研究(上)』に、今回は訳註して添える。古本潙仰録のキーワードの一つである。

（8）『禅門撮要』下の末尾に、西山清虚の『禅教釈』がある。別に『清虚堂集』の名で、単行されるもの。従来ほとんど見落していた資料で、このくにに近代の禅が総括される。この本を最初に読むと、仕事はもっと早く片付いたかも知れない。『海東七代録』と、六祖の首級問題。今度の仕事で、これもまた長い懸案の一角が、漸く解けた感じである。「七代録」は、七代面授を厳密に考える限り、永遠に解けそうにないが、自ら六祖面授の弟子となることは、海東僧の長い夢の一つ。首級問題も、原因は同じだろう。首級を海東に迎えて、自ら七代目の弟子となる、ただそれだけのことらしい。「海東七代録」は、直接曹渓に参問した、特定の新羅僧の記録であった。のちに西山大師清虚まで、おそらくは長く長く続く、海東禅仏教の悲願である。

（9）　李商隠の「梓州恵義寺四証堂碑」は、胡適博士の置き土産である。私は何度も何度も、このテキストの訳注を試みて、結局は挫折に終っている。今度も別にこのテキストをふまえる、私自身の海東仏教論を書くつもりで、滄州や渤海国を調べるうち、関心が分散してしまった。元暁はどこで、『金剛三昧経』を得たのか。新出の『心王経』と、どう関わりあうのか。「四証堂」が訓めると、いろいろとからみあう懸案が、一挙に解けそうである。

資料の校注（一）

宣州新興寺碑銘、并序

*宣州新興寺碑銘并序　*盧肇

至哉、邃古已來、天之永錫正命者、其惟帝唐乎。聖祖神宗、光啓土宇、垂億萬祀、克承休嘉、莫不以禮樂先兆人、以慈儉後天下。仁居惠往、營魄離者、而其施猶存。揭淺厲深、心迹泯者、而厥功亦在。

夫常善救人、常善救物、非至德、誰能普行之。故鬼神受祉、黎元樂康、寶祚延洪、率由此道也。於是表*大覺爲靈根、與群生共有、叩眞空而不壞、惟聖者獨知。非崇夫金輪氏之教、則焉得*窮理盡性、*齊萬法於物我哉。是以沉善惡乎澆妄之泉、擢枝莖乎植性之囿、

宣州新興寺の碑銘并びに序　盧肇

（唐文粋六五、全唐文七六八）

至れる哉、邃古已来、天の永く正命を錫わる者は、其れ惟だ帝唐か。聖祖神宗、光に土宇を啓く、億万の祀を垂れて、克く休嘉を承くるに、礼楽を以て兆人に先んじ、慈倹を以て天下に後るるにあらざる莫し。仁に居り恵に往き、営魄の離るる者は、其の施猶お存す。浅に掲げ深に励んで、心迹の泯ずる者は、厥の功亦た在り。

夫れ常善は人を救い、常善は物を救う。至徳に非ずんば、誰か能く普く之を行わん。故に鬼神は祉を受け、黎元は康を楽しむ。宝祚の延洪する、率ね此の道に由る也。是に於て、大覚を表して霊根と為し、群生と有を共にし、真空を叩いて壊せざるは、惟だ聖なる者独り知る。夫の金輪氏の教を崇ぶに非ずんば、則ち焉ぞ窮理尽性、万法を物我に斉しうするを得んや。是を以って善悪を澆妄の泉に沈め、枝茎を植性の囿に擢う。常に学者

常令學者崇飾精*廬。顯有堂皇、亦如庠序、郡國分理、必付元臣、將俾群生罔不開悟。且夫斯于秩秩、止在周邦、靈宮彤彤、唯居魯國。曷有列刹、映乎霄顥。*飛夢麗乎陽光、瞻彼玉毫儼然、*金地翬軒、鵬吭岫聳、雲攢徧于州都、若斯之美歟。

若夫宣城新興寺者、會昌四年既毀、大中二祀、故相國大尉*裴公之所立也。公諱休、字公美、河東聞喜人、代濟文德、洎公彌大、擢進士甲科、登直言制、首末三十。由拾遺遷殿內、鴻名偉望、迭處清雄。

入奉絲綸、出省風俗、拜春宮則齊驅驥騄、視民部則克阜生齒。至於調入王府、貨出水衡、洎陟臺司、亦勞厥事。凡三拜廉察、五授節旌、*孫先生有愧知兵、*山巨源當慙視吏。揆路既長乎百辟、荆問復平乎水土。*公降由

をして精廬を崇飾せしめ、顕わに堂皇有る、亦庠序の如くす。郡国の理を分つ、必ず元臣に付して、将に群生をして開悟せざる罔からしむ。且つ夫れ斯に秩秩たるは、止だ周邦に在り、霊宮の彤彤たるは、唯だ魯国に居る、曷んぞ列刹の霄顥に映じ、飛夢の陽光に麗く有らん。彼の玉毫の儼然たるを瞻るは、金地に軒を翬し、鵬吭の岫に聳ゆる、雲攢って州都に徧きこと、斯の若くに美ならん歟。

若夫、宣城の新興寺なる者、会昌四年に既に毀つ、大中二祀、故相国大尉裴公の立つる所なり。公は諱は休、字は公美、河東聞喜の人。代々文徳を済り、公に洎んで弥いよ大なり。進士甲科に擢き、直言の制に登る。首末三十にして、拾遺由り殿内に遷る。鴻名偉望、迭に清雄に処る。

入りて絲綸を奉じ、出でて風俗を省す。春宮を拝するときは、斉しく驥騄を駆け、民部を視るときは、克く生歯を阜む。調の王府に入り、貨の水衡に出づるに至っては、洎んど台司に陟り、亦た厥の事を労せんとす。凡そ三たび廉察を拝し、五たび節旌を授かる。孫先生も知兵を愧づる有り、山巨源も当に視吏を慙

辛未、歸以甲申。爲唐碩臣、作佛大士。光珉顯竹、此不復書。

所至之邦、必興修淨行。*大中二年、拜宣城、嘗與名緇會難、有設疑以試公者曰、三界虛妄、羣生顚倒、何有修行、能解纏縛、孰爲智慧、何化凡愚、胡爲乎公之區區、徒自橈耳。

公曰、嘻珠玉在櫝、啓之則見其珍。聖賢有門、行之則踐其閾。分塗而往、唯善惡焉。善惡如東西耳、趣之不已、則至其所、至焉、在乎推心於不染、馭馬於無途也。如是三界信眞實、群生非顚倒。但學者不能窒慾壞貪、遺名去利、弗捨有漏而思住無爲耳。然捨之自我、取不由人、非用智慧解彼纏縛如此、則了無一物以橈吾眞也。

づべし。揆路既に百辟に長く、荆問復た水土に平かなり。公の降るは辛未に由り、帰るは甲申を以てす。唐の碩臣と為り、仏の大士と作る。光に顕竹を珉ずるは、此に復た書せず。

至る所の邦、必ず興きて浄行を修む。大中二年、宣城を拝して、嘗って名緇に会難せられ、疑を設けて以て公を試みる者有り。曰く、三界は虚妄にして、群生は顛倒す。何ぞ修行して、能く纏縛を解く有らん、孰か智恵と為す、何ぞ凡愚を化せん。胡為乎ぞ公の区々たる、徒に自から橈む耳なる。

公曰く、嘻、珠玉の櫝に在る、之を啓けば則ち其の珍を見わす。聖賢の門に有る、之を行けば則ち其の閾を践む。塗を分って往く、唯だ善悪なる焉。善悪は東西の如くなる耳、之に趣いて已まずんば、則ち其の至る所に至る。焉ぞ心を不染に推し、馬を無途に馭するに在らん。是の如き三界は信に真実、群生は顛倒に非ず。但だ学者の慾を窒し貪を壊ち、名を遺り利を去る能わず、有漏を捨てて無為に住するを思わざる耳。然るに之を捨つるは我自りす、取るは人に由らず。智恵を用って彼の纏縛を解くこと、此の如くなるに非ずんば、則ち一物の以て吾が真

他日門人有謂公曰、

敢問、三界之言未立、人不知修行、不見因果。畏陰騭*者、不爲之多、介景福者、不爲之少。理亂增損、繫乎其時。洎斯教也行乎諸華、愚人畏罪損其惡、賢者望福增其善、增之不已、則至今當盡善矣。損*之不已、亦至今宜無惡矣。何昬迷暴虐、無滅於秦漢之前、福慧聰明、不增於魏晉之後。歸之者殊塗輻湊、立之者萬法雲興。稽諸天不見其文、求諸古莫有其法。號*爲大聖、作天人師、是宜使吾人盡升覺路、不宜使蚩蚩庶類。由古迄今、若斯之惑者也。

設使像*法至今未行、將盡墮惡道、爲鬼爲蜮乎。夫法未始有、今而有之。希聖之徒、可

を橈す無きことを了せん。

他日門人、公に謂う有り、曰く、

敢て問う、三界の言未だ立たず、人の修行を知らず、因果を見ざるも、陰騭を畏るる者は、之を多しと為さず、景福を介する者は、之を少しと為さず。理乱れて増損するは、其の時に繋がるのみ。斯の教也、諸華に行わるるに洎んで、愚人は罪を畏れて其の悪を損んじ、賢者は福を望んで其の善を増す。之を増して已まざるときは、則ち今に至って当に善を尽くすべし矣。之を損じて已まざるときも、亦た今に至って宜しく悪無かるべし矣。何ぞ昬迷暴虐、秦漢の前に滅ずる無く、福恵聡明、魏晋の後に増さざる。之に帰する者は殊塗輻湊し、之を立つる者は、万法雲のごとく興これる。諸を天に稽うるに其の文を見ず、諸を古に求むるに其の法有る莫し、号して大聖と為し、天人の師と作る。是れ吾人をして尽く覚路に升らしむに宜ろしきも、蚩蚩たる庶類をして、古由り今に迄んで、斯の若く惑わしむるに宜しからざる也。

設使い像法をして、今に至って未だ行われざるも、将に尽く悪道に墮して、鬼と為り蜮と為らん。夫れ法の未だ始めより有

存而知之也。其由之之固、庸非溺乎。

公笑謂之曰、*大昭肇啓、法不齊備、聖人繼出、代天爲工。結繩畫卦、質文滋改、一聖立一法生、天道人事、顯若符契。夫*燧人氏之未爲火也、則天無火星、人無火食、龜無火兆、物無火災必矣。*少昊氏之未理金也、則天無金星、人無金用、龜無金兆、物無金災必矣。及聖人攻木出火、鍛石取金、於是乎、精芒主宰、騰變上下、則知世法時事、隨聖而立佛聖人也。

考精神之源、窮性命之表、作大方便、護于群生、*群生受之而不知。蓋猶天道運行、物以生茂、*皆謂自己、孰知其然也。於是問者、廓然自得佛味。

武宗時毀寺、而宣之新興、故有崇基廣厦、

らず、今にして之有ること、聖を希うの徒は、存して之を知る可し、其れ之に由るの固きは、庸んぞ溺るるに非ざる乎。

　公笑うて之に謂いて曰く、大昭肇めて啓くに、法は斉しく備わらず、聖人継いで出でて、天に代って工と為る。縄を結び卦を画し、質文滋に改まる。一聖立って、一法生ずる、天道人事、顕として符契の若し。夫れ燧人氏の未だ火を為らざる也、則ち天に火星無く、人に火食無し、亀に火兆無く、物に火災無きこと必せり矣。少昊氏の未だ金を理せざる也、則ち天に金星無し、人に金用無し、亀に金兆無し、物に金災無きこと必せり矣。聖人の木を攻めて火を出だし、石を鍛じて金を取るに及んで、是に於てか、精芒主宰し、騰変上下するときは、則ち世の時事を法とするを知る、聖に随って仏聖人を立つる也。

　精神の源を考え、性命の表を窮め、大方便を作して、群生を護るに、群生の之を受けて知らざるは、蓋し猶お天道運行して、物以て生茂するがごとき、皆な自己と謂うのみ、孰か其の然るを知らん也と。是に於て問う者、廓然として自から仏味を得たり。

　武宗の時、寺を毀つ。而して宣の新興、故より崇基広厦、文

文甓雕甍、鞠為土梗。唯喬柯灌木、森聳澗壑、祥煙翠靄、交覆巖麓耳。及宣宗詔許立寺、宣之四人相鼓、以力請先、立之于宣郛。公獨不許、遂命苾蒭上首元敬、謂之曰、吾聞之、新興寺大歷初有、禪師巨偉南宗之上士也、與北宗昭禪師、論大慧網、明實相際、於此始作北山道場。後有皓禪師、作草堂于道場西北、其傍有藻律師居之。律師去世、門人立塔院。

貞元中、巨偉之門人靈翹、始請於大守、合三院而爲寺。彼皆智慧傑出、親啓山林。今之立寺、無以易此也。議定郡東故有妙覺寺、寺毀而杉檜多大十圍、一旦有二龍鬭谷中、拔大樹三十二、視之皆殿宇之材也。公歎曰、將立寺而龍拔巨樹、天其有意乎、遂用之。於是霜斤沐楹、玉砂瑩礎、上下其響、音中桑林、不碁而雲攢四榮、風採寶鐸、蟉拏六

甓雕甍有るも、鞠して土梗と為る。唯だ喬柯灌木、森として澗壑に聳え、祥煙翠靄、交ごも巌麓を覆う耳。宣宗詔して寺を立つるを許すに及んで、宣の四人相い鼓して以て力め、請うて先ず之を宣郛に立てんとす。公独り許さず、遂に苾蒭上首元敬に命じて、之を謂いて曰く、吾れ之を聞く、新興寺は大歴の初め、禅師巨偉なる有り、南宗の上士なり、北宗の昭禅師と、大恵の網を論じ、実相の際を明かす、此に於て始めて北山道場を作ると。後に皓禅師有り、草堂を道場の西北に作る。其の傍に藻律師有って之に居る、律師世を去って、門人は塔院を立つ。

貞元中、巨偉の門人霊翹、始めて大守に請うて、三院を合して寺と為す。彼は皆な智恵傑出し、親しく山林を啓く。今の立寺、以て此に易うる無き也。議定すらくは、郡の東に故より妙覚寺有り、寺毀たれて杉檜多く大なること十囲。一旦二竜有って谷中に闘うに、大樹を抜くこと三十二、之を視るに皆な殿宇の材なり。公歎じて曰く、将に寺を立てんとして竜の巨樹を抜く、天其れ意有る乎と。遂に之を用う。是に於て霜斤楹を沐し、玉砂礎を瑩く。上下其れ響いて、音桑林に中す。碁ならずして

扇、月照金鋪、勝絶一源、繚牆百雉、繕修多羅爲攝受、置無盡藏爲莊嚴、窅窱幽邃、輪奐博敞、蓋江南之首出也。初奉詔綠僧三十人、今其存者太半。搆殿立門、有軒有廡、則律師元敬、法華道延、首其事。編經立藏、不遺句偈、則維摩從省、禪門貞會、著其功。

善集檀施、備脩房廊。學于三時、旁窺六義、則金剛清越、服其勤。而法華遂言、涅槃明則、洎法林超愛、皆以禪學爲宗。律師道隨、宜春人、幼植淨行、得泥丸妙旨、一日以披丈相質之事、造余于新安、余既許之。道隨復言、繼二十人者、皆善修持、能遺物累。則有應玄友恭道幽仁寶懷賁從儉惟恭文昉師迴師宗思靜常政文暢弘暢契蒙景先法進惟勤志弘玄操、與前輩又爲二十人矣。

雲は四栄を攢り、風は宝鐸を採る。螺は六扇を拏し、月は金鋪を照す。勝は一源を絶し、繚として百雉を牆とす。修多羅を繕って摂受を為し、無尽蔵を置いて荘厳と為す。窅窱たる幽邃、輪奐博く敞う、蓋し江南の首出也。初め詔を奉じて僧を綠するもの三十人、今其の存する者太半なり。殿を搆え門を立て、軒有り廡有るは、則ち律師元敬、法華の道延、其の事に首たり。経を編し蔵を立てて、句偈を遺さざるは、則ち維摩の従省、禅門の貞会、其の功を著わす。

善く檀施を集めて、備さに房廊を脩し、学は三時に于てし、旁く六義を窺うは、則ち金剛の清越、其の勤に服す。而も法華の遂言、涅槃の明則、洎び法林の、超愛、皆な禅学を以て宗と為す。律師道随は、宜春の人、幼にして浄行を植え、泥丸の妙旨を得たり。一日、披丈相質の事を以て、余に新安に造る。余既に之を許す。道随復た言く、継いで二十人の者、皆な善く脩持し、能く物累を遺ると。則ち応玄、友恭、道幽、仁宝、懐賁、従倹、惟恭、文昉、師迴、師宗、思静、常政、文暢、弘暢、契蒙、景先、法進、惟勤、志弘、玄操有り、前輩と又た二十人と為す矣。

而太尉*所立、有殿内千佛、有地藏*院、有上*方石盆院、又以俸錢入膏腴之墅、爲地藏香火、定中之謀、始于太尉。太尉*作之、門人述之、有作有述、誰曰不然。乃爲銘曰、

弈弈新興、敬亭*南麓、鉅構崇基、崢嶸曄煜。
伊昔既廢、神愁鬼毒、洎將再營、天人合福。
絶有連龍、其怒則觸、助作棟楹、拔此巨木。
雨運風移、騰川跨陸、神怪戮刀、老幼同心。
蚨翼飛貨、龍鱗*布金、掲立赫弈、化成嶔崟。
玉礎方丈、花臺百尋、日*明香刹、雲生寶林。
太尉裴公、聳其學者、弘以戒光、甘露披灑。

而して太尉の立つる所、殿内の千仏有り、地蔵院有り、上方の石盆院有り。又た俸銭を以て膏腴の墅に入れ、地蔵の香火と為す、定中の謀は、太尉に始まる。太尉之を作り、門人之を述ぶる、作る有り述ぶる有り、誰か然らずと曰わん。乃ち銘を為りて曰く、

弈弈たる新興、敬亭の南麓。鉅いに崇基を構え、崢嶸として曄き煜る。
伊昔既に廃して、神愁え鬼毒す。将に再び営むに洎んで、天人福を合せ、
絶って連竜有り、其れ怒れば則ち触る。助けて棟楹を作し、此の巨木を抜く。
雨運び風移して、川を騰り陸を跨ぐ。神怪刀を戮し、老幼心を同じくす。
蚨翼は貨を飛ばせ、竜鱗は金を布く。赫弈を掲立し、嶔崟を化成す。
玉もて方丈に礎し、花台百尋なり。日は香刹に明らかに、雲は宝林に生ず。
太尉裴公、其の学者を聳い、弘むるに戒光を以てし、甘露も

示厥有爲、取彼難捨、必有精靈、扶持大厦。
小儒*刻石、有慚史野、永言*歌之、庶近風雅*。

厥の有為を示して、彼の捨て難きを取る。必ず精霊有って、大厦を扶持せん。
小儒にして石を刻し、史野を慙ずる有り。永く言に之を歌うて、庶くは風雅に近づかんことを。

宣州　安徽省宣城県。読史方輿紀要の江南、寧国府南陵県の条に、左記あり。
　建安三年、孫策が宣城以東を定めて、即ち故城あり、晋の太康二年、宣城郡を置いて、宛陵に治す…。隋初、宛陵を改めて宣城と為す、故城遂に廃す。

盧肇　宜春の人、字は子発。裴休の幕僚となる。会昌中、黄頗と共に進士に挙げられ、郡の諸官は、頗の出発のみを送る。明年、肇が状元となると、郡の迎接が改まった。歎じて一首をよむ。曽つて李徳裕の知遇を得るが、倚附するなし。後、歙、宣、池、吉四州の刺となる。文集あり、全唐詩二一、全唐文七六八。

大覚　釈迦を言う。以下、裴休の仏教をほめる伏線。

窮理尽性　易の説卦。朱子学の眼目となる。

斉万法於物我哉　僧肇の涅槃無名論、通古第十七をふまえよう。

精廬　精舎、伽藍をいう。

飛夢　後漢明帝の求法伝説。

金地　寺院をいう。

裴公　裴休の伝は、新旧唐書にあり、仏教関係のテキストも多いが、ここにいうところを第一資料としたのが、吉川忠夫の裴休伝である（東方学報京都第六十四冊、京都大学人文科学研究所、平成四年）。

孫先生　孫策をいう。三国の英雄、堅の子、権の兄。三国志四六。

山巨源　七賢の一、山濤。吏部尚立、識量で知られる。晋書四三。

公降由辛未　吉川論文が、生歿を七九一〜八六四とする根拠。祖堂集巻第十四、章敬和尚伝の末尾に、長沙の賈島が碑銘をつくり、無官品、有仏位、始丙申、終乙未という。よく似た文章である。

必興修浄行　朝早くから、修行すること。謝霊運の廬山慧遠法師誄序による。

騭陰（いんしつ）　天が冥々のうち、人に与える定め、陰徳。

損之不已　老子第四十八章。

号為大聖　次の句とあわせて、仏の十号をふまえる。

像法　仏滅後の教え、像は、似姿をいう。

大昭肇啓　大昭は九藪の一。九沢とも。呂覧では、太原郡にあったという。

燧人氏　上古の帝王。火の神。

少昊氏　上古の帝王。金天氏。金徳を以て王となる。

群生受之而不知　百姓は日に用いて知らず（易の繋辞上）。

皆謂自己　自己は禅の言葉。おそらくは六祖恵能を、大庾嶺に追う恵明の話による。

某甲は黄檗に在って衆に随うと雖も、実に未だ自己の面目を省せず。

宣之四人　商山の四皓にたとえて、裴休の宣城建寺をたすける、四人の協力者を指す。次にいう律師元敬、法華道延、維摩従省、禅門貞会ならん。

宣郛　宣城の内側。郛は、城郭をいう。

上首元敬　後に律師とするが、詳伝不明。

禅師巨偉　荷沢神会の弟子ならん。

北宗昭禅師　伝不明。

悎禅師　伝灯録巻第六の目録によると、南岳懐譲につぐ常浩がある。

藻律師　伝灯録巻第十四の澧州薬山伝に、大歴八年に衡嶽希操律師について受戒する。

雲翹　伝不明。

無以易此也　場所が変っても、真実に変りがない。孟子の離婁下、左記によるか。

禹、稷、顔子、地を易うる時は則ち皆な然り。

妙覚寺　不明。

金鋪　仏殿ならん。

無尽蔵　三階教の施設。金融専門の僧。先にいう修多羅を繕して、浄財を集めた。

初奉詔籙僧三十人　籙は羅ならん。僧三十人を養う、米を用意したのだろう。

法華道延　伝不明。方便通経を宗とする、北宗禅師ならん。

維摩従省　右に同じ。

学于三時　法苑珠林の劫量篇に、左記あり、

如来の聖教を、歳に三時と為す。正月十六日より五月十五日に至るは、熱時なり、五月十六日より九月十五日に至るは、雨時なり。九月十六日より正月十五日に至るは

寒時なり。

金剛清越　先にいう、法華道延のグループ。

法華遂言　右に同じ。

涅槃明則　右に同じ。

法林超愛　伝不明。

律師道随　伝不明。

泥丸　涅槃の古訳。

披丈相質之事　披決（又は帙）ならん。

新安　元版伝灯録（裴休伝）の注に、歙州とする（本書六〇五ページ）。元代に入ると、宋学の開山、朱子の本貫として注目される。

応玄友恭道幽以下二十人　他に資料なく、特定できない。

太尉　裴休をいう。太尉は三公の首、丞相に同じ。

地蔵院　先にいう無尽蔵の縁。殿内千仏とも。

上方石盆院　上方は前住の隠寮で、石盆は仏陀の成道に因む、石鉢のことならん。

太尉作之　述べて作らずという、孔子の語による。

敬亭南麓　敬亭は、宣城の北にあり、別名昭亭山あり。山上に敬亭がある。南斉の謝朓が吟詠したところ。

竜鱗布金　竜鱗は、天子の威光。布金は、須達長者が祇陀太子の林を購入し、祇園精舎をつくる縁。屋敷いっぱいに、黄金を布いたという。

日明香刹　日明は、陽光が輝く。香刹も、次の宝林も、共に精舎の名。梵刹である。

小儒刻石　盧肇みずから謙遜していう句。次の史野は、梁の人。昭明の子。武帝の時、著作郎となる。詔をうけて移魏文をつくり、その文の壮なるを称せらる。衆僧伝があった。

永言歌之　書の舜典に、左記あり。

詩は志を言う、歌は言を永くす（伝、歌は其の義を詠ず、以って其の言を長くす）。

風雅　詩の六義。

古本伝心法要三種の対校

中華大蔵経第七十四冊、
金蔵本　景徳伝燈録九巻末

黄蘗希運禪師傳心法要

河東裴休集

有大禪師。號希運。住洪州高安縣黄蘗山鷲峰下。乃曹溪六祖之嫡孫。西堂百丈諸姪。獨佩最上乘。離文字之印。唯傳一心更無別法。心體亦空萬縁俱寂。如大日輪升於虚空。中照耀靜無纖埃。證之者無新舊無淺深。説之者不立義解。不立宗主。不開戸牖。直下便是。動念則乖。然後爲本佛。故其言簡其理直。其道峻其行孤。四方學徒望山而趨。覩相而悟。往來海衆常千餘人。予會昌二年廉于鍾陵。自山迎至州。憩龍興寺。旦夕問道。大

大正大蔵経第四十八巻、
明本斷際心要

河東裴休集并序

有大禪師。法諱希運。住洪州高安縣黄檗山鷲峰下。乃曹溪六祖之嫡孫。西堂百丈之法姪。獨佩最上乘。離文字之印。唯傳一心更無別法。心體亦空萬縁俱寂。如大日輪昇虚空中。光明照曜淨無纖埃。證之者無新舊無淺深。説之者不立義解。不立宗主。不開戸牖。直下便是。動念即乖。然後爲本佛。故其言簡其理直。其道峻其行孤。四方學徒望山而趨。覩相而悟。往來海衆常千餘人。予會昌二年廉于鍾陵。自山迎至州。憩龍興寺。旦夕問道。

大正大蔵経第五十一巻、
元版　景徳伝燈録九巻末

黄蘗希運禪師傳心法要

河東裴休集

有大禪師。號希運。住洪州高安縣黄蘗山鷲峰下。乃曹溪六祖之嫡孫。百丈之子西堂之姪。獨佩最上乘。離文字之印。唯傳一心更無別法。心體亦空萬縁俱寂。如大日輪升於虚空。中照耀靜無纖埃。證之者無新舊無淺深。説之者不立義解。不立宗主。不開戸牖。直下便是。動念則乖。然後爲本佛。故其言簡其理直。其道峻其行孤。四方學徒望山而趨。覩相而悟。往來海衆常千餘人。予會昌二年廉于鍾陵。自山迎至州。憩龍興寺。旦夕

中二年廉于苑陵。復禮迎至所部。寓開元寺。旦夕受法。退而紀之。十得一二。佩為心印。不敢發揚。今恐入神精義。不聞於未來。遂出之授門下。僧太舟法建。歸舊山之廣唐寺。請長老法衆問。與往日常所親聞。同異何如也。
時大唐大中十一年十月八日謹記。
自後每段。各紀歳月。今删繁尓。

※諸佛與一切衆生。唯是一心。更無別法。此心無始已來。不曾生不曾滅。不青不黄。無形無相。不屬有無。不計新舊。非長非短。非大非小。超過一切限量名言。蹤跡對待。當體便是。動念即差。猶如虚空。無有邊際。不可測度。惟此一心即

大中二年廉于宛陵。復去禮迎至所部。安居開元寺。旦夕受法。退而紀之。十得一二。佩為心印。不敢發揚。今恐入神精義。不聞於未來。遂出之授門下。僧大舟法建。歸舊山之廣唐寺。問長老法衆。與往日常所親聞。同異如何也。
唐大中十一年十一月初八日序。

黄檗山斷際禪師傳心法要。
師謂休曰、諸佛與一切衆生、唯是一心、更無別法。此心無始已來、不曾生、不曾滅、不青不黄、無形無相、不屬有無、不計新舊、非長非短、非大非小、超過一切限量名言縱跡對待、當體便是、動念即乖。猶如虚空無有邊際、不可測度。唯

問道。大中二年廉于宛陵。復禮迎至所部。寓開元寺。旦夕受法。退而紀之。十得一二。佩為心印。不敢發揚。今恐入神精義。不聞於未來。遂出之授門下。僧太舟法建。歸舊山之廣唐寺。請長老法衆問。與往日常所親聞。同異何如也。
時大唐大中十一年十月八日謹記。
自後每段。各紀歳月。今删繁爾。

諸佛與一切衆生、唯是一心、更無別法。此心無始已來、不曾生、不曾滅、不青不黄、無形無相、不屬有無、不計新舊、非長非短、非大非小、超過一切限量名言、蹤跡對待、當體便是、動念即差。猶如虚空、無有邊際、不可測度。惟此一

是佛。佛與衆生。更無差異。但是衆生著相。外求轉失。使佛覓佛。將心捉心。窮劫盡形。終不能得。不知息念忘慮。佛自現前。

※諸佛與一切衆生以下二六字、宗鏡録二四。

●此心即是佛。佛即是衆生。衆生即是佛。佛即是心。爲衆生時。此心不減。爲諸佛時。此心不添。乃至六度萬行。河沙功德。本自具足。不假修添。遇縁則施。縁息則寂。若不決定信此而欲著相修行。以求功用。皆是妄想。與道相乖。此心即是佛。更無別佛。亦無別心。此心淨明。猶如虛空。無一點相貌。擧心動念即乖法體。即爲著相。無始來無著相佛。修六度萬行。欲求

此一心即是佛、佛與衆生更無別異。但是衆生著相外求、求之轉失、使佛覓佛、將心捉心、窮劫盡形、終不能得。不知息念忘慮、佛自現前。

此心即是佛、佛即是衆生。爲衆生時此心不減、爲諸佛時此心不添、乃至六度萬行河沙功德、本自具足不假修添。遇縁即施、縁息即寂。若不決定信此是佛、而欲著相修行、以求功用、皆是妄想、與道相乖。此心即是佛、更無別佛、亦無別心。此心明淨、猶如虛空、無一點相貌。擧心動念、即乖法體、即爲著相。無始已來無著相佛。修六度萬行、欲求成佛、即是次第。無

心即是佛、佛與衆生、更無差異。但是衆生著相。外求轉失、使佛覓佛、將心捉心、窮劫盡形。終不能得、不知息念忘慮、佛自現前。

●此心即是佛、佛即是衆生。衆生即是佛。佛即是心。爲衆生時此心不減、爲諸佛時此心不添、乃至六度萬行河沙功德、本自具足不假修添。遇縁則施、縁息則寂。若不決定信此而欲著相修行、以求功用、皆是妄想、與道相乖。此心即是佛、更無別佛、亦無別心。此心淨明、猶如虛空、無一點相貌。擧心動念、即乖法體、即爲著相。無始來無著相佛。修六度萬行、欲求成佛、即

成佛。即是次第。無始來無次第佛。※但悟一心。更無少法可得。此則眞佛。佛與衆生一心無異。猶如虚空。無雜無壞。如大日輪照四天下。日升之時。明徧天下。虚空不曾明。日沒之後。暗徧天下。虚空不曾暗。明暗之景自相凌奪。虚空人性廓然不變。佛與衆生心亦如此。若觀佛作清淨光明解脱之相。觀衆生作垢濁暗昧生死之相。此人作此解。歷河沙劫。終不得菩提。即是著相之故。唯此一心。更無微塵許少法可得。即是佛。今學道人。不悟此心體。便於心上生心。向外求佛。著相修行。皆是惡法。非菩提道。

※但悟一心以下十四字、宗鏡録二四、同九八。又、宛陵録。

始已來、無次第佛。但悟一心、更無少法可得、此即眞佛。佛與衆生一心無異、猶如虚空無雜無壞、如大日輪照四天下、日升之時、明遍天下、虚空不曾明。日沒之時、暗遍天下、虚空不曾暗。明暗之境自相陵奪、虚空之性廓然不變。佛及衆生心亦如此。若觀佛作清淨光明解脱之相、觀衆生作垢濁暗昧生死之相、作此解者、歷河沙劫、終不得菩提、爲著相故。唯此一心、更無微塵許法可得、即心是佛。如今學道人。不悟此心體、便於心上生心、向外求佛、著相修行。皆是惡法、非菩提道。

是次第。無始來無次第佛。但悟一心、更無少法可得、此則眞佛。佛與衆生一心無異、猶如虚空無雜無壞、如大日輪照四天下、日照之時、明遍天下、虚空不曾明、日沒之後、暗遍天下、虚空不曾暗。明暗之景自相凌奪、虚空之性廓然不變。佛與衆生心亦如此。若觀佛作清淨光明解脱之相、觀衆生作垢濁暗昧生死之相、此人作此解、歷河沙劫、終不得菩提、即是著相之故。唯此一心、更無微塵許少法可得、即是佛。今學道人。不悟此心體、便於心上生心、向外求佛、著相修行。皆是惡法、非菩提道。

●供養十方諸佛。不如供養一無心人不可得。無心者無一切心也。如如之體。内外如木石。不動不轉。内外如虚空。不塞不礙。無能無所。無方所。無相貌。無得失。趣者不敢入此法。恐落空無棲泊處。故望涯而退。※文殊當理、普賢當行。理者眞空無礙之理、行者離相無盡之行。觀音當大慈、勢至當大智。維摩淨名也。淨者性也、名者相也。性相不異、號曰淨名。諸大菩薩所表者、人皆有之、不離一心、悟之即是。今學道人、不向自心中悟、乃於心外求。著相取境、皆與道背。恒河沙者、佛説是沙。此沙諸佛菩薩釋梵諸天歩履而過、沙亦不喜。牛羊蟲蟻踏踐而行、沙亦不怒。珍寶馨香、沙亦不貪。糞溺臭穢、沙

供養十方諸佛、不如供養一個無心道人。何故。無心者無一切心也。如如之體、内如木石、不動不搖、外如虚空、不塞不礙、無能所、無方所、無相貌、無得失。趣者不敢入此法、恐落空無棲泊處。故望崖而退、例皆廣求知見。所以求知見者如毛、悟道者如角。文殊當理、普賢當行。理者眞空無礙之理、行者離相無盡之行。觀音當大慈、勢至當大智。維摩者淨名也。淨者性也、名者相也。性相不異、故號淨名。諸大菩薩所表者、人皆有之、不離一心、悟之即是。今學道人、不向自心中悟、乃於心外著相取境、皆與道背。恒河沙者、佛説是沙。諸佛菩薩釋梵諸天歩履而過、沙亦不喜。牛羊蟲蟻踐踏而行、沙

●供養十方諸佛、不如供養一無心人不可得。無心者無一切心也。如如之體、内外如木石、不動不轉、内外如虚空、不塞不礙、無能無所、無方所、無相貌、無得失。趣者不敢入此法、恐落空無棲泊處。故望涯而退。文殊當理、普賢當行。理者眞空無礙之理、行者離相無盡之行。觀音當大慈、勢至當大智。維摩淨名也。淨者性也、名者相也。性相不異、號爲淨名。諸大菩薩所表者、人皆有之、不離一心、悟之即是。今學道人、不向自心中悟、乃於心外求、著相取境、皆與道背。恒河沙者、佛説是沙。此沙諸佛菩薩釋梵諸天歩履而過、沙亦不喜。牛羊蟲蟻踏踐而行、沙亦不怒。珍寶馨香、沙亦不貪。糞溺臭穢、沙

亦不惡。

※文殊當理以下三七字、宗鏡録二四。

●此心即無心之心。離一切相、衆生諸佛、更無差殊。※但能無心、便是究竟。學道人若不直下無心、累劫修行、終不成道。被三乘功行拘繫、不得解脱。然證此心有遲疾、有聞法一念、便得無心者、有至十信十住十行十迴向、乃得無心者。有至十地、乃得無心者。長短得無心即住、更無可修、更無可證。實無所得、眞實不虚。一念而得、與十地而得者、功用恰齊、更無深淺。只是歴劫枉受辛勤耳。造惡造善、皆是著相。著相造惡、枉受輪迴。著相造善、枉受勞苦。※摠不如言下自認取本法。此法即心、心外無法。

亦不怒。珍寶馨香、沙亦不貪。糞尿臭穢、沙亦不惡。

此心即無心之心。離一切相、衆生諸佛、更無差別。但能無心、便是究竟。學道人若不直下無心、累劫修行、終不成道、被三乘功行拘繫、不得解脱。然證此心有遲疾、有聞法一念、便得無心者、有至十信十住十行十迴向、乃得無心者。長短得無心乃住、更無可修可證。實無所得、眞實不虚。一念而得、與十地而得者、功用恰齊、更無深淺、秖是歴劫枉受辛勤耳。造惡造善、皆是著相。著相造惡、枉受輪迴。著相造善、枉受勞苦。總不如言下便自認取本法。此法即心、心外無法。此心即法、法外無心。心自無

亦不惡。

●此心即無心之心。離一切相、衆生諸佛、更無差殊。但能無心、便是究竟。學道人若不直下無心、累劫修行、終不成道、被三乘功行拘繫、不得解脱。然證此心有遲疾、有聞法一念、便得無心者、有至十信十住十行十迴向、乃得無心者。有至十地乃得無心者。長短得無心即住、更無可修、更無可證。實無所得、眞實不虚。一念而得、與十地而得者、功用恰齊、更無深淺、只是歴劫枉受辛勤耳。造惡造善、皆是著相。著相造惡、枉受輪迴。著相造善、枉受勞苦。總不如言下自認取本法。此法即心、心外無法。

此心即法、法外無心。心自無心、亦無無心者。將心無心、心即成有、默契而已、絶諸思量。故曰、言語道斷、心行處滅。此心是本源清淨佛、人皆有之。蠢動畜生、與諸佛菩薩、一體不異。只爲妄想分別、造種種業果。本佛上實無一物、虚通寂靜、明妙安樂而已。深自悟認、直下便是、圓滿具足、更無所欠。縱三僧秖精進修行、歷諸地位、及一念證時、只證元來自佛、向上更不添得一物。却觀歷劫功用、揔是夢中妄爲。故如來云、我於阿耨菩提、實無所得。若妄有所得、然燈即不與授記。又云、是法平等、無有高下、是名菩提。即此本源清淨心、與衆生諸佛、世界山河、有相無相、偏十方界、一切平等、無彼

心、亦無無心者。將心無心、心却成有。默契而已、絶諸思議。故曰、言語道斷、心行處滅。此心是本源清淨佛、人皆有之。蠢動含靈、與諸佛菩薩、一體不異。秖爲妄想分別、造種種業果。本佛上實無一物、虚通寂靜、明妙安樂而已。深自悟入、直下便是、圓滿具足、更無所欠。縱使三秖精進修行、歷諸地位、及一念證時、秖證元來自佛、向上更不添得一物。却觀歷劫功用、總是夢中妄爲。故如來云、我於阿耨菩提、實無所得。若有所得、然燈佛則不與我授記。又云、是法平等、無有高下、是名菩提。即此本源清淨心、與衆生諸佛、世界山河、有相無相、遍十方界、一切平等、無彼我相。此本源清淨心、常自圓明

此心即法、法内無心。心自無心、亦無無心者。將心無心、心即成有。默契而已、絶諸思量。故曰、言語道斷、心行處滅。此心是本源清淨佛、人皆有之。蠢動畜生、與諸佛菩薩、一體不異。只爲妄想分別、造種種業果。本佛上實無一物、虚通寂靜、明妙安樂而已。深自悟認、直下便是、圓滿具足、更無所欠。縱三僧秖精進修行、歷諸地位、及一念證時、只證元來自佛、向上更不添得一物。却觀歷劫功用、總是夢中妄爲。故如來云、我於阿耨菩提、實無所得。若妄有所得、然燈即不與授記。又云、是法平等、無有高下、是名菩提。即此本源清淨心、與衆生諸佛、世界山河、有相無相、遍十方界、一切平等、無彼

我相。此本源清淨心、常自圓明徧照。世人不悟、只認見聞覺知爲心、爲見聞覺知所覆、所以不覩精明本體。但直下無心、本體自現、如大日輪升於虚空、徧照十方、更無障礙。故學道人唯認見聞覺知、爲動作、空却見聞覺知、即心路絶、無入處。※但於見聞覺知處認本心。然本心不屬見聞覺知、亦不離見聞覺知。但莫於見聞覺知上起見解、莫於見聞覺知上動念、亦莫離見聞覺知覓心、亦莫捨見聞覺知取法。不即不離、不住不著、縱横自在、無非道場。

※但能無心以下二五字、宗鏡録二四。

※不如言下以下、同九八。

※但於見聞覺以下七一字、同二四。

遍照。世人不悟、秖認見聞覺知爲心、爲見聞覺知所覆、所以不覩精明本體。但直下無心、本體自現、如大日輪昇於虚空、遍照十方、更無障礙。故學道人唯認見聞覺知、施爲動作、空却見聞覺知、即心路絶、無入處。但於見聞覺知處認本心。然本心不屬見聞覺知、亦不離見聞覺知。但莫於見聞覺者上起見解、亦莫於見聞覺知上動念、亦莫離見聞覺知覓心、亦莫捨見聞覺知取法。不即不離、不住不著、縱横自在、無非道場。

我相。此本源清淨心、常自圓明遍照。世人不悟、只認見聞覺知爲心、爲見聞覺知所覆、所以大覩精明本體。但直下無心、本體自現、如大日輪升於虚空、遍照十方、更無障礙。故學道人惟認見聞覺知、爲動作、空却見聞覺知、即心路絶、無入處。但於見聞覺知處認本心。然本心不屬見聞覺知、亦不離見聞覺知。但莫於見聞覺知上起見解、莫於見聞覺知上動念、亦莫離見聞覺知覓心、亦莫捨見聞覺知取法。不即不離、不住不著、縱横自在、無非道場。

●世人聞道諸佛皆傳心法、將謂心[※]
上別有一法可證可取、遂將心覓
法、不知心即是法、法即是心。不
可將心更求於心、歷千萬劫、終無
得日。不如當下無心、便是本法。
如力士額珠隱於額內、向外求覓、
周行十方、終不能得、智者指之、
當時自見本珠如故。學道人迷自本
心、不認爲佛、遂向外求覓、起功
用行、依次第證果位、歷劫勤求、
元不成道。不如當下無心。決定知
一切法本無所有、亦無所得、無主
無依、無能無所、不動妄念、便證
菩提。及證道時、只證本心佛。歷
劫功用、並是虛修。如力士得珠時、
只得本額珠、不關向外尋求之力。
故佛言、我於阿耨菩提、實無所得。
恐人不信故、引五眼所見、五語所

世人聞道諸佛皆傳心法、將謂心上
別有一法可證可取、遂將心覓法、
不知心即是法、法即是心。不可將
心更求於心、歷千萬劫、終無得日。
不如當下無心、便是本法。如力士
迷額內珠、向外求覓、周行十方、
終不能得、智者指之、當時自見本
珠如故。故學道人迷自本心、不認
爲佛、遂向外求覓、起功用行、依
次第證、歷劫勤求、永不成道。不
如當下無心。決定知一切法本無所
有、亦無所得、無依無住、無能無
所、不動妄念、便證菩提。及證道
時、秖證本心佛。歷劫功用、並是
虛修。如力士得珠時、秖得本額珠、
不關向外求覓之力。故佛言、我於
阿耨菩提、實無所得。恐人不信故、
引五眼所見、五語所言。眞實不虛、

●世人聞道諸佛皆傳心法、將謂心
上別有一法可證可取、遂將心覓
法、不知心即是法、法即是心。不
可將心更求於心、歷千萬劫、終無
得日。不如當下無心、便是本法。
如力士額珠隱於額內、向外求覓、
周行十方、終不能得、智者指之、
當時自見本珠如故。學道人迷自本
心、不認爲佛、遂向外求覓、起功
用行、依次第證果位、歷劫勤求、
元不成道。不如當下無心。決定知
一切法本無所有、亦無所得、無住
無依、無能無所、不動妄念、便證
菩提。及證道時、只證本心佛。歷
劫功用、並是虛修。如力士得珠時、
只得本額珠、不關向外尋求之力。
故佛言、我於阿耨菩提、實無所得。
恐人不信故、引五眼所見、五語所

言。眞實不虛、是第一義諦。

※世人聞道以下六八字、宗鏡録二四。

●學道人。勿疑四大爲身、四大無我、我亦無主、故知此身無我、亦無主。五陰無我、亦無主。故知此心無我、亦無主。六根六塵六識、和合生滅、亦復如是。十八界既空、一切皆空。唯有本心、蕩然清淨。有識食、有智食。四大之身、飢瘡爲患、隨事給養、不生貪著、謂之智食。恣情取味、妄生分別、唯求適口、不生厭離、謂之識食。聲聞者因聲得悟、謂之聲聞。但不了自心、於聲教上起解、或因神通、或因瑞相、語言運動、聞有菩提涅盤、三阿僧秖劫、修成佛道、皆屬聲聞道、謂之聲聞佛。唯直下頓了自心

是第一義諦。

學道人。莫疑四大爲身、四大無我、我亦無主、故知此身無我、亦無主。五陰爲心、五陰無我、亦無主。故知此心無我、亦無主。六根六塵六識、和合生滅、亦復如是。十八界既空、一切皆空。唯有本心、蕩然清淨。有識食、有智食。四大之身、飢瘡爲患、隨順給養、不生貪著、謂之智食。恣情取味、妄生分別、惟求適口、不生厭離、謂之識食。聲聞者因聲得悟、故謂之聲聞。但不了自心、於聲教上起解、或因神通、或因瑞相言語運動、聞有菩提涅槃、三僧秖劫、修成佛道、皆屬聲聞道、謂之聲聞佛。唯直下頓了

言。眞實不虛、是第一義諦。

●學道人。勿疑四大爲身、四大無我、我亦無主、故知此身無我、亦無主。五陰無我、亦無主。故知此心無我、亦無主。六根六塵六識、和合生滅、亦復如是。十八界既空、一切皆空。唯有本心、蕩然清淨。有識食、有智食。四大之身、飢瘡爲患、隨事給養、不生貪著、謂之智食。恣情取味、妄生分別、唯求適口、不生厭離、謂之識食。聲聞者因聲得悟、謂之聲聞。但不了自心、於聲教上起解、或因神通、或因瑞相語言運動、聞有菩提涅槃、三阿僧秖劫、修成佛道、皆屬聲聞道、謂之聲聞佛。惟直下頓了自心

本來是佛、無一法可得、無一行可修、此是無上道、此是眞如佛。學道人、只怕一念有、即與道隔矣。念念無相、念念無爲、即是佛。學道人、若欲得成佛、一切佛法、摠不用學、唯學無求無著。無求則心不生、無著則心不染、不染即是佛。八万四千法門、對八萬四千煩惱、是教化接引門。本無一法、離即是法、知離者是佛。但離一切煩惱、是無法可得。

●學道人、欲得知要訣、但莫於心上著一物。言佛法身、猶如虛空、此是喩法身即虛空、虛空即法身。常人將謂法身徧於虛空處、虛空中含容法身、不知虛空即法身、法身即虛空也。若定言有虛空、即虛空

自心本來是佛、無一法可得、無一行可修、此是無上道、此是眞如佛。學道人、秪怕一念有、即與道隔矣。念念無相、念念無爲、即是佛。學道人、若欲得成佛、一切佛法、總不用學、唯學無求無著。無求即心不生、無著即心不滅、不生不滅即是佛。八萬四千法門、對八萬四千煩惱、秖是教化接引門。本無一切法、離即是法、知離者是佛。但離一切煩惱、是無法可得。

學道人、若欲得知要訣、但莫於心上著一物。言佛眞法身、猶若虛空、此是喩法身即虛空、虛空即法身。常人謂法身遍虛空處、虛空中含容法身、不知法身即虛空、虛空即法身也。若定言有虛空、虛空不是法

本來是佛、無一法可得、無一行可修、此是無上道、此是眞如佛。學道人、只怕一念有、即與道隔矣。念念無相、念念無爲、即是佛。學道人、若欲得成佛、一切佛法、總不用學、惟學無求無著。無求則心不生、無著則心不染、不生不染即是佛。八萬四千法門、對八萬四千煩惱、是教化接引門。本無一法、離即是法、知離者是佛。但離一切煩惱、是無法可得。

●學道人、欲得知要訣、但莫於心上著一物。言佛法身、猶如虛空、此是喩法身即虛空、虛空即法身。常人將謂法身遍於虛空處、虛空中含容法身、不知虛空即法身、法身即虛空也。若定言有虛空、即虛空

不是法身。定言有法身、即法身不是虛空。但不作虛空解、虛空即法身。不作法身解、法身即虛空。虛空與法身無異相。佛與衆生無異相、生死涅盤無異相、煩惱菩提無異相。離一切相即是佛。凡夫取境、道者取心。心境雙忘、乃是眞法。忘境猶易、忘心至難。人不敢忘心、是恐落空無撈摸處、不知空本無空、唯一眞界耳。

●此靈覺性、無始以來、與空虛同壽、未曾生、未曾滅、未曾有、未曾無、未曾穢、未曾淨、未曾喧、未曾寂、未曾少、未曾老、無方所、無內外、無數量、無形相、無色像、無音聲、不可覓、不可求、不可以智慧識、不可以言語取、不可以景

身。若定言有法身、法身不是虛空。但莫作虛空解、虛空即法身。莫作法身解、法身即虛空。虛空與法身無異相。佛與衆生無異相、生死與涅槃無異相、煩惱與菩提無異相。離一切相即是佛。凡夫取境、道人取心。心境雙忘、乃是眞法。忘境猶易、忘心至難。人不敢忘心、恐落空無撈摸處、不知空本無空、唯一眞法界耳。

此靈覺性、無始已來、與虛空同壽、未曾生、未曾滅、未曾有、未曾無、未曾穢、未曾淨、未曾喧、未曾寂、未曾少、未曾老、無方所、無內外、無數量、無形相、無色像、無音聲、不可覓、不可求、不可以智慧識、不可以言語取、不可以境物會、不

不是法身。定言有法身、即法身不是虛空。但不作虛空解、虛空即法身。不作法身解、法身即虛空。虛空與法身無異相。佛與衆生無異相、生死涅槃無異相、煩惱菩提無異相。離一切相即是佛。凡夫取境、道人取心。心境雙忘、乃是眞法。忘境猶易、忘心至難。人不敢忘心、是恐落空無撈摸處、不知空本無空、唯一眞界耳。

●此靈覺性、無始以來、與空虛同壽、未曾生、未曾滅、未曾有、未曾無、未曾穢、未曾淨、未曾喧、未曾寂、未曾少、未曾老、無方所、無內外、無數量、無形相、無色像、無音聲、不可覓、不可求、不可以智識解、不可以言語取、不可以景

物會、不可以功用到。諸佛菩薩與一切蠢動衆生、同大涅盤性。性即是心、心即是佛、佛即是法。一念離眞、皆爲妄想。不可以心更求於心、不可以佛更求於佛、不可以法更求於法。故修道人直下無心、默契。擬心即差。以心傳心、此爲正見。愼勿向外逐境、爲心、是認賊爲子。爲有貪瞋癡、即立戒定慧。本無煩惱、焉有菩提。故祖師云、佛説一切法、爲除一切心。我無一切心、何用一切法。本源清淨佛上、更不得著一物、譬如虛空、雖以無量珍寶莊嚴、終不能住。佛性同虛空、雖以無量智慧功德莊嚴、終不能住。但遠本性、轉不見耳。

●所謂心地法門、萬法皆依此心建

可以功用到。諸佛菩薩與一切蠢動含靈、同此大涅槃性。性即是心、心即是佛、佛即是法。一念離眞、皆爲妄想。不可以心更求于心、不可以佛更求於佛、不可以法更求於法。故學道人直下無心、默契而已、擬心即差。以心傳心、此爲正見。愼勿向外逐境、認境爲心、是認賊爲子。爲有貪嗔癡、即立戒定慧。本無煩惱、焉有菩提。故祖師云、佛説一切法、爲除一切心。我無一切心、何用一切法。本源清淨佛上、更不著一物、譬如虛空、雖以無量珍寶莊嚴、終不能住。佛性同虛空、雖以無量功德智慧莊嚴、終不能住。但迷本性、轉不見耳。

所謂心地法門、萬法皆依此心建

物會、不可以功用到。諸佛菩薩與一切蠢動衆生、同大涅槃性。性即是心、心即是佛、佛即是法。一念離眞、皆爲妄想。不可以心更求於心、不可以佛更求於佛、不可以法更求於法。故修道人直下無心、默契。擬心即差。以心傳心、此爲正見。愼勿向外逐境爲心、是認賊爲子。爲有貪瞋癡、即立戒定慧。本無煩惱、焉有菩提。故祖師云、佛説一切法、爲除一切心。我無一切心、何用一切法。本源清淨佛上、更不得著一物、譬如虛空、雖以無量珍寶莊嚴、終不能住。佛性同虛空、雖以無量智慧功德莊嚴、終不能住。但迷本性、轉不見耳。

●所謂心地法門、萬法皆依此心建

立。遇境即有、無境即無、不可於淨性上専作境解。所言定慧鑑用歴歴、寂寂惺惺見聞覺知、皆是境上作解、暫爲中上下人説即得。若欲親證、皆不可作如此解、盡是境縛。法有沒處、沒於有地。但於一切法不作有見、即見法。

●自※達磨大師到中國、唯説一性、唯傳一法。以佛傳佛、不説餘佛。以法傳法、不説餘法。法即不可説之法、佛即不可取之佛、乃是本源清淨心也。唯此一事實、餘二則非眞。般若爲慧、此慧即無相之本也。

※達磨大師到中國以下、宗鏡録九八。

●凡夫不趣道、唯恣六情、乃行六

立。遇境即有、無境即無、不可於淨性上轉作境解。所言定慧鑑用歴歴、寂寂惺惺見聞覺知、皆是境上作解、暫爲中下根人説即得。若欲親證、皆不可作如此見解、盡是境。法有沒處、沒於有地。但於一切法不作有無見、即見法也。

九月一日、師謂休曰、自達摩大師到中國、唯説一心、唯傳一法。以佛傳佛、不説餘佛。以法傳法、不説餘法。法即不可説之法、佛即不可取之佛、乃是本源清淨心也。唯此一事實、餘二則非眞。般若爲慧、此慧即無相本心也。

凡夫不趣道、唯恣六情、乃行六道。

立。遇境即有、無境即無、不可於淨性上専作境解。所言定慧鑑用歴歴、寂寂惺惺見聞覺知、皆境上作解、暫爲中下人説即得。若欲親證、皆不可作如此解、盡是境縛。法有沒處、沒於有地。但於一切法不作有見、即見法。

●自達磨大師到中國、唯説一性、唯傳一法。以佛傳佛、不説餘佛。以法傳法、不説餘法。法即不可説之法、佛即不可取之佛、乃是本源清淨心也。唯此一事實、餘二則非眞。般若爲慧、此慧即無相之本也。

●凡夫不趣道、唯恣六情、乃行六

道。即學道後、一念計生死、即落諸魔道。一念起諸見、即落外道。外道見有生、趣其滅、即落聲聞道。不見有生、唯見有滅、即縁覺道。法本不生、今亦不滅。不起二見、不厭不忻。一切諸法、唯一心是、然後乃爲佛乘也。

●凡人皆逐境生心、心隨欣厭。若欲無境、當忘其心、心忘則境空、境空則心滅。不忘心、而除境、境不可除、只益紛擾耳。故萬法唯心、心亦不可得、復何求哉。

●學般若法人、不見一法可得、絶意三乘、唯一眞實、不可證得。謂我能證能得、皆增上慢人也。法華會下、拂衣而去者、皆斯徒也。故

學道人一念計生死、即落魔道。一念起諸見、即落外道。見有生、趣其滅、即落聲聞道。不見有生、唯見有滅、即落縁覺道。法本不生、今亦無滅。不起二見、不厭不欣。一切諸法、唯是一心、然後乃爲佛乘也。

凡夫皆逐境生心、心遂欣厭。若欲無境、當忘其心、心忘即境空、境空即心滅。若不忘心、而但除境、境不可除、秖益紛擾。故萬法唯心、心亦不可得、復何求哉。

學般若人、不見有一法可得、絶意三乘、唯一眞實、不可證得。謂我能證能得、皆增上慢人。法華會上、拂衣而去者、皆斯徒也。故佛言、

道。即學道後、一念計生死、即落諸魔道。一念起諸見、即落外道。見有生、趣其滅、即落聲聞道。不見有生、唯見有滅、即縁覺道。法本不生、今亦不滅。不起二見、不厭不忻。一切諸法、唯一心是、然後乃爲佛乘也。

●凡人皆逐境生心、心隨欣厭。若欲無境、當忘其心、心忘則境空、境空則心滅。不忘心、而除境、境不可除、只益紛擾耳。故萬法唯心、心亦不可得、復何求哉。

●學般若法人、不見一法可得、絶意三乘、唯一眞實、不可證得。謂我能證能得、皆增上慢人也。法華會下、拂衣而去者、皆斯徒也。故

佛言、我於菩提、實無所得。默契而已。

●凡人欲修證、但觀五蘊皆空、四大無我、眞心無相、不去不來、生時性亦不來、死時性亦不去、湛然圓寂、心境一如。但能如此直下頓了、不爲三世所拘繫、便出世人也。切不得有分毫趣向。若見善相諸佛來迎、及種種現前、亦無心隨去。若見惡相種種現前、亦無畏心。但自忘心、同於法界、便得自在。

●凡言化城者、二乘及十地乃至等覺妙覺、皆是權立接引之教、並爲化城也。言寶所者、乃眞心本佛自性之寶。此寶不屬情量、不可建立、

我於菩提、實無所得。默契而已。

凡人臨欲終時、但觀五蘊皆空、四大無我、眞心無相、不去不來、生時性亦不來、死時性亦不去、湛然圓寂、心境一如。但能如是直下頓了、不爲三世所拘繫、便是出世人也。切不得有分毫趣向。若見善相諸佛來迎、及種種現前、亦無心隨去。若見惡相種種現前、亦無心怖畏。但自忘心、同於法界、便得自在。此即是要節也。

十月八日、師謂休曰、言化城者、二乘及十地等覺妙覺、皆是權立接引之教、並爲化城。言寶所者、乃眞心本佛自性之寶。此寶不屬情

佛言、我於菩提、實無所得。默契而已。

●凡人欲修證、但觀五蘊皆空、四大無我、眞心無相、不去不來、生時性亦不來、死時性亦不去、湛然圓寂、心境一如。但能如此直下頓了、不爲三世所拘繫、便出世人也。切不得有分毫趣向。若見善相諸佛來迎、及種種現前、亦無心隨去。若見惡相種種現前、亦無畏心。但自忘心、同於法界、便得自在。

●凡言化城者、二乘及十地乃至等覺妙覺、皆是權立接引之教、並爲化城也。言寶所者、乃眞心本佛自性之寶。此寶不屬情量、不可建立、

無佛無衆生、無能無所、何處有城。若問、此既是化城、何處爲寶所、寶所不可指。指即有方所、非眞寶所也、故云在近而已。在近者。不可定量言之、但當體會、契之即是。闡提者、信不具也。一切六道衆生、乃至二乘、不信有佛果、皆謂之斷善根闡提。菩薩、深信佛法、不見有大乘小乘。佛與衆生、同一法性、乃謂之善根闡提。大抵因聲教而悟者、名聲聞。觀因緣而悟者、名緣覺。若不向自心中悟、雖至成佛、亦謂之聲聞佛。學道人於法止悟、不於心上悟、雖歷劫修行、終不是本佛。若不心悟、乃於法悟、即是輕心重法、遂成逐塊、忘於本心故。但契本心、不用求法、心即法也。

量、不可建立、無佛無衆生、無能無所、何處有城。若問、此既是化城、何處爲寶所、寶所不可指。指即有方所、非眞寶所也、故云在近而已。不可定量言之、但當體會、契之即是。言闡提者、信不具也。一切六道衆生、乃至二乘、不信有佛果、皆謂之斷善根闡提。菩薩者、深信有佛法、不見有大乘小乘、佛與衆生、同一法性、乃謂之善根闡提。大抵因聲教而悟者、謂之聲聞。觀因緣而悟者、謂之緣覺。若不向自心中悟、雖至成佛、亦謂之聲聞佛。學道人多於教法上悟、不於心法上悟、雖歷劫修行、終不是本佛。若不於心悟、乃至於教法上悟、即輕心重教、遂成逐塊、忘於本心故。但契本心、不用求法、心即法也。

無佛無衆生、無能無所、何處有城。若問、此既是化城、何處爲寶所、寶所不可指。指即有寶所、非眞實所也、故云在近而已。在近者。不可定量言之、但當體會、契之即是。闡提者、信不具也。一切六道衆生、及至二乘、不信有佛果、皆謂之斷善根闡提。菩薩、深信佛法、不見有大乘小乘、佛與衆生、同一法性、乃謂之善根闡提。大抵因聲教而悟者、名聲聞。觀因緣而悟者、名緣覺。若不向自心中悟、雖至成佛、亦謂之聲聞佛。學道人於法上悟、不於心上悟、雖歷劫修行、終不是本佛。若不心悟、乃於法悟、即是輕心重法、遂成逐塊、忘於本心故。但契本心、不用求法、心即法也。

●凡人多謂境礙心。謂事礙理、常欲逃境以安心、屛事以存理、不知乃是心礙境、理礙事。但令心空、境自空。但令理寂、事自寂。勿倒用心也。

●凡人多不肯空心、恐落空、不知自心本空。愚人除事不除心、智者除心不除事。菩薩心如虛空、一切俱捨。所作福德、皆不貪著。然捨有三等。内外身心、一切俱捨。猶如虛空、無所取著、然後隨方應物、能所皆忘、是謂大捨。若一邊行道布德、一邊旋捨、無希望心、是謂中捨。若廣修衆善、有所希望、聞法知空、遂乃不著、是謂小捨。大捨如火燭在前、更無迷悟。中捨如

凡人多爲境礙心。事礙理、常欲逃境以安心、屛事以存理、不知乃是心礙境、理礙事。但令心空、境自空。但令理寂、事自寂。勿倒用心也。

凡人多不肯空心、恐落於空、不知自心本空。愚人除事不除心、智者除心不除事。菩薩心如虛空、一切俱捨。所作福德、皆不貪著。然捨有三等。内外身心、一切俱捨。猶如虛空、無所取著、然後隨方應物、能所皆忘、是爲大捨。若一邊行道布德、一邊旋捨、無希望心、是爲中捨。若廣修衆善、有所希望、聞法知空、遂乃不著、是爲小捨。大捨如火燭在前、更無迷悟。中捨如

●凡人多謂境礙心。謂事礙理、常欲逃境以安心、屛事以存理、不知乃是心礙境、理礙事。但令心空、境自空。但令理寂、事自寂。勿倒用心也。

●凡人多不肯空心、恐落空、不知自心本空。愚人除事不除心、智者除心不除事。菩薩心如虛空、一切俱捨。所作福德、皆不貪著。然捨有三等。内外身心、一切俱捨。猶如虛空、無所取著、然後隨方應物、能所皆忘、是謂大捨。若一邊行道布德、一邊旋捨、無希望心、是謂中捨。若廣修衆善、有所希望、聞法知空、遂乃不著、是謂小捨。大捨如火燭在前、更無迷悟。中捨如

火燭在旁、或明或暗。小捨如火燭
在後、不見坑穽。故菩薩心如虚空、
一切倶捨。過去心不可得、是過去
捨、現在心不可得、是現在捨、未
來心不可得、是未來捨、所謂三世
倶捨。自如來付法迦葉以來、※以心
印心、心心不異。印著空、則印不
成文。印著物、則印不成法。故以
心印心、心心不異。能印所印、倶
難契會、故得者少。然心即無心、
得即無得。

※以心印心以下、宗鏡録十一。

●佛有三身説、自性虚通法是、報
身説、一切不淨法、化身説、六度
萬行法、法身説、不以言語音聲、
形相文字。無所説、無所證、自性
虚通而已。故曰、無法可説、是名

火燭在傍、或明或暗。小捨如火燭
在後、不見坑穽。故菩薩心如虚空、
一切倶捨。過去心不可得、是過去
捨、現在心不可得、是現在捨、未
來心不可得、是未來捨、所謂三世
倶捨。自如來付法迦葉已來、以心
印心、心心不異。印著空、即印不
成文。印著物、即印不成法。故以
心印心、心心不異。能印所印、倶
難契會、故得者少。然心即無心、
得即無得。

佛有三身、法身説自性虚通法、報
身説一切清淨法、化身説六度萬行
法。法身説法、不可以言語音聲、
形相文字而求、無所説、無所證、
自性虚通而已。故曰、無法可説、

火燭在旁、或明或暗。小捨如火燭
在後、不見坑穽。故菩薩心如虚空、
一切倶捨。過去心不可得、是過去
捨、現在心不可得、是現在捨、未
來心不可得、是未來捨、所謂三世
倶捨。自如來付法迦葉以來、以心
印心、心心不異。印著空、則印不
成文。印著物、則印不成法。故以
心印心、心心不異。能印所印、倶
難契會、故得者少。然心即無心、
得即無得。

●佛有三身、法身説自性靈通法、
報身説一切清淨法、化身説六度萬
行法。法身説法、不以語言音聲、
形相文字。無所説、無所證、自性
靈通而已。故曰、無法可説、是名

説法。報身化身、皆隨機感現、所説法亦隨事應根、以爲攝化、皆非眞法。故曰、報化非眞佛、亦非説法者。

●所言同是一精明、分爲六和合者、一精明者一心也、六和合者六根。各與塵合、眼與色合、耳與聲合、鼻與香合、舌與味合、身與觸合、意與法合、中間生六識、爲十八界。若了知十八界空無所有、束六和合爲一精明。一精明者即心也。學道人皆知此、但不能免作一精明六和合解、遂法縛、不契本心。如來現世、欲説一乘眞法、則衆生不信、興謗沒於苦海。若都不説、則佛墮慳貪。不爲衆生普捨妙道。遂方便、説三乘。乘有大小、得有

是名説法。報身化身、皆隨機感現、所説法亦隨事應根、以爲攝化、皆非眞法。故曰、報化非眞佛、亦非説法者。

所言同是一精明、分爲六和合、一精明者一心也、六和合者六根也。此六根各與塵合、眼與色合、耳與聲合、鼻與香合、舌與味合、身與觸合、意與法合、中間生六識、爲十八界。若了十八界無所有、束六和合爲一精明。一精明者即心也。學道人皆知此、但不能免作一精明六和合解、遂被法縛、不契本心。如來現世、欲説一乘眞法、則衆生不信、興謗沒於苦海。若都不説、則墮慳貪。不爲衆生溥捨妙道。遂設方便、説有三乘。乘有大小、得

説法。報身化身、皆隨機感現、所説法亦隨事應根、以爲攝化、皆非眞法。故曰、報化非眞佛、亦非説法者。

●所言同是一精明、分爲六和合者、一精明者一心也、六和合者六根各與塵合、眼與色合、耳與聲合、鼻與香合、舌與味合、身與觸合、意與法合、中間生六識、爲十八界。若了知十八界空無所有、束六和合爲一精明。一精明者即心也。學道人皆知此、但不能免作一精明六和合解、遂爲法縛、不契本心。如來現世、欲説一乘眞法、則衆生不信、興謗沒於苦海。若都不説、則佛墮慳貪。不爲衆生普捨妙道。遂方便、説三乘。乘有大小、得有深淺、皆

深淺、皆非本法。故云、唯此一乘
道、餘二即非眞。然終未能顯一心
法、故召迦葉同法座坐、別付一心
離言説法。此一枝法令別行。若能
契悟者、便至佛地。

裴休相國傳心偈

予於苑陵鍾陵皆得親
黃蘗希運禪師。盡傳心要。乃作傳
心偈爾

心不可傳。以契爲傳。心不可見。
以無爲見。契亦無契。無亦無無。
化城不住。迷額有珠。珠是強名。
城豈有形。即心即佛。佛即無生。
直下便是。勿求勿營。使佛覓佛。
倍費功程。隨法生解。即落魔界。
凡聖不分。乃離見聞。無心似鏡。
與物無競。無念似空。無物不容。

有淺深、皆非本法。故云、唯有一
乘道、餘二則非眞。然終未能顯一
心法、故召迦葉同法座、別付一心
離言説法。此一枝法令別行。若能
契悟者、便至佛地矣。

非本法。故云、惟此一乘道、餘二
即非眞。然終未能顯一心法、故召
迦葉同法座坐、別付一心離言説
法。此一枝法令別行。若能契悟者、
便至佛地。

裴休相國傳心偈

予於宛陵鐘陵皆得親黃蘗希運
禪師。盡傳心要。乃作傳心偈爾

心不可傳。以契爲傳。心不可見。
以無爲見。契亦無契。無亦無無。
化城不住。迷額有珠。珠是強名。
城豈有形。即心即佛。佛即無生。
直下便是。勿求勿營。使佛覓佛。
倍費功程。隨法生解。即落魔界。
凡聖不分。乃離見聞。無心似鏡。
與物無競。無念似空。無物不容。
三乘外法。歷劫希逢。若能如是。

三乘外法。歴劫希逢。若能如是。是出世雄。 嘗聞。河東大士親見高安導師。傳心要於當年。著偈章而示後。頓開聾瞽。煥若丹青。予惜其所遺。綴於本録云爾。 慶曆戊子歲南宗字天眞者題		是出世雄。 嘗聞。河東大士親見高安導師傳心要。於當年著偈章而示後。頓開聾瞽。煥若丹青。予惜其所遺。綴於本録云爾。 慶曆戊子歲南宗字天眞者題

潙仰宗のテキスト

(1) 鄭愚、潭州大潙山同慶寺大圓禅師碑銘并序
(2) 祖堂集巻第十六、潙山和尚章
(3) 陸希声、仰山通智大師塭銘
(4) 祖堂集巻第十八、仰山和尚章

潭*州大*潙山同*慶寺大*圓禪師碑銘并序　鄭*愚

天下之言道*術者多矣。各用所宗爲是。而五常敎化、人事之外、於性命精神之際、史氏以爲道家之言。故老莊之類是也、其書具存。然至於盪情累外生死、出於有無之間、照然獨得、言象不可以擬議、勝妙不可以意況。則浮*屠氏之言禪者、庶幾乎盡也。有口無所用其辯、巧曆*無所用其數。愈得者愈失、愈是者愈非、我則我矣、不知我者誰氏。知則知矣、不知知者何以。無其無不能盡、空其空不能不。是者無所不是。得者無所不得。山林不必寂、城市不必諠。無春夏秋冬四時之行、無得失是非去來之蹟、非盡無也、宜

潭州大潙山同慶寺大圓禅師碑銘并びに序　鄭愚
（唐文粋六三、全唐文八二〇）

天下に道術を言う者多し矣、各おの宗とする所を用て是と為す。而れば五常もて人事の外に教化し、性命精神の際に於てするは、史氏以て道家の言と為す。故より老荘の類是にして、其の書具に存す。然るに情累を盪して生死を外にし、有無の間を出でて、照然として独り得るに至っては、言象も以て擬議す可からず、勝妙も以て意況す可からざるは、則ち浮屠氏の禅を言う者、幾んど尽すに庶きか也。口有るも其の弁を用うる所無く、暦を巧にするも其の数を用うる所無し、愈いよ得る者は愈いよ失い、愈いよ是なる者は愈いよ非なり。我は則ち我なり矣、我なる者は誰氏なるかを知らず。知るは則ち知る矣、知る者は何を以てするを知らず。無は其れ無も尽す能わず、空は其れ空も不とする能わず、是なる者は是ならざる所無し、得る者は得ざる所無し。山林は必ずしも寂ならず、城市は必ずしも諠ならず。

於順也。遇所卽而安、故不介於時。當其處無必、故不蹈於物。其大旨如此、其徒雖千百、得者無一二。*近代言之者、必有宗、宗必有師、師必有傳。然非聰明瓌宏、傑達之器、不能得其傳、當其傳、是皆時之鴻庬、偉絶之度也。

今長沙郡西北、有山名大潙。蟠林穹谷、不知其變、幾千百里、爲羆豹虎兕之封、虺蜮蚺蟒之宅、雖夷人射獵虞迹樵𥃩、不敢從也。*師始僧號靈祐、福州人、笠首屩足、背閩來游、庵於翳薈、非食時不出、栖栖風雨、黙坐而已。恬然晝夕、物不能害。非夫外生死、忘憂患、冥順天和者、孰能與於是哉。*昔孔門殆庶之士、以箪瓢樂陋巷、夫子由稱詠之不足言。人不堪其憂、以其有生之厚也。且

春夏秋冬、四時の行く無し、得失是非、去来の蹟無くして、尽く無なるに非ざる也、順なるに宜しき也。所に遇うて即ち安く、故に時を介せず。其の処に当って必なる無し、故に物に蹈まらず。其の大旨此の如し。其の徒千百と雖も、得る者は一二も無し。近代之を言う者は、必ず宗とする有り、宗とするは必ず師有り、師は必ず伝有り。然れども聡明瓌宏、傑達の器に非ずんば、其の伝を得る能わず。其の伝に当っては、是れ皆な時の鴻庬、偉絶の度なり。

今、長沙郡の西北に山有り、大潙と名づく。蟠林穹谷、其の変を知らざるもの、幾んど千百里、羆豹虎兕の封、虺蜮蚺蟒の宅と為る。夷人の射獵、虞迹の樵𥃩と雖も、敢て従わざるなり。

師始め僧号は霊祐、福州の人なり。首に笠し足に屩し、閩に背いて来たり游ぶ。翳薈に庵し、食時に非ずんば出でず。栖栖として風雨のごとくに、黙坐する而已。恬然たる昼夕、物も害する能わず。夫の生死を外にして、憂患を忘れ、天和に冥順する者に非ずんば、孰か能く是に与からん哉。昔孔門殆庶の士の、箪瓢を以て陋巷を楽しむや、夫子由お之を称詠して足らず、人は其の憂いに堪えずと言うは、其の有生の厚きを以てなり。且

生死於人、得喪之大者也。既無得於生、必無得於死。既無得於得、必無得於失。故於其間、得失是非、所不容措、*委化而已。其爲道術、天下之能事畢矣、皆渉語是非之端、辨之益惑、無補於學者、今不論也。

師既以茲爲事。其徒稍稍知其從、從之則與之結構廬室。與之*伐去陰黒、以至於千有餘人、自爲飲食綱紀、而於師言無所是非。其有問者、隨語而答。不強所不能、也數十年。言佛者、天下以爲稱首。*武宗毀寺逐僧、遂空其所、師遽裹首爲民、惟恐出蚩蚩之輩、有識者益貴重之矣。

*後湖南観察使、故相國裴公休、酷好佛事、値*宣宗釋武宗之禁固、請迎而出之、乘之以已輿、親爲其徒列、又議重削其鬚髮、師始不欲、戲其徒曰、爾以鬚髮爲佛耶。其徒愈

つ生死の人に於ける、得喪の大なる者なり。既に生に於て無得なれば、必ずや死に於ても無得なり。既に得に於て無得なれば、必ずや失に於ても無得ならん。故に其の間に於ける、得失是非も措くを容れざる所、化に委せん而已。其の道術為るや、天下の能事畢せり矣。皆な渉語是非の端にして、之を弁じて益ます惑う。学者を補する無し、今は論ぜざるなり。

師は既に茲を以て事と為す、其の徒稍稍として其の従うを知る、之に従えば則ち之を与う。廬室を結構しては、之が与めに陰黒を伐去して、以て千有余人に至る。自から飲食綱紀を為して、師の言に於て是非する所無し。其の問う有る者は、語に随って答う、能わざる所を強いざるもの、也た数十年。仏を言うもの、天下に以て称首と為す。武宗の寺を毀ち僧を逐うや、遂に其の所を空うす。師遽かに首を裹んで民と為るや、惟だ蚩蚩の輩に出づるを恐る。有識の者は、益ます之を貴重す矣。

後、湖南観察使故相国裴公休、酷だ仏事を好む。宣宗が武宗の禁固を釈くに値うて、請迎して之を出だす。之を乗せるに已の輿を以てし、親しく其の徒列と為る。又た議して重ねて其の鬚髪を削らんとす。師始め欲せず、其の徒に戯れて曰う、尓は

強之、不得已、又笑而從之、復到其所居、爲同慶寺而歸之。諸徒復來、其事如初、師皆幻視、無所爲意、忽三日笑報其徒示若有疾。以大中七年正月九日、終於同慶精廬、年八十三、僧臘*五十五、卽窆於大潙之南阜、其徒言、將終之日、水泉旱竭、禽鳥號鳴、草樹皆白、雖有其事、語且不經、又非師所得之意、故不書。

師始聞法於江西百丈懷海禪師、謚曰大智、*其付傳宗系、僧諜甚明、此不復出。師亡後十一年、徒有以師之道上聞、始詔加謚號、及墳塔以盛其死、豈達者所爲耶。噫人生萬類之最靈者、而以神*精爲本、自童孺至老白首、始於飲食、漸於功名利養、是非嫉妬、得失憂喜、晝夜纏縛、又其念慮、未甞時餉歷息、煎*熬形器、起如兔雔、行坐則思想、

鬚髪を以て仏と為す耶。其の徒は愈いよ之を強う。已むことを得ず、又た笑うて之に従う。復た其の所居に到り、同慶寺を為って之に帰す。諸徒復り来って、其の事うる初めの如し。師は皆な幻視し、意と為す所無し。忽ち三日、笑うて其の徒に報じ示すに、疾有るが若し。大中七年正月九日を以て、同慶精廬に終る、年八十三、僧臘五十五。即ち大潙の南阜に窆む。其の徒言わく、将に終るの日、水泉旱竭し、禽鳥号鳴す、草樹皆な白し。其の事有りと雖も、語は且らく経せず、又た師の得る所の意に非らず。故に書せず。

師始め法を聞くは、江西百丈懐海禅師、謚して大智と曰う。其の付伝宗系は、僧諜に甚だ明らかなり、此に復た出さず。師亡じて後十一年、その徒、師の道を以て上聞する有り、始めて詔して謚号を加う、墳塔に及んでは、以て其の死を盛んにす、豈に達者の為す所ならん耶。噫、人は生れながら万類の最も霊なる者にして、神精を以て本と為す。童孺より老いて白首に至るまで、飲食に始まって、漸に功名利養、是非嫉妬、得失憂喜に於て、昼夜に纏縛す。又た其の念慮は、未だ嘗って時に餉歴も息まず、形器を煎熬して、起ること兔雔の如し。行坐して則

偃臥則魂夢、以耽沈之利、欲役老朽之筋骸、飡飯既耗、齒髪已弊、*由拔白餌藥、以從其事、外以夸人、内以欺己、曽不知息、*陰休影損、慮安神自求、須臾之暇、以至溘然而盡、親交不啻行路、利養悉歸他人、愧負積於神明、*辱殆流於後嗣、淫渝汗漫、不能自止、斯皆自心而發、不可不制以道術、道術之妙、莫有及此。

佛經之説、益以神性。然其歸趣悉臻、無有僧事、千百不可梗槩、*各言宗敎、自號矛楯。故褐衣髠首、未必皆是、*若予者少抱幽憂之疾、長多羇旅之役。形凋氣乏、甞不逮人、行年五十、已極遲暮、既無妻子之戀思、近田閭之樂非敢強也、恨不能也、況洗心於是、踰三十載。

滴師之徒、有*審虔者、以師之*圖形、自大潙

ち思想、偃臥しては則ち魂夢、耽沈の利を以て、老朽の筋骸を役せんと欲す。飡飯既に耗え、歯髪已に弊れて、由お白を抜き薬を餌って、以て其の事に従う。外には以て人に夸り、内には以て己を欺くこと、曽つて息むを知らず。陰休し影損じて、安神自から求めんと慮う須臾の暇、以て溘然として尽くるに至る。親交は啻だ行路のみにあらず、利養は悉く他人に帰す。負積を神明に愧じ、殆流を後嗣に辱しうす、淫は汗漫を渝えて、自から止む能わず。斯れ皆な自心より発す、制するに道術を以てせざる可からず、道術の妙は、此に及ぶ有る莫し。

仏経の説は、益すに神性を以てす。然るに其の帰趣悉く臻れば、僧事有る無く、千百も梗槩す可からず。各おの宗教を言い、自から矛楯と号す。故に褐衣髠首も、未だ必ずしも皆な是ならず。予の若き者も、少にして幽憂の疾を抱き、長じて羇旅の役多し。形凋ち気乏しく、甞って人に逮ばず、行年五十にして、已に遅暮に極まる。既に妻子の恋思無く、田閭の楽に近づく。敢えて強いるに非ざる也、恨むらくは能わざる也。況んや心を是に洗うこと、三十載を踰えたり。

適たま師の徒、審虔なる者有り、師の図形を以て、大潙より

來、知予學佛、求爲賛説、觀其圖状、果前*所謂鴻庬偉絶之度者也、則報之曰、師之形實、無可賛、心或可言、心又無體、自忘吾説。

審虔不信、益欲賛之云云、既與其賛、則又曰、吾徒居大潙者尚多、感師之開悟者不一、相與伐石、欲碑師之道於精廬之前、欲其文辭近吾師之側、謂予又不得不爲也。予笑不應、後十來予門、益堅其説、且思文字之空、與碑之妄空、妄既等則又何虞。咸通六年歳在乙酉、草創其事、會予有疾、明年二月始訖其銘、又因其説、以自警觸、故其立意不專、以褒大潙之事、云爾。銘曰、

*湖之南湘之西、山大潙深無蹊、虎已嘯猿又啼、雨槭槭風凄凄、

来たる。予の学仏を知って、賛説を為すことを求む。其の図状を観るに、果して前に謂う所の鴻庬偉絶の度なる者也。則ち之に報じて曰く、師の形実は賛す可き無し。心は或は言う可きも、心は又た無体なり。自から吾が説を忘る。

審虔は信ぜず、益ます之を賛せしめんと欲すと云云。既に其の賛を与うるに、則ち又た曰く、吾が徒の大潙に居る者は尚お多し、師の開悟に感ずる者は一ならず。相い与に石を伐り、師の道を精廬の前に碑せんと欲す。其の文辞もて吾が師の側に近づかんと欲し、予に謂いて又た為らざるを得ざらしむる也。予は笑うて応ぜざるも、後に十たび予が門に来たり、益ます其の説を堅くす。且く文字の空なるを思い、碑の妄空なるに与かる、妄既に等しきときは、則ち又た何をか虞わん。咸通六年、歳は乙酉に在り。其の事を草創するも、会たま予れ疾有り。明年二月、始めて其の銘を訖わる。又た其の説に因って、以て自から警触す。故に其の立意専ならず、以て大潙の事を褒むると、尓か云う。銘に曰く、

湖の南、湘の西、山は大潙、深うして蹊無し。虎已に嘯き、猿又た啼く、雨は槭槭たり、風は凄凄たり。

高入雲不可梯、雖欲去誰與携、
*彼上人忘其身、一宴坐千餘旬、
*去無踈來無親、夷積阻構嶙峋、
棟宇成供養陳、我不知徒自勤、

物之生孰無情、識好悪知寵驚、
眞物藏百慮呈、隨婉轉任崢嶸、
雲糊天月不明、金在鑛火收瑩、

*我不知天地先、無首尾功用全、
六度備萬行圓、*常自隨在畔邊、
要卽用長目前、非艱難不幽玄、
哀世徒苦馳驅、覔作佛何其愚。

筭海沙登迷廬、眼喘喘心區區、
見得失繫榮枯、弃知覺求形模。
近似遠易復難、但無事心卽安、

高く雲に入って、梯づ可からず、去らんと欲すと雖も、誰か与に携えん。彼の上人は其の身を忘じて、一たび宴坐すること千余旬。

去るを踈んずる無く、来るを親しむ無し。積阻を夷かにし、嶙峋を構う。棟宇成り供養陳ぶ、我れ知らずして徒だ自から勤む。

物の生る、孰か情無からん、好悪を識り、寵を知って驚く。真物蔵して百慮呈す、婉転に随い、崢嶸に任す。雲は天に糊し、月は明らかならず、金は鑛に在り、火の瑩きを収む。

我は知らず、天地の先、首尾無くして、功用全きことを。六度備わって、万行円かに、常に自から随って、畔辺に在り。要せば即ち用う、長く目前にあり、艱難に非ず、幽玄ならず。世徒の苦ろに馳驅するを哀れむ、作仏を覔むるの、何ぞ其れ愚なる。

海沙を筭し、迷廬に登る、眼は喘喘たり、心は区区たり。得失を見て、栄枯に繫がり、知覚を弃てて、形模を求む。

近くして遠きに似、易にして復た難し、但だ無事なれば、心

*少思慮箇悲歡、淨蕩蕩圓團團。
更無物不勞看、聽他語被人謾、
生必死理之常、*榮必悴非改張。
*造衆罪欺心王、作少福須天堂、
善惡報正身當、自結裹無人將。
心作惡口說空、欺木石嚇盲聾、
*牛阿房鬼五通、專覰捕見西東。
*禁定住陽隊隴、與作爲事不同、
最上乘有想基、*無結淨本無爲。
*人不見自心知、動便是莫狐疑、
直下說沒文詞、識此意見吾師。

即ち安し。
思慮を少いて、悲歓を箇ぶ、浄蕩蕩たり、円団団たり。
更に物無し、看ることを労せず、他語を聴いて、人に謾せらる。
生れて必ず死す、理の常なり、栄えて必ず悴う、改張に非ず。
衆罪を造って、心王を欺どる、少福を作って、天堂を須う。
善悪の報、正身に当る、自から結び裹む、人の将いる無し。
心に悪を作し、口に空と説く、木石を欺どり、盲聾と嚇す。
牛阿房、鬼五通、覰捕を専らにして、西東を見る。
定住を禁じ、隊隴を陽とす、作為を与にして、事は同じからず。
最上乗は、想基有り、結浄無くして、無為に本づく。
人は見ざるも、自から心に知る、動いて便ち是なり、狐疑する莫かれ。
直下の説、文詞を没す、此の意を識って、吾が師に見えん。

潭州　湖南省長沙市。漢に長沙国といい、隋代に潭州という。謂わゆる湘潭の地である。唐初改称の後、この称におちつく。

大潙山　大は尊称。その人を尊ぶ名で、潙山に大小あるにあらず。覚範の石門文字禅に潭州大潙山中興記がある。宋代中期、黄竜宗の仕事である。

同慶寺　宋高僧伝と伝灯録によると、襄陽の連率季景譲の奏。

大円禅師　鄭愚自から記すように、潙山の亡後十一年、その徒の上聞によって謚号を加える。咸通四年（八六三）のことか。

鄭愚　番禺の人、開成の進士で、秘書省校書郎となる。咸通の初、桂管観察使となり、廉察の功あり、嶺南節度使に遷り、礼部侍中を科す。尚書石僕射に終る。唐書二二二中。伝灯録巻第二十九に、鄭郎中の問に答うる二首あり、香厳にも帰依したか。

道術　無為自然を称する、道家の方術。荘子の大宗師に、左記あり。又、天下篇にもあり。

魚は江湖に相い忘れ、人は道術に相い忘る。

浮屠氏之言禅者　以下、霊祐の禅の要約。浮屠は仏陀の音写だが、漢代の為政者が、他国の宗教を賤称したもの。

巧曆無所用其数　曆数の術も、役にたたない。曆数は、天文の学。

近代言之者　潙山の禅を語るもの。潙山は百丈に嗣ぎ、馬祖の南宗を承ける。

師始僧号霊祐　始は、始の異体字。

昔孔門殆庶之士　顔渕をいう。孔子が顔渕をほめた言葉。

委化而已　造化に任せる。

伐去陰黒　陰黒は陰府の暗さ。自為飲食綱紀、百丈にはじまる清規ならん。作務が、禅院の生活を支える。謂わゆる代受苦の日々。

恐出蚩蚩之輩　敦厚、純朴のさま。百姓の日に用いて知らざるところ。

後湖南観察使故相国裴公休　裴休が潭州刺史、湖南観察使として長沙に赴くのは会昌三年（八四三）。

宣宗釈武宗之禁固　通鑑によると、復仏は会昌六年（八四六）に始まり、翌大中元年の閏三月、復仏を天下に宣している。

僧臘五十五　伝灯録は臘六十四。破仏の期間を塔銘は減ずるか。

其付伝宗系　謂わゆる印可証。

以神精為本　神精は精神。後段に神性とあり。荘子外篇（漁夫）に精誠といい、五祖弘忍の修心要論にみえる。

煎熬形器　楚辞の九思（怨上）、我が心や（兮）煎熬す、惟だ是れ（兮）用て憂う。（注）熬は亦煎也、憂いて已む無き也。

由抜白餌薬　健康を装うこと。白髪を抜き、薬をのむ。

陰休影損　陰影が停止する。前生の影響を終る。

辱殆流於後嗣　年をとると後継者にたよる。殆流は老後。

各言宗教　宗教は、先祖の遺訓。

若予者　鄭愚自からいう。

審虔　潙山の嗣四十三人中にみえず。

図形　頂相、邈真のこと。

果前所謂鴻庬偉絶之度者也　偉人の相貌にふさわしい。鴻庬は庬鴻に同じ。大きくて測れないこと。

湖之南湘之西　長沙は洞庭湖の南、湘水の西。南陽忠国師が躭源に与える頌をふまえる（碧巌録第十八）。

彼上人忘其身　文殊が維摩をおそれ、ほめる言葉。

去無跡来無親　去るものは追わず、来るものは拒まず。

我不知天地先　帰宗智常の頌、可憐大丈夫、先天為心祖とあり、もとづくところは涅槃経三十九（北）、安羅林中に樹齢百年の大樹あり、林に先立って生きるという説。寒山詩にもとられる。謂わゆる皮膚脱落し尽きて、一真実のみあり。

常自随在畔辺　師子王について行くだけで、いつも左右を離れぬこと。

少思慮簡悲歓　他の一解をあげると、思慮を少くし、悲歓をえらびすてる。

栄必悴非改張　改張は、琴の変調。通鑑の穆宗紀、長慶二年（八二二）の条、改張は猶お更張なり。董仲舒曰く、譬えば琴瑟不調ならば、必ず弦を改て之を張る、乃ち鼓す可しと也。

造衆罪欺心王　心王は禅語。心を王者に譬える。仏説心王経あり。達摩の語にも。

牛阿房鬼五通　共に獄卒の名、阿房は牛頭人手、単に旁とも。十王経その他。鬼五通は、羅刹鬼（智度論十六）。

禁定住陽隙朧　禁はおりにとじこめること。陽以下三字はよく判らぬが、本来は地名。

無結浄本無為　結浄は結界して浄とする意。

人不見自心知　倫理的な道義。人が見ていなくても、我が心に知る。

祖堂集巻第十六

潙山和尚嗣百丈。在潭州。師諱靈祐。福州長溪縣人也姓趙。

師小乘略覽。大乘精閲。年二十三。乃一日歎曰。諸佛至論。雖則妙理淵深。畢竟終未是吾棲神之地。

於是杖錫天台。礼智者遺跡。有數僧相隨。至唐興路上。遇一逸士。向前執師手。大笑而言。

余生有縁。老而益光。逢潭則止。遇潙則住。

逸士者。便是寒山子也。至國清寺。拾得唯喜重於師一人。主者呵嘖偏黨。拾得曰。

潙山和尚は百丈の後継ぎで、潭州におじゃった。先生は、諱を霊祐といい、福州長渓県の生れで、姓は趙氏。

先生は、小乗（戒）を簡単に、大乗（論）をくわしく研究した。二十三歳のある日、歎じていうには、諸仏のすぐれた理窟は、霊妙で深渕だが、つまるところ、我が心をおちつかせる家でない。

そこで、天台山に登って、智者の遺迹を拝もうと思うた。数人の仲間がいて、唐興県のあたりで、ある風狂の士と識りあう。彼は先導して、先生の手をとり、呵呵大笑した。

君は仏縁がある、老いるほど光る。潭に出会ったら止まれ。潙に遇うたら住せよ。

風狂は寒山子その人である。国清寺にゆくと、拾得が（まち

かまえていて）、先生一人を大事にした。寺主はその偏りを叱った。拾得がいうのに、

このお方は、一千五百人の善知識、常人と同じにはゆかん。

諸仏至論　右記の臨済の行録にも、全く同じ歎声がある。

天台　中国四大霊場の一つ。浙江省天台県にあり、真誥にいう、山は八重あり、四面は一の如く、斗牛の分に当る、上は台宿に応ず、故に天台という。三国以後、登山巡礼の文多く、隋末に智者大師の道場となり、国清寺ができる。唐の徴君纂に天台山記一巻あり。

智者　天台宗の開山、智顗（五三八〜九八）をいう。煬帝が、智者大師を諡る（続高僧伝巻第十七）。天台智者大師別伝、国清百録、伝灯録巻第二十七。

唐興路上　唐興は、天台山中の県名。寒山詩の序に、左記あり、

寒山子なる者、何許の人かを知らず。古老之を見て自り、皆な貧人風狂の士と謂う。隠れて天台唐興県の西七十里に居る、号して寒巌と為す。

余生　二人称代名詞。

逢潭則止　後に仰山の章にいう、蒙山道明の讖語をみよ。寒山は今、潭州潙山を指す。

此是一千五百人善知識。不同常矣。*

潙山和尚　湖南省長沙の西に山あり、山名による尊称だが、湘水の支流である潙水の名にもとづく名。伝灯録では、地理学者、司馬頭陀の発見。司馬頭陀に、地脈訣一巻がある。又、太平寰宇記に左記あり、裴休の方を重視する。

大潙山、潙水ここに出づ、唐の裴休、此に葬る。

百丈　江西省奉新県にある山、一名は大雄山。懐海（七二〇〈四九とも〉〜八一四）が、ここに道場を構える。

福州長渓県　読史方輿紀要九六にいう、長渓は福寧の南四十五里にあり、流れて海に入る。

趙　唐の宰相世系表に、左記あり、

趙氏は嬴姓より出づ。顓頊の裔孫伯益に、帝舜が賜わるに嬴姓を以てす、十三世の孫造父を、周の穆王が趙城に封ず、因って以て氏と為す。

小乗略覧大乗精閲　中国仏教は、大小乗の三学をあわせ修める。臨済の行録に、左記あり、

落髪受具に及んで、講肆に居り、毘尼を精究し、博く経論を賾す。

国清寺　隋の煬帝が、天台智顗のために創建。

拾得　国清寺の道堯に養われる、みなし児。庫下で飯を炊くのが仕事。

主者　国清寺の主事の僧。

一千五百人善知識　伝灯録巻第九、潙山の章に左記あり、
　時に司馬頭陀、湖南より来たる。百丈之に謂いて曰く、老僧は潙山に往かんと欲す。可ならんか。対えて云く、潙山は奇絶にして、千五百衆を聚む可し、然れば和尚の住する所に非ず。百丈云く、何ぞや。対えて云く、和尚は是れ骨人なり、彼は是れ肉山なり、設い之に居るも、徒は千人に盈たず。百丈云く、吾が衆中に人有って、住し得る莫きや（以下略）。
　潙山を一千五百人とする語は、後に雪峯門下にとられるが、臨済録の行録や、碧巌録第四則などに、依然として残る。

自介尋遊江西。礼百丈。一湊玄席。更不他遊。

それから江西（派）に学んで、百丈を礼拝するや、一挙に奥室に入って、もう何処にも学ぶ気がなかった。

師有時謂衆曰。

先生はある時、弟子たちにつげた。

是你諸人。只得*大識。不得大用。

満場の諸君、大識を手に入れるだけでよい、大用は必要ない。

*有一上座。在山下住。仰山自下來問。和尚与摩道。意作摩生。

ある上座が、山下に住庵していた。仰山が山から下りてきてきいて、和尚さまがああ言うのは、何のつもりだろうな。

上座云。更舉看。

上座、もう一ぺん言ってみろ。

仰山舉未了。被上座*踏倒。

仰山がまだ言い終わらぬうちに、上座に蹴倒されてしまう。

却歸來。舉似師。師吽吽而咲。

ひきかえして先生（潙山）につげると、先生は牛がなくように、長く長く笑いこけた。

只得大識　後に百丈再参の縁で大機となる語（伝灯録巻第九）。又本書の四家録と五家録の条と仰山語録（六七）をみよ。

有一上座　後の徳山。

吽吽而笑　吽吽は、呵呵ならん。

師与仰山語話次。

師云。只聞汝聲*。不見子身。出來。要見。

仰山便把茶樹搖對*。

師云。只得其用。不得其躰。

仰山却問。某甲則任麼。和尚如何。

師良久。

仰山云。和尚只得其躰。未得其用。

師云。子与摩道。放你二十棒*。

先生が、（茶畑で）仰山と話していたとき、

先生、おまえの声は聞こえるが、おまえの本体が見えん、出てきてみせてくれ。

仰山は茶の木をつかんで、ゆりうごかしてやる。

先生、君の動きは判ったが、本体はつかめん。

（今度は）仰山の方がきく、わたくしはこの通りです、和尚さまはどうなされる。

先生は、しばらくだまりこむ。

仰山、和尚さまは本体をつかんだだけで、まだ働きをつかんでない。

先生、そなた、そこまで言うなら、二十棒だけは勘弁してやる。

只聞汝声　声教を学ぶ人々。声、身（体）、用の差を問うところ。

放你二十棒　現成公案である。二十棒くらわすところ、執行猶予とする。

仰山便把茶樹揺対　茶摘みの作務中。

*師問道吾。
*見火不。
吾云。見。
師云。見從何起。
道吾云。*除却行住坐臥。更請一問。

先生は、道吾にきいた。
火が見えるか。
吾、見えます。
先生、君の見えるは、何が（何を）起こしたのか。
道吾、平生の行住坐臥以外に、もう一つきいてください。

師問道吾　祖堂集では、道吾を雲巌の肉兄とする。雲巌は二十年、百丈の侍者をつとめる。道吾も、潙山と相識であったろう。

見火不　潙山は百丈の下で、炉中の火を探り、始めは無と答える（伝灯録巻第九）。今は見聞覚知がテーマ。見字に、創意がある。

除却行住坐臥　揚眉動目を批判する、南陽忠国師の句をふまえよう。

有僧礼拜師。師作起勢。
僧云。請和尚不起。
師云。*未曾坐。不要礼。
僧云。某甲未曾礼。
師云。何故無礼。

ある僧が先生を礼拝した、先生は起きあがろうとする。
僧、どうか先生、（そのまま）起きあがらないで。
先生、わしはただ一度も坐っていない、礼拝はいらん。
僧、わたくしもまだ一度も礼拝していません。
先生、何と無礼な奴。

未曽坐　前段の行住坐臥をうける。終日坐臥して坐臥せぬ、主人公を問う句。

師*臨遷化時。示衆曰。老僧死後。去山下作一頭水牯牛。*脇上書兩行字云。潙山僧某専甲。与摩時。喚作水牯牛。喚作潙山僧某専甲。若喚作潙山僧。又是一頭水牯牛。若喚作水牯牛。又是潙山僧某専甲。*汝諸人作摩生。

後有人擧似*雲居。

雲居云。師*無異号。

*曹山代云。喚作水牯牛。

先生は、これで死のうというとき、人々に教えた、老僧は死んで、山下で一頭の水牛に生れる。脇の上に双行の字があって、潙山の僧何がしと書いてある。そのとき（君たちは）水牛と喚んでくれるか、潙山の僧何がしとよんでくれるか。もし潙山の僧とよべば、歴とした一頭の水牛だ、もし水牛とよべば、歴とした潙山の僧何がしだ。君たちどうするかな。

後にある男が、雲居に告げた。

雲居はいう、先生は（ただ一人だ）、別号なんかない。

曹山が（雲居）に代った、（別号がなければ）水牛とよびますよ。

臨遷化時　生涯の総括。水牯牛の話は、南泉にもとづくが、今は牛を露地の白牛とみる。潙山大安にも、例あり。

脇上書両行字　両行字は、本文にはさんでつけるコメント。唐代は奴隷解放の際、政府の鑑札をつけた。今は、家畜ゆえ、放たれた家畜に、人間の目印が必要。同時代、龐居士の解放あり、元代に雑劇として完成する（小著『一休―「狂雲集」の世界』一二五ページ）。

汝諸人作摩生　甘沢謡という本の、円沢と李源の三生ものがたりに、牛に生れかわった円沢に、李源が声をかけるところがあり、何とよぶか、が問われる。

雲居　洞山につぐ、道膺（八三五～九〇二）の代語。洪州雲居山に住した。

師無異号　露地の白牛には、鑑札無用。号は尊称で、他によびようはない。

曹山　洞山につぐ、本寂（八四〇〜九〇一）。禅林僧宝伝一では、躭章。

師有時与仰山*淨瓶。仰山纔接。師乃縮手云。*是什麼。
仰山云。和尚見什麼。
師云。伱若任麼。因何更就我覓。
仰山云。雖然如此。*人義途中。与和尚*提瓶挈水。亦是*本分。
師過淨瓶与仰山。

先生はあるとき、仰山に浄瓶をわたす。仰山が受け取ろうとすると、先生は手を引いていう、
これは何だ。
仰山、和尚さまは、（これを）何と見たのです。
先生、そういうことだと、貴公はどうして受け取ろうとした。
仰山、そうはいっても、人情の世界ですから、先生のために瓶をもって、私から水を差しあげるのは、弟子の本分です。
先生は浄瓶を、仰山に渡した。

浄瓶　浄水を入れる容器。出家の所有物を許す、六物の一つ。浄瓶もまた華林と潙山のあいだで、潙山の主人を決めるために、百丈が提起した問答のテーマ。今は同じ問いを、潙山が仰山に求める。潙山は昔、蹴とばしたことを想い起し、一寸手を縮める。

是什麼　君が今受けとろうとするのは、いったい何だ。ほしいのは水で、瓶ではない。

人義途中　人間社会では。人間は六道の一。

提瓶挈水　先生のために、水を用意する意。挈は、ひっさげる、片手でもつ。

本分　禅語として、おそらくは初見。地上の生きものに、天が分ち与えた性分、生れながらの本質だが、仏性とか本覚という、仏語以上の新鮮味をもつ。因みにいえば室町中期、イエズス会の修道士たちは、禅の代名詞として記録している

（ウルスアップ、フランシスザヴィエルの日本仏教発見、The Eastern Buddhist Vol. xxxINo1, 1998)。

又問。如何是西來意。
師云。*太好燈籠。
山云。莫只這个便是也無。
師云。這个是什摩。
仰山云。太好燈籠。
師云。*果然不見。

さらにある質問、どういうところが、祖師西来の意ですか。
先生、とてもよい燈籠だな。
仰山、ただこれだけのことですか。
先生、これとは何だ。
仰山、とてもよい燈籠です。
先生、案のじょう、何も見えてない。

太好燈籠　目の前にぶらさがっている、法堂の照明器具。この場合も、大切なのは光明で、器具ではなかった。臨済の示衆に左記あり、時代の禅のステロタイプとなる。

　一般の好悪を識らざる禿奴有って、即ち東を指し西を劃し、好晴好雨、好燈籠露柱、你看よ、眉毛幾茎か有る。

果然不見　前段、見火不の注をみよ。火が炉となり、灯籠となる。

師与仰山行次。師指*枯樹子云。前頭是什摩。
仰山云。只是个枯樹子。
師指背後*插田公云。這个公*向後。亦有五百衆。

先生が仰山と歩いていた時。先生は枯れ木を指していう、あれは何だ。
仰山、只だの枯れ木じゃありませんか。
先生はふりむいて、田づくりの農夫を指す。このお方も、今に五百人の弟子がつくぞ。

向後　将来、必ず。

枯樹子　皮膚脱落したる一真実。自己に比す。

插田公　老人ならん。

隱峯到潙山。於上座頭。放下衣鉢。

隠峯が潙山にやってきて、(僧堂の) 首座の席に、荷物をおろした。

師聞師叔來。先具威儀來相看。隱峯見師來。便倒佯睡。師歸法堂。隱峯便發去。

先生は師叔がきたときいて、自分の方から威儀をただし、相見にやってくる。隠峯は先生がくるのをみると、横になって狸寝入りをする。先生は法堂に引きかえす。隠峯は立ちあがって、出てゆく。

師問侍者。師叔在麼。

先生は侍者にきいた、師叔はおるか。

對云。去也。

対、出て行きました。

師云。師叔去時。道什麼。

先生、師叔は行くとき、何と言ったか。

對云。無語。

対、無言です。

師云。莫道無語。其聲如雷。

先生、無言とみてはいかん、やつは雷をおとしたのだ。

隱峯　建州邵武の人で、姓は鄧、馬祖についで、五台山にあり、鄧隠峯とよばれ、神異多し。五台の金剛窟で、倒立して入寂する。又、万善同帰集中に、出家以前の因縁を引く。

於上座頭　僧堂の上座の席。

師叔　同じ師匠の、兄弟でしをいう。

先具威儀来　袈裟をつけての、賓客扱いか。六祖と玄覚の問答に、夫れ沙門なる者は、三千の威儀八万の細行を具す。

便倒佯睡　よこになって、眠ったふりをする。たぬきねいりである。

其声如雷　莊子の在宥に、左記あり、

尸居って竜見る、淵黙にして雷声。

維摩の一黙にたとえる。

*徳山行脚時。到潙山。*具三衣。上法堂前。*東覩西覩了。便發去。侍者報和尚云。適來新到。不參和尚。便發去。師云。*我早个相見了也。

徳山は行脚の途中、潙山にやってくる。三衣をつけて（威儀をただし）、法堂にのぼる前に、東をみ西をみて、いきなり出てゆく。

侍者は（潙山）和尚に報告して言う、いましがた、新到が和尚におめどおりもせず、すぐに出てゆきました。

先生、わしはとっくに、見抜いている。

徳山行脚時　碧巌録第四則。徳山は千劫に仏の威儀を学し、万劫に仏の細行を学して、然る後に成仏すと信じ、南方の禅者が、即心即仏を説くのを、論破せんとして潙山にくる。

具三衣　五条、七条、九条以上の袈裟を三衣というが、先の仏の威儀のこととみてよい。

東覩西覩　左右を探す様子。東看西看とも。祖堂集巻第六、投子章に左記あり、

師纔かに門を開き了るや、便ち東覩西覩す。大衆一時に走り上る。師便ち門を関却す。

我早个相見了也　まっていたぞ。早个は、俗語。とっくに、先に。

師令侍者喚*第一座。第一座來。師云。我喚第一座。于闍梨什摩事。

曹山代云。和尚若敎侍者喚。*但恐不來。

第一座　首座、上座。古参の修行者。ここでは、法身にたとえる。

師問*雲巖。承你久在藥山。是不。
對云是。
師云。*藥山大人相如何。
對云。*涅槃後有。
師云。如何是涅槃後有。
對云。*水洒不著。
雲巖却問。百丈大人相如何。
師云。*魏魏堂堂。*煒煒煌煌。*聲前非聲。色

先生は侍者に命じて、第一座をよばせた。第一座がくると、先生はいう、わしは第一座をよばせた。貴公には何の関わりもない。

曹山が代った、和尚さま、侍者によばせたりしたら、こわがって来ませんよね。

但恐不来　法身は不来不去、無名無相である。

先生は雲巌にきいた、ききおよぶところ、長らく薬山においでたとか。
対、いかにも。
先生、薬山の菩薩づらは、どうであった。
対、煮ても焼いても、くえません。
先生、煮ても焼いてもとは、どういうことか。
対、水をぶっかけても、こたえません（蛙のつらに小便）。
今度は、雲巌がきく、百丈さまの菩薩づらは、どうでしたか。
先生、魏魏堂堂（大きいことはこの上なし）煒煒煌煌（ぴか

後非色。*蚊子上鐵牛。無伱下觜處。

ぴか光ってまぶしくて）、何も言われんでも、耳できく声じゃない、顔色はもう眼ではない、蚊が一つ、鉄牛にかみついたように、くちばしのつけようがなかったな。

雲巌　はじめ百丈下にあり、道吾のはからいで薬山につぐ。先に道吾の条に注す。

薬山大人相　大人相は金剛般若経にみえる、仏の顔。若し色を以て我を見、音声を以て我を求むるは、我を見る能わずとあり。

涅槃後有　涅槃経後分に説く、弟子たちのうろたえよう。気絶した弟子に、水をぶっかけるところ。

水洒不着　声と色を絶する人。悲歎より、本分への逆転。脱洒自在のところ。

魏魏堂堂　大無量寿経上のはじめに、

尓の時、世尊は諸根悦豫し、姿色清浄にして、光顔魏魏たり。

堂堂は大きいこと、仏顔をいう句。

煒煒煌煌　王延寿、魯の霊光殿賦にあり、光色乱動し、双目眩曜して、定まらざる姿という。

声前非声　音声が音声となる前に、音声の働きを失うこと。音声を以て求むべからず。

蚊子上鉄牛　寒山詩に、「若し人鬼魅に逢わば」で始まる五律の、さいごにみえる句。ただし何れが先か、確認はできない。

五灯会元第五の薬山章に、薬山が馬祖に向って、某は石頭の処に在って、蚊子の鉄牛に上るが如くに相い似たりというのは、明らかに雲巌の句をふまえる。

*潙山提物問仰山。正与摩時作摩生。

潙山が何か物をぶらさげて、仰山にきいた、正しくこういう時、おまえならどうする。

仰山云。*和尚還見摩。

仰山、和尚さま、眼はたしかですか。

潙山不肯。却教仰山問。正与摩時作摩生。
師云。正与摩時。亦無作摩生。
師却云。与摩道亦不得。
従此而休。隔數年後。仰山有語。擧似師云。
*切忌勃素著。
師聞云。*停囚長智。

潙山提物問　道明が大庾嶺で、伝法の袈裟をもちあげたところ。伝灯録の潙山章では、「衣を蹋む次」とある。洗濯である。

和尚還見摩　私の顔がみえますか。

仰山在潙山時。*看牛次。
第一座云。*百億毛頭。百億師子現。

潙山は肯わず、逆に仰山にきかせた、正しくこういう時、先生ならどうする。
先生、正しくこういう時は、どうするもこうするも無い。
先生はあとになって言う、ああいう答え方も、本当はよくなかった。
これ以来、話は沙汰止みになって、数年後、仰山は次のコメントを、先生につけた、
とてもかなわん、俄か勉強ですから。
先生はコメントをきいて、こう言った、長く牢屋につないで、悪智恵をつけよった。

切忌勃素着　荒々しいのはいかん。勃素は勃塑とも。無神経の様子。

停囚長智　牢屋につなぐと、悪知恵がはたらく。

仰山が潙山のもとで、牛飼いをしていた時のこと。
第一座がいう、百億もある（師子の）毛の一本ごとに、百億

仰山与第一座。便擧前話問。適來道。百億毛頭。百億師子現。豈不是上座。

云。是。

仰山云。*毛前現。毛後現。

上座云。現時不説前後。

*仰山便出去。

師云。師子腰折也。

の師子が姿をあらわす。

仰山は第一座に、その話を告げたあと、（あらためて）きく、今しがたおっしゃったように、百億の毛の一本ごとに、百億の師子が姿をあらわすとは、つまりそなた（上座）のことですな。

云、いかにも。

仰山、毛が先に姿をみせるのか、（つまり）師子が、（毛の）後に出てくるのか。

上座、姿をみせた以上、前後はありませんよ。

仰山は、とっとと出てゆく。

先生はいう、（第一座の）師子は、腰おれだな。

看牛次　牛小屋の当番。牛を見張るのが仕事。

百億毛頭　全身の毛の一本一本が、師子の威力をあらわす。梵網経の千葉の釈迦か。

毛前現毛後現　毛が生える前も、ライオンはライオンのはず。

仰山便出去　上座の答えがつまらんので、問答をうち切った。

*洞山問。和尚在此間住。有什摩學禪契會底人。

洞山がきいた、和尚さまがここに住してから、どれほどの人が禅を学んで、それをものにしたのです。

師云。某甲初住此山。有一人。是石頭之孫*。藥山之子。

先生、わたくしが始めてこの山に住んだ時、（たしかに）一人、石頭の孫、薬山の子というのがいたぞ。

洞山問　洞山が修行時代、はじめて雲巌の噂をきくところ。祖堂集巻第五の洞山伝や、洞山録によると、洞山は潙山に南陽忠国師の、無情説法話について問う。潙山が雲巌を想い起すのは、国師の無情説法をふまえる。**石頭之孫薬山之子**　石頭—薬山—雲巌という、一枝の仏法を指示する句。いずれも山居修道の人である。

仰山從田中歸。

仰山が、田畑の仕事から帰ってくる。

師云。田中有多少人。

先生、田仕事にどれほどの人が出たか。

仰山遂插下鍬子*。叉手而立。

仰山はそこで、鍬をおろして（地をすく格好をすると）、両手を胸にあてて立つ。

師云。今日南山大有人刈茆*。

先生、今日という今日は、ある男が南山で、茆を刈りおおせたな。

有人問順德*。只如潙山道。南山大有人刈茆。意作麼生。

ある人が順徳にきいた、たとえば潙山ですが、南山で確かにある男が茆を刈ったという、（いったい）何のつもりでしょうか。

順德云。狗銜赦書*。諸臣避路。

順徳、犬が天子の勅をくわえて走る、臣下は誰でも、路をさけるものだよ。

插下鍬子　鍬を地中につきさす。新田の開墾か。臨済が黄檗山で松を栽える話と、対比すると興味ぶかい。
今日南山大有人　一人開悟の弟子があると、普請を止めて祝った。南山は案山で、潙山の前山。大は有を強める言葉。一人でよいのである、大勢ではない。
順徳　雪峯につぐ、鏡清道怤（八六八～九三七）のこと。順徳は閩王が与えた道号で、鏡清院は杭州竜冊にあり、呉越王銭氏の帰依による。高麗時代、順徳禅師録があった（禅門宝蔵録上、十二条）。
狗銜赦書　碧巖録第二四則の頌に、円悟がつける著語。同じ意味の句が夢粱録にあるが、いずれも宋代のもの。種電抄の説は、憶測ならんが、古伝があったらしい。

師問。*雲巖尋常、道什麼。

對云。某甲*父母所生口。道不得。


先生は（ある僧に）きく、雲巖は平生、何を考えていたのか。

対、父母にいただいた口で、何を答えることもできません。

雲巖尋常道什麼　仰山が直接、雲巖に問うのでなしに、雲巖から来た僧にきいたらしい。
父母所生口　人間の言葉。六道輪廻の途中である。
洞山録では、洞山が南陽忠国師の無情説法話について、潙山にきいた時の答えとする。

*僧問。某甲。欲奉師去時。如何。

師云。*向他道。*直須絶滲漏去。始得似他。

僧云。還得不違於尊旨也無。

師云。向他道。*第一不得辜老僧在這裏。


僧がきいた、ある男が先生に仕えたいのですが、よろしいか。

先生、その男に言ってくれ、ずばり滲漏（の根）をたちきって、はじめてその人（俺）に会えるとな。

僧、先生の（平生の）意旨に、背きはしますまいな。

先生、そいつに言ってくれ、老僧がここにいたとは、断じて言うまいと。

僧問　前段の雲巌から来た僧か。雲巌が何も教えてくれないので、潙山に入門を求めたらしい。

向他道　雲巌にかえるがよい、そして雲巌にいえ。

直須絶滲漏去始得似他　父母から頂いた煩悩のカスを断ち切れ、それが父母への感謝である。滲漏は曹洞系の大切なテーマである。曹山に、三種滲漏の説あり。

第一不得道　俺がここで君に教えたことを、決して奴につげてはいかん。第一は、否定を強める語。禅の語録8、伝心法要（一〇）の語注を見よ。

道は、しゃべること（口語）、円仁の入唐求法巡礼行記に、多数の用例がある。集韻にもとる。

雲巖到潙山。*潙山泥壁次。問。

*有句無句。*如藤倚樹。樹倒藤枯時作摩生。

雲巖無對。舉似道吾。道吾便去。到潙山。

師便置前問。問未了。*道吾便奪云。

樹倒藤枯時作摩生。

師不對。*便入房丈。

雲巌が潙山にやってくる。潙山は、壁塗りの最中で、次の第一問をだす。

有句も無句も、樹にまきつく藤づるだ、樹が倒れて、藤が枯れたら、（おまえは）どうするか。

雲巌は何も答えず、（兄の）道吾につげた。道吾はすぐさま、潙山にやってくる。先生は、すぐに先の質問を出すが、言葉がまだ終らぬうちに、道吾は相手の言葉を奪った、

樹が倒れて藤が枯れた時、何とするか。

先生は答えず、すぐに方丈に入ってしまう。

潙山泥壁次　宋代になると、潙山大安とするが、大安は潙山の開創をたすけた、百丈下の同門である。泥壁次を深読みしたのでないか。今、テキスト通りに解する。質問者は雲巖で、テーマは先の父母所生の口。

有句無句　言葉のあるなし。外道問仏（祖堂集巻第一）の場合とは別。

如藤倚樹　仏典によるか。壁に泥をぬるのは、潙山開創にちなむか。

道吾便奪云　みなまで言わせず、問い手におしかえす。

便入房丈　維摩の方丈。

師向仰山云。*寂闍梨。直須學禪始得。

潙山は仰山にいう、寂同志よ、ずばり禅をものにせにゃいかん。

*仰山便唋。作摩生學。

仰山はすぐに応じた、どうものにするのか。

師云。單刀直入。

先生、単刀直入だな。

僧拈問*石門。只如潙山与摩道。意作摩生。

ある僧がとりあげて、石門にきいた、たとえば潙山があぁ答えたのは、何のつもりだったのか。

石門*便顧示。

石門は横をむいた（他のことを考えていた）。

寂闍梨　学禅の人を先取りする、最も親しいよびかけ。

仰山便唋　喏と同じだろうが、虀ととると、文脈は逆転する。

石門　雪峯につぐ鼓山神晏を指す。祖堂集には、この人のコメントが多い。大恵書の下、鼓山長老に答うる書に、石門のことあり。

便顧示　単刀直入ならぬところ。顧みて他を言う様子。視線をそらす。

有*京中大師。到潙山參和尚。後對坐喫茶次。

ある高貴の女性が、潙山にやってきて老師に参じた、そのあ置問。當院有多少人。

師云。*有千六百人。

大師云。千六百人中。*幾人得似和尚。

師云。大師与摩問。作什摩。

大師云。*要知和尚。

師云。於中*也有潛龍。亦有*現人。


と、対坐して茶をのんでいると、次のように質問した、この寺には、どれほどの修行僧がいますか。

先生、千六百人はおるかな。

大師（女性の参禅者）が、こうきいた、千六百人のうち、誰か和尚の眼鏡にかないますか。

先生、そなたはそれをきいて、何とする。

大師、知りたいのです、和尚さま。

先生、中には潜竜がいる、生き身の姿をしたのもいる。

京中大師　特定は難しいが、後に潜竜の話あり、おそらくは天子に仕える女性。大師は、女性の参禅者をいう。京中は帝都、洛陽を指す。

有千六百人　先にいう、寒山の予言をうける。

幾人得似和尚　得似は、評価にあたること。できてる、よろしいか。和尚はよびかけならん。

要知和尚　天子の評価を問う句。

也有潜竜　女性の質問がうるさいので、通り一遍のことを答えている。易の乾卦、文言に左記あり。
　初九は潜竜なり、用いるなかれ。九二は、見竜田に在り、
　大人を見るに利あり。
潜は、土中にひそむこと、姿をみせぬ意。

現人　あらひとがみ。

*大師便問衆僧。*三界爲鼓。須弥爲槌。什摩人撃此鼓。

大師はそこで、衆僧にきいた、三界を太鼓とし、須弥山を槌とする、誰かこの太鼓をたたくものがおるか。

仰*山云。誰撃伱破鼓。

大師捜覓破處不得。因此被納學禪。

有人拈問報慈*。什麼處是破處。

報慈云。什*麼年中。向伱与摩道。

僧云。畢竟作摩生。

報慈便打一下。


仰山、君のそんな破鼓を、誰がたたくものか。

大師は、（自分の）破れを探すことができず、以上の次第で、出家して禅を学んだという。

ある人が（この話を）とりあげて報慈にきいた、どこが破れていたのです。

報慈、いつになって、君にそれを答えられるかだ。

僧、けっきょくのところ、どうなのです。

報慈は一棒をくらわせた。

大師便問衆僧　大師は前段の女性。潙山の答えが判らず、自分で衆僧を検するか。

三界為鼓　伝灯録巻第七に、左記あり。
塩官一日衆に謂いて曰く、虚空を鼓と為し、須弥を槌と為す。什麼人か打つことを得ん。衆無対。南泉聞いて云く、我れ当時若し見れば向って道わん、王老師は這の破鼓を打たずと。法眼拈ずらく、南泉何ぞ者の破鼓と道うを消いん、但だ、王老師打たずと道わば、自然に是れ个の破鼓。

仰山云　当時すでに種々に伝えたらしい。

報慈　竜牙につぐ蔵嶼。潭州にあり、楚王の帰依をうける（祖堂集巻第十二）。

什麼年中　上来すべての、登場者を批判する。

師与仰山遊山*。一處坐。老鴟銜紅柿子來。

放*師面前。師以手拈來。分破一片。与仰山。


先生は仰山と山あるきをして、あるところに休んだ。老鴟が熟柿をくわえてきて、先生の前においた。先生は手でもちあげ、仰山不受云。此是*和尚感得底物。
師云。雖然如此。*理通同規。
仰山*危手接得了。便礼謝喫。
師*匡化四十二年。*現揚宗教。
自大中七年癸酉歳示化。春秋八十三。僧夏
六十四。*勅諡大圓禪師。*塔曰清淨之塔。

分けた片方を、仰山に与えた。

仰山は受けとらずにいう、これは先生のお徳に感応したものです。

先生、そうはいっても、私は（禅の）、規則通りにする。

仰山は、手を高らかにさしあげ、（柿を）うけとって、礼謝してたべた。

先生は弟子を導くこと四十二年。眼のあたり宗旨を揚げた。ちょうど大中七年癸酉のとしに、遷化なされた。春秋八十三、僧のとしは六十四。勅して大円禅師と諡し、塔号を清浄と申しあげる。

遊山　長沙は、遊山の名所、碧巌第三六則。
放師面前　潙山に供えた。牛頭が坐禅すると、百鳥が物を献じた。
和尚感得底　鳥が和尚の徳に感じた処。
理通同規　古道を慕う者は、みな同じ道による。同じ規則を避けるわけにはゆかん。又、多宝如来が多宝塔中に半座を分け、釈迦如来を坐せしめるところ。
危手接得　手を高くさしあげて、恭しくうけた。
匡化四十二年　二十三歳で百丈に参じ、百丈入寂以後の四十二年。
現揚宗教　百丈の宗旨、宗門のことばを指す。潙山の場合は、実際理地以下、如々仏までの定型句。
勅諡大円禅師　鄭愚の碑銘をみよ。
塔曰清浄　鄭愚以後か。宋高僧伝巻第十一によると、山の右梔子園に遷しほうむる。四鎮北庭行軍涇原等州節度使右散騎常侍盧簡求が碑をつくり、李商隠が題額している。

*仰山通智大師墖銘　*陸希聲

自*文宗朝、有大潙山大圓禪師。*居士養道、以*曹溪心地、直指示學人、使入元理。天下雲從霧集、*常數千人、然承其宗旨者、三人而已。一曰仰山、*二曰大安、*三曰香嚴。*希聲頃因從事嶺南、遇仰山大師於*洪州石亭觀音院、洗心求道、言下契悟元旨。大師嘗論門人、*以希聲爲稱首。*及大師自石亭入東平、會希聲府罷、冒暑躡屩、禮辭於巖下、違師僅三十年、師歸圓寂。今者門人*光味、*專自東山來、請予以文銘和尚墖。予頃在*襄州、有香嚴門人、請予爲香嚴碑、已論三人*同體異用之意。其辭曰、*仰山龍從

仰山通智大師墖銘　陸希声　（全唐文八一三）

文宗の朝、大潙山大円禅師有りて自り、居士の道を養う、曹溪の心地を以て、直指して学人に示し、元理に入らしむ。天下雲のごとくに従い、霧のごとくに集まるもの、常に数千人なり。然れども其の宗旨を承くる者は、三人而已。一を仰山と曰い、二を大安と曰い、三を香厳と曰う。希声頃ごろ嶺南に従事するに因って、仰山大師に洪州に遇う。石亭の観音院に、心を洗い道を求めて、言下に元旨を契悟す。大師嘗つて門人を論ずるに、希声を以て称首と為す。大師の石亭自り東平に入るに及んで、会たま希声の府を罷むる、暑を冒し屩を躡んで、巌下に礼辞せしに、師に違うこと僅んど三十年、師は円寂に帰す。今者、門人光味、専ら東山自り来り、予に請うに文を以てし、和尚の墖に銘せよという。

予は頃ごろ襄州に在り、香厳の門人有って、予に請うて香厳

於江西、大安雨聚於閩越、香嚴霰霓於南陽、皆尋流得源、同出異名之謂也。達道者、皆以爲確論。*按西域秘記、自達摩入中國、當有*七葉草除其首、是也。

仰山韶州人、俗姓葉氏、仰承六祖是爲七葉。然曹溪心地、*撥去文字不使染著、而大師卽以曹溪元旨、*印於大敎、莫不元符、即曹溪所云、*湛然常寂、妙用恒沙、*圓明變化、不可揆測。此所謂一體異用者、予以香巖碑內、已曾論三師之旨。故不得重言、以俟知者、今略解釋、以爲墖銘。

大師法名慧寂、居仰山日、法道大行、故今多以仰山爲號。享年七十七、僧臘五十四。*從國師忠和尚、得元*機境智、以曹溪心地用之、千變萬化、欲以直截、指示學人、無能

の碑を為らしむ。已に三人の同体異用の意を論ず。其の辞に曰く、仰山の竜は江西従りし、大安の雨は閩越に聚まる、香厳の霰は南陽に霓る、皆な流れを尋ねて源を得ること、同出異名の謂いなり。達道の者、皆な以て確論と為す。西域秘記を按ずるに、達摩の中国に入りて自り、当に七葉草有って、其の首を除くべしとは是なり。

仰山は韶州の人、俗姓は葉氏、仰いで六祖を承けて、是を七葉と為す。然れども曹溪の心地は、文字を撥去して、染著せしめず。而も大師は即ち曹溪の元旨を以て、大教を印して、元符せざる莫しとは、即ち曹溪の云う所にして、湛然常寂、妙用恒沙、円明変化して、揆測す可からず。此れ謂わゆる一体異用なる者なり。予れ以うに香厳碑の内に、已に曽って三師の旨を論ず。故に重ねて言うことを得ず。以て知を俟つも、今略して解釈し、以て墖銘と為す。

大師、法名は恵寂、仰山に居る日、法道大いに行わる。故に今多く仰山を以て号と為す。享年七十七、僧臘は五十四。国師忠和尚に従って、元機境智を得、曹溪心地を以て之を用う。千変万化、直截を以て学人を指示せんと欲するも、能く及ぶ者無

及者、而學者往往失旨、*揚眉動目、敲木指境、遞相效斅、近於戲笑、非師之過也。然師得曹溪元旨、傳付學人、雖與經敎符同、了然自顯一道、合離變化、*所謂龍從者也。

大師*元和二年六月二十一日生、*中和三年二月十三日入寂、*大順二年三月十日勅號通*智大師、妙光之墖云爾。*乾寧二年三月一日力病撰銘曰、

*六用如如、合於太虛、
*四大無主、*當歸亨土。
*以家爲墖、*終古永樂、
千載之後、*靈光照灼。

く、而も学者往々にして旨を失うこと、揚眉動目、敲木指境、遞相(たがい)に効い斅んで、戯笑に近きも、師の過に非ざる也。然れども師は曹溪元旨を得て、伝えて学人に付す。経教と符同すと雖も、了然として自から一道を顕わし、合離変化するは、謂わゆる竜に従う者なり。

大師は元和二年六月二十一日生れ、中和三年二月十三日入寂す。大順二年三月十日、勅して通智大師、妙光の墖と号すと尓か云う。乾寧二年三月一日、病を力(つと)めて撰す。銘に曰く、

六用如如、太虚に合す、
四大無主、当に亨土に帰すべし。
家を以て墖と為し、終古に永く楽く。
千載の後、霊光照して灼かならん。

仰山通智大師　仰山は江西省宜春県の南。袁州府志に左記あり、

府城の南八十里、府の鎮山と為す。周廻数百里、高聳万仞、登陟すべからず、只だ仰観す可し、因って名づく。

袁州仰山は本来は道教の霊場であった。潙山につぐ恵寂が住して、新しい禅仏教の根拠地となる。大庾嶺で恵能が道明に教え、蒙に逢えば即ち居せよ、袁に遇えば即ち止まれというのが、そもそもの動機であるが、袁州は宋代に入ると、石

霜楚園（慈明）の道場、南源山で有名となる。南源は馬祖につぐ道明で、若い洞山が訪うているが、南源道明は素性の判らぬ人、蒙山道明のモデルかも知れない。

通智は僖宗が諡するところ。祖堂集、宋高僧伝、景徳伝灯録は智通。祖庭事苑七の拈八方珠玉集注に、懿宗が知宗、僖宗が塔号澄虚を賜い、さらに昭宗が智通と諡する。

陸希声　呉県の人。陸景融の四世。官は歙州刺史。昭宗に召されて、給事中、戸部侍郎、同中書門下平章事、太子小師を以て罷む。唐書一一六。

文宗朝　太和元年（八二七）～開成五年（八四〇）。文宗は第十四代皇帝。憲宗の子、敬宗の弟。

居士養道　居士身で道を得たこと。盧行者、六祖恵能を指す。

曹溪心地　曹溪六祖の伝法偈により、仰山の俗姓を暗示する。

心地は諸種を含む、普雨もて悉く皆生ず。頓に華情を悟り已って、菩提、果自から成ず。

睦州語録に左記あり、この時期、曹溪の心地が再確認される。

問う、如何なるか是れ曹溪的的の意。師云く、老僧は嗔を愛し喜を愛せず。僧云く、什麽と為て是の如くなる。師云く、路に剣客に逢わば須らく剣を呈すべし、是れ詩人ならずんば、詩を説く莫かれ。

常数千人　臨済録によると、潙山にいたのは、千五百衆である。→寒山子の予言。

二曰大安　百丈の法をついで、潙山霊祐の開山を助け、後に福州に怡山を開く。七九三～八八三の人。祖堂集巻第十七に、西院和尚伝あり、宋高僧伝巻第十二に、福州怡山院大安がある。又、唐福建延寿禅院故延聖大師塔内身真記、参学比丘允明書撰も。

三曰香厳　始め百丈に参じ、潙山の下で撃竹の縁あり、霊雲見桃と並び称す。祖堂集巻第十九、宋高僧伝巻第十三、伝灯録巻第十一に伝あり、青州の人で、諱は智閑、鄧州香厳に住す。偈頌にすぐれ、白崖大師とよぶ。

希声頃因従事嶺南　陸希声が嶺南観察使となるのは、希声自身の晩年らしい。嶺南は、閩嶺の南で、江西全域を指す。

洪州石亭観音院　江西省南昌（新建県章江門外）に、仰山の観音院があった。興化存奨が南遊して、仰山大師を訪うところ。陸希声が開創し、仰山より恵寂を迎える。祖庭事苑七に仰山伝あり、他のテキストと少異があって、何か拠るところがあったか、左記の一段あり、

大中十三年、韋宙中丞が師の為めに洪州観音院を創して之に居らしむ。

以希声為称首　弟子の筆頭とする意。はじめに居士養道と

いうのと、一連の意図をもつらしい。柳宗元の曹溪第六祖賜諡大鑒禅師碑に、凡そ広部を治して、以て名の聞ゆる者は、十を以て数うるも、能く其の号を掲ぐる莫し、乃今始めて天子に告げて、大諡を得て吾が道を豊佐すといっている。仰山に通知と諡されたのは、陸希声の奏聞による。

及大師自石亭入東平　東平は韶州にあり、恵寂入寂の地。恵能の先例にならい、出生地に帰ったらしい。武渓集七に、余靖撰の韶州重建東平山正覚寺記がある。

光昧　伝不明。

専自東山来　東山は東平山ならん（専字は存疑）。

襄州　湖北省襄陽県。伝灯録巻第十二に、香厳智閑の嗣として、襄州延慶法端がある。

同体異用　潙山の禅を三様にうけつぐ。

仰山竜従於江西　天聖広灯録十三、逐州剋符の章に、初祖より雲居に至る偈頌三十八首あり、馬祖麟、百丈松、臨済竜とする。

西域秘記　玄奘の大唐西域記になぞらえるもの。

七葉草　仰山の俗姓を暗示するもの。七葉は曹溪を嗣いで自から七葉と称する意。根拠を西域秘記におくのは、大迦葉が王舎城耆闍崛山賓鉢羅窟（七葉巌）で一代時教を結集するのをうける。

撥去文字　経典を払うこと。

印於大教　大教は、涅槃経ならん。仰山は、涅槃経四十巻を魔説とする（伝灯録巻第九）。

湛然常寂　伝灯録巻第五の恵能伝で、天使薛簡を説く言葉。

円明変化　摩尼宝珠が刻々に色を変えるように、働きのふしぎをいう。ダルマと梁の武帝の問答に、浄智妙円体自空寂。

従国師忠和尚　国師につぐ耽源に従って、玄旨を悟ったので、直接に参じたわけでないが、すべてを忠国師に関係させるのは、百丈、黄檗、洞山、香厳など、この時代の通説である。注目すべきは、洞山が直接に忠国師に参じたとすることで、勿論歴史的ではないが、仰山にも亦た同じ説があったらしい。

直截指示　証道歌にいう、直截根元仏所印。

揚眉動目　南陽忠国師と、南方禅客の対話による（伝灯録巻第二十八）。

所謂竜従者也　仰山の竜は江西に従うとある、香厳碑による句。

元和二年　第十一代憲宗の年号。

中和三年　第十八代僖宗の年号。入滅は韶州だが、仰山にかえって入塔する。

大順二年　第十九代昭宗の勅。

通智　勅諡のちがいは、題号のところに注した。

乾寧二年　陸希声が塔銘をつくる。

六用如如　真仏如如のところ。一精明が、分かれて六和合となり、夫々に働く場所。首楞厳経の説。

四大無主　僧肇の遺偈（伝灯録巻第二十七）。

当帰享土　出家に家はないが、生れたところに帰るのは、六祖恵能に先例がある。

以家為墖　家を江西ととると、韶州より仰山にかえって塔をたてたこと。

終古永楽　涅槃常楽、永遠の楽しみ。

霊光照灼　潙山の句、霊燄之無窮をうけよう。

祖堂集巻第十八

*仰山和尚嗣潙山。在*懐化。師諱慧寂。俗*姓葉。*韶州懐化人也。

年十五。求出家。父母不許。年至十七。又再求去。父母猶悋。其夜有白光二道。從*曹溪發來。直貫其舍。父母則知。是子出家乃志。感而許之。師乃斷*左手無名指及小指。置父母前。答謝養育之恩。

初於*南華寺通禪師下剃髪。*年十八爲沙弥。行脚先參*宗禪師。次礼*耽原。在左右數年。*學境智明暗一相。一聞而不再問。

仰山和尚は潙山（和尚）の後継で、懐化県（広東省韶関）におじゃった。先生は諱を恵寂、俗姓を葉（氏）といい、韶州懐化のお生れである。

十五歳で出家を志すが、父母が許さず、十七歳になって、あらためて出たいという。父母はまだ惜しむが、その夜二すじの白光が曹溪から出てきて、その家を直射する（のを見る）。父母はそのとき、息子の出家を求める表われと知り、感動して許した。先生は左の無名指と小指を斬って、父母にかえし、子育ての御苦労を謝した。

初め（曹溪）南華寺の通禅師について剃髪するが、十八歳で小僧になると、修行のために宗禅師に参じ、さらに耽原を拝して、数年のあいだ師のおそばで、境智とその明暗一相について学習した。一度聞けばすぐに理解し、問いかえすことはなかった。

仰山和尚　陸希声の塔銘をみよ。

懐化　続いて生地をあげ、韶州懐化の人とするから、韶州すなわち現在の韶関市である。読史方輿紀要（番禺県）に、懐化廃県あり、晋の義桃中に置く、南海郡に属すとあり、現在の広東省番禺県の東南に当るが、いずれも六祖恵能の伝記にかかわり、仰山伝を恵能に重ねんとするもの。

俗姓葉　陸希声の塔銘をみよ。

韶州懐化人也　宋高僧伝巻第十二、祖庭事苑七は、韶州湞昌県とする。後年、東平山弘祖禅院を開く処。潙仰宗第三世資福につぐ貞邃の生地でも。

曹渓　六祖恵能の道場、宝林寺のあるところ。

左手無名指　孟子（告子上）によると、無名指は無用の指である。無著道忠は、指を燃して供養する、綻光仏の故事になぞらえるが、今は身体髪膚の一部を、父母に還す意とみてよい。インド仏教の戒律では、出家は父母の許可が条件である。伝灯録巻第十四、荊州天皇道悟章に左記あり、

年十四、出家せんと懇求するも、父母聴さず、遂に誓志して飲膳を損減し、日に纔かに一食して、形体羸悴す。父母已むを得ずして之を許す。

南華寺通禅師　南華寺は曹溪山宝林寺である。唐僧鑑真が、南海より北上の途中、南華寺に恵能像を拝している。通禅師は広州和安寺通で、伝灯録巻第九に、百丈懐海の嗣とする。幼より寡言で不語通とよばれた。仰山との縁、左記あり、

師一日、仰山をして牀子を将ち来たらしむ。仰山将ち到る。師云く、却って本処に送れ。仰山之に従う。師云く、牀子那辺なる、是れ什麼物ぞ。仰山云く、無物。師云く、這辺は是れ什麼物ぞ。仰山云く、無物。師召して云く、恵寂。仰山云く、諾。師云く、去れ。

年十八　祖庭事苑では、通の卒する年。

宗禅師　本章後段に、仰山が宗禅師の沙弥であった時、念経の声について注意をうける。伝灯録巻第八に、韶州乳源和尚あり、馬祖の弟子である。仰山の沙弥時代、念経のことをあげるから、同一人物である。禅門宝蔵録上の第三条に、嶺南宗道者の般若多羅海底宗影示玄記注あり。又、西山大師清虚の禅教釈に、梵王決疑経の拈花の話と同本の、宗道者伝を引く。

耽原　南陽忠国師につぐ真応。吉州耽原山にあり、円相を伝えたとする。祖堂集によると、耽原は始め、馬大師の門人である。耽原参問は、嶺南宗道者の指示ならん。

学境智明暗一相　境智は潙仰宗の教学の一つで、光境倶忘のところ。明暗一相は、明暗は自から去来するも、虚空は動揺せずという、荷沢神会の教学。石頭の参同契にも。明は朝、暗は夜である。

後捨之而*造大潙。初到自參潙山。

潙山曰。者沙彌。是*有主沙弥。無主沙彌。

師云。有主沙彌。

潙山云。主在什麼處。

*師在西邊立。却向東邊立。

潙山察其異器。与言引接。

造大潙　祖庭事苑は大和三年（八二九）。初参の様子は、趙州と南泉に似る。

師問。如何是佛。

潙山云。*以思無思之妙。返*靈燄之無窮。思盡還源。性相常住。理事不二。眞佛如如。

師於言下頓悟。礼謝指要。

以思無思之妙　宗鏡録十四に、左記あり、

その後（耽原を）離れて大潙山に行く。初めてやってきて、勝手に潙山に参じた。

潙山、こいつ主人もちか、それともまだか。

仰山、主人もちです。

潙山、主人はどこじゃ。

仰山、（潙山の）西側につっ立ち、今度は東側につっ立つ。

潙山はその器をみとめ、引きうけてやった。

有主沙弥　南泉の質問に同じ。
師在西辺立　師に侍する沙弥の姿。百丈清規にみえる。

先生がきく、どのようなお方が仏さまですか。

潙山、考えても考えようのない妙味を、霊性の永遠におかえしする、考えが尽きて根元にかえって、（心の）性と相が常におちつき、理と事が一つになるところ、真仏は（心の）真如よ。

先生は言下に頓悟し、指示を礼謝した。


仰山和尚、潙山和尚に問うて云く、真仏は何処にか住す

る。

潙山云く、思うて思う無き妙を以て、霊焔の無窮に反す。思い尽きて原に還り、性相常住、事理不二、真仏如々なり。

霊徴之無窮　霊徴は、南岳惟勁の覚地頌による。潙山と同参の怡山西院は、霊洞に入って坐し、月に十は帰らぬ、同流がその身を観ると、徴尓として光を通す。人々は定光仏と称した（祖堂集巻第十七）。

在潙山盤泊。十四五年間。凡在衆中。祗對潙山。談揚玄祕。可謂鶖子之利辨。光大雄之化哉。年三十五。領衆出世。住前後諸州府。節察刺使。相繼一十一人礼爲師。師三處轉法輪。勅錫澄虚大師。并紫衣矣。

潙山でどぐろをまいて、十五年ばかり。弟子として潙山に仕え、（仏法の）玄旨をあげつらった。舎利弗がすぐれた弁舌で、釈迦の教えを輝かせたというものだろう。

三十五で出世し、弟子をとった。あちらこちらと、諸州の首都にとどまって、中央の観察使など、次々に十一人も師事した。先生は（袁、洪、韶という）三都に法輪を転じ、勅して澄虚大師の名と、紫衣を受けたのです。

鶖子之利弁　十大弟子のうち、舎利弗を聡明第一とする。鶖子は舎利弗の音写。

三処転法輪　袁州仰山、洪州石亭（観音寺）、韶州東平の三ヶ所。崇文総目輯釈に、東平大師默論一巻がある。晩年の著作であるまいか。

相継一十一人　禾山が公案を集めて十一位とする。十一は、満数である。刺史の名を全て特定できないが、陸希声が居士養道というのと、おそらくはかさなりあう。

勅錫澄虚大師　僖宗が贈る（祖庭事苑七）。

毎日上堂。謂衆云。汝等諸人。各自*迴光返顧。*莫記吾語。吾愍汝無始*曠劫來。背明投暗。逐妄根深。卒難頓拔。所以假設方便。奪汝諸人*塵劫來麁識。如將*黄葉止啼。亦如人將百種貨物。*雑渾金寶。一鋪貨賣。祗擬輕重來機。所以道。

*石頭是眞金鋪。我者裏是雑貨鋪。有人來覓雑貨鋪。則我亦拈他与。來覓眞金。我亦与他。

*時有人問。雑貨鋪則不問。請和尚眞金。

師云。*齧鏃擬開口。*驢年亦不會。

僧無對。

又云。*索喚則有。*交易則無。所以我若説禪宗旨。*身邊覓一人相伴亦無。説什麼五百七百。我若*東説西説。則競頭向前採拾。如將

平生、上堂のことば。君たち誰も、銘々（自ら）迴光返照せよ、俺の説教などまねるでない。俺は君たちが永劫以来、光に背いて闇をねらう、妄想の根深さを、ちょっとやそっとで抜け切れんのが気の毒。（已むを得ず）策を設けて、塵劫以来の君たちの、粗大ゴミを除くため、子供だましの木の葉の小判よろしく、あるいは日常の雑貨にまぜて、宝物を売る、デパートの商人よろしく、来客の品定めをするだけのこと。

看板は、純金専門の石頭さん、俺のところは雑貨商と書いて、誰でも（俺の）店にくる奴に何でもおめあて通りの上、純金をというなら、そちらも亦わたす。

そのときある男、雑貨はいりません、どうか和尚さまの純金を。

先生、ヤジリをかませて、ものを言わせようなんて、ロバの年になってもダメだ。

僧は何も言えない。

さらに（先生は）いう、それ（純金）をというなら、有るにはあるが、売買はしない。それというのも、俺に禅の奥義を説かせても、身辺ひとりも聞き手がおらず、五百の七百のどころ

空拳誘誑小兒。都無實處。

我今分明向汝説聖邊事。且莫將心湊泊。但向身前義海。如實而修。不要三明六通。此是聖末邊事。如今且要識心達本。但得其本。不愁其末。他時後日。自具足去在。若未得其本。縦饒將情學他亦不得。汝何不見。

潙山和尚云。凡聖情盡。體露眞心常住。理事不二。即是如如佛矣。珍重。

問。法身還解説法也無。

師云。我則説不得。別有人説得。

進曰。説得底人。在什摩處。

師乃推出枕子。

僧後擧似潙山。

潙山云。寂子用劒刃上事。


ではない、俺があれこれいうと、われさきに飛びつくが、手を握って子供をだますように、全く何の中身もないぞ。

俺は今君たちに、はっきりと諸聖の道を説く、とにかく心を(そこに)とめず、我が胸中の大海を、実地に確かめることだ、三明六通はいらん、いずれも聖道には遠い、今はまず識心達本が大事だ、根本をつかめば末の心配はない。いつの日か、ちゃんと揃ってくる。まちがいなく根本をつかまないと、いくら勉強してもあかん。

君たち、潙山和尚の話を聞いたろう、凡も聖も心が尽きて、みごとまるごと、真心そのもの、常に理事不二のところに住する、これが如如仏だぞ。お大事に。

質問、法身は(正法を)説くことができるのですか。

先生、俺は説けん。別に説ける男がいる。

説ける男というのは、どこにいるのです。

すると先生は、枕をおしだした。

問うた僧が、潙山につげた。

潙山、寂子よ、恐しい音なしの構えだナ。

*有人擧似雪峯。雪峯云。潙山和尚。*背後与摩道則得。
有人拈問。*當衙時作麼生。
*福先代*以手作打勢。*報恩代云。*誰敢出頭。

迴光返顧　迴光返照（臨済）に同じ。潙山の言葉では、霊燄の無窮に返し、思い尽きて源に還るところ。

莫記吾語　馬祖が創唱し、後に臨済がうけとめる、祖師禅の基本姿勢。

背明投暗　楞厳経にいう、背覚合塵のところ。真昼間、提灯をさげて歩く姿。

塵劫来麁識　塵劫は法華経の化城喩品による、永劫の時。麁識は起信論にいう、三細六麁のこと。意識分別という粗大ゴミ。

黄葉止啼　子供だましの小判。

雑渾金宝　だきあわせ商法。

石頭是真金鋪　祖堂集巻第四の薬山伝では、道吾が雲巌に送る、手紙の文句とする。始めは真金鋪が評価されるが、や

ある男が雪峯につげた。雪峯がいう、潙山和尚は（仰山の）黒幕ゆえに、批評は御自由だが、そういってすませてはな。
ある男が（福先和尚に）きいた、役所につきだされたら、どう答えたものか。
福先が（潙山に）代って、手をあげて（男を）剣で打つ。報恩が（福先に）代った、何が出てくるものか。

がて逆転して雑貨鋪の方が、商法としては、すぐれることになる。雲巌は百丈にいるので、道吾は江西を雑貨鋪としている。

時有人問　自問自答のコメント。

齧鏃擬開口　太平広記二二七に、督君謨と王霊知の話がある。督君謨は弓の名人で、目を閉じて的を射ることができた。相手の目をねらえば目、口をねらえば口を直射する。王霊知という弟子が、三年の修行で秘を尽し、師を殺して独立しようとする。目を閉じている師をねらうが、師は短刀をとって払いのける。師の口をねらうと、師は口をあけて前歯で鏃を齧む。そして笑って言う、汝は吾に射を学ぶこと三年、吾はなお汝に齧鏃の法を伝えず。
　楞伽師資記の序、長沙景岑、風穴の語などにみえ、言葉で

説明できない、妙法の所在をいうのだが、今は真金だけを求める相手を、王霊知にかさねていないか。

驢年亦不会　ロバの年が来ても、判らん奴は判らん。

索喚　店さきで、買手がそれくれと言う、注文すること。東京夢華録に、事例がある。

交易則無　とりひきはない。売買できぬものを、注文するのが索喚。

身辺覓一人相伴亦無　禅の奥義となると、一人の仲間もいない。

東説西説　あれこれ言いはやす。

説聖辺事　先にいう禅の宗旨。聖諦第一義を指す。

身前義海　雑貨鋪のカウンター、目玉商品が並んでいる処。後に再びとりあげる。

三明六通　神秘の六神通と、その本質的な深まりを三明とする。要するに、オカルトの域を出ない。

識心達本　馬祖の示衆に、経に云く、識心達本、故に号して沙門と為すとあり。経は四十二章経らしい。

但得其本　本は一心。次の句を含めて、証道歌の引用。

他亦不得　他は一心。

凡聖情尽　潙山古仏のセットフレーズ。場合によって、多少の変化あり。同門の古霊章にもあって（祖堂集巻第十六、伝灯録巻第九）、百丈に遡ってよい。因みにいう、古霊の引く百丈の語は、我が大灯国師が鎌倉にあって、高峰顕日に参じていた時、隣室の僧が唱えるのをきいて、言下に我が胸に省すると、急拠京都の万寿寺で大応に参じ、終にその法をつぐに到る、大きいきっかけとなる言葉であり、大灯国師年譜のさわりでもある。

法身還解説法也無　法身説法は、密教の極説だが、禅では別の思考があった。達摩の二入四行論に、四種仏説をあげて、法仏は是体虚通の法を説く云々とする。後に伝心法要にとりあげ、臨済は逆に、法身は説法を解せずという。

枕子　睡眠用のまくら。睡れば、誰でも法身。夢も亦た同じ。祖庭事苑八に、南海寄帰伝を引いて、その素材と形態を説く。

寂子用剣刃上事　臨済は上堂で、剣刃上の事を問われて、禍事禍事と答えている。伝灯録巻第二十八、汾州大達禅師の上堂にも、氷凌上を行くが如く、剣刃上を走るに似たり。

有人挙似雪峯　以下、雪峯とその門下のコメント。

背後与摩道則得　雪峯は斬られに出る。背後は、人に背を向ける姿、怖いはず。

当衙　検問された時。（法身が）白洲に引き出されたら。当衙は、法制用語で、特高警察。

福先　福先招慶、祖堂集の序者文僜を指す。

以手作打勢　役人の手は、剣刃上以上に怖い。

報恩　雪峯につぐ懐岳。漳州報恩寺は、泉州開元寺に近い。

師共僧説話次。傍僧云。*語是文殊。嘿底是維摩。

師云。不語不嘿。莫是公不。

其僧良久。

師問曰。何不現神通。

其僧云。不辭現神通。*恐和尚收入敎。

師云。*鑒公來處。未有敎外之眼。

語是文殊　維摩経の問疾、不二法門をふまえる。
恐和尚収入教　和尚のシナリオは、嫌です。

師問*俗官。至个什麼。

對云。*衙推。

師*拈起柱杖云。還推得這个不。

誰敢出頭　法身は顔を出さん。大神通の主人公である。

先生が僧としゃべっていると、傍の僧がこういった、しゃべるのは文殊、だまっているのは維摩だナ。

先生、しゃべりもせず、だまりもせぬのがお前だろう。

僧は、だまりこむ。

先生がきいた、神通力をみせなくては！

僧、神通力はよろしいが、先生は必ずテキストに引きよせる。

先生、点検するところ、お前にはまだ、テキスト以外の眼がない。

鑒公来処　貴公の役は、教外に関わらん。丁寧にこたえて、すじがき通りに収めた。

先生は俗官にきいた、今度は何の位だ。

答え、特高警察（犬）です。

先生は杖をもちあげた、こいつかぎとれるか。

無對。
（相手は）答えられない。

師代云。＊若是這个。待別時來。
先生が代った、そいつの場合は、改めて出頭させる。

＊興化代云。＊和尚有事在。
興化が代った、先生、私はまだ用がありました。

俗官　嫌われ役。

衙推　先の当衙に同じ。百官志によると、軍府の属で、考課調書をつくる。医者をいう場合も。

拈起柱杖　こいつを調べてみよ。考課調書を書けるか。

若是這个　推官の返事、常套手段。

興化　福州にあり、雪峯の弟子ならん。

和尚有事在　和尚さま、本官には仕事が残ってる。これも常套句だが、衙推の正体をみせている。

因みに、大恵の正法眼蔵（中）に、この話をとるが、三聖が仰山に参じて、涅槃堂にいた時とする。

三聖和尚、仰山会下に在り。有る官人来って仰山を看る。山問う、官は何位にか居る。云く、推官。仰山は払子を竪起して云う、還って遮箇を推し得る麼。官人無語。仰山は大衆をして下語せしむ。総に皆な契わず。三聖不安にして、涅槃堂内に在って将息す。仰、侍者をして去って下語を請わしむ。聖云く、但だ道わん、和尚今日事有りと。仰又た侍者をして去って問わしむ。未審、甚麼の事か有る。曰く、再犯容さず。

出典は天聖広灯録十二で、三聖をシテとするのは、臨済側の攀竜附風が、極点に達しているのを示す。

師問上座。＊不思善不思惡。正与摩時作摩生。

上座云。正与摩時。＊厶甲放身命處。

師云。何不問某甲。

先生はある上座にきいた、不思善、不思悪、正与摩の時はどうか。

上座、正与摩の時、何の何がし（私）は、身命めしあげです。

先生、どうして（その）何の何がしに質問させぬ。

云。与摩時。不見有和尚。
師云。*扶我教不起。

不思善不思悪　潙仰宗の根本テーマ。相手を大庾嶺上、道明上座にみたてた。
ム甲放身命処　私は息ができん。放身命は、百丈が、馬祖

*師洗納衣次。*耽源問。正与摩時。作摩生。
師云。*了然二倶無爲。
又云。正与摩時。*某甲不思量渠。
又云。正与摩時。向什摩處見渠。

師洗納衣次　日常茶飯のこと。汚れたら、洗うだけだが。
耽源　仰山が若い時、潙山に参ずる以前か。

僧、そうなると先生の姿も見えん。
先生、（お前という奴は）俺を助けて、テキストももちあげさせん。

に仏を問うて、その場で絶句した一句。
扶我教不起　起きあがらせてくれぬのは、貴公の方だ。

先生が納衣を洗っていた時、（師の）耽源がきいた、正与摩の時は、どうか。
先生、はっきりと（着るものと着られるもの）二つが、全く無為（涅槃）です。
又の答え、正与摩の時、私には渠（納衣下の事）を思量できません。
又の答え、正与摩の時、渠が何処にあるというのか。

了然二倶無為　洗うものも、洗われるものも、共に無為そのもの。

某甲不思量渠　渠は法身を指す。納衣は法身の垢に染まるか、どうか。

師見京岑上座。在中庭向日次。

先生は、京岑上座が庭で日なたぼっこしてるのをみて、そのそばを通りかかった。

師從邊過云。人人盡有這个事。只是道不得。

先生、誰もみな、こいつがあったナ。しかし口には出せん。

云。恰似請汝道。

岑、そうだナ、おまえにたのむか。

師云。作摩生道。

先生、どう答えたものかナ。

岑上座便攔胸与一踏。

岑上座は（仰山の）胸ぐらをつかんで、一つきに蹴とばす。

師倒起來云。師叔用使。直下是大虫相似。

先生はぶっ倒れ、立ちあがっていった、師叔と来たら、まるで大虎みたいだ。

京岑上座　長沙景岑、南泉の法嗣である。共に若い頃ならん。

師従辺過　相手に気づかれんよう、そっと通りぬけたが、つい口に出てしまう。

人人尽有這个事　ひなたぼっこという、楽しみがある。生きている証拠である。

只是道不得　口には出せん。只是は、然し。屈折した気分で、言わずにいられんことも。

恰似請汝道　恰似は、そのとおり。肯定してはいるが、ひとつ言ってみよという、条件つきの肯定である。

攔胸与一踏　伝灯録巻第十の長沙章では、蹋倒仰山とする。攔胸がつくと、片手でいちどおしたおして、さらに足で蹴ったこと。

用使　用も使も、つかう意。寂子用剣刃上事の用事。

大虫　虎の俗称。捜神記に、左記あり。

扶南の王范尋、虎を山に養う。犯罪の者有り、投与すれども虎噬まず、乃ち之を宥す。故に虎を大蟲と名づく。亦た大霊と名づく。

*師在東平看經時。有僧侍立。*師巻却經。迴頭問。還會麼。

對云。某甲不曾看經。爭得會。

師云。*汝向後也會去在。

先生は東平（韶州）にいた時、お経をよんでいると、傍に僧がひかえていた。先生はバタリと経巻をしまう。ふりかえってきいた、わかるかな。

僧、わたくしはお経をよんだことがありません。どうして判るものか。

先生、おまえだって今後、きっと判ろうぞ。

師在東平看経時　晩年に韶州東平に遷った時。後段に、曹渓宗旨とあって、東平の方が可である。伝灯録巻第十一の仰山章は、師住観音時とし、巌頭と僧の後日譚が加わる。

看経は看経榜を出し、特定の期間を限って、大衆で挙経する儀式。

師巻却経　伝灯録巻第十四、澧州薬山伝に左記あり、

一日師看経の次で、栢巌曰く、和尚人を休猱し得んや。師は経を巻却して曰く、日頭は早晩ぞ。曰く、正に午に当る。師曰く、猶お這箇の文彩有る在り。曰く、某甲は無も亦た無なり。師曰く、汝大殺だ聡明なり。曰く、某甲は只だ恁麼、和尚の尊意如何。師曰く、我は跛跛挈挈、百醜千拙して、且らく恁麼に過す。

汝向後也会去在　伝灯録では、巌頭と僧の後日譚に発展する。

師与*韋冑相公相見。後問。院中有多少人。

先生は韋冑相公におめどおりした時、（冑が）きいた、寺にどれほどの僧がいるのか。

師云。五百人。

公云。還切看讀不。

師云。曹溪宗旨。不切看讀。

公云。作摩生。

師云。不收不攝不思。

韋冑　韋宙とも。唐書一九七に立伝。韋丹の子。韋丹は孝寛の六世で、韋氏は洛陽牡丹の名家。韋皇后の立后、廃立ともかかわる。宙は蔭によって官に入り、河陽節度使盧鈞に見出され、辺境視察に功あり、出でて永州刺史、嶺南節度として誉あり、官は左僕射平章事。

曹溪宗旨不切看読　六祖壇経をふまえる。教外別伝である。
不収不摂不思　心を収めず、摂めず、思わぬ。収を放とすると、摂の逆、不思は不思量ならん。

相公就潙山乞偈子。

潙山云。覿面相呈。猶是鈍漢。豈況上於紙墨。

又就師乞偈子。師將紙畫圓相。圓相中著某字謹答。左邊思而知之。落第二頭。右邊不思而知之。落第三首。

乃封与相公。


先生、五百人です。

公、ムキにお経をよむだろうな。

先生、曹溪宗は、ムキにお経をよみません。

公、何のことですか。

先生、（お経を）仕舞わず、手にとらず、心に思わず。


相公は潙山に、（禅の）偈を求めた。

潙山、眼の前にいるのに、気付かぬ男、それを又紙やインクとは。

ところが、先生に偈をくれという、そこで先生は紙に円相を描く。円相の中に或る文字を書き、謹んで答える、左側で考えても、二番せんじ。右側で考えずとも、三番目の歌。

（先生は）封をして、相公に与える。

相公　韋宙を指す。裴相国ではあるまい。後にいう、韋中丞である。

偈子　おそらくは寿像の賛。

覿面相呈　本物が目の前にいる、何も絵にかくことはない。

師将紙画円相　円相中に文字を書くのは、五冠山順之がうけつぐ。今の場合も、おそらくは仏字か。牛字の方がおもしろい。

左辺思而知之　左辺右辺は、あとからつけた説明。四字四句の偈ならん。思而知之は塩官の言葉をふまえる（伝灯録巻第七の塩官章）。

問。*彎弓滿月。齧鏃意如何。

質問、弓を満月にひきしぼって（射かけくるヤジリを）も、前歯でくいとめるのは、いったい何のつもりです。

師云。齧鏃擬開口。*驢年也不會。

先生、ヤジリをかんで、ものを言う奴には、ロバの年がきても（何ぼ年をとっても）判るまい。

*南泉對側身立。

南泉は答えて、身をそばだてた。

*強大師拈問。齧鏃擬開口。驢年也不會。

強大師がこの話をとりあげて（国師に）きいた、ヤジリをかんで、ものを言おうとすると、なんでロバの年になっても判らんのですか。

*國師云。*損益只可。句安在。

（鼓山）国師がいう、損益はよろしいが、（君の）言葉は何処にあるのか。

*淨修禪師答曰。

仰山齧鏃話。擬議都難會。*指擬益後來。言

浄修禅師が答えて、頌にまとめた、仰山のヤジリの話は答えようとすると、とても大へんだ。答えについてまわって、指を

損這邊在。

*石門拈問僧。*古人留會。不留會。

無對。

門代云。不留會。

進曰。作麼生會。

動かすと、後人を益する、言葉を否定すると、(問題は)こちら側に在る。

石門がとりあげて、弟子たちにきく、古人は、(理)会を残したのか、残さんのか。

僧は答えない。

そこで石門が代った、(なるほど)会をのこさん。

僧がさらにきく、どう会したのです。

彎弓満月留鏃意　この一段を、文脈やや異なるが、伝灯録巻第二十七の諸方雑挙にとる。

驢年也不会　督君謨と王霊知に対する、仰山の評語ならん。

南泉対側身立　対を代とするテキストあり(伝灯録巻第二十七)。側身立は、身体を横にする意。大公家教(15D)に、路逢尊者、側立道傍とあり、尊者に対する、弟子の礼である。

強大師拈問　祖堂集に、強大師が二度、強上座が三度登場する。互いに別人であり、強大師は福先招慶(浄修禅師)の弟子、強上座は(後)曹山門下である。

国師　鼓山神晏のこと。興聖国師と勅諡される。

損益只可句安在　難解だが、損益を絶観論十三の三の意味とし、句安在を伝灯録巻第十八、鼓山神晏の長い上堂に、句不当機、言非展事、承言者喪、滞句者迷というのにとる。

絶観論は自を益し、他を損する修行をいうので、督君謨の例とかさなり、ややもすると、出家の修行も、自益損他を免れない。問題は句にあって、開口の動機如何である。為人であれ、無問自説であれ、禅仏教は言句の修行である。

浄修禅師　既出、福先招慶。

指擬益後来　開口せんと擬する、擬の勢を示すこと。損益は後である。

石門　鼓山神晏。

古人留会　古人は仰山。留会は、擬議を残すことらしい。

*雙峯離潙山。到仰山。

師問。兄近日作麼生。

雙峯云。某甲所見。*無有一法可當情。

師云。你所見不出心境。

進曰。某甲所見。不出心境。和尚所見如何。

師云。*豈無能知寔無一法。可當情乎。

有僧擧似潙山。潙山云。寂子此語。迷却天下人去在。

*順徳頌。雙峯覧自麁。*非是仰山屈。*挑汝解繩抽。把當宗徒説。*一盲引衆盲。會古在今日。


（福州）双峯が潙山（で修行）を卒え、仰山に来た。

先生がきく、今は、法兄の心境はどうか。

双峯、俺の見る処、一法も気にかかるものがない。

先生、君の見る処は（君の）心境を出ていないな。

そこでいう、俺の見る処は、俺の心境を出ていない。和尚の見る処は、どうか。

先生、何が俺の見る処か、実に一法も気にかかるものはないはず。

ある僧が、潙山につげた。潙山が言うのに、恵寂よ、そんなことを言うと、天下の人をまよわすぞよ。

順徳（鏡清）が、歌にまとめた、双峯はもともと、自分の目が荒い、仰山のせいではなかった。悟りという縄で自分をつりあげ、（縄を）つかんで弟子に説く。古人は、一盲引衆盲とする、古人の言葉は、君にこそあてはまる。

双峯　潙山につぐ、福州双峯を指す（伝灯録巻第十一の目録）。

無有一法可当情　気にかかることが何もないのは、たとえ非情成仏であっても、非情説法と言えない。

豈無能知　気にかかることが無いと知る智を、仰山は双峯に求める。仰山は霊雲の見桃にも、香厳の撃竹にも、同じ筆法でまったをかける。

順徳　鏡清道怤（八六六〈四〉～九三七）。既出。禅門宝蔵上に、順徳禅師録を引く。

諸仏は弓を説き、祖師は絃を説く。絃を説くのは、禅門正伝の玄路にして、言説を借らず、直に宗本を示すもので、心体は弓の絃の如し。若し教門ならば、則ち一乗は是れ直路、三乗は是れ曲路なり。直に宗本を挙して、心体を心念の中に示すに如かず。何が故とならば、一乗教中に説く所の者は事々無碍にして、法界に円融し、此の事々法界無碍にして、方めて一味法界に帰せん、此の一味法界の跡を払うて、方めて祖師が示す所の一心を現ずればなり。故に知る、諸教は直ならず。

さいごに、順徳禅師録とあるから、おそらくは鏡清道怤の語録で、高麗中期まで存したはず。西山大師の禅教釈に、同じ文章を引いて、順正録及真正録とするが、禅門宝蔵録では、次に真浄文和尚頌とするものを、一括して引用するところをみると、こちらが真正録らしいが、やや詮鑿にすぎるようだ。

いずれにしても、天頙が禅門宝蔵録を偏した時、高麗に順徳禅師録なるものあり、先にいう嶺南宗道者の注を含む、般若多羅海底宗影示玄記と同じく、潙仰宗の遺響にちがいない。もとづくところは、祖堂集ならん。順徳は仰山より、約百年の後輩である。

非是仰山屈　屈はぬれぎぬ、不当に罪をきせること。

挑汝解縄抽　解脱の深坑怖る可し、黒縄の獄である。

一盲引衆盲　一盲は釈迦。釈迦の悟りが、三千年の迷人を生む。天聖広灯録十八、楊億の章に、左記あり、

問、一盲引衆盲の時、如何。尉云く、盲。侍云く、灼然。尉便ち休す。

師有時*正与摩。閉目坐次。有一僧潜歩。到師身邊侍立。師*開門。便於地上作*圓相。圓相中書水字顧示。其僧無對。

先生はあるとき、ちょうど目をつぶって坐っていた。ある僧が、しのび足でやってきて、先生のおそばに立った。先生は門をあけると、地上に円相をかき、円相の中に水という字をかいて、その僧をふりかえる。僧は何も言わぬ。

正与摩閉目　いねむり、坐睡。

師開門　方丈の門をあけた。

問。如何是祖師意。

師以手作圓相。*圓相書佛字對。

円相書仏字　空中に書く。五冠山順之の説で、四対八相の外に、四対五相をあげる第五。已成宝器相に当る。

*有行者隨法師入佛殿。行者向佛唾。法師云。行者少*去就。何以唾佛。

行者云。還我無佛處來唾。

潙山聞云。*仁者却不仁者。不仁者却是仁者。

師代法師。但唾行者。行者若有語。即云。還我無行者處來。唾。

円相中書水字　洗面の水を求めた。

質問、どういうところが、祖師禅の極意ですか。

先生は手で（空中に）円相をかき、円相の中に仏という字をかいて答えた。

ある行者が、法師について仏殿の中に入った。行者は仏に向って、唾をふっかけた。法師、こいつ、行儀がわるい。何故、仏に唾をかける。

行者、私が唾をかけてよい、無仏のところをおかえしあれ。

潙山がこの話を聞いて（法師に代った）、君子（そなた）は却って君子ならず、君子ならぬお方の方が、君子だとさ。

先生（仰山）が法師に代った、ひとつ行者自身に唾をかけてみよ。行者がもし何か言ったら、こう答えてやるのだ。行者でないところを俺におかえしあって、唾をかけさせよ。

有行者　伝灯録巻第二十七、諸方雑挙にとる。行者は、寺僧の雑役をうけもつ。

少去就　行儀がわるい、去就は進退。官につくのと離れることだが、今は威儀、配慮の意。

仁者却不仁者　仁者は、二人称代名詞。つつしみ深い人をいう以外、相手を仁者とよぶ、仏家の原義にかえしてよい。次にくる仰山の代は、そんな潙山の哲学を批判する。

有俗*官送物*。充潙山贖鍾。

ある役人が潙山に贈り物をとどけた、つりがねを新調する代金である。

潙山謂仰山云。俗子愛福也。

潙山が仰山に言う、役人は招福が大事だ。

仰山云。和尚將什摩酬他。

仰山、和尚さまは彼に何をおかえしになります。

師*把柱杖敲丈牀三兩下云。將這个酬得他摩。

潙山は杖をとって、牀を三度たたいた、こいつを、彼におかえしする。

仰山云。若是這个。用作什摩。

仰山、もしこいつなら、何の役にもたちません。

師云。汝嫌个什摩。

潙山、おまえ、(こいつの) 何処が気に入らん。

仰山云。專甲即不嫌。這个*是爲大家底。

仰山、わたくしめが、気に入らんわけじゃない、こいつはもともと、大衆の為めです。

師云。汝既知大家底。更就我覓什摩酬他。

潙山、おまえは (こいつを) 大衆のものと解している、その上、わしにいったい何をおかえしせいというのか。

仰山云。恠和尚把大家底。行人事*。

仰山、気に入らんのは、和尚さまが大衆物をとって、贈物に

潙山云。汝不見。達摩従西天來。亦將此物行人事。汝諸人盡是受他信物者。

有俗官　宗門統要四にとる。

送物充潙山贖鍾　統要は物を絹とする、絹は貨幣である。財施である。

師把柱杖敲丈牀三両下　法施。丈牀は、方丈の牀で、維摩の方丈には、一物もない。

師示衆云。与摩時且置。不与摩時作摩生。

有人擧似潙山。潙山云。寂子爲人太早。

与摩時　不思善不思悪正与摩の時。大庾嶺上、六祖の言葉。

寂子為人太早　弟子の為人を批評する句。一を聞いて十を

することです。

潙山、君みずや、達摩は西天から来ても、此を与えて贈物にしたでないか。君たちは誰も皆、その信物を受けてござる。

這个是為大家底　這个は本来無一物。大家底は大衆物。底は、関係代名詞で、ここでは僧物。

人事　信物に同じ。元来は、出身地でできた土産品。行は配る、贈る意。

達摩従西天来　伝法偈をふまえる。

ある説法、ある時はしばらくおいて、あるでない時、どうしたものか。

ある人が潙山につげた、潙山がいうには、寂子よ、君の為人は、せっかちすぎる。

識る、仰山の才気が気になる。

因潙山与師遊山。説話次云。*見色便見心。

仰山云。承和尚有言。見色便見心。*樹子是色。阿那个是和尚色上見底心。

潙山云。汝若見心。云何見色。見色即是汝心。

仰山云。若与摩。*但言先見心。然後見色。云何見色了見心。

潙山云。*我今共樹子語。汝還聞不。

仰山云。和尚若共樹子語。但共樹子語。又問某甲聞与不聞。作什摩。

潙山云。我今亦共子語。子還聞不。

仰山云。和尚若共某甲語。但共ム甲語。又問某甲聞与不聞。作什摩。若問某甲聞与不聞。問取樹子聞与不聞。始得了也。


あるとき潙山は、先生と遊山していた。話の途中で、色を見ると心が見えるという。

仰山、色を見ると心が見えると、承ったことがあります。樹々は色ですか。どういうものが、先生に見える色の上の心なるものです。

潙山、君がもし心を見たら、どうして物が見えようか。色を見ているのは、つまり君の心だ。

仰山、そういうことですと、ただ先に心を見て、始めて色が見えるわけですか。どうして色が見えて、心を見るのです。

潙山、わしは今、樹々と話している。君に聞えるかな。

仰山、和尚さまが樹々と話すのは、ただ樹々と話すだけのこと。さらにわたくしに聞えるか聞えんかなどきいて、何になるのです。わたくしに聞えるか聞えんかときくより、樹々に聞えるか聞えんかとたずねる方がよろしい。

見色便見心　宗鏡録九七に引く、譲和尚の言葉。古尊宿語録一にもとる。元来は馬祖の言葉で、四家録及び宗鏡録一に、左記あり、
洪州馬祖大師云く、汝等諸人、各おの自心是仏なるを信

ぜよ、此の心即ち仏心なり……。
経に云く、夫れ法を求むる者は、応に求むる所無かるべし、心外に別仏無く、仏外に別心無し、善を取らず、悪を作さず、浄穢両辺、具に依らず、法は自性無し、三界は唯心なり。経に云く、森羅及び万像、一法の印する所と。凡所そ色を見るは、皆な是れ心を見るなり。心は自から心ならず、色に因るが故に心なり、色は自から色ならず、心に因るが故に色なり。故に経に云く、色を見る

は即ち是れ心を見るなり。

樹子是色　すでに潙山章にあり、前頭の枯樹子が背後の插田公とかさなる。

但言先見心然後見色　見色と見心の前後関係を問う。相手を色と心の分別に誘い込むトリック。

我今共樹子語　見色を聞声にからませるトリック。仰山は潙山の誘いにのらない。

*師在潙山時。雪下之日。仰山置問。除却這个色。還更有色也無。

潙山云。有。

師云。如何是色。

潙山指雪。

仰山云。某甲則不与摩。

潙山云。是也*理長則就。除却這个色。還更有色也無。

仰山云。有。

先生は潙山の下にいた時のこと、ある雪のふる日、仰山の方からきりだした、この（雪の）色の外に、さらに何か色があるのですか。

潙山、あるとも。

先生、どういうところが、その色です。

潙山は雪を指した。

仰山、わたくしは、そうしません。

潙山、そうだとも、すじが通る方に賛成する、この（雪の）色以外に、どんな雪（の色）があるのかな。

仰山、あります。

潙山云。如何是色。

仰山却指雪。

師在潙山時　見色便見心の条理を、降雪におきかえるトリック。

理長則就　人情に拘わらず、条理を尊ぶ意。祖堂集巻第四の薬山章に左記あり、

*洞山遣人問師。*作摩生即是。作摩生則不是。

師云。是則一切皆是。不是則一切不是。

洞山自云。是則一切不是。不是則一切是。

師偈曰。

*法身無作化身作。*薄伽玄應諸病藥。*啀喍聞嚮擬嘷吠。*熖水覓魚癡老鶴。


潙山、どういうところが、その色か。

仰山の方が、今度は雪を指す。


（道）吾曰く、師兄に啓す、這个の言詞を下すこと莫かれ。仏法は僧俗に在らず。（雲）巌便ち問う、与摩に理長ずれば則ち就く、師弟は作摩生。吾曰く、不生不滅に非ざる処にも、亦た相見を求めず。


洞山が人をやって、仰山にきかせた、どういうところが是で、どういうところが不是か。

仰山、是となると一切皆な是、不是となると一切不是だ。

洞山は、自分で答える、是となると一切不是、不是となると一切是だな。

先生は歌にまとめた、
法身は働かず、化身が働く、聖者は奥の方で、あらゆる病にきかせる薬。いがみあう犬の、さけび声とおどし声、逃げ水を追うて魚を探す、鶴のおバカさん。

洞山遣人問師　人は、おそらく雲居ならん。

作摩生即是　是と不是のトリック。

法身無作化身作　法身が化身を生み、化身が法身を出す（浄土論注）。

薄伽玄応諸病薬　仏は大医王である。薄伽は薄伽婆で、世尊。玄応は方便身。仏地論によると、薄伽の音は男女型ともに、六義に転じて、自在、熾盛、端厳、名称、吉祥、尊貴の義があるとする。

唖喋聞響擬嗥吠　犬がさけびあう声。魏志の曹爽伝に注あり。一犬虚を吠えて、万犬が実と唖むところ。今は一切皆な是、一切皆な不是の一例。

焔水覓魚癡老鶴　かげろうを水と思う、砂漠の旅の話に、西天二祖阿難の故事をかさねる。阿育王伝四にもとづき、宝林伝二の阿難章に引く。水老鶴、水鵠鸛等、種々のテキストあり。

師爲沙弥時。在*宗和尚處。*童行房裏念經。

先生は小僧の頃、宗和尚の童行房（小僧部屋）でお経をよんでいた。

宗和尚問。誰在這裏念經。

宗和尚がきいた、ここでお経をよんでいるのは誰だ。

對云。専甲獨自念。別無人。

仰、わたくし独りでよんでいます、他に誰もいませんよ。

宗和尚喝云。什摩念經。*恰似唱曲唱歌相似。得与摩不解念經。

宗和尚はどなりつけた、何たる誦みようだ、まるでカラオケか演歌みたいで、よくもまあ、そんな不心得でお経がよめた。

師便問。某甲則如此。和尚還解念經也無。

先生はきりかえす、わたくしはこの通りです、先生はどんなにお経がよめるのです。

云。我解念經。

云く、よめるとも。

師曰。和尚作摩生念。

先生、和尚さまはどんなふうによむのです。

宗和尚念。如是我聞。*師便云。住住。

宗和尚が、如是我聞とよみはじめた、先生すかさず、止めよ止めよ（我が法は難思にして説くべからず）。

宗和尚　既出。

童行房裏　禅苑清規九、訓童行に、新到の童行は、庫司に参礼し訖り、行李を将って童行堂に入る。童行を西天に童子という。南海寄帰伝三に、左記あり、

　凡諸そ白衣の苾芻の所に詣し、若しくは専ら仏典を誦し、情に落髪を希って、畢に緇衣を願うを号して童子と為す。或は外典を求めて出離に心無きを名づけて学生と曰う。

恰似唱曲唱歌相似　律中に唱曲唱歌を禁ずる（毘尼母経）。

師便云住住　法華経の方便品に、住ね住ね我が法は妙にして解し難しとある。

問。今日設潙山齋。*未審潙山還來也無。

師云。來則有去。去則有來。

潙山喚師。師喏。

潙山云。速道速道。*子莫落陰。

云。*專甲信亦不立。

云。汝何故不立信。

云。若是專甲。更信阿誰。

云。*汝解故不立。不解故不立。

（ある僧の）質問、今日は潙山先師の斉会です、いったい潙山先師はおいでなるのか。

先生、来れば、きっとゆく、ゆけばきっと来る。

潙山が（きつけて）先生をよんだ、先生はハイと応じた。

潙山、さあいえ、そなたは中陰の世におちとる。

仰山、わたくしは祭り（信）さえみとめません。

潙山、おまえはどうして祭りをみとめん。

仰山、私が私なら、外に誰を祭る（信）のです。

潙山、おまえは悟って認めんのか、それとも悟らんで認めん

云。若不立。不説解不解。
云。汝是*定性聲聞。
云。專甲佛亦不見。
*師擧起一物。問潙山云。与摩時如何。
潙山曰。*分別屬色塵。我到這裏。*与摩不与摩。
仰山云。和尚有身而無用。
潙山云。子如何。
仰山云。某甲信亦不立。
潙山云。爲什摩不立信。
仰山云。若是某甲。更信阿誰。
潙山云。有不立。無不立。
仰山云。不立。不説有無。
潙山云。子是定性聲聞。
仰山云。專甲到這裏。佛尚不見。

のか。
仰山、認めんとなると、悟るも悟らんもないでしょう。
潙山、おまえは根っからのラカンだな。
仰山、わたくしは、仏の姿さえ見えません。
先生は一物をつったてて、潙山にきいた、こんな時、どうすればよいか。
潙山、分別すると、物質にやられる、わしはこうなると、ああもこうもない。
仰山、先生は体があるが、働きがない。
潙山、そなたはどうか。
仰山、わたくしは信すらみとめません。
潙山、どうして信をみとめん。
仰山、わたくしはわたしであるのに、他に誰を信ずるのです。
潙山、有ってもみとめんのか、無いからみとめんのか。
仰山、みとめないからには、有るか無いか問いません。
潙山、そなたは根っからのラカンだな。
仰山、わたくしはここにくると、仏さえみとめません。

潙山云。*子向後傳吾聲敎。*行歩闊狹。吾不及子也。

潙山、そなたは今後、わたしの言葉を伝えて、世界を独歩するがよい、わしはそばにもよれん。

未審潙山還来也　洞山録のはじめに、洞山が南泉の下で馬祖の斎に際し、同じ質問をうけている。今は、潙山の生前である。仰山の側から、独り立ちの儀式か。

子莫落陰　落陰は難解だが、蔭に落ちるとみると、親の勲功をおとすこと。注目すべきは子という呼び方で相手に親しみをこめる。

専甲信亦不立　論語の顔渕に、民は信無くば立たずとある。経済、軍事が充分でも、政治は信頼が大切、国家は民の信によるというのだが、今もそれをふまえて、信以上に大切なものをいうのでないか。専甲はそんな自己で、単なる自称代名詞ではあるまい。

汝解故不立　解は悟り、自己を知ること。

定性声聞　入楞伽二に、不成仏の五種性を説く。第一を声聞乗定性とし、徹底声聞根性の人をいう。又、首楞厳経第四に左記あり、

如来今日、普ねく此の会の為めに、勝義中真の勝義性を宣し汝会中の定性の声聞、及び諸の一切未得二空をして、上乗阿羅漢等に迴向せしめ、皆な一乗寂滅場地、真の阿練若正修行処を獲しめん。

師挙起一物　一物は、潙山の払子か。百丈再参の話をふまえよう。門戸の儀式。

分別属色塵　潙山の払子と、仰山の払子を区別すると、単なる一物におちる。

与摩不与摩　百丈の句。祖堂集巻第七の巌頭章にあり。今は仰山の、与摩を奪う。与摩は為人、不与摩は人の為にせぬところ。

子向後伝吾声教　出てゆく弟子へ、最高の見送り。

行歩闊狭　歩はば次第。

*師爲沙弥時。在耽源*唱礼次。耽源問。作什麼。

先生は小僧のとき、耽源に法儀を習っていた、耽源がきいた、どうかな。

師云。唱礼。
源云。礼文道什麼。
對云。*一切恭敬。
源云。忽遇不淨底作麼生。
師曰。*不審。

先生、儀式中です。
源、礼拝のときは、何ととなえる。
仰、一切恭敬です。
源、もし穢物に出会ったら、どうする。
先生、こんにちは（穢物さま）。

師爲沙弥時　小僧時代の、経典と梵唄の訓練。先に引く南海寄帰伝の、童子の条をみよ。

唱礼　一句唱えて、礼拝する儀式。

一切恭敬　宋代のものだが、遵式の往生浄土決疑行願二門、第一礼懺門の条に左記あり、唱えて云う、

一心恭謹、一心頂礼、常住三宝、（存心遍礼十方三世一切仏僧宝、拝起両膝著地、手執香炉、焼衆名香）。

不審　敕修百丈清規巻二、訓童行に左記あり、参頭進前して挿香し、退身して位に帰す。緩声に喝して参と云う。衆は低声に同じて不審と云い、斉しく礼し拝す。

*第一。*韋中承（丞）問和尚曰。*五祖云何。分付衣鉢与慧能。不分付神秀。既分付後。云何*慧明。又從五祖下。趁到大庾嶺頭。奪其衣鉢。復有何意。不得衣迴。某甲在城。曾問師僧。悉各説不同。某甲常疑此事。和

第一。韋冑中承が、和尚にきいた、五祖はどういうわけで、衣鉢を恵能に割り当てて、神秀に割りあてなかったのか。割りつけたからには、どういうわけで、恵明はさらに五祖のところから、大庾嶺にまで追っかけて、その衣鉢をとりあげようとしたのか。あわせて又どういうわけで、衣を手に入れず、ひきか

尚稟承有師。願垂一決。

師答曰。此是宗門中事。曾於先師處聞説。*登時五祖下。有七百僧。五祖欲遷化時。覓人傳法及分付衣鉢。衆中有一上座。名曰神秀。遂作一偈上五祖。

身是菩提樹。心如明鏡臺。
時時勤拂拭。莫遣有塵埃。

後磨坊中盧行者。聞有此偈。遂作一偈。上五祖曰。

菩提本無樹。明鏡亦非臺。
本來無一物。*何處有塵埃。

五祖亦見此偈。*竝無言語。遂於夜間教童子去碓坊中。喚行者來。行者隨童子。到五祖處。五祖發遣却童子後。遂改盧行者。名爲

えしたのか。わたしは京都（長安）にいたとき、師僧にきいたことがあるが、どれもみないうことがちがう。わたくしはいつも此の一事が気になっている、和尚は伝統の師匠もち、どうか決択をつけてたもれ。

先生の答え、これは宗門の大事で、わたしも先師のところで聞いたことがあるが、そのとき五祖のところには、七百人の僧がいたという、五祖は遷化にのぞんで、正法（眼蔵）を伝え、衣鉢を割りあてる男を探す。大衆のうちに一上座あり、神秀と名のるのが、そこで一首の偈をつくって、五祖の下に差しだす。

我が身は菩提樹で、心は宝鏡が台の上にあるようなもの。
つねづね注意して、塵埃をつけんようにしている。

ところが、米つき小屋で働く、盧行者なるものが、この偈のことをきいて、たちまち一偈をつくって、五祖にさしだした。

菩提は本来、樹木じゃないし、宝鏡も台ではない。
もともと何もありはせん、どこに塵埃があるものか。

五祖は偈をみたとたん、すっかり（感心し）何の言葉もない。そこで夜になると、童子を米つき小屋にやって、行者をよばせた。行者は童子について、五祖のところにやってくる。五祖は

慧能。授与衣鉢。傳爲六祖。

向行者云。秀在門外。能得入門。*得座被衣。向後自看。*二十年勿弘吾教。*當有難起。過此已後。*善誘迷人。慧能便問。當往何處。而堪避難。

五祖云。*逢懐即隱。遇會即逃。異姓異名。即當安矣。

行者既得付囑衣鉢。五祖發遣。于時即發去嶺南。


童子を追っぱらって、すぐさま改めて盧行者を恵能と名づけ、衣鉢をさずけて、正伝の六祖とする。

　行者に向っていうよう、（神）秀は門外にいる、（恵）能（そなた）は、入門を得た、釈迦と過去宝塔菩薩のように、同じ座を得て衣をつけた。今後はよくよく気をつけて、二十年まで、我が正法を開いてはならん。きっと法難が起るだろう。それがすんでから、よくよく迷情を導くがよい。恵能が質問した、いったい何処にいけば、その法難を避けられるでしょう。

　五祖、懐に逢うて隠れよ、会に出たら逃げよ。（盧という）姓名をかえたから、すぐにもう安全だろう。

　行者に衣鉢を、割りあて得たからは、五祖は追いたてて、即刻に出発して、嶺南に行かせた。

第一　仰山秘録の第一冊。最後にくる第五海東僧亭育との問答で、和尚禅決の名函について語る。してみると、以下第一から第五まで、禅決の名函に秘蔵していた記録だろう。名函は仏の十号のように、仰山と恵寂のあいだに、梵語もどきの尊号を配するが、函の名としては番号でないか。経典が千字文で整理されたように。
　いずれにしても仰山秘録は、曽っての六祖壇経と同じように、特定の弟子に伝授された切紙である。六祖壇経のテキストが、仰山の前と後で大きく変る。秘密名函を、くぐるのである。

韋中承　韋宙のこと。すでに前に注する通り。中承は中丞ならん。宮中に在って、蘭台の秘書を掌し、外には刺史を監して、侍御史の職を領す。漢書百官表にみえる。

五祖云何分付衣鉢　衣鉢の分付は、荷沢神会の創唱で、六祖壇経で定説となる。謂わゆる宗門中の事、或は宗教中の事である。因みに、以上と以下のテキストを、伝心法要（一六）にとる。伝心法要の問題は、別に考えなくてはならぬ。伝灯録巻第十二の灌溪章（臨済につぐ）に、大庾嶺頭に仏も不会とあり、伝心法要をふまえよう。

恵明　祖堂集巻第二の第三十二祖弘忍章。祖堂集のテキストは、仰山秘録をふまえて、完全に修正される。恵明伝の成立は、すでに初期禅宗史書一九〇～二二〇ページ。今は潙仰宗の秘伝として、敦煌本恵明伝の変化を読む。

曽於先師処聞説　恵明伝の変化を、潙山のお墨付きとする意。

本来無一物　敦煌本に、仏性常清浄とあるのを、現形に改めたのが仰山で、洞山録でも本来無一物となる。敦煌本の大乗要語一巻は、神秀の偈をあげるのみ。恵能の偈をとらない。

五祖亦見此　亦は一に通じ、その偈を見たとたん。亦見は一見である。

得座被衣　六祖が門内にあって、得座被衣とするのが、宗門中の事である。得座被衣は、法華経の法師品第十、如来滅後に乃至法華の一句を説き、受持し読誦し、解説書写し、合掌恭敬せん、この善男子善女人は、如来の室に入り、如来の衣を著け、如来の座に坐せんとあるのによる。如来の衣とは柔和忍辱心、如来の座とは一切法空をいう。又、仏が大迦葉に半坐を分つあり、法華の宝塔品で、過去多宝仏が、仏と同座するのをうける。

二十年勿弘吾教　六祖壇経では、六祖滅後二十年、荷沢神会の登場をいうが、元来は法華経の信解品に説く、長者窮児の譬えによって、窮児が父の家に還って、そこが父の家と知らず、父も亦た子を驚ろかすまいと、父と名のらずに除糞を命ずる、従容の配慮をいう句。

当有難起　正法を説くと、謗碍の手が挙る。法華経の基本思考だが、禅宗史では達摩がインドでも中国でも、生涯にわたって難に遇うのと、潙仰宗が会昌後に起る、新しい運動であったことを指す。

善誘迷人　達摩の伝法偈に、伝法救迷情とある意。

逢懐即隠　後段に、懐は即ち懐州（集）、会は即ち四会県とあり、祖堂集巻第二の恵能伝にも見える。本章後段に、大庾嶺頭懐化鎮とあり、大庾嶺の近くにもあるが、懐集は清史稿の地理志、広西梧州府の条に、県五、懐集とするから、今も地名が残っているし、四会は漢書地理志に南海郡六県の一つとし、清史稿地理志では、広東肇慶府の九県の一つ。共に広西附近であり、恵能の誕生地新州にかさなるが、今、仰山録にこのことを再説するのは、仰山の誕生地懐化に関係させてのこと。もともと恵能伝に、懐と会の地名が登場するのは、五祖下を辞して南帰し、広州四会懐集両県の界に避難したとする、曹溪大師伝が最初である。

五日後。五祖集衆人告曰。*此間無佛法也。

此語意顯六祖。

衆僧問。五祖衣鉢分付何人。

五祖云。能者即得。

衆僧商議。碓坊中行者。又被童子泄語。衆僧即知。盧行者將衣鉢歸嶺南。衆僧遂趁。

衆中有一僧。*捨官入道。先是*三品將軍。姓陳。字慧明。

*星夜倍程。至*大庾嶺頭。

行者知來趁。*遂放衣鉢入林。向*磻石上坐。

其慧明嶺上見其衣鉢。*向前已手擡之。衣鉢不動。

五日たって、五祖は衆僧を集めて告げた、ここには仏法がないぞ。

言うこころは、六祖をあらわしたもの。

衆僧は五祖にきいた、衣鉢は誰にくれてやったか。

五祖、能者（できた男）が手に入れた。

衆僧は米つき小屋の行者を協議する。さらに童子に（秘密を）もらされて、衆僧はたちまち盧行者が、衣鉢をもって嶺南に帰ったと気付く。衆僧は起って、おっかける。

衆中に一僧があった。俄か道心で、以前は三品将軍、姓を陳、字を恵明という。

星夜の下、馬を倍も鞭うって、大庾嶺をめざす。

行者は追って来ると知り、すぐに衣鉢を（嶺上に）おろし、林中にかくれて盤陀石上に坐る。

さて、恵明は嶺上に衣鉢をみつけ、すすみよって（両）手でもちあげるが、衣鉢は動きませぬ。さてもついてないわと知っ

便自知力薄。即入山覓行者。於山高處林中。見行者在石上坐。行者遥見惠明。便知要奪衣鉢。

即云。我祖分付衣鉢。我苦辭不受。*雖則将來見在嶺頭。上坐欲要。便請將去。

慧明答。我不爲衣鉢來。只爲法來。不知。行者離五祖時。有何密意密語。願爲我説。

行者見苦□□□与説。*先敎向石上端坐。*靜思靜慮。*不思善不思惡。正与摩思不生時。*還我本來明上座面目來。

惠明問云。*上來密意。即這个是。爲當別更有意旨。行者云。我今分明与汝説著。*却成不密。汝若自得自己面目。密却在汝邊。

て、山路を分けて行者を探すが、山の高みの林中に、行者が石上に坐っているのを見つける。行者も遥かに恵明を見つけ、衣鉢を取りたがると知る。

そこで云うのに、我が（五）祖は衣鉢をくれたが、私はとことん辞して取らん。もっては来たものの、現に嶺頭においてある。上座が入用なら、すぐさまどうかもってゆけ。

恵明、わたくしが来たのは、衣鉢の為めじゃない、ひたすらに、正法のために来ている。いったい行者は五祖下を離れたとき、どんな密意があって、約したのか、どうかわたしの為めに教え説明せよ。

行者は問いつめられて、こう説明してやる。まあ石の上にお坐りなさい。よくおちついて考えなさい。不思善不思悪、正与摩にして、何の思いも起らぬ前の、本来の明上座の面目（お顔）を、わたしにおかえしくだされ。

明上座がきく、五祖下の密意は、ただそれだけか、それとも別に、他の意味があるのか。行者、わたしは今、分明に汝の為めに説き尽くして、かえって不密になってしまった。君がもし自から、自己の面目を把んだら、密はかえって君の方にある。

慧明問行者云。汝在黃梅和尚身邊。意旨復如何。
行者云。和尚看我對秀上座偈。即*知我入門意。即印慧能云。
秀在門外。能得入門。得座被衣。向後自看。此衣鉢從上來分付。切須得人。我今付汝。努力將去。二十年勿弘吾教。當有難起。過此已後。善誘迷情。
慧能問云。當於何處而堪避難。
五祖云。逢懷即隱。遇會即逃。懷即懷州。會即四會縣。異姓異名。當即安矣。
時慧明雖在黃梅剃髮。實不知禪*宗面目。今*蒙指授入處。如*人飲水冷暖自知。從今日向後。行者即是慧明師。今便改名。号*為道明。

恵明は（さらに）行者にきく、君が黄梅にいたとき、和尚御自身は何のおつもりであったか。

行者、和尚さまはわたしの、秀上座に答えた偈を読まれて、すぐにわたしの入門の意を知り、恵能を印下されたのです。

秀は門外にいる、能は入門を得た。同じ座を得、同じ衣を身に被し、向後自から看よ。この衣鉢は、前々から（他に）分付するのに必ずその人を得ることをねがって来た。わしは今、君に与えた。嫌でもどうでも持ってゆけ。二十年のあいだ、この正法を公開するでない、必ずや法難が起るだろう。法難がすぎたあと、よくよく迷情を導くのだ。

わたし（恵能）はきいた、いったい何処にゆけば難を避けられるのか。

五祖、懐に逢うたら隠れよ。会に遇うたら逃げよ。懐は懐州であり、会は四会県である。姓名を改めたから、もう安全だがな。

その時、恵明がいうのに、黄梅で剃髪したというのに、全く禅宗の面目に気がつかず、今（正法の）入口を御指し示していただくことを蒙り、自分は水を飲んではじめて、冷暖が直に判

行者曰。汝*若如是。吾亦如是。与汝同師黄梅不異。善自護持。

道明曰。和尚好速向南去。在後大*有人來趁和尚。待*道明盡却指迴。今便禮辭和尚。向北去。

道明在嶺頭分首。便發向北。去于虎*州。果見五十餘僧。來尋盧行者。

道明向僧曰。我在*大庾嶺頭。懐化鎮左右。五*六日等*候。借*訪諸関津。竝不見此色*目人過。

諸人却向北尋覓云。其人石*碓碪損腰。行*李恐難。

衆人分頭散後。道明獨往盧*山布水臺。經三

るのです。今日これから、行者は恵明の師匠です。今は名号を改めて、道明となりました。

行者、君がそれでよいなら、わしも亦たそれでよい。君と共に黄梅を師とするのに、異存はない。よくよく（道明を）護持せよ。

道明、和尚さま、気をつけて速かに南にお起ちください。あとからきっと人が来て、和尚さまをおっかけます。さあひとつ、道明が全部追いかえしてやりましょう。今は和尚をおいとまして、北にゆきます。

道明は嶺頭でお分れして出発し、北に向いて起つが、虎州で果して五十余僧が、盧行者を探しにくるのをみかける。

道明は僧にいう、わしは大庾嶺と懐州化鎮のそばで、五六日もまちうけ、あたりの関津を尋ねたが、全くその種の男を見かけん。

人々も今度は、北側に向うことにし、尋ね求めていうのに、その男は石の分銅で腰をいため、旅行はきっとむつかしい。

人々がバラバラに去ると、道明は独りで盧山にゆき、布水台

年後。歸*蒙山修行。後出徒弟。盡教嶺南禮拜六祖處。至今*蒙山靈塔見在。

に三年いて、蒙山にかえるが、修行のあとは弟子を散じ、すべて嶺南に六祖を礼拝させた。今も蒙山に、（道明の）墓塔が在る。

此間無仏法也　此間は、五祖門下。仏法は、衣鉢をいう。

捨官入道　恵明を陳氏の後裔とするのは、仏川恵明との故意の混同による（『初期禅宗史書の研究』一九〇ページ）。

三品将軍　日本では親王で、征夷大将軍になった人。中国に原型があったかも。

星夜倍程　夜道を早馬で追う様子。昼間の半分で到着する。

大庾嶺　五嶺の一。江西省の南端、南越と接する峠。謂わゆる贛粤の衝。漢が南越を伐ち、監軍庾姓の人があって、城を築くという。又嶺上に台あり、形が廩庾に似たるためとも。

遂放衣鉢　放は放下。おろすこと、置くこと。

磻石　平らかな石。寒山詩に盤石の例あり、仏典では盤陀石とも。

向前已手抬之　向前は、以前。前にもちあげたことがある。祖堂集巻第二は、近前とする。力薄は、仏力がうすい、ついてないこと。

雖則将来　原文は第二字腐食して読めず、祖堂集巻第二によって補う。以下、同じ。

先教向石上端坐　上座を石上に坐らせた、坐禅させた。

静思静慮　本書第五、海東僧亭育の記録に、静慮とは、即ち四種無受三昧とし、法眼、仏眼、智眼、恵眼の四をあげ、一切三昧に通達するが故に、沙門と云うとあり。敦煌本壇経の開端で、恵能みずから浄神し、良久するところがある。

不思善不思悪　曹溪大師伝と六祖壇経に、この問答を欠く。前者は勅使薛簡に説いて、一切善悪云々とするが、よるところは神会の壇語である。

　知識よ、一切善悪総に思量する莫かれ、凝心住（心）するを得ず、亦た心を将って心を直視するを得ず、直視に堕住せん、用いるに中らず云々（新校本神会和尚遺集二三六ページ）。

不思善不思悪の六字は、すでに潙山章に、岑大蟲の縁あり。又、伝灯録巻第八の南泉章に左記あり、

　師却って問う、不思善不思悪、思総に不生の時、我に本来の面目を還し来たれ。僧云く、容止の露わす可き無し（洞山云く、還た曽つて将って人に示さんや）。

伝心法要一六にもあるが、今は南泉を含めて、洗い直しが必要だろう。

先にいうように、興聖寺本六祖壇経は、第二門の悟法伝衣のあと、夾注の形でこの語を補う。五山版を刻した時、他本によって添えたらしい。

還我本来明上座面目来　仰山秘録第五では、禅決中に秘蔵されていた言葉。首楞厳経四に、演若達多の話がある。自分の顔を見失って、町中探しまわるところ。還我は、もともと自分のものゆえに、自分に還すのである。

上来密意　五祖が恵能を許し、衣鉢を分付した密意。人にのぞかせず、袈裟で扉を覆ったともいう（明本六祖壇経）。

却成不密　密意の方が、不密になってしまう。

即知我入門意　入門は昇堂、入室とつづく、論語の語。今、神秀を門外とし、恵能を門内とするもの。法華経の信解品による、禅仏教の語ととるためだろう。分付も亦た、長者が遷化に際し、窮児に財産を与える意ならん。

禅宗面目　剃髪とかさね、経外別伝の僧をいうか。剃髪は教内の三学である。

今蒙指授入処　蒙は、大へん丁寧な敬語。臨済の行録にも。入処は入頭の処とも。手がかり。ヒントを与える意。外典にその例なし、おそらくはこの時期の、禅仏教に独自ならん。睦州録（古尊宿語録）に左記あり。

師因みに晩参、衆に謂いて曰く、汝等諸人、未だ箇の入頭を得ずんば、須らく箇の入頭を得べし。若し箇の入頭を得て已後、老僧に孤負することを得ず。

又、祖堂集巻第五の大顛章に、韓愈が侍者の三平に、謝するところあり。

和尚は格調高峻にして、弟子惜く罔し。今（令）侍者辺に於て、却って入処有り。

如人飲水冷暖自知　法蔵の華厳遊心法界記に左記あり。

故に論に云く、人の冷水を飲むが如く、唯だ証者の自知なるのみ等と。

論は起信論だが、テキストの確認はできない。

又、血脈論に左記あり、前後関係は確かならず、仰山録によって始めて世に出るテキストならん。

道本円成、修証を用いず。道は声色に非ず、微妙にして見難し。人の水を飲んで冷暖自知するが如く、人に向って説く可からざるなり。

又、無著の弁苗に、大日経一行疏第十二を挙げ、会元十九の五祖演の章に、玄奘の語とするのを引く。

ただし、道元の即心是仏にいう如く、冷暖自知は痛癢を了知する、単なる感覚の域で解すべきでない。

号為道明　恵能の恵を避け、師資の礼をあらわす。

汝若如是吾亦如是　伝灯録巻第五の南岳懐譲章にみえる。

宋代に入ると、迦葉の三昧を如来識らずとし、逆の表現でうけとめる、逓代伝法の根拠である。超師の見をいう、おそらくは六祖以前の思考。

大有人来　大は有を強める意。必ずしも大人数ではない。

待道明尽却指迴　待は、次にくる道明の決意をあらわす。臨済の行録にも、黄檗が大愚を相手どり、さあ一つ、痛く一頓を与えんとあり。

虎州　江西省撫州府に、虎頭洲あり、或は又虔州の誤りか。祖堂集巻第十五の西堂伝に、明らかにその例がある。

在大庾嶺頭懐化鎮　仰山の出身地を、韶州懐化とする（既出）。

五六日　三十日か、十一日か、ただの五日か、今は同定できない。

等候　俗語。睦州語録に左記あり。

問う、如何なるか是れ触途無滞底の句。師云く、我は恁麽に道わず。云く、師作麽生か道う。師云く、箭は西天十万里を過ぐ、大唐国裏に向って等候す。

借訪諸関津　借訪も俗語で借問。関津は関所。

色目人　色目は種類、名目。ここでは家柄、身分ならん。謂わゆる、一見の人。東京夢華録に、左記あり。

士農工商の諸行百戸、衣装に各おの本色有り、敢て越外せず、街市行人、便ち是れ何の色目かを認得す。

石碓硾損腰　腰につけた石の錘りで、腰をやられる。碓硾は、碓硾ならん。恵能が小男で、碓をふむのに軽すぎて、腰に硾りをつけたために、腰脚を損したことは、曹溪大師伝にみえる。今日東禅寺にのこる、六祖の墜腰石には、竜朔元年、盧居士誌の八字が鐫られている（明本六祖壇経の縁起外記）。

行李恐難　歩行困難。行李は旅行者の荷物だが、一般に歩行をいい、修行のこととなる。

盧山布水台　布水は瀑布。盧山の滝は、白楽天の詩で知られる。

蒙山　江西省臨江府新喩県にある名山。他にもあるが、後に元版六祖壇経の序者、蒙山徳異の所住地とすると、道明が開山である。徳異は古筠比丘と名のる。古筠は江西省高安県で、ひろく筠州とよばれる。

蒙山霊塔　道明の墓塔ならん。おそらくは韋宙の撰。

*第二。苑陵僧道存問曰。*和尚沙汰後。*再到湖南。礼観潙山和尚。復有何*微妙言説。

第二、苑陵僧、道存がきいた、和尚は破仏のあと、改めて湖南にやってきて、潙山和尚に参勤されました。いったい何うい

和尚云。我難後到潙山。得一日問我。汝在仰山住持及説法。莫誑惑他人否。

仰山云。隨自己眼目。

潙山云。汝爭辯得諸方師僧。知有師承。知無師承。知是義學。知是禪學。宗門事宜。説似我看。

仰山諮和尚云。辯得也。

潙山云。有諸方學人來。問汝曹溪意旨。汝如何答渠。

仰山云。大德近從何處來。學人答。近從諸方老宿處來。仰山即擧一境問云。諸方老宿還説這个。不説這个。或時擧一境云。這个則且置。還諸方老宿意旨如何。已上兩則境智也。

潙山聞説歎曰。大好。此亦是從上來宗門牙

う霊妙な、（悟後の）調べがあるのか。

和尚、わしは破仏のあと、潙山にやってきた。ある日（潙山は）わたしにきかれた、君は仰山で住持し、法を説くあいだ、人々をペテンにかけていまいな。

仰山、おそれながら、眼力次第です。

潙山、君の力では、諸方の修行僧に師匠がおるか、師匠がいないか、こいつは義学、こいつは禅学だと、はっきり見分けがつくまいぞ。わが宗門の事例を、わたしに説明してごらん。

仰山は和尚に申しあげた、見分けますとも。

潙山、各地の修行僧がきて、君に曹溪の意旨を問うたとして、君は彼にどう答えるか。

仰山、大徳よ、今度は何処から来たか。修行僧は何がしの老宿の処という。仰山はすぐ、一境（もの）をあげてきく、何がしの老宿はこいつを説くか、こいつを説かんか。あるときは、一境をあげてききます、こいつはさておいて、そもそも何がしの老宿の意旨はどうかと。以上の二条が、境智です。

潙山は聞いて驚いた、なかなかおみごと、こやつは歴史のあ爪。
潙山又云。忽有人問。一切衆生。但有忙忙*業識。無本可據。汝云何答。
仰山云。驀呼於學人名。學人應諾。仰山問。是什麼物。學人答云。不會。仰云。汝亦無本可據。非但忙忙業識。
潙山云。此是師子*一滴乳。六斛*驢乳一時迸散。

る、わが宗門の（虎の）キバだ。

潙山はさらにいう、誰かもし、一切衆生はすべて、忙忙たる業識で、拠る可き根がないときく、君はどう答えるか。

仰山、（わたしは）いきなり修行僧の名をよびます。僧は返事します、わたしはきく、何ものが返事したのか、修行僧は判らぬという、仰山がいいます、君も亦た拠る可き根をもたん、単に忙忙たる業識だけじゃないか。

潙山、これは又、ライオンの乳の一滴で、六斛の驢馬の乳を、一挙にはじきとばしたわ。

第二　第二は菀陵僧道存の集録で、菀陵の地名は盧肇の、宣州新興寺記をふまえる。盧肇の碑文に、道存の名を見ないが、仰山秘録の筆者にふさわしい人物。

和尚沙汰後　武宗の破仏をいう句。潙仰宗の盛大は、会昌六年以後である。

再到湖南　再参である。

微妙言説　正法眼蔵涅槃妙心、実相無相微妙法門である。不立文字教外別伝、摩訶迦葉に付嘱すという、仏陀のことばである。

汝在仰山　潙山語録では、王莽山にいた時。仰山は袁州にあり、江西と湖南は、近いようで遠い。

誑惑他人　臨済の示衆に左記あり。

咄哉、你は這箇の身心を将って、到る処に両片皮を簸して、閭閻を誑謼す。鉄棒を喫する日有る在り。

随自己眼目　祖堂集で、重い意味をもつ句の一つ。巻第四の薬山章に、左記あり。

（道）吾曰く、師兄に啓す。這个の言詞を下す莫かれ。仏法は僧俗に在らず。（雲）巌便ち問う、与摩なり、理長ずれば則ち就く、師弟作摩生。吾曰く、不生不滅ならざる処にも亦た相見を求めず。雲巌後に曰く、灼然。是れ你が眼目、与摩に細若なるを得たり。山中に到って通いに相い度脱せんと。

又、巻第六の洞山の章に左記あり。

師、僧に問う。名は什摩ぞ。対えて曰く、専甲。師曰く、阿那个か是れ闍梨の主人公。対えて曰く、現に和尚に祇対する、即ち是れなり。師曰く、苦なる哉、苦なる哉。今時の学者は、例して皆な此の如し。只だ驢前馬後を認得して、自己眼目と将当す。仏法の平沈する、即ち此れ便ち是なり。客中の主すら尚お弁得せず。作摩生か主中の主を弁得せん。

争弁得諸方師僧　争は返語。弁得できまいという、強い断定。弁得は肯心を弁ずること、道元のいう弁肯である。

知是義学　教義の学者。仏教学のたたき台。志公のことばにいう、出世の明師に逢わず、枉しく大乗の方薬を服す。

知是禅学　義学に対していうのだが、香厳の励学吟に、左記あり（祖堂集巻第十九）。

玄旨は他の古老の吟に求めよ、禅学は須らく心影を窮めて絶せしめよ。

宗門事宜　事宜は前出。又、祖堂集巻第五、三平和尚章に、左記あり。

師、衆に示して曰う、……若し修行の路、及び諸聖の建立する化門を要せば、自から大蔵の教有る在り、若し是れ宗門中の事宜ならば、你錯って用心するを得ず。

曹溪意旨　祖師西来意や、仏法の大意とならぶ、禅仏教の基本テーマ。歴史的には、仰山が最も早い。

仰山即挙一境問　一境は、一則の公案。先徳の事例である。

已上両則境智也　境智は境涯で、禅のトリック。すでに仰山伝に、躭源の題目として、境智と明暗一相を挙げる。修証の枠に堕せず、本来の自己を問う作略らしい。趙州録のはじめに、左記あり。

師上堂し、衆に謂いて曰く、此の事的的、没量の大人も這裡を出で得ず。老僧、潙山に到るに、僧問う、如何なるか是れ祖師西来意。潙山云く、我が与めに牀子を将ち来れと。若し是れ宗師ならば、須らく本分の事を以て人を接して始めて得べし。

時に有る僧問う、如何なるか是れ祖師西来意。師云く、庭前の柏樹子。学云く、和尚境を将って人に示すこと莫れ。師云く、我は境を将って人に示さず。云く、如何なるか是れ祖師西来意。師云く、庭前の柏樹子。

趙州の有名な柏樹子が、潙山における往年の見聞をふまえること、潙山の仏法が境を将って人に示す、境智で知られたことが判る。趙州が潙山の境智に対して、本分を主張することも。

臨済の示衆にも、境智依を退けんとする意あり、さらに境塊子としても批判する。境智は三身とあわせて、価値的なものへの執着であろうが、境塊子の場合は、徹底して反価値である、古人の閑機境とも。

たとえばある善知識、箇の境塊子を把出して、学人面前に向って弄するに、前人弁得して下下に主と作って、境惑を受けず。善知識便即ち半身を現わすに、学人便ち喝す。善知識又た一切差別、語路の中に入って擺撲す。学人云く、好悪を識らざる老禿奴。善知識歎じて曰く、真正の道流と。

従上来宗門牙爪　従上来は、釈迦から現在まで、正法を伝えた祖師たちのこと。禅仏教の歴史的根拠をいう語。宗門は、祖宗の門下、門中の意（既出）、牙爪は竜虎にたとえ、何人も許さん検問官。後出、達摩五行論の条をみよ。

忙忙業識無本可拠　潙山の業識忙忙とよばれる、有名な公案の一つ（従容録三七）。祖堂集巻第三の南陽忠国師章に、粛宗と国師の問答あり、臨済の示衆にもみえる。業識は起信論に説く、衆生心の総相で、真如と無明が和合して、不一不異なる在り方。忙忙は、果てしなく、見極めがつかぬ様子。無本可拠は、その本となるものがないこと。宗密の円覚経大疏抄巻第五之下に、仏名経に独頭とするのを引く。本来人など、何処にもいないこと。

永嘉玄覚の証道歌に、左記あり。長沙と皓月の問答にとられて、そんな唐代禅仏教の思考を、総括することとなる。

皓月供奉、長沙の岑に問うて云く、

了すれば即ち業障本来空、未だ了せざれば応に須らく宿業を償すべしと。師子尊者、二祖大師、甚麽と為てか却って債を償する。岑云く、大徳よ、本来空を識らず。如何なるか是れ本来空。云く、業障是れなり。云く、如何が是れ業障是れなる。長沙乃ち偈を示して云く、

仮有は元より有に非ず。

仮滅も亦た無に非ず。

涅槃と償債の義と、

一性にして更に殊なる無し。

師子一滴乳　華厳経七十八に、左記あり。

譬えば有る人、牛羊等種種の諸乳を以て、仮使い積聚して大海に盈たすとも、師子の乳一滴を以て中に投ずるに、悉く皆な変壊して直に過ぎて無礙ならん。菩薩摩訶薩も亦復た是の如し。如来なる師子菩提心の乳を以て、無量劫業の煩悩乳大海中に著けば、悉く壊滅して直に過ぎて無礙ならしめん。

又、宗鏡録九十九に、左記あり。

安楽集に云く、問う、何ぞ一の念仏の力に因って、能く一切の諸障を断つ。答う、経に云うが如し。譬えば人有って師子の筋を用いて、以て琴の絃と為さん、音声一たび奏すれば一切の余絃、悉く皆な断壊せん。若し人、菩提心中に念仏三昧を行ぜん者は、一切の煩悩も一切の諸障も、悉く皆な断滅せん。亦た人有って牛羊驢馬、一切諸乳を搆取して、一器の中に置かんに、若し師子の乳一滞を将って之に投ぜん、直に過ぎて難無く、一切の諸乳悉く皆な破壊し、変じて清水と為らん。若し人但だ能く菩提心中に、念仏三昧を行ぜん者は、一切の悪魔諸障、直に過ぎて難無し。

六斛驢乳一時迸散 六斛は六波羅蜜か。血脈論に三聚浄戒と六波羅蜜を説いて、雪山の法乳に譬える。また、白隠の槐安国語に、師子一滴乳、万斛の驢乳を迸散す、とある。

潙山又問仰山。身邊還有*學禪僧不。

仰山云。還有*一兩个。只是*面前背後。

潙山問云。何*面前背後。

仰山云。*人前受持聲教。祇對別人。*即似背後指定著。*渠自己照用處。*業性亦不識。

潙山云。我身邊還有*學禪人不。

仰山答云。*出山日早。有亦不識他。

潙山云。以*汝在日眼目。且潙山有不。

潙山は又仰山にきいた、きみのそばちかく、学禅の僧がおるか。

仰山、二三人はおりますよ、近くで目につくだけですが。

潙山、近くで目につくとは、どういうことか。

仰山、わたしの前で、わたしの声を仕入れて、他人にうけうりする。奴の背後から、真仏の声に照合しますと、自分の光明の及ぶところ、業性すら見分けがつきません。

潙山、わたしの身辺にも、(そんな)学禅がおるだろうな。

仰山、出山(先生の所を辞する)が早すぎて、おいでたことも識りません。

潙山、おまえがいたときの眼力でみて、まあひとつこの潙山

仰山答。山中縱有諸同學兄弟。不曾子細共他論量。竝不知眼目深淺。

潙云。*大安如何。

答云。不識他。

*全諗如何。

亦不識他。

*志和如何。

亦不識他。

*志遇如何。

亦不識他。

*法端如何。

亦不識。

潙山咄云。我問。汝惣道不識。什麼意。

仰山諮和尚。*爲當欲得記他見解。爲當欲得

にも（学禅が）おるか、どうか。

仰山、たとえ同学の兄弟がいても、およそ細かに（そのことを）論じあったことはないし、いっこうに眼力の深みなど判りませんよ。

潙山、大安はどうか。

面識がありません。

全諗はどうか。

やはり面識なし。

志和はどうか。

やはり面識なし。

志遇はどうか。

やはり面識なし。

法端はどうか。

やはり面識なし。

潙山は（仰山を）どなりつけた、わしがきくのを、おまえは全部、面識なしと答えよる、どういうつもりか。

仰山はかしこまった、和尚はいったい彼らの見解を、（私に）

行解。

潙山云。汝云何説他*見解。云何説他*行解。

仰山云。若欲記他見解。上來五人。向後受持和尚聲教。爲人善知識。説示一切人。*如瀉之一瓶不失一滴。爲人師有餘。此是見解。

潙山云。行解如何。

仰山云。未具天眼他心。*不知他照用處。縁行解自辯清濁業性。屬於*意密。所以不知他。只如慧寂。在江西時。*盡頭無慙無愧。今時和尚見了。喚作學禪人不。

潙山云。是我向一切人前。説汝不解禪。得不。

仰山云。*慧寂是何蝦蟆蛐蟮。云何解禪。

授記させたいのか、それとも行解ですか。

潙山、おまえはどう、彼らの見解を説くか、どう彼らの行解を説くかだ。

仰山、もし彼らの見解を記別しようとするなら、さきほどの五人はすべて、これから和尚の肉声を守って、人を教える大善知識です。どんな人に教えても、一瓶の水を一滴のこさずそそぎこんで、人の師として充分で、まだ余りがあるでしょう。これが見解というものです。

潙山、行解はどうか。

仰山、いまだに天眼通、他心通を具せず。他の光の照しだす手がかりを得ません。行解は自分自身、清濁と業性を見分けただけで、私の意密に属します。ですから、他人のことは判りません。たとえば恵寂が江西にいた時、てんから無慙無愧なのを、今の和尚さまがお見透しになって、学禅人などと呼んでくれますか。

潙山、このわしがだ、どんな人の前でも、君を禅があかん男と言えるか、どうか。

仰山、恵寂はどんなイボ蛙やゲジ虫で、（坐）禅ができるな潙山云。是*汝光明。誰人障汝。

どというのです。

潙山、君という（わたしの）光明を、誰が妨げかくせようか。

学禅僧　本分をめざす、禅仏教の修行者。先にいう香厳の励学吟に、左記あり。

玄旨は他の古老の吟ずるを求めよ、禅学は須らく心影を窮めて絶せしめよ。

一両个　謂わゆる一箇半箇。

面前背後　表の顔と、陰の黒子、言うならば演出者である。

睦州語録に左記あり、背後の意味を明示する。

（新到の）僧参ず。師云く、汝は是れ新到なりや（否）。云く、是。師云く、且らく葛藤を放下せん、会する麼。云く、不会。師云く、擔枷陳状、自から領じて出で去れ。僧便ち出づ。師云く、来来、我れ実に你に問わん、甚の処よりか来たれる。云く、江西。師云く、潙潭和尚、你が背後に在って、你が乱道するを怕る、見る麼。（僧）無対。

睦州の時、潙潭にいたのは仰山でなかろうか。

人前受持声教　人前は、相手に対し、受持し読誦し、為人解脱する、ひとかどの仏教者。

即似背後揩定著　表の面を背後から拭う。揩定は、揩面。

善導の観経疏に、古今揩定の一段がある。

渠自己照用処　渠は、特定できぬ私。声教とその主人公としての私。後出、身前照用をみよ。

業性亦不識　業性など問題にならん処。善意でいう。

学禅人　先にいう学禅僧。本分を行ずる人。人は僧よりも広義にいう。

出山日早　若くして、潙山の下を辞したこと。早は若年の意よりも、心境の若さ。気恥ずかしいほど、純一無雑であった。

汝在日眼目　先にいう自己眼目に随って。

大安　潙山大安、後の西院和尚。

全諗　祖堂集巻第十八の趙州章に、諱は全諗とあり、従諗のことらしいが、伝灯録巻第十一の目録は、潙山の法嗣四十三人中に、鄂州全諗あり。潙山下としては、この方が妥当か。

志和　右の伝灯録巻第十一の目録にみえるが、明本に省く。潙山語録に、不思善不思悪の問答あるも、汝福薄、扶吾宗不起とする。

志遇　未検。

法端　潙山につぐ襄州延慶法端。伝灯録巻第十一に、蚯蚓問答あり。

為当欲得記　仰山小釈迦の懸記。

見解　伝灯録巻第九の潙山章に、左記あり。

師、仰山に問う、涅槃経四十巻、多少か仏説、多少か魔説なる。仰山云く、総に是れ魔説。師云く、已後人の子を奈何ともする無し。仰山云く、恵寂は即ち一期の事なり、行履は什麼処にか在らん。師云く、只だ子が眼の正なるを貴ぶ、子が行履を説かず。

行解　授記の力。仏にのみに可能な、漏神通ならん。

如瀉之一瓶　瀉瓶の説。涅槃経第四十にあり。

不知他照用処　他人の心の内面的な働き。理性と意志をいうか。

意密　身口意の三密中、もっとも微細な判断力。密教では印契、真言、観想の三で、大日如来の意密と、一体化する。

尽頭無慚無愧　尽頭は俗語、ねっから、からっきし。桃花扇（聴稗）。無慚無愧は、恥しらず、没廉恥。無頭悩とも。倶舎論四に、左記あり。

所造の罪を自から観じて恥ずる無き、名づけて無慚と曰う。他を観じて恥ずる無き、説いて無愧と名づく。

当時、「心の人に負かざる、面に慚色無し」という成句がある（睦州語録）。

恵寂是何蝦蟇蛐蟮　文脈は、臨済録の勘弁、普化と施主家に赴く、普化の口吻である。

這裏是什麼所在、説麁説細。

蝦蟇は蝦蟆とも書くが、要するに蛙のこと。蛐蟮は、蚯蚓（みみず）である。

睦州語録に左記あり。

問う、以字不成、八字不是。是れ何の章句ぞ。師は弾指一下して云く、会する麼。進云く、不会。師云く、上来、無限の勝因を講讃する、蝦蟆跳って梵天に上り、蚯蚓驀って東海に過ぐ。

又、大恵雑毒海上に左記あり。

劉宜翁嘗って仏印に参じ、頗る自負して、甚だ真浄を薄んず。一日雲居より来って帰宗に遊ぶに、法堂に至って、真浄を見る、便ち問う、長老写戯、幾年をか得たる。浄曰く、専ら楽官の来たるを候つ。翁曰く、我は你が這の保社に入らず。浄曰く、争奈せん即今這の場子裏に在り。翁擬議す。浄拍手して曰く、蝦蟆禅、祇だ跳んで一跳するを得たり。翁大に服す。

因みに蚯蚓は、一に曲蟺で、斬られても生きのびる。先にいう、延慶法端の問答にみえる。

是汝光明　同時代、長沙景岑の上堂をふまえるか。伝灯録巻第十、湖南長沙景岑章に左記あり。

上堂して曰う、我れ若し一向に宗教を挙揚せば、法堂裏に須らく草深きこと一丈なるべし。我れ事已むことを獲ず、所以に汝諸人に向って道う、尽十方世界是れ沙門の眼なり、尽十方世界是れ沙門の全身なり。尽十方世界是れ自己光明なり。尽十方世界は自己光明裏に在り。尽十方世界一人として是れ自己ならざる無し。我れ常に汝諸人に向って道う、三世の諸仏は尽法界の衆生と共に、是れ摩訶般若の光なり、光未だ発せざる時、汝等諸人は什麼処に向ってか委せん。光未だ発せざる時、尚お無仏無衆生の消息、何処にか山河国土を得来たる。

*仰山問潙山云。*西天二十七祖般若多羅。*玄記禪宗向後三千年事。*時至分寸不移。只如和尚今時。還得不。

潙山云。*此是行通邊事。我今未得。我是*理通學。亦是通自宗。所以未具*六通。

仰山諮潙山云。只如六祖和尚。*臨遷化時。付囑諸子。取一*鍉鋌可重二斤。安吾頸中。然後漆之。諸子問曰。安鐵頸中。復有何意。六祖云。*將紙筆來。吾玄記之。*五六年中。頭上養親。口裏須飡。遇滿之難。楊柳爲官。

仰山は潙山にきく、西天二十七祖の般若多羅が、その後の禅宗三千年を、予言しました。今その時になって、寸分もくるっていません。たとえば和尚さまは今、当ってますか。

潙山、これは行通というものだ。今のわたしはまだまだ（通力を得ん）。わたしは理通の学人、自己という宗旨をこなすだけ。言ってみれば、六通を尽さん。

仰山はかしこまって、潙山に申しあげた、たとえば六祖和尚ですが、遷化まぎわに弟子たちにたのみ、荒金（鋌）をひとたば、重さ二斤もあるのを、自分の頸の真中におさめ、その上を漆でかくしました。弟子がききました、鉄を頸の真中におさめて、いったい何のつもりですか。六祖、紙と筆をもって来い、わたしは（これを）予言しておく。五六年中、頭上に親を養う。口の中で飡うべし。満之の災難には、楊柳が官となる。

溈山云。汝還會祖師玄記意不。

仰山云。會其事過也。

溈山云。其事雖則過。汝試説看。

仰山云。五六年中者。三十年也。頭上養親者。遇一孝子。口裏須飡者。數數設齋也。遇滿之難者。是汝州張淨滿也。被新羅僧金大悲將錢雇。六祖截頭。兼偸衣鉢。楊柳爲官者。楊是韶州刺史。柳是曲江縣令。驚覺後於石角臺捉得。和尚今時有此見不。

溈山云。此是行通。我亦未得。此亦是六通數。


溈山、君は祖師の予言の意味が判るのか。

仰山、判ります。事件は過去のことですから。

溈山、事件は過去のことだが、君がひとつ、説明してみなさい。

仰山、五六年中とは、三十年です。頭上に親を養うとは、ある孝行息子に遇うこと。口の中で飡うべしとは、何度も齋会を設けること。満之の災難にあうとは、汝州の張浄満です。新羅僧金大悲に銭をかまされたこと、六祖は首を斬られ、その上に衣鉢を偸まれる。楊柳を官とするとは、楊は韶州刺史、柳は曲江県令で、発覚の後、石角台で（賊を）とらえている。和尚は今、本当と思うだろうか。

溈山、それは行通だ、わたしはまだ（通力を）得ん、これも六通の一つだが。

仰山問溈山　第二のテーマ。会昌以後を見透す、未来からの禅仏教である。

西天二十七祖般若多羅　宝林伝が、菩提達摩の師として、創作した西天最後の祖師。中国仏教は、この人の玄記によって総括される。禅門宝蔵録上第三条に、嶺南宗道者注のある、般若多羅海底宗影示玄記を引く。宗道者は、仰山の受業師で、韶州乳源といわれる人。

玄記禅宗向後三千年事　宝林伝の玄記に、溈仰のことがでていない。宝林伝は馬祖禅の展開を、従上宗乗とするにとどまる。玄記は懸記で、未来記のこと。

時至分寸不移　今、玄記の通り、ぴたりと合ってる。潙山を馬祖下の正系とする、般若多羅の玄記である。

此是行通辺事　達摩の二入四行をふまえ、神通を行と理に分つ。行通は、オカルトならん。後に見解と行解をあげて、行解は人情とするのをうけよう。

理通学　通自宗と共に、潙山は理通を得意とする。又、仰山の第五語録に師地をあげ、通自宗は自宗通で、即ち三十三祖とする。三十三祖は曹溪恵能である。

未具六通　六神通のうち、漏尽通は成仏が条件。次にあげる六祖の場合が、本来の漏尽通である。

臨遷化時　遺体を膠漆して、首級の盗難を防ぐのは、恵能の首級が新羅にもち去られるという、海東入唐僧の動きを前提する。今、そんな動きの始末が、仰山によることが判る。

一鍉鋌　一鍉をつくる地金のこと。鍉は血をすするスプーン。ここでは、肉身のことか。

将紙筆来　切紙の起源。密室中、対話の漏れるのを防ぐ、特別の用意ならん。玄記は筆談であった。

五六年中　仰山の説明で判るように、六祖恵能の漏尽通とあわせ、新羅僧の動きがテーマ。以下、恵能の懸記と仰山の解釈が、正伝として定着するにしても、そうしたテキストが、苑陵僧道存の記録であることを、くりかえし確認してよいだろう。

新羅僧金大悲　『初期禅宗史書の研究』二四五ページ。

此亦是六通数　数はオカルト。

仰山云。諾和尚。和尚今時。若記人見解即得。若記人行解。即屬*人情。不是佛法。

潙山喜云。*百丈先師記十數人。會佛法會禪。*向後千百人圍遶。及其自住數不。

仰山、おことばを返しますが、和尚は今日、他人の未来を予言する、見解はよろしいが、もし他人の行解を授記するなら、人情に属すから仏法じゃないですよ。

潙山はよろこんだ、百丈先師も（弟子）十数人が、仏法をよくし、禅をよくすると予言なされた、今後一千百人が（わしを）とりかこんで、めいめい住持の数を満たすであろうよ。

仰山云。

慮恐如此。然則聖意難測。或逆或順。亦非慧寂所知。

潙山云。汝向後還記人不。

仰山云。若記。只記見解。不記行解。見解屬口密。行解屬意密。未齊曹溪。不敢記人。

潙山云。子何故不記。

仰山云。燃燈身前事。這邊屬衆生。行解無憑。

潙山云。燃燈後。汝還記得渠不。

仰山云。若燃燈後。他自有人記。亦不到慧寂記。


仰山、多分そうなりますが、然し聖意は測りがたし、その逆とでるか順とでるか、恵寂は関係ありません。

潙山、君は今後も、人を授記するだろう。

仰山、授記するとすれば、見解だけです。行解は授記しません。見解は口密のうち、行解は意密に属します。まだまだ、曹溪ではないのに、どうして人を授記できますか。

潙山、君は何故に授記せぬ。

仰山、燃燈仏以前の事は、今もずっと衆生に任せます（忙忙たる業識です）が、行解はよりつくしまがないのです。

潙山、燃燈仏以後の場合、君は彼を授記できるのだな。

仰山、燃燈以後のことは、他にもちゃんと授記できる人がいます。恵寂が授記するまでもない。

人情　方便門、仏事門は、仏法にあらず（臨済の示衆）。
百丈先師　百丈下に十大弟子あり、司馬頭陀の提案によって、潙山の主たらしめたのは、師匠の百丈である。吾が宗を嗣続し、広く後学を度せよといっている。
向後千百人囲遶　潙山を千五百人の善知識としたのは寒山だが、仰山も亦た潙山と同数の弟子をもつはず。自住は自認、数はオカルト。
聖意難測　善導の観経疏にみえる句。
見解属口密　悟りは、言葉が大切。既出。
未斉曹溪　恵能が入寂に際し、首級盗難のことを予言している。これが、行解の先例である。

燃燈身前　燃燈仏は金剛経に説く、娑婆世界最初の仏で、釈迦仏の出世と成仏を予言する仏。身前は、目の前。

這辺属衆生　燃燈以後は、衆生が問題である。忙忙たる業識の衆生である。

仰山又問潙山。和尚*浮漚識。近來不知。寧也未。

潙山云。*我無來經五六年。

仰山云。若与摩。如今*和尚身前。應*普超三昧頂也。

潙山云。未。

仰山云。*性地浮漚尚寧。燃燈身前何故未。

潙山云。雖然*理即如此。我亦未敢保任。

仰山云。何處是*未敢保任處。

潙山云。汝莫*口解脱。汝不聞。*安秀二禪師。

行解無憑　行解は意密ゆえ、すべて曹溪に任す。我が及ぶところにあらず。

汝還記得　目的語は、次句の渠。渠は不特定の、会仏法人である。曹溪は、我れ仏法を会せずと言う。

仰山はさらにききただす、和尚さまは今、水に浮くあぶくの意識を、どう始末しているのか知らん。

潙山、わたしは（意識のあぶくが）なくなって、かれこれもう三十年かな。

仰山、そういうことですと、和尚さまは今、燃燈仏以前もよいところ、正にきっと普超三昧の絶頂でしょう。

潙山、まだまだ。

仰山、生れつきのあぶく心さえ安寧で、燃燈以前が、何故まだまだです。

潙山、理屈はその通りだが、わたしにはとても保証でけん。

仰山、何がまだ保証でけん処ですか。

潙山、君は、悟りの景気がよすぎる。君も知っての安、秀二

被則天一試下水。始知有長人。到這裏。*鐵佛亦須汗流。汝大須修行。莫終日*口密密底。

又云。汝*三生中。汝今在何生。實向我説看。

仰山云。想生相生。仰山今時。早巳*淡泊也。*今正在流注裏。

潙山云。若与麼。汝*智眼猶濁在。*未得法眼力人。何以知我浮漚中事。

仰山云。*大和三年。*奉和尚處分令究理。*頓窮實相性。實際妙理。當刹那時。身性清濁辨得。理行分明。從此巳後。便知有*師承宗旨。雖則行理力用卒未可説。如今和尚得与不得即知。以*海印三昧印定。*前學後學無別有路。

潙山云。汝眼目既如此。隨處各自修行。所

禅師が、則天武后にためされて、風呂の中で大人物と判る、ここにくると鉄仏でも一汗もの、君にも大いに修行のしどころ、いつも口密の密ではいかん。

さらに、君は例の三生のうち、今何の生か、正直に言ってごらん。

仰山、想生も相生も、仰山はすでに、淡泊です。今多分に流注生というところです。

潙山、そういうことだと、君の智恵の眼力は、まだ濁っている、法眼力の人とはいえん。わたしのあぶく識が、何で判るものか。

仰山、大和三年（仰山二十三歳）に、和尚さまの言いつけ通り、究理尽性につとめて、一挙に諸法実相と実際理地の妙を得ました。その刹那から、己身の清濁を見分け、理行ともに明白です。それからというものは、一子相承の宗旨ありと知り、行理と力用の程は言いませぬが、和尚さまが今、何を得、何を得ていないか判ります。海印三昧に入って、一定に印定しますと、前輩と後輩のあいだに、何の別路もないのです。

潙山、君の眼目が、その通りであるからは、どこにいても各

*在出家一般。

*仰山　諮潙山云。初禮辭和尚時。和尚豈不有語處分。

潙山云。有語。

云。*雖是機理。不無含其事。

潙山云。汝也是*秦時鐸落鑽。

仰山云。*此行李處。自謾不得。

潙山云。仁子之心。亦合如此。


自に修行できる。出家も在家も同じことだ。

仰山、おそれながら申しあげます。以前においとましました時、和尚さまは何か、言いつけがありましたな。

潙山、いかにも。

仰山、これは対機の道理ですが、例の大事を含みますな。

潙山、おまえは、何たる秦時の鐸落鑽か。

仰山、旅をしますと、ごまかしはきかんのです。

潙山、そなたの心配は、それなりに当然のことだな。

浮漚識　真常流注識。忙忙たる業識海である。落浦に浮漚歌一首あり、

　権に漚体を将って余の身に況ぶ、五蘊虚しく攢まって仮人(けにん)を立つ。

　蘊が空しく、漚が実ならざるに解達して、方めて能く明らかに本来の真を見る（祖堂集巻第九）。

我無来経五六年　今頃のことでない、三十年も前から、性地の浮漚識が無くなった。三十年は一生である。

和尚身前　先に燃燈身前とあるから、和尚の成仏以前、（仰山と同じ）生身そのままだろう。

普超三昧頂　西晋の竺法護訳、文殊師利普超三昧経三巻あり、ここで必要なのは題目のみ。

性地浮漚尚寧　無明住地煩悩ならん。父母所生の身。

理即如此　後に理行分明というのを、窮理尽性は、強いて二分している。理に傾く。

未敢保任　とても安心できない。敢保は、太鼓判。保任は、我が身に引きうけて、内側から納得すること。

　仏々祖々、いまだまぬがれず保任しきたれるは、即心是仏のみなり（道元）。

口解脱　口頭禅、口達者。

安秀二禅師　嵩山恵安と北宗の神秀。共に五祖の法をつぎ、嵩山にあって開法する。則天武后に浴を賜わる話。入水見長人の句は、雲門録中にみえるが、ここにいうのが最初のようである。因みに祖庭事苑一は、耀禅師録を引く。

鉄仏亦須汗流　非常に恥しいこと。感情のない羅漢さえ、顔を赤くする。

口密密底　前出の口密の密。潜行密用では困る。

三生中　人天眼目四の潙仰宗に、想生、相生、流注生とする。

師（潙山）、仰山に謂いて曰く、吾れ鏡智を以て宗要と為し、三種生を出だす。謂わゆる想生、相生、流注生なり。楞厳経に云く、想相を塵と為す、識情を垢と為す。二つ倶に遠離すれば、則ち汝が法眼、応に時に清明なるべし。云何が無上知覚を成ぜざると。想生は即ち能思の心雑乱す、相生は即ち所思の境歴然たり、微細の流注、倶に、塵垢と為る。若し能く浄尽せば、方めて自在を得ん。

早已淡泊也　能思の心も、所思の境も、平常で問題がない。淡泊は、無欲。

今正在流注裏　真常流注は、後始末ができていない。真常が残っている。

智眼猶濁在　大円鏡智を超えず、智眼が暗い。

未得法眼力人　まだ第四眼どまり、五眼の第五が残る。

大和三年　仰山二十三歳で、始めて潙山を訪う時。

奉和尚処分　言いつけ通りやる。究理は、究理尽性。易の言葉。

頓窮実相性実際妙理　根源的なものを究める、哲学の出発点。諸法の根源と、真如の理を把む。潙仰の修行は、達磨の理入によって、本分の理を第一としたらしい。

師承宗旨　師として宗旨を承ける。師の証明を得ることか。

海印三昧　身前義海ならん。謂わゆる瀉瓶の理。

前学後学　先学は後学を導き、前学と後学によって、正法が無限につづく。孟子の先覚論をふまえよう。

出家一般　破仏中ゆえに、印可状が必要であった。

仰山諮潙山云　くどいようですが。

雖是機理不無含其事　先生の先のお言葉は、機理（微妙）ではありますが、印可状のことを含んでいたはず。

秦時鐸落鑚　無用の道具が残る。秦の始皇帝が阿房宮を築いて、巨大なクレーン車をつくった。捨て場のない、粗大ゴミをのこした。出典は、睦州である。

此行李処　確かに道具にすぎんが、河を渡るのに、大きい筏が必要です。

道存問曰。礼辭潙山時。有何言語。

仰山云。*我辭和尚時。處分五六年。聞吾在即歸來。聞吾不在。即自*揀生路行。努力好去。

道存問云。和尚今時傳持祖敎。若不記向後。學人如何。

和尚云。我分明向汝道。*今時即試人見解。不試人行解。*他行解屬意密。*正渉境時。*重處偏流。*業田芽出。別人爭知。何處記他。汝不聞。*大耳三藏。從西天來。得對肅宗。

肅宗問云。三藏解何法。

三藏云。*善解他心。

肅宗遂令中使。送到國師忠和尚處。請試三

道存が（仰山に）きいた、潙山を辞去した時、潙山は何と言ったのです。

仰山、わたしが潙山を辞去した時、五六年と言いつかったものだ。わしが生きてると聞いたら、すぐに帰って来るんだ。わしがいないと聞いたら、自分で自分の生き方をきめよ、つとめよや、さようなら。

道存がきく、和尚さまは今、祖仏の言葉を受持している。未来のことを語るべきです、わたしたちがどうするか。

和尚（仰山）、わたしははっきりと、君たちに教えている。今は人々の見解を問わねばいかん。人の行解を問うてはいかん。相手の行解は意密のことだ、相手が（環）境に関わると境の重い方に流れを変える。前生の業田が芽をふく。人の関わることでない、何を授記できよう。知ってのように、大耳三蔵が西天からやってきて、肅宗に対面したことがある。

肅宗、三蔵は何が得意か。

三蔵、他心通を心得まする。

肅宗はそこで、中使を忠国師のところにやって、三蔵の他心藏實解他心不。

國師遂*將渉境心。試三藏。三藏果見知*心念去處。縁爲渉境。後國師入三昧。*心不渉境。三藏覓國師意不得。被呵云。*這野狐精。聖在何處。

若入*自受用三昧去。*玄誰得知。所以*行解難知。故云。*證者非見知。不證者非見知。

通がどれほどのものか、テストさせた。

国師はそこで（先ず）、心を境に関わらせて、三蔵の力を調べる。三蔵は果して見知し、国師が、心に居所を念じて環境に関わる為めだ、と言う。そのあと、国師は三昧に入って、心を境に関わらせない。三蔵は国師の念を探すことかできず、この野狐め、聖者は何処かと、しかりとばされてしまう。

自受用三昧に入り了せると、その（第三）玄は誰にも判らぬ。それというのも、他人の行解は知り得ないからだ。そこで証者は見知じゃない、不証者も見知じゃないと言う。

我辞和尚時　二度目の別れ。五六年は、三十年か。

自揀生路行　生路は、一人ずつちがう、なまの生。

今時即試人見解　見解は口密で、言葉を試すのが大事。禅問答と、語録の時代を予言。

他行解属意密　他人の生き方に、口をさしはさまん。

正渉境時　先に引く趙州の、栢樹子をみよ。栢樹子は境だが、趙州は境に渉っていない。渉境は、次に引く忠国師と、大耳三蔵の問答による、心理のオカルト。

重処偏流　渉境心は、重い方に傾く。会昌後の時代の、暗さを反映。潙仰宗は、一番暗い時代を生きた。重処云々は、元来は念仏者の論理で、謂わゆる悪人正機説。

業田芽出　師子尊者や、二祖大師の償債は、何人も代り得ない。臨済は縁に随って旧業を消すというが、何人も業田を出られない。業田は五蘊身田であり、生を代えて芽をふく。楞伽師資記のグナバダラ章に、その否定を（称）法行の条件とする。

大耳三蔵　長耳とも。伝灯録巻第五、忠国師の章にみえる。仰山、玄沙、趙州のコメントがあって、はじめ仰山が言い出したと判る。祖堂集巻第三の忠国師章に大耳のことを言わぬのに、浄修禅師の讃偈にあるのは、祖堂集の忠国師章そのものが、仰山によっているので、仰山秘録とあわせて、その全貌をとどめることとなろう。

有る僧挙して前語を玄沙に問う。玄沙曰く、汝道え、前両度、還って見る麼。玄覚云く、前両度若し見ば、後来什麼と為てか見ざる。且らく道え、利害什麼処にか在る。僧趙州に問うて曰く、長（大）耳三蔵は第三度、国師を見ず。未審、国師は什麼処にか在る。趙州云く、三蔵が鼻孔裏に在り。

僧玄沙に問う、既に鼻孔裏に在り。什麼と為てか見ざる。玄沙云く、只だ太だ近かきが為めなり。

善解他心　他心通を得意とする。

将渉境心試三蔵　分れて六和合となる、一心の動きを試す。

*道存問云。如何得*行解相應。

和尚云。*汝須會得禪宗第三玄。*初心即貴入門第一玄。向後兩玄。是*得座被衣。汝須自看。亦須自知。有*種覺種智。種覺者即三身如一。亦云理無諍。亦云遮那湛寂。種智者。

対象のある心、有心のことだろう。

心念去処　去処とは、心のあり場所。居処。

心不渉境　自受用三昧のところ。対象を縁ぜず、心を無相とする。

這野狐精　きつねつきめが。罵語。

自受用三昧　唯識論に四身を説いて、自性身、他受用身、自受用身、変化身とする。自受用と他受用の二は、報身である。

玄誰得知　玄は次に禅宗の、第三玄をいうので、玄之玄としての祖師禅ならん。玄旨、幽玄、玄鑑など、玄字好みは、百丈下の特色。

行解難知　オカルトはオカルトにとどまるが、そこに神通力が潜んでいる。神通力は、オカルトでない。

証者非見知　見知は、見解のことらしい。見知の及ぶところ、証も不証も共に狭い。

道存がきいた、どのようにして、行解相応するのです。

和尚、君はまず、禅宗の第三玄を会得せよ。初心者は第一玄に入ることが大切。あとの二玄は（悟りをひらいて）得座被衣し、自分自身で見とどけよ。そうすれば自から種覚あり種智があることが判る。種覚とは、つまり三身が一つになること、無

即得身性圓明。後却向身前照用。不染不著。亦云。舍那無依智。亦云一體三身。即行無諍。如是身性圓明。漏盡意解。身前無業。不住動靜。出生入死。接物利生。亦云正行。亦云無住車。他時自具宿命他心。三明八解。此是聖末邊事。汝莫將心湊泊。

我分明向汝道。却向性海裏修行。不要三明六通。何故如此。然則有清有濁。但二俱是情。

汝不見潙山道。凡聖情盡。體露眞性常住。事用不二。即是如如佛。

諍三昧の理であり、法身（毘盧）遮那仏の静寂。種智とは、身体円明を得て、さてこそ身前を照して、何ものにも染著せぬことだ。報身（盧）舎那仏の無依智ともいう、つまり一体三身のゆえに、そのまま無諍三昧の行で、かくは身体円明で、漏尽通と意識の解放を得て、身前に業無く、動静に傾かず。生死の林に出入して、思いのままに接物利生するので、正行といい、無住車ともいう。こうなって始めて、自から宿命通と他心通を具え、三明八解脱するが、それもなお聖者の末辺、君はそこを目ざし、集中してはいかん。

わたしははっきりと、君に言いきる、今度は性海で修行して、三明六通を求めること。何故かといえば、心に清濁があるのは、二つながら（妄）情である。

知ってのように、潙山が教えている、凡聖の情が尽き、まるまる真性常住たるところ、事と用の不二、つまり如如仏である。

道存問云　以下、第三問答。

行解相応　見解に対する行解と、行と解の相応をいう場合と、行解に二義がある。今は後者の例。宝林伝八に、達摩と楊衒之の問答がある。

時に期城の太守楊衒之有り。大師に問うて曰く、西国五天、師承して祖と為す。未だ此の義を暁めず、其の義は云何。師曰く、仏心宗を明めて、寸も差痦無し。行解相応するを、之を名づけて祖と曰う。

行解相応は、修禅の条件である。続高僧伝二十一、曇隠伝に左記あり。

時に沙門道楽なる者有り、行解相い兼ねて、物望同義す。

汝須会得禅宗第三玄　第三玄は、玄之又玄、衆妙の門を指す。宝林伝八の達摩章に、右の行解相応につづいて、次のように言っている。

又た問う、為た秖だ此の一等か、更に別に有る耶。師曰く、須らく他心を明らめて、其の今古を知るべし。有無を厭わず、亦た取るに非ざるが故に。不賢不愚、無迷無悟、若し能く是を解せば、亦た名づけて祖と為す。

初心即貴入門第一玄　禅宗第一玄は、初心入門である。初心は、初発心の時に便ち正覚を成就する人。

得座被衣　既出。

種覚種智　種覚と種智は、教学では同義だが、ここでは区別している。前者は理の無諍、後者は行の無諍として、従って、前者を禅宗第二玄、後者を禅宗第三玄に配してよい。無諍は無諍三昧のことで、諍は煩悩のこと。無諍三昧は、煩悩の中にあって煩悩に執しないこと。金剛般若経では、舎利弗を人中第一の離欲阿羅漢とする。遮那湛寂とは、遮那は毘盧舎那法身仏。湛寂とは、義海ならん。

舎那無依智　舎那は盧舎那仏の尊特身で、華厳の教主である。

即行無諍　無諍三昧を得ると、行入して無欲。

漏尽意解　漏尽通を得て、意密をよくする。

出生入死　生死を出入すること。大梅山下、夾山と定山の生死問答をみよ（伝灯録巻第七）。

亦云正行　四行を完うする意。

亦云無住車　三車の差別（住）を超える、白牛車ならん。露地即白牛車、白牛車即露地。

宿命他心　宿命通は、先にいう業田芽生、他心通は、利他行。

三明八解　三明は、六神通の後半三つ。八解は、八背捨とも。煩悩の中に在って、煩悩を脱する行。

却向性海裏修行　性海に退く行。本分にかえること。

有清有濁　清濁は情である。情は煩悩だが、煩悩不生のところにかえるのが、潙山―仰山の立場。

凡聖情尽　以下、すべて既出。道存が伝える秘録第二は、仰山が人の行解を記さず、あえて抑止につとめたことがテーマ。潙仰宗は新羅にもちこまれ、中国でその伝を断つが、臨済録の勘弁や、行録の重要な機縁に、潙山と仰山のコメントがあることは、くりかえし注意した通りである。仰山は、潙仰宗の未来記をのこさず、臨済の未来記をのこすのであり、有名な風穴の出生を予言する。仰山の懸記なしに、臨済禅の発展は考え得まい。

第三。菀陵僧道存問和尚。諸方大家説。達摩將四巻楞伽經來。未審虛實耶。

仰山云。虛。

道存問。云何知虛。

和尚云。達摩梁時來。若將經來。在什摩朝翻譯。復出何傳記。

其楞伽經前後兩譯。第一譯是宋朝求那跋摩三藏。於南海始興郡譯。梵云質多。此云數數生念。又云乾栗。此云無心。此是一譯。見上目録。又江陵新興寺截頭三藏譯。胡云質多。此云數數生念。胡云乾栗。此云無心。此是二譯。義即一般。胡云漢云則有差別。

若言達摩將經來。具翻譯義。復是何年。又

第三。菀陵の僧道存が和尚にきいた。各地の大家が説きたてて、ダルマは四巻楞伽をもってきたというのは、いったい虚か実か。

仰山、虚だ。

道存、どうして虚と判るか。

和尚、達摩は梁の時に来る、経をもって来たなら、何の朝に翻じたのか、どういう伝記にあるのか。

そもそも楞伽経は前後二訳あり。第一は宋朝グナバダラ三蔵が、南海の始興郡で訳する、梵語でチッタ、中国で数数生念という。又カンリツ、中国で無心という。これが第一訳で、ちゃんと目録にある。さらに江陵の新興寺で、截頭三蔵が訳している。外国でチッタ、中国では数数生念、外国で乾栗、中国で無心という。これは第二訳である。意味は一つだが、外国でいう、漢でいうと、ちがいがある。

もし達摩が経をもって来たら、具翻と訳義（訳場列義）は、復流行何土。

汝不聞。*六祖在曹溪説法時。我有一物。本來無字。無頭無尾。無彼無此。無内無外。無方圓無大小。不是佛不是物。

返問衆僧。此是何物。衆僧無對。時有小師神會出來。對云。神會識此物。

六祖云。這饒舌沙彌。既云識。喚作什摩物。

神會云。此是諸佛之本源。亦是神會佛性。

六祖索杖。打沙彌數下。我向汝道。無名無字。何乃安置本源佛性。

登時神會喚作本源佛性。尚被与杖。今時説道。達摩祖師將經來。此是謾*糊達摩。帶累祖宗。合喫其鐵棒。只如佛法到此土。三百餘年。前王後帝。翻譯經論。可少*那作摩。


そもそも何年のことで、さらにどの地方に流行したのか。

知ってのように、六祖が曹溪で説法のとき（このことを言っている）、我に一物あり、本来無名である。無頭無尾、無彼無此、無内無外、方円無く大小無く、仏でもなければ物でもないと。

かえって衆僧にきいた、これは何ものか。衆僧は答えない。その時小師神会なるものが、飛びだしてきていう、神会はこいつを、識っています。

六祖、口うるさい小僧だな。識ってるというからには、（こいつを）何物とよぶ。

神会、これは諸仏の本源で、神会の仏性でも。六祖は杖をとって、沙弥を打つこと数棒で、わたしは君を、無名無字といっている、何として本源仏性などと、となえ奉る。

その時、神会が本源仏性とよんでさえ、杖でたたかれている。今時、達摩祖師が経をもってきたと説くのは、正しく達摩をコケにし、祖宗（門下）をまきぞえにするもの、（エンマ王の）鉄棒をくうは必定。そもそも仏法がこのくににやってくる、三百余年をかけて、前後の帝王が訳したテキストに、いったい何

達摩特來。*爲汝諸人貪著三乘五性教義。*汨沒在諸義海中。所以達摩和尚。救汝諸人迷情。初到此土時。唯有*梁朝寶志禪師一人識。

梁帝問寶志曰。此是何人。

寶志答。此是*傳佛心印大師。觀音聖人乎。*不云傳楞伽經聖人也。

が欠けていたというのだ。そもそも達摩が（何を）持ってきたのか。君たちのこらず、三乗五性の教義にしがみつき、教義の海中にアップアップしている。それで達摩和尚は君たちの迷情を救うため、当初このくににやってきたが、ただ梁朝の宝志が、達摩禅師ひとりを識っていただけだ。

梁帝は宝志にきいた、こやつは何物か。

宝志、この方は伝仏心印の大師です。観音聖人かも。楞伽経を伝える聖人とは言っていない。

第三　苑陵僧道存が伝える、仰山秘録の第三。

四巻楞伽経　続高僧伝十六、釈僧可伝に左記あり、初め達摩禅師、四巻楞伽を以て可に授けて曰く、我れ漢地を観るに、惟だ此の経有るのみ。仁者依って行じ、自から度世を得よ。

又、可説法し竟る毎に曰く、此経は四世の後、変じて名相と成らん。一に何ぞ悲しむ可きかなと、予定したこと。同門の那禅師、恵満禅師等が、常に四巻楞伽を齎して、以て心要と為す、ともある。

仰山云虚　仰山は、右の続高僧伝を認めない。人天眼目第五の宗門雑録に、仰山寂禅師も亦た嘗つて此を弁ず、其の事甚だ明らかなりとする。

宋朝求那跋摩三蔵　楞伽経の訳者としては、宋朝求那跋陀羅三蔵の誤り。求那跋摩三蔵は、高僧伝三に立伝され、元嘉八年正月に建業に達し、文帝に召されて祇洹寺に住し、菩薩善戒経二十八品を出だすが、楞伽の訳者ではない。

別に南海の光孝寺に、戒壇を創して、六祖恵能の授戒を予言する、宋朝求那跋陀三蔵があり、宋朝同時の三蔵を混同していて、むしろ故意の混同ともみられる（『初期禅宗史書の研究』二四九ページの注①）。

南海始興郡　始興郡は、広東省曲江県で、隋代は広州に属した。南海は、真諦三蔵の上陸地、広州である。

梵云質多　求那跋陀羅訳楞伽阿跋多羅宝経第一に、大乗諸度門諸仏心第一の句あり、此の心は樹木の堅実心にして、念慮心に非ずと注する。質多は念慮心であり、乾栗は堅実心である。

宗密の禅源諸詮集に、四種の心をあげて、第一を紇利陀耶、此に肉団心という、第二に縁慮心、此に八識という、第三に質多耶、此に集起心という、唯だ第八識なり、第四に乾栗陀耶、此に堅実心、亦た真実心とする。チッタとフリダヤ以外に、別の梵語をひけらかすのは、天台智顗の摩訶止観で、宗密も亦たそんな中国の伝統による。宗密の円覚経大疏鈔巻第六之上に、梵本楞伽経の附注とするのは、先に引く四巻本のことならん。

見上目録　宋朝求那跋陀羅三蔵の仕事は、古くは出三蔵記集十四、歴代三宝紀十、大唐内典録四にみえ、楞伽と勝鬘の二経を代表とする。仰山の時代には、開元録が用いられて、その第五巻に、目録と伝記を収める。

江陵新興寺　江陵は、湖北省江陵県。唐代は荊州に属す。新興寺は、未検。仰山の虚構とすると、モデルは盧肇の新興寺碑ならん。敦煌写経の妙好宝車経に左記あり。

仏昔在世時、化作一道人。詣大婆羅門家乞。婆羅門問道人言。何以不田作、但行乞食。道人姓何、字誰。舎在何許。嘱何郡縣。道人言、吾舎在弘水東、引水西。嘱波若郡本際県。姓空、字無相。薩云然樹下止、居超入城絶裾利彼。

截頭三蔵　よく判らない。釈法顕の所謂る紇戸羅国から来た三蔵法師か。紇戸羅国は仏が菩薩たりし時、頭を人に施したことから、その国を截頭とよぶようになる。水経の河水注に言うところ、おそらくは伝承である。

義即一般　義は、後段に達摩五行論によって、教を借りて宗を悟るという、言語とその宗を説くことを指す。テキストの本文によって、明かされる。

胡云漢云則有差別　四巻本の第一、七種性自性の第一義に、此の心は梵音肝栗大、肝栗大は宋に心を言う、謂うこころは、樹木の心の如し、念慮の心に非ず、念慮の心は、梵音に質多と云う也。截頭三蔵のテキストに、胡に云うの句があったはずだが、今のところ確認できない。

具翻訳義　訳場の列名をいう。翻訳は誰で、筆授は誰、証義は誰という、記録があるはず。

六祖在曹溪説法時　六祖大師伝の説。曹溪大師伝によると、其の（儀鳳元）年四月八日、大師は大衆の為に初めて法門を開く。曰く、我に法有り無名無字、無眼無目、無身無意、無言無示、無頭無尾、無内無外、亦無中間、不去不来（以下略）。

謾糊達摩帯累祖宗　達摩大師をコケにし、歴代の祖師をまきぞえにする。謾糊は珍しい俗語で、祖堂集に他の例を求めると、泉州招慶章（巻第十三）に、左記あり。

師上堂良久して云く、大衆諦聴、你が与めに真正挙揚す。還って落処を委せんや。若し落処を委せば出で来たれ、大家証明せん。若し無くんば、一時に謾糊し去らん（俺は君たちをおちょくったわけだナ）。

那作摩　何のためか。どんな役にたつというのか。祖堂集に用例多し。今二三を引く。

僧問う、如何なるか是れ本来の事。師曰く、汝何に因って我に（従）覓む。進んで曰く、師に覓めずして、如何が即ち得なる。師曰く、何ぞ曽って失却せん、那作摩（巻第四、石頭章）。

師、僧に問う、我れ尋常に道う、道う莫かれ道い得ずと。設而道い得て十成なるも、猶お是れ患謇。既に道い得て十成。什摩と為て却って患謇と成る。僧云く、従来豈に是れ道い得る底の事ならんや、那作摩。師も抗声して云く、脱却し来たれ。其の僧別して云く、頭上に更に頭を安ずる可からず。師云く、停囚長智（巻第十一、保福章）。

問う、古人は則ち調絃するに、弁を以て希と為す。只だ熊耳と曹溪の如きは、何を以て験と為す。師云く、紋綵無し。進んで曰く、既然に此の如し、六葉何く従り来たる。師云く、豈に是れ紋綵有らんや、那作摩。僧云く、古人は還って伝えんや。師云く、若し伝えずんば、争でか今日に到るを得ん。僧曰く、既に紋綵無し、作摩生か伝えん。師云く、伝うる是れ紋綵無し。僧曰く、和尚は還た伝うるや。師云く、作摩か不伝ならん。僧云く、古人の意如何。師云く、曹溪門前に力掌せられ、直に如今に至って忘れず。僧曰く、向後の事如何。師云く、千嘱万嘱（巻第十一、金峰和尚章）。

為汝諸人貪著三乗五性教義　為は次句の所以にかかる助辞。三乗五性は、大小乗の教義。五性は、声聞、縁覚、菩薩の三乗に、不定と無性を加える。

汨没在諸義海中　汨没は、洪水にやられる、汨羅の渕に沈む。義海は教学の海。教義の渕。

梁朝宝志禅師　達摩と梁の武帝の、問答の席にいた、学者。碧巌録第一則で有名だが、伝灯録巻第二十七に伝あり。宝林伝では、高座寺を監修している。高座寺は京師にあり、帛尸利蜜多羅の塔所に建てた寺（高僧伝一）。

伝仏心印大師観音聖人乎　宝林伝八の達摩の章。伝仏心印は、六祖の瘞髪塔記による。

不云伝楞伽経聖人也　人天眼目五に、左記あり。

（自聡問う）達磨大師は西天より、楞伽経四巻を帯し来ると、是なりや。答えて曰く、非なり。好事の者の之を為るのみ。且つ達磨は単伝心印、不立文字、直指人心、見性成仏せしむるのみ。豈四巻の経有らんや。聡曰く、宝林伝も亦た是くの如く説く。（達観曇）顗曰く、編修の者、詳討するに暇あらず。試みに子が為めに之を評すべし。夫れ楞伽経は三訳あり、而して初訳四巻は、乃ち宋の天竺三蔵求那跋陀の訳する所なり、次に十巻は元魏の時、菩提流支訳なり、流支は達磨と同時にして、薬を下して以て達磨を毒する者是なり。後七巻は唐の天后の代、於闐三蔵実叉難陀訳す。此を以て之を証するに、先後の虚実は知る可し。仰山寂禅師亦た嘗って此を弁ず、其の事甚だ明らかなり。

道存問和尚云。*達摩五行論云。*借教悟宗。復借何教。

仰山云。所言借教悟宗者。但借口門。*言語牙齒。咽喉脣吻。*云口放光。即知義也。*悟宗者。即答梁帝云。*見性曰功。妙用曰德。功成德立。在於一念。如是功德。淨智妙用。非是世求。

*只如曹溪六祖。對天使云。善惡都莫思量。自然得入心體。湛然常寂。妙用恆沙。天使頓悟歎曰。妙盡。故知佛性。不念善惡。妙

道存は和尚にきいた、達摩五行論にいってある、教を借りて宗を悟るとは、そもそも何教（経）を借るのです。

仰山、謂わゆる教を借りて宗を悟るとは、口門と言語を借りるだけだ。牙歯、咽喉、唇吻、これらが口から光を放つ、つまり義を知るのである。宗を悟るとは、つまり梁帝に答えていう、見性を功という、妙用を徳という。功成り徳立って、一念のうちにある、これほどの功徳という、浄智妙用を、俗世間には求められない。

たとえば曹溪の六祖が、天使（薛簡）にこたえている、善悪すべて思量する莫し、自然に心体に得入して、湛然常寂、妙用恒沙である。天使は頓悟し、感激する、妙が極まった故に仏性

用自在。待某甲若見聖人。与傳妙旨。皇帝聞之。當時頓悟。亦歎曰。朕在京城。不曾聞説此語。實爲明據。謹敬頂禮修行。

と知る。善悪を念じないから、妙用自在である。さあひとつ、それがし（もし）皇帝にまみえたら、与に妙旨を伝えばやと。皇帝は之をきいて、たちまちに頓悟し、感激して言ったとさ、朕は京城にいて、およそ未曾有の説。実に明拠となる。謹んで頂礼し、修行するであろう。

達摩五行論　謂わゆる二入四行論を、五行論とよぶ例、他に全く見つけ難いが、次に教を借りて宗を悟るというから、明らかに二入四行論である。あらためて注するに及ぶまいが、近代敦煌本の発見によって、初祖達摩の語録とされ、初期禅宗史の基本テキストとなる。

借教悟宗　二入四行論のテキストは、籍教悟宗。今、仰山は教を口門とし、言葉とする、要するに師の教えである。宗は宗門、教外の宗旨である。ただし金剛三昧経には、この四字を欠く。

言語牙歯　皮肉なことに、ここに言う言語の説明は、楞伽経によっている。すなわち四巻楞伽三に、左記あり。

仏、大恵に告ぐらく、云何が語と為す。謂く、言字妄想和合し、咽喉脣舌、歯齗頬輔に依り、彼我の言説妄想、習気計著するに因って生ず。是を名づけて語と為す。

臨済の示衆にも、これをうける説あり。

云口放光即知義也　面門に光を放つのは、仏説のシンボルで、趙州も亦た口唇皮上に光を放つとされる。

義も亦た、四巻楞伽の説によると、大よそ次の通り。

大恵よ、云何が義と為す。謂く、一切妄想相、言説の相を離る、是を名づけて義と為す。大恵よ、菩薩摩訶薩は、是の如き義に於て、独一静処し聞思修慧して、自覚し了るに縁って、涅槃の城に向う。習気身の転変し已って、境界を自覚し、地地中間に勝進の義相を観ずる、是を菩薩摩訶薩は義を善くすと名づく。

悟宗者即答梁帝云　宝林伝八は、梁の武帝の造寺写経を、無功徳とするにとどまるが、祖堂集巻第二と伝灯録巻第三は、共に次条のように説く。仰山秘録をふまえる、大はばの修正加筆である。

見性曰功妙用曰徳　祖堂集巻第二に、左記あり。
武帝問う、如何なるか是れ実功徳。師曰く、浄智妙円、体自空寂、是の如きの功徳は、世を以て求むべからず。
仰山のよるところ、おそらくは血脈論の左記で、見性成仏の語は、すでに敦煌本六祖壇経にあり、最近知られた七祖伝法記、即ち諸経要抄にもある。又、曹溪大師伝に、唯だ見性を論じて、禅定解脱を論ぜずといい、血脈論の左記による。
若し本性を見れば、読経念仏を用いず、広学多知も益無し、神識転た昏ずるのみ。

只如曹溪六祖対天使云　曹溪大師伝による。天使は史使薛簡。

道存問曰。達摩和尚既不將楞伽經来。*馬大師語本。及*諸方老宿。數引楞伽經。復有何意。

仰山云。從上相承説。達摩和尚説法時。恐此土衆生不信玄旨。數數引楞伽經来。縁經上有相似處。*宗通説通誘童蒙。宗通修行者。及*聽惠婆羅門来。問佛*三十六對。世尊並撥入世論。*又有相似處。*從縁所得覺。及*本住法。如金銀等性。如来出世及不出世。本性常住。*故云。有佛無佛性相常住。此*是閑暇語話引来。非是達摩將此為祖宗的意。

道存はきいた、達摩和尚が楞伽経をもってこぬからには、馬大師の語本と、（門下の）各地の老宿たちが、しばしば楞伽経を引用するのは、いったい何のつもりですか。

仰山、祖師たちの相承だが、達摩和尚は説法のとき、このくにの衆生が、玄旨を知らぬのを案じて、しばしば楞伽経を引いてきて、経の中に（正法と）相似があるので、宗通説通して、好奇心に応じたまでのこと。宗通（禅宗）の修行人と、聴き上手のバラモンが来て、仏に三十六対を問うと、世尊は（楞伽を）払いのけて、世間の論議に入る。さらに相似があるというのは、因縁に任せた悟り、および本住の法、たとえば金銀の本質など、仏が世に出ても出なくても、本性として常住（不変）の法で、有仏無仏、性相常住というところ。要するに、言わでも

汝不聞。達摩*在西天時。問般若多羅云。我今得法。當往何土。而可行化。般若多羅云。汝今得法。且莫遠去。待吾滅度後六十一年。當往震旦。只得一九。如今便去。衰*於日下。亦不聞分付將楞伽經来此土。我今告汝。若學禪道。直須穏審。若也不知原由。切不得妄説宗教中事。雖*是善因。而招悪果。

の閑言長語を引くのは、達摩がそれを正意とするわけではない。知っての通り、達摩はまだ西天にいたとき、本師の般若多羅にきく、わたしは今正法を得た。そもそも何処のくににいって、行化すべきか。般若多羅、おまえは今正法を得た。まあ遠く去ってはいかん。吾が滅後六十一年に当って、必ず震旦にゆけ。それもただ一九を得るだけだが。いますぐに去れば、京城で行きづまるだろう。(してみると)楞伽経を与えられてこのくにに来たとは聞かん。今、わたしは君に忠告する、禅を学ぶには、どこまでも周当であること。かりそめにも由来を知らず、妄説に従ってはいかん。宗教の大事は善因でも、悪果を招くことがある。

馬大師語本　宗鏡録一に引く、洪州馬祖の言葉。語本の称は、権徳輿の撰する碑銘にみえる。語録の歴史(本書二三ページ)。

諸方老宿　宗鏡録一は馬大師に限らず、南陽忠国師、鵝湖大義禅師、思空山本浄禅師、五祖下荘厳禅師の名をあげ、次のように総括する。

是の故に初祖西来して、禅道を創行す。心印を伝えんと欲して、仏経を須假し、楞伽を以て証と為す。

宗通説通　四巻本の第三、後半部に左記あり。

仏は大恵に告ぐ、三世如来は二種の法通有り、説通及び自の宗通を謂う。説通とは、衆生心の応ずる所に随って、為めに種種の衆具契経を説くを謂う。是を説通と名づく。

自の宗通とは、修行者の自心に現ずる種種の妄想を離るを謂う、一異倶不倶品に堕せざるを謂う、一切の心意意識を超度し、自覚の聖境、因成見相を離る、一切の外道声聞縁覚、二辺に堕つる者は、知る能わざる所なり。…尓の時世尊は、重ねて此の義を宣べんと欲して、偈を説いて言わく、我が二種の通と謂うは、宗通及び説通にして、説は童蒙に授け、宗は修行者の為めにす。

聴恵婆羅門　楞伽は右の引用につづいて、世論婆羅門を相手に説く、

> 世間の言論、種々の句味、因縁譬喩、採習荘厳して、愚痴の凡夫を誘引誑惑し、真実の自通に入らしめず、一切法を覚せずして、妄想顛倒して二辺に堕す、と。

彼の世論なる者は、乃ち百千有り。但だ後時後五十年に於て、当に結集を破壊すべし、ともいい、仏説に相い似て非なる、戯論に終ることを説く。

ここに説く聴恵の婆羅門も亦た、そんな世論の一派として、否定しているのでないか。

三十六対　六祖壇経によると、六祖は入寂前に十大弟子をよぶ、

> 汝等今後、一方の頭為り、本宗を失わざるために、三科法門と動用三十六対を説く。

三科は蘊界入であり、三十六対は自性の起用で、自性の含む対概念のこと。

すなわち、外なる無生物に五対あり、天は地に対し、日は月に対し、暗は明に対し、陰は陽に対し、水は火に対する。次に概念の形に十二対あり、有為無為は有色無色に対し、有相は無相に対し、有漏は無漏に対し、色は空に対し、動は静に対し、清は濁に対し、凡は聖に対し、僧は俗に対し、老は少に対し、大は小に対し、長は短に対し、高は下に対する。つぎに自性とその動きに十九対ある、邪は正に対し、癡は恵に対し、愚は智に対し、乱は定に対し、戒は非に対し、直は曲に対し、実は虚に対し、嶮は平に対し、煩悩は菩提に対し、慈悲は害毒に対し、喜は嗔に対し、捨は慳に対し、進は退に対し、生は滅に対し、常は無常に対し、法身は色身に対し、化身は報身に対し、体は用に対し、性は相に対する。

要するに無生物の五対、概念の十二対、自性の動きに関わる十九対で、都合三十六対となるが、広い意味で世論にすぎず、とらわれると戯論におちいる。

三十六対の出典は、今のところ不明だが、楞伽のはじめに百八句あり、初期の禅者のコメントならんか。

又有相似処　楞伽と禅仏教の共通点。理解して使えば、役に立つことあり。

従縁所得覚　以下、すべて楞伽第三のテキスト。あらかじ

め伝灯録巻第十一、霊雲志勤の章に、桃花をみて悟る偈を呈した時、潙山が之を許す言葉、次の句のあるのに注意したい。

　縁に従って悟達すれば、永く退失する無し、善自く護持せよ。

及本住法　仏は大恵に告ぐ、我れ二法に因るが故に、是の如き説を作す。云何が二法なる。謂く、縁自得の法、及び本住の法を、是を二法と名づく。此の二法に因るが故に、我は是の如くに説く。云何が縁自得の法なる。若し彼の如来の得る所、我も亦た之を得て、増す無く、減ずる無し。縁自得の法は、境界を究竟して、言説妄想を離る、(文)字の二趣を離る。云何が本住の法なる。謂く、古先聖道は金銀等の性の如く、法界常住なり。若しくは如来の出世、若しくは不出世にも、法界は常住なり。彼の成道に趣くが如きは、譬えば士大夫の曠野中を行くに、古城に向って平坦なる正道を見るが如きは、即ち随って城に入って、意の如くに楽しむことを受けん(楞伽経三)。

故云有仏無仏性相常住　放光般若経十九、摩訶般若波羅蜜建立品第八十二に、左記あり、

　須菩提言く、世尊よ、有仏無仏、法性は常住なりや。仏言く、如是、有仏無仏法性は常住なり。衆生が法性の常住なるを知らざるを以て、是の故に菩薩は生道の因縁もて、之を度脱せんと欲す。

此是閑暇語話引来　これはしたり、ひまつぶしもよいところ、つまらん言葉を引きました。

達摩在西天時　宝林伝八、祖堂集巻第二、伝灯録巻第三。待吾滅度後六十一年は、六十七年の誤り。只得一九の一九は、十八人。

衰於日下　帝都に死せん。日下は、太陽光の直下、地上では太陽に一番近いところ。宝林伝第七にあった、般若多羅の予言で、祖堂集巻第二にみえる。

雖是善因　動機はよいが、不幸な結末。百丈広録に、左記あり。

　読経看教は、若し世間に準ぜば、是れ好事なり、若し明理の人の辺数に向わば、此は是れ人を壅塞して、十地の人も脱し去らず、生死の河に流入せん。

又、雲門録中、垂示代語に左記あり。

　一日云く、作麼生か是れ一句もて、褒貶に通ぜん。代って云く、是れ善因なりと雖も、悪果を招く。

第*四。幽州僧思鄗問和尚。*畢竟禪宗頓悟入

第四、幽州の僧思鄗が和尚にきいた、つまるところ、禅宗の

理門的的意如何。

仰山云。此意甚難。若見他祖宗苗裔。上上根性。如西天諸祖。此土從上祖相承。或一玄機。或一境智。他便肯去。玄得自理。不居惑地。更不隨於文教。故相傳云。諸佛理論。不干文墨。此一根人難得。向汝道少有。學禪師僧。何處有不得佛法。只爲無志。汝不聞先徳道。若不安禪靜慮。到這裏惣須忙然。思鄧問云。除此一格。別更有入處不。


仰山云。有。

如何即是。

仰山云。汝是何處人。

思鄧云。幽燕人。

仰山云。汝還思彼處不。答云。思。


頓悟入理の門は、正しく何をめざすのか。

　仰山、聖意は知り難い。今、まず祖宗の児孫であるには、上上根機、西天の諸祖、このくにの列祖が相承したように、あるものは一玄機、あるものは一境智を、かれらは直ちに（自から）肯った。おほけなくも自理を得て、惑地にとどまらず、さらに文教にも堕ちない。相伝にいうよう、諸仏の理論は、文墨にかかわらぬ。この（相伝に堪える）一根は得がたい。君のために言いかえるなら、（その人は）有ること希である。学禅の修行者にして、仏法を得たくないものが、何処にあるであろう。ただ意志がないのである。知ってのように、先徳がいっている、若し安禅静慮せずんば、這裏に到って惣に忙然たるべし。思鄧がきいた、今の一格（上根）をのぞいて、さらに入り方がありましょうか。

　仰山、有るとも。

　どうすればよいか。

　仰山、おまえは何処の生れか。

　思鄧、幽燕の生れです。

　仰山、おまえ、あちらのことを思いだすか。思いだします。

仰山云。彼處是境。思是汝心。如今*返思个思底。還有彼處不。

答云。到這裏。非但彼處。一切悉無。

仰山云。汝見解。*猶有心境在。*信位即是。人位即不是。

思鄒問。*除却這裏。別更有意旨不。

仰山云。別有別無。即不安也。

思鄒問。到這裏作摩生即是。

仰山云。*據汝解處。還得一玄。*得坐被衣。向後自看。汝不聞。*六祖云。道由心悟。*亦云。悟心。*又云。善惡都莫思量。自然得入心躰。湛然常寂。妙用恒沙。若實如此。善自保任。故云。*諸佛護念。若有漏不忘。意根憶想。在*身前義海。被五陰身所攝。*他時自不奈何。故云。*如象溺深泥。並不見禪。

仰山、あちらというのは境だ。思うのは君の心だ。今、思っている（君の）心を、思われている（故郷）に返すと、果して（そこに）あちらがあるだろうか。

思鄒、そうなりますと、ただあちらだけでなしに、およそ何も無くなってしまう。

仰山、君の見解には、まだ（思う）心という境が残っている。信位はよろしいが、人位（分別）がいけない。

思鄒、こちら（の心）以外に、別に何の意があるのです。

仰山、別に有り、別に無いと、（心は）不安になるな。

思鄒、こうなると、どう考えたらよいか。

仰山、君の解し方によって、かえって一玄を得よ、（仏の）坐を得、仏衣を被して、今後自分で見とどけるのだ。知ってのように、六祖がこういっている、道は心によって悟ると。亦たいう、心を悟ると。又たいう、善悪すべて思量する莫し、自然に心体に得入して、湛然常寂、妙用恒沙なりと。もし実にこの通りなら、よくよく自分で保証せよ。それで諸仏護念というのだ。もし有漏を忘れず、意根に憶想して、身前の（教）義の海に（心を）おくと、五陰身田にとじこめられて、他時異日（地亦非師子兒也。

獄におちて）もうどうしようもない。古人もいう、大象が深泥におちたように、およそ禅が見えぬ。ライオンの子ではない。

第四　仰山切紙の第四。幽州の僧思鄒の記録。おそらくは海東僧で、仰山下にとどまった弟子。禅門宝蔵録上の第五条に、恵能に参じた幽州の僧あり。

畢竟禅宗頓悟入理門　伝灯録巻第十一の仰山章は、思鄒の質問としないが、元来は切紙であったろう。達摩の理入をふまえ、究極のところを挙している。百丈に大乗頓悟法門を問う僧とも、やや相似のところあり。

此意甚難　おまえには、分にすぎた問題だ。

若見他祖宗苗裔　達摩大師や曹溪六祖という、それにふさわしい祖宗の児孫なら。文脈では、そんな児孫にお目にかかれたら。

上上根性　方便を用いず、上根を相手どるのが、他の祖宗門下の事。伝灯録巻第三の達磨章で、般若多羅が達摩に委嘱する言葉。

或一玄機　従上相承の法は、第一玄の機が相手。第一玄は、入門と同時に玄記される。

或一境智　たとえトリックを用いても、一挙に解脱する。

他便肯去　肯心自から許すので、他に許されるのではない。

更不随於文教　二入四行論の句。

故相伝云　祖堂集巻第十、安国弘韜章に左記あり、

因みに挙す、六祖行者たりし時、劉志略の家に到る。夜、尼の涅槃経を転ずるを聴く。尼便ち問う、行者還た涅槃経を読み得るや。行者云く、文字は則ち読むを解せず、只だ義を説くことを解す。尼便ち疑う所の文字を将って之を問う。行者云く、不識。尼乃ち軽言して呵して云く、文字すら（尚）識らず、何ぞ義を説くことを解せん。行者云く、豈に聞道かずや、諸仏の理論は文字に干わらずと。因みに挙する次で、師（安国）云く、由お一問を欠く。便ち問わん、如何なるか是れ文字に干わらざる理論底の事ぞ。師（代って）云う、什摩処にか去来す。

更に祖堂集巻第二の達摩章では、恵可が安心問答で悟り、達摩に許された後に、次の一段がある。

恵可進んで曰く、和尚が此の法は、文字記録有りや。達摩曰く、我が法は以心伝心、不立文字。

達摩の答えは、血脈論のはじめにある、三界興起同帰一心の五句と重なる。おそらくは、潙仰宗の説ならん。

向汝道少有 伝灯録巻第十一の仰山章では、此の意極難のあと、次の一段がある。

若し是れ祖宗門下上根上智ならば、一聞千悟して、大総持を得ん。此の（一）根の人得難し。

只為無志 為さざるなり、能わざるに非ず。

汝不聞先徳道 大珠恵海を指す。

除此一格 上根上智はしばらくおく。私にふさわしい入処をお示し下さい。以下、従容録三十二の仰山心境にとる。

幽燕人 幽燕は、極北である。幽州は尚お可なり、最も苦しきは是れ新羅だが、江南人にとって、幽燕は新羅と同格であろう。

汝還思彼処不 神会の壇語に、左記あり。

知識よ諦らかに聴け、為めに妄心を説かん。何者か是れ妄心なる。仁者等今既に此間に来たる、財色男女等を貪愛し、及び園林屋宅を念う、此は是れ麁妄なり。応に此の心無かるべし。細妄有るが為めに、仁者知らず、何物か是れ細妄なる。心に菩提と聞説いて、心を起して菩提を取る。涅槃と聞説いて、心を起して涅槃を取る。空と聞説いて、心を起して空を取る。浄と聞説いて、心を起して浄を取る。定と聞説いて、心を起して定を取る。此は皆な是れ妄心なり、亦た是れ法縛なり、亦た是れ法見なり。若し此の用心を作せば、解脱を得ず。本自寂静心に非ざればなり。

如今返思个思底還有彼処不 初心の入門僧をはげます句。思い出す外境を、思う主体におしかえすところ。

猶有心境在 外境をおしかえしても、心中に境が残る。心という境である。祖庭事苑八に、信位と行位の注あり、伝灯録によって次の句を出すが、金剛三昧経の五位にもちこむのは不可。

信位即是人位即不是 信の世界は純粋だが、行の主体が残る。

従容録三十二則、万松老人のコメントに、清居皓の牧牛図頌を引き、第六章を信位とするのは、牛と人の一体を信ずるところ、第十二章に至って、人位本空、身心無著、得失浄尽、玄玄道路とし、人位も亦た空ずるのがねらい。廓庵の十牛図頌は、十図ともに円相中にあって、信位の証りを認めつつ、人位の階程を分つのがねらい。

除却這裏別更有意旨不 私に判るような、さらに別の道がありはしないか。

拗汝解処還得一玄 思鄙の信位を認めたからには、別の一玄を許すほかなかった。

得坐被衣 最高次の印証。既出。

六祖云 曹溪大師伝と伝灯録巻第五、六祖恵能伝にみえる。内侍薛簡を遣わし、六祖を迎請するところ。

亦云悟心　六祖壇経のはずだが、現存諸本にみえず。大乗寺本に左記あるのみ。

〔三二〕善知識、一切の経書及び諸文字、大小二乗十二部経は、皆な人に因って置く。愚人若し悟れば、心開いて即ち智人と別無し。

善悪都莫思量　既出。

諸仏護念　祖堂集巻第三、懐譲和尚章に左記あり。

（六）祖曰く、即ち這个の不汙染底、是れ諸仏の護念する所、汝亦た是の如し、吾も亦た是の如し。

身前義海　既出。

他時自不奈何　他時は、臨終の時。

如象溺深泥　雑宝蔵経第六の帝釈問事縁にみえる、偈頌の第二句。欲心生恋著、如象没淤泥。又、雑阿含経二十二、五八八経に左記あり。

四転九門有り、貪欲を充満して住す。深く烏（淤）泥の中に溺る、大象も云何が出でん。

*第五。*海東僧亭育問。和尚*禪決名函。*不知所措。

*仰山集雲峯。*迦葉弥伽。*舍那遮那。*三摩鉢底。*師地靜慮。沙門慧寂。

和尚云。仰山集雲峯者。即是*盧舍那本身。*及現在業根。分段身所招。外依報也。亦云。僧寶住持處所。

迦葉弥迦者。物也。迦葉者。*禪宗初祖。從婆伽婆處。密傳三昧也。*故云。弥伽也。*舍

第五。海東僧（新羅生れの）亭育がきいた、和尚さまの禅決の箱書を、どう理解したものか。曰く、

仰山集雲峰。迦葉弥伽。舎那遮那。三摩鉢底。師地静慮沙門恵寂。

和尚、仰山集雲峯とは、つまり（毘）盧舎那仏の本身と、現在世の業根のこと。（俺の）分段身が招いた外依報である。言いかえると、僧宝住持の場所。

迦葉弥迦は、物称である。迦葉は禅宗の初祖で、婆伽婆世尊から、三昧を密伝した人。それで弥伽という（婆伽婆の弥伽を称す）。舎摩とは、三昧を密受したこと。

摩者。密受三昧也。

亭育問。和尚禪決中云。還我本来面目。莫是此三昧以不。

仰山云。若是汝面目。更教我説。如石上裁花。亦如夜中樹影。

問云。夜中樹決定信有。其樹影。爲有爲無。

仰山云。有無且置。汝今見樹不。

遮那者。身性如也。

三摩鉢底者。即戒定慧。亦云。菩提妙花。亦云。花藏莊嚴。即内依報。

招外果者。即人相成佛是也。

師地者通自宗。自宗通即三十三祖。

靜慮者即四種無受三昧。

問。此三昧有出入不。

仰山云。有病。即有出入。無病。藥還祛。初心即學出入。熟根即淨明無住。


亭育がきく、和尚さまの禅決の中に、我に本来の面目を還すとある、この三昧のことですか。

仰山、もし君（本来）の面目を、さらにわたしに言わせるなら、石上に花を栽えるようなもの、それに夜陰の樹影だな。

質問、夜陰の樹は決定して有ると思うが、その樹影は、果して有るのか無いのか。

仰山、有るか無いかはしばらくおいて、おまえは今、樹が見えるのか。

遮那とは、身性の（真）如である。

三摩鉢底とは、つまり戒定恵、言いかえると菩提の妙花で、さらに言えば、（蓮）華蔵界の荘厳、つまり内依報である。

外果を招くとは、即ち人相成仏のこと。

師地とは自宗に通じ、自宗が通ずる、三十三祖である。

静慮とは、四種の無受三昧である。

質問、三昧に出入があるのか。

仰山、病（欠）があれば出入がある、病が無ければ、薬も亦た捨てよ。初心は出入を学ぶが、機根が純熟すれば、浄明無住問。出入。其意如何。

仰山云。*入人如無受。即*法眼三昧起。*離外取受。

入性如無受。即佛眼三昧起。即離内取受。

*入一躰如無受。即智眼三昧起。即離中間取受。亦云。*不著無取受。

自入上来所解三昧。一切悉空。即恵眼所起。*入無無三昧。即道眼所起。即*玄通無礙也。

譬如虚空。*諸眼不立。絶無眼翳。讃如上三昧。畢竟清淨無依住。即淨明三昧也。

告諸學人。*莫勤精進。懈怠嬾惰。空心靜坐。*想一个無念無生。想一个無思無心。*論他身前不生不滅。二邊中道義海。是*他人光影。


である。

質問、出入とは何の意か。

仰山、人が、如に入って無受なれば、即ち法眼三昧より起つ。つまり外取受を離れる。

性が、如に入って無受なれば、即ち仏眼三昧より起つ。つまり内取受を離れる。

一体の如に入って無受なれば、即ち智眼三昧より起つ。つまり中間取受を離れる。言いかえると、無取受に著せぬこと。

上来、解する所の三昧に入って自り、一切悉く空であり、即ち恵眼（三昧）より起って、無無三昧に入る。つまり道眼の所より起って、即ち玄通無礙である。

譬えば虚空のごとくで、諸眼を立てず、眼翳無き所をも絶つ。以上の三昧を讃えると、畢竟清浄で、依住するところが無い。つまり浄明三昧である。

諸の学人に告げる、ムキに精進したり、懈怠嬾惰ではいかん。空心に静坐して、自己の無念無生を想え。自己の無思無心を想え。他の身前の不生滅や、二辺中道義海を論議しても、すべて

抛却身前義海。緊抱執一个黒山。此是癡界。亦不是禪。

沙門者。達本性。息縁慮。勤修上来三昧。則通達一切三昧。故云沙門。天人阿修羅。頂戴恭敬。故云道徳圓備。執此向後。堪受人天供養。若不如此修行。受人天供養。一生空過。大難大難。

恵寂者在住持三寳中。与初解外招依報不別。並属假名空。

他人の光影である。（自の）身前義海を抛却して、辛棒強く一つの黒山を抱きかかえるのは、癡界におちたので、禅ではない。

沙門たるものは、自己の本性に達して、縁慮心をやめ、つとめて以上の三昧を学ぶとき、一切の三昧に通達する。これが沙門であり、天人も阿修羅も、頂戴恭敬する。故に、道徳円備とよばれる。これを保持してはじめて、人天の供養をうけるに堪える。このような修行もせず、人天の供養をうけて、一生空しく過ごすのは、あら怖しや怖しや。

恵寂とは、住持三宝の中に在る。最初の理解も、外に依報を招くのも、別事ではない。共に仮名空に属するもの。

第五　仰山秘録の総括、禅決の名函について。

海東僧亭育　伝歴不明だが、仰山門下の有力者。

禅決名函　切紙を整理収蔵するケース。次の仰山集雲峯以下の二十五字が、おそらくはその箱書。

不知所措　扱い方を問う。手がつかん、というのではあるまい。三密の加持か。

仰山集雲峰　仰山を集雲峯とみる。盧舎那本身以下が、その解説。伝灯録巻第十一によると、霍山景通が集雲峯下四藤條、天下大禅師と名のる根拠。

迦葉弥伽　華厳経の入法界品第三、自在国呪薬城に、弥伽という良医あり。訳して雲という（宋高僧伝巻第九の均州武当山恵忠伝）。又、首楞厳経の訳語を、烏長国沙門弥伽釈迦とする。迦葉は大迦葉で、大弟子の意。

舎那遮那　盧舎那と毘盧遮那の、二重の光輝を兼ね具える。後段の解釈では、弥伽舎那らしいが、集雲の解か。

三摩鉢底　禅定のこと。玄応音義二十一に、左記あり、定に入らんと欲する時を、三摩鉢底と名づく。正に定中に在るを、三摩半那と名づく。

師地　師家分上。三摩鉢底につづけると、禅師のこと。瑜伽師地論などいう、師地で、後に三十三祖とする。

盧舎那本身　禅門宝蔵録上の第一条に、左記あり。

盧舎那仏は、菩提樹下に初めて正覚を成じ、以心伝心不立文字、諸の大衆を頓証頓悟せしむ。唯だ迦葉上座のみ、秘密難思の地に入る。文殊普賢等八万の菩薩衆海は、未だ迦葉の入処を識らず（本生経）。

現在業根　次句につづけると、現に業根分段身の所招なる、外依報に在ること。あるいは、現に業根分段の身所に在って、外依報を招くことか。次句の僧宝住持の処の所に対していう。外依報は自然環境、内依報は心の境地。

禅宗初祖　迦葉が釈尊から、正法眼蔵をうけたこと。

故云弥伽也　弥伽を雲の意にとると、密伝、密受にふさわしいが、テキストは弘伽に似る。

舎摩者密受三昧也　舎摩は、舎那遮那三摩鉢底を簡化し、新たに加えた言葉。舎摩は菩提樹の名で、寂静と訳す。

亭育問　亭育の記録。

還我本来面目　恵能が大庾嶺上で、道明に求めた言葉。それは仰山の、禅決中にあった。

若是汝面目　君自から、本来の面目にめざめるなら。

如石上栽花　原文は裁花。栽花とすると、祖堂集巻第四の薬山章に左記あり。

師因みに石頭垂語して曰う、言語動用するも亦た勿交渉と。師曰く、言語動用する無きも亦た勿交渉と。石頭曰く、這裏は針劄不入。師曰く、這裏は石上栽花の如し。

亦如夜中樹影　本来面目のコメント。出典は未検。

遮那者身性如也　毘盧遮那仏のこと。法華玄義では、境妙究竟して顕わるところ。仰山は、自性の如とする。

三摩鉢底者即戒定恵　先にいうように、禅定に入らんとして、更めて三学を修める意。身性如ではない、現在業根分段身についていう。

菩提妙花　般若多羅の伝法偈か。

心地は諸種を生ず、事に因り復た理に因る。果満ちて菩提円かに、花開いて世界起る。

花蔵荘厳　蓮華蔵世界の荘厳。

人相成仏　人間の形をもったまま、成仏することらしい。祖堂集巻第十九、五冠山順之章に詳説がある。

師地者通自宗　通自宗は、仰山秘録第二、行通と理通を区別するところに、すでにコメントがある。

自宗通即三十三祖　宗通をいう。

四種無受三昧　今一つ確かでないが、取受を受けぬ、修行の四段階ならん。大智度論九に、左記あり。

問うて曰く、声聞辟支仏は一切法を受けず、故に漏尽なり。此の中に云何が不受三昧を説いて、二乗と共ならずという。答えて曰く、彼に不受三昧有りと雖も、広大の用有る無し。利ならず深ならず、亦た堅固ならず（略）、復た次に二乗は習気有り、礙有り障有るが故に。無受三昧有りと雖も、清浄ならず。摩訶迦葉が菩薩の伎楽を聞くが如きは、坐処に於て自から安ずる能わず。諸菩薩問うて言う、汝は頭陀第一なり、何が故に欲起って舞わんと似す。迦葉答えて言く、我は人天五欲の中に於て、永く離れて動ぜず。此は是れ大菩薩の福徳業、因縁変化の力なれば、我れ未だ忍ぶ能わず。須弥山王の四面に風起るが如き、皆な能く堪忍せんも、若し嵐風の至るに随わば、自から安ずる能わず。声聞辟支仏の習気は、菩薩に於ては煩悩と為す。復次に此の無受三昧は、惟だ仏のみ遍ねく知る。菩薩は仏道を求めんが故に、遍ねきこと能わずと雖も、而も二乗に勝れたり。是を以ての故に、二乗と共ならずと説く。人は是の不受三昧を貴重するを以て、而も著心を生ず。是の故に須菩提は説く、但だ是の三昧のみ不受なるにあらず。色乃至一切の種智も皆な受けず。所以者は何ぞ。須菩提自から因縁を説く、謂わゆる十八空の故に受けずと。

浄明無住　後段にみえる。浄明（三昧）にも住しないところ。大智度論四十三に、菩薩摩訶薩行是三昧とし、諸三昧をあげるうちに、浄明三昧がある。

入人如無受　人如は、人相の如ならん。人相は、人相成仏。

法眼三昧起　法眼は、五眼の一つ。

離外取受　取受は、取と受。又は取としての受。勝鬘宝窟中末に、取とは是れ其の愛の別称。愛心もて取著す、故に名づけて取と為す。受は五蘊の一で、無受三昧の根拠。

入一体如無受　一体の如は、人如と性如の一体ならん。

不著無取受　先にいう、浄明にも住せざるところ。

入無無三昧　般若心経にいう、無無明亦無無明尽のところ。

玄通無礙　玄は懸に通ずる。今は玄中に通ずる意ならん。

諸眼不立　諸眼は、五眼をふまえて拡大。

莫勤精進　莫は勤精進を否定。次句の懈怠嬾惰以下は、おそらく肯定的。宝林伝八に引く、達摩と楊衒之の問答をふまえよう。

一个無念無生　宝林伝一に掲げる、四十二章経の意。

論他身前不生不滅　論は、以下の義海にかかる、伝統的な仏教学。身前は、身外だろう。

他人光影　自から毘盧遮那仏ゆえに、他の光影を仮らず。光影は、光明、光輝。

緊抱執一个黒山　古人の境智にしがみついて、手を離さぬ意。黒山は、十住毘婆沙論十二に、左記あり、障碍の因縁とは、諸須弥山、由乾陀等の十宝山、鉄囲山、黒山石山等。是の如き無量障碍の因縁あり。何を以ての故なれば、是の人は未だ天眼を得ざるが故に、他方世界の仏を念ずるに、則ち諸山の障碍有り云々。

禅文献で黒山というのは、衆生黒業の招くところ、無明黒暗に覆われた、苦難のところとするのが特色。十住毘婆沙論や十地経論（四）ともかさなって、古代インドの世界観をふまえつつ、山よりも深坑のイメージが強いのは、謂ってみれば内依報である。百丈広録に教云として、喚んで解脱の深坑、畏る可き処と作す。臨済録に古人の語として、湛湛たる黒暗の深坑、実に怖畏す可しとあるが、宋の大恵などが、新たに黒山下の鬼窟とするのは、おそらくは、そんな両者の総括だろう。

此是痴界　痴愛世界。痴界は、維摩の痴愛をふまえての、仰山の創意ならん。

沙門者達本性　馬祖の示衆に引く、修行本起経に云う、心を識り本源に達するが故に、名づけて沙門と為す。

天人阿修羅頂戴恭敬　結びの句。金剛般若経による。

道徳円備　人義道中の徳を具する意。徳異の壇経序に、五家の諸公は、道徳超群門庭高峻とす。

恵寂者在住持三宝中　仏宝僧の三宝を、世に住持せしめるために、木仏画像、黄巻赤軸、剃髪染衣の比丘を、住持三宝とよぶ。初解は三宝解釈に種種ある中、最初、普通の解釈ならん。

外招依報不別　江西の仰山その他、三道場を構えたこと。外依報である（内依報は恵寂）。

並属仮名空　すべて仮名にすぎぬ。恵寂も亦た仮名ゆえに空である。

*自餘法要。及化縁之事。多備仰山行録。勅*謚智通大師妙光之塔。東平遷化。後歸仰山矣。

その他の法要と、化縁のことは、すべて仰山行録にくわしい。勅して智通大師妙光の塔と謚する。東平で入寂し、仰山に帰葬する。

自余法要　祖堂集の編者の総括。仰山章と仰山秘録のほかに、法要と化縁の記録があって、広く仰山行録とよばれる。

勅謚智通大師妙光之塔　陸希声の碑銘をみよ。

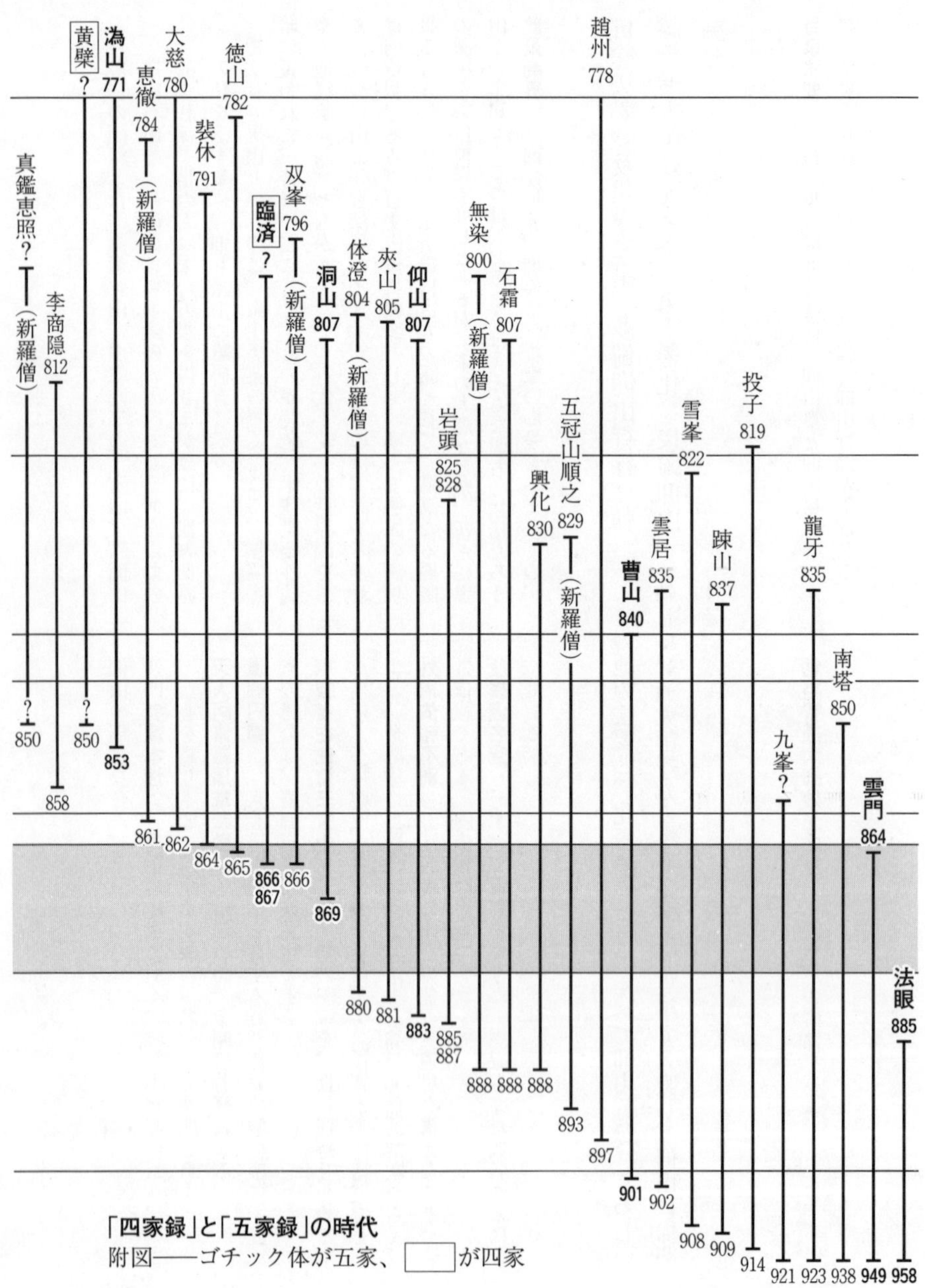

「四家録」と「五家録」の時代

附図——ゴチック体が五家、□が四家

僧名	生年	備考	没年
[馬祖]	709		788
石頭	700		790
天皇	748		807
西堂	735		814
[百丈]	720		814
章敬	754	756	815 / 818
五洩	747		818
最澄	767	(日本僧)	822
丹霞	739		824
西園	758		827
薬山	745	751 / 759	828
南泉	748		834
陸亘	748		834
道吾	769		835
空海	774	(日本僧)	835
澄観	737		838
宗密	780		841
雲岩	781		841
塩官	750	?	842

年	皇帝	年号	事項
780	九代 徳宗	建中 1-4 興元 貞元 1-20	
800	十代 順宗	永貞	
	十一代 憲宗	元和 1-15	
820	十二代 穆宗	長慶 1-4	
	十三代 敬宗	宝暦 1-2	
	十四代 文宗	太和 1-9 開成 1-5	
840	十五代 武宗	会昌 1-6	会昌の破仏
	十六代 宣宗	大中 1-13	
860	十七代 懿宗	咸通 1-14	龐勛の乱 黄巣の乱
	十八代 僖宗	乾符 1-6 広明 中和 1-4 光啓 1-3 文徳、龍紀	黄巣長安を犯す
880			
	十九代 昭宗	大順 1-2 景福 1-2 乾寧 1-4 光化 1-3 天復 1-3	
900	二十代 哀帝	天祐 1-3	
		開平 1-	

初出一覧

第一部

語録の歴史―禅文献の成立史的研究―

「東方学報」京都第五七冊、昭和六十年三月

大蔵経と禅録の入蔵

「印度学仏教学研究」第二〇の一、昭和四十六年十二月

第二部

荷沢神会と南陽恵忠

「印度学仏教学研究」第三八の一、平成元年十一月

神会の肖像

「禅文化研究所研究紀要」第十五号、昭和六十三年十二月

四家録と五家録

「松ヶ岡文庫研究紀要」第十四号、平成十二年三月

禅門宝蔵録解題

「花園大学国際禅学研究所研究報告」第六冊（平成十三年九月）

柳田聖山（やなぎだ・せいざん）

1922年，滋賀県生まれ。京都大学名誉教授。花園大学国際禅学研究所員，1980年読売文学賞，1991年紫綬褒賞，1933年仏教伝道協会賞。
著書――『初期禅宗史書の研究』（法藏館），『祖堂集索引』（京都大学人文科学研究所），『達摩の語録』（筑摩書房），『大乗仏典・中国篇13，日本篇25』（中央公論社），『禅の日本文化』（講談社），『沙門良寛』（人文書院）ほか。

柳田聖山集　第二巻
禅文献の研究　上

二〇〇一年一〇月一〇日　初版第一刷発行

著　者　柳田聖山
発行者　西村七兵衛
発行所　株式会社　法藏館
京都市下京区正面通烏丸東入
郵便番号　六〇〇-八一五三
電話　〇七五-三四三-〇〇三〇（編集）
〇七五-三四三-五六五六（営業）

印刷　中村印刷株式会社　製本　新日本製本株式会社

ISBN 4-8318-3862-4 C3315